일본 신석기시대 생업과 주거

일본 신석기시대 생업과 주거

하야시 켄사쿠 지음 / 천선행 옮김

사회평론

한강문화재연구원 학술총서 2

일본 신석기시대 생업과 주거

2015년 7월 23일 초판 1쇄 인쇄
2015년 7월 30일 초판 1쇄 발행

지은이 하야시 켄사쿠
옮긴이 천선행
펴낸이 윤철호·김천희
펴낸곳 (주)사회평론아카데미
편집 고인욱
표지 디자인 김진운
본문 디자인 디자인 시
마케팅 하석진

등록번호 2013-000247(2013년 8월 23일)
전화 02-2191-1133
팩스 02-326-1626
주소 121-844 서울특별시 마포구 월드컵북로12길 17(1층)

ISBN 979-11-85617-48-0 93900

차례

일러두기

1. 일본 지명·인명·유적명의 고유명사는 외국어 표기법에 준하여 일본어 표기법에 따라 표기하고, 각 장마다 처음 나오는 경우에 한해 한자를 함께 표기한다.

2. 각종 기호 등은 원문을 따르도록 노력하였다. 중간점은 가능하면 원문에 따랐으나, 한국어 표기법에 맞도록 일부는 쉼표로, 일부는 접속조사로 변경하였다. 본문에 나오는「 」의 경우 강조어는 ' '로, 인용문은 " "로 변경하였다. 그 밖에 변경한 기호들에 대해서는 역주에 그 사실을 기술해 둔다.

3. 한국 종명이 없는 동식물과 어패류의 경우, 일본명과 학명을 함께 표기한다.

4. 본문에서 인용되는 문헌의 제목은 원제대로 표기한다.

5. 繩紋時代·繩紋文化·繩紋土器의 경우는 조몬시대·조몬문화·조몬토기로 표기하고, 繩紋이 문양을 가리키는 경우에는 승문으로 통일한다.

6. 조몬시대(繩紋時代·繩文時代), 문양(紋樣·文樣)은 양자가 사용된다. 참고문헌이나 저자의 의도를 고려해 紋을 사용하는 이외에는 文으로 통일한다.

7. 일본의 행정구역 都·道·府·縣·市는 일본식 발음으로 번역하지 않고, 이해하기 쉽도록 도·도·부·현·시로 사용한다.

8. 일본해는 동해로 통일한다. 단, 일본열도를 기준으로 태평양쪽 지역을 일컫는 東海지역이 존재하므로, 이 경우는 일본어 표기법대로 도카이로 통일하여 구분한다.

9. 집락(集落)은 인용, 참고문헌을 제외하고 취락으로 통일한다.

10. 주거지와 주거, 토갱(土坑)과 토광으로 구분하여 사용하는 것은 저자의 의도이므로 원서를 충실하게 따랐다.

11. 내용을 이해하기 쉽도록 부가 설명이 필요하다고 생각되는 부분과 원서에 오류가 있어 정정할 경우에는 각 장의 미주 끝부분에 역주를 달아 그 사실을 알렸다.

12. 각 장 끝에 있는 미주번호가 1~5장·9장·11장·부록은 원서와 같고, 6~8장·10장은 원서보다 몇 개씩 많다. 원서에 전자는 미주의 내용이 앞의 미주내용과 중복되어도 일련번호로 표기한 반면, 후자는 미주번호가 역행하여 앞의 미주번호를 재차 사용한 차이가 있다. 번역 시에는 전자로 통일하여 미주번호를 일련번호로 연속되도록 하였다. 따라서 6~8장·10장에서 중복되던 미주번호가 연속된 번호로 변경되면서 원서보다 미주번호가 많아졌다. 그리고 중복되는 내용은 각 미주마다 재차 기술해 두었기 때문에 내용에서는 원서와 차이가 없다.

13. 조몬토기 형식명에 설명되어 있는 역주는 戸沢充則編, 1994, 『繩文時代硏究事典』, 東京堂出版의 내용을 따랐다.

제1장 연구의 흐름

모스(Edward Sylvester Morse, 1838~1925)가 오모리(大森)패총 조사보고서를 출판(1879)한 지 벌써 120년이 지났다. 조몬(繩紋)시대 연구의 역사가 한 세기를 넘은 셈이다. 그 역사를 상세하게 살펴보는 것만으로 책 한 권을 거뜬히 쓸 수 있을 것이다. 본장에서는 연구성과보다 연구방법의 변화를 살펴보도록 하겠다.

1. 모스와 쓰보이(坪井)

오모리패총 조사 이전에도 아라이 하쿠세키(新井白石, 1657~1725)·반 노부토모(伴信友, 1773~1846)처럼 종종 발견되는 석기시대 유물을 인공품으로 인지하고 그 정체를 고증한 사람들이 있었다.[1] 또한 기노우치 세키테이(木內石亭)처럼 이들을 기이한 돌의 한 종류로 보고 석기를 수집하려던 사람들도 많았다. 그러나 유물의 정체를 밝히려던 사람들은 적극적으로 유물을 수집하여 관찰하지 않았고, 수석가들은 기이한 돌의 정체에 천착하려 하지 않았다. 유적과 유물이 신이나 요괴가 변한 것이 아니라, 인간이 남긴 것이고 인간 역사를 이해하는 자료라는 인식이 보급되기 위해서는 '진보'라는 관점과 고전에 구애받지 않고 유물 자체를 관찰하는 자세가 필요했다. 그러나 오모리패총 조사 이전의 일본사회는 이러한 조건이 갖추어져 있지 않았다. 유물이 신과 요괴가 변한 것이 아닌 인간이 만든 것이라는 생각이 널리 퍼지게 되는 것은 모스의 오모리패총 조사 이후의 일이다.[2] 모스는 신흥국인 미국에서 '진보'라는 관점과 진화론을 익히고 일본으로 건너와 오모리패총을 조사하였다.

오모리패총 조사 결과, 일본에도 '석기시대'에 주민이 살았음이 확인되었다. 그 이후 1907년 나고야(名古屋)시 아츠다(熱田)패총에서 야요이(弥生)토기를 만들던 사람들도 석기를 사용했다는 것이 확인되기까지,[3] '석기시대'는 '조몬시대'와 같은 의미로 사용되었다. 그리고 '일본 석기시대인'의 본질에 대한 논쟁이 반세기 가까이 지속된다. 소위 '인종논쟁'[4]의 시대이다. '일본 석기시대인'이 아이누인지 아닌지를 둘러싼 논의가 계속되었다. 여하튼 '일본 석기시대인'을 '선주민'으로 보는 데에는 변함없었다.

모스는 "세계 각지의 패총이 많은 공통점을 가지는 한편, 각각 상이한 특징을 가지고" 있고, "그 유사성은 원래 패총이 (중략) 해변가에 살면서 연체동물과 물고기 등 손에 넣기 쉬운 음식물을 획득하던 야만인의 쓰레기장이라는 사실"이라고 지적하였다. 계속해서 세계 각지의 패총에서 출토되는 석기, 골각기, 토기의 공통성을 지적한 후, 덴마크와 뉴잉글랜드의 패총 출토품, 오모리패총 출토품의 특징을 지적하였다.[5] 모스는 오모리패총을 세계 각지에 존재하는 패총의 하나로, 즉 보편적인 발전단계인 석기시대 유적으로 자리매김하려 했다. 이와 반대로 '인종논쟁'에서는 일본 석기시대인의 본질만 문제가 되었다.

모스는 세계 각지의 패총이 각각 고유한 특징을 가지고 있고, 동시에 패총을 남긴 사람들에게는 공통된 생활모습이 있다고 생각하였다. '각각 상이한 특징'과 함께 '공통된 다수의 특징'이 있다고 보는 사고는 생물학에서의 이명명법(二命名法) 원리—공통된 특징을 가진 부류의 명칭[屬名]과 그 속의 고유한 특징을 나타내는 명칭[種名]을 부여하는 것—와 같은 것으로 동물학자인 모스에게는 극히 당연한 일이었다. 그러나 이러한 일정한 질서와 수순에 따라 관찰한 사실을 정리하는 방법이 일본 연구자에게 계승되지 못했다.

모스에게는 오모리패총을 남긴 사람들의 인종과 종족을 검토하는 것보다 그들이 덴마크와 뉴잉글랜드의 패총을 남긴 사람들과 마찬가지로 신석기시대 사람들이라는 것이 더욱 큰 의미가 있었다. 이 생각을 발전시켰다면 일본의 석기시대가 어떠한 시대였는가라는 방향으로 연구가 진행될 수 있었을 것이다. 그러나 『오모리패총』 이후의 논의는 다른 방향—소위 '선주민족'의 종족과 인종에 대한 천착—으로 흘러가 버렸다. 쓰보이 쇼고로(坪井正五郎, 1863~1913)의 생각과 방법이 강하게 영향을 미친 것이다.

쓰보이는 인류학을 자연과학이라고 보고 과거를 취급할 때에도 판단의 근거를 현재 자료에서 찾아야 한다고 생각했다.[6] 아이누의 구전·석기시대 유물·미개인의 습속을 고로봇쿠루[*1]의 풍습을 추정하는 실마리로 보고, 그중에서도 미개인의 습속이 결정적 근거라고 하였다.[7] 반면 유물을 관찰하고 검토하는 것을 별로 중요시하지 않았다. 유물은 '역사적 재료'로 그것을 취급하는 '역사적 방법'에는 해석과 판단에 애매함이 있을 수밖에 없다. 현재 재료를 취급하는 '인류학적 방법'에는 그러한 애매함이 없기 때문에, '인류학적 방법'이 '역사적 방법'보다 뛰어나다는 것이 쓰보이의 생각이다.[8]

쓰보이는 유물을 정밀하게 관찰하고 비교하기 전에 눈에 띄는 표면적 특징만을 '현존하는 미개민의 행위'와 결부시켜 해석하였다. 쓰보이는 이 방법을 "일반적으로 인종조사에 필요한 순서"[9]라고 불렀는데, 표면적 특징의 이면에 숨어 있는 사실을 놓치고 있음을 알아채지 못하였다. 이러한 약점은 '차광기(遮光器)'와 '입술장식'[10]을 해석할 때 잘 드러난다. 이 생각과 방법을 받아들인 도리이 류조(鳥居龍藏)도 아이누설을 주장하였다. 이처럼 '인종논쟁'에서 유물을 취급하는 원리와 방법은 전혀 문제되지 않았고, 그 원인은 쓰보이의 '인종조사 순서'에 있다.

쓰보이는 영국유학에서 귀국한 해인 1892년 12월 23일 니시가하라(西ヶ原)패총 조사를 시작으로 1893년부터 1894년까지 와카바야시 카츠쿠니(若林勝邦)·야기 소자부로(八木奘三郎), 오노 노부타로[大野延太郎(大野雲外)], 시모무라 미요키치(下村三四吉), 사토 덴조(佐藤傳藏) 등을 동원하여 집중적으로 패총을 조사하였다. 쓰보이는 모스의 업적을 뛰어넘고자 하였다. 이러한 분위기 속에서 "쓰보이 쇼고로가 니시가하라 패총을 발굴하고 나서부터 우리나라 석기시대의 연구가 더욱 정밀해져, 종래의 연구를 일신시켰다"고 평가[11]하거나, 모스와 이지마 이사오(飯島 魁)·사사키 츄지로(佐々木忠次郎)의 보고에는 "패총 내부의 퇴적층과 유물의 관계가 어떤지 전혀 기록되지 않았다"[12]는 비판이 생겼다.

쓰보이가 제국대학 교수로 취임한 1893년 전후는 도쿄시내 가정용 전기의 보급, 도카이도(東海道)본선의 개통, 기타사토(北里)전염병연구소의 창설, 시모세(下瀬)식 화약의 개발, 국산 기관차의 제조 개시, 도호쿠(東北)본선의 전노선 개통 등 메이지(明治) 정부가 진행시킨 공업화 정책의 구체적인 효과가 나타나던 시기였다. 사람들 사이에 기술적·경제적 발전에 대한 자신감이 널리 퍼졌다. 쓰보이는 학생시절부터 와타나베 히로모토(渡辺洪基)와 기쿠치 다이로쿠(菊地大麓) 등 대학 수뇌부의 특별한 배려를 받았고, 제국대학 교수로 임명되면서 학문 분야에서도 이러한 의식을 돋우어야 하는 입장에 서게 되었다. "재료수집으로 분주하던 시기는 지나고", "사실에 대한 밑그림을 그리고 싶다"[13]는 발언은 이러한 사정과 무관하지 않을 것이다.[14]

이러한 상황에서 쓰보이는 "우리 일본인의 선조는 어떠한 생활을 하였을까? (중략) 다른 민족과는 어떠한 관계를 가졌으며, 일본 땅에는 우리의 선조가 제일 먼저 거주하였을까? 또는 이미 다른 민족이 살았을까? 만약 다른 민족이 있었다면 어떤 인종이고 (중략) 어떻게 지금에 이르렀을까?"[15]라는 문제를 제기하며 '고로봇쿠루설'을 주장하였다. 한편 "유럽의 일부 지방에서 삼시대 변천이 보이지만, 단순히 그 지방에서 우연히 그러한 변천이 있었음을 보여 주는 증거일 뿐", "이기(利器)의 원료가 무엇인지 아직 모르고 이를 사용하는 사람의 정체를 판단하기에 충분하지 않다"[16]고 단언하였다.

쓰보이는 석기·청동기·철기라는 시대구분을 그대로 일본에 적용할 수 없음을 인식하였다.[17] 마찬가지로 석기를 사용하던 사람들 중에서도 '개화의 정도'가 달랐음을 알았다.[18] 그는 삼시기 구분과 같은 일반적인 원리, 석기시대와 같은 보편적인 단계를 끌어들여도 일본의 석기시대인이라는 개별 문제를 해결할 수 없다고 생각했다. 그 판단이 틀렸다고 할 수 없지만, '석기시대인의 상호관계'를 밝히는 수단으로 '일반적인 인종조사에 필요한 순서'를 선택한 잘못을 되돌릴 수 없다. 도리이 류조도 동일한 전철을 밟을 정도로 쓰보이의 학문을 충실하게 따랐다. 이렇게 일본 고고학은 야마노우치 스가오(山内清男, 1902~1970)가 말하는 '50년의 뒤처짐'[19]을 초래하게 되었다.

2. 조몬토기 편년—경과와 반향

'인종논쟁'은 '석기시대 유물을 남긴 사람이 누구인가?'라는 소박하지만 근본적인 의문을 둘러싼 갑론을박이다. 그 와중에 '석기시대는 언제쯤인가?'라는 의문은 그다지 논의되지 않았다.

석기시대의 연대를 파악하려는 연구가 전혀 없었던 것은 아니다. 19세기 말에는 단순하지만 수치에 따른 연대(절대연대—'계량연대'라고 해야 할 것이다)와 서열에 따른 연대(상대연대—'서열연대'라고 해야 할 것이다)가 제시된 바 있다. 존 밀른(John Milne, 1850~1913)은 도쿄의 고지도에 나타난 해안선을 비교하여 오모리패총의 연대를 2,600년 전쯤으로 추정하였고,[20] 야마사키 나오마사(山崎直方)는 당시 충적평야에 위치하여 문제시되던 도쿄도 나카자토(中里)패총의 입지와 층서를 검토하여 도쿄 주변의 패총 연대를 플라이스토세(Pleistocene) 말기에서 홀로세(Holocene) 초기로 추정하였다.[21]

토기형식을 편년하는 시도도 있었다. 모스도 오모리패총 출토 유물 속에 다른 시기의 유물이 포함되었을 가능성을 인정하였고, 사사키 쥬지로도 오카다이라(陸平)의 토기가 오모리보다 늦다고 생각하였다.[22] 1890년대 중엽에는 '석기시대 토기'('패총토기')에 오모리·오카다이라·모로이소(諸磯) 3종류가 있음이 확인되었다. 그러나 연대가 다르기 때문에 토기형태도 변한다고 공언한 사람은 야기 소자부로·시모무라 미요키치뿐이었다.[23] 도리이 류조는 신고(新郷)패총에서의 경험을 바탕으로 유물의 시간적 변천을 전면 부정하였다.[24] 그동안 대부분의 사람들은 결단을 내리지 못하였다.[25] 쓰보이를 정점으로 하는 19세기말 일본의 고고·인류학계는 야기와 시모무라가 지적한 유물의 시간적 변천이라는 해석을 계속 기피하였다.

패총에서 출토되는 유물의 변화는 층서 확인, 형식 설정, 층서와 형식의 관계를 통해 밝힐 수 있다. 도리이가 조사한 신고패총을 시작으로 시이츠카(椎塚)·아타마다이(阿玉台)·우키시마(浮島)[26]의 보고서에는 약식이지만 패총 단면도가 실려 있고 간단한 층서 설명도 있다. 오모리·오카다이라·모로이소라는 구별은 대략적이지만 형식학적 구분임에 틀림없다. 원자료를 확인해야겠지만, 이들을 시기차로 볼 수 없었던 원인은 층서와 형식의 관계를 확인할 수 없었기 때문일 것이다. 이는 아마 형식차를 파악할 수 있는 단서가 층서에서 확인되지 않았거나 단서가 되는 특징을 인지하지 못했든가 둘 중의 하나일 것이다.

층위[27]를 구분하고 그 서열 속에서 형식차에 따른 특징 변화를 확인하는 작업은 마츠모토 히코시치로(松本彦七郎, 1887~1975)의 미야기(宮城)현 다카라가미네(宝ヶ峯) 유적 조사[28]를 통해 비로소 실현된다. 마츠모토는 하층에 사행(斜行)승문이 많고 상층에 우상(羽狀)승문이 증가하는 점, 연대가 늦어질수록 두께가 얇은 토기가 증가하는 점을 확인하였다. 다카라가미네에서는 인위적으로 약 20cm씩 구분하여 유물을 수거하였지만, 직후의 미야기현 사토하마(里浜)패총 조사[29]에서는 퇴적물의 특징도 고려하였다. 미국식 분층발굴에서 현재 일본에서 주류를 점하는 방법으로 전환된 것이다.

야마노우치 스가오는 야와타 이치로(八幡一郎, 1902~1987), 고우노 이사무(甲野 勇, 1901~1967) 등과 더불어 조몬토기 편년에 착수하여 편년망을 완성시키는 데 생애를 걸었다. 야마노우치는 마츠모토의 편년틀[30]을 재편성했을 뿐만 아니라 형식내용도 수정하였다. 마츠모토는 기종 및 기형, 문양대의 특징, 승문의 시문수법, 두께, 저부 특징, 토기 규격(저경) 등의 요소를 기준으로 한 층 내의 비율을 관찰하여 '식(式)'을 설정하였다.[31] 몇 개 요소의 비율이 변할 때마다 '형식(型式)'을 설정하게 되므로 이 '형식'은 자료의 양적 측면을 중시한 것이다. 야마노우치는 마츠모토의 형식을 특정 요소의 유무—질에 따른 형식—로 바꾸었다. 그 차이는 야마노우치의 편년이 성립되는 과정—'섬유토기' 분류와 편년방법—에서 알 수 있다.

야마노우치의 작업은 막연하게 모로이소식이라고 불리던 토기가 태토에 섬유가 포함된 것과 포함되지 않은 것으로 구분된다는 사실을 발견하면서 시작된다. 그리고 외견상으로는 모로이소식과 전혀 닮지 않은 도호쿠지방의 원통토기도 섬유가 혼입된 것과 그렇지 않은 것으로 구별되고, '섬유토기'는 섬유가 혼입되지 않은 토기보다 하층에서 출토되는 것을 확인하였다.[32] 그 후 '섬유토기'를 '내면에 조흔(條痕)이 있는 형식'과 '내면에 조흔이 없는 제 형식'[33]으로 세분하고, 첨저와 환저 토기를 '내면에 조흔이 있는 형식'과 '승문 이전·섬유 이전'의 형식[34]으로 계속 세분하였다.

당시 학계에서는 야마노우치가 완성한 '편년망'에 대해 반발하는 등 당혹감을 감추지 못했다. 기타 사다키치(喜田貞吉)는 조몬토기가 동일본과 서일본에서 거의 동시에 종말을 맞이한다는 야마노우치의 발언을 부정하였고, 야마노우치는 이에 대해 다시 반론하였다.[35] 하마다 코우사쿠(浜田耕作)는 "번거롭기 짝이 없다"며 잘라 말했다고 한다.[36] 야마노우치와 같은 세대의 사람들도 나카야 지우지로처럼 부정적인 태도[37]를 보이거나 미야사카 후사카즈(宮坂英貳)처럼 두 입장의 '조화'를 꾀하려는 태도[38]를 취했다. 또한 아카기 키요시[赤木 淸(江馬 修)]처럼 편년의 의의를 평가하면서도 "형식적 사물학으로부터 탈피하지 않았다"고 비판하기도 하였다.[39] 야마노우치를 지지하던 연구자들은 세리자와 쵸스케(芹沢長介), 가마키 요시마사(鎌木義昌), 요시다 이타루(吉田格), 에사카 테루야(江坂輝弥) 등의 젊은이들뿐이었다.

사하라 마코토(佐原 眞)는 "야마노우치 선생의 편년이 완성되기 전, 예를 들어 쓰보이선생과 도리이선생 시대에 지금과 같은 여세로 개발이 시작되었다면, 고고학은 엉망이 되었을 것이다!"라고 하였다. 야마노우치의 편년이 오늘날의 조몬연구에서 없어서는 안 될 토대임을 단적으로 지적한 것이다. 그만큼 우리는 야마노우치·야와타·고우노의 지적이 타당하다는 사실을 확인하고 그 업적을 평가하기 쉽다. 오히려 야마노우치의 업적을 인정하지 않으려던 사람들의 논리를 정확하게 분석하는 것이 어렵고, 야마노우치가 해 온 일들을 비판하는 것은 더욱 어렵다. 그러나 고고학적 연구를 수행함에 있어 이 두 작업은 아무래도 필요하다.

야마노우치는 기타와의 논의를 "서로 다른 룰로 싸우는 것 같다"[40]고 하였다. 이

발은 상황을 성확하게 꿰뚫은 것이다. 이 논쟁에서 야마노우치는 기타의 '조사'와 '사실'에 논리적 결함이 있다고 지적[41]하였지만 기타의 신념은 움직이지 않았다. 기타가 제창한 '상식고고학'[42]은『일본서기(日本書紀)』,『속일본기(續日本紀)』 등의 기사가 역사적 사실이라는 신념을 토대로 한다. 기타의 의견은 그 '상식'이 통용되는 범위에서 '합리적'이다. 따라서 그 '상식'을 비판하지 않는 한, 야마노우치가 기타의 주장을 부정할 수 없다. 1930년대 중엽의 일본 사회에서는 그러한 비판이 인정되지도 않았거니와 야마노우치는 문헌사학 연구자도 아니었다. 야마노우치는 "각 지방별로 연대적인 조사를 진행하고, 그 결과를 대비하여 지방 간에 연결시키지 않으면 안 된다"는 전략적 예찰[43]과 방침하에서 확인된 사실을 설명하므로[44] 논의[45]는 평행선을 달리며 끝났다. 다만 이 논쟁이 주관적 동기가 전혀 포함되지 않은 논리적인 성질의 것이라는 점을 주목해야 할 것이다.

도리이 류조의 눈에는 야마노우치의 작업이 "모두가 토기편 단면과 (중략) 윤곽에만 치중하여 (중략) 중요한 부분을 잊고 있다"[46]고밖에 보이지 않았다. 도리이는 마츠모토의 편년도 불만스러웠던 것 같은데, 언젠가 비판하겠다는 취지의 발언을 하였지만[47] 실현되지 못하였다. 이 경우에도 '중요한 부분'의 내용이 무엇인지에 대해서는 한마디도 하지 않았다.

아마 도리이는 젊은 연구자들의 연구에서 '인간'의 모습이 사라지고 있다고 말하고 싶었던 것으로 보인다. 그는 1930년대의 조몬연구에서 편년을 확립하는 것이 정당하게 '인간'의 모습을 파악하는 단 하나의 방법이라는 것을 이해하지 못하였다. 도리이 자신이 '인간'의 본질을 한정할 수 없는 이상, 또는 그 본질이 '토기형식 부족설(部族說)'인 이상, 도리이의 발언은 '인간'을 방패막이로 하여, 자신이 주장한 아이누설이 쓰보이의 고로봇쿠루설과 같은 운명에 처할 것이라는 불안과 초조함에 싸여 있었음을 말해 준다.

아카기 키요시도 '인간부재'를 지적하였다. 아카기의 발언에도 도리이와 같은 초초함이 담겨 있다. 다만 이는 '편년'을 토대로 새로운 '인간'의 모습을 묘사해야 한다― "그들이 생활하던 경제적인 사회 구성의 발전단계를 되짚어 보지 않을 수 없다"[48]―는 초초함이다. 아카기의 발언에 대해 고우노 이사무는 편년에 열중해야 하는 이유를 저자세로 설명하였고,[49] 야와타 이치로는 강력하게 편년의 의의를 주장하였다.[50] 야마노우치 스가오는 끝까지 침묵을 지켰다.

"재료수집으로 분주하던 시기가 지났"다는 쓰보이 쇼고로의 말을 떠올려 보자. 쓰보이는 유물 분포와 편년 체계가 형성되기 전에 이렇게 말했다. 아카기는 조몬토기의 편년 체계가 겨우 형성되기 시작한 시기에 이와 같은 발언을 하였다. 상황이 확실히 변한 것이다. 그러나 어느 쪽이든 초조함이 묻어난다. 쓰보이는 국가정책을 실현시키려고 초조했고, 아카기는 국가정책에 저항하려고 애썼다는 차이가 있다. 일본 고고학이 끊임없이 국가의 힘에 휘둘려 왔던 사실, 그 속에서 연구자가 어떠한 입장을 견지하려고 하여도 연구 현상을 분명하게 파악할 수 없었음을 인식할 필요가 있다.

"언제까지 편년을 계속하는가?"라는 후지모리 에이이치(藤森栄一)의 발언[51]은 아카기와 같은 관점과 연구방법이 근절되지 못했음을 보여 준다. 이 발언은 "토기형식의 세별, 그 연대를 지방에 따라 편성하고 그것을 근거로 토기변천사를 살펴보며, 이에 따라 배열된 모든 문화세목의 연대 및 분포를 편성하고 그것을 음미하는… 등의 순서와 방향"에 따라 '조몬토기 문화의 동태'를 해명하려 한 야마노우치의 전략[52]을 비판하는 것이 아니다.

아카기도 후지모리도 현재의 연구가 어디까지 진행되었는가 하는 점만을 문제 삼았고, 이제는 편년 이외의 것에 눈을 돌릴 여지가 있다고 하였다. 그렇다면 토기형식을 더욱 세분하지 않으면 그런 여유가 없다고 반론할 수도 있다.[53] 이러한 발언이 편년연구를 비판하는 것처럼 보여도 너무 순수하게 편년에 열중하는 연구자들의 열정을 식힐 수조차 없다. 왜냐하면 소위 편년비판은 편년작업과 완전히 동일한 차원의 것으로, 단지 현상(現狀) 판단에 대한 입장차만 있기 때문이다.

지금에 와서 보면, 기타와 야마노우치가 편년을 둘러싼 논쟁의 당사자인 점은 불행이었다. 두 사람의 논쟁에서 『일본서기』 등의 기사를 사실로 인정할 것인가의 여부가 실제 쟁점이다. 그러나 치안유지법(1925년 공포)으로 최악의 경우, 사형선고를 받을 각오가 없으면 공공연히 그 문제를 들먹일 수 없었다. 야마노우치가 편년연구의 큰 원리를 제시하였지만, 토대가 되는 형식을 설정하는 원리와 구체적인 방법을 언급하지 않은 것은 논쟁의 적수가 고고학 전문가만이 아니었다는 점도 한몫한다.

1930년대의 일본에 고고학 전문가가 어느 정도 있었을까? 전문적인 교육이 이루어지던 곳은 교토제국대학(京都帝國大學) 고고학교실(1905년 창설)뿐이었고, 전문적 지식을 필요로 하는 지위도 도쿄·교토 양 제국대학, 고쿠가쿠인(国学院)대학 등의 사립대, 제실박물관(帝室博物館) 감사관 등 매우 소수였다. 전문가 및 권위자로 여겨지던 사람들노 마찬가지지만 자기만의 학습과 경험 죽적 외에 의지할 곳 없는 사람들이 더 많았다.

이러한 상황에서 상대 논쟁자가 고고학 연구자여도 사태는 별반 다르지 않았을 것이다. 야와타 이치로와 오바 이와오(大場磐雄)는 가메가오카(亀ヶ岡)문화가 도호쿠지방에서 성립되었다고 보거나 그보다 남쪽 지역에서 성립하여 도호쿠지방으로 파급되었다고 보는 대립되는 의견을 발표하였다.[54] 그러나 여기에서도 자료에 대한 해석차이만 문제가 될 뿐, 해석을 이끌어 내는 전제와 논리는 방치되고 만다. 게다가 자료를 분석하는 방법 등은 전혀 문제가 되지 않았다.

1930년대의 편년을 둘러싼 논쟁은 형식학과 연대학의 원리·방법·목적을 명확하게 밝힐 수 있는 절호의 기회였다. 그러나 그 기회를 살리기에 사상과 언론의 통제가 엄중하였고, 고고학 연구자는 연구방법의 필요성을 거의 자각하지 못했다. 오히려 야마노우치 스가오의 의식이 너무 전위적이었다고 보는 편이 정확할지 모르겠다. 편년을 둘러싼 논쟁은 그렇게 인종논쟁과 마찬가지로 논리적으로 해결되지 못한 채, 그 해결을 '시간'과 '사실'로 미루게 되었다.

3. 조몬문화의 기원

1930년대 중엽에 야와타 이치로는 일본 석기시대 초기에 박편석기(부분적으로 가공한 것)가 매우 많고, 역핵(礫核)석기와 찰절(擦截)마제석부 등이 추가되지만 마제기술이 현저하지 않다고 지적하였다. 야와타는 이러한 석기의 특징이 마제석기를 중심으로 하는 황하유역과 박편석기와 소수의 마제석기가 공반되는 몽고·시베리아 가운데, 후자의 것과 유사하다고 주장하였다.[55] 그리고 유라시아에 유례가 있는 것으로 '대형 타제석기'·석비(石篦)를 들고, 나가노(長野)현 소네(曾根)유적 출토 석기 가운데 석인으로 생각되는 것에 주의를 기울였다.[56]

이러한 주장에는 조몬토기 편년이 거의 확정되었다고 보는 경향과 일본열도에 구석기문화가 없고 조몬문화가 일본열도 최고의 문화라고 보는 배경이 깔려 있다. 또한 이 시기에 중국·내몽고·시베리아의 정보가 활발하게 소개되면서 일본인들이 조사[57] 하게 된 상황과도 관련 있다. 자료와 정보 수집·발굴조사는 크게 보면 일본의 중국침략과 결부되어 있고, 와지마 세이이치(和島誠一) 같은 반체제 입장의 연구자도 이러한 경향에 휘말렸음을 간과할 수 없다.

조몬문화가 일본 최고의 문화라는 판단은 그 뒤에도 조몬문화 기원문제에 큰 영향을 미친다. 조몬문화 이전의 문화가 존재하지 않는 한, 조몬문화가 대륙의 어디, 어떤 문화의 계통을 잇고 있는지를 밝히면, 언제·어디에서 조몬문화가 일본열도로 들어왔는지 설명할 수 있다. 오로지 '언제·어디에서'가 문제가 될 뿐, '왜·어떻게'라는 문제는 완전히 무시되었다. 이와주쿠(岩宿)의 발견 이후에도 이러한 각도에서 논의가 계속되었다.

이 시기에 야와타와 야마노우치의 의견이 매번 대립하였다. 야와타는 당시에 조몬토기 편년이 거의 완성되었다고 판단하였다. 야마노우치도 1930년대 말에 그러한 의미로 발언하였지만, 새로운 발견 가능성을 경고하고 신중한 자세를 견지하였다.[58] 야와타는 초기 석기와 그 이후 석기의 '현저한 기술적, 형식적 대조'를 강조하였지만, 야마노우치는 조몬시대 동안 이기(利器)에 큰 변화가 일어나지 않는다고 하였다.[59] 야마노우치가 조몬문화를 신석기문화로 판단하였다면, 야와타는 '중석기문화의 양상'으로 보았다.[60]

연구 단계를 파악하는 방법과 연구 방침에서 결정적인 입장차이가 있다. 야와타가 석기 계통을 비교한 것은 당시 발견된 것 중에서 가장 오래된 토기를 최고의 조몬토기라고 믿었기 때문일 것이다. 야마노우치는 조기 토기의 "조몬식과 동떨어진" 특징을 인정하면서, "지방차, 연대차가 나타내듯 상당한 분화가 발생하고,… 조몬적 발달"을 보여 준다고 지적하였다.[61]

이 발언의 핵심은 현재 발견된 가장 오래된 토기보다 더 오래된 토기가 있을 수 있다는 점이다. 여기에서 층위적 사실을 형식 분석으로 검토하는 작업, 예측하기 위한 수단으로써 '대별'의 필요성이 부상한다. 그러나 자료 분포와 양 등에 제약이 있다는 점을 고려해야겠지만 1940년대부터 1960년대까지 계속해서 미지의 토기가 발견되어 최고 토기가 계속 바뀌는 가운데 이 지적은 잊혀지게 된다.

이러한 상황에서 에사카 테루야의 '조몬문화 이원론'처럼 새로운 재료를 일반적인 수단으로 처리하는 의견도 나타난다.[62] 여기에서는 당시의 가장 오래된 토기의 특징과 분포가 계통론과 결부되어 기원문제와 계통문제가 혼동되었다. 나카야 지우지로는 "유물에 나타난 문화권, 문화의 전파"가 고고학 유일의 "실제적 명제"라고 주장하였다.[63] 이 주장이 어떠한 결과를 초래했는지 에사카의 주장을 통해 알 수 있다.

아와타와 야마노우치의 내립은 1960년대에 늘어서면서 재현된다. 이와주쿠유적이 발견되고 무토기문화가 확인되면서 세리자와와 쵸스케는 연사문(撚絲紋)토기·압형문(押型紋)토기와 공반하는 석기와 무토기문화의 석기를 비교하여, 그 사이를 메우는 것으로 다시금 소네유적의 석기에 주목하였다. 세리자와는 소네유적의 소형석기—특히 '조잡한 석핵'과 스크레이퍼에 주목하여 "조몬문화와는 다른 무토기문화 전통에" 포함시켜야 한다고 결론 내렸다.[64] 야와타와 세리자와의 방침과 결론은 석기 비교를 통해 조몬문화 기원과 계통을 밝히려 했다는 점, 소네유적 석기를 조몬문화 석기와 다른 이질적인 것으로 보았다는 점에서 일치한다.

그 후 세리자와는 세석인문화를 확인하고, 일찍이 예측한 것처럼 이는 조몬문화와의 사이에 위치한다고 판단하였다.[65] 그리고 나가사키(長崎)현 후쿠이(福井)동굴 조사결과를 바탕으로 규슈의 세석인문화에서 융선문토기가 출현하고, 혼슈에서는 동일한 융선문이 유설첨두기(有舌尖頭器)와 공반한다고 지적하였다.[66] 세리자와는 세석인의 연대를 플라이스토세 말부터 홀로세 초기로 추정하였다.[67] 후쿠이동굴 제II–IV층의 방사성탄소연대는 이 추정과 일치하고 나츠시마(夏島)식과 비교해도 일치한다. 이렇게 규슈의 세석인문화 시기에 등장한 토기가 시코쿠와 혼슈로 전해져 유설첨두기와 융선문토기의 조합이 완성된다는 해석과 초기의 토기는 융기선·조형(爪形)·압압(押壓)승문 순으로 변한다는 생각[68]이 학계에 널리 퍼지게 된다.

한편 야마노우치는 사토 타츠오(佐藤達夫)와 함께 새로운 대별 단위를 설정하여 초창기로 명명하였다. 융선문·조형문·새끼줄의 측면압흔 등 '고문양대(古紋樣帶)'를 가지는 토기와 더불어, 압형문 이전의 모든 형식이 초창기에 포함된다.[69] 그리고 식인(植刃), 단면 삼각형의 추 등 '고문양대' 토기와 공반하는 석기에 주목하여 "원래 지역에서 이용되던 석기 형태를 그대로 보유하고 있던 것"[70]이라고 주장하였다.

야마노우치와 사토는 조자쿠보(長者久保), 미코시바(御子柴) 등의 석기군을 토기가 없는 신석기문화(무토기문화)로 보고 초창기에 보이는 국부마제석부, 석창, 소기(搔器) 등을 무토기문화에서 이어진 요소라고 설명하였다.[71] 야마노우치는 국부마제석부가 바이칼 편년의 이사코보(Isakovo)기 이전에 보이지 않는 점, 초창기에 보이는 화살대[矢柄]연마기의 연대 그리고 북유럽과 일본열도의 해진 및 해퇴의 주기 대비를 근거로 하여 초창기의 시작은 기원전 2500년이라고 하였다.[72] 세리자와가 추정한 토기의 출현 연대와는 5,000년 넘게 차이난다.

세리자와의 의견에서는 세석인기법 시기에 토기가 출현하는 점이 토기가 오래되었음을 증명하는 결정적인 근거이다. 세석인기법의 종말은 단적으로 말해서 구석기의 종말을 의미하므로 이보다 오래된 토기를 찾는 것은 의미 없는 일이 된다. 세리자와는 토기의 출현을 석기로 증명하려 했고 야마노우치도 동일한 입장에 있었다. 초창기 연대에 대한 결정적 단서는 토기가 아니라, 대륙에서 도래한 석기였다.

야마노우치는 이 사태에 대해 "그러나 토기는 지방적인 변화가 나타나기 쉽고, 석기만큼 용도에 따른 형태차가 크지 않다. 토기는 동일한 근원을 가지고 있거나 그렇지 않을지도 모른다"[73]고 설명하였다. 야마노우치가 토기 자체를 분석하여 가장 오래된 토기를 결정하는 방침을 버린 것처럼 보인다. 사토 타츠오는 니가타(新潟)현 고세가사와(小瀬ヶ沢)유적 등의 자료를 통해 독자적인 편년을 발표하지만 거의 주목받지 못했다.[74] 1980년대에 들어서, 오츠카 타츠로(大塚達朗)는 초창기 토기를 형식론적으로 검토하지 않아 두립문 소속문제로 대표되는 초창기 편년에 혼란이 일어났다고 지적하였다.[75]

조몬문화를 신석기문화로 보려는 야마노우치의 입장은 1930년대부터 만년까지 변하지 않는다. 아마 서아시아에서 성립한 신석기가 유럽으로 파급되고 유럽 각지에 정착하면서 발생한 변화과정이 모델이 되었을 것이다.[76] 세리자와는 유럽, 특히 영국의 구석기에서 중석기로의 변천·신석기의 수용 과정을 모델로 삼았다.[77] 토기 출현이라는 사건을 야마노우치는 아시아대륙에서 성립된 신석기문화가 각지로 전파되는 하나의 예로 파악하였고, 세리자와는 플라이스토세 말기에 세석인기술을 창출하는 변화 속에서 토기가 발명되어 그것을 받아들이는 조건이 갖추어져 있었다고 생각하였다.

클라크(J. G. D. Clark)는 신석기의 앞 단계로서 중석기의 의의를 강조하는 자신과 신석기혁명과 그 파급효과를 강조하는 차일드(Vere Gordon Childe) 사이에 입장차이가 있다고 보았다.[78] 우리는 차일드와 클라크의 입장처럼 야마노우치와 세리자와의 논쟁에서 한 사건의 배후에 있는 외부로부터의 새로운 영향(외적 요인)과 이미 있던 조건(내재적 요인)을 어떤 방법으로 파악하고 어떻게 평가하는지를 배워야 한다. 방사성탄소연대측정치를 신뢰할 수 있는가? 고고학의 연대결정 방법으로 계량연대(절대연대)와 서열연대(상대연대)의 어느 쪽을 선택할 것인가는 본질적인 문제가 아니다.

곤도 요시로(近藤義郎)는 이와주쿠의 발견 후에야 비로소 "사람들이 어디에서 일본열도로 들어왔는가라는 단순한 문제처리 방법"으로는 조몬문화의 기원문제를 해결할 수 없다고 하였다. "조몬문화란 도대체 무엇인가?… 조몬문화가 형성되기 위해서는 어떤 조건하에서 어떠한 일이 일어났는가?"에 대답해야 한다고 주장하였다.[79] 이나다 타카시(稲田孝司)가 석기 제작 기술의 변질·배경·효과를 통해 구석기의 종말과 조몬의 개시를 파악하려 했던 것도 곤도가 지적한 문제에 대한 대답이라고 할 수 있다.[80] '조몬문화란 무엇인가?'라는 문제는 바로 일본 역사 속에서 조몬문화·조몬시대가 어떠한 의미를 가지는가? 그 성격을 어떻게 파악해야 하는가라는 문제이다.

4. 조몬사회론과 조몬문화론의 흐름

와지마 세이이치는 1948년에 「原始聚落の構成」을 발표한다. 와지마는 이 논문에서 "이런 중요한 과제가… 정면에서 문제시되지 않았다는 사실에 고고학도의 한 사람으로서 책임을 느낀다"고 하였다.[81] 이러한 지적의 이면에는 "… 특수 유물의 연대추정, 양식·제작기술·장식연구 또는 미술적 감상 … '문화' 등에만 중점을 두고, … 사회조직에 대해 전혀 고찰하지 않는 듯한"[82] 고고학계의 상황이 있었다. 고토 슈이치(後藤守一)는 고고학의 연구대상이 "풍속, 제도, 문물, 기능 등의 문화 사상이지 그것만으로 직접 정치사, 경제사 등의 연구를 시도해서는 안 된다"[83]고 하였다(방점 필자). 이 발언은 이러한 상황을 만들어 낸 연구자의 자세를 속속들이 드러내는 것이다.

1920년대 후반의 일본 고고학계는 자료로부터 바로 얻을 수 있는 것에서 한 걸음도 더 나아가려고 하지 않는 실증주의적 입장이 주류를 이루었다. 학문의 성장과 더불어 그때까지 자료를 취급하던 방법에 대한 반성의 움직임이 일어난 것은 사실이다. 앞서 소개한 쓰보이 쇼고로처럼 유물의 표면적인 관찰을 통한 추론에서 벗어나, 객관적인 관찰과 기술(記述)의 필요성이 강조되었다.[84] 그러나 이러한 사실만으로는 자료 추종주의라고도 불리는 입장이 생겨나는 배경을 설명하기에 충분하지 않다.

야마노우치 스가오는 『日本遠古之文化』 집필 시 "문구에 세심한 주의를 기울였다"고 한다.[85] 이토 노부오(伊東信雄)는 지도교수로부터 단어와 문장을 하나하나 수정받고 나서야 일본 국가의 기원을 논한 졸업논문을 겨우 제출하였다고 한다. 왜 이러한 일이 일어났을까? 천황만이 무한의 권력을 가지고, 국민의 고유 권리를 인정하지 않는 국가제도하에서 천황과 민족의 유래를 사실에 근거해 생각하고 발표하는 자유는 제한되어 있었다. 어떻든 1925년 이후가 되면 천황을 지배자로 하는 국가제도와 사유재산제에 대한 비판적인 언론과 행동을 처벌하는 치안유지법이 제정된다.

일본의 역사가 세계 여타 지역과 동일한 발전과정을 거친다고 지적하기만 해도 치안유지법 위반으로 수사를 받고 구금되기에 충분한 이유가 되었다. 특별고등경찰은 1926년부터 1945년까지 20년간 50,000명의 국민을 체포하였는데 고고학 분야에서도 와지마 세이이치와 아카마츠 케이스케(赤松啓介) 등이 희생양이 되었다. 이 체제가 '패전'과 함께 폐지된 것은 아니다. 철학자 미키 키요시(三木 清)처럼 형무소에 수감된 채 천황의 '무조건 항복'*2이 있고 나서, 41일 후 생명을 다한 경우도 있었다.[86] 야마노우치도 이토도 천황이 통치하는 국가 안에서 연구 결과를 발표할 자유를 빼앗겼다. "정치사, 경제사 등의 연구를 시도해선 안 된다"는 고토의 발언도 치안유지법에 대한 두려움이 나타난 것이다.

실증주의적 입장은 국가가 국민의 사상에 노골적으로 간섭하여 연구자의 연구 목적과 관심을 국가가 허용하는 범위내로 제한하고, 그것을 당연한 것·정당한 것이라고 세뇌시키는 역할을 하였다. 조몬시대 사회의 성격을 화두로 삼은 것은 와타나베 요시미치(渡部義通)가 편집한 『日本歷史敎程』 등 극히 소수의 사적유물론 출판물 정도이다. 네즈 마사시(禰津正志)는 「原始日本の経済と社會」에서 조몬시대가 "생산력이 낮아 계급분화 즉 사람에 의한 사람의 수취(收取)가 나타나지 않았던 시대"라고 하였다.[87] 고고학 입장에서 이 논문의 의의를 적극적으로 평가한 것은 내가 아는 한, 와지마 세이이치 단 한 사람이다.[88] 위에서 인용한 와지마의 발언은 이러한 배경을 업고 있다.

와지마가 「原始聚落の構成」에서 제기한 의견은 그 후 조몬취락론의 토대가 된다. 조기의 소규모·불안정한 취락이 전기가 되어 안정화되고, 중기·후기를 거쳐 확대된다. 규모의 확대와 더불어, 중앙에 광장을 두어 그 주위에 주거 등의 시설을 배치하는 원칙이 생겨나고 조몬시대를 통틀어 이 규제가 유지된다. 이러한 현상에는 조몬사회의 생산력 발전과 씨족공동체의 성격이 투영되어 있다.[89]

와지마는 조몬 조기에 이미 생산용구가 상당히 발전하고 차츰 질적 변화가 나타난다고 보고, 인구 증가가 조몬시대 생산발전의 주된 요인이라고 추정하였다. "노동력의 효율적·합리적 사용"의 필요성이 생기자, "광폭한 자연" 앞의 "약소한 집단"인 "취락은 견고한 통일체"로 생산의 주체가 된다. 그 결과 "하나하나의 주거*3와 그 성원이 각각 독립된 형태로 기능을 수행하는 것은 주로 생활의 후생이라는 면"에 한정된다. 따라서 "주거지의 화덕으로 대표되는 한 세대가 만약 한 가족을 구성하였다 하더라도 그것을 고대·중세·근세 사회의 가족과 동일시하는 것은 그 기능의 가장 본질적인 부

분을 잃어버리는 것이 될 것이다"라고 경고하였다.[90]

도마 세이타(藤間生大)도 와지마와 동일한 입장에서 조몬시대 사회와 문화를 평가하는 논문을 발표하였다. 도마는 자연조건에 좌우되는 "참혹한 생활환경" 속에서 나타나는 "사회의 정체성"과 "문화 및 문화발전 방식의 동일성"이 조몬사회 특징이라고 하였다.[91] 그러나 만기가 되면 그 동일성이 사라지고 도호쿠지방에는 복잡하고 화려한 가메가오카식토기가, 간토와 규슈에서는 간소하고 획일적인 토기가 제작된다. 이 차이는 "문화발전 방식"이 "두 갈래의 길"로 나누어지게 된 결과인데, 도마는 이를 "일본열도의 씨족사회 파탄"으로 보았다.[92]

도마는 "가메가오카의 정교함과 화려함은 채집경제에서 벗어나지 못하고, 한 곳에 정체된 사회가 만들어 낸 정교함과 화려함이다"라고 평가하였다. 이와 대조적으로 간소화, 획일화의 경향을 보여 주는 간토지방 이서의 토기는 "언뜻 보기에는 빈약한 것 같아도 장래 발전할 힘을 내재하고 있다." 도호쿠지방의 사회는 풍부한 자원과 그 속에서 발달한 기술을 보유하면서도 유연성을 상실해 버렸다. 이에 비해 서일본 사회는 석기와 토기 제작을 간소화하면서 새롭게 도입된 '원시농경'에 온 힘을 집중하여 분업체계마저도 변화시키려 하였다는 것이 '문화발전 방식'의 '두 갈래의 길'이라고 설명하였다.[93]

와지마와 도마는 일본의 원시·고대 역사 속의 한 단계로 조몬시대를 자리매김했다. 조몬시대의 사건과 그 속에서 피어난 사물을 서술하는 것이 목적이 아니다. 조몬시대의 생산방식이 사회구조에 어떠한 영향을 미치고 어떠한 특징을 표출시켰는지를 설명하는 것이 목적이었다. 그러기 위해서는 다양한 현상과 사건을 정리하여 추상화시키고 생산발전과 그에 수반되는 사회 변화를 서술해야 한다. 다양한 사건과 사물은 이 움직임을 설명하는 데 필요한 만큼 활용된다. 1950년대부터 1960년대 중엽까지는 이러한 입장에 선 조몬사회론의 전성기였다고 할 수 있다.

1960년대에 들어오면 이와 다른 경향이 나타난다. 쓰보이 키요타리(坪井清足)의 「조몬문화론」[94]을 예로 들 수 있다. 쓰보이는 대만의 야미족이 먹을거리의 종류, 성별과 연령에 따라 식기를 분리해서 사용하고, 식기 형태와 장식이 그 구별을 나타내며 먹을거리의 종류·연령·성별에 따른 금기를 지키는 기능을 하였다고 소개하였다. 그리고 후기부터 토기에 현저하게 나타나는 정성스런 장식을 여기에 오버랩시켜 금기가 번거롭고 까다로운 규칙이 된 결과일 것이라고 설명하였다. 비실용적인 석기, 현재 용도를 알 수 없는 골각기, 발치 등도 금기의 하나라고 설명하고 조몬사회를 "주술이 지배하는 사회"라고 불렀다.[95]

곤도 요시로는 같은 내용을 "원시공동체적인 제 관계가 고도로 발달하는 것은 필연적으로 요구된 사회의례와 금기 등의 복잡화에 대응한 현상"이라고 설명하였다.[96] 쓰보이의 설명이 훨씬 이해하기 쉽다. 이를 전후하여 출판된 세리자와 쵸스케의 『石器時代の日本』도 1987년에 출판된 사하라 마코토의 『大系日本の歴史1・日本人の誕生』도 마찬가지로 알기 쉽다는 매력이 있다.

조몬 종말에 대한 문제는 토기 편년·계통·분포에 비중을 많이 둔다. 먼저 동서 일본의 만기 종말이 거의 동시기인가? 야마노우치 스가오가 생각한 것보다 큰 차이가 있는가? 온가가와(遠賀川)식토기의 분포, 기나이(畿内) 만기에 공반하는 가메가오카식토기의 시기, 공자문(工字紋)의 계통 등을 들 수 있다. 쓰보이는 계속해서 도호쿠지방과 서일본, 이 사이에 있는 지역의 토기가 각각 독자적인 모습을 간직하고 있음을 소개하고 그 전통이 야요이 중기까지 이어지는 양상을 "각 지역이 … 각 지역의 자연환경에 적응한 독자적 생활을 영위하였음을 보여 주는 것"이라고 해석하였다. 또한 "각 지역의 자연환경에 적응한 독자적 생활"의 내용을 야마노우치 스가오의 연어·송어론, 오카야마(岡山)현 마에이케(前池)의 견과류 저장고를 예로 들어 설명하였다.[97]

곤도의 기술내용 중에서도 이와 중복되는 부분이 있다. 곤도는 "수렵채집경제의 모순"·이를 회피하는 수단으로서의 "금기, 의례, 주술 등 공동체적 규제의 강화"·"생산경제에 대한 강한 요구의 내재"·수렵경제의 모순과 그 지역성·동서 일본의 유적 분포 밀도의 차·토기와 주술적 물건에 보이는 지역차를 지적하고, 도마의 '두 갈래의 길'과 거의 동일하게 설명하였다.[98] 조몬의 종말과 야요이의 개시에 대한 설명으로는 타당하다. 그러나 고고자료에 대해서 쓰보이만큼 상세하게 설명하고 있지 않다. 따라서 독자는 '구체적인 이미지와 별도로' 곤도의 해석과 분석이 성급한 듯한 인상을 받지 않을까?

쓰보이는 민족지·민속학 데이터를 적극적으로 활용하였다. 후·만기 토기의 장식을 설명할 때, 야미족의 식기를 예로 들고 세토나이카이(瀬戸内海) 해의 섬의 근세촌락 인구가 고구마재배를 시작하고 나서 5할 정도 늘었다는 예를 들어 전기를 경계로 하여 환상취락이 성립하는 것을 원시농경의 도입과 결부지었다.[99] 사회·문화에 대한 폭넓은 논의를 하려면, 와지마와 도마 그리고 곤도의 경우처럼 큰 틀이 짜여져 있어도 추성적이면 이해하기 어려운 내용이 되기 십상이다. 독사 입장에서는 구제적인 이미지를 떠올릴 필요가 있다. 민족지에 국한되지 않고 고고학 외 분야의 데이터와 정보를 활용하는 것은 이미지를 떠올리는 데 유효한 방법이다.

물론 이러한 수법에도 문제가 있다. 쓰보이는 고고자료를 설명하는 데 큰 비중을 둔다. 그리고 고고자료에서 한발 떨어져 설명하는 수단으로 민속 예를 이용한다. 하나의 사건이 가지는 의미와 그 사건이 일어나기까지의 대략적 과정을 고고자료를 최대한 이용해서 설명하였는가라는 측면에서 볼 때 충분하다고 볼 수 없다. 토기 장식의 기능을 금기로 설명한 경우를 생각해 보자. 서술과 삽도는 독자에게 토기 장식에 대한 어떤 이미지를 부여한다. 금기라도 상식적인 이미지를 가지고 있다. 그렇다면 독자가 '토기 장식이 금기를 나타내는 것임을 알았다'고 생각하였더라도 엄밀하게 '이해했다'고 할 수 있을까? '토기 장식'이라는 이미지와 '금기'라는 이미지가 결합된 것은 아닐까? '토기 장식'이라는 이미지와 '금기'라는 이미지의 치환이 일어난 것뿐이지 않을까?[100] 안다는 것과 이해한다는 것은 사물과 사건이 성립되는 조건, 그것에 작용하는 규칙을 파악하여 의식 속에 정착시키는 것이다. 그러므로 이미지의 구성·결합·치환은 이해를 돕는 수단이긴 해도 사물과 사건을 이해하는 것과 별개이다. 또한 이미지 치환이 먼저 일어나면, 무언가를 안 것 같은 기분 속에 독자를 방치시키기 쉽다. 알기 쉽다는 것에도 어려운 문제가 포함되어 있는 것이다.

클라크(David Clarke)는 유럽 중석기시대 생업과 '경제적 기반'에 대한 설명이 자기생각과 틀에 박힌 해석으로 이루어져 있고, 리(Richard Lee)와 드보아(Irven DeVore)가 주최한 심포지엄을 기록한 "Man the Hunter"를 통해 근본적인 재검토가 필요하게 되었다고 지적하였다.[101] 일본에서는 "본원적으로 풍요로운 사회"라는 문구에 이끌려서인지 가장 먼저 소개되었다. 사하라 마코토는 제일 먼저 조몬인의 식물성 식료의 중요성을 지적하였다.[102]

수렵채집경제의 불안정함, 그것에서 유래하는 가난한 생활이라는 이미지는 앞서 소개한 와지마와 도마의 조몬사회론의 토대가 된다. 획득경제와 '본원적 궁핍'을 연결하는 틀에 박힌 해석이 이루어져 왔다. 이를 전제로 수렵채집에서 식료생산으로, 조몬에서 야요이로의 전환을 '역사적 필연성'을 가진 사건이라고 보는 해석이 성립된다. 획득경제는 불안정하고, 수렵채집경제는 가난한 생활을 보낸다는 해석이 어떻게 일본 고고학에 뿌리를 내렸는지 살펴보는 것도 재미있는 문제라고 생각하지만 아직 검토해 보지 못했다.

클라크는 이러한 해석이 받아들여지게 된 이유의 하나로 1950년대 중엽까지의 중석기시대 연구에 동식물유체, 사회·생태조건을 활용하지 않았음을 지적하였다.[103] 일본에서도 식료 구성을 구체적으로 밝힐 수 있는 실마리가 전혀 없었다. 가네코 히로마사(金子浩昌)가 지바(千葉)현 오쿠라미나미(大倉南)패총을 조사(1957년)할 때까지 동물유체를 전부 수거하는 경우가 없었기 때문에 동물을 얼마만큼 섭취했는지 추정할 수 없었다. 식물성 식료 이용을 부정하는 의견은 없었지만[104] 구체적인 검토도 전혀 없었다. 이러한 가운데 와타나베 마코토(渡辺 誠)는 영세한 견과류의 출토 예와 식물성 식료의 처리용구를 집성하고 식물성 식료 이용 유무를 복원하려 하였다.[105] 스즈키 키미오(鈴木公雄)는 리(Richard Lee)의 조사결과에 자극을 받아,[106] 식료 획득과 이용 효율을 검토하여 조몬인의 식료자원 가운데 식물성 식료가 큰 비율을 점했다고 지적하였다.[107]

스즈키의 「日本の新石器時代」[108]에는 지금까지 소개한 조몬사회론과 조몬문화론에 비해, 홀로세 초기에서 현재에 이르는 일본열도의 환경(특히 식생), 조몬시대의 인구동태 등에 대한 설명이 풍부해졌다. 이는 1960년대부터 이들 분야(생태학·제4기 지질학·지형학·형질인류학)가 발달하고 고고학과 밀접하게 연계된 결과이다.[109] 지금까지의 내용에서 알 수 있듯이 스즈키는 조몬문화를 지탱했던 요소로 홀로세의 온난화라는 조건하에서 수산·식물 양 자원(특히 후자)에 대한 고도의 이용기술이 발달한 것이라 보고,[110] 이것이 일본의 전통문화와 관련된다고 지적하였다.

간단하게 결론을 이야기하자면 총론 찬성·각론 반대이다(다만 '신석기시대'로 파악하는 등 '총론'의 토대가 되는 부분에 이론도 있다). 해석방법·논지의 전개·결론에 차이가 있더라도 지금부터 필자가 제시하는 논거와 문제에 그다지 큰 차이가 있을 것이라 생각하지 않는다. 공통된 경험이 있으면 사고·판단의 결과에도 공통성이 생기고 적절한 언어를 사용하면 패러다임이 형성되는 것이다.

스즈키는 "동서 조몬문화의 격차를 필요 이상으로 강조할 것 없다"[111]고 하였다. 이 시기의 스즈키의 표현은 미묘하다. "작지만, 한 사람 몫 정도는 한다"[112]는 것이 스즈키가 서일본 조몬문화에 대해 내린 평가이다. 즉 서일본에서도 동일본에서도 조몬인은 같은 환상취락에 거주하고 같은 기술로 같은 도구와 주술적 물건을 제작하였으며, 인구밀도 차이는 유적 분포밀도, 유물의 출토량으로 나타나는 시각적 차이를 강조하는 데 지나지 않는다는 것이다. 이러한 스즈키의 추론은 충분히 논증된 것일까? 만약 일본열도 동서의 '문화' 차이를 양석 차이로 볼 수 있다 하더라도 그 이면에 질적 차이를 고려할 필요는 없을까? 이것이 이 책의 한 테마이다.

조몬문화의 일체성을 강조하는 것은 스즈키의 '기층문화로서의 조몬문화'[113]라는 주장의 전제가 된다. '기층문화'라는 말의 위험과 애매함은 우메하라 타케시(梅原 猛)가 이 말을 잘못 사용해 쓰데 히로시(都出比呂志)가 비판한 것을 보아도 분명히 알 수 있다.[114] 스즈키는 조몬·야요이의 "두 문화는 모두 오늘날 일본문화의 기층을 형성한 중요한 문화이다"라고 하였다.[115] 그러면 구석기는 어떻게 될까? 기층이 아니면 중요하지 않은가라고 말하고 싶지만, 이를 제쳐 두고서라도 하나의 사회가 무엇을 계승하는가 또는 그 이상으로 무엇을 버렸는가 확인하는 것도 사회의 본질을 이해하는 데 중요하다. 지금 우리는 조몬·야요이(나는 구석기도 포함시켜야 한다고 생각하지만) 이후의 전통문화를 무서운 기세로 버리고 있다. 그 잔해의 저편에 내일의 사회상이 비추어져 있지 않을까? 그곳에 축적과 전통에 대한 애착이 남아 있을 여지가 있을까? 성공할지 자신이 없지만 이 책에서는 그러한 입장에서도 조몬시대·조몬사회를 관찰하고자 한다.

5. 결론

조몬연구는 모스의 오모리패총 조사와 더불어 시작된다. 그러나 모스의 귀국 후, 일본인이 모스의 유산을 올바르게 계승하여 조몬연구를 순조롭게 발전시켰다고 할 수 없다. 조몬연구는 오모리패총 이후, 거의 반세기에 걸쳐 선주민의 인종과 종족을 결정한다는 완전히 미지의 목적을 밝히도록 종용되었다. 조몬연구는 모스의 과학적 고고학 세계에서 아라이 하쿠세키의 고증학 세계로 역행해 버린다. 그 원인은 쓰보이 쇼고로의 문제 파악방식과 그의 '인류학적 방법'에 있다.

고우노 이사무·야와타 이치로우·야마노우치 스가오들에 의해 조몬토기 편년과 더불어 본격적인 조몬연구가 시작된다. 그중에서도 야마노우치 스가오는 마츠무라 아키라(松村 暸)·마츠모토 히코시치로의 업적을 철저하게 흡수하여 그 기초위에 독자적인 형식론을 구축하였다. 간토지방을 중심으로 문양대 계통론을 통해 형식의 단계구분과 형식분포권의 세분이 논의되었다. 후술하듯이 몇몇 어려움은 있지만 야마노우치가 예언한 '형식세분의 궁극'을 향한 움직임에 주목하고 싶다.

조몬사회론은 편년론, 형식론과 별개로 등장하였다. 조몬사회의 모습을 그리는 것

이 우리의 목표 가운데 하나임에 틀림없다. 그러나 "편년·형식을 지양하고 사회를"이
라는 것은 통속적 이론에 지나지 않는다. 형식은 우리의 인식 수단이고 편년은 가장 명
쾌한 표현이다. 형식과 편년을 통해 조몬사회의 모습을 그릴 수 있게 되었을 때, 조몬
연구는 비로소 새로운 시대를 맞이할 것이다.

주

(* 표시는 복수의 간본이 있는 경우 인용한 판을 나타낸다.)

1   아라이 하쿠세키는 佐久間洞嚴宛書簡에서 사쿠마(佐久間)에서 보내온 석촉이 숙신(肅愼)의 석노(石弩)에 해당한다고 고증하였고(「白石先生手簡」,『新井白石全集』5: 51-62, 國書刊行會, 1906), 반 노부토모는 「比古婆衣」에서 석봉을 고사기(古事記) 가요에 등장하는 '伊斯都々伊(이시츠츠이)'라고 고증하였다(『伴信友全集』4: 331-332, 國書刊行會, 1907).

2   오모리패총 조사 이전의 유물 고증 및 수집은 中谷治宇二郎,『日本先史學序史』(岩波書店, 1935), 淸野謙次, 『日本考古學·人類學史』(岩波書店, 1950·1951), 齋藤 忠,『日本考古學史』(吉川弘文館, 1974)에 자세히 언급되어 있다.

3   鍵谷德三郞,「尾張熱田高倉貝塚實査」(『東京人類學雜誌』23: 275-283, 1908).

4   '인종논쟁'은 工藤雅樹,『研究史·日本人種論』(吉川弘文館, 1979)에 상세히 기술되어 있다.

5   モース·近藤/佐原譯,『大森貝塚』, pp. 23-28(岩波書店, 1983).

6   坪井正五郞,「人類学の実体と人類学なる名称」, pp. 634, 635(『東洋学芸雑誌』10: 633-637, 1893),「事物変遷の研究に対する人類学的方法」, p. 33(『太陽』1: 31-33, 1895).

7   坪井正五郞,「コロボックル風俗考」, p. 51(『風俗画報』90, 91, 93, 95, 99, 102, 104, 106, 108, 1895, 斎藤忠編,『日本考古学選書·坪井正五郎集 上』,* pp. 50-100, 築地書舘, 1971).

8   坪井正五郞,「事物変遷の研究に対する人類学的方法」, p. 33.

9   坪井正五郞,「コロボックル風俗考」, p. 51.

10 坪井正五郞,「貝塚土偶の面貌の奇異なる所以を説明す」(『東洋学芸雑誌』11: 125-130, 1894,「コロボックル風俗考」, p. 63-64),「日本石器時代人民の口辺装飾」(『東洋学芸雑誌』13: 114-119, 1896,「コロボックル風俗考」, p. 54).

11 八木奘三郞·下村三四吉,「常陸国稚塚介墟發掘報告」, p. 341(『東京人類学会雑誌』8: 336-389, 1893).

12 鳥居龍藏,「武蔵北足立郡貝塚内部ノ状態」, p. 72(『東京人類学会雑誌』* 9: 72-75, 1894,『鳥居龍藏全集』2: 514-516, 1975).

13 坪井正五郞,「本會創立第十一年會にて爲したる演說」, p. 4(『東京人類学会雑』11: 1-6, 1896).

14 문부대신 모리 아리노리(森 有礼)는 1888년(?)에 제국대학 교관이 되는데, 대학 교육을 일본 실정에 맞출 필요가 있다고 지적하였다(大久保利謙編,「森有礼全集」1: 614, 大久保利謙·海後宗臣監修,『近代日本教育資料叢書 人物編』, 宣文堂, 1972). 와타나베 히로모토는 '제국대학령'의 공포와 더불어 경질된 가토 히로유키(加藤弘之)를 대신하여 총장으로 임명된 인물이다(三宅雪嶺,『同時代史』2: 265-266, 岩波書店, 1952). 그 와타나베가 모리의 방침을 무시하였다고 볼 수 없다. 와타나베가 쓰보이를 임명할 때, 일본 실정에 적합한 인류학 교육·연구의 필요성을 지적하였을 가능성이 매우 높다(林 謙作,「鳥居龍藏-その『修業』時代」, p. 91,『北方文化研究』17: 77-102, 1985).

15 坪井正五郞,「日本考古学講義(東京英和学校ニ於テ)」, p. 18(『文』2-8: 9, 1889,『日本考古学選書·坪井正五郎集 上』,* pp. 15-29).

16 坪井正五郞,「石器時代総論要領」, p. 45(『日本石器時代人民遺蹟遺物発見地名表』, 1897,『日本考古学選書·坪井正五郎集 上』,* pp. 43-48).

17 坪井正五郞,「太古と雖も日本種族の石器を実用に供したる証跡無し」(『東洋学芸雑誌』16: 175-177, 1899).

18 坪井正五郞,「石器時代総論要領」, p. 45.

19 이토 노부오는 야마노우치 편년의 골자가 완성된 것이 1929년 5월부터 11월 사이라는 증언을 남겼다(伊東信雄, 「山内博士東北縄文土器編年の成立家庭」, pp. 164-165, 『考古学研究』 24-3 · 4: 164-170, 1977). 이로부터 역산하면 『大森介墟古物編』 간행은 딱 50년 전이 된다.

20 도리이 류조는 쓰보이 쇼고로가 밀른(John Milne)이 계산한 연대의 끝수를 반올림하여 석기시대 연대를 3,000년 전이라 했다고 하였다(鳥居龍蔵, 「ジョン·ミルンの大森貝塚年代考察に就いて」, p. 599, 『武蔵野』 26-1, 1939), 『鳥居龍蔵全集』,* 2: 597-600, 1975). 이는 사실일 것이다. 다만 보르사에(Worsaae,*4 1821~1885)도 초기 저작에서 덴마크에 석기시대인이 출현한 것이 약 3,000년 전이라고 생각하였으므로 쓰보이가 보르사에의 생각을 수용하였을 가능성이 있다(Worsaae, J. J. A., *Primeval Antiquities of Denmark*. p. 35: transl. Thoms, W. J., Johe Henry Parker, 1849).
    Milne, John, Notes on Stone Implements from Otaru and Hakodate, with a few general remarks on the prehistoric remains of Japan. *Transactions of Asiatic Society of Japan*. 9: 389-423, 1880.

21 나카자토패총의 위치는 나가미네 미치카즈(永峯光一)가 알려 주었다. 山崎直方, 「貝塚は何れの時代に造られしや」(『東京人類学会雑誌』 9: 389-423, 1880).

22 모두 사하라 마코토(佐原 真)의 가르침이다. 『大森貝塚』 도판10 · 제5도, 동 · 「해설」, p. 206, 佐原 真, 「日本近代考古学の始まるころ〈モース, シーボルト, 佐々木忠二郎資料によせて〉」, p. 176(『共同研究モースと日本』, 247-277, 小学館, 1988)을 참조해 주었으면 한다.

23 八木奘三郎 · 下村三四吉, 「下總国阿玉臺貝塚發掘報告」, pp. 281-282(『東京人類学会雑誌』 8: 254-285, 1894).

24 林 謙作, 「鳥居龍蔵論ー"土器型式部族説"成立をめぐってー」, pp. 164-166(『縄文文化の研究』 10: 162-170, 雄山閣出版, 1884).

25 쓰보이 쇼고로는 니시가하라패총 자료를 바탕으로 파수의 변천을 추정하였다. 그러나 대립되는 야기와 도리이의 의견 중 어디에 더 편중되어 있었는지 확실하지 않다. 쓰보이도 좌고우면했던 것이다(坪井正五郎, 「他地方發見の類似土器」, pp. 176-179, 『東洋学芸雑誌』 13: 173-179, 1894).

26 佐藤傳藏 · 若林勝邦, 「常陸国浮島村貝塚探究報告」(『東京人類学会雑誌』 11: 106-115, 1894).

27 토양학에서는 토층을 구성하는 물질 차이를 기준으로 하는 단위를 '층리'라 하고, 하나의 층리 내에서 구분되는 것을 '층위'라고 부른다(菅野一郎, 『土壌調査法』, pp. 117-118, 古今書院, 1970). 여기에서는 양자를 합쳐 '층위'라고 부르도록 한다.

28 松本彦七郎, 「陸前国宝ヶ峯遺跡分層的小發掘成績」(『人類学雑誌』 34: 161-166, 1919).

29 松本彦七郎, 「宮戸嶋里濱介塚の分層的發掘成績」(『人類学雑誌』 34: 285-315, 331-344, 1919), 「宮戸嶋里濱及氣仙郡獺沢介塚の土器 府特に土器紋様論」(『現代之科学』 7: 562-594, 696-724, 1919).

30 마츠모토편년과 야마노우치편년의 가장 눈에 띄는 차이는 시간단위 · 형식 분포범위가 넓은가 좁은가에 있다. 이 차이는 두 사람의 편년 목적의 차이에서 기인하는 것으로 야마노우치의 관찰이 마츠모토보다 예리하였다는 것은 아니다.
    林 謙作, 「考古学と科学」, pp. 124-126(桜井清彦 · 坂詰秀一編, 『論争 · 学説 日本の考古学』 1: 101-143, 雄山閣出版, 1987).

31 松本彦七郎, 「宮戸嶋里濱介塚の分層的發掘成績」, pp. 340-341, 「宮戸嶋里濱及氣仙郡獺沢介塚の土器」, pp. 716-720.

32 山内清男, 「関東北に於ける繊維土器」, pp. 50-53(『史前学雑誌』 2: 117-146, 1929, 『山内清男 · 先史考古学論文集』,* 49-74, 佐藤達夫編, 『日本考古学選集 · 山内清男集』, 26-56, 築地書舘, 1974).

33 山内清男, 「関東北に於ける繊維土器」, pp. 60-72.

34 山内清男, 「繊維土器についてー追加ー」, pp. 75(『史前学雑誌』 2: 271-272, 1929, 『山内清男 · 先史考古学論

文集』,* 74-75, 『日本考古学選集・山内清男集』, 57-58), 「繊維土器について 追加第二」, pp. 77-78(『史前学雑誌』3: 73-75, 1930, 『山内清男・先史考古学論文集』,* 75-78, 『日本考古学選集・山内清男集』, 58-61).

35 江上波夫・後藤守一・山内清男・八幡一郎・甲野 勇, 「日本石器時代文化の源流と下限を語る」, pp. 36-38(『ミネルヴァ』1: 34-46, 1936).

喜田貞吉, 「日本石器時代の終末期に就いて」(『ミネルヴァ』1: 93-101, 1936).

山内清男, 「日本考古学の秩序」(『ミネルヴァ』1: 137-146, 1936).

喜田貞吉, 「『あばた』も『えくぼ』, 『えくぼ』も『あばた』-日本石器時代終末問題-」(『ミネルヴァ』1: 175-180, 1936).

山内清男, 「考古学の正道-喜田博士に呈す-」(『ミネルヴァ』1: 249-255, 1936).

36 甲野 勇, 「縄文土器のはなし」, p. 71(世界社, 1953).

37 中谷治宇二郎, 『日本石器時代提要』, pp. 355-398(岡書院,*5 1929).

38 宮坂英弌, 「長野県東筑摩郡中山村古墳発掘調査報告(二)」, pp. 134, 136-137, (『史前学雑誌』2: 130-140, 1930), 「宋銭発掘記」(『ミネルヴァ』1: 265-268, 1936).

39 赤木 清, 「江名子ひじ山の石器時代遺蹟(その十一完)」, pp. 32-33(『ひだびと』5-3: 26-33, 1937), 「考古学的遺物と用途の問題」(『ひだびと』5-9: 1-4, 1937).

40 山内清男, 「考古学の正道-喜田博士に呈す-」, p. 249.

41 山内清男, 「日本考古学の秩序」, pp. 144-146, 「考古学の正道-喜田博士に呈す-」, pp. 251-255.

42 喜田貞吉*6, 「日本石器時代の終末期に就いて」, p. 101.

43 山内清男, 「日本考古学の秩序」, p. 139.

44 山内清男, 「日本考古学の秩序」, pp. 138-143.

45 이 논쟁의 경위는 工藤雅樹, 「ミネルヴァ論争とその前後」(『考古学研究』20-3: 14-40, 1974)에 상세하게 나와 있다.

46 鳥居龍蔵, 「日本先住民研究に対して私の感想」, pp. 51-52(『ドルメン』4-6, 1935, 『鳥居龍蔵全集』,* 12: 51-56, 1976).

47 鳥居龍蔵, 「武蔵野及び其周圍」(『鳥居龍蔵全集』2: 1-152)에 수록될 때에 이 부분은 삭제되어 있다.

鳥居龍蔵, 「石器時代に於ける関東と東北の関係-殊に土偶に就いて-」, p. 201(『人類学雑誌』38: 196-201, 1923).

48 赤木 清, 「江名子ひじ山の石器時代遺蹟(その十一完)」, p. 32.

49 甲野 勇, 「遺物用途問題と編年」(『ひだびと』5-11: 1-7, 1937).

50 八幡一郎, 「先史遺物用途の問題」(『ひだびと』6-1: 7-9, 1938).

51 藤森栄一, 「いつまで編年をやるか」(『考古学ジャーナル』35: 1, 1969).

52 山内清男, 『日本遠古之文化』, p3(先史考古学会, 1939, 『山内清男・先史考古学論文集』,* 1-44, 『日本考古学選集・山内清男集』, 180-224).

53 야마노우치는 『日本遠古之文化』에서 타제석부・토우・발치의 변천을 간단하게 서술하고, 매장법・장신구에도 시기에 따른 변화가 있다고 지적하였다. '편년학파'가 토기 관찰만을 중시한다고 말하는 사람들은 스스로 이들 변화의 의미를 생각하려 하지 않고, 더욱 상세한 해석을 해 주기만을 기대하였거나 또는 그 기술을 읽지 않았거나 둘 중의 하나일 것이다[山内清男, 『日本遠古之文化』(先史考古学会, 1939, 『山内清男・先史考古学論文集』,* 1-44, 『日本考古学選集・山内清男集』, 180-224)].

54 甲野 勇, 「埼玉県柏崎村真福寺貝塚調査報告」(『史前学会小報』2, 1928).

八幡一郎, 「奥羽文化南漸資料」・「奥羽文化南漸資料(二)」・「奥羽文化南漸資料(三)」(『考古学』1: 18-21, 97-100, 185-187, 1930).

山内清男,「所謂亀ヶ岡式土器の分布と縄紋式土器の終末」(『考古学』1: 139-157, 1930).

大場磐雄,「関東に於ける奥羽薄手式土器(上)」(『史前学雑誌』3: 219-224, 1931)・「関東に於ける奥羽薄手式土器(下)」(『史前学雑誌』4: 1-10, 1932).

55 八幡一郎,「日本石器時代初期の石器」, pp. 553-556(『民族学研究』2: 543-557, 1936).

56 八幡一郎,『日本の石器』, pp. 24-41(彰考書院, 1948),「信州諏訪湖底『曾根』の石器時代遺蹟」, pp. 65-66(『ミネルヴァ』1: 60-67, 1936).

57 水野清一・江上波夫,「内蒙古・長城地帯」(『東方考古學叢刊』乙種一, 東方考古學會, 1935).

58 山内清男,『日本遠古之文化』pp. 10, 39.

59 八幡一郎,*7「日本石器時代初期の石器」, p. 553, 山内清男,「書評・八幡一郎『北佐久郡の考古学的調査』」, p. 303(『人類学雑誌』50: 74-76,『論文集・旧』,* 301-303).

60 山内清男,『日本遠古之文化』, p. 5.

八幡一郎,「日本に於ける中石器文化的様相に就いて」(『考古学雑誌』27-6: 355-368, 1937).

61 山内清男,『日本遠古之文化』, p. 10.

62 江上輝彌,「日本原始文化起源の問題」(『古代学』1: 85-178, 1952).

63 中谷治宇二郎,『日本石器時代提要』, pp. 68 (岡書院, 1929).*8

64 芹沢長介,「関東及中部地方に於ける無土器文化の終末と縄文文化の開始に関する予察」, pp. 41-42(『駿台史学』4: 6-47, 1954,『駿台考古学論集』1: 24-65, 明治大学考古学専攻講座創設二十五周年記念会, 1975).

65 芹沢長介,「無土器文化」, pp. 113-122(『考古学ノート』1, 日本評論新社, 1957),「日本における無土器文化の起源と終末についての覚書」, pp. 9-11(『私たちの考古学』13, 4-13, 1957),「新潟県荒屋遺跡に於ける細石刃文化と荒屋型彫刻刀について」(『第四紀研究』1, 174-181, 1962).

66 芹沢長介,「旧石器時代の諸問題」, pp. 102-107(石母田正編,『岩波講座 日本歴史・原始および古代』1: 77-107, 岩波書店, 1962).

67 芹沢長介,「無土器文化」, p. 122.

68 鎌木義昌,「縄文文化の概観」, pp. 14-17 (鎌木義昌編,『日本の考古学』2: 1-28, 河出書房, 1965).

芹沢長介,「日本の石器時代」, p. 29, 31(『科学』39-1: 28-36, 1969).

69 山内清男,「縄紋土器文化のはじまる頃」, p. 51(『上代文化』30: 1-2, 1960,『論文集・新』,* 49-52),「文様帯系討論」, p. 174(山内清男・江上輝彌編,『日本原始美術』1: 157-158, 1964,『論文集・新』,* 174-183)

山内清男・佐藤達夫,「縄紋土器の古さ」, pp. 52-62(『科学読売』12-13: 18-26, 84-88, 1962,『論文集・新』,* 53-91).

70 山内清男・佐藤達夫,「縄紋土器の古さ」, pp. 62-70.

山内清男,「縄紋式文化」, pp. 110-111(『日本原始美術』1: 140-147, 1964,『論文集・新』,* 110-120).

71 山内清男・佐藤達夫,「無土器文化」, pp. 103-106, 109(『日本原始美術』1: 137-140, 1964,『論文集・新』,* 103-110).

72 山内清男,「洞穴遺跡の年代」, pp. 41-43(日本考古学協会洞穴遺跡調査特別委員会編,『日本の洞穴遺跡』, 374-381, 平凡社, 1967,『論文集・新』,* 40-48).

73 山内清男・佐藤達夫,「縄紋土器の古さ」, p. 70.

74 佐藤達夫,「縄紋式土器の研究課題-とくに草創期前半の編年について」(『日本歴史』277: 107-123, 1971).

75 大塚達朗,「縄紋草創期土器研究の回顧と展望」, pp. 119, 120(『埼玉考古』24: 119-124, 1988).

76 "… 선사 유럽 사람들의 어렴풋하고 복잡한 이력을 꿰뚫는 한 올의 실이 확실하게 보인다. 그것은 오리엔트에서의 모든 발명이 서쪽으로 전파되고, 그 토지에서 채용되고 변용되는 것이다."(*Most Ancient East*, p.

1, 1929)라는 차일드의 지적은 일본에도 깊은 영향을 미쳤다. 야마노우치 스가오도 1930년대에 *Dawn of European Civilization*을 완역하였다(『論文集·旧』, p. 293).

77 芹沢長介, 「縄文文化」, p. 58(杉原荘介編, 『日本考古学講座』 3 : 44-77, 河出書房, 1956).

78 Clark, J. G. D., *Mesolithic Prelude*, pp. 3-5, 7, Edinburgh Univ. Press., 1980.

79 近藤義郎, 「戦後日本考古学の反省と課題」, p. 324(考古学研究会編, 『日本考古学の諸問題』, 311-338, 考古学研究会, 1964).

80 稲田孝司, 「尖頭器文化の出現と旧石器的石器製作の解体」(『考古学研究』15-3: 3-18, 1969), 「縄文文化の形成」(加藤晋平編ほか, 『岩波講座 日本考古学』 6: 65-117, 岩波書店, 1986).

81 和島誠一, 「原始聚落の構成」, p. 482(『日本歴史講座』 1: 1-32, 学生書房, 1948), [*9] 原秀三郎編, 『歴史科学大系』 1: 199-231, 校倉書房, 1972, 和島誠一著作集刊行会編, 『日本考古学の発達と科学的精神』, [*] 481-504, 1973).

82 禰津正志, 「原始日本の経済と社会」, p. 324(『歴史学研究』, [*] 4: 323-336, 459-472, 1935, 『歴史科学大系』 1: 175-198).

83 後藤守一, 『日本考古学』, pp. 1-2(四海書房, 1925).

84 당시 유럽(특히 영국) 고고학의 경향, 나아가 해부학과 생물학 등의 기술에 중점을 두는 자연과학이 강한 영향을 미치고 있었다.

   浜田耕作, 『通論考古学』, pp. 45, 93-94, 102-103, 132-133, 153(全国書房, 1947).

   中谷治宇二郎, 『日本石器時代提要』, p. 195(岡書院, 1929).

   林 謙作, 「考古学と科学」, pp. 119-122(桜井清彦·坂詰秀一編, 『論争·学説 日本の考古学』 1: 101-143, 雄山閣出版, 1987).

85 佐原 真, 「山内清男論」, p. 239(加藤晋平·小林達雄·藤本 強編, 『縄文文化の研究』 10 : 232-240, 雄山閣出版, 1984).

86 日高六郎, 『戦後思想を考える』, pp. 3-10(岩波書店, 1980).

87 禰津正志, 「原始日本の経済と社会」, p. 334.

88 三沢 章, 「日本考古学の発達と科学的精神」, pp. 133-134(『唯物論研究』[*] 60: 104-115, 62: 120-135, 1937, 『日本考古学の発達と科学的精神』, 17-46, 1973).

89 和島誠一, 「原始聚落の構成」, pp. 483-488.

90 和島誠一, 「原始聚落の構成」, pp. 489-490.

91 藤間生大, 『日本民族の形成-東亜諸民族との連関において-』, p. 5, 17(岩波書店, 1951).

92 藤間生大, 『日本民族の形成-東亜諸民族との連関において-』, pp. 22-23.

93 藤間生大, 『日本民族の形成-東亜諸民族との連関において-』, p. 25, 28, 30.

94 坪井清足, 「縄文文化論」(『岩波講座 日本歴史』 1: 109-138).

95 坪井清足, 「縄文文化論」, pp. 128-134.

96 近藤義郎, 「弥生文化論」, p. 149(『岩波講座 日本歴史』 1: 139-188).

97 坪井清足, 「縄文文化論」, pp. 135-138.

98 近藤義郎, 「弥生文化論」, pp. 148-152.

99 坪井清足, 「縄文文化論」, p. 127.

100 민족학·고고학의 어느 한쪽의 전문지식만 가지고 있는 독자에게도 같은 일이 일어날 것이다. 두 분야에 걸쳐 같은 정도의 지식을 가지고 있지 않는 한, 이러한 사태가 일어날 것이라고 봐야 한다. 소위 학제적 연구의 위험과 곤란함이 여기에 있다.

101 Clarke, David, *Mesolithic Europe: the economic basis*. pp. 207-228. G. Sieverking et al. (eds.),

Problems in Economic and Social Archaeology. 449-481. Duckworth, 1976. N. Hammond (ed.), *Analytical Archaeologist: collecter papers of David L. Clarke.* * 207-262. Academic Press, 1979.

102　佐原 真, 「海の幸と山の幸」, pp. 22-24(坪井清足編, 『日本生活文化史·日本的生活の母胎』, 21-43, 河出書房, 1975).

103　Clarke, David, *Mesolithic Europe.* p. 208.

104　오야마 카시와(大山 柏)는 『基礎史前學』에서 식물성 식료 문제에 대해 상당히 많은 분량을 할애하고 있다. 고토 슈이치(後藤守一)도 일본열도는 무더위가 심하다는 이유로 조몬인의 식생활에서 식물이 더 큰 비중을 차지했을 것으로 보고 있다(「衣·食·住」, pp. 250-252(『日本考古學講座』 3: 247-288).

105　渡辺 誠, 『縄文時代の食物食』, 雄山閣出版, 1975.

106　Lee, R. B., What hunters do for a living, or, how to make out on scarce resources. Lee, R. B., DeVore, I. (eds), *Man the hunter.* 30-48. Aldine, 1968.

107　鈴木公雄, 「縄文時代論」, pp. 188-196(大塚初重·戸沢充則·佐原 真編, 『日本考古学を学ぶ』 3: 78-202, 有斐閣, 1980).

108　鈴木公雄, 「日本の新石器時代」(『講座日本歷史-原始·古代』 1: 75-116, 東京大学出版会, 1984).

109　고고학과 자연과학의 관계가 특히 긴밀해지는 것은 1970년대 초부터의 일로 특정연구 「고문화재」의 역할이 크고, 대규모 유적파괴에 따른 긴급조사 문제도 걸려 있다. 그러나 여기에서는 상세하게 언급할 여유가 없다. 문부성 과학연구비 특정연구 「古文化財」總括班編, 『自然科学の手法による遺跡·古文化財等の研究-總括報告書』(1980), 『古文化財に関する保存科学と人文·自然科学』(1984)를 참조해 주기 바란다.

110　鈴木公雄, 「日本の新石器時代」, pp. 77-79, 83-90.

111　鈴木公雄, 「日本の新石器時代」, p. 112.

112　藤間生大, 『日本民族の形成-東亜諸民族との連関において-』, p. 18.

113　鈴木公雄, 「日本の新石器時代」, p. 113.

114　都出比呂志, 「歷史学と基層概念」(『歷史評論』 466: 71-88, 1989).

115　鈴木公雄, 「日本の新石器時代」, p. 113.

역주

*1　아이누어로 '나뭇잎 아래의 사람'이라는 뜻으로 아이누의 전승에 등장하는 소인(小人)이다.

*2　원서에는 御聖断이라고 되어 있다. 이는 천황의 판단이나 말을 높여 이르는 말이나, 여기서는 1945년 8월 15일 정오 방송을 통해 쇼와(昭和)천황이 일본의 무조건 항목을 의미하는 〈대동아전쟁종결조서〉를 읽은 소위 옥음방송을 말한다.

*3　원서에는 수혈로 되어 있으나 수혈주거의 의미로 사용하기 때문에 주거로 번역하였다.

*4　원서에 저자가 Worsae로 표지되어 있지만, Worsaae가 옳다. 이하 동일하다.

*5　원서에 山岡書店이라 되어 있지만 岡書院이 옳다.

*6　원서에 저자가 山内清男로 기재되어 있지만, 喜田貞吉가 옳다

*7　원서에 저자가 山内清男로 기재되어 있지만, 八幡一郎가 옳다.

*8　원서에 1925년 출판으로 되어 있지만, 1929년이 옳다.

*9　원서에 1947년 출판으로 되어 있지만, 1948년이 옳다.

제2장 조몬인의 본질

인종논쟁의 핵심은 구도 마사키(工藤雅樹)가 상세하게 기술하였고,[1] 야마구치 빈(山口 敏)이 인류학 입장에서 간결하게 평가[2]한 바 있다. 학설 자체에 대해서는 이들 업적을 참조하길 바라고, 여기서는 이들 학설이 조몬연구에 미친 영향을 중심으로 살펴보자.

1. 인종론의 유산

인종논쟁은 1920년대 중엽에 전환기를 맞이한다. 그 이전 쓰보이 쇼고로(坪井正五郎)의 사후, 고로봇쿠루설은 단기간에 쇠퇴하고 아이누설이 유력해졌다. 그러나 그 경위는 기요노 켄지(清野謙次)와 가나세키 타케오(金関丈夫)가 지적한 것처럼 "중요한 과학적 근거도 없는"데, "언제부턴가 일본 석기시대인은 아이누 그 자체라고까지 여겨지게 되는"[3] 상황에 이르고, 문제에 대한 접근방식과 연구방법상 이렇다 할 발전이 없었다. 쓰보이 쇼고로와 고가네이 요시키요(小金井良精, 1858~1944)만이 아니라, 그 이전 대부분의 구미 연구자들을 포함하여 조몬인의 본질을 둘러싼 논의는 일본의 '선주민족'이 아이누인지 아이누 이외의 민족인지를 둘러싼 응수라고 할 수 있다. 기요노 켄지의 입장에서 보면 인종문제는 "직접적이고 적극적인 증거가 없고, 간접적 증거에 지나지 않는" "고고학적, 토속학적 또는 언어학적 방면의 사실"을 근거로 하였다.[4]

1920년대 중엽 이후, 조몬인의 본질에 대한 문제는 기요노 켄지(1885~1955), 하세베 코톤도(長谷部言人, 1882~1969), 마츠모토 히코시치로(松本彦七郎) 등에 의해 논의되었다. 기요노는 병리학자, 하세베는 해부학자, 마츠모토는 동물학자 출신이다. 이 분야들에서는 자료를 일정한 수순에 따라 관찰하고 기술하는 것이 큰 비중을 차지하고 기초적인 업적으로 평가된다. 그러므로 이 분야는 '기술과학(記述科學)'이라고도 불린다. 이들은 자료의 관찰, 기술과 해석, 평가를 혼동해선 안 되고 자료에 대한 객관적인 관찰과 기술이 필요하다고 주장하며, 그 주장은 어느 정도 효과가 있었다. 그들의 주장이 '이해'되었는지는 별개의 문제이다. 일본 고고학에서 어떤 형태로든 자료의 성질에 기초한 관찰과 기술이 이루어지게 된 것은 하마다 코우사쿠(浜田耕作, 1881~1938)와 더불어 그들의 공적이라고 할 수 있다.

이러한 인종론은 인골 관찰과 기술 훈련을 쌓은 전문연구자가 담당해야 하는 것이 되었다. "민족론은 … 정확하게 인종학자, 해부학자의 손에 넘겨졌다. 문화현상으로서의 유물도 고고학자의 손에 인계해야 할 때가 왔다"[5]는 나카야 지우지로(中谷治宇二郎)의 발언은 당시 대다수 고고학자의 의견을 대변한다. 뼈는 자연과학자에게, 물건은 고고학자에게 담당케 하자는 것이다. 그러나 이미 지적하였듯이 당시의 고고학자 중에 물건을 연구하는 수단과 해석의 원리를 확립한 사람이 거의 없었다.[6] 또한 고고학자가 너무 괴로운 나머지 뛰어든 신칸트파 철학의 '문화' 관념이 그대로 뿌리내린 것이 현재 조몬연구의 혼란을 초래한 한 요인이다.

마츠모토와 기요노는 고고학자들에게 '객관적'인 기술과 관찰의 표본을 제시해 주었다. 그러나 설명과 해석방법에까지는 이르지 못했다. 그들 자신도 이렇다 할 해석원리와 설명 방법을 가지고 있지 않았기 때문이다. 마츠모토의 「토기문양론」은 층위적으로 확인되는 현상을 기술한 것이다. 마츠모토는 '토기문양의 상방(上方) 퇴각', '토기문양의 직선화' 등의 현상을 '민족심리'로 설명하려 하였다.[7] '민족심리'는 당시의 유행어로 지금 다시 유행의 조짐이 보이지만 과학적으로는 전혀 설명되어 있지 않다. 기요노가 미야모토 히로토(宮本博人)와 연명으로 발표한 쓰구모(津雲)패총의 인골에 관한 논문은 당시까지의 '추측적인' 인종론에 종지부를 찍었다.[8] 그 내용은 인골 계측결과로 나타난 '형질거리(形質距離)'에 대한 것이다. '혼혈'이라는 것은 '인종'의 형질이 변하지 않는다는 당시 인류학의 통설 내에서 허용되는 단 하나의 '합리적'인 해석이었다. 마츠모토나 기요노나 근본적인 부분에 대해서는 이미 알려진 해석과 설명에 맡기고 있다. 기요노가 인골연구의 성과를 통해 '기기신화(記紀神話)'[*1]를 '합리적'으로 해석하려 한 것도 별로 이상한 일이 아니다.

야마구치 빈은 "기요노의 연구법이 매우 계획적이고 객관적인 반면, 최종 단계에 수적 크기만으로 판단하는 기계적인 면도 있었다"고 지적하였다.[9] 여기에서 야마구치가 '객관적'이라고 한 것은 기요노가 관찰결과를 인골 계측치와 형태거리 등의 수치로 나타낸 것을 가리킨다. 즉 기요노는 관찰결과를 기술하는 수단으로 숫자를 이용하였다. 기요노 인종론의 승리는 숫자에 의한 기술의 승리이기도 하다. 그 이후, 일본 고고학에서는 숫자에 대한 신앙과 반발이 뿌리를 내려 지금에 이르고 있다.

"자연과학적인 기술이 가능한 대상물은 매우 정연하고, 그 자체로 권위가 있는 것처럼 보인다. … 그러나 이는 모두 … 문화가치가 낮은 것이라 할 수 있다. 문화현상의 가치는 복잡하고 쉽게 보완하기 어려운 데 있다"는 발언에 공감하는 연구자는 이제 전혀 없을까? 이 인용문은 나카야 지우지로가 자연과학계 연구자들이 주도한 인종론이 고고학에 미친 영향을 설명한 부분이다.[10] 생략한 부분에는 "종래 고고학자의 관심 유물은 완전히 기분파적으로 기술되고 선택되었기 때문에 신흥과학에 비추어 보면 한 줌의 남루한 천처럼 비천한 존재라고 생각된다"는 내용이 있다. 나카야와 같이 '문화'를 파악하는 방법은 자연과학계 인종론의 압력하에서 소위 피억압자의 자기주장처럼 보인다. 일본 고고학을 지배하는 주관적인 기술과 판단에 심취하는 것, 수량적 처리에 대한 막무가내식 반발에 대한 대응으로 나타나는 '객관 신앙'과 '숫자 신앙'은 여기에서 비롯된다.

2. 조몬인의 언어와 조몬인의 형질

인종·언어·고고자료의 어떤 대상이든 계통론은 가장 기본적이면서 가장 소박한 문제로, 전혀 사고력이 없는 사람이라도 자료만 있으면 나름의 주장을 펼칠 수 있는 분야이다. 그러므로 계통론의 유행은 자료 추종주의가 만연할 위험을 낳게 된다. 먼저 조몬인의 형질과 언어에 대한 현재의 의견들을 소개하고자 한다.

(1) 언어학을 통한 추론

패전 후의 연구를 중심으로 소개하겠다.

일본열도 주민이 사용하는 언어에는 류큐어(琉球語)·일본어·홋카이도 선주민의 언어(이하 아이누어)가 있고 각각 몇 개의 방언도 포함된다. 그 가운데 류큐어는 일본어에서 갈라졌음이 밝혀졌다.[11] 우메하라 타케시(梅原 猛)는 아이누어가 '원일본어'·'조몬어'라고 적극적으로 주장하였지만[12] 언어학 전문가는 이에 찬성하지 않는다. 다만 핫토리 시로(服部四郞) · 야스키 비텐(安本美典) · 혼다 마사히사(本田正久)는 아이누어의 기초어휘에 일본어와 공통되는 요소가 있다고 지적한 바 있다.[13] 또한 야마다 히데조(山田秀三)가 동북부의 아이누어 지명을 조사한 결과[14]도 아이누어와 일본어의 관계를 생각할 때 무시할 수 없다.

　패전 전에는 일본어를 한국어와 관계가 깊은 알타이계 언어로 보는 견해가 지배적이었다. 즉 한국어도 일본어도 알타이계 조어에서 갈라졌다고 여겨진 것이다. 1970년대에 들어서 계통이 다른 언어가 섞인 '혼성어'로 보는 견해가 유력해졌다.[15] 혼성어란 "어떤 사람들이 자신의 모어사회를 벗어나 다른 언어사회로 들어가 정치적으로 사회적으로 세력이 강한 이질언어로 말해야 하는 경우" 또는 "어떤 모어집단 중에 정치적, 경제적으로 더욱 강력한 집단이 외부에서 침입해 와서 지배자 집단과 피지배자 집단과의 사이에서 말해야 하는 경우"에 나타난다.[16] 먼저 원래 언어보다도 문법과 발음이 단순해진 피진(pidgin)[*2]이 성립하고, 피진을 모어로 하는 사람들 사이에서 어휘가 확대되어 문법도 약간 복잡해진 크레올(creole)[*3]이 성립한다.

　한국어와 일본어의 구조가 매우 유사해 한국어와 일본어의 단어를 치환시키는 것만으로 얽힌 문장을 정확하게 번역할 수 있다. 그러나 단어 그 자체는 전혀 다르다. 츄(J. J. Chew)는 이 현상이 동일계통의 언어를 말하던 집단이 잠시 동안 격리된 후, 다시금 접촉하는 과정에서 성립된 혼성어임을 보여 준다고 해석하였다. 츄는 알타이계 언어를 말하는 집단이 먼저 한반도 전역으로 유입된 후, 다시 알타이계 언어를 말하는 다른 집단이 한반도의 서반부 · 규슈 · 혼슈 서부에 들어와 각각의 지역에서 크레올인 한국어와 일본어의 조형이 생겨났다고 설명하였다.[17]

　츄는 같은 알타이계 언어의 접촉을 상정하였는데, 다른 의견도 있다. 오노 스스무(大野 晋)는 "일본의 조몬식시대에는 폴리네시아어족과 같은 음운조직을 가진 남방계의 언어가 사용되었다. 야요이문화 전래와 더불어 알타이어적 문법체계와 모음조화를 가진 한반도 남부의 언어가 사용되게 되고, … 일차적으로 긴키(近畿)지방까지 그 언어구역에 해당하였을 것이다"라고 하였다.[18]

　오스트로네시아(말레이-폴리네시아)계 요소와 알타이계 요소가 섞여 있다는 것만으로 일본어를 '혼성어'라고 할 수 없다. 두 개의 언어가 접촉한 결과로 생겨난 전혀 새로운 언어가 '혼성어'이다. 무라야마 시치로(村山七郞)는 한반도에서 이미 오스트로네시아계 언어와 접촉한 알타이계 언어를 말하는 집단이 일본열도로 도래하고, 고유의 문법 속에 일본열도 서남부 집단의 오스트로네시아계 언어 요소를 도입하여 '원시일본어'가 성립한다고 추측하였다.[19] 무라야마는 일본어 동사는 남방계 어간에 북방계 활용어미가 붙어 있다고 지적하고, 야스미시시[*4]라든가 오스[*5] 등 지배와 통치를 의미하는 언어가 알타이계라고 하였다.[20] 오노도 우지,[*6], 가라[*7] 등의 사회조직을 나타내는 언어가 한국어·퉁구스어·몽고어와 공통된다고 지적하였다.[21]

여기에 소개한 오노와 무라야마의 의견에 따르면 일본어에 알타이계 요소를 가져다준 집단은 고유 사회조직과 정치적 제도를 가지고 들어왔으며, 혼성어인 일본어의 성격은 선주민인 오스트로네시아계 언어사용 집단과의 알력관계에서 유래한다. 다만 오노가 말하는 우지, 가라 등의 단어와 무라야마가 말하는 야스미시시와 오스 등의 단어가 동시에 도래하였다는 증거는 없다. 여하튼 일본어에서 조몬인의 언어 흔적을 찾아본다면 현재 언어학 측면에서 볼 때, 남도계 요소일 가능성이 높다.

(2) 현생집단의 체질을 통한 추론

현재 사람들의 신체를 관찰하고 그 결과를 가지고 몇 개의 '인종'으로 구분하여 관계를 추론한다. 이 방법은 19세기 프랑스, 독일 등 유럽대륙 여러 나라에서 발달하여 인종학(Rassenkunde)이라는 하나의 연구영역으로까지 확대되었다. 주로 눈과 머리색과 형태, 신장, 체중, 머리 폭과 길이·형태 등 수치로 나타낼 수 있는 신체 특징, 피부융선계—즉 손발의 지문, 손금 등—가 관찰 대상이 되었다.

바로 관찰할 수 있는 집단을 '인종'으로 나눌 수 있지만 과거로 확대시키면 위의 항목 가운데 몇 개는 전혀 사용할 수 없거나 그다지 유효하지 않다. 간단히 말해서 사

표 1 혈액단백 8개의 유전자자리 위치 데이터를 바탕으로 한 일본열도 내 집단 간의 유전적 거리(주 22 문헌에서)

집단	아이누	도호쿠	간토	긴키	간사이	규슈
아이누						
도호쿠	.1384					
간토	.1434	.0382				
긴키	.1510	.0488	.0414			
간사이	.1537	.0441	.0595	.0510		
규슈	.1522	.0464	.0420	.0310	.0582	
오키나와	.1284	.0777	.0878	.0875	.0736	.0848

람이 성장하는 동안 환경에 좌우되는 요소―신장, 체중, 머리 형태 등―는 과거의 '인종' 분포를 추정하는 단서로 그다지 유효하지 않다. 유전이 확실하고 환경 영향을 받기 어려운 요소를 대상으로 해야 확실한 추론이 가능해진다.

　이 조건을 만족시키는 것으로 '유전적 다형(多型)'이 주목받게 되었다. 부모형제를 찾는 중국의 잔류 고아와 육친이라고 주장하는 인물의 혈연관계를 확인하는 데 활용된 것이 '유전적 다형'이다. 중학교에서 배웠던 혈액형 유전을 떠올려 보자. 우리는 양친으로부터 α 또는 β응집소, A 또는 B응집원을 물려받는다(단, 부모가 응집원이 없는 경우도 있다). 응집소와 응집원의 조합으로 혈액형이 정해진다. 이를 좌우하는 것은 염색체가 결정되는 장소(유전자자리)에서의 상호 우열관계에 있는 한 조의 유전자(대립유전자)의 조합이다. '유전적 다형'이란 이러한 형태로 결정되는 형질을 가리킨다.[22] 1910년대 말부터 인종에 따라 혈액형 분포가 다르다는 사실이 주목받았고, 일본에서도 후루하타 타네모토(古畑種基)가 부(府)·현(縣)별로 혈액형 분포를 조사하여 일본인의 지

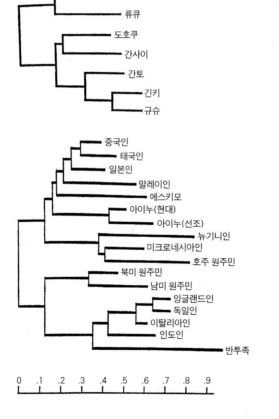

도 1 혈액단백 8개의 유전자 자리 위치 데이터에 기초한 가설적 계통수지도(주 22 문헌에서)

도 2 13개 유전자자리(혈구형·효소형·단백형)에 의한 아이누와 여러 집단과의 친연(親緣)도(주 22 문헌에서)

역성과 기원에 대해서 언급한 바 있다.[23] 현재는 50종류가 넘는 유전적 다형이 확인된다. 그중에는 ABO·MNSs·Rh와 같은 혈액형, 귀지가 찐득한가 어떤가, 색맹·미맹처럼 우리가 일상생활 속에서 보고 듣는 것도 있다. 그러나 이제 거의 모든 데이터가 수집되어 더 이상 새롭게 해석할 여지가 없는 것 같다. 최근의 유전적 다형 연구에서는 PGD^{C}라든지 Dpt^1 등의 '적혈구 효소'와 Hp^{1}이나 Tf^C 등의 '혈청 단백질' 등이 문제가 되고 있다.

유전적 다형 연구를 통해 어떠한 사실이 밝혀졌을까? 오모토 케이이치(尾本恵市)는 일본열도의 주민이 홋카이도 선주민(이하 아이누), 오키나와(沖縄)제도의 주민, 그 외 집단(본토인)의 세 그룹으로 구분된다고 하였다(도 1).[24] 오모토는 히다카(日高)지방의 아이누인을 조사하여 본토인과의 혼혈 영향을 보정한 '조형 아이누'와 본토인을 비롯한 세계 각지 주민과의 유전적 거리를 계산하였다(도 2).[25] 그 결과, '조형 아이누'는 본토인·중국인·북미 선주민과 더불어 하나의 그룹을 구성하였다. 즉 홋카이도의 선주민은 소위 '몽고인종'에 포함되어 아이누가 백인이라는 종래의 의견이 부정되기에 이르렀다. 하니와라 카즈로(埴原和郎)도 치아 형태 연구를 통해 같은 결론에 도달하였다.[26]

유전적 다형의 연구 자료는 현존하는 사람들로부터 얻어낸 것이다. 그러므로 여기서 문제 삼는 '조몬인의 본질'에 대한 대답을 직접 이끌어 내기에는 무리가 있다. 그러나 아이누인이 일본열도 외의 지역 주민과 동아시아 여러 지역의 주민과 어느 정도 연고가 있다는 결론에는 큰 의미가 있다. 그리고 그 사람들이 도래계 주민의 영향을 받지 않았다면 아이누인은 일본열도의 다른 지역 주민보다도 조몬인의 체질을 강하게 계승한다고 추측할 수 있다.

(3) 고인골을 통한 추론

조몬인은 어떤 얼굴 생김새와 체형이었을까? 고인골을 관찰하는 것 외에는 그 의문에 대답할 수단이 없다. 고인골이 보여 주는 특징은 자료에서 얻어낸 사실이다. 그러나 조몬인과 닮은 집단이 어디에 있고 어떠한 관계에 있는가라는 문제의 답은 추론이 될 수밖에 없다. 조몬인의 특징에 대해서는 고인골 연구자 간에 큰 틀에서 일치한다. 그러나 조몬인의 계통, 동아시아 여러 지역 집단과의 관계에 관해서는 의견이 분분하다.

최근의 고인골을 통한 논의는 하세베 코톤도=스즈키 히사시(鈴木 尚)의 의견과 기요노 켄지=가나세키 타케오의 의견을 두 축으로 전개된다고 할 수 있다. 하세베도 기요노도 야요이·고분시대의 인골이 현대인과 조몬인의 중간적 특징을 띤다는 점을 인정한다.[27] 사실 두 사람 사이의 인식에는 큰 차이가 없고 어떻게 조몬인에서 현대인으로 변화했는가라는 추론에서 의견이 갈라질 뿐이다.

하세베의 의견은 다음과 같이 요약된다. "조몬시대 사람들은 이미 '매듭짓기', '묶기'를 알고 있었다. 그뿐만 아니라, 자신이 가지고 있던 기술을 더욱 확대시키는 힘을 발휘하였다. 이 뛰어난 소질의 소유자가 쇠퇴해 가는 문화의 소유자로서 사라졌다고 볼 수 없다. 오히려 그 후 더욱 향상 발전하여 … 야요이식토기시대·고분시대를 거쳐 현대 일본인이 되었다고 보는 것이 당연하지 않을까?"[28] 미군 점령하에서 패전 후의 부흥을 과제로 안고 있던 1950년대의 일본인은 이 의견에 자신들의 입장을 이입할 수 있었을 것이다.

이에 반해, "일본국에서 처음으로 인류가 도래하여 일본 석기시대 주민이 형성되었다. … 그리고 그 후 시대가 내려올수록 대륙으로부터 또는 남방에서 다양한 인종이 도래하여 혼혈되었지만, … 일본 석기시대인을 쫓아내고 신인종으로 교체시키는 인종의 체질적 변화는 없었다. 다만 시대가 내려오면서 일본 석기시대인의 체질은 혼혈에 의해 또는 환경과 생활상태의 변화 등에 의해 현대 일본인이 되었다"는 기요노의 의견은 식민지를 반환하고 외국과의 교류도 제한되었던 일본인의 공감을 얻을 수 없었을 것이다. 더욱이 '우리의 자연과학 연구를 토대로'『고사기(古事記)』·『일본서기(日本書紀)』의 내용을 해석하려는 기요노의 주장에 공감하는 분위기는 패전 직후의 일본사회에 없었다.[29]

기요노의 논문에서는 인골 계측치와 이를 통계적으로 처리한 결과가 큰 부분을 차지한다. 그러므로 인골 전문가가 아니면 '일본 석기시대인'의 특징이 어떤지 이해할 수 없다. 이에 비해, 하세베는 인골 관찰에 주안점을 두고 조몬인의 특징을 구체적으로 설명하였다.[30] 하세베의 의견이 널리 받아들여지게 된 것은 해석이 합리적이라는 점과 조몬인의 체질을 구체적으로 설명하였다는 점 때문이다. 하세베의 의견은 이렇게 패전 후의 인골을 바탕으로 한 일본인 기원론의 기초가 된다. 엄밀하게 말해서 하세베의 이론적 식견은 스즈키의 조사와 관찰결과로 살이 붙여졌다. 예를 들면 조몬인의 얼굴 생김새를 처음으로 상세히 설명한 것이 스즈키이다.[31] 스즈키는 도호쿠에서 도카이(東海)에 걸친 각 지역에서 조몬인골을 발굴했다. 한편 가마쿠라(鎌倉)시 자이모쿠자(材木

座), 도쿄(東京)도 조조우지(增上寺), 도쿄도 가지바시(鍛治橋) 등에서 중근세 인골을 수집할 기회가 많았다.

스즈키는 자이모쿠자에서 확인된 중세 인골의 극단적으로 긴 얼굴, 그 연장선상에 있는 근세 에도(江戶) 서민과 역대 도쿠가와(德川)장군의 섬세하고 도회적이며 현대적인 얼굴로의 변화가 대규모 인구이동과 혼혈이 일어날 수 없는 일본의 중근세 인골에서 관찰된다고 지적하였다. 그리고 조몬에서 야요이·고분에 이르는 인골의 특징(대부분 머리와 얼굴)이 점이적으로 변한다는 점을 근거로 중근세 일본인의 골격에 일어난 변화와 패전 후 일본인의 체격 변화 등을 염두에 두면 조몬인을 현대 일본인의 선조로 볼 수 있다고 주장했다.[32]

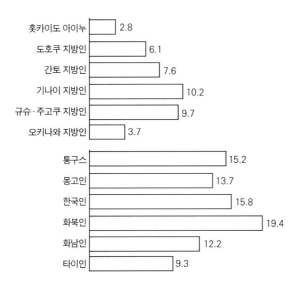

도 3 두개골 계측 8항목에 기초한 조몬인에서의 마하타노비스의 거리(주 34 문헌에서)

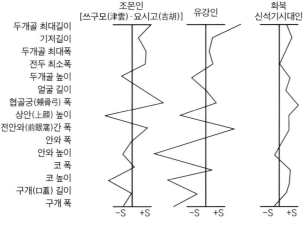

도 4 기나이 현대인을 기준으로 한 편차절선(偏差折線)의 비교(주 35 문헌에서)

스즈키의 의견은 주로 동일본의 자료를 대상으로 한다. 따라서 스즈키가 취급하던 야요이인골은 지바(千葉)현 아와신사(安房神社)경내·비샤몬(毘沙門)동굴을 비롯한 미우라(三浦)반도의 해식동굴 등에서 확인된 것으로 연대가 비교적 늦고 수도 제한되어 있었다. 이에 비해 가나세키 타케오는 야마구치(山口)현 도이가하마(土井ヶ浜)를 비롯한 서일본의 야요이 전기 인골을 관찰할 기회를 얻었다. 가나세키는 이 시기에 일본열도로 도래한 얼굴이 길고 고신장인 집단의 영향을 무시할 수 없다고 주장했다.[33]

한편 조몬인의 얼굴 생김새와 체형은 어떠할까? 야마구치 빈은 "한마디로 말하자면, 머리가 크고 짧고 폭이 넓은 얼굴이다"라고 표현하며 중국 남부의 유강인(柳江人)과 닮은 얼굴이라고 하였다(도 3).[34] 조몬인의 옆얼굴도 야요이 이후 일본열도의 주민과 비교하면 꽤 개성적이었다. 동일본의 조몬 후기중엽의 사실적인 토우 얼굴에는 T자형으로 이어지는 눈썹과 코가 표현되어 있는데 옆에서 보면 코가 이상할 정도로 높다. 〈도 4〉와 〈도 5〉처럼 조몬인은 안와 위의 뼈가 부풀어 있고 코가 현대 일본인보다 높은 곳에 있다. 현재 우리는 자연스럽게 입을 다물면 윗턱의 치아가 아래턱뼈 앞에 겹쳐진다. 전문가는 이를 협상교합(鋏狀咬合)이라고 부른다. 조몬인은 상악과 하악의 앞니 끝이 딱 맞는 겸자상(鉗子狀)교합이다. 조몬인은 하니와(埴輪)의 평온한 얼굴과 달리, 아이누인과 오키나와현 사람과 닮은 이목구비가 뚜렷한 얼굴이었다.

조몬인의 손발 형태도 현대 일본인과 꽤 달랐던 것 같다. 조몬인의 손발뼈가 편평한 것은 조몬인 뼈가 발견되었을 때부터 지적되었다. 그뿐만 아니라 손발의 하반부 뼈(撓骨·脛骨)가 상반부 뼈(上腕骨[*8]·大腿骨)에 비해 길다. 이러한 특징은 오스트레일리아 선주민, 다야크인, 유럽 후기 구석기인 등 수렵채집민과 공통된다.[35] 야마구치는 "일본 조몬시대인은 화북(華北)의 신석기시대인처럼 본격적인 농경문화를 가진 집단에 비해 상당히 속구석기시대적인 성질을 오랫동안 가지고 있던 집단이 아닐까?"[36]라고 하였다.

조몬인의 얼굴과 체형이 구석기시대인과 닮았다면 동아시아 구석기시대인은 어떠한 특징이 있고 어떤 점에서 조몬인과 유사

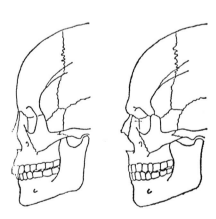

도 5 고분시대 사람(왼쪽)과 조몬시대 사람(오른쪽)의 두개골 측면 모습
이마의 부푼 정도, 미간 높이, 콧대 높이, 상하 치아의 교합차이를 알 수 있다(주 36 문헌에서).

할까? 이 문제와 관련하여 하웰스(William Howells)의 의견이 제시되었는데 그는 몽고계 집단을 아메리카인디언으로 대표되는 한랭한 환경의 영향을 받지 않는 그룹, 몽고인 및 에스키모처럼 편평한 얼굴, 짧은 손발, 두꺼운 피하지방 등 한랭한 환경에 적합한 체질을 가진 그룹으로 나누었다.[37]

하웰스는 주구점(周口店) 산정동인(山頂洞人)에게서 아메리카인디언 특징의 기원을 찾을 수 있다고 하였다. 몽고인과 이누이트의 체질도 최후빙기에 아시아대륙 내륙부의 한랭한 환경에서 만들어진 것이라고 하였다. 그렇다면 모든 몽고계 집단은 동북아시아에 기원을 두게 되고 조몬인의 고향은 동북아시아가 된다. 그러나 터너2세(Victor Turner II)는 남부아메리카·동북아시아·동남아시아·폴리네시아 주민의 치아 특징을 조사하여 몽고계 집단의 남방기원설을 발표하였다.[38]

터너2세는 위 지역의 주민을 순다 치계(Sundadonty), 중화 치계(Sinodonty)로 구분하였다. 총 8항목의 특징이 두 계열을 구별하는 기준이 되는데 그중에서도 홈이 있는 위턱의 앞니(삽모양 앞니)는 순다 치계 집단이 중화 치계 집단에 비해 현저하게 적다고 한다. 이에 따르면 폴리네시아제도와 동남아시아의 주민·미나토가와인(港川人)·조몬인·아이누인은 순다 치계로 분류된다. 이누이트와 알류트(Aleut)를 포함한 아메리카인디언, 동북아시아(화남 이북·바이칼호 이동) 제 지역의 주민, 아이누를 제외한 일본인은 중화 치계로 분류된다.

오스트레일리아 선주민이 아시아에서 이주한 것은 약 3만년 전의 일이다. 이들의 치아는 중화 치계·순다 치계와 다른 특징을 가진다. 반면에 오키나와의 미나토가와인의 치아는 확실하게 순다 치계의 특징을 보여 준다. 따라서 순다 치계의 집단은 오스트레일리아 선주민이 이주한 후, 미나토가와인이 오키나와에 나타나기 이전, 즉 30,000~17,000년 전 사이에 동남아시아에 모습을 드러내 태평양 연안을 따라 북상하여 일본열도로 이주하였다. 또한 미나토가와인은 조몬인을 사이에 두고 아이누와 연결된다. 한편 지금으로부터 약 20,000년 전에 중국 내륙부로 이주한 집단에서 중화 치계 집단이 생겨나고, 그 일파가 약 2,000년 전 일본열도로 이주하였다. 이들이 현재 일본열도 주민들의 조상이다.

여기에 소개한 터너2세의 설에 의하면 아이누를 제외한 현대 일본인은 조몬인과 직접적 관계가 없다. 브레이스(C. L. Brace)도 조몬인·야요이인·왜인[和人]·아이누인·한국인의 치아 크기를 비교하여 조몬인과 현대 일본인의 관련성을 부정하였다.[39] 브레이스에 의하면 야요이인의 치아가 가장 크고 에도시대인을 포함한 왜인과 한국인의 치아는 거의 동일한 크기이며 아이누인은 치아가 가장 작다. 조몬인 치아의 크기는 왜인보다 아이누인에 가깝다. 사람의 진화과정에서 치아는 오로지 작아지기만 하므로 조몬인의 작은 치아가 현대 일본인의 큰 치아로 변화하는 것은 불가능하다. 조몬인보다 큰 치아를 가진 현대 일본인은 조몬인이 아니라 야요이인의 자손이라는 것이 브레이스의 의견이다.

3. 조몬인의 본질

지금까지 소개한 언어학과 인류학적 접근을 통한 추론에서 우리는 조몬인의 본질에 대해 어떠한 밑그림을 그릴 수 있을까?

언어학에서는 문제가 있는 것 같지만 도호쿠지방(특히 북반부)에서는 나이·베츠와 같은 아이누어와 공통되는 지명이 남아 있다. 수렵을 반전업으로 하는 마타기[*9]들이 수렵 시에만 사용하는 '산(山)언어' 속에도 아이누어와 공통되는 단어가 포함되어 있다. 도호쿠지방의 조몬시대 또는 그 이전의 주민들 언어에 아이누어와 공통되는 요소가 포함되어 있었을 가능성이 꽤 높다. 그러면 아이누어와 공통되는 요소의 정체는 무엇인가?

몽고계 집단이 동남아시아에 먼저 모습을 드러내고 북상하였다는 터너2세의 의견은 오모토의 유전적 다형 연구결과와 일치한다.[40] 그리고 오노와 무라야마가 지적하는 일본어 속의 남도계 요소도 순다 치계의 사람들이 일본으로 이주했을 때 들어온 것이라고 해석할 수도 있다. 조몬인의 얼굴 생김새가 중국 남부의 유강인과 유사하다는 야마구치의 의견도 이와 모순되지 않는다. 브레이스도 터너2세도 아이누는 왜인보다 조몬인에 가깝다고 한다.

형질인류학의 입장에서 이러한 추론이 성립한다면 아이누어에는 일본어보다 남방계 요소가 분명하게 나타나야 한다. 무라야마 시치로는 아이누어가 오스트로네시아계의 가장 오래된 형태를 가지고 있고 폴리네시아어와의 공통성은 오스트로네시아어의 조어 특징이 남아 있는 점이라고 추정하였다.[41]

인류학적 추론에 의하면 조몬인은 구석기시대 말기에 일본으로 들어온 사람들의 자손이다. 언어학자가 지적하는 일본어 속의 남방계 요소는 이 사람들의 언어였을 가능성이 높다. 이 결론은 조몬문화가 아시아대륙에서 기원했더라도 일본열도라는 주위와 격리된 환경에서 형성된 것이라는 고고학적 입장의 추론과 모순되지 않는다. 한편 제3장의 '조몬문화의 형성'에서 상세히 논하겠지만, 플라이스토세 말기에서 홀로세 초기에 걸쳐 일본열도와 중국 남부 또는 그보다 더 남쪽지역과 결부되는 요소를 찾을 수 없다. 고고학은 물론 언어학·인류학적 추론에도 아직 불완전한 부분이 있음을 인지해야 한다.

언어학·인류학의 입장에서 각각 바라보는 조몬인의 본질은 어딘가에 접점이 있지만 결코 같지는 않다. 조몬인을 하나의 인종이라고 단언할 수 있을 만큼 인종 개념이 확실하지도 않다. 인종이란 "인류의 다양한 그룹의 관계를 정리하고 진화과정과 관련되는 모든 학문의 편의를 위해 설정된 생물학상의 구성물이고 분류의 한 수단이다"[42]라는 점을 확실하게 인식해 둘 필요가 있다.

조몬인을 '민족'으로 취급할 근거도 없다. 우리에게 뿌리 깊게 박혀 있는 '단일민족의식'이 비판받게 되면서 다양한 집단 특징을 파악하여 일본열도에 몇 개 민족이 공존하였다고 주장하는 경향이 나타난다. 일찍이 도리이 류조(鳥居龍藏)는 '고유일본인'과 '동탁(銅鐸)사용민족'의 존재를 주장했다.[43] '다민족사회'로 파악하는 사람들의 논의가 도리이의 주장을 재탕한 것이 아니라면 다행스런 일이다.[44] 우리가 '민족'이라고 부르는 단위는 어떻게 생겨난 것인가? '조몬인의 본질'이라는 문제는 그 대답을 얻는 하나의 단서이다. 지금부터 언어학·인류학과 다르게 조몬인이 어떠한 사회를 만들었는가라는 입장에서 이 문제를 풀어 보자.

주

1   工藤雅樹, 『研究史·日本人種論』(吉川弘文館, 1979).

2   山口 敏, 『日本人の顔と身体-自然人類学から探る現代人のルーツと成り立ち』, pp. 19-43(PHP研究所, 1986).

3   清野謙次·金関丈夫, 「日本石器時代人種論の変遷」, pp. 41-42(松村 暸編, 『日本民族』9-81, 岩波書店, 1935).

4   清野謙次·金関丈夫, 「日本石器時代人種論の変遷」, p. 44.

5   中谷治宇二郎, 『日本石器時代提要』, p. 199(岡書院, 1929).

6   林 謙作, 「考古学と科学」, pp. 118-122(桜井清彦·坂詰秀一編, 『論争·学説 日本の考古学』1総論: 101-143, 雄山閣出版, 1987).

7   松本彦七郎, 「宮戸嶋里濱及氣仙郡獺沢介塚の土器 府特に土器紋様論」, pp. 722-723(『現代之科学』7: 562-594, 696-724, 1919).

8   清野謙次·宮本博人, 「津雲石器時代人はアイヌ人なりや」(『考古学雑誌』16-8, 483-505, 1925), 「再び津雲石器時代人はアイヌ人に非らざる理由を論ず」(『考古学雑誌』16-9, 568-575, 1925).

9   山口 敏, 『日本人の顔と身体』, p. 39.

10   中谷治宇二郎, 『日本石器時代提要』, pp. 194-195.

11   服部四郎, 「日本語と琉球語·朝鮮語·アルタイ語との親族関係」, pp. 21-35(『民族学研究』13, 1948, 『日本語の系統』, * 20-63, 岩波書店, 1959).

12   梅原 猛, 「古代日本とアイヌ語-日本語と神話成立の謎」(江上波夫·梅原 猛·上山春平·中根千枝編, 『日本人とは何か-天城シンポジウム民族の起源を求めて』, 113-202, 小学館, 1980), 「ユーカラの世界」(江上波夫·梅原 猛·上山春平編, 『シンポジウム北方文化を考える-アイヌと古代日本』, 335-376, 小学館, 1984), 『アイヌは原日本人か』, 165-188 등.

13   服部四郎, 「アイヌ語の研究について」, pp. 103-105(『心の花』700, 1957, 『日本語の系統』, * 101-109), 安本美典·本田正久, 「日本語の誕生」, pp. 53-57(『数理科学』109: 51-79, 1972).

14   山田秀三, 「アイヌ語地名分布の研究」(『アイヌ語地名の研究』1: 186-334, 草風館, 1982), 「東北地方のアイヌ語地名」(『アイヌ語地名の研究』3: 9-127, 1983).

15   大林太良·村山七郎, 『日本語の起源』, pp. 105-115(弘文堂, 1973).

16   森口孝一, 「言葉と社会-社会言語学」, p. 142(西田龍雄編, 『言語学を学ぶ人のために』, 126-148, 世界思想社, 1986).

17   Chew, J. J., Prehistory of Japanese Language in the Light of Evidence from the Structures of Japanese and Korean. pp. 192-199, *Asian Perspectives* 19: 190-200, 1976.
     야스모토 비텐·혼다 마사히사·무라야마 시치로 등은 츄보다 먼저 혼성어설 입장을 취하였다. 安本美典·本田正久, 「日本語の誕生」, pp. 53-57, 大林太良·村山七郎, 『日本語の起源』, p. 223, 村山七郎, 『日本語の起源』vii(弘文堂, 1974).

18   大野 晋, 『日本語の起源』, pp. 100-101, 191-193, 198-199(岩波書店, 1957).

19   大林太良·村山七郎, 『日本語の起源』, pp. 196-198, 208-209.

20   大林太良·村山七郎, 『日本語の起源』, pp. 211-215.

21   大野 晋, 『日本語の起源』, pp. 135-137.

22   유전적 다형의 정의는 몇 개 있다. 오모토는 "생물종의 한 집단 내에서 어느 유전자자리에 복수의 대립유전

자가 존재함으로써 일어나는 불연속적인 형의 공존"이라고 정의하였다.

尾本恵市, 「日本人の遺伝的多型」, p. 218(池田次郎編, 『人類学講座』 6, 日本人II, 217-263, 雄山閣出版, 1978).

23 古畑種基, 「血液型より見たる日本人」(松村 瞭編, 『日本民族』 83-109, 岩波書店, 1935).

24 尾本恵市, 「日本人の遺伝的多型」, pp. 241-242.

25 尾本恵市, 「日本人の遺伝的多型」, pp. 249-251.

26 埴原和郎, 「日本人の歯」, pp. 190-192(『人類学講座』 6, 日本人II, 175-216).

27 清野謙次, 「日本石器時代人類」, p. 12(『岩波講座・生物学』 4, 岩波書店, 1929), 長谷部言人, 「日本人の祖先」, pp. 72-78(岩波書店, 1951, 復刻版*・近藤四郎解説, 築地書館, 1983).

28 長谷部言人, 「日本人の祖先」, p. 118.

29 清野謙次, 「古墳時代日本人の人類学的研究」, p. 2(『人類学・先史学講座』 2, 雄山閣, 1938).

30 長谷部言人, 「日本人の祖先」, pp. 72-74, p. 107.

31 鈴木 尚, 「縄文時代人骨」, pp. 367-369(杉原荘介編, 『日本考古学講座』 3縄文文化, 353-375, 河出書房, 1956).

32 Hisashi Suzuki, Microevolutional Changes in the Japanese Population, from the Prehistoric Age to the Present-day. *Jour. Fac. Sci., Univ. Tokyo, Sec. A(Anthropology).* 3-4: 279-309, 1969.
이케다 지로(池田次郎)가 초역한 부분이 池田次郎・大野 晉編, 「論集・日本文化の起源」 5日本人種論・言語学, pp. 242-258(平凡社, 1973)에 수록되어 있다.
鈴木 尚, 『日本人の骨』(岩波書店, 1963).

33 金関丈夫, 「弥生時代の日本人」(日本医学会編, 『日本の医学の1959年』 1: 167-174, 1959), 「人種論」(大場磐雄編, 『新版考古学講座』 10: 183-200, 雄山閣出版, 1971), 「人類学から見た古代九州人」(福岡ユネスコ協会編, 『九州文化論集』 1古代アジアと九州, 179-212, 1973).

34 山口 敏, 『日本人の顔と身体』, pp. 177-179, 184.

35 森本岩太郎・永井昌文ほか, 「骨から見た日本人の起源」, pp. 47-48(『季刊考古学』 12-1: 3-95, 1981).

36 山口 敏, 『日本人の顔と身体』, p. 50.

37 Howells, William, *Mankind in the Making.* 1964.

38 Turner II, Victor, Late Pleistocene and Holocene History of East Asia based on Dental Variation. *American Journal of Physical Anthropology.* 73: 305-321, 1987. Teeth and Prehistory in Asia. *Scientific American.* 1989-2: 70-77.

39 Brace, C. L., Nagai, Masafumi, Japanese Tooth Size: Past and Present. *American Journal of Physical Anthropology.* 59: 399-411, 1982.

40 尾本恵市, 「東アジアと太平洋の人種形成」, pp. 151-157(埴原和郎編, 『日本人の起源-周辺民族との関係をめぐって』, 139-160, 小学館, 1986).

41 村山七郎 [10] 『日本語の起源』, pp. 37-50.

42 Shapiro, Harry L., Revised Version of UNESCO Statement on Race. p. 365, *American Journal of Physical Anthropology.* 10: 363-368, 1952.

43 鳥居龍蔵, 「古代の日本民族」(『有史以前の日本』, 磯部甲陽堂, 1924, 『鳥居龍蔵全集』, * 381-390, 朝日新聞社, 1975 등).

44 「다민족사회론」 [11]과 관련되는 문제점은 쓰데 히로시(都出比呂志)가 지적・비판한 바 있다.
都出比呂志, 「歴史学と深層概念-日本文化の歴史的分析の手続き」(『歴史評論』 466: 71-88, 1989).

역주

*1 『고사기(古事記)』와 『일본서기(日本書紀)』를 아울러 끝 단어를 따서 기기(記紀)라고 통칭하는데, 기기신화
는 이 문헌들에 기술된 신화를 일컫는다.

*2 어떤 언어가 토착 언어 어휘들과 결합되어 만들어진 단순한 형태의 혼성어이다.

*3 두 언어의 요소가 혼합된 언어가 제1언어로 습득되어 완전한 언어의 지위를 얻게 된 것이다.

*4 일본의 와카(和歌) 등에 사용되던 습관적인 수식구로 주로 천황을 나타내는 말 앞에 붙어 천황이 나라의
구석구석까지 통치하는 것을 말한다.

*5 수컷을 뜻한다.

*6 일본 성씨제도이다.

*7 옛날 중국 또는 한(韓)을 일컫는 말이다.

*8 원서에는 前腕骨로 표기되어 있다. 그러나 전완골은 팔의 하반부 뼈인 요골과 척골을 가리킨다. 본문의 내
용으로 보면 상완골이 옳다.

*9 도호쿠지방 산간의 사냥꾼들을 가리킨다.

*10 원서의 본문 내용에 따르면 大野 晋이 아니라 村山七郎가 옳다.

*11 원서에는 타민족사회론으로 기술되어 있지만 오타로 다민족사회론이 옳다.

제3장 조몬문화의 형성

제1절 자연사적 배경

조몬인은 중국 남부 또는 그 남쪽 지역에서 일본으로 이주한 사람들일 가능성이 높다. 플라이스토세 말기에서 홀로세 초기에 걸친 기후 온난화에 따라 일어난 다양한 일들이 조몬문화 성립의 큰 요인이 된다는 생각이 고고학 연구자 사이에서 널리 받아들여지고 있다. 중국 남부 이남지역에서 생활하던 사람들이 생활권을 넓혀 일본열도로 이주했다는 것도 전혀 불가능하지 않다. 이를 지지하는 고고학적 증거가 있는지 다음 기회에 검토하기로 하고 조몬인의 생활무대가 형성되는 모습을 설명하겠다.

1. 반도에서 열도로

조몬인의 생활무대는 일본열도이다. 조몬문화의 성립시기는 일본이 아시아대륙의 동단에 뻗은 반도에서 열도로 변하는 시기와 겹친다. 지금으로부터 22,000~18,000년 전 최후빙기의 가장 한랭한 시기가 지나고 기후가 단기간에 온난해지자, 남북 양극의 빙관과 대륙빙하가 축소되어 해수면이 상승한다. 이렇게 해서 일본과 아시아대륙을 나누는 마미야(間宮)·무나가타(宗像)·대한(大韓)·쓰시마(対馬) 해협이 나타난다. 홋카이도(北海道)와 혼슈(本州)는 쓰가루(津軽)해협으로 나뉘어지고, 혼슈·시코쿠(四国)·규슈(九州)를 나누는 세토나이카이(瀬戸内海) 해·간몬(関門)해협은 좀 더 뒤에 형성된다.

반도에서 열도로 변하는 요인이 지구 전체를 둘러싼 기후의 주기적인 변화에 있는 이상, '일본열도'가 최후빙기(Lateglacial) 또는 후빙기(Postglacial)[1]에 처음으로 모습을 드러낸 것은 아니다. 일본 연안부의 나리타(成田)층, 시모스에요시(下末吉)층, 니시야기(西八木)층 등 중위단구의 토대가 되는 지층은 하층에서 상층으로 갈수록 사력층 → 해성점토층 → 사층으로 변한다. 이와 같은 층서는 동해 연안의 단고(丹後)반도와 노토(能登)반도의 동시대 지층에서도 확인되므로 최종간빙기(170,000~130,000년 전)[*1]에도 '일본열도'가 존재하였다.[2] 이 시기의 해수면 상승을 '시모스에요시해진'이라고 한다. 조몬문화는 일본열도라는 폐쇄된 환경 속에서 독자적으로 발전한 문화라고 여겨진다. 그러나 위의 사정을 고려하면 조몬문화만의 특징이라고 할 수 없다. 일본의 원시사회는 아시아대륙으로부터 물리적으로 격리되어 지역성이 강하게 나타나는 시기와 대륙과의 공통성이 강해지는 시기가 반복되었을 가능성이 있다.

그러나 지리적 장벽의 유무가 그대로 사회와 문화적 연결의 강약을 좌우한다고도 할 수 없다. 전술한 것처럼 최후빙기의 '일본회랑(回廊)'문화―나이프형석기가 공반되는 문화는 아시아대륙의 문화와 공통성이 강할 것이라 예상할 수 있다. 따라서 논리적으로는 아시아대륙에서 건너온 문화가 일본 각지에 일정하게 분포해야 할 것이다. 한국·중국·시베리아 각지에서 나이프가 발견되나, 나이프를 중심으로 하는 석기군은 확인되지 않는다. 일본 각지의 나이프는 분명한 지역성을 보여 준다. 지리적으로 아시아대륙과 가장 관련이 많아야 하는 시기에 일본문화는 강한 지역성을 보여 준다. 즉 일본과 아시아대륙의 지리적 격차라는 이유로 조몬문화가 고립된 환경에서 독자적으로 발전한 문화라고 결정지을 수 없다.

앞에서 가장 한랭한 최종빙기의 일본 모습을 '반도 또는 회랑'이라고 표현했다. 이 시기의 해수면이 현재보다 어느 정도 낮았는지는 전문가들 사이에서도 의견이 분분하다.[3] 해수면이 얼마나 하강했는지 알 수 있다면 아시아와 일본이 육지로 연결되었었는지 알 수 있다. 여하튼 당시의 동해는 현재와 전혀 다른 상태였다.

오바 타다미치(大場忠道)는 동해에서 채집한 코어샘플을 분석하여 동해의 환경을

① 바다 속 염분이 현저하게 적은 시기(60,000~23,000년 전)[4]

② 오야시오(親潮)해류가 쓰가루해협에서 흘러들어 와 대한해협(쓰시마해협)으로 흘렀던 시기(23,000~13,500년 전)

③ 쓰시마난류가 일시적으로 흘러들어 오던 시기(13,500~10,000년 전)

④ 쓰시마난류가 본격적으로 흘러들어 오던 시기(10,000~6,300년 전)

의 네 단계로 변했다고 보았다.[5] 나스 타카요시(那須孝悌)는 쓰시마난류의 영향이 없던

환경(30,000~20,000년 전)에서는 동해 연안의 강설량이 매우 적어지고, 태평양 연안도 더 건조해진다고 하였다.[6] 이처럼 현재와 확연히 다른 환경이 지속되다가, 오야시오해류가 들어오고 뒤이어 쓰시마난류가 동해로 들어오게 된 것은 먼저 쓰가루해협이 열린 뒤에 곧 대한해협이 완전히 열린 8,000년 전으로, 이때 현재와 유사한 '일본열도'의 모습이 드러났음을 말해 준다. 당시의 해수면은 가장 한랭한 시기와 비교할 때 적어도 60m는 높았다.

사카구치 유타카(阪口 豊)는 화분분석 결과를 통해 13,000년 전 이후 오세가하라(尾瀬ヶ原)를 둘러싼 지역의 강설량이 증가한다고 하였다.[7] 이는 동해로 오야시오해류가 흘러들어 온 시기와 쓰시마난류가 일시적으로 흘러들어 오는 시기에 해당하는데, 일본열도의 해양성 기후가 이때 성립되었음을 보여 준다. 이 시기에는 소나무·가문비나무·전나무를 중심으로 하는 침엽수림이 사라지고, 자작나무·너도밤나무·졸참나무를 중심으로 하는 낙엽활엽수림이 확대되어 기후가 온난해졌다(도 6). 이 시기는 기온상승이 일시 정지한 시기에 해당함과 동시에 조몬 초창기의 전반기에 해당한다.

최후빙기의 가장 한랭한 시기[남칸토(南關東)의 다테카와(立川)롬기에 해당하는 22,000~18,000B.P. 전후]의 식생은 조몬시대 이후와 완전히 달랐다. 나중에는 간토지방에서 규슈에 걸친 지역의 평지와 구릉을 뒤덮게 되는 온난대 상록활엽수림(조엽수림)이 규슈 남부에서 시코쿠의 태평양 연안, 기이(紀伊)반도, 이즈(伊豆)반도, 보소(房総)반도 등의 남단에 한정된 지역에만 존재하였다. 너도밤나무림 같은 냉온대 낙엽활엽수림이 분포하는 지역은 일본 잎갈나무를 포함하는 아한대침엽수림으로 대체되고, 홋카이도 대부분의 지역에는 눈잣나무 군락 또는 아한대침엽수림이 분포하였다.[8]

현재의 식물분포를 남으로 옮긴다고 해서 이러한 식생대가 생기지는 않는다. 나스 타카요시는 너도밤나무가 분포하는 지역도 강수량이 적기 때문에 현재와 같이 순수한 너도밤나무림이 형성되지 않고 졸참나무·자작나무류 등의 낙엽활엽수, 야마가타케 가문비나무(八ヶ岳唐檜, *Picea koyamae*)[*2]·좀솔송나무 등의 침엽수와 혼재되어 계곡을 따라 분포하였다고 한다. 해류(특히 쓰시마난류)가 동해로 흘러들어 가지 않아 겨울에 눈이 내리지 않고 한랭기단의 세력이 현재보다 강하여 온대성 저기압이 발생하는 범위가 한정되어 대부분의 지역에서는 여름 강수량도 적었다.[9] 빙하기의 일본 기후는 한랭하였을 뿐만 아니라 현재보다 더욱 건조하였다. 플라이스토세 말기에서 홀로세 전반에 걸친 식생변화는 다음의 '조몬해진'에서 설명하겠다.

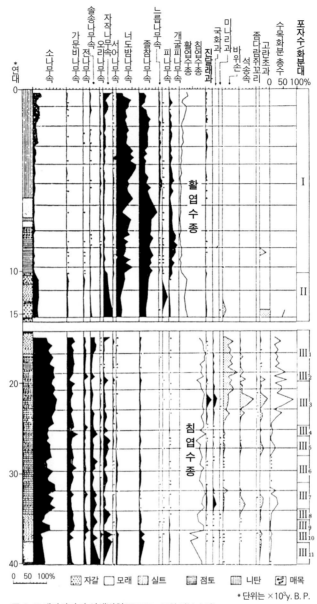

위 차트 상단 라벨 (좌에서 우로):
연대, 소나무속, 가문비나무속, 솔송나무속, 전나무속, 자작나무속, 오리나무속, 서어나무속, 너도밤나무속, 졸참나무속, 느릅나무속, 피나무속, 개굴피나무속, 침엽수종, 활엽수종, 진달래과, 국화과, 미나리과, 바위손속, 석송속, 고란초과, 좀다람쥐꼬리, 수목화분 총수, 포자수/화분대

활 엽 수 종

침 엽 수 종

I

II

III₁ III₂ III₃ III₄ III₅ III₆ III₇ III₈ III₉ III₁₀ III₁₁

0 50 100%

0 50 100%

□ 자갈 □ 모래 ▦ 실트 ▦ 점토 ▥ 니탄 ▨ 매목

* 단위는 ×10³y. B. P.

도 6 오세가하라의 식생변천(주 7 阪口 문헌 일부 수정)

최후빙기의 일본 동물상에는 나우만코끼리, 일본큰뿔사슴(*Sinomegaceros yabei*) 등의 온대계 요소와 말코손바닥사슴, 불곰 등의 한대·아한대계 요소가 섞여 있었다.[10] 이 시기의 한대·아한대계의 동물군을 매머드동물군이라고 부르는데 우는토끼(새앙토끼 또는 쥐토끼)·눈토끼·말코손바닥사슴·순록·몽고말·매머드·털코뿔소와 같은 초

식동물, 불곰·오소리·스라소니·늑대와 같은 잡식동물과 육식동물이 포함된다.[11] 중국의 길림성(吉林省) 고향둔(顧鄕屯)에서 출토된 동물화석[12]은 매머드동물군의 한 예로 유명하다. 한반도에서도 전형적인 화석군이 보고된 바 있다.[13] 일본에서는 순수한 매머드동물군이 발견되지 않는다. 순록은 사할린에만 서식할 뿐, 홋카이도까지 남하하지 않았다. 매머드는 홋카이도의 한정된 지역에서 일부 표본만 보고되는 정도이다. 쓰가루해협이나 대한해협 때문에 매머드동물군의 이주가 불가능했을지도 모른다.[14] 그러나 이는 말코손바닥사슴, 불곰 등 매머드동물군의 일부가 혼슈 중부까지 들어왔다는 사실을 고려할 때, 충분한 설명이라 할 수 없다.

매머드동물군 가운데 가장 전형적인 초원과 툰드라에서 서식하는 동물(순록·몽고말·털코뿔소·매머드)이 일본에 들어오지 않았거나 분포가 제한되어 있다는 사실은 최후빙기의 일본 환경이 유라시아나 북아메리카 등의 대륙지역과 상당히 달랐다는 것을 암시하는 게 아닐까? 특히 무리 속에서 생활하는 몽고말·순록·매머드가 혼슈에서 발견되지 않는 점에 주의할 필요가 있다. 이는 최후빙기의 일본 환경이 초원을 서식처로 삼는 대형초식동물에게 적합하지 않았음을 시사하는 것 아닐까? 같은 매머드동물군이라도 습지가 널려 있는 삼림에 사는 말코손바닥사슴은 상당히 넓은 범위에 분포했던 것 같다. 하나이즈미(花泉)유적에서 출토된 야생소는 초원성이 아니라 산림에 적합한 것이다. 현재 일본의 동물군은 삼림생활자가 중심이다.[15] 가메이 타다오(龜井節夫)는 이러한 특징이 현재만이 아니라, 플라이스토세까지 통용된다고 생각하였다.[16] 이러한 환경 속에서 최후빙기의 일본 주민은 수렵을 비롯한 삼림자원을 이용하는 기술을 상당히 개발하였을 가능성이 있다.

나우만코끼리와 큰뿔사슴 같은 대형초식동물은 플라이스토세 말기에서 홀로세 초기(17,000~7,000B.P.)에 걸쳐 절멸했다고 여겨진다.[17] 사슴·멧돼지와 같은 현재 일본의 포유동물군은 이즈음에 모습을 드러낸다.[18] 초창기에서 조기에 걸쳐 동물유체가 양호하게 출토된 도리하마(鳥浜)패총, 도치하라(栃原)바위그늘, 나츠시마(夏島)패총 등의 동물유체를 검토해 보면 그 과정을 대략적으로 이해할 수 있다. 최후빙기의 일본 환경은 전형적인 초원과 툰드라지대가 아니라, 삼림이 확산되어 있었다. 그러한 환경에서 생활하던 사람들이 삼림자원을 활용하는 기술을 충분하게 습득하였다는 점을 분명히 해 두자.

2. 조몬해진

14,000~15,000년 전부터 해수면이 현저하게 상승한다. 현재 해수면보다 40~60m 정도 낮았을 때, 거의 천년을 주기로 두 번 정도 해수면 상승이 멈추거나 약간 내려가는 시기가 있었다.[19] 10,000년 전부터 해수면이 급격하게 높아져 조몬 전기중엽 (6,000~5,500B.P.)에는 현재 해수면보다 높아진다.[20] 이것이 소위 조몬해진이다. 그 뒤, 해수면이 다시 낮아지기 시작해 조몬 후기부터 만기의 해수면은 현재보다 약간 낮았고, 야요이문화 개시기에는 현재의 수준에 이르렀다고 여겨진다.[21]

해수면 변화는 기후변동과 관련된다. 조몬해진이 진행됨에 따라 기후는 온난해지고 기온이 상승하면서 강우량도 증가하여 대지와 구릉, 산악지대의 사면은 불안정해져서 토석류와 니류가 일어나기 쉬워진다. 미야기 토요히코(宮城豊彦)는 주위가 완전히 사면으로 둘러싸인 요지(凹地, 폐쇄요지)의 퇴적물을 분석하여 9,000B.P., 6,000~2,500B.P., 1,000B.P.의 세 시기에 사면이 불안정했다고 지적하였다. 조몬해진이 정점에 달하는 시기에는 특히 사면의 침식이 활발해진다고 한다. 미야기는 이 시기에 현재의 서남일본과 마찬가지로 여름에는 그다지 비가 오지 않고 그 전후에 집중호우가 왔다고 추정하였다.[22]

아이치(愛知)현 마즈카리(先狩)패총 조사성과를 바탕으로 조몬해진이 어떻게 진행되었는지 구체적으로 살펴보자. 이 패총은 나고야(名古屋)시의 남쪽 60km, 지타(千多)반도의 남부, 지타군 미나미치타쵸(南知多町)에 있는데 나고야철도 새 노선 건설공사때 발견되었다.[23] 이곳은 플라이스토세의 하곡(河谷)이 수몰된 익곡(溺谷)으로 홀로세

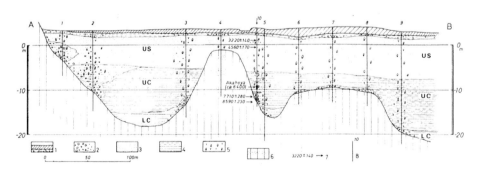

도 7 마즈카리패총 주변의 지질 단면도(주 23 문헌에서)
1: 표토, 2: 원력(圓礫)·각력(角礫), 3: 모래, 4: 실트·진흙(泥), 5: 패각·부식물, 6: 기반, 7: ¹⁴C연대
LC: 하부니층, UC: 상부니층, US: 상부사층

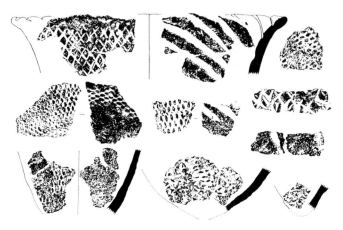

도 8 마즈카리패총 주변의 고잔지식토기(축척 약 1/5; 주 23 문헌에서)

퇴적물로 덮인 저지[內海谷]이다. 현재의 해안선에 보이는 3열의 사퇴(砂堆, 안쪽에서부터 제1·제2·제3)는 해변의 흔적으로 패총은 제1사퇴와 제2사퇴 사이의 저습지 지하에 있다.

패총에서 출토된 토기는 거의 대부분 고잔지(高山寺)식[*3](도 8)으로 패층이 단기간에 퇴적되었음을 말해 준다. 패층에는 꼬막이 가장 많고 참굴·토굴·일본재첩·바지락과 같은 이매패와 눈알고둥·갯고둥과 같은 고둥도 있다.[24] 어류는 감성돔이 많고, 그 외에 정어리와 농어도 있지만 모두 소형이고 양도 많지 않다. 와타나베 마코토(渡辺誠)는 이 어류들이 꼬막과 같은 환경에서 서식한다고 지적하였다.[25] 포유류로는 사슴·멧돼지·개가 확인된다. 패총에서 출토된 것 가운데 식료로 이용할 수 있는 식물은 새(萱)·가래나무열매·다래·떡갈나무열매류가 있지만, 와타나베는 조몬 조기에 떡갈나무열매류를 이용할 수 없었다고 주장하였다. 석기류는 석촉 미완성품과 불량품이 많고, 박편에 자연면이 많은 점이 특징이다.[26] 물고기 뼈가 적고 소형이 많은 점도 이 유적이 일시적 캠프였음을 암시한다.

저지를 메운 지층은 위에서 차례대로 상부사층·상부니층·하부니층으로 나뉘어진다(도 7).[27] 상부니층·상부사층에 포함된 패류와 유공충의 변천에 따라 조몬해진의 진행과 그 후의 해수면 저하, 하곡이 메워지는 과정을 엿볼 수 있다. 마츠시마(松島)에 의하면 상부니층하부·상부니층상부·상부사층에 포함되는 패류는 히메카니모리(Rhinoclavis sordidula)·꼬막·헌지붕조개를 포함하는 A군집, 애기반투명조개·여덟

모뿔조개·농조개·달떡조개(*Dosinella angulosa*)를 포함하는 C군집, 이보키사고(*Umbonium moniliferum*)·백합·동죽을 포함하는 B군집 순으로 변한다. 이 변화는 조개가 서식하는 환경이 니질의 내만 안쪽의 갯벌(潮間帶)에서 익곡 바닥이 늘 해수에 잠겨 있는 부분(潮下帶)으로의 변화, 즉 모래사장이 발달하는 내만의 조간대에서 조하대로의 변화라는 입강(入江)의 형성·확대·소멸 과정을 반영한다.

기타자토 히로시(北里 洋)가 실시한 유공충 분석결과도 이와 일치하는데 A군집 시기의 입강은 매우 얕아 수미터였고 염분이 적었으며, C군집 시기가 되면서 입강이 20m 정도로 깊어지고 염분도 증가하며 현재보다 수온이 높았다고 한다.[28]

A군집의 연대는 8,600~7,000년 전으로 추정된다. 마즈카리패총은 이 시기─조몬해진의 전반기에 해수면 아래 11~9.5m 깊이로 매몰된 파식면 위에 있었을 것으로 판단된다. 이 파식면은 C군집이 나타나는, 즉 해수면이 급격히 높아질 때 수몰된 것 같다. 패총형성 당시의 해수면은 현재보다 12~13m 아래에 있었다고 추정되므로[29] 약 1,600년간 해수면이 2~3m 높아졌던 것이 된다.

C군집의 연대는 7,000~5,500년 전, B군집의 연대는 5,500~3,000년 전으로 추정된다. 상부니층 중간에 아카호야화산재[30]가 퇴적되어 있는 점, 상부사층의 방사성탄소연대 등이 근거가 된다. C군집의 시기는 조몬해진 최성기에 해당한다. 이 시기에 형성된 파식면은 현재 해수면보다 2m 아래에 묻혀 있다. B군집이 입강으로 진출한 것은 조몬해진이 끝난 후이다. 이때는 연안류의 움직임이 강해지고 만 입구부에는 사퇴가, 만 안쪽에는 삼각주가 형성되기 시작해 저지의 퇴적이 급격히 진행되기 시작한다.

마에다 야스오(前田保夫)의 화분분석 결과에 의하면[31] 해수면 변동과 보조를 맞추듯이 저지 주위의 식생도 변한다. 마즈카리패총의 상부니층 하반부에는 졸참나무아속의 화분이 다량으로 확인된다. 마에다는 이 시기의 식생을 "물참나무·너도밤나무림의 하부에서 전나무·솔송나무림의 중간 온대림으로의 이행림에 가까운 것"이라 추정하고 느티나무속(?), 팽나무속(?)이 졸참나무아속과 더불어 현저하다고 하였다. 초본화분이 많은 것도 이 시기의 특징이다. 떡갈나무아속의 화분도 적지만 확인된다. 해수면 아래 11~9.7m에서 확인된 화분은 중간온대림(졸참나무아속은 꽤 감소하지만 활엽수 중에서는 가장 많고, 소나무속·전나무속을 비롯해 침엽수 증가가 두드러진다), 해수면 아래 8m에서는 떡갈나무아속의 증가가 두드러져 조엽수림의 특징을 보여 준다. 침엽수의 비율에서는 거의 변화가 없다. 조엽수림의 성립은 패류의 C군집 시기, 즉 상부니층의 최

상부에 해당하는 것 같다.

3. 결론

다음과 같은 이유 때문에 조몬문화가 형성되는 배경으로 조몬해진을 무시할 수 없다.

① 해수면이 상승함과 더불어 연안부에 익곡과 천해가 생겨 다양한 수산자원을 활용할 수 있는 조건이 갖추어졌다.

② 해수면의 상승 원인인 기후 온난화로 식생대가 확대되고 식물성 자원 이용도 발전할 수 있는 조건이 갖추어졌다.

③ 이 두 조건은 일본열도 주민의 생업을 다양화시키고, 정착성을 확립시키는 효과를 가져왔다.

이미 많은 사람이 이 사실들을 지적하였기 때문에 별로 새로울 것도 없다.[32] 다만 앞서 지적한 것처럼 일본 플라이스토세의 '비전형적'인 환경에서 조몬해진에 앞서 이러한 조건이 이미 준비되어 있었음을 암시한다.

수혈주거의 건축, 활발한 어로활동, 식물성 자원의 활발한 이용, 다량의 토기 제작과 사용 등 조몬문화의 특징적 요소는 조몬해진의 진행과 더불어 열도 전역으로 확대되고 정착되어 간다. 그러나 그 가운데 몇몇 요소는 일본열도 또는 이와 동일한 조건이 갖추어진 지역에서는 플라이스토세 후기 늦어도 플라이스토세 말기에 이미 싹트고 있었음을 고려해야 한다.

제2절 초창기에서 조기로

초창기[33]는 연대측정에 따르면 12,000B.P.경[*4]에 시작되어 약 4,000년 정도 지속된다. 이 시기의 자료는 홋카이도에서 남큐슈까지 분포한다.[34] 연구자 간의 의견이 대립되는 문제도 한두 개가 아니다. 이 문제들을 모두 열거하여 빠짐없이 모두 소개할 수 없으므로 문제를 압축하여 주요 의견을 소개하도록 하겠다.

1. 토기편년을 둘러싼 문제

(1) '토기군'에서 '형식(型式)'으로

먼저 지금까지 주류를 이루던 스즈키 야스히코의 편년[35]을 살펴보자. 시문구와 시문기법의 차이가 스즈키 편년의 지표이다. 시문구 차이를 기준으로 융기선문계·조형문계(爪形文系)·승문계로 구분하고, 융기선문계와 승문계의 토기군을 시문기법에 따라 세분하였다. 특히 승문계토기의 세분은 압압(押壓)과 회전을 기준으로 한다. 스즈키는 시문구와 시문기법의 차이를 철저하게 선후관계로 파악하였다. 1960년대에는 "조몬 초창기에 (중략) 대체로 거의 같은 양식의 토기가 전국적으로 확산되어" 있다는 의견[36]이 지배적이었다. 초창기 토기가 동일하고, 압압에서 회전으로 변한다는 두 전제가 1960년대 편년의 버팀목이었다.

1986년 사이타마(埼玉)고고학회가 주최한 심포지엄에서 가네코 나오유키(金子直行)·미야이 에이이치(宮井英一)는 시문수법과 시문구 차이보다 장식과 문양구성 원리를 바탕으로 토기변화를 검토하였다.[37] 구연부 형태와 이에 따른 구연부 문양대 변화도 실마리가 되었다. 미야바야시(宮林)유적[38] 자료가 가네코와 미야이 의견의 직접적 근거였다. 시문구와 시문기법을 기준으로 구별한 초창기의 토기군을 기형의 계통, 문양구성과 문양대 변화에 따라 형식(型式)으로 정리하는 작업은 1971년 사토 타츠오(佐藤達夫)의 논문[39]에서 시작된다. 사토는 모토노키(本ノ木)식[*5]이 "초창기 초두의 무승문토기군, 승문이 있는 토기군과 밀접하게 관련"되고, 모토노키식에는 측면압흔에 의한 전면시문과 "반전(反轉)승문이 동시에 존재하고 회전승문도 이미 발생했다고 생각된다"고 하였다.

표 2 1960년대의 초창기 토기편년(주 35 문헌에서)

회전시문	연사문계토기군	나츠시마식
		↑
		이구사식토기·다이마루식 토기
	회전승문계토기군	평저승문토기
		↑
		표리시문승문토기
		↑
		우상승문토기
비회전시문	압압승문계토기군	측면압흔문토기
		↑
		단승문압압문토기
		↑
		낙조체압흔문토기
		↑
		U자형측면압흔문토기
		↑
		첨단부압압문토기
	조형문계토기군	조형문토기
		↑
		'八'자조형미융기선문토기
	융기선문계토기군	미융기선문토기
		↑
		세융기선문토기
		↑
		융기선문토기

1980년대의 조몬 초창기 편년의 새로운 움직임은 사토의 논문을 재평가하면서 시작된다. 사사키 요우지(佐々木洋治)는 융기선문토기의 성형과 시문기법을 분석하여 융기선문·다승문(多繩文)·조형문토기의 구연형태를 구체적으로 설명하며 사토의 의견을 재확인하는 실마리를 제공하였다.[40] 전술한 바와 같이 오츠카 타츠로(大塚達朗)는 사토의 논문을 정확하게 평가하지 못하였기 때문에 현재의 초창기 편년이 혼란스러워졌다고 하였다. 이는 경청할 만한 지적이다.

시문구와 시문기법에 따른 구별은 토기 그 자체의 분류기준으로 유효하다. 야마노우치 스가오(山內淸男)가 압압에서 회전으로 변한다는 것을 증명하고,[41] 고바야시 타츠오(小林達雄)가 이를 재빠르게 받아들인 이유도 여기에 있다.[42] 문제는 분류된 토기군을 편년 단위인 형식으로 재편성할 때, 초창기 토기의 동일함과 압압에서 회전으로라는 두 전제가 성립되는지 검토하지 않았다는 점에 있다. 앞으로 초창기 토기편년의 과제는 시문구와 시문기법으로 구분한 토기군을 '형식'으로 재정리하는 데 있다고 할 수 있다.

'두립문토기'와 다승문토기, 조형문토기의 관계도 이 입장에서 논의하지 않으면 의미가 없다. 조사에 관여한 사람들 사이에서도 두립문과 융기선문의 층서에 대해 의견차가 있다.[43] 두립문과 'ハ'자모양의 조형문은 음각과 양각의 관계에 있는 간토(關東)지방에 기원을 둔 요소이고 융기선문토기 고단계에 해당한다고 본 오츠카 타츠로의 지적은 형식학적으로 납득할 수 있다.[44] 오츠카의 지적에 대해 현재 '두립문토기' 존재를 인정하는 입장에서 보면 유효한 반론은 없다. '두립문'은 융기선문토기I기 고단계 형식의 한 요소인 것이다.

스즈키 야스히코는 앞서 소개한 편년이 아직 유효하고 몇몇 유적의 '층위적 경향'이 모순되지 않으며, 조형문과 다승문의 단순유적이 있다고 지적하였다.[45] 그러나 중요한 '조형문토기에서 승문 선단압압문(先端押壓文)토기, 승문 'U'자형 측면 압흔문토기로의 이행'[46]에 대해서는 사이시카다(西鹿田)유적 외에 층서상 근거가 없어[47] 문양 유사성을 바탕으로 한 추론적 성격이 강하다. 현재 조형문토기와 다승문토기의 관계를 판단하는 수단은 형식학적 분석밖에 없다. 다이신쵸(大新町)유적과 가모헤이(鴨平)(2)유적 등의 조형문토기, 바바노(馬場野)II와 같은 다승문토기의 단순유적[48]은 이 토기들이 다른 형식이라는 것을 보여 줄 뿐, 선후관계에 있는지 공존하였는지의 판단 근거가 되지 않는다. 미야바야시와 니시타니처럼 양 요소가 혼재된 예[49]는 공존설에 유리한 자료일 것이다.

(2) 가장 오래된 토기 및 가장 오래된 조몬토기

가미노(上野) 제1지점 제2문화층(가미노하층)[50]에서 세석인, 세석핵, 나이프형석기 등의 석기군과 토기편 24점이 출토되었다. 후지쿠로즈치(富士黑土)(FB) 하부의 융선문 토기를 포함하는 제1문화층과 소프트롬(L₁S)층에 있는 제2문화층 사이에는 약 30cm의 무유물층이 끼어 있다. 상층과 하층의 유물분포범위도 겹치지 않고, 유물의 침하나 부상이 일어날 가능성은 없다. 사가미노(相模野)149유적에서는 가미노하층과 같은 층에서 적어도 2개체분의 구연부편이 출토되었다.[51] 구연부에 폭 2cm 정도의 점토띠를 붙여 폭이 좁은 띠상[帶狀] 구연을 만들고, 띠의 상하 가장자리를 예새와 같은 시문구로 새겼다(도 11-47). 하나는 구연부가 외면을 향해 뾰족하게 되어 있다. 구연단도 박리되어 있지만 구연부 아래의 가장자리 부분에 폭 6mm 정도의 홈이 있다. 저부는 환저와 평저가 있다.

폭이 좁은 띠상 구연을 가진 토기는 다마(多摩)뉴타운796유적(TNT-796, 도 9), 아야세(綾瀬)시 데라오(寺尾)유적에서도 출토된다.[52] 모두 소프트롬(L₁S)층에서 출토되었다. 오츠카 타츠로는 이 토기들이 융기선문토기의 가장 오래된 단계에 해당하고 이후 시기의 토기에서는 확인되지 않아 시로이와오카케(白岩尾掛), 무샤가타니(武者ヶ谷) 등과 함께 고세가사와(小瀬ヶ沢)의 '와문(窩紋)토기'와 관련된다고 보았다.[53]

와문토기를 제외하고 무문이라는 공통성 외에 별 특징이 없는 토기가 있다. 이러한 토기는 오다이야마모토(大平山元)I, 우시로노(後野)A지구, 히가시로쿠고우(東麓鄉), 마에다코치(前田耕地), 이노카시라이케(井の頭池)A지점에서 출토된 바 있다.[54] 진(壬)VI층의 진카소(壬下層)식도 동류일지 모른다.[55] 조자쿠보(長者久保)·미코시바(神子柴)계 석기군과 공반하는 예가 많다. 이 토기들을 하나의 형식과 계통으로 묶기 어렵다. '와문토기'와의 관계도 석기를 통해 추정하는 것 외에 방법이 없다.

사토 타츠오는 자이사

도 9 다마뉴타운 No.796유적의 토기(도쿄도매장문화재센터 제공)

노프카, 나진 초도 등의 토기계통을 잇고 고세가사와 주변에만 분포하는 토기를 "조몬식 최고의 토기"라고 하였다.[56] 와문·자돌문·비문(篦紋)의 3종류 토기 가운데 '토착화'라는 변화는 '비문토기' 일부에만 보인다. 일본열도에서 지역차·연대차를 나타내는 '형식'으로 볼 수 있는 토기를 조몬식토기라고 한다면, 조몬토기라고 할 수 있는 것은 비문토기의 일부에 지나지 않는다. 나머지는 대륙·반도계토기이다. 마찬가지로 오츠카 타츠로의 '와문토기'도 그가 말하는 '종횡연쇄구조'[57]의 종적구조가 겨우 보이기 시작하므로 횡적구조가 보일 때까지 조몬토기인지에 대한 판단은 자제해야 할 것이다.

이 문제는 토기가 자생하였는지 외래품인지의 논의와 관계없다. 만약 서북큐슈에서 토기가 발명되었다 하더라도 그것이 광범위하게 전파되고 계승된 사실이 확인되지 않으면, 일본열도의 일각에서 일어나 어이없이 좌절된 '혁명적인 사건'에 지나지 않는다. 광범위하게 분포하여도 지역차가 전혀 확인되지 않으면 그것도 조몬토기가 아니다. 새롭게 발견된 토기를 무분별하게 가장 오래된 조몬토기로 인식하면 조몬 초창기에 조몬토기가 아닌 토기가 섞이게 될 위험이 있다.

(3) 초창기 토기의 편년

오츠카 타츠로의 편년을 소개하고자 한다(표 3). 초창기 전반은 선융기선문·융기선문·속융기선문의 3시기로 나누어진다. 융기선문토기 I기 고단계에는 전단계와 동일하게 구연부에 집중되는 '상위 문양대'가 두드러진다. 이것이 동부로 이동하고 폭이 넓어지는 단계를 II기라고 한다. II기의 자료가 아직 적어 II기와 III기를 구분하는 데 문제가 있다. 가장 오래된 다승문토기의 다양한 구연부 형태는 모두 융기선문토기 IV기에 나타나므로 융기선문에서 다승문으로의 변화를 무리 없이 설명할 수 있다.[58] 조형문·다승문토기의 문양구성 원리가 일치하지만, 보조를 맞춰 변화한다고 봐야 할지에 대해서는 의견이 다양하다. 초창기 이후에는 문양대를 구성하는 요소가 차용되거나 교환되는 양상을 종종 관찰할 수 있다. 초창기 토기도 예외는 아닐 것이다.

두 손가락으로 점토띠와 기면을 집어내는 수법은 간토지방의 가장 오래된 융기선문토기를 장식하는 특징이다. 규슈에서는 점토띠를 손가락으로 눌러 새기는 수법이 이용된다. 벌써 규슈와 동일본의 지역차가 나타난다. 한편 'ハ'자모양의 조형문 등 간토계 요소가 서북큐슈에도 분포한다. 초창기가 인구 규모와 밀도 등에서 조기 이후의 사회와 달라 넓은 범위의 교류가 필요했던 것일까? 융기선문토기 IV기가 되면, 도호쿠

표 3 1980년대의 초창기 토기편년(주 44, 53, 57, 59를 바탕으로 작성)
· 융기선문토기기의 세분단계 구획 안의 상하는 신구(新舊)관계를 의미하지 않음.
· 속융기선문토기기의 상단은 다승문계, 중단은 조형문계, 하단은 원공문계토기.

구분		규슈(남부) (북부)	시코쿠 긴키 호쿠리쿠	주부	간토	에치고	도호쿠(남부) (북부)
선융기선문		고 〈와문토기〉 — — — — 사가미노149					
		신 무샤가타니 시로이와오카케		데라오	고세가사와		
융기선문토기	I古	센부쿠지10층 ←두립문·八자 조형문←		미나미하라 다마뉴타운No.426			히나타Ia
	I新	센부쿠지7~9층, 후쿠이3층	점토띠 파상으로 집어냄 가미쿠로이와, 기츠네쿠보	← 신국제공항No.12 나스나하라(ナスナ原)			
	II	니시노소노(西/圈) 이와츠바루(岩土層) 이시키(伊敷)	점토대 옆으로 집어내기 도리하마 →점토대 나선상으로 부착	가미노상층 다조화(多条化)→	→다자와(田沢) 고세가사와	히바코이와 (火箱岩)IV(?)
	III	오다이라(大平)	기리야마와다 (桐山和田)	사치노미쥬린나 이시고야(石小屋)VIII 층	하나미야마 오야지(大谷寺)		히나타Ib 오모테다테 내면 점토띠 부착
	IV	도우지니시 (堂地西)		니토리(荷取)	하시다테 (橋立)	진(壬)	히나타Ic
속융기선문토기	I古	우와바(上場)(?), 도리하마 ←공구 조형문→ 센부쿠지6층 센부쿠지6층		소네	미야바아시4호주거, 미야바아시4호주거 오야지	진 고세가사와 진	이치노사와(一/沢) 다이신초	바바노 가로헤이(2)
	I新	센부쿠지5층	이시고야VII층 이시고야VII층	미즈쿠보(水久保) 후키미스와야마(?)		이치노사와IV
	II古	가시와라(柏原)(?)	나카미치A		무로야카소 (11~13층)
	II中		도리하마	나카미치A	하시다테	무로야카소 (9·10층)
	II新			나카미치A	(布左余間戸)	무로야카소 (6~8층)

지방에서는 구연부 내면에 점토띠를 덧붙인다. 간토지방의 토기에는 없는 특징이다.[59] 지역적 특색이 더욱 강해진다.

속융기선문토기 I기(동일본에서 조형문·다승문토기가 공존하는 시기)에는 지역차가 더욱 현저해진다. 같은 지역에서 조형문계, 다승문계, 원공문계 등 몇 개의 형식군이 공존한다. 이는 이 시기에 특히 두드러지는 현상으로 조몬토기 형식의 본질을 밝히는 열쇠가 될 것이다. 원공문계토기와 타 형식군과의 관계는 아직 정확하게 알려진 바가 없다.

속융기선문토기 II기 중·신단계에 다승문토기 이외 그룹의 편년은 겨우 대략적 틀이 세워지기 시작했다. 가시하라(柏原)와 후츠카이치(二日市) 등 규슈와 시코쿠(四国)의 무문·조흔토기와 주노(寿能)의 조흔토기가 무관하다고 할 수 없지만, 이들을 결부 짓는 결정적 단서도 아직 없다.[60] 남큐슈의 이시자카(石坂)식*6과 요시다(吉田)식*7 등도 조흔토기 계통을 잇지만, 양자 사이를 메우는 자료는 아직 발견되지 않았다.

2. 석기의 계보와 변천

(1) '도래석기'의 문제

야마노우치 스가오는 식인(植刃), 단면 삼각형의 추, 화살대(矢柄)연마기 등이 "일반적인 조몬식에는 출현하지 않는 특수한 석기이고, 이것들이 도래 당초에 잠시 일반화되고 이후 어떤 이유로 사라졌다"[61]고 생각했다. 세리자와 쵸스케(芹沢長介)·가마키 요시마사(鎌木義昌)·가토 신페이(加藤晋平)·이나다 타카시(稲田孝司) 등은 다른 견해를 제시하였지만 일찍이 오카모토 토조(岡本東三), 근년에는 구리시마 요시아키(栗島義明)가 야마노우치설을 보강하고 있다.[62] 고고자료를 가지고 조몬문화 계통을 논할 수 있는 조건이 아직 갖추어져 있지 않다. 대륙쪽 자료는 분포를 살펴보기에 밀도가 너무 낮고, 편년의 척도도 다르다. 완성된 석기만 대상으로 하면 형태적 유사성만으로 연관시킬 위험이 토기보다 훨씬 커진다.

문제는 바다 저편에만 있는 것이 아니다. '도래석기'가 와문토기와 마찬가지로 고식 융기선문토기와 공반한다는 확실한 증거가 하나도 없다. 지금까지 보고된 '도래석기' 중에서 초창기 토기의 세분형식과 확실하게 대비할 수 있는 예가 없다. 히나타(日向)동굴 서쪽 지점에서 출토된 새로운 자료가 층서와 토기형식을 파악할 수 있는 유일한 예이다.[63] 공반하는 토기는 융선문토기 III기이다. 그리되면 이 석기들은 일본열도의 전통적인 석기와 이질적이라 하더라도 "토기 제작만이 전래되어 형태와 문양의 세부형태가 발달한" 뒤에 도래하였을 가능성이 높다. 이러한 일이 불가능하지 않지만 야마노우치가 도래석기 분석에 건 기대와는 일치하지 않는다.

(2) 석부·세석핵·유설(有舌)첨두기

초창기의 국부마제 또는 타제석부와 대형 찌르개는 조자쿠보·미코시바문화의 계보를 잇는다. 야마노우치 스가오·사토 타츠오, 사토 타츠오, 모리시마 미노루(森嶋 稔), 오카모토 토조, 구리시마 요시아키가 이 문화에 대해 의견을 발표한 바 있다.[64] 이나다 타카시의 지적처럼[65] 석인(돌날)기법의 유무를 기준으로 조자쿠보·미코시바문화와 그 '잔존요소'를 구별할 필요가 있다. 조자쿠보·미코시바계 석기군은 홋카이도·혼슈 동북부에 집중적으로 분포하므로[66] 동북아시아에서 일본열도로 전해졌다고 생각하는 사람이 많다.

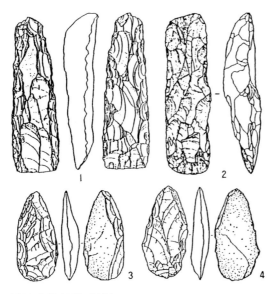

도 10 초창기 전후의 석부
1: 모산루, 2: 샤치노미쥬린나, 3·4: 가미노 제1지점

조자쿠보·미코시바계 문화 시기에 이미 토기 제작 및 사용이 시작되었다고 봐야 한다. 단, 모산루(モサンル), 조자쿠보, 오모리카츠야마(大森勝山) 등 토기가 출토되지 않는 유적이 히가시로쿠고우, 오다이야마모토I, 우시로노 등 토기가 출토되는 유적보다 이르다고 단언할 수 없다. 토기의 공반 유무를 신중하게 판단해야 한다.

융기선문토기보다 오래된 토기군 가운데 오츠카가 말하는 '와문토기'와 공반하는 석기군에는 석인기법이 거의 완전히 모습을 감춘다. 하나미야마(花見山), TNT426 등 융기선문토기와 공반하는 석기군에도 석인을 소재로 한 석기가 보이지 않는다. 석인기법이 확인되는 조자쿠보·미코시바계문화는 와문토기보다 이르다.

오카모토 토조도 지적하였듯이 현재 '미코시바계'로 불리는 석부는 형태·소재·기능이 다른 잡다한 요소를 내포하고 있다.[67] 모산루(도 10-1)·다자와(田沢)·샤치노미쥬린나(酒呑ジュリンナ, 도 10-2)에서 출토된 단책(短冊)형 횡부(横斧)는 긴 타입이고, TNT 796에서 출토된 얇은 첨두기형, 가미노 제1지점(도 10-3·4)에서 출토된 자연면이 남아 있는 박편소재처럼(모두 횡부) 짧은 타입도 있다. 연대가 확실한 자료를 바탕으로 두드러진 특징을 가진 각종 석부의 변천을 정확하게 검토할 필요가 있다.

세석인문화가 조몬토기의 모태가 된다는 판단[68]은 1960년대부터 1970년대까지 의심의 여지가 없다고 여겨졌다. 내몽고 잘라이노르(Jalainur)에서 토기가 출토되었다는 정보도 이를 지지한다고 생각되었다.[69] 이러한 상황에서 세석인기법의 변천과 계통에 관심이 집중되어 토기분석은 뒤처지게 되었다. 1970년대에는 사토 타츠오, 1980년대에는 구리시마 요시아키·오츠카 타츠로가 토기의 세석인 기원설을 비판하였다.[70]

사토는 후쿠이(福井)동굴에서 융기선문·조형문과 세석핵·세석인(잠정적으로 세석기라고 부른다)이 출토되는 것을 혼재라고 판단했으나 후쿠이의 층서는 센부쿠지(泉福寺)에서 다시금 확인되었다.[71] 가미노 하층 출토 세석기는 혼슈에서도 토기와 세석기가 공반될 수 있음을 말해 준다. 가미노 하층과 나가호리키타(長堀北)의 세석핵은 조정기법과 형태가 지방화된 것으로 쐐기모양 세석핵 후반기의 것임에 틀림없다.

센부쿠지 10층 출토 토기는 간토지방의 융기선문 I기 고단계에 병행하고, 후쿠이 동굴 3층에서는 I기 신단계에 해당하는 토기가 출토되었다.[72] 가미노 하층 출토 세석기는 혼슈에서 세석기가 융기선문보다 오래된 토기와 공반한다는 사실을 말해 준다. 이 추측이 맞다면, 규슈에서는 혼슈보다 늦게까지 세석기가 잔존한 것이 된다. 규슈에서 후나노(船野)형, 우네하라(蛙原)형 등 지역성이 강한 세석핵이 확인되고,[73] 석촉의 출현이 늦어지는 점도 이와 관련될 것이다.

야마노우치 스가오는 유설첨두기가 초창기에 발달한다고 하였다.[74] 이 판단이 맞는지 불분명하다. 간토지방에서 유설첨두기가 양호하게 출토되는 유적은 미나미하라(南原), 도쿄국제공항 No.12 등으로 융기선문토기 전반의 유적이 많다. 하나미야마에서는 소형이고 본체의 기부가 현저하게 돌출된 것이 많다. 간토지방에서 유설첨두기가 가장 발달하는 시기는 융기선문토기 전반기와 그 이전일 것이다.

스즈키 미치노스케(鈴木道之助)는 구로카와히가시(黑川東)의 예를 평행측연형(平行側緣型)의 조형으로 보고, 도쿄국제공항 No.12·미나미하라와 유사하다고 보았다.[75] 모두 본체 기부가 약간 돌출되는데, 융기선문토기 I기에 보이는 특징이다. 고세가사와형·야나기마타(柳又)형의 특징[76]을 모두 갖추고 있는 점도 주목된다. 구리시마는 이를 유설첨두기가 홋카이도에서 기원했다는 증거라고 해석하였고,[77] 스즈키는 마에다코치의 첨기식(尖基式, 만입식) 계보를 잇는다고 생각하였다.

마에다코치와 데라오 출토 찌르개가 모토노키와 관련된다고 보는 사람이 많다. 찌르개는 확실히 유사하다. 그러나 마에다코치의 주거지와 데라오의 토기는 모토노키식과 전혀 다르다. 모토노키 출토 찌르개는 다른 층에서 출토된 모토노키식과 공반하지 않는다.[78] 융기선문보다 오래된 것일 것이다. 크게 보면 모토노키와 마에다코치의 석창은 나카바야시(中林)에 가깝고, 융기선문토기 이전의 것일 것이다. 이렇게 생각하면, 찌르개가 다승문토기 단계에는 감소해야 하는데 몇몇 유적에서는 석촉이 전혀 공반되지 않고 다량의 찌르개가 출토된다는 시라이시 히로유키(白石浩之)의 고뇌가 없어지게 된다.[79] 또한 우시로노와 마에다코치의 토기는 융기선문토기와 와문토기보다 이르다고 추정할 수 있다.

(3) 초창기의 석기

히나타동굴의 신자료에는 석촉, '반월형석기', 석부 등이 다량 포함되어 있다. 반제품과 파손품이 매우 많아 석기 제작지로 추정된다. 수량은 많지 않지만 소형이고, 얇고 세장한 능형의 찌르개도 출토된다. 세부 특징은 고세가사와의 것과 동일한데 석질도 다른 찌르개나 석촉과 다르며 고세가사와와 동일하다. 고세가사와에서 운반되었을 가능성이 높다. 히나타에서 만들어진 석기도 다른 지역으로 운반되었을 것이다.

구리시마는 야마노우치 스가오·사토와 마찬가지로[80] '도래석기'의 출토상태가 저장소로 추정되는 경우가 많다고 지적하고, 석기 제작지가 많은 점과 관련지어 이 시기 석기 생산과 소비의 특징이라고 지적하였다.[81] 확실히 몇몇 종류의 석기가 집중적으로 제작·보관되고 광범위하게 교환되는 것은 융기선문토기 전후의 특징적 현상이다. 유설첨두기의 생산과 분배가 어떠한 형태였는지 흥미롭다.

초창기 전반의 수렵구는 다른 시기에 비해 종류가 많다. 하나미야마에서는 대형·중형의 찌르개, 중형·소형의 슴베가 있는 찌르개, 석촉이 출토된다. 창[手槍]·투창·화살이 사용되었던 것이다. 융기선문 I기 고단계의 구로카와히가시에서는 석촉이 출토되고, 동시기의 미나미하라에서는 석촉 없이 유설첨두기만 출토된다.[82] 기능에 따라 수렵구를 분리하여 사용했기 때문에 유적마다 석기 조성이 다른 것이다.

창과 투창은 점차 수량이 적어진다. 그러나 속융기선문토기 시기에도 가미소우야기(上草柳) 제3지점 동·나카마치(仲町) 제2호 토광처럼[83] 다수의 석촉에 소수의 유설첨두기가 공반하는 예가 많다. 규슈에서도 센부쿠지동굴과 후츠카이치동굴에서는 창과 화살촉이 공반한다. 와카미야(若宮)유적에서는 표리승문토기와 소수의 유설첨두기가 공반되지만, 같은 시즈오카(静岡)현이라도 나카미치(仲道)A처럼 더 일찍 석촉으로 전환되는 유적도 있다.[84]

3. 초창기에서 조기로

야마노우치 스가오는 다승문토기의 소멸과 희(稀)승문토기의 출현을 초창기와 조기로 나누는 기준으로 삼았다.[85] 고바야시 타츠오는 야마노우치의 의견을 수정하여

'연사문(撚絲紋)토기'*8를 기준으로 초창기와 조기로 나누었다.[86] 야마노우치는 세분단위의 형식과 달리 큰 구분[大別]의 기준은 정의에 따라 변경 가능하다고 하였다.[87] 그러므로 고바야시 타츠오가 야마노우치의 다승문토기의 소멸과 희승문토기의 출현이라는 기준을 변경하는 것 자체가 부당한 것은 아니다. 그러나 고바야시의 견해에는 몇 가지 문제점이 있다.

고바야시는 야마노우치의 구분이 압형문토기 계열을 도중에 단절시키는 결과가 된다고 주장하였다. 그러나 고바야시는 그보다 긴 역사를 가지는 다승문토기의 계열을 단절시켜 버렸다. 그는 다승문토기 말기의 형식군을 '연사문토기'로 바꾸어 부름으로써 이 모순을 해결하려 하였다. 현재 '연사문토기'는 간토지방을 중심으로 한 지역에 한정되어 분포한다. 더 넓은 범위에 분포하는 압형문과 무문토기가 대별 기준으로 더 유효할 것이다.

고바야시는 수혈주거의 보급, 패총의 성립 등의 현상을 연사문토기 출현기와 일치시키면서 초창기와 조기 구분에 타당성을 부여하려 하였다. 이 지적 자체는 타당하지만 대별이 타당하다는 근거는 되지 않는다. 야마노우치의 형식대별은 역연대의 대용품(시간의 척도)이다. 미야시타 켄지(宮下健司)는 이것을 역사적으로 무의미한 구분이라고 하였다.[88] 그러나 척도의 의미를 추구하는 것이 원래 무리이다. 고바야시의 제안은 701년에 다이호(大宝)율령이 완성되므로 일본 고대사를 700년에 선을 그어 구분하는 것이 유효하다고 보는 것과 같다. 초창기와 조기만 '문화적'으로 의미를 가진 사건으로 구별하는 것은 잘못된 것이 아닐까?

〈도 11〉에 사가미노대지의 석기군 변천을 제시하였다.[89] 수렵구의 종류가 감소하고, 마석(磨石)류가 증가한다. 잘 다듬어진 형태의 긁개도 감소한다.[90] 이 시기에 패총이 형성되는데 나츠시마와 하나와다이(花輪台)의 뼈 어로구는 수산자원이 개발되었음을 말해 준다. 새로운 환경에서 새로운 종류의 자원을 이용하는 기술이 발달하고, 여기에서 발생한 새로운 노동조직은 인구집중과 정주를 필요로 하며 또 가능케 하였다. 이렇게 해서 가쿠리야마(加栗山)와 도쿄텐몬다이(東京天文台)와 같은 취락이 출현한다.[91] 융기선문토기부터 계속 강해지는 토기형식의 지역적 특색은 이러한 취락을 거점으로 하는 안정된 지역사회가 일본열도 각지에서 생겨나기 시작했음을 말해 준다. 간토지방 주민이 만들기 시작한 토우는 정주성이 강한 취락을 거점으로 하는 지역사회 사람들과의 연결을 형태상으로 나타낸 것이라고 할 수 있다.

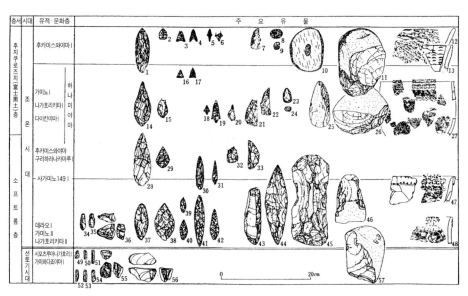

도 11 사가미노대지에서의 초창기 주요유물 변천(주 89 문헌에서))

1~13·29: 후카미스와야마, 14·16·17·22·23: 요코하마시 하나미야마, 15·18~21·24·25·27: 가미노 상층, 26: 후지사와시 다이칸야마(代官山), 28·32·33: 자마(座間)시 구리하라나카마루(栗原中丸), 30·31·47: 사가미노 제149, 34~37·39: 가미노 하층, 38·40~46·48: 아야세시 데라오, 49~51·55: 가미와다죠야마(上和田城山), 52~54·56·57: 시모츠루마나가보리(下鶴間長堀)

제1절에서 설명한 조몬해진이 이러한 변화의 촉매제가 되었다. 그러나 그 과정은 아직 밝혀지지 않았다. 또한 이들 변화는 간토지방에서 주부지방 태평양 연안을 중심으로 진행되고, 얼마 되지 않아 북으로는 도호쿠지방 중부, 남으로는 규슈 남부까지 확대된다. 연사문토기가 간토지방을 중심으로 한정되어 분포하는 것은 이러한 사실을 반증하는 것일지도 모른다. 지금은 충적면 아래에 묻힌 저위단구 위의 유적이 열쇠를 쥐고 있다. 앞서 소개한 조몬인의 본질에 대한 인류학·언어학적 추론의 타당성 여부도 이 유적들의 조사를 통해 비로소 확인할 수 있을 것이다.

주

1. 최후빙기는 유럽 플라이스토세 말기의 몇몇 시간층서 단위(chronostratigraphic units)를 합한 명칭이다. 뵐링(Böeling) 아간빙기에서 영거 드라이아스(Younger Dryas) II기까지를 지칭한다. 후빙기도 거의 같은 시기를 가리키지만 엄밀하게 정의된 용어가 아니다. 틀에 박힌 이미지를 심어 일본 플라이스토세 후기의 모습을 왜곡시킨 것으로, '빙기'·'간빙기'·'후빙기' 등의 용어를 이용하는 데 반대하는 의견도 있다. 堀江正治, 「第8回国際第四紀研究連絡会議(INQUA)·完新世小委員会」(『第四紀研究』 9: 22, 1970), 井關弘太郎, 「更新世·完新世の境界について」(『名古屋大学文学部研究論集·史学』 29: 205-220, 1983), 中川久夫, 「最終氷期における日本の気候と地形」, p. 208(『第四紀研究』 20: 207-208, 1981).

2. 那須孝悌, 「先土器時代の環境」, pp. 73-76(加藤晋平編, 『岩波講座 日本考古学』 2: 51-109, 岩波書店, 1985), 関東第四紀研究会, 「下末吉台地およびその周辺地域の地質学的諸問題」(『地球化学』 24: 151-166, 1970).

3. 일찍이 100m 전후가 유력했지만, 최근에는 130m 전후가 유력해지고 있는 것 같다. 다양한 견해의 논거는 위의 나스 논문에 수록되어 있는 것을 참조해 주기 바란다.

4. 원 논문에서는 23,000년 전을 경계로 하여 두 시기로 나누지만, 이 구분은 필자의 논지와는 그다지 관계가 없으므로 하나로 합쳤다. 또 "6,300년 전 이후부터 현재까지"라는 구분도 생략하였다.

5. 大場忠道·堀部純男·北里 洋, 「日本海の2本のコアによる最終氷期以降の古環境解析」, pp. 40-44(『考古学と自然科学』 13: 31-49, 1981), 新井房夫·大場忠道·北里 洋·堀部純男·町田 洋, 「後期第四紀における日本海の古環境-テフロクロノロジー, 有孔虫群集解析, 酸素同位体法による-」, pp. 220-225(『第四紀研究』 20: 209-230, 1981).

6. 那須孝悌, 「先土器時代の環境」, pp. 88-90.

7. Sakaguchi, Yutaka, Climatic Variability during the Holocene Epoch in Japan and its Causes. *Bull. Dept. Geogr., Univ. of Tokyo.* 14. 1982.
　阪口 豊, 「尾瀬ヶ原の自然史-景観の秘密をさぐる」, pp. 190-200(『中公新書』 928: 中央公論社, 1989).

8. 亀井節夫·ウルム氷期以降の生物地理総研グループ, 「最終氷期における日本列島の動·植物相」, pp. 196, 199, 201, Fig. 5(『第四紀研究』 20: 190-205, 1981).
　那須孝悌, 「先土器時代の環境」, p. 90, Fig. 4.

9. 那須孝悌, 「先土器時代の環境」, pp. 84-86.

10. 那須孝悌, 「先土器時代の環境」, pp. 90-91.

11. 亀井節夫, 「日本に象がいたころ」, pp. 182-183(『岩波新書』 645, 岩波書店, 1967).
　河村善也·亀井節夫·楢野博幸, 「日本の中·後期更新世の哺乳動物相」(『第四紀研究』 28: 317-326, 1989).

12. 德永重康·直良信夫, 「満州帝国吉林省顧郷屯第一回発掘物研究報文」(『第一次滿蒙學術調査研究團報告』 2-1, 1934).

13. 後藤 直, 「日本周辺の旧石器文化·朝鮮半島-朝鮮旧石器時代研究の現状」, pp. 107-109(麻生 優·加藤晋平·藤本 強編, 『日本の旧石器文化』 4: 91-180, 雄山閣出版, 1976).

14. 那須孝悌, 「先土器時代の環境」, pp. 91-93.

15. 堀越増興·青木淳一·石川良輔·大場秀章·樋口広芳, 「日本の生物」, pp. 17, 38-39(貝塚爽平·阪口 豊ほか編, 『日本の自然』 6, 岩波書店, 1985).

16. 亀井節夫·楢野博幸·河村善也, 「日本列島の第四紀史への哺乳動物相のもつ意義」, p. 296, 300(『第四紀研究』 26: 293-303, 1988).

17 亀井節夫ほか, 「日本列島の第四紀史への哺乳動物相のもつ意義」, p. 298.

18 태평양 연안의 저지부에는 비교적 일찍부터 현재와 유사한 동물군이 출현하였을 가능성이 있다고 한다.
河村善也·松橋義陸, 「静岡県引佐町谷下探石場第5地点の後期更新世裂罅堆積物とその哺乳動物相」, pp. 100-101(『第四紀研究』28: 95-102, 1989).

19 이러한 일이 두 번 일어났다는 점에 대해서 연구자들은 동의하지만, 그 연대와 해진이 정지하였는지 그렇지 않으면 소규모 해퇴가 일어났는지에 대해서는 의견이 갈린다.

20 해진이 가장 진행되었을 때의 해수면이 5m를 넘지 않을 것이라는 점에 대해서는 대부분 연구자의 의견이 일치하지만, 해진의 진행방식과 해수면이 가장 높아졌을 때의 시기에 대해서는 근본적인 의견차이가 있다.
前田保夫, 『縄紋の海と森·完新世前期の自然史』, pp. 112-133(蒼樹房, 1980).
木庭元晴·小元久仁夫·高橋達郎, 「琉球列島, 沖永良部島の完新世後期の高位海水準とその¹⁴C年代」(『第四紀研究』19: 317-320, 1980).
太田陽子·米倉伸之, 「日本における段丘·低地研究の現状と問題点—日本第四紀地図の作成を通して」, p. 215(『第四紀研究』26: 211-216, 1988).

21 Fujii, S. and Fuji, N., Postglacial sea level in the Japanese Islands. *Jour. Geosciences*. Osaka City Univ. 10: 34-51, 1967.

22 宮城豊彦·日比野繊一郎·川村智子, 「仙台周辺の丘陵斜面の削剥過程と完新世の環境変化」, pp. 150-153(『第四紀研究』18: 143-154, 1979).

23 井関弘太郎·渡辺 誠ほか, 「愛知県知多郡南知多町先刈貝塚」(『南知多町文化財調査報告書』4, 1980).

24 松島義章, 「動物遺体·貝類」, p. 80, Tab. 10(井関弘太郎ほか, 『愛知県知多郡南知多町先刈貝塚』80-81).

25 渡辺 誠, 「動物遺体 4魚類」, pp. 82-83(井関弘太郎ほか, 『愛知県知多郡南知多町先刈貝塚』82-83).

26 奥川弘成, 「遺物 2石器」, Fig. 32(井関弘太郎ほか, 『愛知県知多郡南知多町先刈貝塚』72-76).

27 松島義章, 「ボーリング資料から明らかになった内海の沖積層」, pp. 19-20(井関弘太郎ほか, 『愛知県知多郡南知多町先刈貝塚』18-20).

28 松島義章, 「貝類群から見た内湾の環境変遷」, pp. 102-104(井関弘太郎ほか, 『愛知県知多郡南知多町先刈貝塚』101-105), 松島義章·北里 洋, 「内海の環境変遷」(井関弘太郎ほか, 『愛知県知多郡南知多町先刈貝塚』113-114).

29 北里 洋, 「有孔虫群集から見た内海の環境変遷」, p. 111(井関弘太郎ほか, 『愛知県知多郡南知多町先刈貝塚』106-112).

30 町田 洋·新井房夫, 「南九州鬼界カルデラから噴出した広域テフラ-アカホヤ火山灰」(『第四紀研究』17: 143-163, 1978).

31 前田保夫, 「植物遺体 3花粉分析」(井関弘太郎ほか, 『愛知県知多郡南知多町先刈貝塚』88-90), 「下部泥炭層に見られる森林植生」(井関弘太郎ほか, 『愛知県知多郡南知多町先刈貝塚』100).

32 예를 들면 近藤義郎, 「縄文文化成立の諸前提」(『日本考古学研究序説』47-75, 岩波書店, 1985) 등.

33 필자는 지금까지 초창기에 대해 부정적인 태도를 취하였다. 여기에서는 형식대별이라는 의미에 한정한다.

34 노구니, 도구치아가리바루(渡具知東原) 등 국부마제석부가 공반되는 조형문토기는 아카호야화산재 상층에서 출토된다. 오키나와에서는 초창기의 자료가 아직 확인되지 않는다.

35 鈴木保彦, 「縄文草創期の土器群とその編年」(『史叢』12·13: 41-53, 1969).

36 鈴木保彦, 「縄文草創期の土器群とその編年」, p. 49.

37 金子直行, 「押圧縄文土器と回転縄文土器」(『埼玉考古』24: 24-33, 1988).
宮井英一, 「爪形文土器と押圧縄文土器」(『埼玉考古』24: 11-23, 1988).

38 宮井英一ほか, 「宮林遺跡」(『埼玉県埋蔵文化財調査事業団報告書』50: 20-158, 1985).

39 佐藤達夫,「縄紋式土器の研究課題-とくに草創期前半の編年について」, pp. 110-113 (『日本歴史』277: 107-123, 1971).

40 佐々木洋治,「山形県における縄文草創期文化の研究I」, pp. 59-61(『山形県立博物館研究報告』1: 47-65, 1973),「山形県における縄文草創期文化の研究II」pp. 29-39(『山形県立博物館研究報告』3: 25-43, 1975).

41 山内清男,『日本先史土器の縄紋』, p. 64.

42 小林達雄,「無土器文化から縄文文化の確立まで」, p. 12(『創立80周年記念若木祭展示目録』6-12, 1962).

43 岡本東三,「シンポジウム雑感」, p. 114(『埼玉考古』24: 143-145).
   白石浩之,「泉福寺洞穴における豆粒紋土器と隆線紋土器の層位的関係について」, p. 165, 167(『埼玉考古』24: 165-167).

44 大塚達朗,「隆起線文土器瞥見-関東地方出土当該土器群の型式学的位置」, pp. 110-114(『東京大学文学部考古学研究室紀要』1: 85-122, 1981),「豆粒紋土器研究序説」, pp. 50-53(『東京大学文学部考古学研究室紀要』7: 1-59, 1989).

45 鈴木保彦,「コメント 爪形文土器と押圧縄文土器」, p. 125(『埼玉考古』24: 125-128).

46 鈴木保彦,「縄文草創期の土器群とその編年」, p. 50.

47 주거바닥면에서 조형문, 매토에서 다승문이 출토되었다.
   相沢忠洋・関矢 晃,「西鹿田遺跡」(『赤城山麓の旧石器』, pp. 263-268, Figs. 187-190, 講談社, 1988).

48 千田和文,『大館町遺跡群・大新町遺跡・昭和60年度調査概報』, 1986,『大館町遺跡群・大新町遺跡・昭和61年度調査概報』, 盛岡市教育委員会, 1987.
   青森県教育委員会,『鴨平(2)遺跡』, 1982.
   工藤利幸,『馬場野II遺跡』, 岩手県埋蔵文化財センター, 1986.*9

49 栗原文蔵・小林達雄,「埼玉県西谷遺跡出土の土器群とその編年的位置」(『考古学雑誌』47-2: 122-130, 1971).

50 相田 薫ほか,「月見野遺跡群上野第一地点」(『大和市文化財調査報告書』21, 1986).

51 鈴木次郎,「相模野第149遺跡」(『大和市文化財調査報告書』34, 1989).

52 石井則孝・武笠多恵子,「多摩ニュータウンN0.796遺跡」(『東京都遺跡調査報告会資料集』1-2, 1989).
   白石浩之ほか,「寺尾遺跡」(『神奈川県埋蔵文化財調査報告』18, 1980).
   栗島義明,「隆起線文土器以前-御子柴文化と隆起線文土器文化の間」, pp. 74-76(『考古学研究』35-3: 69-79, 1988).

53 大塚達朗,「窩紋土器の意義」, pp. 2-5(『利根川』10: 1-6, 1989).

54 杉浦重信,『東麓郷1・2遺跡』(『富良野市文化財調査報告』3, 1987).
   三鷹市遺跡調査会,『井の頭池遺跡群A地点調査報告』(三鷹市教育委員会, 1980).

55 国学院大学考古学研究室,「壬遺跡・1980」(『国学院大学考古学研究室実習報告』2, 1981).

56 佐藤達夫,「縄紋式土器研究の課題」, pp. 117-119.

57 大塚達朗,「草創期の土器」, p. 256(小林達雄編,『縄紋土器大観』1: 34-39, 256-261, 小学館, 1989).

58 大塚達朗,「縄文草創期, 爪形文土器と多縄文土器をめぐる諸問題」, pp. 58-60(『埼玉考古』24: 46-113).

59 大塚達朗,「東北地方に於ける隆起線紋土器の一様相に就いて-白河市高山遺跡出土隆起線紋土器の再考」, pp. 5-9(『福島考古』29: 1-12, 1988).

60 山崎純男・小畑弘己,『柏原遺跡群I』, pp. 11-64, 福岡市教育委員会, 1983.
   別府大学付属博物館,『大分県二日市洞穴』, 1980.
   大塚達朗ほか,『寿能泥炭層遺跡調査報告書-人工遺物篇』, pp. 17-38, 1984.

61 山内清男,「縄紋草創期の諸問題」, p. 16(『MUSEUM』224: 4-22, 1969).

62 이 문제의 경위는 오카모토와 구리시마가 '도래석기'를 인정하는 입장에서 설명하였다.

岡本東三, 「御子柴·長者久保文化について」, pp. 7-9, 24-26(『奈文研学報』35: 1-57, 1979).

栗島義明, 「『渡来石器』考-本ノ木論争をめぐる諸問題」(『旧石器考古学』32: 11-31, 1986).

63 高鼻町教育委員会, 『山形県高鼻町日向洞窟遺跡西地区·第一次·第二次調査説明資料』, 1989.

64 상세한 것은 다음 문헌을 참조해 주기 바란다.

岡本東三, 「御子柴·長者久保文化について」.

栗島義明, 「御子柴文化とめぐる諸問題-先土器·縄文の画期をめぐる問題(一)」(『研究紀要』4: 1-92, 埼玉県埋蔵文化財調査事業団, 1988).

65 稲田孝司, 「縄文文化の形成」(加藤晋平編ほか, 『岩波講座 日本考古学』6: 65-117, 岩波書店, 1986).

66 규슈에도 '미코시바계 석기'가 분포하고, 오카모토 토조(「御子柴·長者久保文化について」, p. 22)는 다쿠산넨야마(多久三年山)유적 등에 주목하였다.

横田義章, 「いわゆる『御子柴系石斧』の資料」(『九州歴史資料館研究紀要』7: 51-58, 1981).

鈴木重治, 「宮崎県見立出羽洞穴」(『日本の洞穴遺跡』298-314, 平凡社, 1967).

67 岡本東三, 「御子柴·長者久保文化について」, p. 16.

68 주요 논문은 주 70의 오츠카 논문에 수록되어 있다.

69 裴文中, 「中国の旧石器時代-付中石器時代」, p. 346(『日本の考古学』I: 324-350, 河出書房, 1965).

70 佐藤達夫, 「縄紋式土器研究の課題」, p. 108.

栗島義明, 「縄文土器北上説に対する覚書」(『埼玉考古』24: 160-164).

大塚達朗, 「"縄文土器の起源"研究に関する原則」(『考古学と民族誌』5-36, 六興出版, 1989).

71 麻生 優編著, 『泉福寺洞穴の発掘記録』, pp. 20-100, 築地書館, 1985.

72 大塚達朗, 「豆粒紋土器研究序説」, pp. 50-53(『東京大学文学部考古学研究室紀要』7: 1-59, 1989).

73 池畑耕一ほか, 「加治屋園遺跡」(『鹿児島県埋蔵文化財発掘調査報告書』14: 7-246, 1981).

74 山内清男, 「縄紋草創期の諸問題」, p. 12.

75 鈴木道之助, 「新東京国際空港No.12遺跡の有舌尖頭器をめぐって」, pp. 14-15(『千葉県文化財センター研究紀要』10: 1-19, 1986).

76 小林達雄, 「長野県西筑摩郡開田村柳又遺跡の有舌尖頭器とその範型」(『信濃』19: 269-276, 1967).

77 栗島義明, 「有舌尖頭器の型式変遷と伝播」, p. 65(『駿台私学』62: 50-82, 1984).

78 芹沢長介, 「新潟県中林における有舌尖頭器の研究」(『東北大学日本文化研究所研究報告』2: 1-67, 1966).

79 白石浩之, 「縄文時代草創期の石鏃について」, pp. 124-125(『考古学研究』28-4: 104-129, 1982).

80 山内清男, 「縄紋草創期の諸問題」, p. 21.

81 栗島義明, 「御子柴文化とめぐる諸問題」, pp. 26-27.

82 黒川東遺跡発掘調査団, 『黒川東遺跡』, 高津図書館友の会郷土史研究会, 1979.

大塚達朗·小川静夫·田村 隆, 「市原市南原遺跡第二次調査抄報」(『伊知波良』4: 1-19, 1980).

83 中村喜代重, 「草創期の出土遺物」(『一般国道246号(大和·厚木バイパス)地域内遺跡発掘調査報告書』2: 319-336, 1984).

野尻湖人類考古グループ, 「仲町遺跡」(『野尻湖遺跡群の旧石器文化』1: 22-23, 37-44, 1987).

84 馬飼野行雄·渡井一信·伊藤昌光, 「若宮遺跡」(『富士宮市文化財調査報告書』6, 1983).

漆畑 稔ほか, 「仲道A遺跡」(『大仁町埋蔵文化財調査報告』3, 1986).[*10]

85 山内清男, 「縄紋草創期の諸問題」, p. 5.

86 小林達雄, 「縄文土器 I·総論」, pp. 10-12(『縄文文化の研究』3: 3-15, 1982), 「はじめにイメージありき」, p. 12, pp. 18-19(『国学院大学考古学資料館』3: 3-23, 1987).

87 山内清男,「縄紋土器型式の細別と大別」, p. 31(『先史考古学』1-1: 29-32, 1937).

88 宮下健司,「縄紋文化起源論争史をめぐる諸問題(2)」, p. 293(『信濃』28: 283-297, 1976).

89 村沢正弘,「縄文時代」(『大和市史』, 1986).

90 早川正一,「縄文時代初頭における切削具の衰退について」(『アカデミア』151: 165-195, 1982).

91 青崎和憲,「加栗山遺跡」(『鹿児島県埋蔵文化財調査報告』13: 7-526, 1981).

今村啓爾ほか,『東京天文台構内遺跡』, 東京天文台, 1989.

역주

*1   현재 마지막 간빙기의 시기는 약 120,000~70,000년 전으로 여겨진다.

*2   소나무과 가문비나무속의 상록침엽수이다.

*3   조몬 조기후반의 서일본에 분포하는 압형문계토기군의 한 형식이다.

*4   이 연대는 저자가 이 책을 쓰던 2004년에도 매우 안정된 수치를 선택한 것이다. 최근의 조몬 초창기는
AMS연대측정 결과에 따라 보정연대로 15,700~11,550 cal B.P.로 이야기된다(小林謙一, 2008,「縄文時代
の歴年代」,『歴史のものさし』, 縄文時代の考古学2, 同成社).

*5   조몬 초창기 다승문계토기군의 한 형식이다.

*6   조몬 조기전반 남큐슈를 중심으로 발달한 평저의 원통형 토기군의 한 형식이다.

*7   조몬 조기전반 남큐슈를 중심으로 발달한 평저의 원통형 또는 각통형 토기군의 한 형식이다.

*8   새끼줄을 막대에 말은 것을 낙조체(絡條體)라고 하고 이것을 토기기면에 굴려 회전하며 시문한 것을 일컫
는다.

*9   원서에는 1987년 출간으로 되어 있지만, 1986년이 옳다.

*10 원서에는『大仁町埋蔵文化財調査報告』9로 되어 있지만,『大仁町埋蔵文化財調査報告』3이 옳다.

제4장 조몬토기의 형식

초창기 토기는 지역차가 확실하고 '형식(型式)'으로서의 조건을 갖추고 있는데, 이 는—늦어도 속융기선문토기 I기에는— 꽤 안정된 지역사회가 형성되었던 증거라고 볼 수 있다. 왜 조몬토기 형식이 지역사회의 동태를 반영한다고 볼 수 있을까? 이 문제 는 현재 조몬연구의 가장 큰 과제의 하나이다. 따라서 여기서 간단하고 만족할 만한 대 답을 할 수 없다. 그러나 조몬토기의 '형식'이 무엇인지를 살펴볼 수 있다. 이 문제를 음미하지 않고서는 '형식'의 배후에 있는 인간의 동태를 밝힐 수 없다.

조몬토기의 '형식론(型式論)'을 처음으로 정리한 야마노우치 스가오(山內清男)가 '형식'을 어떻게 파악하였는지에 대해 많은 논평과 해설이 있다. 그럼에도 불구하고 조몬토기의 형식이란 무엇인가라는 문제에 대답하고자 할 때, 역시 야마노우치의 생 각을 정확하게 살펴보지 않으면 안 된다. 여기서는 야마노우치의 '형식론'이 무엇인지 를 음미해 보자.

1. '형식(型式)'의 정의

야마노우치는 조몬토기가 "연대에 따라서도 지방에 따라서도 확연히 알 수 없는 한 무더기의 토기"이고, 그 무수한 변화는 "지방 및 시대에 따라 변화가 복잡한 집합이다" 라고 지적하였다. 이 복잡한 '기물의 나열'을 질서 있게 정리하는 것이 '지방차, 연대차 를 나타내는 연대학적 단위'(방점 필자)인 형식이다.' 많은 사람들이 이 문장을 인용하고 주석을 달면서 비판해 왔다. 그러나 이보다 간결하게 '형식'을 정리할 수 없다.

야마노우치의 형식이 연대 척도에 지나지 않는다고 단정하는 사람은 '지방차, 연대차를 나타내는' 부분을 무시하고, '연대학적 단위'로만 해석한 것이다.[2] 이 해석은 분명히 잘못되었다. 이 문장을 "형식이란 '지방차를 나타내는 연대학적 단위이고', 나아가 '연대차를 나타내는 연대학적 단위'이기도 하다"로 바꿔 읽어도 전혀 의미가 변하지 않는다. "'지방차와 연대차를 나타내는 단위이고', '연대학적 단위이다'"라고 읽을 수도 있다. '형식이 연대(만)를 나타내는 단위'라면, '연대차를 나타내는 연대학적 단위'라는 문장은 전혀 의미가 없는 반복어가 된다. '지방차와 연대차를 나타내는 단위'와 '연대학적 단위'는 각각 다른 의미를 가진다고 봐야 한다.

하나는 야마노우치가 연구사에서의 '형식'에 대해 내린 평가이다. 유물을 특징에 따라 몇 개 그룹으로 나누고 각각에 적당한 이름을 붙여 형식 또는 양식(樣式)이라고 부르는 습관은 이미 1890년대 쓰보이 쇼고로(坪井正五郎)의 토기, 야기 소자부로(八木奬三郎)의 석촉, 오노 운가이(大野雲外)의 석부 분류에서 시작되었다. 그러나 이들 '형식'과 '양식'은 유물의 특징을 나타내는 이름표로, 쓰보이 쇼고로의 지적처럼 서술의 편의를 도모하는 것 이상의 의미가 없었다. 이러한 '형식'이 유물 분류―바꾸어 말해 유물의 특징을 조리 있게 표현하는 수단―로 불충분하다는 것은 이미 당시부터 지적되어 왔다.[3] 후수(厚手)식[아타마다이(阿玉台)식]·박수(薄手)식[오모리(大森)식]과 모로이소(諸磯)식·가메가오카(龜ヶ岡)식[이데오쿠(出奧)식] 등 몇몇 토기형식 이름도 설정되었다. 그러나 왜 이러한 변이가 생기는지에 대해 누구도 조리 있게 설명할 수 없었다.

이미 소개한 것처럼 마츠모토 히코시치로(松本彦七郎)는 문양의 계통적 변화를 검토하여 토기형식 차이가 연대차를 의미한다고 확인하였다. 야마노우치는 이 업적을 "조몬토기문화 연구의 과학적 방침"을 개척한 것이라고 평가하였다.[4] 마츠모토가 형식차이의 의미를 정확하게 설명했다는 것만으로는 '과학적 방침'이라고 평가하기 어렵다. 현재 입장에서 보면 마츠모토는 문양이 계통적으로 변화한다는 가설과 유적의 층서를 통해 이를 검증할 수 있다는 것을 보여 주었다. 일정한 수순을 거쳐 분석한 시간적 변화라는 의미를 가진 '형식' 설정이 바로 야마노우치가 '과학적 방침'이라고 부르는 것의 내용이다. '연대학적'이라는 한정어는 이러한 '과학적 방침'의 산물인 '형식'과 후수식, 박수식 등 편의적인 명칭인 '형식'의 차이를 강조한다고 봐야 한다. "야마노우치가 이들 '형식'차의 의미를 '주민의 계통차, 부족차'로 보는 것을 부정"했다고 해석하는 사람도 있다.[5] 그러나 야마노우치는 '과학적 방침'에 따른 증거가 없는 '고찰'을 부정한 것이지, 토기형식과 그것을 만든 사람들의 계통과 사회조직을 결부시켜 생각하는 것 자체를 부정한 것이 아니다.

또한 이 문장에는 형식의 위치를 결정하는 작업수순도 제시되어 있다. 한 형식의 위치를 결정할 때 그 형식과 다른 형식 간에 연대차가 있는지 우선 검토해야 한다는 것이다. 한 형식과 다른 형식 사이에 연대차가 없다면, 이들 형식차는 지방차라고 볼 수 있다. 한 형식의 위치는 시간(=연대)과 공간(=분포)의 함수라고 볼 수 있다. 형식을 설정하는 토대가 되는 자료는 그 형식의 공간축상의 위치를 나타낸다. 그러므로 그 형식이 시간축에서 다른 형식과 겹치는지를 살펴보면, 그 형식을 다른 형식과 구별하는 필요조건이 있는지 판단할 수 있다. 두 변수의 값을 동시에 결정할 수 없는 한, 우선 시간 변수를 결정해야 한다. '연대학적 단위'라는 문구에는 이러한 의미도 담겨 있다.

2. '형식(型式)'과 '양식(樣式)'

(1) 문제의 소재

조몬토기의 '지방차, 연대차를 나타내는' 단위가 형식이지만, 야요이토기의 경우에는 이것이 양식이다. '형식'과 '양식'의 내용이 같을까? 아니면 다를까? 스즈키 키미오(鈴木公雄)는 "조몬연구자가 이용하는 형식과 야요이연구자가 사용하는 양식은 개념상에서도 실질적 내용에 있어서도 거의 동일한 것"이라고 하였다.[6] 그러나 조몬연구자 중에서는 이 의견에 찬성하지 않는 사람도 있다. 예를 들면 도다 테츠야(戸田哲也)는 "야마노우치 형식론과 고바야시 유키오(小林行雄) (양식?)론은 닮았지만 다르다고 생각할 수밖에 없다"(괄호 필자)[7]고 하였다. 스즈키와 도다의 의견 사이에는 다소 관점차가 있다. 스즈키는 '형식'에 대해, 도다는 '형식론'에 대해 말한다. 이 차이가 무엇을 의미하는지도 살펴봐야 하지만, '형식'과 '양식'을 동일시할 수 있는지에 대한 문제에 초점을 맞추기로 하자.

스즈키는 '형식'과 '양식'이 실질적으로 매우 가까운 내용인 이유를 "야마노우치도 만년에는 토기형식을 '일정한 형태와 장식을 가진 일군의 토기(이하 생략)'라고 규정하고 있다"(방점과 괄호 필자)고 설명하였다. '만년에는'이라는 말에 주목하면, 스즈키는 야마노우치가 형식 정의를 수정한 시기가 있다고 판단한 것 같다. 그것은 차치하고, 스즈키는 야마노우치의 형식을 정의하기에 앞서 고바야시의 양식론과 세트문제를 먼저 논의하였다. 따라서 스즈키는 야마노우치의 형식 정의든, 형식과 양식이 같든 다르든, 기종조성과 기형분화[8]를 형식 정의 속에 포함시킬 수 있는가 하는 점을 문제 삼았음이 확실하다. 또한 도다에게도 기종조성을 구분할 수 있는지가 형식과 양식의 차이가 된다.

이 점은 스즈키의 '세트론'[9]의 내용을 검토해 보면 더욱 확실해진다. 한 형식의 내용이 균등·균질하지 않다는 점이 골자이다. 형식을 구성하는 요소를 문양요소·단위문양·기형의 세 카테고리로 나누어 보면 그 조합은 몇 개의 군을 이루게 된다. 그 가운데 출현 빈도가 높은 것이 그 형식의 특징이 되지만 그렇다고 세 요소의 조합이 균질해지는 것은 아니다. 이 의견은 고바야시 유키오의 "양식 표징(表徵)은 모든 토기형식에 평등하게 나타나는 것이 아니고, 형식(形式)에 따라 양식의 표징 방식에 밀도차가 있다"[10]는 내용을 조몬토기 형식에 적용한 것이라고 할 수 있다.

스즈키의 지적에는 두 가지 문제점이 내포되어 있다. 하나는 1960년대에 '형식' 내용이 어떻게 이해되었는가 하는 점이다. 제삼자가 야마노우치의 '형식론'을 어떻게 배우고, 어떻게 파악했는가라고 볼 수도 있다. 먼저 이 문제부터 검토해 보자.

(2) 단상조성(單相組成)과 다상조성(多相組成)

스즈키의 '세트론'은 "자칫하면 문양 중시로 빠져들 뻔한 조몬토기 연구에 (중략) 신선한 충격을 주었다"[11]고 평가된다. "오보라(大洞)B식 토기는 입조문(入組文)으로, 오보라B-C식 토기는 소위 양치상문(羊齒狀文)으로 각각 대표된다. (중략) 이후, 젊은 연구자가 삼차상문(三叉狀文)이 오보라B식 토기를, 양치상문이 오보라B-C식 토기를 감정하는 기준이라고 생각해 온"[12] 것은 '문양 중시' 경향의 한 예일 것이다. 이 '감정(鑑定) 기준'에 따르면 삼차상 입조문이 시문된 모든 토기는 오보라B식이고, 양치상문이 시문된 토기는 오보라B-C식 토기가 된다. 그러나 그 역의 관계도 성립되지 않는 한, 삼차상 입조문과 양치상문은 '감정 기준'으로 적절하지 못하다. 한 형식은 삼차상 입조문과 양치상문이라는 결정적 지표로 구별될 수 있는 균질적인 것이라는 것이다.

한 토기형식의 내용이 이렇게 균질적인 것이 아니라 불균질적이라는 것이 스즈키 '세트론'의 토대가 된다. 만기의 여러 형식의 경우, 불균질성은 기종조성, 기종·기형과 문양 조합에 가장 현저하게 나타난다. 스즈키 '세트론'의 내용을 이렇게 이해해야 한다. 스즈키는 형식이라는 것이 소칼(Robert R. Sokal)·스니쓰(Peter H. A. Sneath)가 말하는 Polythetic Set(다상조성이라고 번역해 둔다)(도 13)[13]이지 모든 속성이 반드시 균등

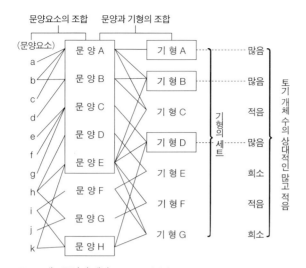

도 12 세트구성의 개념도(주 9 문헌에서)
다수를 점하는 기형, 적은 기형, 회소한 기형이 있고, 다수를 점하는 기형에도 A·B·C는 각각 다른 문양이 시문된다.

하지 않아도 균질한 분포를 보여 주는 Monothetic Set(단상조성이라고 번역해 둔다)이 아니라고 지적하였다. '문양 중시' 경향 속에서는 한 형식의 내용이 '감정 기준'인 특징이 균등하지 않아도 균질하게 분포하는 것, 즉 단상조성이라는 생각이 지배적이었다. 앞에 인용한 오보라B식과 B-C식의 '감정 기준'이 이를 뒷받침한다. 세트론은 단상조성이라고 여겨지던 형식내용이 다상조성임을 지적한 것이다.

클라크(David Clarke)는 형식을 설정할 때 자료를 다상배합으로 취급해야 하지만, 자료가 어느 형식에 해당하는지 판단할 경우에는 몇 개의 한정된 '감정 기준'의 유무에 눈을 돌려 형식을 단상배합으로 취급하게 된다는 토마스(D. H. Thomas)의 의견을 소개하였다.[14] 토마스의 원저를 검토해 보지 않았기 때문에 더 이상 논의할 수 없지만, 형식을 '동정(同定)'할 때, 이러한 순서는 효율적이고 별로 문제가 없어 보인다. 그러나 '감정 기준'의 유무에만 주목하게 되어 형식구분은 새로운 자료를 몇 개의 열쇠구멍에 넣어 보고 그에 맞지 않으면 새로운 형식을 설정하는 작업이 되어 버린다. 또한 자료 자체의 특징이 어떠한 관계에 있는가라는 점에 주의를 기울이지 않게 되고, '형식'은 '감정 기준'의 나열이 되어 버린다. 이러한 풍토 속에서 형식을 '결정적인 지표'의 균질한 조합이라고 보는 생각이 퍼지고, 더구나 복수 기종의 조합, 복수 기종과 복수 종류의 문양 조성이라는 형식의 다상조성으로서의 측면을 무시하는 결과가 되었다.

야마노우치는 형식내용이 단상조합이 되리라고는 생각하지 못했다. 오보라 제 형

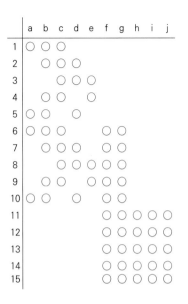

도 13 다상배합과 단상배합

개체 1~5는 특징 a~e 가운데 3개가 공통된다. 그러나 5개체 모두에 공통되는 특징이 없다. 개체 6~10의 a~e는 위와 동일한 분포를 보이지만 f·g는 모든 개체에 공통된다. 개체 11~15는 f~i를 공유한다. 개체 1~5는 완전한 다상배합, 6~10은 불완전한 다상배합, 11~15는 단상배합이다.

식에는 "각각 정제와 조제의 두 가지 제작방식이 있고," 정제토기의 "기형은 발형이 다수를 점하지만, 그 외에 접시(皿), 천발, 호, 주구토기[急須], 드물게 향로형 등이 있다."[15] 이러한 변화가 없는 경우, 예를 들어 엔토카소(圓筒下層)식의 각 형식 중에도 구경부 문양대(紋樣帶)·문양대와 동체부를 구획하는 융대의 유무에 차이가 있고, 문양대가 있는 토기에도 "문양대의 내용과 수법은 형식에 따라 다르며, 또 한 형식에도 여러 종류가 있다."[16] 야마노우치가 이해한 '형식'이 다상배합이었음을 반증하기에 충분하다.

'형식'이 단상조성이라는 오해가 생겨난 것은 야마노우치가 구분한 형식의 '감정 기준' 속에 기종과 기형 차이가 큰 비중을 차지하지 않는다는 점에도 원인이 있다. 스즈키는 그 이유를 "조몬토기는 기본적으로 심발 (중략) 한 종으로, 호·주구토기·대부토기의 기형과 정제토기와 조제토기의 구분은 조몬시대의 어느 시기 이후에 성립"한다고 설명하였다.[17] 도다 테츠야는 "토기 형식을 인정하는 수단(단시일의 변화를 가장 단적으로 보여 주는 심발형 토기로서의 개념)에 상이한 관점을 도입하는 것은 바람직하지 않다"고 하였다.[18] 두 사람은 다소 차이가 있지만 기종·기형이 형식을 파악하는 기준이 되지 않는 것은 조몬토기 자체의 성격 때문으로 어쩔 수 없는 일이라는 소극적 자세를 견지한 것처럼 보인다.

기종·기형의 분화가 조몬토기 역사 속에서 특수한 현상이라고 해도 한 형식의 위치를 확정하는 작업이 문자 그대로 하나의 형식만을 문제 삼는 것이라면, 즉 직접적 관계에 있는 형식과 비교하면 되는 것이라면 형식을 판별하는 기준으로 지장이 없을 것이다. 그러나 야마노우치는 조몬토기 속에 기종·기형의 분화가 있음을 인정하면서도 형식 위치를 결정하는 수단으로 활용하지 않는다. 기종·기형을 형식판별의 기준으로 삼는 것은 무의미하다고 생각했다고밖에 볼 수 없다.

(3) 문양대 계통론

이미 서술한 것처럼 도호쿠·간토를 중심으로 하는 '야마노우치의 편년'은 1930년 전후에 큰 틀이 만들어졌다. 그리고 1929년에 발표한 『関東北に於ける繊維土器』에서 섬유토기의 문양대(제1차 문양대)를 "(전략) 모든 형식의 연대적 계열에 따라 처음에는 단독으로 존재하고 나중에는 다른 문양대와 공반하면서 (중략) 존재하고, 마침내 (중략) 축소되어 소멸하는 하나의 계통"이라고 하였다.[19] 이 사실을 만년에 발표한 문장과 관련시켜 보면 그가 생각하던 연구 수순과 연구 내용에 전환점이 있었음이 확실해진다.

만년의 야마노우치는 '형식구분'의 수순으로 "형식내용의 결정, 연대감정, 형식간 관계 또는 변천, 계통 등등"[20]의 연구가 필요하다고 설명하였다. 『関東北に於ける繊維土器』를 발표했을 때 야마노우치는 '형식내용의 결정, 연대감정' 등의 작업을 끝내고, 형식간 관계·변천·계통 연구에 착수하였다. 이러한 시점에 '문양대'의 문제를 지적한 것이다. 이를 통해 야마노우치의 '형식론' 속에서 '문양대'가 어떤 의미를 가지는지 이해할 수 있다. 문양대 계통론의 구체적인 내용은 접어 두고, 문양대 계통론이 가지는 의미에 초점을 맞추어 보자. 필자 자신도 자신 있게 설명할 만큼 완전히 이해한 것은 아니다. 이마무라 케이지(今村啓爾)의 뛰어난 해설[21]이 있으므로 야마노우치의 설명과 더불어 참고해 주기 바란다.[22]

야마노우치는 토기연구를 생물형태학에 비유하였는데, "소위 형식학(Typology)은 비교해부학에 가장 잘 비교될 수 있다. 상사(相似)형태, 상동(相同)형태, 그 밖의 개념을 도입할 수 있을 것"[23]이라고 하였다. 이 문장과 앞에서 인용한 형식구분의 수순을 합쳐 보면, '형식학'의 목적이 '형식간 관계 또는 변천, 계통 등등'을 '상사형태, 상동형태, 그 외의 개념'에 따라 확인하는 데 있다고 이해할 수 있다. "(전략) 각 시대의 문양을 그 기형 내에서의 위치를 고려해 '문양대'를 가설정한다. 이 문양대의 중복 정도, 각 문양대의 축소, 변질, 소멸 또는 확대, 다층화 등 문양대의 역사를 복원한다"[24]는 내용은 이 작업을 구체적으로 설명한 것이다.

『関東北に於ける繊維土器』를 발표했을 때 도호쿠와 간토를 중심으로 하는 모든 형식의 '형식내용의 결정, 연대감정'의 밑그림은 이미 완성되어 있었다. 소위 밖에서 본 제 형식의 위치는 분명하게 밝혀져 있었던 것이다. '문양대'와 관련된 몇몇 지적은 밖에서 본 형식의 위치를 결정하는 작업에 이어 형식을 구성하는 다양한 요소의 관계

를 내측에서 파악하여, 그 결과를 바탕으로 형식 관계를 재파악하는 작업에 대한 통찰이자 1930년대의 성과라고 할 수 있다. 비록 편년망이 완성되어도 그것은 배후에 있는 토기변천이 무엇을 의미하는지에 대해 아무것도 설명해 주지 않는다. 편년망에서 의미를 파악할 필요가 있고, '문양대'가 그 수단임을 구체적으로 설명해 주는 것이 이 논문의 목적이었다.

스즈키 노리오(鈴木德雄)는 야마노우치의 '문양대' 개념과 '형식론'이 마츠모토의 업적뿐만 아니라, 특히 지금까지 거의 무시되어 온 마츠무라 아키라(松村 瞭)의 업적에도 토대를 두었다고 지적하였다.[25] 기면을 분할하는 단위인 문양대, 문양대가 시기에 따라 확대·축소되는 점, 문양도 이 영향을 받는다는 점은 야마노우치가 마츠모토의 업적에서 배운 것이다. 단, 마츠모토는 문양 그 자체의 변화가 문양대의 움직임에 종속된 것으로 해석하고 문양대와 다른 움직임을 보일 거라고 생각하지 않았다. 스즈키는 승문에서 '모의(模擬)승문'으로 변한다고 본 마츠무라의 의견[26]은 문양 자체의 변화와 문양요소의 치환이라는 입장을 도입했다는 점에서 주목할 만한 내용이라고 지적하고, 마츠무라의 업적도 야마노우치 '형식론'의 중요한 토대 중 하나라고 주장하였다.

마츠모토는 문양대를 지적하고 그 확산이 시간이 경과하면서 변화한다는 점을 밝혔다. 소위 문양대의 운동법칙을 발견한 셈이다. 그러나 마츠모토에게 문양대는 토기 기면이라는 공간을 분할한 단위에 지나지 않았다. 문양대 안의 문양은 문양대의 지배를 받아 변형되는 것이었다. 마츠무라의 '모의승문'은 하마다 코우사쿠(浜田耕作)의 '원시적 조몬토기'[27]처럼 토기문양의 기원이 기물 모사에 있다는 입장에 있지만 문양 자체가 변질되는 것, 소위 문양의 운동법칙이 존재한다는 사실을 지적한 것이다.

마츠모토의 발견과 마츠무라의 착상이 결합되어 야마노우치의 문양대 개념이 성립된다. 즉 문양대는 토기 표면을 분할한 단위이고 하나의 장소이다. 문양은 이 장소 속에 배치되지만 문양대의 제약을 받을 뿐만 아니라, 문양 변화가 문양대의 축소 및 확대를 초래하는 경우도 있다. 다니이 타케시(谷井 彪)의 말을 빌리자면[28] 이렇게 설정함으로써 구체적인 문양 배치와 그것을 통합하는 원리를 파악할 수 있게 되었다.

기형이 변하면 문양대 폭도 변하고, 새로운 문양대가 시문될 공간이 생기기도 한다. 도호쿠지방의 후기후엽 토기에는 총 4단의 문양대가 있는 것도 있다. 이렇게 다단화한 문양대는 호·주구(注口)의 두 기종, 그것도 부푼 경부가 발달하는 기형에 한정된다(도 14). 다단화한 기형이 나타나면서 문양대 역시 다단화한다는 사실은 의심의 여지가 없다. 그런데 여기에 기묘한 일이 일어난다. 문양대를 따라 토기변화를 관찰하면 기형변화를 의식하지 않고 문양대의 분열 및 생성 과정이라는 변화를 기술할 수 있다. 즉 기종분화와 기형변화를 전혀 의식하지 않아도 토기변천을 파악할 수 있다.[29] 조몬토기 연구자가 '문양중시 경향'으로 나아가는 하나의 원인이

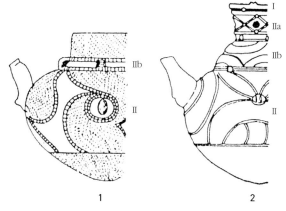

도 14 기형과 문양대의 변화(주 22 문헌에서)
2에서는 1에 확실하지 않았던 견부가 발달하고, 이에 따라 문양대 IIb도 넓어진다. 아울러 구경부에도 문양대 I · IIa가 나타난다.

여기에 있다. 한편 이러한 문양대의 성질이야말로 야마노우치의 목적에 부합하는 것이었다.

『関東北に於ける繊維土器』에서 야마노우치가 '제1차 문양대'는 섬유토기뿐만 아니라 그 후의 형식에도 계승되는 "한 계통의 문양이다"(방점 필자)라고 설명한 것을 상기해 보자. 만년의 야마노우치는 이를 "어떤 형식의 문양대는 이전 토기형식의 문양대와 연속되고 계승관계에 있으며, 이후 형식 문양대의 기초가 된다"[30]고 설명하였다. 문양대의 계통적인 변천을 통해 조몬토기의 여러 형식이 하나의 계통으로 이어져 있음을 설명하는 것이 야마노우치 '형식학'의 목적이었다. 또한 그것은 형식의 층서와 공반이라는 소위 외적 증거(사실에 기초한 설명)로 조직된 '형식망'이 하나의 의미를 가지고 있으며, 내적 증거(논리적 설명)도 있음을 증명하는 작업이기도 했다.

이 작업과정에서 기종과 기형을 형식 식별의 기준으로 삼으면, 스즈키의 지적처럼[31] 조몬토기는 기종분화의 유무에 따라 몇 개의 불연속적인 블록으로 나누어진다. 기종이 분화하지 않는 형식과 분화하는 형식이 서로 연속된다는 사실을 알았다고 해도 그 내용을 비교하기 위해서는 다시금 별도의 기준을 찾아야 한다. '기종·기형' 대신에 '문양'을 기준으로 해도 문제가 해결되지 않는다. A·B의 두 문양은 a·b 두 기종과 마찬가지로 구별해야 한다. A는 B로 변한다는 설명만으로 충분하지 않다. A·B 두 종류의 문양이 같은 한 문양대 안의 요소이고, 같은 문양대 안에서 A에서 B로 변화함을 확인해야 비로소 두 문양이 상동의 관계에 있고, 계통적으로 연결됨을 확인할 수 있다.

야마노우치는 모든 형식이 시간 및 공간에 따라 변하고, 동시에 하나의 흐름을 만들어 낸다고 파악하였다. 이를 증명하기 위해 문양의 상동·상사관계를 정리하고 제각기 독립적인 문양을 연결하는 원리를 파악해야 한다. 그 수단이 문양대 개념이다. 그렇기 때문에 야마노우치는 형식론의 '내용'[32]을 문양 계통론이 아닌 문양대 계통론이라고 한 것이다. 문양대라는 개념은 고바야시 유키오가 강조하면서도 구체적으로 설명하지 않았던 '제일성(齊一性) 개념'을 다른 형태로 구체적으로 설명한 것이다.

스즈키는 형식(型式)과 양식(樣式)의 '실질적 내용'이 같다고 했을 때, 구별된 결과인 형식 또는 양식에 주목하였다. 형식과 양식의 기술(記述)이라고도 할 수 있다. 형식과 양식의 기술은 취급 항목이 같은 한, 당연히 큰 차이가 없다. 그러나 기술된 사실, 기술 항목이 일치하여도 그 기술을 완성하는 목적과 과정, 작용원리까지 일치한다고 할수 없다. 여기서 고바야시 유키오의 양식론을 검토할 여유가 없지만, 앞서 지적한 형식을 파악하는 방식에 고바야시가 양식을 파악하는 방법과 공통되는 부분이 있다고 생각할 수 없다. 스즈키는 과정과 결과를 혼동하였고, 도다도 마찬가지이다. 도다가 형식·양식이 아닌 형식론과 양식론을 문제 삼은 것은 형식과 양식을 구별하는 과정과 원리를 문제 삼았을 것이다. 따라서 형식과 양식을 이질적인 것이라고 판단했어야 했다. 도다가 "닮았지만 다른 것"이라고 한 것은 구별된 결과로서의 형식·양식과 구별의 과정·원리를 혼동한 것이다.

여기서 형식론은 생생한 자료에서 형식을 뽑아내는 목적과 원리, 자료를 조작하는 과정을 말한다. 그러므로 한 형식은 형식론의 결과이고 생생한 자료의 기술이기도 하다. 결과와 기술로서의 형식을 기억하는 것은 그다지 어렵지 않다. 그러나 '형식론'을 기억해도 활용할 수 없다. 이를 받아들여야 한다. 지금까지의 조몬연구에서는 이 구별이 충분하지 않았다. 스즈키의 '세트론'은 야마노우치 형식의 기억에만 초점을 맞추어 야마노우치 형식론을 이해하려 하지 않는 상황에서 생겨난 폐해를 지적하고 효과를 거두었다. 그러나 스즈키는 야마노우치 형식론을 정확하게 비판하려 하지 않았다.[33] 비판을 통해 야마노우치 형식론을 이해하려는 움직임은 근래에 와서야 겨우 활발해졌다.

(4) 형식의 구분 기준

이제 어떤 기준으로 하나의 형식을 다른 형식과 구분하는지 설명하는 것이 순서일 것이다. 논리적인 정합성을 가진 기준이 있는가 없는가로 한 연구영역의 과학성을 판단할 수 있다면, 형식의 정의에 일반적인 기준이 포함되어 있지 않다는 점은 조몬토기연구 나아가 조몬연구 전체의 뒤처짐을 반영하는 것이다. 1920년대에 나카야 지우지로가 유물을 계통적으로 분류할 필요가 있다고 강조한 이유도 이 때문이다.[34] 이를 전후하여 미국에서도 생물의 계통분류를 본떠서 토기를 분류하고 있었다.[35] 양식(Style)이라는 계통성과 과학성에 대한 동경은 하나의 연구영역이 성장할 때 일어나는 병리현상이라고 할 수 있다.

일반적이고 보편적인 기준이 누구라도·언제라도·어디라도·어떻게든 이용할 수 있는 기준(이것을 〈기준〉으로 부르도록 하자)이라면, 〈기준〉을 만들 필요도 없고 비록 만든다고 해도 유효하지 않다. '주관적인 분류'는 고고학뿐만 아니라, 분류를 연구의 기초로 삼는 연구영역에서는 늘 따라오는 문제[36]이다.

미국 고고학의 형식학을 둘러싼 논의에서도 형식의 결정판 'the best' Type이라는 것이 있는가? 형식의 기준을 통일할 수 있는가? 이것이 문제이다. 던넬(Robert Dunnell),[37] 힐(J. N. Hill),[38] 힐과 에반스(R. K. Evans)는 형식의 결정판이라는 것, 형식의 기준을 통일하는 것(standardization)을 부정한다. 특히 힐과 에반스는 한정된 자료의 한정된 범위의 속성이 몇몇 조건을 만족시키는 한, 결정적인 형식이 있을 수 있지만 이들 조건을 제거하면 성립할 여지가 없다고 주장했는데, 미국 고고학자의 발언인 만큼 흥미롭다. 이 주장에서 알 수 있듯이 그들은 제한된 범위에서 〈기준〉을 만드는 것을 부정하지 않았다. 그러나 연구자의 관심은 단기간에 변화하고 세분화되므로 그것은 일시적인 것이라고 판단하였다.[39]

"초창기의 두립문토기, 조기의 첨저토기, 전기의 섬유토기, 중기의 화염토기, 후기의 마소승문(磨消繩文)토기에 공통"[40]되는 특징을 파악할 수 있다면 조몬토기 형식을 구분하는 〈기준〉을 만들 수 있을 것이다. 그러나 그것이 한 지역의 한정된 시기의 형식을 구분하는 데 어느 정도 도움이 될지 예측할 수 있다. 어떤 것을 〈기준〉으로 인정할 것인가? 원리적인 면에 따를 것인가? 토기의 구체적인 특징, 예를 들어 태토, 시문구, 시문기법 등을 기준으로 할 것인가에 대한 판단은 갈라질 것이다. 간단히 말해 〈기준〉을 만드는 작업이 실현될 조짐은 거의 없다. 그럼에도 불구하고 이 작업을 숙고해 보면 형식을 구분하는 사고방식에 불분명하고 무시할 수 없을 정도의 크나큰 의견차이가 있음을 알아차릴 수 있다. 예를 들면 형식이 변하는 방향이나 속도를 결정할 수 있을까? 그것을 모르면 형식을 구분하는 기준을 정할 수 없다.

3. 조몬토기의 모습

'형식'의 의미를 어떻게 해석할 것인가에 대해 논하기 앞서 조몬토기의 변천과정을 관찰해 보자.

조몬토기는 문자 그대로 천변만화로 변한다. 이른 시기(융기선문토기)와 늦은 시기(돌대문토기와 가메가오카식토기)의 것 또는 동시기의 것이라도 일본열도 남북단에서는 도저히 한 '문화'의 산물이라고 생각하기 어려울 정도로 차이가 있다. 대부분의 조몬토기는 바탕무늬[地紋]*1로 승문을 시문한다. 그러나 일본열도 전 지역에서 승문을 바탕무늬로 사용하던 시기는 한정되어 있고, 조몬토기 성립과 더불어 승문기법이 완성되었던 것도 아니다. '물레를 사용하지 않고 초벌구이한 토기'라는 것 이외에 '조몬토기'에 공통되는 요소는 없다고 해도 과언이 아니다.

그럼에도 불구하고 우리는 조몬토기를 '지방에 따라, 연대에 따라 확연하게 구분할 수 없는 일군의 토기'라고 느낀다. 이러한 인식은 지금까지의 연구역사와 거기에서 창출된 시야의 범위 및 문제 취급방식이 결부된 이미지의 산물이다. 그렇다고 이 '이미지'가 우리의 실질적 관찰 대상과 전혀 무관한 것도 아니다.

우리가 '조몬토기'라고 부르는 토기는 시간에 따라 어지러울 정도로 변한다. 그렇기 때문에 변화의 방향과 템포도 일률적이지 않다. 조몬토기는 직선적인 한 길로만 변하는 것이 아니라 구부러지고 돌아오는 길투성이다. 그러나 돌아오는 길투성이라고 해도 조몬토기가 변화해 온 길을 조망하는 것이 불가능하지는 않다. 초창기부터 전기에 걸친 토기 저부의 변화, 압형문의 문제, 나아가 기종분화 문제를 통해 조몬토기의 변화를 설명해 보고자 한다.

4. 조몬토기의 변천

(1) 평저토기의 정착

조기와 전기를 구별하는 결정적 단서가 첨저토기의 유무라는 의견이 꽤 오랜 시기 동안 지배적이었다. 첨저와 평저의 차이를 성형기법, 즉 권상법에서 윤적법으로 진보한 결과라고 보는 사람도 있었다.[4] 그러나 이처럼 단순한 설명은 이제 더 이상 통용되지 않는다.

표 4 초창기~전기의 토기 저부 변천

시기	규슈 남부	규슈 북부	산요 산인	긴키 도카이 호쿠리쿠	주부 고지	간토	도호쿠 남부	도호쿠 북부	홋카이도 남부	홋카이도 북부
전기	환저		?	?	평저				첨저	
조기	평저		?	?	평저(환저·첨저)				평저	
			첨저				평저	?		
초창기	?		?	?	환저·평저		평저		?	?
	환저		?	?	환저(평저·첨저)				?	?
			?	?					?	?

초창기전엽의 융기선문토기 저부에는 나가사키현 센부쿠지(泉福寺)동굴의 '두립문토기'와 도쿄도 나스나하라(ナスナ原)와 같은 환저, 나가노현 이시고야(石小屋)와 아오모리현 오모테다테(表館)와 같은 첨저에 가까운 환저, 가나가와현 가미노(上野) 상층과 같은 평저 등 다양한 형태가 있다. 아오모리현 오다이야마모토(大平山元)의 자료는 융기선문토기 이전의 조자쿠보(長者久保)·미코시바(御子柴)문화 시기에도 평저토기가 있었음을 보여 준다.

초창기후엽이 되면 간토지방에서는 평저토기가 없어지고, 연사문토기 중엽에 첨저가 압도적으로 많아진다. 다른 지역에서는 간토지방의 연사문토기에 병행하는 시기의 토기가 아직 발견되지 않아 동일하게 변화했는지 아직 알 수 없다. 초창기중엽에는 환저와 평저가 공존하는 예가 많고[42] 간토지방도 예외는 아니다. 간토 이외의 지역에서는 초창기후엽에 평저만 있는 형식 또는 평저와 환저가 포함된 형식이 널리 퍼지게 된다(표 4).

조기전엽에서 중엽에 걸쳐 압형문토기·침선(패각)문토기의 분포권이 확대되면서 규슈에서 혼슈지역에 걸쳐 첨저토기가 전성기를 맞이한다. 그러나 중엽에 간토지방에서는 환저가 출현한다. 이때 규슈와 홋카이도(동북부)에서는 평저형식이 확산되고 후엽에도 계승된다. 이와 별도로 간토지방에서도 조흔문토기 후반에 평저가 나타난다.

조기말에서 전기초에는 주부(中部)고지·간토·도호쿠에서 평저·환저·첨저가 혼재한다. 점차 평저가 주류를 이루게 되지만 간토지방의 세키야마(関山)식처럼 안정화된 것에서 센다이(仙台)만 연안의 가츠라시마(桂島)식처럼 환저에 테를 돌린 불안정한 것까지 다양하다. 규슈의 압형문 말기에는 평저가 등장하고 도도로키(轟)식에는 평저와 환저가 있지만 후속하는 소바타(曽畑)식과 산요(山陽)지방에서 호쿠리쿠(北陸)에 걸쳐 분포하는 하시마카소(羽島下層)2식은 모두 환저이다. 하시마카소식 다음의 기타시라카와카소(北白川下層)1식에는 평저와 환저가 공존한다. 도호쿠지방 북부에서 홋카이도에 걸쳐서는 평저가 적고 환저와 첨저가 주류를 이룬다. 전기중엽이 되면 규슈와 혼슈의 토기는 모두 평저가 되지만 홋카이도에서는 첨저 또는 환저가 지속되며 전기후엽이 되어서야 겨우 일본열도 전역에 평저형식이 퍼진다.

평저토기가 정착하기까지 왜 이렇게 먼 길을 돌아왔을까? 아마 저부형태가 성형기술이라는 하나의 조건으로만 결정되지 않기 때문일 것이다. 간토지방의 연사문토기를 예로 들어 설명해 보자. 실험적 근거가 충분하지 않지만 환저와 첨저 토기를 끓이는 용(煮沸用)으로 사용하는 경우, 불에 닿는 면적(열효율)이 평저보다 좋다고 한다. 간토지방 후기후엽의 토기도 자비용 심발은 첨저에 가까운 형태이고 마츠시마(松島)만의 제염토기(製鹽土器)도 평저에서 첨저로 변한다. 끓일 때 열효율이 높다는 점이 간토지방 초창기후엽에 첨저가 보급되는 하나의 이유임에 틀림없을 것이다. 첨저토기가 보급되는 시기는 토기의 소비 및 생산이 극대화된 시기이기도 하다. 불에 닿았을 때 파손되는 경우가 적고, 완성된 토기의 소성상태가 좋다는 점도 첨저가 보급되는 하나의 이유라고 봐야 한다. 자비시설의 형태도 토기형태와 무관하지 않을 것이다. 초창기후엽의 자갈군 또는 나무로 짠 틀 속에 재를 채운 일종의 이로리(圍爐裏)[*2]등은 환저 및 첨저 토기로 끓이는 데 적합한 시설이라 할 수 있다.[43]

간토지방의 연사문토기의 예를 봐도 첨저가 보급되는 이유는 단순하지 않고 다양한 조건하에서 나타난다. 자연조건과 역사적 전통이 다른 곳에서는 또 다른 이유로 토기 형태가 결정될 것이다.

(2) 바탕무늬로서의 압형문

장식과 문양에 비해 저부형태는 토기를 만드는 사람들의 선택여지가 한정되어 있다. 그럼에도 불구하고 초창기에서 전기까지 토기 저부의 변화는 결코 단순하지 않다. 토기 제작자의 선택여지가 많은 장식과 문양도 살펴볼 필요가 있다. 초창기에서 만기까지, 일본열도 북쪽에서 남쪽까지 비교할 수 있는 요소로 압형문을 들 수 있다.

압형문은 승문·연사문과 마찬가지로 바탕무늬이므로 문양과 구별해야 한다. 본론에서 잠시 벗어나지만 바탕무늬와 문양의 구별에 대해 이야기하고자 한다. 조몬토기의 바탕무늬에는 압형문 외에 조흔(条痕)[44]이 있다. 조흔문은 시문도구[原體]*[3]로 기면에 눌러 당기는 것이고, 승문·연사문·압형문은 시문도구를 굴리는 것이다. 그밖에 토기 표면에 굴리는 시문도구로 식물의 이삭(홋카이도·전기), 물고기의 척추(홋카이도 및 간토·전기), 고둥(혼슈 서남부·후기) 등을 이용하는 경우도 있는데 분포범위와 시기가 한정되어 있다. 조몬토기의 바탕무늬는 시문도구를 굴린 것이 중심이다. 시문도구를 굴려 바탕무늬를 새기는 기법이 조몬토기 특유의 것이라 할 수 없지만 종류가 많은 점이 특징이다.

시문도구를 어떻게 새기는가에 따라 압형문의 도안이 결정된다. 승문과 연사문도 마찬가지지만 바탕무늬의 도안은 시문도구를 만드는 방법에 따라 시문하기 전에 이미 결정된다.[45] 도안에 변화를 주려면, 여러 종류의 시문도구를 사용하거나 굴리는 방법과 누르는 방법을 바꾸는 것밖에 없다. 시문도구의 모습이 그대로 전사되는 것을 '바탕무늬', 시문도구에 구애받지 않는 것을 '문양'('손으로 새기는 문양'이라고 하면 의미가 더욱 잘 전달될 것이다)으로 구별하자. 이나다 타카시(稻田孝司)의 '시문구 형태 문양'과 '방위 형태 문양'의 구별도 거의 이와 같은 의미이다. 이나다의 지적처럼[46] 전기중엽 죽관문(竹官紋)의 발달을 경계로 하여 바탕무늬가 두드러지는 단계와 바탕무늬에 문양이 겹쳐지는 단계로 구별할 수 있다.

조몬토기의 모양을 이렇게 구별하면 초창기전엽의 융기선문과 중엽의 다승문·조형문 사이에 획기를 두어야 한다. 융기선문은 점토띠와 점토를 덧붙여 표현하기 때문에 도안을 자유롭게 표현할 수 있다. 그러나 다승문과 조형문은 앞서 설명하였듯이 도안을 변화시키는 데 제한이 따른다. 초창기중엽의 다승문토기에는 구연부에 시문도구로 찍고, 동부에 시문도구를 굴려 문양과 바탕무늬를 구별한 것이 있다. 가네코 나오유키(金子直行)는 다승문토기와 조형문토기가 장식이 많은 토기와 적은 토기로 구별된다고 하였다.[47] 이러한 예는 초창기후엽의 다승문토기(=연사문토기) 초기까지 잔존하지만 바로 시문도구를 굴리는 방식으로 바뀐다. 이른 시기의 압형문의 띠상[帶狀]시문은 이러한 움직임에서 생겨난다. 정확한 의미에서 문양을 시문하지 않는 압형문토기의 특징은 연사문토기의 문양과 동일하게 초창기후엽의 전통을 계승한다.

다음으로 바탕무늬가 어떤 의미를 가지는지 생각해 보자. 조몬토기에는 왜 승문이 있을까? 실용적인 의미일까? 장식일까? 오랫동안 논의가 계속되고 있다. 최근에는 장식이라는 생각이 유력해지고 있다. 즉 조몬토기의 바탕무늬는 중국의 신석기시대 조질토기(회도·印紋陶)와 일본 야요이시대 후기의 옹, 고분시대의 스에키(須惠器) 등의 타날처럼 토기를 두드리는 작업의 부산물이 아니므로 실용적인 목적과 효과가 없다고 한다.[48] 아마 이러한 추론이 타당할 것이다. 한편 왜 바탕무늬와 문양을 중복시켜 모양을 표현하는가라는 의문도 생긴다. 규슈의 소바타식과 이치키(市来)식에는 바탕무늬가 없고, 후기후엽에서 만기가 되면 규슈와 혼슈 서남부의 정제토기에도 바탕무늬가 없다. 이런 형식의 토기를 제작하던 사람은 손으로 새기는 모양과 돌기만 있으면 장식으로 충분하다고 생각하였음에 틀림없다.

성형과 정면이 끝나고 나면 바탕무늬를 새긴다. 문양이 있는 경우에는 바탕무늬를 만들고 나서 시문한다. 이 과정을 통해 바탕무늬의 의미를 다음과 같이 해석할 수 있다. 토기 제작은 자연계에 존재하던 산물에 손을 대어 인간사회 속에 포함시키는 것이다. 정면이 끝나고 자연상태의 점토는 토기가 되어 자연세계에서 인간사회로 옮겨진다. 조몬토기의 바탕무늬는 이를 구분하는 지표로 인간이 사용하는 기물로서 생명을 불어넣는 의미를 가지고 있었을 것이다.[49] 이러한 해석이 가능하다면 바탕무늬의 유무와 바탕무늬의 종류는 토기를 만든 사람들이 기물을 사회 속에 편입시킬 때의 의식차이를 반영한다고 할 수 있다.

압형문토기는 간토·도호쿠에서 조기중엽에, 혼슈의 주부고지부터 서쪽 지역에서는 후엽에 종말을 맞이한다. 규슈에서는 혼슈보다 훨씬 오랫동안 존속하는데 평저의 야도코로(ヤトコロ)식(조기후엽), 동부가 잘록한 이와시미즈(石清水)식(전기전엽?)을 거쳐 전기중엽의 다무케야마(手向山)식까지 압형문의 계보가 이어진다. 다른 지역에서 바탕무늬에 문양을 중복시켜 표현하는 수법이 정착한 후에도 규슈에서는 초창기후엽과 동일하게 바탕무늬만 이용하는 수법이 잔존한다. 토기 저부의 변화와 마찬가지로 강한 지역성을 보여 준다. 바탕무늬가 토기 제작자의 의식차이를 반영한다는 해석이 타당하다면 규슈의 압형문토기와 세노칸(塞ノ神)식, 소바타식 등의 형식과 규슈 이외 지역의 형식차이를 토기를 만든 사람들의 의식차이라고 파악할 수 있다.

북일본에도 기묘한 압형문이 있다. 홋카이도에서는 온네토(温根湯)식이라 불리는 섬유를 혼입한 첨저의 압형문, 가무이(神居)식·다요로(多寄)식으로 불리는 섬유를 혼입하지 않은 평저의 압형문이 있다.[50] 모두 연대가 확실하지 않다. 특히 다요로식에는

둥근 봉이 아닌 조각한 판으로 두드린 것도 있다. 이 수법은 여타 형식과 계통이 전혀 다르다. 대륙에서도 유례가 없는 기묘한 형태이다. 혼슈에서는 아오모리현 노구치(野口)패총에서 전기초두의 토기와 공반하여 구연부에 산형 압형문이 새겨진 토기가 출토된다.[51] 전기후엽의 이와테현 시오가모리(塩ヶ森)에서는 나뭇가지모양의 압형문이 있다.[52] 간바라(蒲原)평야 북부에도 만기중엽에 산형 압형문을 바탕무늬로 한 토기가 있다.[53]

사하라 마코토는 조기중엽의 다도조소(田戸上層)식과 후기후엽의 안교(安行)2식의 바탕무늬가 비슷한 것은 옛날 토기편을 본 사람들이 옛날 문양을 부활시켰기 때문이라고 보았다.[54] 간바라평야의 압형문도 이러한 예일지 모르겠다. 그러나 이를 증명할 방법이 없다. 토기의 장식과 형태가 어떻게 계승되는지 설명할 수 있을 만큼 연구가 진전되지 않았다.

(3) 기형과 기종의 분화

니가타(新潟)현 무로야(室谷) 동굴에서 출토된 한쪽에 귀때(片口)가 있는 주구(注口)토기는 다양한 용도의 토기가 한정된 목적에 적합한 형태로 제작되기 시작한 가장 오래된 예 중의 하나이다. 무로야와 거의 동시기인 시즈오카(静岡)현 나카미치(仲道)A유적에는 첨저 또는 환저의 심발 외에 평저 발(도 15)도 있다.[55] 나가노현 마시노카와 고이시(増野川子石)의 심발과 발(모두 환저?)은 후엽에 해당한다. 용도에 따른 형태 분화―넓은 의미의 기종분화―가 초창기중엽에는 시작되었다고 할 수 있다.

용도에 따른 대소 크기와 세부 특징의 분화는 초창기전엽에 시작된다. 가나가와현 하나미야마(花見山)의 융기선문토기가 그러하다. 기형분화는 이미 초창기에 시작된다. 그러나 모두 형태분화에 머물러 있을 뿐, 장식분화로까지 발전하지 못하였다. 형태분화만 확인되는 경우를 일차적 기형분화, 장식도 분화시켜 용도차이를 강조한 경우를 이차적 기형

도 15 시즈오카현 나카미치A유적 출토 평저발
[축척 약 1/7, 오히토쵸(大仁町)교육위원회 제공]

분화라고 부르도록 하자. 초창기의 일차적 기형분화는 압형문토기에 계승되고, 이차적 기형분화는 I문양대를 갖춘 침선(패각)문토기의 출현과 더불어 시작된다.

간토지방의 침선(패각)문토기와 조흔문토기에는 심발 외에 발도 확인되어 기종분화의 조짐이 보이지만, 수량이 매우 적어 안정적인 요소로 볼 수 없다. 확실한 기종분화는 전기전엽의 깊은 기종과 얕은 기종(심발과 발·천발)의 분리에서 시작된다. 이러한 경향은 간토지방의 세키야마식에서 먼저 나타나고, 약간 늦게 긴키지방의 하시마카소2식과 기타시라카와카소1식에서 나타난다.

세키야마식의 경우, 얕은 기종의 비율이 그다지 높지 않고 구로하마(黑浜)식 단계가 되면 더욱 감소한다. 다만 구연이 내만하는 것과 전이 붙은 것(鍔付) 등 이 시기에 출현하는 새로운 기형의 천발이 모로이소식에 이어진다. 혼슈 서남부에 분포하는 하시마카소2식에는 이미 경부가 매우 잘록하고 파상구연인 환저발이 등장한다.[56] 이와 별개로 기타시라카와카소1b식에는 평저 발이 등장해 2a식에 보급된다(표5).

세키야마식과 기타시라카와카소식은 모두 얕은 기종이 분화되는 동시에 심발의 기형도 다양해지는데, 파상구연과 평구연, 잘록한 구경부와 부푼 동부의 유무에 따라 5~6종류의 기형으로 분화된다. 세키야마식에서는 한쪽에 귀때를 만든 것도 등장하고 기타시라카와카소식에서는 유문과 무문의 구별이 분명해지는데, 후·만기가 되어야 확실해지는 정제와 조제에 근접한 구별이 성립되었음을 말해 준다. 간토의 형식은 바탕무늬의 종류가 많아 분명하게 구별되지 않지만 손으로 새긴 문양이 있는지 없는지로 구별할 수 있다.

모로이소b식(특히 중단계)(도16)이 되면 새로운 경향이 나타난다. 발류 외에 극히 드물지만 호도 출현한다. 구로하마식 단계에 출현하여 모로이소a·b식에 지속되는 천발은 상반부가 이상할 정도로 강하게 돌출되고, 문양대를 두 단으로 한 것(도16-5·6)이 나타난다.[57] 이렇게 극단적이진 않지만, 상반부가 강하게 좁아지는 천발도 있고, 양쪽 모두 구연단에 좁은 구멍을 몇 개 뚫은 것이 많다. 이러한 종류의 천발은 모로이소식 분포권에 널리 퍼져 있지만 한 유적에서 출토되는 수는 결코 많지 않다. 후쿠이(福井)현 도리하마(鳥浜)패총과 야마가타(山形)현 온다시(押出) 등 모로이소식 분포권 밖에 있는 유적에까지 운반되거나 주변 지역에서 만든 모방품이 들어온다. 온다시에서 출토되는 이 토기들에는 모두 옻칠이 되어 있고, 칠(漆)로 문양을 그린 것도 있다. 문양만이 아니라 형태상에서도 실용과 거리가 먼 장식요소가 강한 점이 특징이다. 이러한

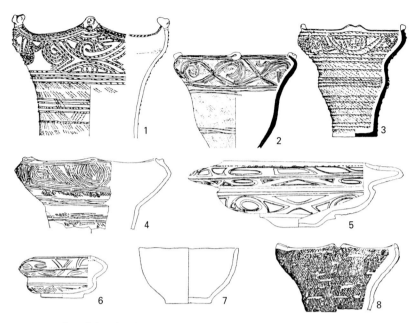

도 16 모로이소b식의 조성(축척 1/9; 주 57 문헌에서)
1: 지바현 기타마에(北前), 2: 이바라기현 우키시마카이가쿠보(浮島貝ヶ窪), 3: 가나가와현 오리모토(折本),
4·7·8: 사이타마현 도코우지우라(東光寺裏), 5·6: 나가노현 마루야마(丸山)

기종을 '파생기종'이라 부르도록 하자.

　　기종과 기형의 분화양상은 간토와 긴키지역에서 특히 활발하나 다른 지역에서는 그다지 현저하지 않다. 홋카이도와 도호쿠 북부처럼 기종분화가 전혀 일어나지 않는 지역도 있다.[58] 홋카이도의 조몬 첨저토기와 도호쿠 북부의 엔토카소식에서는 크기가 대소로 분화될 뿐 기형분화가 현저하지 않다. 센다이만 연안의 다이기(大木)식 제 형식과 주위에 분포하는 다이기계토기 분포권에서도 발과 천발이 있지만 기종으로 정착되었다고 볼 수 없다.

　　규슈의 도도로키식과 소바타식도 발과 심발로 구별되고, 소바타식에는 호에 가까운 형태도 있다. 그러나 장식이 많은 토기와 적은 토기가 분명하게 구별되지 않아, 일차적 기형분화와 구별하기 어렵다(표 5).

　　간토와 주부고지에서도 고료가다이(五領ヶ台)식 시기가 되면 파생기종은 일단 종적을 감추었다가, 중기중엽 간토지방의 가츠사카(勝坂)식, 주부고지의 아라미치(新道)식·소리(曽利)식 시기에 다시 나타난다. 적수(吊手)·유공악부(有孔鍔付)·대부발들이 이 시기의 파생기종이다. 적수토기는 아마 제의 시에 이용되는 램프일 것이다. 유공악

표5 전기 이후의 기종·기형 조성

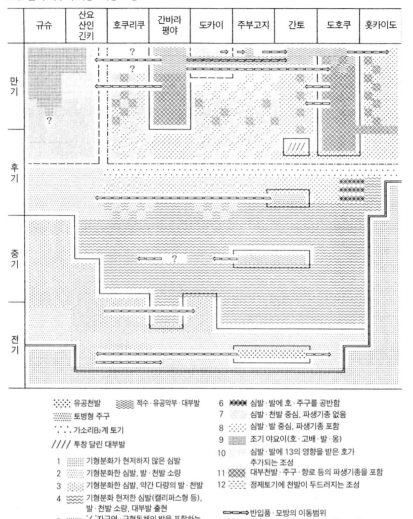

유공천발
적수·유공악부·대부발
토병형 주구
가소리B₂계 토기
//// 투창 달린 대부발

1 기형분화가 현저하지 않은 심발
2 기형분화한 심발, 발·천발 소량
3 기형분화한 심발, 약간 다량의 발·천발
4 기형분화 현저한 심발(캘리퍼스형 등), 발·천발 소량, 대부발 출현
5 '〈'자구연·구형동체의 발을 포함하는 조성

6 심발·발에 호·주구를 공반함
7 심발·천발 중심, 파생기종 없음
8 심발·발 중심, 파생기종 포함
9 조기 야요이(호·고배·발·옹)
10 심발·발에 13의 영향을 받은 호가 추가되는 조성
11 대부천발·주구·향로 등의 파생기종을 포함
12 정제토기에 천발이 두드러지는 조성

반입품·모방의 이동범위
(각각의 기호에 대응하는 계통의 요소 융합 또는 병존)

부토기는 과실주를 만드는 도구라는 의견도 있다. 구체적인 용도를 알 수 없지만, 이들 기종이 일상생활과 동떨어진 특별한 용도로 이용되었다는 점은

① 분포범위가 넓지만 출토 예가 많지 않다

② 따라서 일상생활 속에서 파손-보충을 반복하는 목적에 이용되었다고 생각할 수 없다

③ 모로이소b식 천발처럼 다른 형식의 분포권으로 반입되거나 주변 지역에서 만

든 모방품이 운반된다

는 점에서 알 수 있다. 고스기 야스시(小杉 康)는 ③에 주목하여 이 파생기종들이 '위신재'로 교환의 대상이었다고 생각하였다.[59]

중기 파생기종의 일차적 분포는 모로이소b식의 특수 천발 범위와 거의 겹친다. 이 지역—남칸토의 가츠사카식, 주부고지의 아라미치식 및 소리식 등의 형식은 부문(浮紋)과 침선을 정교하게 조합한 입체적인 문양으로 장식되어 있다. 이것에 인면 등 구상적으로 표현된 파수가 부착되어 개성적인 작품처럼 보인다. 그러나 입체적인 문양과 파수 등의 요소를 제외하고 보면, 이들 형식은 의외로 변화 정도가 약하고 틀에 박혀 있다. 즉 한 기종 내의 기형변화 폭이 작다. 이 지역의 중기중엽 토기—특히 심발은 전기후엽에서 중기초의 변화가 풍부하던 형태가 도태되어 나름대로 완성된 것이라고 할 수 있다.

토기형태(특히 심발)의 다양성이라는 관점에서 보면 오히려 서간토와 주부고지에서 멀리 떨어진 지역의 형식이 더 다양할지도 모르겠다. 다이기8b식(특히 분포권에서 벗어난 지역의 것)처럼 토기형태의 규격이 정해져 있지 않고, 동일기형 내 다양성이 많은 경우도 있다. 그러나 긴키지방 후기후반의 다이고(醍醐)3식처럼 후나모토(船元)식·사토키(里木)2식의 계통을 잇는 기형과 더불어, 새롭게 캘리퍼스형을 도입하여 심발의 모습이 한층 더 번잡해지는 예도 있다.

중기에는 파생기종이나 일상집기와 다른 용도의 토기가 등장한다. 주부고지의 이북지역에 분포하는 투창 있는 기대라든가, 도호쿠지방 남부에 분포하는 소형의 주구가 달린 캘리퍼스형 심발 등이다. 기대는 주부·간토·도호쿠 남부에서 각각 변하는데 투창이 3개 있고 받침으로 사용할 때에 보이지 않는 내측에 문양을 시문하는 특징이 공통적이다. 주구가 달린 캘리퍼스형 토기는 기형과 문양, 태토조합까지 판에 박은 듯 비슷하다. 게다가 그 분포는 센다이평야와 무라야마(村山)분지 등 전형적인 다이기8b식 분포권 밖을 넘어서지 않는다.

캘리퍼스형 심발은 혼슈의 중기 토기를 대표하는 요소이다. 각지의 캘리퍼스형 심발에는 기대와 마찬가지로 각 지역마다 변형되고 수정된 흔적이 남아 있다. 그러나 기본적 형태는 유사하다. 이 점에서 캘리퍼스형 심발은 기대와 같은 부류이고 중기 토기에 보이는 지역을 초월한 공통성을 보여 준다. 이와 반대로 주구가 달린 캘리퍼스형 토기는 매우 강한 지역성이 드러난다(파생기종은 이 두 종류와 분포가 다르다). 이처럼 중기

토기부터 지역성이 비로소 표면에 나타난다. 중기중엽의 캘리퍼스형 심발과 공반되는 문양이 각지에 퍼진 결과, 매우 넓은 지역에서 공통요소가 나타나 각 지역 형식에 공통되는 기반이 갖추어지게 되었다. 후기에 이와 동일한 역할을 담당하는 것이 전엽에는 서일본의 연대문(緣帶紋)토기, 중엽에는 동일본의 가소리(加曾利)B계토기[*4]이다. 연대문토기는 규슈에서 혼슈 서남부에 분포하고, 도카이(東海)와 호쿠리쿠(北陸)지방에까지 퍼진다. 이 토기의 특징 중 하나인 'く'자 구연의 발이 후기중엽이 되면 다른 기종에 채용되어 공통기형의 하나가 되고, 세부적으로 변하면서 만기까지 지속된다. 연대문토기의 기종과 기형은 혼슈 서남부에서 규슈까지 후·만기 토기의 원형이 되므로, 이 시기에 서일본 고유의 후·만기 토기 특징이 완성되는 여건이 형성된다.

한편 간토·주부고지 이북지역 중기의 발과 천발은 대형 또는 중형으로 수량이 많지 않다. 후기전엽이 되면 소형의 발과 천발이 많아지는데 아마 연대문토기의 기종조성 영향 때문일 것이다.

넓은 의미로 가소리B계토기에는

① 지역적 편중 없이 광범위하게 분포하는 요소

② 광범위에 분포하지만 지역적 편중이 현저한 요소

③ 본래의 분포권 밖에서는 출토되지 않는 요소

의 3종류의 요소가 있다.

아비코 쇼지(安孫子昭二)의 지적처럼 가소리B계토기가 광역적으로 분포한다는 통설은 이 3종류의 계통과 분포범위에 대한 검토가 부족했던 면이 있다.[60] 사이타마(埼玉)현 주노(寿能)의 자료(도 17)[61]를 통해 살펴보자.

〈도 17〉 가운데 1은 호쿠리쿠와 홋카이도에도 분포한다. 2는 간바라평야에서 도호쿠지방, 나아가서 홋카이도에까지 분포하며 호쿠리쿠에는 비교적 적다. 도호쿠지방에 집중적으로 분포한다는 점을 고려하면 비교적 지역적으로 편중이 적은 부류이다. 3·4는 도카이와 주부고지에서 호쿠리쿠에 걸쳐 분포하는데 도호쿠와 간바라평야에는 유례가 적다. 간토에서 서쪽과 남쪽으로 확산되고 지역적으로 편중되는 부류이다. 5는 똑같은 토기가 도쿄도 오모리패총에서 출토되고 6과 더불어 간토의 가소리B2식을 대표하는 타입이다. 그러나 이들은 도쿄만 연안과 동간토 이외의 지역에는 전혀 분포하지 않는다. 가장 지역성이 강하다. 소위 가소리B계토기의 분포권, 그리고 그 속의 개개 형식의 내용에도 분포범위와 기원이 각각 다른 요소가 여럿 포함되어 있다.[62]

이를 전후한 시기에 환상(環狀)토기와 쌍구(雙口)
토기, 투창 있는 대부발[窓付臺鉢], 저부 가까이에 구
멍을 뚫은 장동의 호, 조형(鳥形)토기 등 특이한 형태
의 토기가 출현한다. 이 '이형토기(異形土器)'들의 분
포범위와 중심이 일치하지 않지만, 간토·간바라평야
이북지역에 많다. 특히 투창 있는 대부발은 간토지방
에서 홋카이도에 걸쳐 획일적인 형태가 분포한다(도
18).[63] 전면 마연한 주구도 이와 동일한 분포를 보여
준다. 주구는 별개로 두더라도 투창 있는 대부발 중
적어도 동일본 각지에서 출토되는 예는(적어도 고고
학 입장에서 관찰할 때) 반입품도 모방품도 아니라는
점에서 전기·중기의 파생기종과는 다르다. 이 판단
이 타당하다면, 주부고지의 양상은 확실하지 않지만
홋카이도·도호쿠·간바라평야·간토 각지의 주민들
이 공통된 약속하에 이와 같은 용도가 한정된 토기
를 제작하였던 것이 된다. 같은 형태의 토기는 용도
가 같을 것이다. 그렇다면 이 지역들의 주민은 파생
기종이 등장할 기회─제의도 공유하였다고 생각할
수 있다. 어떤 일이 있을 때마다 제사를 열고 그것을
계기로 빈번하게 교류한 지역 주민이 동일한 형태의
파생기종을 만들었을 것이다.

　이형토기는 후기에 거의 자취를 감춘다. 한 가지
예외가 있는데, 투창 있는 대부발은 후기말에서 만기
에 걸쳐 향로형 토기로 변한다. 이러한 변화는 투창
있는 대부발을 만들기 시작했던 간토에서가 아니라
이차적 분포권에 해당하는 도호쿠에서 일어난다. 주
구도 흥미로운 여정을 거친다. 원래 발이던 것이 특별

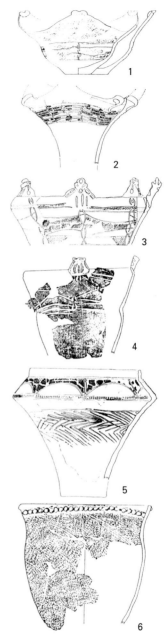

도 17 사이타마 주노의 가소리B2식토
기(축척 1/6; 주 61 문헌에서)

한 형태로 변화한 주구는 후기중엽에 호에 가까운 형태로 변한다. 여기까지의 과정은
혼슈 서남부에 이르기까지 거의 동일하고, 도호쿠지방에서는 후기후엽에 주구가 호와

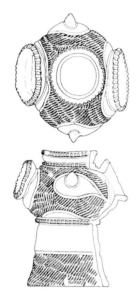

도 18 홋카이도 오소로도바의 투창 있는 대부발(축척 1/6; 주 63 문헌에서)

같은 형태를 유지한다. 그런데 간토에서는 안교2식 시기가 되면 과거로 돌아간 듯 발을 본체로 한 주구가 등장하고, 토병형(土甁形)·호형의 주구는 자취를 감춘다. 정형화된 동일본 각지의 토기가 후기중엽에는 지역마다의 개성이 강해진다. 앞서 서술한 것처럼 동일본 전체를 아우르던 가소리B계 토기도 이계통 및 다른 요소를 포함하고 있다. 후기후엽에서 만기초두에 두드러지는 지역성은 이질적인 것을 표현한 것이 아니라, 잠복해 있던 것이 모습을 드러낸 것이다. 한편 혼슈 서남부에서 규슈의 각지에서는 지역성이 강해지는 경향이 확인되지 않는다. 지역성의 강약과 파생기종으로 대표되는 기종조성의 차는 동일본과 서일본의 만기 토기의 차이와 결부되어 있다.

(4) 결론

기종과 기형에 눈을 돌려 조몬토기의 변천을 살펴보았다. 야마노우치 스가오는 조몬토기의 변천을 "구경부 문양대는 조기로 거슬러 올라가고…, 전기에 계속되며…, 단독으로 나타나다가 전기에는 아래쪽에 문양이 출현하고… 중기전반에도 단독으로… 또는 아래쪽에 별도의 문양대를 공반하며… 출현한다. (중략) 또 상하부의 문양대는 후기 및 만기에 계속 분화된다"[64]고 정리하였다. 필자가 지금까지 설명한 것도 이 틀에서 벗어나지 않고, 벗어나고 싶지도 않다.

다만 한 가지, 조몬토기가 결코 한 계통이 아니라는 점을 강조하고 싶다. 눈에 보이는 '일체성'의 유래를 좇아가면 우리는 조몬토기 형식이 교류를 유지하던 지역사회의 산물이라는 사실과 형식의 '계통'을 순차적으로 더듬어 올라간다는 야마노우치의 가설과 방법에 도달하게 된다.

5. '형식'의 척도

형식이 어떠한 의미를 가지는지 검토하고 형식에 대한 설명을 마무리 짓도록 하자. 그 전에 형식의 대별(大別)과 세별(細別)을 둘러싼 문제, 토기의 제작·사용·폐기와 형식의 관계를 살펴볼 필요가 있다.

형식은 유물(=토기)이 가진 특징의 부분집합이라고 할 수 있다. 설명하려는 목적에 따라 형식의 집합 속에 끌어들이는 요소가 다르다. 조몬토기 연구사 속에서는 토기 변천을 밝히는 것이 주목적이었다. 우리에게 익숙한 형식은 토기의 다양한 특징 가운데 연대·분포에 따라 민감하게 변하는 요소의 집합이다. 형식에 연대·계통·분포라는 속성이 있다는 스기하라 소스케(杉原莊介)의 말[65]은 조몬토기의 '형식'이 어떤 역할을 하는지 분명하게 보여 준다.

그런데 스기하라의 지적처럼 형식과 시기·분포를 따로 떼어 놓을 수 없을까? '속성'인 이상, 시기도 분포도 형식을 구성하는 요소이고 이를 제외시켜 버리면 형식은 형식이 아니게 된다. 그러나 형식을 구성하는 요소는 우리가 관찰한 몇 개의 특징과 그관계이다. 이 요소들의 집합을 시간 흐름 속에 두면 연대가, 공간범위 속에 두면 분포가 확실해진다. 연대와 분포는 형식의 시간·공간 좌표 속의 위치, 형식을 시간·공간이라는 차원에 투영시킨 모습이다. 그렇다면 반입품·전세품처럼 통상적인 분포범위와 존속시간을 초월하는 자료는 하나의 독립된 형식으로 취급해야 한다. 형식의 내용·연대·분포는 서로 깊은 관계에 있지만 각각 독립되어 있는 것이다.

그러나 현재 형식의 내용·연대·분포를 구별하지 않고 같은 명칭을 사용한다. 이 관행은 편리하지만 불합리한 면도 있다. 초창기후엽의 어느 시기를 '이구사(井草)기'로 부르면 '남간토에서 이구사식이 퍼져 있던 시기'라는 의미로 이해된다. 이 경우, 전혀 다른 형식(예를 들면 표리승문토기)이 분포하는 지역에서 이구사식이란 명칭을 사용해도 부자연스럽긴 하지만, 이치에 맞지 않는 건 아니다. 그러나 '이구사기'라는 명칭은 '남간토의 이구사식과 같은 형식이 퍼져 있던 시기'라는 의미로도 이해할 수 있다. 이 경우, 표리승문토기의 분포권에서 '이구사'라는 명칭을 사용하는 것은 부자연스러울 뿐만 아니라, 무리이고 오해의 시초가 될 것이다.

이런 혼란을 완전히 봉쇄하려면 형식의 내용·연대·분포범위를 나타내는 명칭(특히 내용과 연대)을 분리해야 한다. 지사학(地史學) 분야에서도 하나의 명칭이 여러 의미로 사용되어 혼란이 일었다. 그 결과 암상층서단위(Rock-stratigraphic Unit), 생물층서단위(Bio-stratigraphic Unit) 등 몇 개의 카테고리를 구별하고 각각 명칭을 다르게 부여하자는 의견이 제안되었다.[66] 연대와 시기를 나타내는 명칭을 긴키지방의 야요이시대처럼 서열로 치환하여 숫자로 표현하는 것이 가장 간편한 방법일지 모른다.[67] 그러나 대별형식의 범위·세별형식의 범위와 서열이 확정되지 않았는데 무리한다면, 형식명을 시기명으로 유용하는 것보다 더 큰 혼란을 초래할 것이다.

조기에서 만기까지의 구분도 원래는 몇 개의 세별형식을 모은 대별형식의 명칭이었지만, '첨저를 가진 본격적으로 오래된 토기군'·'광의의 모로이소식과 그 병행형식'이라는 정의하에서는 셀 수 없을 만큼 많은 형식이 생겨나 대별형식으로서의 의미가 거의 없어져 시기구분이 되어 버렸다. 시모후사(下總)고고학연구회가 실시한 가츠사카식의 연구성과[68]를 예로 들어 형식의 대별과 세별, 형식설정의 조건 등을 살펴보자.

넓은 의미의, 즉 대별형식으로서의 가츠사카식(이하, 가츠사카식은 대별형식이라는 의미로 사용한다)은 고료가다이식 뒤, 나카뵤(中峠)식 앞에 위치하고, 5개의 세별형식(가츠사카I~V식)으로 구분된다. 가츠사카I식에서 V식까지 각 형식 간에 차이가 있지만

① 3종류 전후의 심발, 2종류 전후의 천발, 유공악부토기 조합을 기본으로 한다

② 구경부 문양대가 발달하는 것(횡할구획문토기)(도 19-1·2)이 다수를 점하고, 구경부 문양대의 발달이 빈약한 것(종할구획문토기)(도 19-3)이 공반한다

③ 횡위와 종위의 구획은 부문으로 표현되고 나아가서 몇 개의 단위로 분할된다. 횡위의 구획은 다층화되는 경향이 두드러진다

④ 심발의 시문범위가 구연단에서 동체부로 확대되고, 천발에는 구순부와 구경부에 한정된다

⑤ 파수와 돌기가 발달하고, 문양대의 종방향 분할선은 파수와 돌기 위치에 대응한다. 고료가다이식과 아타마다이식에 많은 4단위 돌기와 파수를 피하는 경향이 두드러진다

⑥ 삼차(三叉)와 와권(渦卷) 등의 도형문양 외에 사신(蛇身)과 인면(人面) 등의 구체적인 문양이 있고, 단위문양의 종류가 매우 풍부하다

⑦ 문양 윤곽을 부문으로 표현하고 그 외연부를 따라 침선을 돌린다

⑧ 승문의 시문범위는 한정되어 문양대의 승문 바탕무늬·마소(磨消)승문 등은 매우 적다

는 점 등이 공통되므로, 가츠사카식의 특징—가츠사카I에서 가츠사카V까지의 제 형식이 하나의 계통에 속하고 연속성을 가지면서 변화하였음을 알 수 있다.[69] 이처럼 분명하게 단절되지 않고 계통적으로 변화하는 복수의 형식[70]을 모은 것이 대별형식인데, 세별형식의 공통점이 대별형식의 특징이 된다. 따라서 대별형식은 넓은 지역과 장기

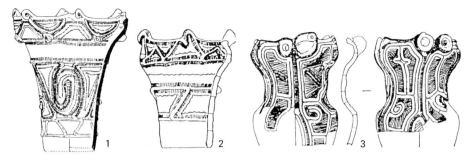

도 19 횡할구획문토기(1·2)와 종할구획문토기(3)(주 68 문헌에서)
1: 가츠사카II식, 2·3: 가츠사카III식, 1~3: 도쿄 가베야하라(神谷原)

간에 걸친 토기변천을 설명하는 데 유효한 수단이다. 오카모토 이사무(岡本 勇)의 '형식군'과 고바야시 타츠오의 '양식'이 대별형식에 해당한다.

다만 선후가 연속된다는 것만으로는 대별이든 세별이든 형식을 설정할 수 없다. 시모후사고고학연구회는 아타마다이·닌자키(新崎), 가미야마다(上山田)·기타야시키(北屋敷) 등 "인접형식과의 공통성(동시대성을 나타낸다)과 차이(형식의 분리를 나타낸다)"를 파악하여, 가츠사카I~V식이 "다소 신축성을 가지면서 거의 동일 분포권을 나타내는 것을 확인"하고, 선후관계만이 아니라 분포면에서도 가츠사카식을 분리 가능하다고 확인하였다. "병행형식과 인접형식의 분리를 과학적으로 보증하는 것이 분포"라는 사실은 형식설정에서 중요하면서도 자칫 잊어버리기 쉽다고 지적하였다.[71]

가츠사카I~V식의 세분 결과는 형식을 구성하는 요소의 변화가 반드시 일정하지 않다는 점을 보여 주는 좋은 자료이다. 돌발적이고 불연속적인 변화를 보여 주는 요소와 점이적인 변화를 나타내는 요소가 혼재되어 있다.

통형(桶形)토기라고 불리는 통형의 발은 가츠사카I식에만 공반하고, 적수토기는 가츠사카IV기 이전에 없다. 이들 기종은 불연속적으로 변화하는 요소이다. 가츠사카III기에는 종할구획문토기가 많아지고, 고료가다이식 이후부터 있던 '반타원·삼각형구획문'도 자취를 감춘다. 구경부 문양대의 축소가 이 변화의 방아쇠가 되었다. 그러나 가츠사카IV기에는 다시 구경부 문양대가 확대되고 이와 더불어 종할구획문토기도 적어지며 구경부에는 새로운 종류의 구획문이 나타난다. 이 변화도 전후 맥락이 없는 불연속적 현상이다.

한편 심발의 '굴절바닥(屈折底)'(도 20)처럼 가츠사카II기에 나타나 V기까지 지속되며 현저화되는 요소도 있다. 가츠사카식에서는 부문 외연을 침선으로 돌리는 것이

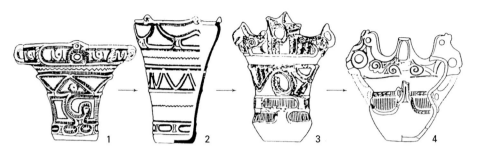

도 20 '굴절바닥'의 변천(주 68 문헌에서)
1: 가츠사카II식, 가나가와 에다(荏田)10, 2: 가츠사카III식, 도쿄 히노후키아게(日野吹上), 3: 가츠사카IV식, 도쿄 이노카시라이케(井の頭池), 4: 가츠사카V식, 도쿄 니시죠(西上)

타 형식의 바탕무늬와 비슷한 역할을 한다. 침선문의 공구와 수법은 신구 요소가 병존하다가 2~3형식 사이에 완전히 바뀌게 된다. 점이적 변화라는 점에서 굴절바닥과 유사하지만, 한 요소의 모습이 변화한 것이 아니라 다른 요소로 치환되는 형태이므로 구별해야 한다. 침선문 사이에 있거나 침선문과 겹치는 부문도 단면이 삼각형인 것에서 반원형으로 변해 간다.[72]

　가츠사카II기의 구경부 문양대 변화에 주목하면 가츠사카식을 고·중·신단계로 구분할 수 있다. 침선문 변화로도 삼분할 수 있다. 적수토기의 유무로 보면 가츠사카 I~III식, IV~V식을 각각 하나로 묶어 이분할 수 있다. 앞서 설명한 파생기종의 유무로 보면 적수토기와 공반하는 가츠사카식, 공반하지 않는 가츠사카식으로 구분할 수 있다. 그러나 이 구분은 가츠사카I~V식의 변천 중에 일어난 사건이라는 의미, 즉 가츠사카식의 계통적 변천을 설명하는 가츠사카I~V식의 구분과는 다른 별도의 사항을 설명하는 데 목적이 있다. 어떠한 설명을 도출할 것인가라는 목적에 따라 유물의 분류기준은 끊임없이 변한다. 따라서 일반적인 의미의 형식이 난립하는 것도 당연하고, 목적이 다른 형식을 새삼 정리할 필요도 없다.

　하나의 세별형식 범위를 정했다 하더라도 그 범위 안에서 신구·지역에 따른 구별이 분명해지거나 구별할 필요가 생긴다. 세별의 세별이다. 토기의 변천과정 또는 지역적 집합을 세세하게 파악하려면 세별을 제한 없이 계속하게 된다. 그러나 "언제까지 편년을 계속하는가라고 물으면, 고고학이 계속되는 한이라고 대답할 것이다"라는 사하라 마코토의 말처럼, 그것에서 새로운 설명이 생기는 한 세별을 중단할 필요가 없다.

　다만 대별과 세별의 구분은 설명의 척도와 범위가 변해도 시간·공간 내 토기의 동향을 설명하는 수단임에 변함없다. 그러므로 대별(부모)·세별(자식)·세세별(손자)의 구별을 의식하고, 다루는 구분이 어디에 해당하는지 설명할 필요가 있다. 손자형식에 해당하는 구분을 일반적으로 '단계'라고 부른다. 자식형식인 '형식'과 손자형식인 '단계'의 구별을 분명하게 구분하지 않는 경우도 있다.

현재는 자식형식의 명칭으로 토기 특징의 집합, 특징을 공유하는 토기의 시간적 위치, 공간 속의 분포를 동시에 보여 주고 있다. '단계'라는 용어를 이처럼 사용할 수 있을까? '단계'에는 토기 특징의 집합, 그 특징을 공유하는 토기의 공간적 확산이라는 의미가 거의 없고 시간의 구분단위라는 측면만 있다. 자식형식을 형식, 손자형식을 단계로 부르는 것은 일관적이지 못하다. 형식의 세분은 시간만이 아니라 분포범위도 세분하는 결과가 되어야 한다. 구체적인 안은 없지만 현재의 '형식'에 해당하는 토기 특징의 집합·집합의 시간적 위치·공간 속의 확산을 나타내는 용어로 적당하게 구별할 필요가 있다. 그렇지 않으면 다른 사람도 이 구별을 이해할 수 있도록 기술 방식을 궁리해 내야 할 것이다.

6. 제작·사용·폐기와 형식

형식을 설정하는 근거가 되는 특징은 문자 그대로 토기가 완성되기까지 계속 새겨진다. 형식이라는 것은 제작의 형식이라고 할 수 있다. 우리는 생산물로서의 토기 집합을 가정하고 그것에서 관찰되는 공통 특징을 찾는다. 그러나 토기는 용도를 다하고, 폐기(매납)과정을 거쳐 우리 손에 들어온다. 우리는 폐기 및 매납·사용이라는 두 장의 필터를 통해 토기가 제작되었을 때의 모습을 파악하고 있는 것이다.

생산물로서의 집합과 생산물이 분배·유통되는 과정을 거쳐 도구·재화로서의 기능을 수행하던 때의 집합이 일치하는 것은 아니다. 일반 판매장과 중고차 판매장에는 한정되어 있더라도 몇 개의 메이커, 같은 메이커라도 여러 연식의 자동차가 혼재되어 있다. 메이커 공장과 집하장에는 그 메이커의 가장 새로운 연식만 있다. 일반 판매장·중고차 판매장과 메이커 집하장의 자동차 형식을 집계해 보면, 두 데이터는 전혀 다른 집합을 보여 준다. 하나는 유통과 분배를 통해 도구·재화로서 기능을 수행하는 집합, 다른 하나는 그 이전의 생산물로서의 집합이다. 사물의 이동과 변화를 설명하는 수단으로 순서배열(Seriation)*5 그래프를 이용하는 경우가 있다. 여기에서 읽어 낼 수 있는 것은 도구·재화의 이동과 변화이지 생산물의 변천이 아니다. 이 점을 간과하면 점이적인 변화야말로 사물이 변천하는 자연적 모습일 것이라는 착각에 빠져 버린다.

생산·유통·소비의 과정이 각각 독립된 기구로서 조직되어 있다는 점이 유통·분배된 도구와 재화로서의 자동차 집합과 생산물로서의 자동차 집합을 분리하는 기준이된다. 우리는 조몬토기를 생산물로서의 집합과 유통·분배된 도구·재화로서의 집합으로 구별하지 않는다. '형식'은 생산물의 집합을 나타내는 개념이지만 특정 연대와 지역에 이용되던 토기의 특징이 늘 이 범위 안에서만 존재하는 것이 아니다.[73] 반입토기와 이계통(異系統)토기가 다른 '형식'임을 부정할 사람은 없다. 현재 반입토기와 이계통토기를 포함하는 토기 집합, 즉 유통·분배된 집기, 재화로서의 토기 집합을 가리키는 개념이 확립되어 있지 않다. 당분간은 '토기 조성(ceramic inventory)' 또는 '조성'이라 부르기로 한다.

우리가 형식과 토기 조성을 구별해야 한다고 의식하지 않는 것은 무의식적으로생산·유통·소비의 과정이 분리되어 있지 않다고 가정하기 때문이다. 확실히 조몬토기가 생산과 소비의 과정, 유통·분배의 과정으로 나누어져 있다고 보기에는 무리가있다. 그러나 이에 대한 적극적인 근거가 있는 것도 아니다.

태토분석 등의 결과에 의하면 조몬토기 제작자와 사용자가 일치한다. 그렇다고 해서 소비과정에까지 다른 생산단위에서 공급된 제품이 유입되지 않을 것이라고 단정하는 것은 반입토기와 이계통토기의 존재를 고려할 때 무리일 것이다. 경우에 따라 토기만이 아니라 사람이 개입되어 있을 가능성도 있다. 시가(滋賀)현 시가사토(滋賀里)의이계통토기 가운데, 호쿠리쿠계의 토기는 호쿠리쿠지방 연안부에서 반입된 것이고, 가메가오카계토기는 현지 주변에서 제작된 것으로 판단된다.[74] 시가사토유적의 주민이가메가오카식토기를 모방하였을 가능성도 있지만, 호쿠리쿠계토기를 들여온 사람들과 그 이외의 사람들이 떠돌이 장인과 같은 역할을 담당했을 가능성도 부정할 수 없다. 이계통토기의 이면에는 재화로서의 토기의 이동뿐만 아니라 사람의 이동도 따랐을 가능성이 있다.

가메가오카식토기처럼 파생기종이 정착한 경우는 파생기종(정제토기)의 기종조성을 통해 세별시기를 확실하게 판정할 수 있다.[75] 기종조성은 토기 조성을 복원하는 실마리가 되기도 한다. 간토와 도호쿠에서는 '일상용 그릇'(조제토기)과 '제의용 그릇'(정제토기)[76]의 비율이 7 : 3에서 6 : 4 정도이고, 혼슈 서남부와 규슈에서는 조제토기의 비

율이 1할 정도 더 높다.[77] 동일본과 서일본 모두 조몬 종말기에는 조제토기의 비율이 높아지는데 그 폭도 1할 전후이다. 그런데 일부 눈에 띄는 예가 있다. 아모모리현 도만쟈(ドウマンチャ)와 이와테현 마가타(曲田)I유적의 주거지 매몰토에서 출토된 토기군은 모두 정제토기가 조제토기보다 많다.[78] 효고현 구치사카이(口酒井)유적에도 정제토기(천발)의 비율이 높아지는 층위가 있다.[79]

도만쟈유적은 면적 약 25m², 두께 15~20cm 전후의 패층으로 거의 전체가 발굴되었다. 후기후엽과 만기중후엽의 토기가 극히 소량 혼재하지만, 오보라BC기 단순 유적으로 봐도 좋고, 토기를 모두 수거했다고 봐도 좋다. 정제토기 365개체·조제토기 247개체로 정제와 조제의 비율은 약 3 : 2이다. 마가타I 가운데 EIII-011주거에 투기된 토기군[80]도 정제와 조제의 비율이 약 3.5 : 1이다. 여기에서도 후기말에서 만기초두의 토기편이 극히 소량 혼재되어 있지만, 완형 토기에는 후기초두의 호 1점을 제외하면, 오보라BC기 후반 이외의 것은 없다.

도만쟈·마가타I의 자료는 모두 장기간에 걸쳐 누적된 것이 아니라, 단기간에 대량의 토기가 사용되어 한꺼번에 처분된 것으로 추정된다. 도만쟈의 퇴적 기간은 길게 보아도 한 시즌의 어로시기(2~3개월)를 넘지 않을 것이다. 조제토기의 주류를 점하는 심발은 물고기를 처리하는 데 사용되었을 가능성이 높다. 마가타I의 토기군은 한 번의 제의에 사용된 토기를 한꺼번에 처리한 것이다.

앞에서 동일본과 서일본에서 후·만기 토기의 정제·조제 비율이 거의 일정하다고 설명하였다. 이 비율과 도만쟈·마가타I처럼 편중된 조성의 관계를 어떻게 이해해야 할까? 후지무라 하루오(藤村東男)는 구연부 파편을 기초로 산출한 '누적조성비율'이 파손 및 보충된 개체를 포함하므로 빈번하게 파손되어 보충되는 심발 비율이 실제보다 높아진다고 하였다. 후지무라의 의견은 심발의 '사용 시 조성비율'을 1/3~1/4 정도 낮게 봐야 한다는 것이다.[81] 자비용 토기는 식기나 제기보다도 소모율이 높다는 사하라 마코토의 지적도 같은 취지이다.[82]

마가타I·도만쟈의 자료는 모두 장기간에 집적된 결과가 아닌 것 같다. 앞서 설명한 조제토기가 정제토기를 상회하는 조성은 후지무라의 '누적조성비율'에 해당하고, 여기에는 10을 단위로 헤아릴 만큼 폐기된 토기군(투기단위)이 포함되어 있다. 누적조성비율에서 조제가 정제를 상회하는 것은 조제를 주류로 하는 폐기(조제우점형)가 정제를 주류로 하는 것(정제우점형)과 정제와 조제의 비율이 거의 같은 것(평형형)보다도 빈번하게 일어났기 때문이다. 조제우점형은 일상생활 속에서, 정제우점형은 비일상적 활동의 장에서 생겨난다고 할 수 있다. 그렇다면 정제토기를 제의용 그릇, 조제토기를 일상용 그릇으로 보는 견해도 어느 정도 뒷받침된다.

생산물로서의 토기 집합을 파악할 수 있을까? 1회 생산량을 파악하는 일이 무리라고 해도 파손될 때마다 보급했는지, 어느 정도 소모되고 나면 한꺼번에 생산했는지 추측할 수는 없을까? 고바야시 타츠오는 토기의 '폐기패턴'을 실마리로 하나의 견해를 제시하였다. 고바야시는 우선 토기 폐기를 "조몬인의 의지에 따른 행동의 하나이다"라고 하였다. 그리고 "파손되어 사용할 수 없게 된" 토기가 "주거지 구덩이와 다른 특정 장소에 집중되어 출토"되거나(패턴C₁·D), 파손된 토기를 보수하여 계속 사용하는 한편, "거의 상처가 없는 토기가 (중략) 대량으로 일괄 폐기되는 것도 적지 않다"[후키아게(吹上)패턴·헤이와다이(平和台)패턴]는 점에 주목하였다. 고바야시는 폐기가 의도적인 행동인 이상, "토기의 일괄폐기 이면에는 토기를 대량으로 제작할 때도 있다"는 것을 의미하므로, 완형품의 폐기와 토기 제작이 주기적으로 이루어졌다고 해석하였다.[83]

마가타I도 고바야시가 말하는 '일괄폐기'의 한 예이다. 고바야시는 잘 사용되던 토기를 폐기하는 이유를 아메리카인디언과 아이누의 습속을 통해 추측하였지만 결정적인 해석을 자제하였다. 정제우점형의 폐기단위가 비일상적인 활동에서 생겨난 것이라면, 제의에 사용된 토기처리가 일괄폐기의 한 원인임에 틀림없다.

토기 폐기와 생산이 주기적으로 이루어졌다면 그 주기는 어느 정도였을까? 고바야시는 "토기 제작과 폐기 등이 매년 이루어졌는지 어떤지 아직 알 수 없"지만 폐기와 생산 계절은 "초봄까지"라고 추정하였다. 오카무라 미치오(岡村道雄)의 이야기에 의하면 미야기(宮城)현 사토하마(里浜)에서 2~5m³의 '대규모 라미나'[*6]와 1m³ 이하의 '소규모 라미나'가 관찰되는데, 대규모 라미나의 체적당 유물 양은 소규모 라미나보다 많다고 한다.[84] 고바야시의 추정을 뒷받침하듯이 대규모 라미나의 패각성장선은 봄에 집중한다고 한다. 오카무라는 이를 "조몬인의 봄맞이 대청소"라고 하였다. 이를 기회로 하여 신구 토기를 교환하였다고 추정할 수 있다. 단, 토기 제작 계절은 별개의 문제이다.

토기 제작은 고바야시의 지적처럼 주기적이고 계획적인 작업이다. 조몬인이 매년 토기를 제작하였다고 해도 토기를 만들지 않는 계절, 만들기에 곤란한 계절이 있다. 겨울의 홋카이도·도호쿠 북부, 장마기의 도호쿠 남부 이남지역에서의 토기 제작은 정상적이라고 할 수 없다. 고토 카즈히토(後藤和民)는 물방울이 서리는 것이 토기 제작의 가장 큰 적이라고 하였다.[85] 나카무라 히로시(中村 浩)는 기상조건과 농촌 작업주기를 바탕으로 오사카(大阪)부 스에무라(陶邑)의 스에키(須恵器)는 10월에서 12월에 소성되었다고 추정하였다.[86] 외국의 예를 들면 앨런(Kathreen M. Allen)·쥬브로(Ezra B. Zubrow)는 북아메리카 동북부에서는 기상조건과 생업 사이클을 고려하여 중형토기를 만들 때는 6~8월(특히 7월), 대형토기를 만들 때는 12월이 최적기라고 하였다.[87] 토기 제작은 동결 걱정이 없고, 적당한 속도로 건조되어야 하는 계절의 작업이었다.

토기 제작이 계절을 선택하여 이루어지는 주기적인 작업이라는 것은 토기변화의 진행방식과도 관련된다. 고바야시는 "여담이지만"이라는 부기를 달아, "조몬토기가 현기증이 날 정도로 형식변화를 하는 것은 (중략) 오래된 토기를 전세하지 않고 일괄로 폐기하여 새롭게 제작된 토기로 대신"[88]하였기 때문이라고 추측하였다. 조몬토기가 다양하게 변화하는 원인은 고바야시의 생각처럼 조몬인에게 오래된 토기 처분과 새로운 토기 도입이 늘 결부되어 있기 때문일 것이다.

토기를 대량으로 폐기하는가 어떤가에 따라 토기의 변화속도는 달라진다. 폐가가 된 주거, 토갱, 쓰레기장 등 일정한 양의 토기를 처분한 장소에서 출토되는 토기에는 몇 종류가 포함되어 있다. 용도 및 기능이 다른 토기를 한꺼번에 처리한 것이다. 마가타I에서는 조제의 심발·호·발의 비율이 거의 4 : 2 : 1이고, 정제토기도 발·심발, 대부발, 호·천발이 동일한 비율이다. 조제의 발이 6개체분, 정제의 천발이 12개체 출토되므로, 6조의 조리용구와 12조의 식기를 한 번에 처리하였다고 해석할 수 있다.

6조의 조리용구와 12조의 식기 세트를 한 번에 처리하면, 한 세대가 사용할 토기가 없어진다. 몇 세대가 토기를 보유했다 하더라도 사정은 바뀌지 않는다. 고바야시의 지적처럼 한 번에 보충할 필요가 생긴다. 이때 새로운 장식과 형태를 도입하더라도 나름의 균형 잡힌 세트가 생겨나게 된다. 오래된 장식과 형태의 세트 중에서 파손된 것만 새로운 장식과 형태의 토기로 보충하면, 보충한 토기만 눈에 띄어 세트의 균형이 깨어진다. 세트의 일부를 보충하는 경우에는 보충하는 토기의 장식과 형태에 새로운 요소를 억제하여 다른 토기와 균형을 유지할 것이다. 여기서 세트라는 것은 토기 조성의 생생한 모습인 것이다. 토기 폐기와 생산이 어떤 형태로 이루어지는가에 따라 토기 조성, 나아가서는 형식의 모습도 달라진다.

후반기의 다승문토기 이후, 토기 생산은 일괄폐기=일괄보충을 전제로 한다. '점이적인 형식론적 변천'이 형식의 일부 요소에 확인되더라도 형식 전체의 모습이 되진 않는다. 따라서 "토기군은 일시에가 아니라 조금씩 (중략), 폐기되고", "최저한으로 필요한 개체 수를 충족할 수 없게 된 시점에서 새롭게 제작되며, 종래 사용되어 왔던 토기에 부가되면서 사용된"다는 오이 하루오(大井晴男)의 주장은 조몬 '토기의 형식론적 변천의 실태와 괴리'[89]되어 있다.

다만 일괄폐기=일괄보충이 이루어진다고 반드시 토기가 빠른 템포로 변하는 것 같지도 않다. 후지무라 하루오는 소모율이 높은 심발에 형식변화가 적고, 소모율이 낮은 호와 주구 등의 변화속도가 빠르다고 지적하였다.[90] 앞서 인용한 앨런과 쥬브로의 지적을 참고하면 대형 자비용 토기와 소형 식기 및 제기의 제작 계절이 다를 가능성이 있으므로 생산=보충의 사이클도 달랐을지 모른다. 도리하마·주노·오쇼로도바(忍路土場)와 같은 저습성 유적의 자비용 토기에는 구연단에서 동체부 중위까지 탄화물이 넘쳐흘러 붙어 있어, 문양을 시문한 것이라도 장식으로서의 효과를 전혀 기대할 수 없다. 이러한 사정도 형식변화의 규모, 속도와 관계있을 것이다.

앞에서 '점이적인 형식론적 변천'을 주장하는 오이 하루오의 의견을 예로 들었다. 오이는 이 주장의 근거로 홋카이도 가부카이(香深井)에서 출토된 평행선을 시문한 토기 중에 각각 도와다(十和田)식·에노우라(江ノ浦)B식의 지표가 되는 원형자돌문과 각문(刻紋)이 혼재되어 있다는 점을 들었다. 오이는 그 해석이 조몬토기에 맞아떨어진다고 하였다.[91]

오이가 언급한 '문양요소'는 관(管)과 예세[簒] 등 공구로 새긴 자돌과 각목이다. 앞서 소개한 가츠사카식의 다양한 요소 가운데 침문(沈紋)에 해당하고, 이나다 타카시가 말하는 시문구 형태 문양, 즉 더 이상 분해할 수 없는 성질의 것이다. 이것을 쿼크(quark)요소로 부르도록 하자. 가츠사카I~V식에는 몇 개의 쿼크요소가 병존하고 2~3형식 사이에 차례로 치환되어 간다고 하였다. 가츠사카식의 특징적 요소 일부는 오이의 기대에 부응하는 변화를 보인다. 그러나 이는 가츠사카식·가츠사카I~V식에서 모두 볼 수 있는 특징이 아니다.

시문구 형태 문양을 쿼크에 비유한다면, 구경부 문양과 기종은 고분자 또는 그 이상의 복잡한 것에 비유할 수 있다. 이들을 고분자요소라 부르도록 하자. 고분자요소가 쿼크요소에 비해 훨씬 짧은 시간에, 훨씬 큰 규모로 변화한다고도 지적하였다. 오이는 장식모티브와 문양대 구성 등의 고분자요소에 대해서는 아무런 설명도 하지 않고, 가부카이의 보고서에도 시문구와 시문수법에 대한 설명과 고찰이 한 줄도 없다. 조몬토기가 오이의 도식대로 변화한다는 주장에는 전혀 근거가 없다.

　　세트, 즉 생생한 토기 조성의 일부만을 보충하는 경우 보충할 토기의 새로운 요소가 억제되고, 세트 전체를 갱신하는 경우에는 새로운 요소가 전면에 나올 가능성이 있다고 하였다. 두 경우에는 각각 다른 방향에서의 균형이 필요하다. 한 토기 내의 요소도 균형이라는 입장에서 취사선택되기 때문이다. 그렇다면 조몬토기가 이렇듯 빈번하게 계속 변화함에도 불구하고, 어느 형식인지 모를 토기는 소수인 반면 대다수는 토기형식을 판정할 수 있는 이유를 이해할 수 있을 것이다.

7. 형식의 의미

　　스기하라 소스케의 『原史學序論』은 형식해석론 속에서 아직 평가받는다. 그러나 "『原史學序論』을 구성하는 형식론은 (중략) 그 이념 속에서만 의미가 있고, 현재 우리가 당면한 문제를 풀기 위한 무기가 될 수 없다"는 오카모토 이사무의 평가는 타당하다.[92]

　　계속해서 오카모토는 "한 개의 토기가 존재하는 동안에는 그것을 제작하고 사용한 인간이 있음은 말할 것도 없"지만, "토기형식은 (중략) 연구자의 경험적 인식에 의해 설정된 것이고, 소위 상대적인 인식의 산물"이다. 게다가 "연대상 단위라는 관점에서 인식된 것이"므로, "토기형식에서 직접 '인간 집단'을 추론하는 것은 잘못이"지만 "형식이 '무엇인가'를 반영한다는 것은 의문의 여지가 없으며, 더구나 그것은 객관적으로 실재한 '무언가'이다"라고 지적하였다. 오카모토의 지적이 있은 지 거의 반세기가 지난 지금, 다시금 '형식의 의미'를 둘러싼 견해들이 활발하게 나오고 있으며, 심리학·정보공학 연구자에게 '형식'의 의미를 설명하려는 노력까지 기울이고 있다.[93] 오카모토가 문제시한 '무언가'를 모색하는 움직임은 아직 계속되고 있다.

　　오이 하루오는 같은 취지의 형식해석론을 재삼 반복하였다.[94] 오이는 "우리는 그들이 남긴 모든 유적을 통해 어떤 인간 및 인간집단을 확정하는 것, 즉 필자가 말하는 '형식'을 인정할 수 있음에 틀림없다"고 하였는데 이 문장에서 '모든 유적'을 '토기형식'으로 치환시키면, 스기하라 소스케의 '토기형식=한정자'와 같은 내용이 된다. 그리고 '모든 유적'을 '형식'으로 재조합하는 수단과 이에 필요한 각 개념은 "동일 생활권 안에 있는 동종의 다른 유적 (중략) 의 조사결과와 비교·검토"[95]하는 것 외에 아무것도 설명해 주지 않는다. 오이의 주장이 실현되면, 형식해석론은 오카모토의 지적 이전의 수준으로 되돌아간다.

호리코시 마사유키(堀越正行)는 토기형식의 '존립기반'이 지연(地緣)의 원리를 바탕으로 '자율의지'로 통합된 단위집단이 결합한 모습이라고 주장하였다.[96] 호리코시는 '생업경제'·'교환경제'·'정신'·'사회'의 영역에서 '행동양식'과 토기형식의 관계를 검토하고, '생업경제'·'교환경제'의 영역에서는 토기형식과 인간의 '행동양식'이 결부되어 있지 않고, '정신'과 '사회'의 영역, 특히 '사회적 행동양식'은 '형식'과 강하게 관련된다고 판단하였다.

호리코시만이 아니라, 토기형식에서 인간의 행동과 관계를 파악하려는 것이 최근의 형식해석론에 나타나는 공통적 방향이다. 우리가 취급하는 자료에도 우리 자신의 파악 능력에도 고유의 특성과 한계가 있다. 우리는 이러한 자료에서 읽어 낼 수 있는 무언가를 아직 모색하고 있다. 호리코시의 의견에는 몇 가지 점에서 찬성할 수 없지만, 토기형식에서 읽어 낼 수 있는 무언가를 확인하려는 방침은 무조건 타당하다. 자료의 범위를 '모든 유적·유구·유물'로 확대하기만 하면, '모든 인간·인간집단'으로서의 '형식'을 파악할 수 있다는 오이의 주장은 양의 확대가 필연적으로 질의 충실이라는 결과를 가져온다는 환상에 지나지 않는다.

다니구치 야스히로(谷口康浩)는 혼인 후의 거주규칙, 나아가 친족조직을 파악하려 하였다. 다니구치는 양식의 분포권, 형식의 지역상, 유적군 등 상하관계에 있는 몇몇 카테고리의 '토기양식의 분절체계'가 '부족사회의 분절체계'와 매우 닮았다고 지적하고, "토기양식의 배후에 분절적 부족사회가 존재한다고 상정"하였다. 다니구치는 토기의 지역성이라는 사회의 지연적 측면에서 생겨나는 현상을 고바야시 타츠오의 '이야기성의 문양'이라는 가설에 따라 '혈연집단' 속에 투영시켜 "외혼제(外婚制)와 부처거주(父處居住) 규칙이 형식과 그 현상을 구현한 사회배경이 된다"는 결론을 내렸다.[97]

다니구치의 사회인류학 용어와 데이터 조작에 문제도 있다. 즉 '부(처)방거주[夫(妻)方居住)]' 쪽이 실상을 반영하고, '부(모)처거주'가 이미 폐기된 용어라는 점은 친족조직 교과서에도 나와 있다.[98] 다니구치의 해설을 읽으며, 모든 '부방거주제'의 부족사회에서는 데릴사위가 없고 '처방거주제' 사회에서는 시집이 없다는 인상을 받는다. 그러나 내혼과 외혼의 구별, 거주규칙, 계보의 계승 시스템은 실제로 훨씬 더 유연하게 운영되는 것 같다.[99]

'집단 표상으로서의 토기형식'의 내용은 설명되지 않은 채 끝난다. 개개 토기에 나타나는 특징이 '형식'으로 정리되고, '집단표상'이 되는 이유는 토기 제작에 필요한 지식과 기술의 재현 및 전승에 집단이 관여하기 때문이라고 한다면 너무 소박한 생각일까? "제1세대(어머니)에게서 토기 제작의 지식과 기술을 획득한 제2세대의 여성(딸)은 드디어 혼인과 함께 (중략) 부방(夫方)으로 옮기고 그곳에서 토기 제작 솜씨를 발휘하며, 또 제3세대(손녀딸)에게 그 기술을 전수한다"[100]는 설명에서는 집단의 존재를 인지할 수 없다. 다니구치의 설명에 따르면 '집단표상으로서의 형식'이란 개인적인 지식과 기술 격차의 평균치가 된다. 양머리(집단)를 내걸고 개고기(개인)를 판다는 점이 다니구치 논문의 최대 난점이다. 그렇다고 해도 다니구치의 논리 구성과 관련분야의 성과를 이용하는 점 등은 지금까지의 형식해석론 중에서도 출중하다는 것을 인정해야 한다.

다니구치의 논문에는 논문의 성격상 당연하지만, 자료분석 수단과 기술 방법에 대한 새로운 내용이 보이지 않는다. 다나카 요시유키(田中良之)·마츠나가 유키오(松永幸男), 하부 준코(羽生淳子), 나카지마 쇼이치(中島庄一), 마츠나가 유키오의 논문에 이 방면에서 주목할 만한 내용이 있다.[101] 나카지마는 '전통적'인 문양분석 수법으로 '문양유형'·'문양군'이라는 새로운 개념을 도입하여 간토와 도호쿠지방 중부의 중기후엽~후기전엽 토기의 지역성과 교섭을 설명하였다.

하부는 간토와 주부지방의 모로이소식, 다나카와 마츠나가는 각각 혼슈 서남부와 규슈의 연대문토기, 이부스키(指宿)식을 대상으로 하였다. 그러나 속성분석을 토대로 하는 점, 기술 수단으로서 순서배열법을 활용하는 점은 동일하다. 모두 종래 조몬토기 연구에서는 익숙하지 않은 일이다. 이 방법들을 가장 잘 이해하는 사람이 이들 세 명일 것이다. 언젠가 적절한 업적평가와 비판이 이루어지기를 기대한다.

주

1   山內淸男,『日本遠古之文化』, p. 2(先史考古学会, 1939).

2   大井晴男,「型式学的方法への試論」, p. 173(『考古学雑誌』55-3: 163-184, 1970).

3   鈴木公雄,「型式・様式」, p. 161(鈴木公雄・林 謙作編,『縄文土器大成』4: 159-164, 講談社, 1981).

4   山內淸男,「繩紋土器型式の細別と大別」, p. 29(『先史考古学』1-1: 29-32, 1937).

5   大井晴男,「型式学的方法への試論」, p. 170.

6   鈴木公雄,「型式・様式」, p. 162.

7   戸田哲也,「縄文土器の型式学的研究と編年(前編)」, p. 160(神奈川考古同人会編,『神奈川考古同人会10周年記念論集』159-186, 1986).

8   여기에서는 '기종'은 토기 형(形)을 대별한 것을 말하고, 하나의 기종을 세별한 단위를 '기형'이라고 부른다. "기종이란 토기를 만든 사람들이 용도 그 외의 이유를 의식해서 만든 종류를 말하고, 기형이란 현재 사람들이 봤을 때에 알아차리는 형태의 구별을 말한다"고 보는 입장도 있다. 사하라 마코토(佐原 眞)는 '기형은' 두 가지 의미가 중복되므로 기종으로 통일해야 한다는 입장에 있는데, 기종을 세별한 단위에 대해서는 별로 명명하고 있지 않다.

    今村啓爾,「文様の割りつけと文様帯」, p. 149(加藤晋平・小林達雄・藤本 強編,『縄文文化の研究』5: 124-150, 雄山閣出版, 1983).

    佐原 眞,「総論」, p. 10(金関 恕・佐原 眞編,『弥生文化の研究』3: 5-10, 雄山閣出版, 1986).

9   鈴木公雄,「土器型式の認定方法としてのセットの意義」(『考古学手帖』21: 1-3, 1964).

10   小林行雄,「弥生式土器集成図録正編解説」, p. 10(森元六爾・小林行雄編,『東京考古学会学報』1: 1-119, 1938).

11   安孫子昭二,「縄文土器の編年と型式」, p. 178(大塚初重・戸沢充則・佐原 眞編,『日本考古学を学ぶ』1: 170-188, 有斐閣, 1978).

12   芹沢長介,『石器時代の日本』, p. 205, 築地書館, 1960.

13   -group, -system 등의 용법도 있지만, 여기에서는 구별하지 않는다. '다요소배열(多要素配列)' 등으로 번역하는 경우도 있는데, 이는 오역이다.

    Sokal, Robert R., Sneath, Peter H. A., *Principles of Numerical Taxonomy*. pp. 13-15, 1963, W. H. Freeman.

14   Clarke, David L., *Analytical Archaeology*. p. 41, 1968, Methuen.

15   山內淸男,「所謂亀ヶ岡式土器の分布と縄紋式土器の終末」, p. 115(『考古学』1: 139-157,『論文集・旧』* 113-128,『山內淸男集』67-85).

16   山內淸男,「関東北に於ける繊維土器」, p. 61(『史前学雑誌』1-2, pp. 117-146, 1929,『論文集・旧』* 49-84).

17   鈴木公雄,「型式・様式」, p. 162.

18   戸田哲也,「縄文土器の型式学的研究と編年(前編)」, pp. 160-161.

19   山內淸男,「関東北に於ける繊維土器」, pp. 67-68.

20   山內淸男,『日本先史土器の縄紋』, p. 3.

21   今村啓爾,「文様の割りつけと文様帯」, pp. 124-150.

22   야마노우치의 문양대 계통론에 대한 개설은 주 20, 23, 24 문헌에 설명되어 있고, 그 외에 山內淸男,『日本先史土器図譜』(1939~1941, 先史考古学会,『論文集・旧』6~10으로 합책 복각)와 상기 문헌의 도판해설에 구체적으로 설명되어 있다.

23 山内清男,「繩紋式土器·総論」, p. 157.

24 山内清男,「繩紋土器の技法」, p. 279(後藤茂樹編,『世界陶磁全集』1: 278-282, 河出書房, 1958,『論文集·旧』 225-232,『山内清男集』155-159).

25 鈴木徳雄,「諸磯a式土器研究史(1)-型式論的研究の基本的問題を探る」, p. 73, 75(『土曜考古』13: 57-84, 1989).

26 松村瞭,「琉球荻堂貝塚」, pp. 54-59, 61-62, 65(『東京帝国大学人類学教室研究報告』3, 1920, 1983年復刻, 第一書房).

27 浜田耕作,「河内国府石器時代遺跡発掘報告」, pp. 39-40(『京都帝国大学文学部考古学研究報告』2: 1-48, 1918, 1976復刻, * 臨川書店).

28 谷井彪,「繩文土器の単位とその意味(上)」, p. 111(『古代文化』31-2: 109-121, 1979).

29 스즈키 토시아키(鈴木敏昭)는 문양대 계통론을 통한 형식학적 조작과정에서 "문양 모티브와 그 시문부위만 판명되면", "완형품이든 파편이든 이론적으로 등가치"로 파악할 수 있다고 지적하였다. 또 이마무라 케이지는 모든 문양대가 갖추어져 있는 것을 기본으로 보고, 일부 문양대가 결여되어 있는 것을 변이로 취급할 수 있다고 하였다. 모두 문양대 계통론의 특질을 보여 준다.

    鈴木敏昭,「繩文土器の施文構造に関する一考察-加曾利E式土器を媒介として(序)」, pp. 212-213(『信濃』 35: 205-224, 1983).

    今村啓爾,「文様の割りつけと文様帯」, p. 129.

30 山内清男,「繩紋式土器·総論」, p. 157(『日本原始美術I』: 148-158, 講談社, 1964).

31 鈴木公雄,「土器型式の認定方法としてのセットの意義」, p. 3.

32 佐藤達夫,「学史上における山内清男の業績」, p. 7(『山内清男集』1-11).

33 본문에서 지적한 것처럼, 스즈키가 문제 삼고 있는 것은 1960년대의 학문적 상식인 형식구분(型式區分)인데, 야마노우치의 논리 자체에 대해서는 언급하지 않았다.

34 中谷治宇二郎,『日本石器時代提要』, pp. 60-64, 199-209.
    이 발상은 고바야시 유키오·고바야시 타츠오 두 사람의 '양식' 구성과도 공통된다.

35 Hill, J. N., Evans, R. K., A Model for Classification and Typology. p. 237, Clarke (ed.), *Models in Archaeology*. 231-273, Methuen, 1972.

36 D. M. ラウプ·S. M. スタンレー著, 花井哲郎·小西健二·遠見格·鎮西清隆譯,『古生物学の基礎』, pp. 104, 131, どうぶつ社, 1985.

37 Dunnell, Robert, Methodological Issues in American Artifact Classification. pp. 180-182, *Advances in Archaeological Method and Theory*. 9: 149-207, 1986.

38 Hill, J. N., The Methodological Debate in contemporary Archaeology: a model. pp. 64-73, Clarke (ed.), op. cit. 61-67.

39 Hill, J. N., Evans, R. K., op. cit. pp. 260-268.
    힐과 에반스는 제한된 범위의 사항―예를 들면 연대·형식을 판정하는 속성―을 기준화할 가능성을 부정하지 않는다. 그들에게 있어 잠정적으로 토기형식 판정 기준을 만들 수 있다는 것인지도 모른다.

40 佐原真,「総論」, p. 6(金関恕·佐原真編,『弥生文化の研究』3: 5-10, 雄山閣出版, 1985).

41 八幡一郎,「原始文化の遺物·縄文式時代」, pp. 140, 146(『新修日本文化史大系』1: 136-213, 誠文堂新光社, 1938).

42 다승문토기는 평저인 예가 많고, 조형문토기는 환저―드물게 첨저―가 많지만, 확실하게 구별되지 않는다.

43 자갈군[礫群]에 놓여져 있던 첨저토기는 가나가와현 나츠시마패총의 예가 유명하다. 이마무라 케이지는 도쿄텐몬다이유적의 이나리다이(稲荷台)기의 수혈을 관찰하여 이로리(囲炉裏)와 같은 시설이었던 것으로

추정하였다.

杉原荘介·芹沢長介,「神奈川県夏島における縄文文化初頭の貝塚」, pp. 29-30(『明治大学考古学研究室研究報告』 2, 1957).

今村啓爾,「総括」, pp. 287-288(吉田 格編, 『東京天文台構内遺跡』 281-290, 1983).

44　조개를 이용한 것, 목편을 이용한 것 외에 연사문과 압형문의 시문도구를 굴리지 않고, 눌러 그은 것도 있다. 요코야마 코이치(橫山浩一)는 목리와 즐목문(櫛目文)의 시문도구도 목편임을 밝혔다.

橫山浩一,「刷毛目調整工具に関する基礎的実験」, pp. 5-18(『九州文化史研究紀要』 23: 1-24, 1978).

45　조흔문은 시문도구의 움직임을 바꿔 자유로운 도안을 표현할 수 있다. 이 점은 바탕무늬나 그은 무늬와 비교될 수 없는 성질이다.

46　稲田孝司,「縄文式土器文様発達史·素描(上)」, pp. 9-10(『考古学研究』 18-4: 9-25, 1972).

47　金子直行,「押圧縄文土器と回転縄文土器」, p. 31, 33(『埼玉考古』 24: 24-33, 1988).

48　아라이 시로(新井司郎)와 고토 카즈히토(後藤和民)는 토기 표면적이 커지고, 열효율이 좋아진다고 지적하였다.

新井司郎,『縄文土器の技法』, pp. 146-148(中央公論美術出版, 1971).

後藤和民,『縄文土器を作る』, pp. 158-160(中央公論社, 1970).

49　주거의 상량(上樑)·선령(船靈) 안치 등의 의례는 이러한 풍속이 현대까지 남아 있는 예일 것이다.

50　児玉作佐衛門·大場利夫,「北見国温根湯遺跡の発掘について」(『北方文化研究報告』 11: 75-145, 1956).

佐藤忠雄,『多奇』(士別市教育委員会, 1960).

51　甲野 勇ほか,「青森県野口貝塚の調査」(『ムゼイオン』 11, 21-23, 1964).

52　조사중에 자료를 봤지만, 보고서(『岩手県埋蔵文化財調査報告』 31)에는 기재되어 있지 않다.

53　石川日出誌ほか,「村尻遺跡I」, pp. 106-111(『新発田市文化財調査報告』 3, 1981).

54　佐原 真,「縄文土器II」, p. 49(『日本の原始美術』 2, 講談社, 1977).

55　漆畑 稔ほか,「仲道A遺跡」, p. 297(『大仁町埋蔵文化財調査報告』 3, 1986).

56　網谷克彦,「北白川下層式土器」, p. 202(加藤晋平·藤本 強·小林達雄編, 『縄文文化の研究』 3: 201-210, 雄山閣出版, 1982).

57　今村啓爾,「諸磯式土器」, pp. 215-216(加藤晋平·藤本 強·小林達雄編, 『縄文文化の研究』 3: 211-223).

58　조기후엽의 히가시쿠시로(東釧路)3식 등에 발이 출현하지만, 계통적으로 발달하지 않는다.

59　小杉 康,「縄文時代の時期区分と縄文文化のダイナミックス」, pp. 115-117(『駿台史学』 73: 99-124, 1988).

60　野口義麿·安孫子昭二,「磨消縄文の世界」, pp. 133-134(野口義麿編, 『縄文土器大成』 3: 130-135, 講談社, 1981).

61　埼玉県教育委員会編,『寿能泥炭層遺跡調査報告·人工遺物総括編』, 1982.

62　山内清男ほか,「図版解説」, p. 178(山内清男編, 『日本原始美術I』: 174-188, 講談社, 1964).

63　北海道埋蔵文化財センター,「忍路土場遺跡」 2(『北海道埋蔵文化財センター埋蔵文化財調査報告』, 1990).

64　山内清男ほか,「図版解説」, p. 178.

65　杉原荘介,『原始学序論』, pp. 40-42(葦牙書房, 1943).

66　GSUS Commission for Stratigraphic Nomenclature, *Advices on Stratigraphic Nomenclature*. Denver, 1968.

67　야마노우치 스가오는 조기의 저작 가운데, 시기구분을 숫자 기호로 표기하였다. 스기후지 타카시(杉藤 隆)는 도호쿠지방 만기 형식을 표시할 때 숫자 기호를 채용하였다. 대별형식의 서열과 확정된 시기구분을 숫자 기호로 표기할 수 있지만, 그 아래의 형식들에까지 적용하는 것은 무리일 것이다.

山内清男,『日本遠古之文化』, p. 14, 15.

杉藤 隆,「北上川流域における晩期前葉の土器」, p. 270, 312 등(『考古学雑誌』69-3: 265-315, 1983).

68　下総考古学研究会,「特集·勝坂式土器の研究」(『下総考古学』8, 1985).

69　이 기술은 상기 문헌 pp. 51-82, 86에 따른 것인데 일부를 변경하여, 원저의 의도와 맞지 않는 부분이 있을
지도 모른다.

70　오카모토 이사무는 이러한 관계에 있는 형식을 '점이형식', 불연속적 관계로 파악되는 것을 '발전형식'이
라고 부를 것을 제안하였다.「五領ヶ台式の細分」(『貝塚』3: 1-3, 1968).

71　下総考古学研究会,「特集·勝坂式土器の研究」, pp. 87-88, 89-95, 98.

72　下総考古学研究会,「特集·勝坂式土器の研究」, p. 87.

73　고대의 도성, 중근세 도시에서 이용되던 도자기 종류도 산지를 고려하면 좋을 것이다.

74　清水芳裕,「縄文式土器の岩石学的分析-滋賀里遺跡出土の北陸·東北系土器について」(田辺昭三編,『湖西
線関係遺跡調査報告書』225-232, 1973),「縄文土器の自然科学的研究法」(甲本 勇編,『縄文土器大成』1:
152-158, 講談社, 1981),「先史時代の土器の移動」(芹沢長介先生還暦記念論文集刊行会編,『考古学論集』
2: 211-224, 1989).

75　杉藤 隆,「土器組成論-東北地方における初期稲作農耕社会成立過程究明のための基礎的研究」, pp. 73-
84(『考古学研究』19-4: 62-89, 124, 1973).

林 謙作,「亀ヶ岡文化論」, pp. 181-182(東北考古学会編,『東北考古学の諸問題』169-203, 1977)

76　林 謙作,「亀ヶ岡文化論」, p. 186.

佐原 真,「縄紋土器 2」, pp. 21-28(坪井清足監修,『日本の原始美術』2, 講談社, 1979).

77　坪井清足,「熊本県五領貝塚」, pp. 51-52(『石器時代』8: 42-52, 1967).

78　江上輝彌·渡辺 誠·高山 純,「大間町ドウマンチャ貝塚」, pp. 131-136(九学会連合下北調査委員会編,『下北-
自然·文化·社会』129-144, 平凡社, 1967).

嶋 千秋·鈴木隆英,「曲田I遺跡発掘調査報告書」1-2(『岩手県埋文センター文化財調査報告書』87, 1985).

79　浅岡俊夫,「伊丹市口酒井遺跡の凸帯文土器」, pp. 148-167(高井悌三郎先生喜寿記念事業会編,『歴史学と
考古学』123-184, 1988).

80　嶋 千秋·鈴木隆英,「曲田I遺跡発掘調査報告書」1: 45-85.

81　藤村東男,「縄文土器組成論」, pp. 245-246(加藤晋平·小林達雄·藤本 強編,『縄文文化の研究』5: 237-
249, 雄山閣出版, 1983).

82　佐原 真,「日本人の誕生」, pp. 93-96(『大系日本の歴史』1, 小学館, 1987).

83　小林達雄,「縄文世界における土器の廃棄について」, pp. 2, 7-8, 12, 10-11, 1(『国史学』93: 1-14, 1974).

84　미야기현 나카자와메(中沢目)패총, 도쿄도 이사라고(伊皿子)패총 등에서도 퇴적층 규모에 규칙적인 변화
가 관찰된다. 국립역사민속박물관이 조사한 지바현 아라우미(荒海)에서도 대규모·소규모 라미나가 관찰
되고, 유물 조성과 양에 현저한 차이가 있다. 동일한 경향은 나카자와메에서도 관찰된다.

杉藤 隆編,『中沢目貝塚』(東北大学考古学研究会, 1984).[7]

金子浩昌·鈴木公雄編,『伊皿子貝塚』(日本電信電話公社·港区伊皿子貝塚遺跡調査会, 1987).

西谷 大,「荒海貝塚の調査成果-貝層の体積」(荒海貝塚調査研究会·口頭発表, 1990).

85　後藤和民,『縄文土器を作る』, p. 120(中央公論社, 1980).

86　中村 浩,「和泉陶邑窯の研究」, pp. 80-82, 261-263(柏書房, 1981).

87　Allen, Kathrenn M., Zubrow, Ezra B., Environmental Factors in Ceramic Production: The Iroquois
(Kolb, Charles C. ed., *Ceramic Ecology. 1988*, BAR International Series 513, 1989).

88　小林達雄,「縄文世界における土器の廃棄について」, p. 11.

89 大井晴男,「土器群の型式論的推移について-型式論再考·上」, p. 350(『考古学雑誌』67-3: 340-364, 1982).

90 藤村東男,「東北地方における晩期縄文式土器の器形組成」, p. 652(『史学』50: 645-654, 1980).

91 大井晴男,「土器群の型式論的推移について-型式論再考·上」, pp. 342-351,「土器群の型式論的推移について-型式論再考·下」, pp. 482-486(『考古学雑誌』67-3: 482-501, 1982).

92 岡本 勇,「土器型式の現象と本質」, p. 1(『考古学手帖』6: 1-2, 1959).
스기하라의 형식론이 실직적인 의미를 가지지 않는다는 점은 林 謙作,「考古学と科学」, p. 130에 지적되어 있다(桜井清彦·坂詰秀一編,『論争·学説 日本の考古学』1: 101-143, 雄山閣出版, 1987).

93 上野佳也,「縄文コミュニケーション」(海鳴社, 1989).

94 大井晴男,「型式学的方法への試論」(『考古学雑誌』55-3: 163-184, 1970), 주(89)·(91),「学説史 日本考古学における方法·方法論」, pp. 37-40(『論争·学説 日本の考古学』1: 13-100).

95 大井晴男,「型式学的方法への試論」, p. 180.

96 堀越正行,「土器型式の事象と論理-その相対的側面」, p. 22(『史館』1: 1-24, 1973).

97 谷口康浩,「縄文時代の親族組織と集団表彰としての土器型式」, p. 151, 149(『考古学雑誌』72-2: 137-157, 1985).

98 Keesing, Roger M., *Kin Groups and Social Structure*. pp. 150-151, Holt. Reinhart and Winston, 1975.

99 石川榮吉ほか編,『文化人類学事典』, pp. 367-369(弘文堂, 1987).

100 谷口康浩,「縄文時代の親族組織と集団表彰としての土器型式」, p. 141.[*8]

101 田中良之·松永幸男,「広域土器分布圏の諸相-縄文時代後期西日本における類似様式の並立」(『古文化談叢』14: 81-117, 1984).
羽生淳子,「諸磯b式土器」(『季刊考古学』21: 40-44, 1987).
中島庄一,「土器文様の変化の類型化について」(『貝塚』36: 1-14, 1985).
松永幸男,「土器様式変化の一類型-縄文時代後期の東南九州地方を事例として」(横山浩一先生退官記念事業会編,『生産と流通の考古学』1: 21-42, 1989).

역주

*1 지문(地紋)은 바탕무늬로 번역한다. 이하 동일하다.

*2 일본 전통가옥에 보이는 실내에서 사용하는 항구적인 화덕을 가리킨다.

*3 원서에 원체(原體)로 나와 있는데 문양을 표현하는 도구를 가리키므로 시문도구로 번역한다. 이하 동일하다.

*4 원서에 가령 가소리B식토기와 가소리B계토기로 사용되는 경우가 있다. 전자의 '~식'은 특정 지역에서 한정된 시기에 제작·사용되는 형식을 가리키고, '~계'는 '~식' 토기의 영향으로 제작되는 '~식'의 계통을 잇는 토기를 가리킨다.

*5 원서에는 점이법(漸移法)으로 기술되어 있으나 seriation은 한국에서 순서배열(법)으로 널리 번역되므로 여기서도 순서배열(법)으로 하였다. 이하 동일하다.

*6 라미나(Lamina, 엽층)는 육안으로 식별할 수 있는 지층의 최소단위로 색, 성분, 입자 크기에 의해 결정되는 두께 1cm 이하의 층을 말한다.

*7 원서에 1985년 출판으로 되어 있지만, 1984년이 옳다.

*8 원서에는 堀越正行,「土器型式の事象と論理-その相対的側面」, p. 141로 되어 있으나 본문 내용으로 미루어 보면, 谷口康浩,「縄文時代の親族組織と集団表彰としての土器型式」, p. 141이 옳다.

제5장 조몬인의 생업

제1절 생업이란?

최근 조몬인의 생업에 관심을 가지는 연구자가 증가하고 있다. 이와 더불어 생업에 대한 설명도 무엇을 포획하고 채집하였는가만이 아니라, 무엇을 얼마만큼 포획하고 채집하였는가? 경우에 따라서는 어떻게라는 부분에까지 미치고 있다. 이 자체만으로도 큰 진보임에 분명하다. 한편 경제적 기반을 분석한다고 말하면서 생업과 경제를 혼동하고, 생업 복원이라는 틀에서 벗어나지 못한 논문도 있다. 생업과 경제, 이 두 말의 의미를 구별하는 것부터 설명하고자 한다.

1. 생업과 경제

『広辞苑』*1에는 '생업'을 "생활을 위한 일. 생계"라고 설명되어 있다. 이 말은 한(漢)대에 같은 의미로 사용되었다고 한다.[1] 그러나 고고학 분야에서 널리 사용되게 된 것은 비교적 최근의 일로 영어 subsistence로 번역되어 있다. 옥스퍼드 영어사전을 펼쳐 보면, subsistence는 '실재한다', '자립한다'는 의미의 subsist에서 파생된 단어로 "means of supporting life in persons or animals"로 설명되어 있다. 『広辞苑』보다는 옥스퍼드 영어사전의 설명이 생물인 인간에게 없어서는 안 되는 수단이라는 의미가 강하게 나타나 있다. 이 책에서는 '생업'을 이러한 의미로 사용한다.

그런데 '생업'과 '경제'는 어떤 공통점과 차이점이 있을까? 『広辞苑』뿐만 아니라 『大漢広辞苑』도 "나라를 다스리고 백성을 구한다"는 의미의 '경세제민(經世濟民)'이

'경제' 본래의 의미라고 설명한다. 사인(私人)과 서민이 살아가는 수단이 '생업'이고, 공인과 지배자가 사인과 서민의 생업을 보호하고 국가 이익을 실현하는 것이 '경제'라는 것이다. 한편 옥스퍼드 영어사전에는 economy가 "management of a house, management generally"라고 설명되어 있다. 한자의 '경제'라는 원래 의미에서 보면 경제가 '생업'과 관련된다고 하더라도 생업을 경제를 구성하는 한 요소라고 생각할 수 없다. 이에 비해 economy의 원래 의미에서는 생업(sunsistence)을 경제(economy)의 한 측면이라고 보아도 이상하지 않다. "인간은 자기자신과 자연환경 사이의 제도화된 상호작용 덕분에 살아갈 수 있다. 이 과정이 경제이다"라는 정의[2]에 따라 여기서는 생업을 경제의 한 분야라고 본다.

클라크(J. G. D. Clark)의 *Prehistoric Europe: the economic basis*(Methuen 1952)의 목차를 펼쳐 보자. 이 책에는 제2장부터 제5장까지 네 장에 걸쳐서 포획 및 채집활동, 농지조성과 경작, 곡물과 가축 등 생업에 대해 설명되어 있다. 제6장부터는 주거와 취락, 석기와 금속기의 생산, 그 외의 공예기술, 교역, 운송교통 등에 대한 설명이 계속된다. 생업은 경제의 중요한 요소이지만, 경제적 기반 그 자체는 아니다. 경제적 기반의 윤곽은 생활의 본질인 주거와 취락의 규모와 성격, 생업유지에 필요한 노동도구와 일상집기의 생산기술, 취락과 지역사회 간의 교류와 수단 등의 요소가 더해지면서 비로소 분명해진다. 특히 인간의 다양한 관계를 무시해서는 조몬사회의 경제적 기반을 파악할 수 없다.

2. 생업의 배경

(1) 후빙기의 기술혁신?

스즈키 키미오(鈴木公雄)는 "복잡한 생물분포를 가진 소환경의 집합체"인 일본열도의 자연이 "조몬문화의 생업 다양성의 기초"라고 지적하고, 조몬 전반기(초창기~전기전반)에는 "(전략) 기후의 온난화와 더불어 생겨난 열도의 자연환경 변화에 대응하여, 새로운 문화적응이 준비되었다고 생각된다"(방점 필자)고 하였다.[3] 이 의견은 소위 조몬문화, 구체적으로 말하면 조몬사회의 생업이 성립하는 시기와 배경에 대한 설명의 최대공약수라고 할 수 있다. 여기서 문제 삼는 생업과 결부시켜 보면 '수산자원의 항상적 개발'과 식물성 식료에 대한 의존도 증가 등 조몬시대 생업의 기본 특징은 최후빙기에서 홀로세의 기후극상기(Hypsithermal)로 넘어가는 환경변화 속에서 창출되었다는 것이다.[4]

곤도 요시로(近藤義郎), 고바야시 타츠오(小林達雄) 등 많은 연구자들이 동일한 의견을 발표하였다.[5] 확실히 조몬시대 생업의 기초가 되는 자연조건 중에는 기후극상기로의 환경변화 속에서 처음 성립하는 요소도 있다. 예를 들면 어로에 적합한 해안지역 등이 그러하다. 최후빙기에 일본열도 해안선은 굴곡이 거의 없고 밋밋한 형태였다. 해안선과 대륙붕의 거리는 현재보다 가깝고 해안을 벗어나면 급격하게 수심이 깊어졌다.[6] 수산자원 이용에 가장 좋은 천해역(淺海域)의 면적이 현재보다 좁고 굴곡이 적은 해안선에서는 연안류의 흐름이 강해지므로 생물종의 종류와 어로의 수단과 방법도 한정된다. 조몬해진이 진행되면서 리아스식 해안이 나타나고 천해역의 면적이 넓어져 수산자원을 이용할 수 있는 조건이 갖추어지게 된다. 낚싯바늘과 그물을 이용한 어로기술 등은 이 과정에서 보급된 새로운 기술이다.

한편 주빙하적 환경이 아니던 지역, 예를 들어 아프리카, 북유라시아와 북아메리카에서는 홀로세의 생업시스템이 플라이스토세 후기에 이미 성립한다. 나일 강유역 아스완(Aswan)부근의 와디(wadi) 크바니아에서는 17,000B.P. 전후부터 나일메기 어로가 주요 생업활동의 하나가 되었다고 한다. 와디 크바니아보다 하류에 있는 콤 옴보(Kôm Ombo)평원의 유적군에서도 17,000B.P.부터 12,000B.P.에 걸쳐 어류를 비롯한 수산자원(악어, 하마 등도 포함)에 대한 의존도가 계속 높아졌다고 한다. 8,000~9,000B.P. 전후에는 사하라지역에도 세석기와 토기는 물론 골제 작살을 이용해 어로에 종사하는 집단이 나타났다.[7]

이미 지적한 바와 같이[8] 플라이스토세의 가장 한랭한 시기에도 일본열도 주요 지역에서는 삼림이 확대되고 초원은 극히 제한적으로 분포하였다. 혼슈(本州) 서남부·시코쿠(四國)·규슈(九州)의 평야와 구릉에는 졸참나무와 자작나무 등의 낙엽활엽수와 침엽수의 혼합림이 펼쳐져 있었고, 태평양 연안의 난류 영향이 강한 지역에는 상록활엽수림이 남아 있었다. 동중국해의 대륙붕이 된 지역에 이러한 환경이 펼쳐져 있었음에 틀림없다. 아프리카의 예들을 고려하면 조몬의 생업시스템에 앞서, 동중국해 연안지역에서도 식물과 수산물 등을 이용하는 생업활동이 플라이스토세 말기에 이미 싹텄을 가능성이 있다고 봐야 한다. 현재 이 추측을 뒷받침하는 구체적인 자료는 전혀 없다. 그러나 만빙기에서 기후극상기에 걸쳐 급격한 환경변화가 일어난 유럽 북서부의 양상을 조몬 생업시스템의 성립과정에 그대로 적용하기에 무리가 있다. 견과류를 중심으로 하는 식물성 식료와 어패류 등의 수산물을 중심으로 하는 생업시스템은 기후 극상기로의 환경변화 속에서 새롭게 탄생한 것이라기보다 일부 지역에 이미 성립되어 있던 생업활동이 보급되고 통합되는 과정에서 완성된 것이 아닐까?

(2) 환경의 다양화

약 1만년 전에 시작되는 조몬해진은 전기중엽(6,000~6,700년 전)에 정점에 달하고, 그 이후에는 해면이 낮아지기 시작한다. 가나가와(神奈川)현 나츠시마(夏島)패총에서 출토되는 패류조성의 변천[9]은 조몬해진 전반기의 수역환경 변화와 이에 따른 자원이용 변천을 보여 주는 희귀한 자료 중의 하나이다.

이구사(井草)기[*2]·다이마루(大丸)기[*3]에서 다도조소(田戸上層)기[*4]까지의 패층조성 변화를 〈표 6〉에서 살펴볼 수 있다. 전체적으로 부족류(斧足類, 이매패)의 종류가 많고, 반대로 복족류(腹足類, 고둥)는 종류가 적어진다. 복족류의 서식처가 되는 바위(露岩)와 자갈의 침식이 진행되고 골짜기[溺谷]가 메워지며, 부족류의 서식처가 되는 해변과 입강(入江)이 확대되었음을 말해 준다. 좀 더 상세하게 살펴보면, 나츠시마패총 주민이 패류를 채취한 장소의 환경이

① 하구 또는 해수가 들어오는 석호(lagoon)(이구사·다이마루기)
② 뻘이 깊은 입강 안쪽(나츠시마기)[*5]
③ 모래사장이 펼쳐진 외양에 면한 만 입구(다도조소기)

순으로 변화함을 알 수 있다. ①에서 ②로의 변화는 ②에서 ③으로의 변화에 비해 단기간에 일어난 것 같다. 아마 이후 시기보다도 해면의 상승 속도가 컸을 것이다.

나츠시마기의 패층에는 마즈카리(先刈)패총과 마찬가지로 내만 안쪽에 서식하는 꼬막과 참굴이 많다. 그러나 해수와 담수가 섞이는 환경에 서식하는 일본재첩, 사저성(砂底性)의 환경에 서식하는 우럭조개, 떡조개 등도 포함되어 있다. 어류에도 니저성(泥底性)의 입강에 서식하는 숭어·감성돔·농어·갯장어 외에 사저성의 양태, 암초성의 볼락·참돔, 외양성의 다랑어·가다랑어 등 다양한 환경에 서식하는 것이 눈에 띈다. 이러한 패류와 어류의 조합은 이 시기에 유적의 주변 환경이 매우 복잡하였음을 말해 준다.

간토지방에는 가나가와현 히라사카(平坂), 지바(千葉)현 니시노죠(西ノ城), 이바라기현 하나와다이(花輪台) 등 초창기말엽에서 조기초두에 해당하는 패총이 몇몇 알려

져 있다.[10] 현재 이들에 필적하는 오래된 패총은 간토지방 이외에는 보이지 않는다. 세토나이카이(瀬戸内海) 해 연안의 오카야마(岡山)현 기시마(黄島)패총, 센다이(仙台)만 연안의 미야기(宮城)현 요시다(吉田)패총은 모두 각 지역에서 가장 오래된 패총이지만[11] 조기중엽 즉 나츠시마를 필두로 하는 간토지방 초기의 패총보다 1,000~1,500년 정도 늦고, 마즈카리패총도 크게 보면 이와 동시기의 것이다. 현 자료로 보는 한, 연안부 수산자원 이용은 다른 지방보다 간토지방에서 먼저 보급되었다고 봐야 한다.

자연환경 측면에서 보면 간토지방은 다른 지방보다도 수산자원을 이용하기에 유리한 조건을 갖추고 있었다. 현재의 도네가와(利根川) 강·아라카와(荒川) 강·다마가와(多摩川) 강에 해당하는 하천의 매적작용으로 골짜기가 빠르게 매립되어 패류 채집과 어로에 적합한 지형이 다른 지역보다 빨리 형성되었다.[12]

표 6 나츠시마패총의 패류조성 변천(주 9 문헌에서 작성)

		이구사·다이마루	나츠시마	다도카소	다도조소
부족류	참굴	?	○	△	
	꼬막	?	○	△	
	일본재첩	□	□	△	□
	떡조개	?	□		□
	가무락조개	?	□		□
	우럭조개	?	□		□
	백합	?		□	□
	바지락	?		□	□
	살조개	?		□	
	왕우럭조개	?		□	
	피조개	?		△	
	복털조개	?			□
	파래가리비	?			△
	개조개	?			□
	동죽	?			△
복족류	눈알고둥	?	□		□
	갯고둥	?	□		
	말구슬우렁이(참골뱅이)	?	□		□
	두드럭고둥	?	□		□
	피뿔고둥	?	□		□
	나미기세루 (Stereophaedusa japonica)	?	□	□	□
	짜부락고둥	?	□		
	갯비틀이고둥	?	△		
	비틀이고둥	?	△		

○: 많음 □: 적음 △: 희소

이러한 조건이 복잡한 해안선 형성과 천해역 확대를 촉진시켜 다양한 생태환경을 조성하는 결과가 되었을 것이다. 앞서 소개한 나츠시마패총의 어패류 조합은 이 시기 간토지방의 주민이 환경이 제공하는 다양한 자원을 충분하게 이용할 수단을 익혔음을 말해 준다.

이제 조몬해진 전후의 식생변화를 살펴보자. 기후 온난화에 따른 변화와 지역마다의 식생차가 현저해진다는 이 두 가지 경향이 식생변천의 축이다. 한 예로 후쿠이(福井)현 도리하마(鳥浜)의 식생변천을 살펴보자. 야스다 요시노리(安田喜憲)는 도리하마의 식생을

I. 너도밤나무속·졸참나무아속을 중심으로 칠엽수속·호두나무속·피나무속과 같은 낙엽활엽수 화분의 출현율이 높고 가문비나무속·전나무속·솔송나무속과 같은 아한대성 침엽수 화분도 확인된다(11,200~10,200B.P.)

II. 너도밤나무속의 화분이 감소하고 대신 졸참나무아속·밤나무속·삼나무속과 같은 화분이 증가한다(10,200~6,500B.P.)

III. 졸참나무아속의 화분이 급격히 감소하고 대신 떡갈나무아속·피나무속·감탕나무속과 같은 상록활엽수가 급증하며, 팽나무속·푸조나무속·삼나무속도 증가한다(6,500~5,800B.P.)

IV. 떡갈나무아속·팽나무속·푸조나무속의 화분이 감소하고, 삼나무속·감탕나무속의 화분이 증가한다(5,800B.P.)

고 하여 4개의 화분대로 구분하였다.[13]

이 변천 가운데 기후의 온난화 영향은 I과 III에서 나타난다. 도리하마 주변에서는 I 직전의 식생이 확실하지 않다. 그러나 I에 나타나는 식생이 오세가하라(尾瀬ヶ原)의 13,000~10,000년 전의 식생과 공통된다.[14] 오세가하라의 경우와 마찬가지로 낙엽활엽수림이 아한대성의 침엽수림을 대신하여 확대된다고 할 수 있다. III도 마즈카리패총에서 떡갈나무아속이 증가하는 시기와 일치한다.[15] 도카이(東海)지방·호쿠리쿠(北陸)지방의 해안에 면한 저지에서는 기후극상기 즉 조몬해진이 피크에 도달하는 전후에 상록활엽수림이 나타난다. 활엽수림이 견과류 공급원이자 목기(특히 완과 발 등 나무를 파서 만든 기물) 원료의 공급원이며, 동물성 식료의 공급원으로서 인간 활동과 관련된다는 것은 말할 필요도 없다. 기후 온난화로 나타나는 활엽수림의 확대는 조몬인 생업시스템이 확립하는 데 없어서는 안 되는 전제이다.[*6]

연간 평균기온과 온난함의 지수를 바탕으로 식생을 복원하면 기후극상기 전후에는 간토지방에도 상록활엽수림이 널리 퍼지게 된다. 그러나 쓰지 세이이치로(辻誠一郎)는 간토지방의 상록활엽수림이 기후극상기보다 훨씬 늦은 조몬 후기경에 성립한다고 하였다.[16] 같은 간토지방이라도 보소(房總)반도에는 상록활엽수 등의 난온대성 요소를 포함하는 산림이, 그 서쪽의 오미야(大宮)대지 주변에는 졸참나무류를 중심으로

떡갈나무 등의 상록활엽수를 거의 포함하지 않는 삼림이 펼쳐져 있었다.[17] 야스다 요시노리는 나가노(長野)현 북서부의 강설량이 많은 지역에는 너도밤나무림, 적은 지역에는 졸참나무림이 확대되었다는 히비노 코이치로(日比野紘一郎)·사사키 쇼코(佐々木昌子)의 분석결과를 소개하였다.[18] 이처럼 좁은 범위 내에서의 식생차는 이전 시기에는 없던 현상이다.

이러한 현상이 나타나는 원인은 아직 확실하지 않다. 아마도 연간 강수량, 강수량의 계절적 분포, 계절풍의 강약, 토양의 성인과 특성 또는 미지형의 변천 등 다양한 원인이 얽혀 있을 것이다. 이러한 세세한 지역성이 생업에 영향을 미쳤는지도 확인할 수 없다. 그러나 여러가지 요소가 모자이크처럼 혼재되어 다양한 환경이 조성되었던 것은 분명하다. 나츠시마패총의 패류와 어류 조성처럼 복잡하게 뒤섞인 환경과 그곳에서 제공되는 다양한 자원을 이용할 수 있는 조건이 내륙부에서도 마련되었다고 할 수 있다.

(3) 조몬해진 이후

마츠시마 요시아키(松島義章)가 남칸토 내만에 서식하는 난류계 패류를 분석한 결과에 의하면 전후 2회로 나누어 모습을 드러내는 난류계 조개(12종)가 조몬해진의 피크를 경계로 하여 차츰 절멸해 가는데, 4,000B.P. 이후에는 꼬막·유키가이(雪貝, *Meropesta nicobarica*) 2종만 남게 된다. 난류계 조개—우리에게 친숙한 것은 꼬막인데—의 절멸을 기온이 하강한 결과라고 보는 것이 통설이다. 그러나 마츠시마에 의하면 꼬막은 수온이 그다지 높지 않은 시기부터 이미 출현하고 세토나이카이 해, 아리아케카이(有明海) 해 등 현재에도 꼬막이 서식하는 지역의 수온은 남칸토의 수온과 큰 차이가 없다고 한다. 마츠시마는 해수면 저하에 따른 미지형 변화, 그 결과로서 "서식지 소멸이야말로 절멸의 결정적 요인이지 해수온 저하는 오히려 이차적이라고 할 수 있다"고 하였다.[19]

사카구치 유타카(阪口 豊)는 오세가하라의 눈잣나무 화분의 증감을 분석하여 약 8,000년 전 이후의 기후변동을 복원하였는데(도 21), 현재 기온을 기준으로 하여 냉랭한 시기, 온난한 시기로 구분하였다(도 22).[20] 이 결과에 의하면 조몬시대 기후는 전체적으로 온난하지만 BC 2500년 전후(JC₁)와 BC 800년 전후(JC₂)에 기온이 낮아지는 시기가 있다. JC₁은 중기중엽경, JC₂는 만기후반에 해당한다. 또한 JC₁ 전후처럼 기온

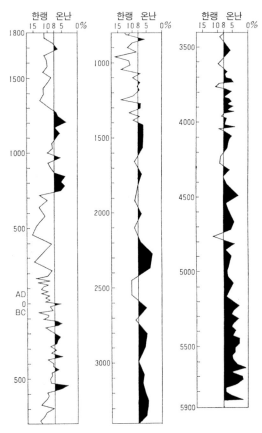

변동이 적고 기후가 안정된 시기가 있는 반면, JC2 또는 JW2처럼 짧은 주기의 변동을 반복하는 불안정한 시기도 있다(도 21).

이러한 기후변동이 인간생활에 얼마나, 어떤 영향을 미쳤을까? 사카구치는 지바현에서 후기의 패총이 급증하는 현상을 JW3의 온난기후로 해수면이 높아진 결과라고 해석하였다.[21] 야스다 요시노리는 주부고지에서 중기후엽의 유적이 급감하는 이유를 "4100년 전경의 현저한 냉량·습윤화"에서 찾는다.[22] 이마무라 케이지(今村啓爾)는 가야마조소(茅山上層)*7 직후, 주산보다이(十三菩提), 쇼묘지(稱名寺) 등의 몇 시기에 간토지방의 유적 수가 극단적으로 적어진다고 지적

도 21 눈잣나무화분의 비율을 토대로 한 고(古)기온 변화곡선
(주 20 문헌에서)

하고,[23] 후지키 츠요시는 쇼묘지기와 거의 같은 시기에 홋카이도 동부가 무인화된다고 지적하고, 그 원인을 기후변동에서 찾는다.[24]

홋카이도 동부가 무인화된 시기가 있었다는 해석에는 이론도 있다. 그러나 틀림없이 인간이 근절될 뻔한 큰 재해도 있었다. 조몬해진이 피크에 달했을 때 일어난 기카이(鬼界)칼데라 폭발이 그러한데, 우리에게 친숙한 기카이아카호야화산재(아카호야·Ah)는 이때의 산물이다. 아카호야가 내린 지역에서는 광범위하게 식생이 파괴되었다. 마치다 히로시(町田 洋)는 피해가 가장 큰 지역에서 식생이 어느 정도 회복하기까지 100년 이상, 완전하게 회복하기까지는 그 10배 정도의 시간이 필요했다고 추측하였다.[25] 이 폭발로 가장 큰 피해를 입은 곳은 사츠마(薩摩)·오스미(大隅)반도를 중심으로 한 남큐슈이다. 사츠마·오스미반도 대부분에 화산재와 경석이 섞인 고온가스[코야(幸屋)화쇄류]가 직접적으로 분사된[26] 직후, 규슈는 얼마간 도저히 인간이 살 수 있는 곳이 아니

었다. 아카호야를 경계로 이 지역에서는 세노칸(塞ノ神)식*8 등 남큐슈 고유의 패각문 평저토기 전통이 끊어지고, 북큐슈와 중큐슈에서 도도로키(轟)식*9과 소바타(曽畑)식*10이 전개된다. 환경이 회복되면서 새로운 주민이 이주해 왔음을 시사한다. 이마무라의 지적처럼 극단적으로 유적 수가 감소하는 것은 재해(화산활동, 홍수, 기근, 역병 등)와 관련되는 경우가 많을 것이다.

기카이칼데라 폭발처럼 수만 년에 한 번 오는 재해가 새로운 생업활동과 생업시스템을 창출하는 계기가 되었다는 증거는 아직 없다. 기후변동 또는 이를 계기로 재해가 일어났다고 해도 그 타격은 꽤 좁은 범위에 한정되었을 뿐, 일본열도 전체를 말려들게 하는 사태는 일어나지 않았다. 조몬해진 중에 다양하고

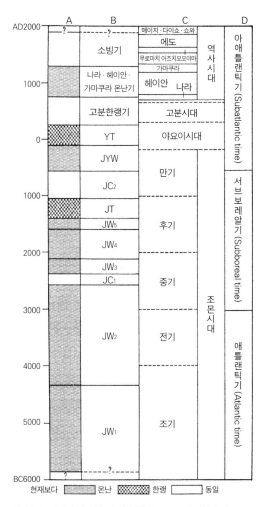

도 22 8,000년 전 이후의 기후구분(주 20 문헌 일부 수정)

지역성이 강한 자연환경이 형성된 것은 재해로 인한 타격을 조금이라도 완화시키는 데 힘이 되었을 것이다. 그와 더불어 매우 안정된 크고 작은 규모의 환경변화 영향을 흡수해 버릴 정도의 유연함을 갖춘 생업시스템이 형성되었음을 말해 준다. 생업활동과 생업시스템만이 아니라, 재해 시의 구원과 상부상조 풍습이 넓은 의미의 제도로서 형성되었을 것이다. 이러한 제도는 처음에 이야기한 '제도화된 상호작용', 즉 '경제'의 한 국면이다.

제2절 센다이(仙台)만의 사례

포획 및 채집을 제외하고 조몬인의 생업을 생각할 수 없다. 우선 조몬인의 포획 및 채집의 일례로 센다이만 연안의 후·만기 패총의 새와 길짐승 조성을 소개하고자 한다.

센다이만 연안지역은 ① 오시카(牡鹿)반도를 중심으로 하는 남산리쿠(南三陸) 연안부, ② 미야기현 남부·이와테(岩手)현 남단부의 호소지대(현 북부의 호소지대), ③ 마츠시마(松島)만 연안, ④ 아부쿠마가와(阿武隈川) 강 하구부, ⑤ 세키료(脊梁)산맥에서 이어지는 구릉지대를 포함한다.

1. 센다이만 연안 유적의 새와 길짐승의 조성

센다이만 연안에서 새와 길짐승이 50개체 이상 출토되는 유적 가운데 미야기현 니가데(二月田), 누마즈(沼津), 아사베(浅部), 이와테현 가이토리(貝鳥)를 선정하여[27] 새와 길짐승의 종류와 비율을 조사하였다. 누마즈는 남산리쿠, 가이토리·아사베는 현 북부의 호소지대, 니가데는 마츠시마만에 있다. 아부쿠마가와 강 유역에는 적당한 예가 없어 생략하였다. 이들 네 유적의 새·길짐승의 종류와 비율을 살펴보면 센다이만 연안의 포획활동을 어느 정도 이해할 수 있다.

(1) 주요 포획물

네 유적에서 출토된 새·길짐승의 비율과 개체 수를 〈표 7〉에 제시하였다. 각종 새와 길짐승의 비율은 일률적이지 않고 특정 종류에 집중된다. 이 경향을 정리하면

I. 3개소 이상의 유적에서 출토되고,

　　a. 3개소 모두 비율이 5% 이상인 것: 오리, 사슴, 멧돼지

　　b. 3개소 가운데 1개소에서는 비율이 5% 이상 되는 것: 백조, 큰기러기, 가마우지, 꿩, 개, 너구리

　　c. 3개소 모두 비율이 5%에 달하지 않는 것: 쇠기러기, 논병아리, 신천옹, 독수리, 매, 여우, 토끼, 날다람쥐, 수달, 고래

II. 2개소 이상의 유적에서 출토되지만 비율이 5%에 달하지 않는 것: 아비, 갈매기, 큰회색머리아비, 슴새, 까마귀, 담비, 오소리, 늑대, 산양, 반달가슴곰, 돌고래, 강

표 7 니가데·가이토리·누마즈·아사베의 새·길짐승 편성

종명		유적명	니가데	가이토리	누마즈	아사베
조류	I	백조		1.0 (5)	0.4 (3)	5.0 (10)
		큰기러기		9.5 (48)	0.8 (6)	4.0 (8)
		쇠기러기		3.8 (19)	1.0 (7)	2.0 (4)
		오리	45.2 (33)	7.6 (38)	16.5 (120)	4.0 (8)
	II	학		0.6 (3)		
		해오라기		0.4 (2)		
		물닭		0.6 (3)		
		논병아리	4.1 (3)	0.4 (2)	1.2 (9)	
		가마우지		4.0 (20)	5.5 (40)	1.5 (3)
		아비	4.1 (3)		1.5 (11)	
	III	갈매기			0.1 (1)	0.5 (1)
		바다쇠오리			0.7 (5)	
		큰회색머리아비	2.7 (2)		0.7 (5)	
		신천옹	1.4 (1)	0.4 (2)	0.7 (5)	
		슴새	4.1 (3)		0.4 (3)	
		도둑갈매기			0.1 (1)	
	IV	까마귀		0.6 (3)	1.4 (10)	
		꿩	1.4 (1)	7.6 (38)	1.5 (11)	0.5 (1)
		독수리·매	1.4 (1)	1.6 (8)	1.2 (9)	
		조류 합계	64.4 (47)	38.1 (191)	33.7 (246)	17.5 (35)
포유류	I	사슴	11.0 (8)	22.3 (112)	23.5 (171)	44.0 (88)
		멧돼지	9.6 (7)	23.3 (117)	22.1 (161)	27.0 (54)
	II	개	1.4 (1)	5.4 (27)	2.5 (18)	4.0 (8)
		너구리	1.4 (1)	2.4 (12)	2.2 (17)	5.0 (10)
		여우	1.4 (1)	1.0 (5)	1.7 (12)	
		족제비		0.4 (2)		
		토끼	1.4 (1)	3.2 (16)	2.8 (20)	
	III	담비		0.4 (2)	0.7 (5)	
		오소리			0.6 (4)	0.5 (1)
		날다람쥐	1.4 (1)	0.4 (2)	1.5 (11)	
		말			0.1 (1)	
		늑대		1.0 (5)		1.0 (2)
		스라소니				0.5 (1)
		원숭이			0.4 (3)	
		산양		0.6 (3)	0.1 (1)	
		반달가슴곰		1.0 (5)	0.1 (1)	
	IV	수달	2.7 (2)	0.6 (3)	0.6 (4)	
		돌고래	1.4 (1)		6.5 (47)	
		범고래		0.2 (1)		
		고래	1.4 (1)		0.4 (3)	0.5 (1)
		강치	1.4 (1)		0.3 (2)	
		물개	1.4 (1)		0.1 (1)	
		포유류 합계	35.9 (26)	62.2 (312)	66.2 (482)	82.5 (165)
		총 계	100.3 (73)	100.3 (503)	99.9 (728)	100.0 (200)

치, 물개

　　Ⅲ. 1개소에서만 확인되는 것: 학, 해오라기, 물닭, 바다쇠오리, 족제비, 말, 스라소
　　　　니, 원숭이, 범고래

로 나눌 수 있다. Ⅰ을 보통종, Ⅱ와 Ⅲ을 희소종이라고 부르자. Ⅰa의 오리·사슴·멧돼지
는 보통종 중에서도 가장 흔한—센다이만 연안에 패총이 남아 있는 곳이라면 어디에
서나 수렵의 대상이었던 종류라고 할 수 있다.

　　그런데 댕기흰죽지와 검둥오리 등 내만에 서식하는 종을 제외하고, 보통 대부분의
오리류는 백조속과 기러기속이 월동하는 기간에 같이 확인된다. 〈표 7〉에서 알 수 있
듯이 아사베·누마즈·가이토리에서는 오리류와 함께 백조속과 기러기속이 출토된다.
같은 장소에서 월동했을 가능성도 있다. 오리류·백조속·기러기속을 '기러기·오리과'
로 정리할 수 있다. 기러기·오리과, 사슴·멧돼지의 비율이 다른 종류의 새·길짐승보
다 월등히 높다(표 7). 기러기·오리과 이외의 새, 사슴·멧돼지 이외의 길짐승을 모두
합해도 30% 전반대[11]이다. 아사베처럼 15%인 경우도 있다. 기러기·오리과, 사슴·멧
돼지를 '주요 포획물'로 불러도 무방할 것이다.

　　앞에서 새와 길짐승을 보통종과 희소종으로 나누었는데 주요 포획물은 당연히 보
통종이다. 그러나 누마즈의 돌고래류처럼 희소종이 포획대상으로 큰 의미를 가졌다고
생각되는 경우가 있다. 돌고래류는 누마즈만이 아니라 니가데에서도 출토된다. 그러나
니가데의 경우는 1개체에 지나지 않아 포획대상이었다기보다 우연히 포획된 것이라
봐야 한다. 반면 누마즈에서 출토된 돌고래류는 47개체에 이르고, 돌고래잡이는 후기
후엽에 시작되어 만기후엽까지 지속된다.

　　후술하겠지만 누마즈·가이토리의 꿩속처럼 특정 종류의 보통종이 특정 시기에
많이 출토되는 경우도 있다. 가마우지속은 누마즈·가이토리·아사베 3개소에서 출토
되는데 누마즈에서는 전체 5.5%(40개체), 가이토리에서는 4%(20개체)가 확인되어 3개
체가 확인된 아사베와 큰 차이가 있다. 꿩속은 모든 유적에서 출토되지만 가이토리 이
외에서는 2% 이하로 비율이 매우 낮다. 그런데 가이토리만은 7.6%(38개체)에 달한다
(표 7).

　　센다이만 연안의 패총에서 출토되는 새·길짐승에는 주요 포획물처럼 모든 지역
에 공통되는 보편적 요소와 함께 제한된 지역 및 한정된 시기에만 나타나는 특수한 요
소가 포함된다. 이 지역 주민의 주요 식료자원은 당연히 주요 포획물이다. 반면 장기간

지속된다고 할 수 없는 요소까지도 적절하게 활용한다는 점에서 조몬사회 생업시스템의 유연함이 나타나는 것이 아닐까?

(2) 불규칙적인 조성

그런데 주요 포획물의 비율과 기러기·오리과의 세부내용을 살펴보면 〈표 7〉의 유적 중에도 불규칙적인 요소가 있고 유적마다 고유 특징이 있음을 알 수 있다. 〈표 7〉의 새·길짐승 비율을 기러기·오리과, 그 외 조류, 사슴, 멧돼지, 그 외 길짐승류의 5항목으로 재분류하여 살펴보자(도 23). 니가데·가이토리·누마즈·아사베 순으로 길짐승 비율이 높아진다. 길짐승 비율이 가장 낮은 니가데에서는 36%, 가장 높은 아사베에서는 83% 전반대로 2배 이상 차이난다(표 7, 도 23). 주요 포획물 중에서 멧돼지의 증감은 분명하지 않지만 대신 사슴, 기러기·오리과의 증감이 새·길짐승의 비율을 결정한다.

주요 포획물 비율을 관찰해 보면,

① 사슴·멧돼지에 비중을 두고 양자를 합쳐서 70% 후반대인 경우(아사베)

② 기러기·오리과에 비중을 두고, 45% 전후인 것(니가데)

③ 기러기·오리과, 사슴, 멧돼지 비율이 거의 동일하고 각각 20% 후반대인 경우
　　(가이토리·누마즈)

로 구별할 수 있다.

이 유적들의 기러기·오리과 내용에도 큰 차이가 있다. 가이토리·아사베에서는 백조속·기러기속을 합한 비율이 오리류의 2배를 넘는다. 한편 니가데에서는 백조속·기러기속이 전혀 출토되지 않고 누마즈에서도 2% 후반대 정도이다(표 7). 백조속·기러기속 비율이 높은 가이토리·아사베와 오리류의 비율이 높은 니가데·누마즈로 구별할 수 있다.

오리류 중에는 여러 속이 있지만 뼈 형태로는 구별할 수 없고, 뼈의 크기로 중형(청둥오리급)과 소형(흰뺨검둥오리급)으로 나눌 수 있다. 누마즈에서 출토되는 오리류는 청둥오리급이 압도적

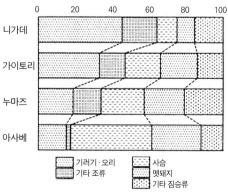

도 23 니가데·가이토리·누마즈·아사베의 주요 포획물의 비율

으로 많다. 한편 니가데의 오리류는 거의 모두 흰뺨검둥오리급이다. 이처럼 동일하게 오리류의 비율이 높아도 니가데와 누마즈의 내용에 차이가 있다.

2. 불규칙성의 원인

아사베·가이토리·누마즈·니가데의 새와 길짐승 조성에는 불규칙적인 부분이 있고, 그것이 각각 고유 특징을 보여 준다. 이 불규칙성의 원인은 무엇일까? 주요 원인으로서

① 조사방법의 결함과 제약에 따른 자료의 편중성 및 그 결과로 나타나는 데이터의 변형

② 시간 경과에 따른 변화

    a. 포획기술의 발달과 도구개량의 영향

    b. 환경 변화에 따른 자원분포의 변화

③ 유적을 둘러싼 상이한 환경 속의 자원구성 차

등을 들 수 있다. 이 원인들이 주요 포획물의 종류와 비율 차이를 설명할 수 있는지 순서대로 살펴보자. 그리고 ②b와 ③을 '환경의 영향'으로 합해 검토한다.

(1) 조사방법과 자료의 변형

여기서 소개한 조사는 퇴적물을 모두 회수하고 체질하여 나누는 소위 '실개(悉皆)샘플링' 방법을 이용하지 않았다.[28] 따라서 이미 소개한 데이터와 앞으로 소개할 데이터를 '실개샘플링'을 통한 데이터와 동일시할 수 없다. 그리고 니가데를 제외하고 단위퇴적당 동물유체의 출토량을 산정하여 전체(=모집단) 규모를 추정하기 위해서 실시하는 블록(Block)샘플링도 실시되지 않았다. 따라서 여기에 소개하는 데이터가 조사수준의 제약으로 결함이 많은 것도 사실이다. 반면 그때까지 거의 무시되고 고고자료로 취급조차 받지 못했던 동물유체를 자료로 활용하려는 노력이 있었던 것도 사실이다. 이 데이터들의 죽은 부분과 살아 있는 부분을 확실하게 인지하고, 후자에서 읽어낼 수 있는 부분을 파악해 두는 것이 무익한 일은 아닐 것이다.

이 조사들의 결함은 미소유물을 회수하고, 모집단의 규모를 추측하기 위한 조치를 취하지 않았다는 데 있다. 따라서 이와 관련된 내용은 데이터의 죽은 부분이다. 죽은

데이터를 기초로 하여, 예를 들어 유적 주민이 소비한 동물성 식료의 양을 추정하거나, 인구규모와 거주기간 등을 산출하는 것은 (지금에 와서 보면) 정상적이라 할 수 없다. 그러나 새·길짐승 유체의 경우는 물고기 등뼈와 같은 미소유물에 비하면 누락률이 매우 낮다. 게다가 모든 조사는 거의 같은 방법으로 이루어지므로 회수되는 자료도 동일한 정도와 방향에 편중되어 있을 것이다. 누락 비율이 적은 대형유체를 제외하고 비율을 분석하는 작업은 안전하지 않다. 그러므로 주요 포획물처럼 어느 정도 양이 충족되는 자료의 비율은 데이터의 살아 있는 부분이다. 지금부터 서술하는 의견은 이 살아 있는 부분들을 기초로 하여 세운 가설이고, 이후 조사를 통해 보완해 나가야 한다.

유적 내의 편중된 분포도 자료 변형의 한 원인이다. 사슴과 멧돼지는 아사베에서 이상하리만큼 많고 니가데에서는 이상하리만큼 적다. 그리고 아사베의 경우 사슴이 멧돼지의 2배 가까이 많다. 당연히 아사베의 사슴과 멧돼지(특히 사슴) 출토량에 자료의 변형이 있지 않을까 하는 의문이 든다. 우리는 유물이 한 구역에 집중하는 현장과 끊임없이 만난다. 동물유체도 예외는 아니다. 간토지방 만기의 '골총(骨塚)'과 도호쿠·홋카이도 패총의 '어골층'이 그러하다. 아사베와 니가데는 조사면적이 적다. 아사베에는 조사구역에 우연히 사슴과 멧돼지(또는 사슴) 뼈가 집적된 곳이 있었고, 니가데에는 그러한 경우가 없었다고 생각할 수 있다.

아사베의 경우에는 출토량의 층위적인 변화와 평면분포의 편중성을 토대로 하여 반증할 수 있다. 한 층당 사슴(성체·아성체)의 출토 개체 수는 1~2개체(6개층)와 4~6개체(총 10개층)에 집중하고, 3개체와 9개체가 출토되는 층이 한 층씩 있다. 출토 개체 수가 1~2개체인 층은 상위·하위 층서로 나누어지므로 층별 출토 개체 수를 상·중·하의 층서로 투영시켜 보면, 한 층당 4~6개체를 포함하는 중위의 층서에 피크를 두는 정규분포를 나타낸다. 상위 층의 3개체와 중위 층의 9개체가 두드러진다. 확실한 집적이라고 판단할 수 있는 것은 중위 층의 9개체분이다. 즉 아사베에서 사슴 뼈를 특별하게 집적하는 경우가 있었다 하더라도 전체 21층 가운데 2층(실질적으로는 1층)뿐이고, 많아도 5개체 내외의 차이가 날 뿐이다. 멧돼지의 층위적 분포도 동일한 경향을 보여주는데 사슴보다 더욱 안정적이다.[29] 아사베의 사슴과 멧돼지 출토량은 실상을 반영한다고 봐야 한다.

(2) 기술과 도구의 문제

기술발달과 도구개량에 따라 주요 포획물의 비율과 양이 변하는 경우도 있을 수 있다. 누마즈에서는 후기후엽에 돌고래어로가 성행한다(표7). 이 시기에 작살[銛]의 성능이 개량되었기 때문에 돌고래어로가 활발해졌는지도 모른다. 이러한 종류의 작살은 내륙부에 보급되지 않는다. 따라서 새롭게 개발된 어로구를 도입한 지역과 도입하지 않은 지역에서 포획된 새·길짐승 종류와 비율에 차이가 있을 것이다. 그러나 후기후엽 누마즈의 새·길짐승 조성에서 돌고래류를 제외시켜도 가이토리와 공통되는 특징이 현저한 반면, 니가데·아사베와의 차이는 여전하다. 작살 개량이 새·길짐승의 조성 전체를 바꿀 만큼 효과를 발휘하지 않았다는 것이다.

나가네(長根, 전기말~중기초두)에서는 사슴 31개체, 멧돼지 24개체가 출토되었고, 이는 가이가라즈카(貝殼塚, 전기전엽)의 사슴 14개체, 멧돼지 11개체의 두 배를 넘는다. 이 시기를 전후하여 기술발달과 도구개량이 이루어졌을지 모른다. 그러나 이 시기에 화살 성능이 비약적으로 좋아졌거나 화살 생산량이 급격히 증가했다는 증거가 없다. 적어도 현시점에서 기술발달과 도구개량을 새·길짐승의 조성 차이를 설명하는 요소로 볼 수 없을 것 같다.

(3) 환경의 영향

막연하게 '환경차이'라고 부르는 것을 환경변천과 환경변이로 구별하자. 시간을 고정해 두고(또는 전혀 한정하지 않고) 공간에 따라 관찰해 보면 환경변이를 확인할 수 있다. 하나의 경도선을 따라 해안에서 세키료산맥까지의 경관을 관찰하거나 하나의 수계를 따라 수원에서 하구까지의 경관을 관찰하는 경우를 생각해 보면 된다. 양자의 구별을 의식하면서 새·길짐승 종류와 비율을 살펴보도록 하자.

우선 이 지역 환경변천을 간략하게 살펴보자. 마츠모토 히데아키(松本秀明)는 센다이만 연안 각지의 보링자료를 바탕으로 7,900~7,500B.P.경에 해안선이 가장 내륙으로 들어오고, 5,000B.P.경에 해수면이 가장 높아지지만 이때의 해수면 높이는 현재와 변함없다고 한다. 7,900~7,500B.P.를 경계로 해수면의 상승 속도가 늦어져 정체기에 들어가고, 4,000B.P. 전후에는 해수면이 일시에 저하한다고 한다.[30] 다만 이에 앞서 해안선은 후퇴하기 시작하는데 6,500B.P. 전후에는 해진이 시작된 때(8,800~8,500B.P.)의 위치까지 후퇴한다고 한다. 마츠모토의 설명에 따르면 여기서 활용하는 데이터

는 해수면의 정체기·저하기·재상승기(?)의 3단계에 걸쳐 있지만 대부분은 저하기에 해당한다.[31]

마츠모토는 해진이 피크에 이르렀을 때 해안선이 지금보다 내륙쪽으로 20~35km 들어온 곳에 있었다고 추정하였다. 그 위치가 백합과 굴을 주체로 하는 조기후엽~전기초두의 패총 분포한계에 해당하므로 해진 연대와 고고자료가 모순되지 않는다. 하사마가와(迫川) 강, 에아이가와(江合川) 강 유역에서는 전기중엽을 경계로 하여 해변과 입강에 서식하는 백합과 바지락 패층이 해수가 들어오는 강 입구와 석호에 서식하는 일본재첩 패층으로 바뀐다.[32] 후기전엽 이후가 되면 이 지역에는 하천과 늪에 서식하는 말조개·펄조개·귀이빨대칭이·우렁이류의 패층이 나타나 만기후엽까지 계속된다. 이 지역의 지형은 매우 평탄한데 해진 시에 형성된 내만을 메운 충적평지에 흐르는 하천의 유로가 불안정하여 곳곳에 자연제방과 배후습지가 남아 있다가 결국 크고 작은 늪이 형성되었다. 후·만기의 담수성 패총은 이러한 과정을 거쳐 출현한다. 만기후엽이 되면 니가데와 누마즈 등 현 해안선과 가까운 곳에 일본재첩의 패층이 출현한다. 빈제(濱堤, Beach ridge)로 입강이 메워졌음을 말해 준다. 이러한 환경변천을 염두에 두고 새·길짐승 조성과 비율 변화를 관찰해 보자. 아오시마(青島, 중기중엽~후기전엽)[33]·가이토리(후기전엽~만기전엽)·누마즈(후기전엽~만기후엽, 다만 후기중엽·만기중엽 없음)의 데이터를 예로 들어 살펴보겠다(도 24).

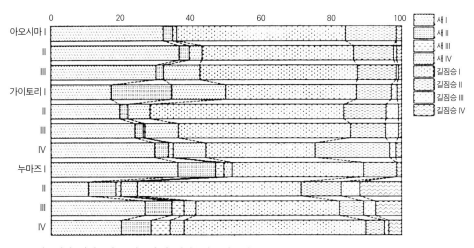

도 24 아오시마·가이토리·누마즈의 새·길짐승의 조성 동향

아오시마I: 중기중엽, II: 중기후엽, III: 후기전엽, 가이토리I: 후기전엽, II: 후기중엽, III: 후기후엽, IV: 만기전엽, 누마즈I: 후기전엽, II: 후기후엽, III: 만기전엽, IV: 만기후엽

같은 환경에 서식하는 새·길짐승을 다음과 같이 정리하였다(표 7 참조).

조류 I. 기러기·오리과. 오리류 중에는 텃새인 경우도 있지만 일본열도에서 월동하고 번식지로 돌아가는 것이 많다.

II. 기러기·오리과 외에 주로 담수역에 서식하는 것. '물새[水鳥]'라고 부른다.

III. 해안과 바다에 서식하는 것. '바닷새[海鳥]'라고 부른다.

IV. 육상에 서식하는 것. 독수리와 매과 중에는 물 근처에 서식하는 것도 있지만, 식별할 수 없다. '육조(陸鳥)'라고 부른다.

길짐승류 I. 사슴·멧돼지. 생활환경이 반드시 같지 않지만 주요 수렵대상물이므로 같은 부류로 묶었다.

II. 개를 비롯해 마을에 살거나 마을 근처 환경에도 적응하기 쉬운 것. '집짐승'이라고 부른다.

III. II보다 깊은 산림과 산간지를 선호하는 것. '들짐승'이라고 부른다.

IV. 바다짐승[海獸]. 수달은 내만·호소·하천에서 서식하지만 편의상 여기에 포함시켰다.

누마즈에서는 후기후엽(II기)에 새 비율이 급감하고, 가이토리에서도 후기전엽(I기)과 중엽(II기) 사이에 동일한 변화가 일어난다. 아오시마에서는 이러한 변화가 확인되지 않고 조성이 안정적이다. 누마즈와 가이토리의 변동은

① 새 비율이 50% 전후에서 30% 전후로 줄어들지만

② 새 출토량이 감소한 것이 아니라, 양은 증가하지만 길짐승의 증가율이 이를 능가한다

는 점이 공통적이다. 그러나

① 누마즈에서는 기러기·오리과가 가장 대폭적으로 감소하고

② 가이토리에서는 가마우지속과 꿩속의 비율이 낮아지며

③ 기러기·오리과의 비율은 약간이지만 상승한다

는 차이가 있다. 가이토리에서는 기러기·오리과 비율이 I기에서 IV기에 걸쳐 계속 상승해 IV기에는 I기의 약 1.5배 정도 증가한다. 꿩속의 비율은 III기에 회복된 후, 비율변화가 없다. 가마우지속과 같은 물새 비율도 IV기에는 II기의 2배 정도까지 회복한다. 기러기·오리과, 가마우지속, 꿩속의 비율 변동은 서로 무관하지 않은데 해안선 후퇴에 따른 담수역의 확대라는 환경변천을 반영한다고 생각된다. 그러나 누마즈에서는 기러

기·오리과 비율이 다소의 기복을 보이면서 저하한다(도24).

  만약 새·길짐승의 조성과 주요 포획물의 구성과 비율이 환경변천의 영향을 받는
다면, 동시기인 후기전엽의 아오시마III기·가이토리I기·누마즈I기의 조성에서 동일
한 양상을 지적할 수 있다. 새·길짐승의 비율이 큰 차이가 없는데 가이토리와 누마즈
의 비율은 거의 일치한다. 각종 길짐승 비율도 큰 차이가 없지만 새의 종류와 비율은
각기 다르다. 기러기·오리과의 비율이 아오시마와 누마즈 간의 차이가 4%를 넘는 정
도에 지나지 않고, 누마즈와 가이토리 간의 차가 두드러진다(표8). 그러나 아오시마와
가이토리에서는 백조속과 기러기속을 합친 비율이 오리류와 그다지 차이가 없는데 누
마즈에서는 오리류의 1/3에 머무른다. 가마우지속과 같은 물새 비율은 출토량이 많은
가이토리와 누마즈가 유사하고, 아오시마와는 큰 차이가 있다. 아오시마와 가이토리에
서는 꿩속이 일정량 출토되는데, 누마즈에서는 출토량이 미미하다(표8). 동시기라도
위치가 동떨어져 있으면 새와 길짐승의 비율에 무시할 수 없는 차이가 나타난다. 아오
시마I기·II기(도24)와 아사베(표7), 가이토리IV기·누마즈III기(도24)와 니가데(표7)
도 예외는 아니다.

  지금까지 관찰한 유적에 가이가라즈카·나가네·다테(館, 후기말~만기초두)[34]의 데
이터를 추가하여 주요 포획물의 조성을 살펴보자(표8, 도25). 시기와 관계없이 길짐승
의 비율이 높은 순으로 배열하였다. 주요 포획물의 비율은 모두 다르다. 그중에서 누마
즈·가이토리와 아오시마, 나가네와 다테, 니가데와 가이가라즈카는 각각 새·길짐승

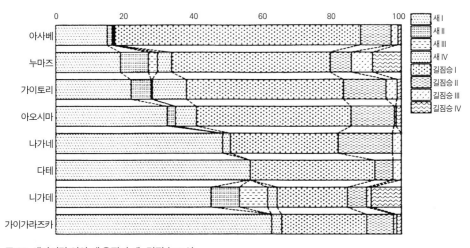

도 25 센다이만 연안 제 유적의 새·길짐승 조성

표 8 센다이만 연안 제 유적의 새·길짐승 비율

유적 \ 동물		조류				포유류			
		I	II	III	IV	I	II	III	IV
아사베	내륙연안	15.0	1.5	0.5	0.5	71.0	9.0	2.0	0.5
가이토리		21.9	6.0	0.4	9.8	45.6	12.4	3.4	0.8
아오시마		32.5	2.5		6.1	45.1	12.7	0.6	1.0
나가네		49.4			2.3	32.0	16.3	2.4	
다테		56.4				36.2	5.5	2.2	
가이가라즈카		63.0			3.0	25.0	8.0	1.0	1.0
니가테		45.1	8.2	8.2	2.8	20.6	5.6	1.4	8.3
누마즈		18.7	8.2	2.7	4.1	45.6	6.4	6.1	7.8

의 비율이 비슷하다. 특히 지리적으로 근접하는 나가네와 다테, 니가테와 가이가라즈카의 두 조성이 전기말~중기초두와 후기말~만기초두, 전기전엽과 만기전엽이라는 연대차가 있음에도 불구하고, 새·길짐승 비율이 비슷한 점이 주목된다. 이는 앞서 아오시마·가이토리·누마즈의 동시기 조성을 조사한 결과와 일치하는 현상이다. 즉 연대가 같아도 지리적인 격차가 있으면 새와 길짐승의 조성이 다르고, 연대차가 있어도 지리적인 위치가 가까우면 일치까지는 아니더라도 유사하다.

앞에서 마츠모토가 추정한 해진이 피크에 달한 연대와 해안선 위치를 소개하였는데, 연대와 위치에 모두 폭이 있었다. 이 폭은 주로 지역 간의 연대·규모 차이를 나타낸다. 마츠모토는 해안의 전진 및 후퇴가 하천이 운반하는 토사량과 매립된 해저의 용적 등의 국지적인 조건에 좌우된다고 하였다.[35] 새·길짐승의 조성과 비율 양상도 바로 이러한 국지적 요인에 좌우된다고 봐야 할 것이다. 만약 센다이만 연안의 환경변천이 새·길짐승의 비율을 좌우한다면, 이런 현상이 일어날 리 없다. 새·길짐승 조성에서 알 수 있는 것은 환경변이이지 환경변천이 아니다.

3. 새와 길짐승 조성의 유형

(1) 설정의 전제

장황하고 충분하지 못한 설명이었지만 센다이만 연안 여러 유적의 새·길짐승 조합을 좌우하는 것이 유적을 둘러싼 환경이라고 지적하였다. 어찌 보면 이는 매우 상식적인 판단이라 군이 설명할 필요가 없을지 모른다. 그러나 이 판단은 증거가 불충분한

가설에 지나지 않는다. 예를 들어 가이토리II기에서 IV기에 걸친 기러기·오리과 비율의 상승, 이에 따른 꿩속 비율의 변화는 유적 주변에 습지와 호소가 확대된 결과라고 해석할 수 있다. 마찬가지로 아오시마I기에서 III기에 걸친 꿩속의 증가는 나무가 듬성 듬성 들어서 있는 숲[疏林]과 초지가 확대된 결과로 볼 수 있다. 그러나 가이토리와 아오시마 부근의 미지형과 식생변천은 아직 확인되지 않았다. 장래 미지형과 식생의 역사가 밝혀지면 이러한 추측의 타당성을 확인할 수 있을 것이다.

또한 지금까지 환경변천과 환경변이라는 입장에서 데이터를 관찰하였다. 그러나 가이토리II기와 누마즈II기에 길짐승 비율이 상승하는 이유를 환경변화라고만 볼 수 있을까? 누마즈도 가이토리도 사슴과 멧돼지 출토량이 급증하고, 누마즈II기에는 I기에 전혀 없던 돌고래류가 36개체나 출토된다. 비록 길짐승이 증가한 직접적 원인이 자연환경 변화에 있었다고 해도 포획물의 증가라는 사건에 사회적인 의미가 없을 리 없다. 포획물의 증가 원인을 기술발달과 도구개량에서 찾기에 현재 우리에게 허락된 데이터가 너무 불충분하므로 신중한 태도를 견지해야 한다. 오히려 취락 성격과 수렵 및 어로의 사회적인 의미와 기능 변화라는 입장에서 분석을 진행하는 것이 가설 내용과 검증 수단을 풍부하게 만드는 일일 것이다.

본 절 2의 (1)에서 데이터의 변형문제를 언급하였다. 아사베의 사슴 출토량은 다른 유적에 비해 이상할 정도로 많다. 그러나 이미 설명하였듯이 층별 출토량이 안정적이므로 제시된 데이터가 실상을 그대로 반영한다고 봐도 좋다. 오히려 아오시마III기와 가이토리I기의 꿩속, 가이토리I기의 가마우지속처럼 실제 수량 20개체 전후의 높은 비율을 보여 주는 쪽이 우연히 집적되었을 가능성이 높다. 데이터가 어딘가로 편중되어 있다면 모든 해석과 가설은 무너져 버린다. 현재 출토층위와 평면분포 외에 유효한 검증 수단이 없다. 출토자료를 모집단을 대표하는 샘플로 취급할 수 있는 조사방법을 확립할 필요가 있다.

(2) 유형 설정

이상의 문제를 인식하고 지금까지 소개한 데이터를 몇 개 유형으로 정리해 보았다. 먼저 공통되는 특징을 살펴보자.

① 반드시 기러기·오리과, 사슴, 멧돼지를 포함하고 이들을 합친 비율이 70~80%에 달하고 90% 후반대인 경우도 있다.

② 사슴의 비율은 항상 멧돼지 비율을 상회하는데 그 차이는 5% 전후이다.

③ 개를 제외한 집짐승의 비율은 대부분 5~7% 전후이고 많아도 10% 후반대이다.

④ 들짐승의 비율이 매우 낮고 높아도 4% 이하, 대부분의 경우 1~2%이다.

가이가라즈카·누마즈·니가데 조성을 연안성이라 할 수 있다. 연안성의 조성은 기러기·오리과 중에 오리류의 비율이 압도적으로 많고 바닷새와 바다짐승의 비율이 다른 조성보다 높다는 점이 공통된다(표 8). 그러나 누마즈처럼 청둥오리급의 오리류가 주류를 이루는 경우와 니가데처럼 쇠오리급의 오리류가 주류를 이루는 경우가 있다. 게다가 가이가라즈카의 조성에는 바닷새와 바다짐승이 없다. 삼각주·석호를 가까이에 둔 만구 또는 하구(누마즈), 삼각주·갯벌이 발달하지 않는 내만의 만구(니가데), 내만 깊은 곳(가이가라즈카)이라는 입지조건을 고려하면 이 차이들을 설명할 수 있다.

가이가라즈카와 니가데에서는 사슴과 멧돼지 비율이 매우 낮다(도 25). 니가데와 마주하는 위치에 있는 사토하마니시하타(里浜西畑)에서도 사슴과 멧돼지의 출토량이 많지 않다.[36] 마츠시마만 연안의 유적에 공통되는 특징이다. 누마즈에서는 사슴과 멧돼지 비율이 가이토리와 같은 45% 전후이다(표 8). 이것도 기타카미(北上)산지의 남록에 해당하는 누마즈와 도서 및 산줄기로 둘러싸인 마츠시마만이라는 환경차이로 설명할 수 있다. 누마즈를 하구·구릉형,[*12] 니가데와 가이가라즈카를 내만형이라고 하자. 내만형은 다시 만구와 만 안쪽의 아형으로 세분된다.

나가네·아사베·아오시마·가이토리·다테의 조성을 내륙성이라고 하자. 내륙성 조성에는 기러기·오리과 가운데 백조속과 기러기속의 비율이 높고, 바닷새와 바다짐승의 비율이 1% 이하인 점이 공통된다.

가이토리의 조성에서는 사슴과 멧돼지의 비율이 45% 전후, 기러기·오리과의 비율이 20% 후반대인데 백조속과 기러기속이 기러기·오리과의 과반수를 점한다. 꿩속의 비율도 5%를 넘고 기러기·오리과 외의 물새 종류도 많다(표 8). 사슴·멧돼지, 꿩속이 서식하는 삼림·초지와 기러기·오리과가 서식하는 호소·습지의 균형 잡힌 환경을 추정할 수 있다. 가이토리는 내륙성 조성의 전형을 보여 주는데, 삼림·호소형이라 부르도록 한다.

아사베의 새와 길짐승 비율은 전형적인 삼림·호소형(가이토리·아오시마)과 큰 차이가 있는데, 새와 길짐승의 종류로는 나가네나 다테보다 가이토리에 가깝다. 나가네와 다테의 조성은 백조속과 기러기속의 비율이 높다는 점에서 가이토리와 공통된다.

그러나 물새가 없고 육조의 비율도 매우 낮다. 사슴과 멧돼지 비율은 아사베보다 40% 전후, 가이토리보다 15% 정도 낮다.

아사베는 기타카미가와(北上川) 강 본류에 면해 있어 유적 주변에 기러기·오리과의 먹잇감이 많은 호소·습지가 그다지 발달하지 않았을 가능성이 있다. 기러기·오리과의 포획에 큰 기대를 할 수 없는 조건하에서 사슴과 멧돼지 포획의 비중이 높아진 결과일 것이다. 현재 나가네와 다테에 물새가 없는 이유를 설명하기 어렵다. 그러나 사슴과 멧돼지만이 아니라 꿩속의 비율이 낮은 점은 호소·습지의 면적에 비해 삼림·초지의 면적이 한정되었음을 보여 주는 것이 아닐까? 아사베를 삼림·호소형[*13]의 삼림 아형, 나가네·다테를 호소 아형으로 볼 수 있다.[37]

유형과 아형은 물가 및 수중자원 이용을 전제로 성립된다. 이 전제조건이 결여된 지역, 예를 들어 미야기현 북부의 호소지대를 둘러싼 구릉지에서는 육조가 아사베의 기러기·오리과를 대신하고, 나아가 길짐승에 비중을 둔 조성이 확대된다고 추정된다. 더욱 산간부로 들어가면 산양과 반달가슴곰 등의 산간부 특유의 요소가 더해질 것이다. 아마도 이 내륙 및 산간부의 유형과 아형들에는 지역성이 희박할 것이다.

제3절 계절 추정

제2절에서 조몬인의 수렵활동 한 예로 센다이만 연안에 위치한 몇몇 패총의 새·길짐승 조성을 소개하고, 내만형, 하구·구릉형, 삼림·호소형으로 나누었다. 그다지 넓지 않은 지역에 몇 개 유형을 설정할 수 있다는 것은 그만큼 경관의 변화가 풍부하기 때문이다. 조몬인은 이 조건을 교묘하게 이용하여 생활기반을 구축하였다. 그들은 통합을 찾아서 넓은 범위로 교류하는 한편 고유 영역 속에서 할거하며 자립한다. 다양한 활동 가운데 생업의 측면에서는 할거하는 경향이 나타난다. 수렵채집활동에 의존해서 생활하려면 주변 자연을 완전히 알아야 한다. 생업에 보이는 할거경향은 당연한 결과이다. 단지 할거경향을 지적하는 것만으로는 부족하고 깊이 있는 분석이라 할 수 없다.

이 문제는 조몬인의 영역·생활권·지역사회의 교류 문제와 깊이 관련된다. 여기서는 심도 깊은 논의를 피하고, 제2절에서 소개한 데이터를 축으로 하여 조몬인의 생업을 복원하는 몇몇 문제에 대해 살펴보고자 한다.

1. 계절을 추정하는 원리와 현상

앞에서 서술한 것처럼 센다이만 연안의 수렵활동 유형은 기러기·오리과, 사슴·멧돼지 등 주요 포획물의 비율 차이를 나타낸다고 봐도 무방하다. 수렵을 중심으로 하는 노동활동의 차이라고도 할 수 있다. 그러면 수렵시즌이 아닌 계절에는 어떠한 활동을 하였을까? 바꾸어 말해 다양한 생업활동은 사계절 동안 어떻게 나누어졌을까? 다양한 생업이 언제 이루어지는가? 이것을 어떻게 나누는가 하는 문제를 생각해 보자. 계절 추정이라는 작업의 범위를 약간 유동성 있게 파악하여 생업이 이루어지는 계절만이 아니라, 층이 퇴적되고 시설이 구축되는 계절도 함께 살펴보자.

계절을 추정하는 방법에는

① 층의 모재(母材)와 퇴적물의 특징에 따른 추측

② 동식물의 생태를 바탕으로 한 추측

③ 유체 그 자체의 검사를 통한 사정(査定)

의 세 종류가 있다. 유럽에서는 ①이 계절 판정은 물론, 환경복원의 수단으로 정착하고 있다. 그러나 일본에서는 요즘에 들어서야 겨우 지형과 지리 연구자가 이 방면에 주의를 기울이게 되었다. ②는 ③에 비하여 추정의 폭이 크다. 대신에 동식물의 생태에 대한 어느 정도의 지식만 있으면 전문가가 아니더라도 대략적 추측이 가능하다는 이점이 있다. 그러나 화분과 종자·과실의 경우는 전문가가 아니면 하기 어렵다. 동물도 동물분류학·생태학 전문가의 조언이 없다면 낭패를 보기 쉽다. 우리에게 필요한 지식을 가진 전문가가 손으로 꼽을 정도로 적다는 것이 일본의 현상황이다. 일본의 동식물 과학이 박물지(博物誌) 전통에 뿌리를 내리고 있지 않다는 점에 그 원인이 있다.

누구나 언제 철새가 오고, 언제 식물이 열매를 맺는지 안다. 수목의 나이테도 온도가 높은 계절에 생긴 부분과 온도가 낮은 계절에 생긴 부분을 구별할 수 있다. 계절을 추정하는 단서가 되는 모든 현상을 '계절지표'라고 부른다.

동식물의 유체를 계절지표로 활용한 역사는 19세기중엽 보르사에(Worsaae), 스틴스트룸(Japetus Steenstrup), 폴히하머 등의 위원회가 세계에서 가장 먼저 패총조사를 실시한 때로 거슬러 올라간다.[38] 1930년대에는 순록과 붉은사슴의 낙각(落角)과 생각(生角), 유치와 영구치 비율을 통해 치밀한 논의가 이루어졌다.[39] 1954년에 간행된 스타 카(Star Carr)보고서는 세계 각지 연구자들에게 지대한 영향을 미쳤다.[40] 1970년대 후반부터 1980년대 초에는 '성장선 분석'이 고고자료에 응용되어[41] 추정의 정확도가 더욱 높아지게 되었다. 이 수법은 바로 일본으로 전해지고 1980년대에는 계절 추정이 겨우 패총 조사보고의 정석의 하나로 자리잡게 되었다. 보르사에의 업적으로부터 1세기와 1/4이 지난 뒤의 일이다.

현재 식물의 계절지표는 나무열매, 풀 종류가 중심이다. 도토리, 칠엽수열매, 밤, 호두 등의 수확기가 가을임에 틀림없다. 그러나 이 견과류들을 보통 저장해서 사용한다. 다래 등의 과실, 나무딸기[木苺]류 등의 베리류처럼 저장하지 않고 먹는 것, 이용되었는지 알 수 없는 잡초의 종자 등이 계절지표로 더욱 유효하다.

동물로는 철새, 계절적으로 회유하는 어류와 바다짐승 등이 유효한 계절지표이다. 어골 크기에서 몸길이[體長]를 분석하여 그 차이(체장조성)를 조사하면 잡은 계절을 추정할 수 있다. 이에 대해서는 뒤에 설명한다. 인골에 붙어 있는 쉬파리의 번데기 껍질에서 매장 시기를 추정한 예도 있다.[42]

생물유체를 통한 계절 판정은 길짐승의 이빨, 물고기 비늘, 패각, 수목 등을 대상으로 한다. 모든 생물의 성장속도가 온도와 영양 공급량 등의 차이에 따라 일정한 주기로 변화를 반복하는 점을 기초로 한다.[43] 이상의 예로 알 수 있듯이 이 분야의 연구에서 식물은 그다지 유용하지 않다. 그렇다고 무용지물은 아니고 장래 유망한 방법도 있을 것이다.

나스 타카요시(那須孝悌)의 이야기에 따르면 나가노현 나카마치(仲町)의 초창기 토양 매몰토에서 칠엽수 화분이 대량으로 검출되었다고 한다. 나스는 초여름에 연둣빛 꽃을 피우는 칠엽수 가지를 주검 위에 올려쌓고 자연 속으로 돌려보낸 것이라고 추정하였다. 앞으로 계절을 추정하는 데 화분분석이 위력을 발휘하는 경우도 늘어날 것이다. 수목의 나이테분석은 나라문화재연구소(奈良文化財研究所) 등에서 진행하고 있는데 연륜연대 확립에 전력을 다하고 있다. 실적이 쌓이고 여력이 생기면 계절 추정의 유력한 무기가 될 것이다. 만들다 만(드물게 완성된) 목기에는 나무껍질이 그대로 남아 있기도 한다. 나이테를 알 수 있다면 원목을 벌채한 계절을 알 수 있고 목기를 만든 계절도 추정할 수 있다.[44]

온대와 한대에서는 수목 성장이 기온과 강우량에 좌우된다. 기온이 낮아지는 계절에는 수목의 생육이 더뎌져 치밀하게 꽉 찬 부분[冬材·冬輪]이 형성된다. 기온이 높아지면서 성장은 빨라져 조직이 성근 부분[春材·春輪]이 생긴다. 벌채된 나무의 절단부를 관찰하여 가장 외측에 춘재가 형성되어 있으면 이 나무를 벌채한 시기가 저온기에 들어선 후이고, 동재가 확인되면 고온기에 들어선 후라고 판단할 수 있다. 동재·춘재의 수를 헤아리면 그 수목이 벌채된 때의 수령도 알 수 있다. 이것이 나이테를 파악하는 원리이다.

수목은 외부로부터의 영향을 차단하고 생명을 유지하는 데 필요한 활동('성장'은 그 결과이다)을 가능한 한 안정된 상태로 유지하는 장치(homeostasis)로 나무껍질밖에 없다. 그러므로 한대와 온대의 수목 성장은 일 년마다의 높고 낮음을 반복한다. 기온보다 체온을 높게 유지하여 활발한 생리작용을 유지하는 것은 제한된 종류의 동물만이 획득한 체계이다. 조개와 물고기 등의 변온동물의 항상성(homeostasis)은 이렇게까지 발달해 있지 않다. 영양 섭취와 노폐물 배출은 기온이 높은 계절에 활발하고 기온이 낮아지면 덜 활발해진다. 조개와 물고기도 완급의 성장속도가 급격하고 규칙적이다. 새나 길짐승처럼 체온을 조절하는 동물도 이빨과 뼈는 항상성이 약하므로 조개와 물고기처럼 성장의 고저가 두드러진다.[45]

이러한 이유로 이빨, 비늘, 패각 등에서도 수목의 동재와 춘재에 해당하는 패턴을 읽어 낼 수 있다. 이빨·비늘·패각의 절단면을 얇게 벗겨 내어 박편표본으로 만든다. 프레파라트를 현미경으로 관찰하면 수목의 나이테와 같은 호선모양이 보인다. 이 호(縞)가 '성장선'이다. 폭이 좁고 색이 짙은 호는 성장이 더딘 부분(도 26-1~3), 색이 엷고 폭이 넓은 호는 성장이 빠른 부분에 해당한다. 짙고 엷음의 한 쌍이 성장의 한 주기를 나타낸다. 이빨이나 비늘도 수목과 마찬가지로 춥고 따뜻함의 주기이고 패각은 만조와 간조(干潮)에 따른 주기이므로 동일한 주기라고 해도 시간의 길이는 360배 이상 차이난다.

수목에 '거짓 나이테'가 생겨 한 쌍의 춘륜과 동륜이 일 년을 나타낸다고 볼 수 없는 경우도 있다. 비정상적인 기온과 강수량, 그 결과로 나타나는 수목의 비정상적인 생리작용이 원인이다. 이빨·비늘·패각에도 이상한 성장선이 생기는 경우가 있다. 〈도 26〉의 멧돼지 이빨에 상아질과 시멘트질의 경계(→) 부분에 비정상적인 성장선이 보인다. 몇 개의 성장선에서 어느 것이 정상이고 비정상인지를 정확하게 판별하는 데에는 상당한 경험이 필요하다.

가장 외측에 있는 성장선이 춘륜인가 동륜가에 따라 인간이 포획한 계절과 당시의 연령도 알 수 있다. 출토자료의 중요한 표면이 부식되어 판정 시에 어느 정도 폭을 고려해야 하는 경우도 있다(도 27). 또한 길짐승 이빨은 개체마다 유치와 영구치가 교체되는 시기가 다르고 환경에도 좌우된다. 특정 결과에도 반 년에서 일 년 전후의 오차가 발생한다.

성장선을 관찰하여 포획 계절과 연령을 파악하는 것이 '성장선 분석'이다. 길짐승의 성장선 분석은 오타이시 노리유키(大泰司紀之)가 먼저 현생 사슴을 통해 분석하였고, 오타이시와 고이케 유코(小池裕子)는 조몬시대 사슴에 응용하였으며[46] 최근에 멧돼지의 관찰결과도 정리하였다.[47] 조개의 성장선 분석의 축이 되는 것은 고이케 유코의 백합 연구이다.[48] 백합 외에 최근 몇 년 사이에 꼬막, 바지락 등을 분석한 성과를 발표하고 일본재첩의 성장선 관찰도 진행한 바 있다.[49] 농림수산성과 어업회사의 자원조사에서는 물고기 이석(耳石)의 성장선을 이용한다.[50] 연령은 물론 포획 계절도 알 수 있다. 자원조사의 경우, 연령과 포획 계절을 이미 알기 때문에 문제되지 않는다. 외국에서는 이석을 관찰하여 생업 및 거주 계절을 추정한 업적도 있다.[51] 일본에서는 아직 고고자료에 이

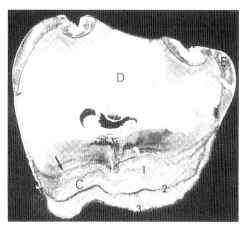

도 26 멧돼지의 구치(臼齒) 성장선[단바사사야마(丹波篠山)산]
에나멜질(E) 안쪽의 상아질(D)에도 성장선이 보이지만, 그 아래의 시멘트질(C)만큼 선명하지 않다. 형성이 완료된 춘륜이 3개·동륜이 2개이다. 이 개체는 3번째의 동륜(3) 형성 중에 포획되어 추정연령 2.5세이다(주 47 문헌에서). 축척 약 8.5배.

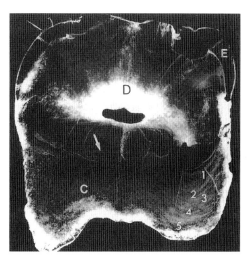

도 27 멧돼지의 구치 성장선[이카와즈(伊川津)산]
동륜이 5개까지 보이고(흰색 숫자 1~5), 그 바깥쪽의 성장선은 이빨 표면이 부식되어 보이지 않는다. 추정연령 6~7세(주 47 문헌에서). 흑백반전상(黑白反轉像). 축척 약 8.5배.

방법을 응용했다는 이야기를 듣지 못했다. 동물유체를 연구하는 소수의 연구자들에게 모든 것을 요구하는 것은 무리이다. 그러나 돔류, 가다랑어, 참다랑어 등 중형 이상의 물고기 등뼈의 춘륜과 동륜을 육안으로 파악할 수 있다. 이것도 미국에서는 고고자료

에 응용된 바 있으나[52] 조몬의 패총에서 물고기 연륜을 분석했다는 이야기를 들은 바 없다. '상식'과 일상 경험을 활용할 수 있는 여지가 아직 많다.

2. 계절 추정

생태를 바탕으로 추측하거나 열도 안팎에 겨우 남아 있는 습속을 바탕으로 유추한다. 적어도 현시점에서 이 외에 식물성 자원(특히 견과, 땅속줄기, 구근 등)의 수확기를 추정할 방법이 없다. 계절 추정에 관한 한, 식물유체가 있건 없건 마찬가지라고 말하고 싶을 정도로 식물을 통해 계절을 추정하는 방법의 개발이 늦어지고 있다.

동물의 경우에는 고고자료를 통해 추측과 판정이 가능하다. 모든 조몬인이 식물성 식료 없이 살았던 것은 아니므로 동물성 식료의 공급이 끊어지는 계절과 비축한 식량이 바닥을 드러내는 계절을 파악하고, 그 구멍을 메우는 수단으로 식물성 자원을 채집하는 계절과 비축의 규모와 수단을 추측하는 것이 확실한 방법이다.

(1) 아사베유적에서의 계절 추정

필자가 예전에 실시한 미야기현 아사베의 새·길짐승을 통한 계절 추정[53]을 도마 위에 올려 보자. 이 패총의 위치와 시기는 제2절에서 언급하였으므로 생략한다. 패층의 범위는 남북 10m, 동서 6m 정도이다. 크게 보면 층의 경사와 두께는 다이기(大木)*[14]8b 이전, 다이기9 전반, 다이기9 후반으로 완-급-완, 얇음-두꺼움-두꺼움으로 변한다(도 28).

새와 길짐승은 그들에게 미안한 이야기이지만 가을에서 겨울 전반에 식료나 털의 이용가치가 가장 높다. 따라서 조몬시대에도 새와 길짐승의 수렵 절정기가 일본 법률

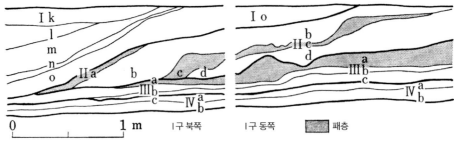

도 28 아사베패총 Ⅰ구의 토층 단면

표 9 아사베패총의 사슴, 멧돼지, 기러기·오리과의 층위별 분포(주 48 문헌 표 I·II를 일부 수정)

층서	시기 (다이기식)	사슴	멧돼지	큰고니	쇠 기러기	큰 기러기	오리 중	오리 소		비고
Ⅰ l	9신	4	1		1	1			7	사질
m	〃	6	2					1	9	점토질실트
n	〃	7	4	2					13	사질(소토알갱이 포함)
o	〃	11	4	1		2			18	점토질실트
Ⅱ a	9고	5	5	3	1	1	1	1	17	조개(일본재첩**·펄조개)
b	〃	6	4	1		1	3	1	16	점토질실트
c	〃	7	5	1	1	1			15	조개(일본재첩**·둥근논우렁이)
d	9이전	6	1	1					8	롬*(목탄편 포함)
Ⅲ a	8b	7	1						8	조개(펄조개**·귀이빨대칭이?)
b	〃	5							5	롬*
c	〃	1							1	파쇄조개(일본재첩**·우렁이)
Ⅳ a	〃	3							3	점토
b	8a, 8b	3	4						7	모래
		71	31	9	3	6	4	3	127	

*: 모래·실트·점토가 동일한 비율로 포함된 '토양', **: 주류가 되는 종

상의 수렵시즌에 해당하는[54] 이 시기였음에 틀림없다는 것은 현재의 상식에서 추론 가능하다. 조몬인은 수렵을 생활수단의 한 방편으로 이용하였다. 상식이 통용된다고 단언할 수 없다. 상식에 의존하지 않고 수렵시즌을 추정하는 방법이 없을까? 주요 포획물─사슴·멧돼지와 기러기·오리과의 새가 문제이다.

아사베에서는 기러기·오리과의 새가 가장 확실한 계절지표이다. 남북으로 이어지는 사면의 서쪽에 설치한 폭 2m의 트렌치 가운데 북에서부터 J-M의 4구에서 기러기·오리과 뼈가 거의 출토되지 않는다. G-I의 3구에서는 기러기·오리과 뼈가 출토되는 층과 출토되지 않는 층이 있다(표 9). 이를 어떻게 해석해야 할까? 아사베에서 동쪽으로 6km 정도 떨어진 곳에 있는 이즈누마(伊豆沼) 습지에서는 11월 중순이 되면 기러기·오리과의 새가 도래하기 시작한다. 추위가 심해지면서 도래하는 새의 수와 종류가 많아지고 2월에는 열도에서도 1·2위를 다툴 정도로 많은 수가 월동한다. 3월에 들어서면 이즈누마 습지를 떠나기 시작하여 월말에는 거의 자취를 감춘다(표 10). 기러기·오리과의 수렵시즌 절정기는 이를 전후한 시기, 즉 절기상 대한(大寒)쯤이라고 생각하면 된다.

기러기·오리과 뼈가 출토되는 층은 12월에서 다음 해 3월 사이, 출토되지 않는

층은 4월에서 10월까지 사이에 퇴적되었음이 분명하다. 사슴과 멧돼지는 기러기·오리과 뼈가 출토되지 않는 층(예를 들어 IIIa보다 아래층들)에서도 출토된다. 그러나 기러기·오리과가 출토되는 층에서의 개체 수가 출토되지 않는 층보다 많다. 따라서 필자는 사슴·멧돼지 수렵이 봄과 여름에도 이루어졌지만 최성기는 기러기·오리과 수렵을 전후한 시기였음에 틀림없다고 1970년에 생각했다. 잘못된 판단은 아니지만, 추측에 일부 맹점이 있고 설명이 충분하지 못한 부분도 있다.

(2) 토층 관찰

하나의 '층'이 퇴적되기 시작하여 끝날 때까지 어느 정도의 시간이 걸리는지에 대해 살펴보자. 한 매(枚)의 층이 수일에서 1~2주 정도 사이에 형성된다면 별문제가 되지 않는다. 그러나 수개월이 걸린다면, 기러기·오리과의 뼈가 출토되었을 때 이 층이 겨울 동안 퇴적되었다고밖에 이야기할 수 없다. 아사베의 경우는 기러기·오리과 뼈가 출토되었기 때문에 겨울에 퇴적되었다고 보는 것이 아니다. 층의 모재·규모·단면 형상의 관찰이 판단의 근거이다.

상부(Il~Io)에서는 사질층과 점토가 섞인 실트층이 교대로 퇴적[互層]되어 있다. 입자가 거친 것과 조밀한 것이 반복적으로 퇴적된 것이다. 경사와 공급되는 물질의 성질과 양이 변하지 않는다면, 흐르는 물의 양이 많고 유속이 셀수록 뒤에 남는 물질의 양이 많고 입자가 거칠어진다. 사질과 점토가 섞인 실트 교호층은 강수량이 많은 계절과 적은 계절의 퇴적이 반복된 결과라 볼 수 있다. 또한 층이 노출되어 있는 시간에 비례해서 평면범위가 넓고 두께는 얇아지며 단면형태는 요철이 없어져 렌즈형 또는 방추형에 가까워진다. 아사베의 층은 매우 불규칙한 형태이다(도 28). 층이 노출되어 있던 시간이 짧게는 수일, 길어도 수주일을 넘지 않을 것이다.

고고학을 전공하는 사람의 고유한 무기의 하나가 토층 관찰이다. 계절성을 추정할 때에도 이 무기는 중요하다. 아사베의 층서를 이렇듯 자세하게 설명한 것도 이것을 이야기하고 싶었기 때문이다. 그런데 아사베의 층서 관찰은 결코 충분하지 않다. 한 매의 '층'이 오카무라 미치오(岡村道雄)가 강조하는 퇴적의 최소단위[55]인지도 확인할 수 없다. 그러므로 겨울에 퇴적되었다고 판단되는 층을 겨울에도 퇴적된 것이 아닌가라고 묻는다면, 반론할 수 없다. 다만 짐승의 뼈와 생태를 실마리로 하여 계절을 추정할 때 하나의 '체적의 최소단위' 속의 자료로는 아무것도 말할 수 없다. 이것이 이 방법의 약점인데 자료의 정리방법과 선택방법을 더욱 고안해야 한다.

　아사베에서는 기러기·오리과의 뼈가 출토되지 않는 층에서 가마우지속의 뼈가 출토된다. 가마우지속은 사계절 내내 같은 장소에 서식하는 경우가 많아 이것만으로는 판단에 도움이 되지 않는다. 그러나 IIk층에서 출토되는 하나의 상완골은 뼈의 표면에 스펀지처럼 무수한 작은 구멍이 나 있다. 성장한 새와 길짐승 뼈는 단단하고 표면이 반질하며 광택이 있다. 성장하면서 콜라겐섬유의 입체적 조직에 인산칼슘 결정이 스며들어 골화된 결과이다. 갓난새끼와 병아리의 경우 뼈 형태를 겨우 유지하므로 콜라겐이 없는 뼈는 스펀지처럼 된다. IIk층의 가마우지 뼈는 골화가 진행되지 않았지만 크기는 성조(成鳥)와 차이가 없다. 곧 둥지를 떠날 예정인 어린 새로 여름이 끝날 즈음에 포획되었을 것이다. 야생 동물이 번식하는 계절은 거의 정해져 있으므로 뼈를 통해 성장정도를 알 수 있다면 계절 추정이 가능하다.

　새·길짐승은 죽을 때까지 골화가 진행된다. 그러나 사슴뿔은 일년마다 골화를 반복하는데 봄~여름은 골화되지 않은 대각(袋角),[15] 가을~겨울은 골화된 나각(裸角)[16]이 된다. 나각은 4월중순~5월에 탈락되고 6월에는 다시 대각이 생긴다. 유기질이 빠진 대각은 갓난아기의 뼈처럼 스펀지같이 된다. 아사베에는 대각이 전혀 없고, 대부분 각좌뼈에서 두개골로 이어진 뿔[生角]이 출토되었다. 자연적으로 탈락된 나각(낙각)은 뼈에 붙는 자리[角座]가 거친 면을 이루므로 잘려나간 뿔과 혼동될 리 없지만 이것도 적다. 나각은 초가을에서 봄의 중엽까지 사슴 머리에 달려 있다. 일정량의 사슴 뼈가 출토되는 층에서 기러기·오리과 뼈도 출토된다. 그렇다면 사슴사냥의 최성기가 겨울이라고 보아도 무방하다.

　긴카잔(金華山)산의 사슴을 관찰한 경험에 비추어 볼 때, 1월에는 전년도 봄에 태어난 새끼의 사체가 눈에 띄게 많고 일부 성장한 개체도 확인되는데 살은 전혀 없다. 11월과 12월이 사슴사냥의 최성기임을 말해 준다. 니시모토 토요히로(西本豊弘)가 단바사사야마(丹波篠山)산에서 관찰한 바로도 정육점에 멧돼지가 많아지는 것이 1월 이후라고 한다. 멧돼지사냥도 사슴사냥과 같은 시기에 최성기를 이루었을 것이다.

　아사베에서는 새·길짐승 외에 재첩·우렁이·펄조개(?)와 같은 조개, 붕어·기바치(ギバチ, *Pseudobagrus aurantiacus*)[17]와 같은 물고기도 출토된다. 패류인 말조개·귀이빨대칭이, 물고기인 민물장어·미꾸라지를 추가하면 이 부근 담수산 패총에서 출토되는 주요 어패류가 거의 확인되는 셈이다. 대부분 하천 웅덩이와 습지에서 서식한

다. 이와테현 가이토리와 미야기현 나카자와메(中澤目)에서는 말조개, 나카자와메와 다테에서는 누치, 미야기현 산노(山王)에서는 황어가 출토된다. 이들은 하천 중류에서 하류의 여울과 웅덩이에서 서식한다. 이와테현 이와야(岩屋)동굴처럼 산중턱에 있는 유적에서는 강진주조개의 패각과 육봉형(陸封型) 연어과의 등뼈[56]가 출토되었는데 모두 수온이 낮은 급류에 서식한다. 크게 보면 혼슈 동북부에서는 하나의 수계 속에서 지리적인 위치와 미지형에 따라 어패류의 종류가 다양하게 변화(=변이)함을 보여 준다.

(3) 어패류의 포획시기

이 어패류들을 언제 포획하였을까? 하구와 바다에서 잡을 수 있는 물고기의 경우는 어로시기를 꽤 확실하게 추측할 수 있다. 일본재첩을 이 속에 포함시켜도 좋다. 백합·꼬막·바지락을 통한 계절 추정은 이미 실용단계에 와 있다. 그러나 센다이만 연안의 담수산 패총으로 이루어진 조개와 물고기에 대해서는 전혀 검토된 바 없다. 현재 혼슈 동북부의 조몬인이 은어와 산천어를 잡았는지조차 알 수 없다. 중류역에서 상류에 걸친 하천 및 호수, 늪—내수면(內水面)에서의 어로 구성도 아직 모르는 부분이 많다. 동물의 생태와 전통적인 생업을 통해 추측할 수 있을 뿐이다.

펄조개와 우렁이는 여름 산란기(7~8월)를 피해 잡기 쉬워지는 가을~겨울의 갈수기에 포획되었을 것이라는 정도밖에 추정할 수 없다. 붕어와 미꾸라지는 산란기나 갈수기에 무리를 이루므로 대량으로 잡을 수 있다. 붕어와 미꾸라지는 갈수기가 되면 물가 습지로 모여 진흙 속에서 월동한다. 붕어가 모여 있는 장소에서는 바구니 하나로 50마리 정도 잡을 수 있다. 미꾸라지가 월동하는 장소에는 작은 공기구멍이 있어 바로 알 수 있다. 도쿄에서는 이 구멍을 표지로 하여 진흙을 파서 미꾸라지를 잡는데 이를 '메호리(目堀り)'라고 부른다. 막대 끝에 목면을 둘둘 말면 메호리의 도구가 된다. 골침(骨針, 실제로는 角針이 많다) 가운데 짧고 가는 것은 메호리의 막대로 사용할 수 있다.

붕어와 미꾸라지를 한꺼번에 잡으려면 월동기에서 산란기 사이가 적당하다. 센다이만 연안의 호소지대 패총에서는 붕어 뼈가 매우 많지만 잉어는 거의 출토되지 않는다. 잉어과 물고기는 턱 안쪽의 이빨 크기와 형태가 각각 다르다. 이 지역에서 출토되는 잉어과 물고기는 그 형태만 봐도 붕어 비율이 압도적으로 높다. 잉어는 깊은 곳에서 월동하고 무리도 짓지 않는다. 이 지역 패총에서 붕어만 출토되는 것은 붕어잡이의 최성기가 겨울로 이 시기의 잉어잡이는 효율이 떨어지기 때문일지도 모른다.

표 10 아사베패총에서 포획활동 계절에 따른 변동

	가을			겨울			봄			여름		
	초	중	말	초	중	말	초	중	말	초	중	말
일본재첩	-----	-----	···ıllll	*	*	*	*	*	llllıı	-----	---?---	-----
우렁이	-----	-----	-----	-----	-----	···ıllll	llllıı	-----	-----	---?---	-----	-----
붕어	-----	-----	···ıllll	*	*	*	llllııll	*	llllıı	-----	-----	-----
큰고니	-----	-----	···ıllll	*	llllıı							
쇠기러기	-----	-----	···ıllll	*	llllıı							
큰기러기	-----	-----	···ıllll	*	llllıı							
오리(중)	?	-----	···ıllll	*	*	*	*	*	llllıı	?		
오리(소)	?	···ıllll	*	*	*	*	*	*	llllıı	-----	---?---	-----
사슴	-----	···ıllll	*	*	*	llllıı						
멧돼지	-----	···ıllll	*	*	*	llllıı						

*: 최성기, ···ıllll: 점차 증가, llllıı···: 점차 감소, ------: 활동 없음

이제 아사베패총 주민의 생업이 계절마다 어떠하였는지 정리해 보자(표 10). 여기에 열거한 조개·물고기·새·길짐승의 채집과 포획은 늦가을에서 늦겨울이 최성기였다. 식료 가운데 동물과 같거나 그 이상으로 큰 비중을 차지하는 견과류의 수확기는 완연한 가을이다. 늦봄에서 초가을까지 아사베패총 주민의 동물 포획은 저조했던 것 같다.

수렵과 채집을 생활수단으로 삼는 사람들(채집민·식료수집민)은 그날의 포획물과 수확물로 겨우 굶주림을 면하고 하루하루 생활에 쫓겼을 것이라는 생각이 널리 퍼져 있었다. 이 의견에 따르자면 아사베패총 주민은 늦봄에서 초가을 사이에 식량부족에 허덕였던 것이다. 1968년 시카고에서 수렵채집민에 대한 심포지엄이 열리고 나서 이러한 해석을 그대로 믿는 사람이 줄어들었다. 그러나 늦가을에서 한겨울까지에 비하면, 그들 손(=입)에 들어가는 동물성 식료가 매우 적었다는 것을 〈표 10〉에서 알 수 있다. 아사베패총의 주민만이 아니라, 기러기·오리과와 사슴, 멧돼지를 주로 포획하던 사람들에게 봄·여름(겨울은 아님!)을 어떻게 넘길지가 중요한 문제였음이 분명하다. 그들은

① 식물성 식료[얼레지·고사리·고비와 같은 땅속줄기(地下莖), 백합 등의 비늘줄기(鱗莖)]를 채집하고

② 다른 지역에서 식료를 공급받으며

③ 봄·여름의 식량부족에 대비한 비축

등의 수단을 취했을 것이다.

그들이 식량을 비축했다는 것은 수렵채집민이라는 이미지와 동떨어질지도 모른다. 그러나 후술하듯이 이것이 실상이다. 땅속줄기와 구근 등의 식물성 식료를 언제, 어느 정도 수확하였는지 구체적으로 설명할 수는 없다. 어떻든 센다이만 연안뿐만 아니라 남서제도와 남큐슈 일부를 제외한 일본열도 내륙부에서는 가을에서 겨울까지는 식량이 풍부하고, 봄과 여름에는 부족하였다는 점에 큰 차이가 없을 것이다. 따라서 거의 일본열도 전 지역의 주민은 위에 서술한 3종류의 수단을 이용하여 견뎌 왔음에 틀림없다.

그런데 다른 지역에서 식료를 공급받았다고 해도, 같은 내륙부에서 봄과 여름의 식료사정에 차이가 있었다고 하더라도, 이는 우연히 어느 지역에 비축분의 여유가 있었을 뿐일 것이다. 내륙부의 지역사회 간에는 긴급한 경우를 제외하고, 안정된 공급을 기대할 수 없었던 것 같다. 센다이만 연안에도 사슴과 멧돼지 비율이 극단적으로 낮은 유적이 있었다는 점을 상기시켜 보면 된다.[57] 이 지역에서는 조개와 물고기로 새와 길짐승의 부족분을 보충하였음에 분명하다. 만약 봄과 여름이 조개 채집과 물고기 포획의 최성기라면, 내륙부의 주민은 철이 바뀌는 시기에 도움이 되는 식료를 연안부의 주민으로부터 공급받았음을 부정할 수 없게 된다. 사토하마패총은 니가데와 마주하는 곳에 위치하고 새·길짐승 구성도 유사하다. 사토하마패총의 계절 추정 결과를 살펴보면 바지락의 성장선과 물고기의 몸길이조성이 사토하마의 계절 추정 근거가 된다. 바지락 성장선을 관찰한 결과, 바지락의 채집 최성기는 봄(3~5월)이다. 여름과 가을에도 계속되지만 점차 줄어들고 겨울(12월)에는 거의 사라진다.[58]

(4) 몸길이 조성 분석

물고기의 몸길이 조성을 분석하여 포획시기와 방법을 추정하는 연구법을 조몬자료로 확립시킨 것은 아카자와 타케루(赤沢 威)이다.[59] 물고기 중에는 성장단계별로 서식처가 바뀌는 것이 있다. 아카자와는 이 점에 착안하여 후쿠시마(福島)현 쓰나토리(綱取), 지바(千葉)현 오쿠라미나미(大倉南) 등 5개소의 유적에서 출토된 참돔·감성돔·농어의 턱뼈 크기를 측정하였다. 그 결과 3종류의 물고기는 모두 몸길이 40~60cm인 것이 다수를 점하고, 이를 넘는 크기가 거의 없다는 것을 알았다. 이 3종류의 물고기 생태를 고려할 때 아카자와는 봄~여름이 이들 물고기잡이의 최성기라고 결론 내렸다. 사토하마에서도 동일한 방법을 이용하여 정어리·고등어속·농어의 어로시기가 봄~여름이고, 점감펭·쥐노래미는 연중 —특히 가을~겨울에— 잡았다는 결론이 나왔다.[60]

사토하마의 조개와 물고기 계절 추정 결과에 의하면, 생업활동 절정기가 봄~여름형인 연안부, 가을~겨울형인 내륙부로 차이가 있게 된다. 내륙부의 주민이 식료가 부족해지면 연안부로부터 공급받은 식량에 의존한다는 것이 근거 없는 이야기가 아닌 것 같다. 다만 이는 센다이만 연안의 데이터를 토대로 한 가설에 지나지 않는다. 일본열도 끝에서 끝까지 판에 박은 듯 동일한 관계가 성립되었다고 볼 수 없다. 조몬사회는 결코 대중사회가 아니다.

그러나 내륙부와 연안부의 식료사정에 차이가 있고 그것이 국지적인 것이 아니라면, 내륙과 연안의 교류를 보증하는 제도와 조직이 각지에 있어도 좋다. 이 제도와 조직에는 각 지역 고유의 사정이 녹아 있을 것이다. 계절 추정이라는 작업은 이러한 측면에서 더욱 진전시켜야 한다.

제4절 자원과 생업

제3절에서 미야기현 아사베와 사토하마를 예로 들어 식료 공급 절정기가 내륙부에서는 가을·겨울이고, 연안부에서는 봄·여름이며, 내륙부와 연안부 사이에 서로 식료를 공급하였을 가능성이 있다고 지적하였다. 반면 내륙부 취락 간에 식료 공급이 이루어졌을 가능성은 적다고 하였는데 단언하기는 어렵다.

남북으로 긴 일본열도에서는 같은 자원이라도 이용 가능한 시기에 차이가 생긴다. 예를 들어 가다랑어 가운데 구로시오(黑潮)본류를 따라 회유하는 무리(=구로시오회유군)는 3~4월에 사츠난(薩南)제도에 모습을 드러내고, 5~6월에는 보소(房總)반도 부근으로 오며, 긴카잔산 앞바다로 오는 것은 1개월 정도 뒤이다.[61] 견과류의 결실 시기도 정확한 데이터는 없지만 기후조건을 고려하면 도호쿠 북부와 간토 남부 간에 1개월 정도의 차이가 있다고 생각된다. 이러한 차이가 있다면 남북지역 간에 식료가 공급되었을 가능성도 완전히 부정할 수 없다.

앞에서 생업을 "생물로서 인간이 살아남기 위해 없어서는 안 될 수단"이라고 정의하였다.[62] 생업이란 먹을거리를 입수하는 수단이라고 해도 과언이 아니다. 따라서 식료자원의 윤곽 및 식품 조합을 알 수 있다면 생업의 윤곽도 분명하게 밝힐 수 있다. 제4절에서는 조몬인이 어떠한 식료를 얼마나 섭취했는가라는 문제에 대해 설명하고자 한다. 이 식료들을 어디서 어떻게 손에 넣었는지도 검토해야 하지만, 각각 생활영역·생활기술을 설명하면서 언급하기로 한다.

1. 자원 선택

고바야시 타츠오는 조몬인의 식료가 다종다양하다고 지적하고 "대표식품(major food)이 상당히 많은 종류의 조합으로 이루어지는데, 소수 종으로 한정되지 않는 점이 조몬경제의 본질이었다"[63]고 하였다. 이 문장을 액면 그대로 받아들이면 조몬인이 계절마다 입수한 다양한 식료자원을 슬기롭게 이용하고 지속적으로 섭취하였다는 인상을 받을지 모르겠다. 조몬인이 각종의 식료자원을 교묘하게 조합하여 이용하였음은 틀림없다. 그러나 그 조합은 동물성 식료와 식물성 식료, 좀 더 자세히 보면 견과류와 그 밖의 식용식물, 조개·물고기·새·길짐승의 조성을 말할 뿐, 한 종류의 식료자원 내에서는 그다지 다양하지 않다.

센다이만 연안의 패총에서 출토되는 새와 길짐승은 40종 이상에 이른다. 그러나 이미 설명하였듯이 어느 유적에서나 출토되고 20% 전후의 비율을 차지하는 것은 길짐승의 경우(가이가라즈카·니가데와 같은 예외는 있지만) 사슴·멧돼지, 새의 경우 기러기·오리과뿐이다. 5%가량의 비율을 보이는 새와 길짐승은 유적마다 달라 일정하지 않다.[64] 특히 사슴과 멧돼지 외에는 소형의 육식성이 많아 식료로 이용했는지 알 수 없다. 설사 이용하였더라도 문제될 만큼의 비중은 아니다.

사토하마에서 출토되는 조개는 식용 불가능한 미소고둥을 제외하고 54종이다. 물고기는 40종류이다. 그러나 일정량을 점하는 것으로는 조개의 경우 바지락을 필두로 눈알고둥·우럭조개·참굴[다만 치패(稚貝)가 많다]의 3종, 물고기의 경우 정어리·붕장어·고등어속·전갱이·농어·참복과·양볼락과·쥐노래미류로 한정된다.[65] 미야기현 다가라(田柄)와 아이치(愛知)현 이카와즈(伊川津)에서 출토되는 물고기와 조개도 역시 소수 종에 집중된다.[66]

이 동물들의 조성을 살펴보면 특히 물고기·새·길짐승의 경우

a. 무리 속에 살거나 계절에 따라 무리를 이루는 것(사슴, 기러기·오리과, 조류, 고등

어, 정어리 등)과

b. 대형 개체로 이용 효율이 높은 것(멧돼지, 큰고니, 큰기러기 등)

에 집중된다. 토끼·너구리·일본산양처럼 모두 서식지 안에 분산되어 생활하는 동물을 쫓아다니는 것보다 훨씬 효율이 좋다. 조몬인은 이러한 효율을 의식하여 포획물을 선택했을 것이다.

식물성 식료의 경우는 어떠할까? 안타깝게도 현재 직접적인 증거가 없다. 간접적인 증거로 쓰지 히데코(辻 秀子)가 조사한 홋카이도 도카치(十勝)지방의 아이누계 주민의 전통식에 등장하는 야생식물 리스트[67]를 살펴보자. 그 결과에 의하면 그들이 이용하는 식용식물은 91종에 이른다. 그러나 그 가운데 다량으로 소비하는 것은 12종뿐이다. 그중에 산마늘·칼디오크리넘(姥百合, *Cardiocrinum cordatum*)·남방바람꽃·새콩·마름·머위의 이용빈도가 가장 높고, 청나래고사리·고사리·산달래·골파·왜현호색·가래나무열매·더덕이 다음으로 많다(표 11).

이용빈도가 높은 식물 가운데 전분을 이용하는 것은 칼디오크리넘·마름 2종류에 지나지 않는다. 마름 열매는 구황식품으로 전락해 주식으로 이용되는 것은 칼디오크리넘뿐이다. 조몬인도 이용하였을 떡갈나무와 물참나무열매 등의 견과류는 연어 껍질과 뼈·콩·황벽나무열매·붉은 겨우살이와 함께 볶고 얼려 겨울 동안의 간식으로 이용하였다.[68] 아이누사회에 곡물이 등장한 후 야생의 식용식물 이용법과 역할이 변한 것이다. 그래도 이러한 이용법이 남아 있어 곡물이 없던 단계에는 이 식물들이 주식으로 충분한 역할을 하였음을 엿볼 수 있다.

이 조성에는 대규모 군락을 이루는 종만 있다 해도 과언이 아니다. 머위와 남방바람꽃 군락이 습지를 메우고 있는 광경을 지금도 볼 수 있다. 쓰지의 조사에 의하면 칼디오크리넘은 50m²당 40뿌리 정도의 밀도로 분포하고, 한 세대당 한 시즌(2개월)에 적어도 300kg, 많으면 800kg의 뿌리(비늘줄기)를 모을 수 있다고 한다.[69] 이 식물들은 무리에서 자라거나 계절적으로 무리를 이루는 동물처럼 단기간에 다량으로 채취할 수 있는 자원이다. 가래나무열매는 대규모 군락을 이루지 않지만 성장이 빠르고 5~6년 내에 30ℓ 전후의 열매를 모을 수 있다. 멧돼지나 큰고니와 같은 성질의 자료라고 할 수 있다.

아이누 전통식 중에서 이용빈도가 높은 식물성 식료는 채집을 통해 의식적으로 선택된다. 이는 자연자원을 바탕으로 생활을 구축하는 사람들에게는 극히 당연한 일이다. 조몬인도 같은 입장에서 일본열도의 식물성 식료를 선택했음에 틀림없다. 동물

표 11 홋카이도 도카치지방에 살던 아이누의 전통식에 등장하는 야생 식용식물(주 67 문헌 일부 수정)

용도 \ 시즌	봄	여름	가을	겨울
I. 주식 전분이용	얼레지, 칼디오크리넘**	칼디오크리넘**	고사리,* 얼레지	붉은겨울살이
II. 부식 생식·건더기 데치기·조림	청나래고사리,* 고사리,* 고비, 쇠뜨기, 섬대, 앉은부채, 산달래, 골파,* 산마늘,** 검정나리, 중의무릇, 큰원추리, 옥잠화, 유키자사(Smilacina japonica), 약난초, 천마, 뽕나무, 환삼덩굴속, 왕호장근, 수영, 개대황, 명아주, 쇠비름, 별꽃, 남방바람꽃,** 동의나물속, 왜현호색,* 땃두릅, 두릅나무, 어수리, 아마뉴(Angelica Edulis), 에조뉴(Angelica ursina), 전호, 파드득나물, 바위철쭉, 큰메꽃, 잔대, 더덕,* 요부스마소우(Parasenecio hastatus ssp. orien), 엉겅퀴, 모련채, 머위,** 삼잎방망이, 에조기시기시(Rumex japonicus)	검정나리, 뽕나무, 수영, 개대황, 명아, 쇠비름, 수송나물, 별꽃, 땃두릅, 바위철쭉	섬대, 산마늘,** 유키자사, 약난초, 천마, 모시물통이, 별꽃, 동의나물속, 황다랭이, 바위철쭉, 잔대, 표고버섯, 느타리버섯, 잎새버섯	별꽃, 바위철쭉
III. 찌기 밥·죽·완자 등에 섞는다	섬대(종자), 산마늘,** 옥잠화, 유키자사(뿌리와 줄기), 모시물통이(뿌리), 명아주(종자), 자리공, 개연꽃, 왜현호색*(뿌리와 줄기), 새콩,** 갯완두, 잔대*(뿌리), 산쑥	자리공, 섬대(종자), 개연꽃, 갯완두	섬대(종자), 산마늘,** 섬말나리, 유키자사(뿌리와 줄기), 마름,** 잔대	
IV. 간식	중의무릇(비늘줄기), 환삼덩굴속(뿌리), 우피소(塊根)	우피소	주목, 분비나무, 눈잣나무, 천남성, 가래나무열매, 떡갈나무, 물참나무, 환삼덩굴속(뿌리), 우피소	
V. 기호품	큰황새냉이, 아이누고추냉이, 에조산벚, 백산차	뽕나무(과실), 아이누고추냉이, 눈까치밥나무, 산사나무, 나무딸기, 노우고이치고(Fragaria iinumae), 민둥인가목, 시로미, 백산차, 오오바스노키(Vaccinium smallii var. smallii), 들쭉나무, 빌베리, 홍괴불나무	환삼덩굴속(종자), 아이누고추냉이, 눈까치밥나무, 나무딸기, 노우고이치고, 민둥인가목, 시로미, 대루다래나무, 개다래나무, 백산차, 크랜베리, 바위철쭉, 오오바스노키, 들쭉나무, 빌베리, 홍괴불나무	자작나무(수액), 이타야(Itaya amicorum)(수액), 백산차

**: 이용빈도가 매우 높은 것, *: 이용빈도가 높은 것(원칙적으로 부위에 따라 달리 사용하는 경우에만 그 이용하는 부위를 표시하였다)

이든 식물이든 그 지역에서 효율이 좋고 다량으로 채집 및 획득할 수 있어야 한다는 점이 조몬인의 자원이용 원칙이었다. 획득할 수 있는 양이 안정적이었는지의 여부도 이용 자원을 선택하는 기준이었다고 생각된다.

야마노우치 스가오는 캘리포니아 인디언과 비교하여, "조몬식문화권의 서남반은 나무열매를 주식으로 하고, 동북반은 나무열매와 연어 두 가지를 중심으로 하였다고 생각"하고, "옛날 막부시대의 연어어장 부근에 큰 유적이 남아 있고, 연어가 회귀하지 않는 강보다 회귀하는 곳에 유적이 많은 점 등"에 주의를 기울였다.[70] 조몬인이 연어와 송어자원을 얼마나 이용했는지는 아직 확실하지 않다. 조몬인이 연어와 송어를 잡았는지의 차원이 아니라, 대량으로 획득할 수 있는 안정된 자원이 무언가라는 입장에서 접근하는 것이 이 문제를 해결하는 바른 길일 것이다.

야마노우치의 연어·나무열매의 2요소, 2구분에 대해 니시다 마사키(西田正規)는 사슴·연어·견과의 3요소, 3지역구분을 제창하였다. 니시다의 의견에 따르면 홋카이도·혼슈 동북부(동일본)·혼슈 서남부 이서(서일본)는 각각 사슴-연어형, 연어-견과형, 견과형의 3종류로 나누어진다.[71] 단기간에 대량으로 획득할 수 있고 공급량이 안정적인 자원으로 눈을 돌리면, 이러한 구분은 확실히 설득력이 있다.

다만 이 구분이 열본열도 전체의 자원분포 경향을 반영하는지에 대해서는 신중해야 한다. 센다이만 연안은 니시다의 구분에 따르면 연어-견과형에 들어간다. 그러나 이미 설명하였듯이 이 지역의 동물성 식료 조합은 몇 개 유형으로 나누어진다. 특히 연안부와 내륙부의 차이를 무시할 수 없다.[72] 니시다가 지적한 큰 틀 속에서 지역의 고유 조건에 따라 다시 몇 개의 작은 군으로 나뉜다고 봐야 한다. 후술하는 탄소·질소 안정 동위체의 분석결과를 봐도 조몬인의 식품 선택은 니시다의 지적보다 훨씬 다양하고 복잡하다.

2. 식품의 선택 (1)

야마노우치와 니시다의 발언은 조몬인의 식료 내용이 무엇인가에 대한 견해이다. 1950년대 중엽에 가네코 히로마사(金子浩昌)는 처음으로 동물유체의 출토량, 추정 개체 수 분석을 실시하였다.[73] 동물유체를 고고자료로 파악하고 상세 데이터를 바탕으로 조몬인의 식료 구성을 복원하는 길이 열린 것이다. 이는 1960년대부터 70년대에 걸쳐 정착되어 간다.

이를 전후하여 와타나베 마코토(渡邊 誠)는 식료로서 견과류의 중요성을 강조하고, 데이터를 집성함과 더불어 민속 예를 바탕으로 견과류 이용에는 탄닌제거가 필요하고 상록활엽수의 견과류는 물에 담가 두는 것만으로 탄닌제거가 가능하지만 낙엽활엽수의 경우는 잿물로 끓이는 가열처리가 필요하다고 하였다.[74] 식물성 식료의 이용방법이 한층 더 구체화되었다.

동물유체 데이터를 통해 유적 주민이 소비한 최소 식료량을 예측할 수 있다. 일본에서는 소위 최소 개체 수 추정(Minimun Individual Estimation, MIE)을 흔히 활용한다. 동물뼈를 분류군마다 나누고, 한 종류의 동물뼈를 부위별로 나눈다. 그리고 좌우·상하[近位端·原位端]로 나누어 수량을 산정하여 그중에서 가장 많은 수만큼 이 동물을 포획하였다고 추정하는 것이다.

실제 경험에 의하면 이 작업에도 몇몇 위험한 문제가 내포되어 있다. 뒤에도 관련 내용이 나오므로 약간 설명해 두고자 한다. 성별과 연령을 구별할 수 있다면 MIE가 많아지는 것은 당연하다. 산부우바야마(山武姥山)의 골총(骨塚)에 있는 그리드에서는 사슴 좌하악골 19점, 우하악골 11점이 출토되었다. 하악골의 수가 가장 많다. 턱뼈에서 떨어진 이빨은 제외하였다. 좌측 수를 취하여 MIE를 19개체로 보는 것이 보통이다. 그러나 유치가 있는 것, 영구치로 전환되기 시작한 것, 영구치가 닳아 줄어든 것 등 연령이 다른 개체가 섞여 있음을 금방 알 수 있다. 이빨의 유치, 영구치로 전환되는 상태, 영구치가 닳아 있는 것을 하나하나 맞추어 보았다. 그 결과 놀랍게도 좌우패턴이 하나도 일치하지 않았다. 사슴 한 마리의 좌우 이빨이 따로따로 닳지 않는 이상, 좌우 하악골을 합한 30개체가 정확한 개체 수가 된다.

이빨이 남아 있는 턱뼈로 연령과 성별을(어떤 의미에서는 필요 이상으로) 분명하게 알 수 있다. 그러나 손발뼈도 관절 부분의 골화 진행 정도로 크게 구별할 수 있다. 뼈 크기를 측정해 보면 더욱 세밀하게 구별할 수 있다. 미야기현 누마즈의 어느 층에서 다량으로 출토된 청둥오리급의 오리 상완골을 측정해 보니 MIE가 35% 정도 증가하였다. 산부우바야마의 사슴 복사뼈[距骨]도 마찬가지 결과가 나왔다. 히라구치 테츠오(平口哲夫)는 이시카와(石川)현 마와키(眞脇) 출토 돌고래 상완골의 좌우 계측치가 일치하는 예가 거의 없다고 하였다.[75] 스가와라 히로키(菅原弘樹)의 지적처럼 MIE수치는 실제보다 꽤 적은 수치를 나타낼 가능성이 있다.[76]

이에 비해 사하라 마코토의 지적처럼[77] 조몬인이 소비한 식물성 식료의 양을 추정하는 것은 거의 절망에 가깝다. 이러한 이유로 동물유체와 식물유체 분석은 소위 평행선처럼 거의 관계없이 진행되어 왔다. 조몬인의 먹을거리가 동물성 식료와 식물성 식료 어느 쪽에 비중을 두었는지도 전혀 예견하기 어려운 상태였다. 그러나 1970년대 말에 스즈키 키미오는 "식물성 식료의 유효성"[78]을 지적하였다. 스즈키의 지적이 널리 받아들여져 최근에는 조몬인이라고 하면 수렵민 또는 어민이라기보다 식물채집민이라는 이미지가 강해지게 되었다. 예를 들면 사하라는 "조몬인이 식물성 식료에 가장 의존하였다는 해석은 조몬시대 식료를 연구하는 모든 연구자들의 공통된 생각이다"라고 하였고, 사사키 코메이(佐々木高明)는 조몬인의 수렵이라고 해도 "겨울의 수렵기를 중심으로 중간 크기의 멧돼지와 사슴을 연간 한 가족당 겨우 6~7마리 정도 포획하였다고 보는 것이 타당하다고 생각된다"고 하였다.[79]

한편 스즈키는 조몬인이 이용하였다고 생각되는 식료 57종류에 대해 각각 100g당의 열량, 수분·단백질·지방·탄수화물·석회질의 비율(표 12)을 조사하였다. 그리고 이 식품들을 근경류 및 종자·열매·조개·물고기·짐승의 5종류로 나누어 1종류당 4품목을 1kg씩 "날것 그대로 취락에 가져왔다고 가정"한다. '날것 그대로'의 견과류와 조개에는 껍질이 있고, 물고기·새·길짐승에는 뼈·비늘·털·모피가 붙어 있다. 이들 식용할 수 없는 부분의 비율(폐기율)에서 식품으로 이용했던 중량을 나누면 단위중량당의 수치를 구할 수 있고, 실제로 이용된 열량과 영양가도 알 수 있다(표 13).

말할 필요도 없이 1종류당 4품목이라는 것은 완전한 가정인데, 실제 조몬인이 선택한 식품구성과 일치하지 않는다. 〈표 13〉에 제시된 것과 같은 백합·바지락·굴·재첩 또는 가다랑어·연어·농어·참돔을 균등하게 포획활 수 있는 환경은 애초에 존재하지 않는다. 그러나 지금은 조몬인의 식탁 메뉴를 복원하는 것이 목적이 아니다. 동물과 식물 중 어느 쪽이 식품으로 유효한가라는 비교가 목적이므로 위의 문제는 그냥 넘어가기로 하자.

또한 물고기·새·길짐승의 어느 부분을 식품으로 이용하고 어느 부분을 버리는지는 지역의 자연환경·사회적 조건·역사적 전통에 좌우된다. 현재 일본의 일반 가정에서 연어 한 마리를 구입하였다고 치자. 3등분하여 바깥의 살을 먹고 내장과 머리를 버리는 것이 보통이다. 껍질도 버리는 사람이 있을지 모른다. 아가미와 등뼈에 붙어 있던 살에 소금을 뿌려 구운 것은 상당히 물고기를 좋아하는 사람만이 먹을 것이다. 그러나

표 12 조몬시대 주요 식량의 열량과 성분비(주 78 문헌 일부 수정)

종별	품목	열량 cal/kg	성분함유율(%)				
			수분	단백	지질(脂質)	탄수화물	회분(灰分)
근채류	참마	1,210	68.0	3.5	.1	27.5	.9
	백합(뿌리)	1,280	66.0	4.8	.6	27.2	1.4
	얼레지	3,500	12.3	3.9	.3	81.5	2.0
	칡	3,380	11.7	.8	.6	85.9	1.0
	고사리(뿌리)	2,830	14.9	3.3	.8	78.3	2.7
종실류	밤	2,080	48.5	4.0	1.2	45.2	1.1
	모빌잣밤나무	2,800	30.4	4.5	.4	63.5	1.2
	칠엽수열매	3,740	14.3	3.1	6.1	75.4	1.1
	졸참나무(화분)	3,410	15.0	3.7	1.6	77.8	1.9
	소나무	6,340	3.4	14.6	60.8	18.4	1.3
	새	6,120	6.7	12.2	58.3	20.0	2.8
	너도밤나무	5,240	12.5	25.2	39.1	19.2	4.1
	개암	6,470	6.7	18.2	58.8	14.5	3.0
	가래나무열매	6,720	7.0	23.8	59.3	7.3	2.7
	마름	3,440	13.5	13.8	.6	70.3	1.8
패류	백합	640	84.8	10.0	1.2	2.5	1.5
	바지락	630	85.4	10.6	1.3	1.5	1.2
	굴	960	79.6	10.0	3.6	5.1	1.7
	재첩	1,030	76.0	15.0	1.8	5.6	1.6
	피조개	850	79.8	15.5	.5	3.5	.7
어류	전갱이	1,180	75.0	20.0	3.5	.3	1.2
	정어리	1,300	75.0	17.5	6.0	.3	1.2
	민물장어	2,490	60.7	20.0	18.0	.3	1.0
	가다랑어	1,370	70.0	25.4	3.0	.3	1.3
	연어	1,410	72.2	20.0	6.0	.3	1.5
	고등어	1,140	76.0	18.0	4.0	.3	1.7
	농어	1,150	74.5	21.0	2.7	.3	1.5
	참돔	1,010	77.8	18.0	2.5	.3	1.4
	흑돔	910	78.9	18.0	1.4	.3	1.4
	잉어	1,780	67.0	22.4	9.0	.3	1.3
	붕어	1,030	78.0	17.0	3.0	.7	1.3
	송어	1,430	71.0	22.0	5.3	.3	1.4
조수류	청둥오리	1,260	72.4	23.7	2.7		1.2
	꿩	1,320	70.4	25.3	2.7		1.6
	일본멧토끼	1,430	74.3	16.9	7.8		1.0
	멧돼지	1,470	74.1	16.8	8.3		.8
	사슴	1,120	c.78	c.20	c.3		–
기타	벌(애벌레)	2,310	42.6	20.3	7.9	19.7	9.5
	송장개구리	3,010	13.2	62.9	3.6		19.0
	자라	690	83.0	14.9	.2	.9	1.0

표 13 각종 식품의 공급열량·단백질(주 78 문헌 일부 수정)

식료	열량·단백량	가상열량	이용률	이용열량	단백질 함유량	단백질 공급량
근채류	참마	1,210	.85	1,027	3.5	29.8g
	백합(뿌리)	1,280	.85	1,088	4.8	40.8g
	얼레지	3,500	.05	175	3.9	2.0g
	칡	3,380	.20	676	.8	1.6g
소계				2,966		74.2g
종실류	밤	2,080	.70	1,456	4.0	28.0g
	칠엽수열매	3,740	.65	2,431	3.1	20.2g
	새	6,120	.70	4,264	12.2	85.4g
	가래나무열매	6,720	.25	1,680	23.8	59.5g
소계				9,831		193.1g
식물합계				12,797		267.3g
패류	백합	640	.25	160	10.0	25.0g
	바지락	630	.15	95	10.6	15.9g
	굴	960	.25	240	10.0	25.0g
	재첩	1,030	.13	134	15.0	2.0g
소계				629		67.9g
어류	가다랑어	1,370	.65	1,125	25.4	165.1g
	연어	1,410	.60	846	20.0	120.0g
	농어	1,150	.55	633	21.0	115.5g
	참돔	1,010	.45	455	18.0	81.0g
소계				3,059		481.6g
조수류	청둥오리	1,260	.65	819	23.7	154.1g
	꿩	1,320	.50	660	25.3	126.5g
	멧돼지	1,470	.53	779	16.8	89.0g
	사슴	1,120	.57	638	c.20	114g
소계				2,896		483.6g
동물합계				6,584		1033.1g

도호쿠 중부 이북의 지역에서 연어는 겨울의 귀중한 단백질원이었다. 염장하거나 건조시킨 연어 껍질을 먹는 건 물론, 뼈도 구워서 빻아 밥에 뿌려 먹는다. 연골이 많은 머리는 쪼개어 식초와 향신료를 섞어 초절임한다. 일본인의 전통식에 연어 내장은 그다지 이용되지 않는다. 그러나 아이누의 전통식에는 내장도 적극적으로 이용하여 거의 버리는 것이 없다. 상품경제가 발달하고 유통구조가 복합해지면서 식품의 폐기율은 높아진다. 스즈키도 인정하듯이 식품으로 활용 가능한 부분의 비율이 7~8할 정도로 가장 높은 것은 물고기와 짐승이다(표 13).[80]

한편 〈표 12〉에 제시한 수치에 근거하면 식물 8품목, 동물 14품목 합계 22kg의 날 식품에서 거의 19,000cal 정도의 열량을 얻을 수 있다. 이 가운데 거의 2/3(13,000cal 전반대)가 식물성 식품이고 나머지 1/3이 동물성 식품이다(표 13). 앞서 지적한 어류와 짐승의 사용가능 부분이 실제보다 낮다는 점을 고려해도 식물성 식품이 동물성 식품보다 열량 공급원으로서의 효율이 좋다는 것은 확실하다. 조몬인이 오늘날과 마찬가지로 탄수화물을 주된 열량 공급원으로 사용하는 식습관을 가지고 있었다면 그들의 주식도 전분질이었을 것이다.

다만 동물성 식품의 단백질 함유율은 당연히 식물성 식품보다 높다. 식물성 식품에서 얻을 수 있는 단백질 양은 270g을 넘지 않는다(표 13). 동물성 식품이 공급하는 단백질은 1,000g을 넘는다. 동물성 식품의 단백질 공급량은 식물성 식품의 거의 4배에 이른다. 또 잣·새[萱]·개암·호두와 같은 견과류의 일부를 제외하면 지방의 함유율도 식물성 식품보다 높다(표 12). 〈표 12〉의 식품 지방함유율의 평균을 내어 보자. 근경류 0.48, 저지방의 종실류 1.98, 고지방의 종실류 69.75, 패류 1.68, 어류 5.37, 짐승류 6.13이다. 고지방 종실류 외에 어류와 짐승류가 지방 공급원으로 큰 역할을 담당했음을 알 수 있다.

현대 일본인의 경우, 소화효율과 필요영양의 균형을 생각할 때 필요열량의 70~80%를 탄수화물에서 섭취하고, 나머지를 지방에서 섭취하는 것이 바람직하다고 한다. 이 비율은 거주하는 환경에 따라 좌우된다. 북극권의 툰드라에 거주하는 이누이트(에스키모)의 경우는 이용하고 싶어도 탄수화물 공급원이 없다. 상품경제에 탄수화물이 포함되기 전까지 그들은 필요한 열량을 거의 동물성 지방으로 충당하였다. 소화흡수에 시간이 걸리는 지방이 탄수화물보다 오래 든든하고 한랭한 기후에 딱 적합하다.

아이누의 전통식도 본토 일본인의 전통식보다 지방 소비율이 매우 높다. 〈표 11〉에서 부식으로 분류된 식물에 지방을 묻혀 먹는 경우가 많다. 지금은 샐러드유를 많이 사용하지만, 이전에는 곰이나 사슴의 지방과 물고기에서 짜낸 기름[魚油]을 이용하였다고 한다[후루하라 히로시(古原 弘)의 지적]. 한랭한 기후 속에서 형성된 식습관인 것이다. 물개·바다사자·바다표범 등의 바다짐승을 이용한 지역도 있었을 테지만 아직 확인되지 않는다.

홋카이도·도호쿠·주부고지의 조몬인도 남서제도나 남칸토·혼슈 서남부·시코쿠·규슈의 조몬인에 비해 지방 소비율이 높았음이 분명하다. 동물 개체 수 추정 방법에서 지적한 것처럼 현재 보고서에 기재된 동물 개체 수는 실제보다 꽤 적다. 개체 수가 많으면 많을수록 추정 개체 수와 실제 개체 수의 오차가 클 것이다. 적어도 일본열도 북부지역에서는 지금의 통설보다 동물성 식료의 역할이 크지 않았을까? 스즈키는 지금까지 누락되기 일쑤였던 식물성 식료가 칼로리원으로서의 역할이 컸다고 구체적으로 제시하고, 전혀 예측할 수 없었던 조몬인의 식품 조합에 하나의 전망을 제시하였다. 그러나 각지의 데이터를 재검토하면 조몬인의 식품 조합, 즉 각종 생업활동 조합은 앞서 인용한 니시다와 사하라의 생각처럼 단순하지 않은 것 같다.

그런데 지금까지의 내용은 모두 식품의 영양가와 민족지를 바탕으로 한 추측이다. 그러나 1970년대 말부터 1980년대 초에 걸쳐 뼈 속의 화학성분을 통해 식품 조합을 복원하려는 시도가 미국에서 성행하기 시작하여 유럽과 일본에도 파급되었다. 이 방법에 따르면 과거 사람들이 실제로 먹었던 식품의 종류를 분석[査定]할 수 있다.

분석대상은 무기질과 유기질 성분이다. 무기분석에서는 미량원소(스트론튬 90, 구리 등)를 대상으로 하고 유기분석에서는 콜라겐 속의 탄소·질소동위체비를 이용한다. 일본에서는 고인골의 미량원소 분석을 실시한 실례가 없다. Chisholm·고이케(小池)·나카이(中井)가 탄소동위체비를,[81] 미나가와(南川)·아카자와가 탄소·질소동위체비를 분석하였다. 이 방법을 통해 스칸디나비아 중석기인이 주로 바다 포유류와 어류를 식료로 활용하였지만, 담수성 어류를 활발하게 이용한 그룹이 있으며, 농경 개시와 더불어 바다자원을 그다지 이용하지 않게 된다는 사실이 밝혀졌다.[82]

여기서는 미나가와 마사오(南川雅男)의 논문에 실린 탄소·질소동위체 분석결과를 소개한다.[83] 미나가와와 아카자와는 먼저 홋카이도·도호쿠·간토·주부고지에서 출토된 조몬인골의 탄소·질소동위체 비율을 분석하여 바다짐승과 어류를 빈번하게 이용한 그룹과 식물·초식동물에 의존한 그룹으로 나누어짐을 확인하였다. 〈도 29〉는 미나가와 등이 동위체비 분석결과를 바탕으로 각 지역의 조몬인과 근세 아이누의 각종 식료 비율을 시뮬레이션으로 추정한 결과이다. 이 결과에 의하면, 식물성 식품의 비율이

① 80%를 넘는 경우[나가노현 기타무라(北村)]

② 20~40%인 경우[후쿠시마현 산간지(三貫地), 이바라기(茨城)현 오카다이라(陸平), 지바현 고사쿠(古作), 오카야마현 쓰구모(津雲), 구마모토(熊本)현 도도로키(轟)]

③ 20%에 미치지 않는 경우[홋카이도 기타코가네(北黃金), 다카사고(高砂), 우스(有珠), 근세 아이누]

로 나눌 수 있다.

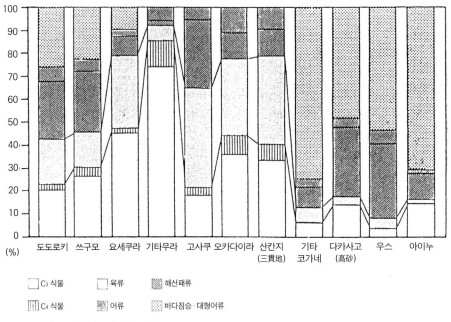

도표의 범례:
□ C3 식물   □ 육류   ▨ 해산패류
▥ C4 식물   ▨ 어류   ▨ 바다짐승·대형어류

도 29 조몬인·근세 아이누의 식품 조합(주 83 문헌에서)

　우스만 연안의 주민은 전기에서 만기, 나아가 속(續)조몬기에도 계속해서 바다짐
승류를 활발하게 이용하고, 식물성 식료에 대한 의존도가 낮다. 지역 고유의 식습관과
식문화를 반영한다. 당연히 이 지역 생업활동은 바다짐승 수렵 및 대형어 어로에 큰 비
중을 두었을 것이다.

　이와 대조적인 것이 기타무라로 식물성 식품의 비율이 70%를 넘고, 동물성 식품
은 합해도 20%에 달하지 않는다. 요세쿠라(寄倉)에서도 식물성 식품의 비율이 40%를
넘는다. 내륙부는 연안부에 비해 식물성 식품에 대한 의존도가 높았을 것이다. 다만 같
은 내륙부라도 요세쿠라에서는 동물성 식품의 비율이 50%를 넘어 산간지와 오카다이
라 등에 가깝다. 식물성 식품의 비율이 20~40%인 경우라도 산간지·오카다이라·고
사쿠에서는 초식동물의 비율이 도도로키와 쓰구모의 1.5~2배에 이른다.

　내륙과 연안 주민의 식품 조합이 매우 다르고, 같은 내륙부와 연안부라도 현저한
지역차가 있다. 또한 우스만 연안의 예를 비롯해 동물성 식품의 비율이 극단적으로 높
은 경우도 있다. 이는 동물유체 비율을 통해 설명한 것과 모순되지 않는다. 이 방법에
의한 데이터가 더욱 증가하면 조몬인의 지역적 식성차이가 분명해지고, 이를 바탕으
로 각종 생업활동의 비중차이, 계절적 배분 등의 지역성도 밝혀질 것이다.

이 방법의 원리는 다음과 같다. 공기 중에는 원소량 12의 탄소 ^{12}C 외에 원소량 13의 동위체 ^{13}C이 있는데, 그 비율은 0.112372이다. 식물은 공기 중의 탄산가스와 동화하여 당분을 합성하는데, 그 속에도 $^{12}C \cdot {}^{13}C$이 같은 비율로 포함되어 있다. 그런데 식물 중에는 다른 식물보다 ^{12}C에 동화하는 속도가 빠른 것이 있다. 당연히 이 종류의 식물 체내에는 ^{12}C 농도가 높고, 반대로 ^{13}C 농도는 낮다. 이것이 〈도 29〉에 나와 있는 C3식물로 냉온대 수목과 벼·밀·메밀이 해당한다. ^{12}C의 동화 속도가 늦은 것이 옥수수·수수·조·기장·피와 같은 C4식물이다. 어떤 생물의 체내 ^{13}C의 농도($\delta^{13}C$ 농도)는 그 생물의 $^{13}C \cdot {}^{12}C$의 비율을 $^{13}C/{}^{12}C$ 의 비율 표준치로 나누고, 1을 빼 천배 곱한 수치로 표시하게 되어 있다. 따라서 $\delta^{13}C$ 농도는 마이너스가 되고 수치가 적은 쪽이 농도가 높고, 큰 쪽이 낮다. C3식물의 $\delta^{13}C$ 농도는 -26.5‰ 전후, C4식물은 -12.5‰ 전후이다. 바다 속의 식물성 플랑크톤은 광합성 자체는 C3식물과 같고, ^{12}C를 빨아들이는 속도도 같다. 그러나 바닷물의 ^{13}C 농도는 대기보다 높아 $\delta^{13}C$ 농도는 C3식물보다 높은 -19.5‰ 전후이다. 식물은 초식동물의 먹이가 되고 초식동물은 육식동물의 먹이가 된다. 이러한 먹이연쇄 속에서 ^{13}C은 농축되는데, 그 폭은 1‰ 전후이다. 따라서 같은 초식동물이라도 바다 물고기와 육지 포유류의 $\delta^{13}C$ 농도를 구별할 수 있다.[84] 한편 〈도 29〉의 세로축인 $\delta^{15}N$ 농도는 단백질 속의 질소동위체 농도이다. 탄소동위체의 $^{13}C/{}^{12}C$ 대신에 질소동위체 $^{15}N/{}^{14}N$의 비율을 계산한다고 보면 된다.

탄소·질소동위체비의 분석결과도 일본열도 각지의 조몬인이 각 지역에 분포하는 식료자원 가운데, 가장 효율이 높은 품목을 집중적으로 이용했음을 말해 준다. 여기에서 떠오르는 것이 '경제인'으로서 조몬인의 모습이다. 그러나 그들의 식료자원 이용방법에는 식품의 효율적인 면만으로 다 설명할 수 없는 측면도 있다.

3. 식품의 선택 (2)

앞에서 일본열도 각지의 조몬인이 각각의 영역에서 가장 효율이 좋은 것을 주요 식료자원으로 이용하였다고 지적하였다. 동시에 조몬인이 선택한 식품 중에는 식품으로서의 이용 효율이라는 입장만으로 이해할 수 없는 부분도 있다고 지적하였다.

패류가 그 일례이다. 패류는 칼로리원이 매우 빈약한 식품이다. 앞서 제시한 패류 1kg당 평균열량은 822cal, 어류 평균치의 거의 2/3, 저지방견과류의 1/4, 고지방견과류의 1/8에 지나지 않는다.[85] 단백질과 동물성 지방의 공급원으로서도 패류는 물고기·새·길짐승에 미치지 못한다. 폐기율도 매우 높아 식품으로서의 활용률이 나쁘다. 그러면 조몬인은 왜 이상적인 식품이라 할 수 없는 패류를 초창기부터 만기까지 지속적으로 섭취하였을까?

스즈키 키미오는 누구라도 쉽게 채집할 수 있고, 언제라도 신선한 것을 이용할 수 있다는 점이 패류의 특징이라고 하였다.[86] 조몬인은 손에 넣는 데 수고를 들이지 않는 식품으로 패류를 이용하였다. 즉 수고를 들여 식품을 얼마나 입수할 수 있는가라는 점도 조몬인이 식품을 선택하는 기준이었다. 견과류 가운데 지방분이 많고 그대로 식용할 수 있는 새·호두·개암과 침수시켜 둠으로써 탄닌을 제거할 수 있는 떡갈나무열매류 등이 주요한 식품이었던 이유도 이와 같을 것이다.

같은 견과류라도 칠엽수열매나 물참나무열매 등의 낙엽활엽수 열매는 탄닌제거에 커다란 수고를 들여야 한다.[87] 대량으로 채집한 열매를 처리하는 데 나름의 시설도 필요하다. 사이타마현 아카야마(赤山)에서 칠엽수열매를 처리한 시설로 추정되는 유구(도 30)가 확인되었다.[88] 길이 4.5m 전후, 두께 45cm를 넘는 통나무를 2~2.4m 간격으로 10m 규모로 배치하고, 그 사이를 두께 30~40cm의 통나무로 구획하였다. 통나무를 지탱하는 말뚝은 2m 정도의 깊이로 박은 것도 있다. 이 시설을 따라 나무를 깐 길이 있고, 그 외측에는 '칠엽수열매 무더기'가 2곳에 남아 있다. 여기에서 출토된 칠엽수열매는 모두 껍질이 벗겨진 채로 부수어져 있다. 이시카와현 요나이즈미(米泉)에서도 칠엽수열매 무더기와 밤 무더기가 출토되었고,[89] 밤이나 칠엽수열매 껍질이 대량으로 집적되어 있는 예는 아오모리현 고레카와(是川)를 비롯해 각지에서 확인된다.

칠엽수열매는 지방이 적지만 전분과 단백질을 많이 함유하고 있어 영양가가 높다. 칠엽수열매가 상식으로 이용되고 특별하게 취급되었다고 해도 전혀 이상할 것 없다. 이 때문에 많은 노력을 기울여 이러한 시설을 만드는 것이다. 게다가 이 유구에서 조몬시대 생업의 분업과 협업을 엿볼 수 있다.

칠엽수열매를 처리하는 것은 여성의 일일 것이다. 그러나 두께 40cm, 길이 3m를 넘는 통나무를 자르고 가공하며 두께 20~30cm의 말뚝을 박는 작업은 남성이 분담하였을 것이다. 여성의 작업장을 남성이 건설하는 것이다. 이 작업장은 생리적인 협업의 산물이고 남성의 노동을 전제로 하여 여성의 노동이 성립된다. 식물성 식료 처리에만 한정되는 것이 아니라 하나의 생업활동 중에 생리적인 협업이 확인된다는 사실을 놓

0   2 m

도 30 사이타마 아카야마유적의 칠엽수열매 처리장·칠엽수열매 무더기·나무 길(주 88 문헌에서)

칠 수 없다. 생리적인 협업은 안정된 취락이 성립되고, 장기간 이용하는 시설을 건설할
기회가 많아지면서 발달하였을 것이다. 현재까지 구석기시대의 일본열도에서 이러한
시설이 확인된 바 없다. 반복적으로 이용하는 생업활동을 위한 시설의 건설, 그에 다른
생리적 분업과 협업의 발달, 이것은 구석기시대 생업활동에는 보이지 않는 특색이다.
일본열도 전역에서 전기중엽 이후에 이러한 움직임이 활발해진다고 보는 것이 상식이
다. 다만 남큐슈·주부고지·남칸토·홋카이도에는 조기초두에서 중엽에 걸쳐 안정성
이 높은 취락이 성립된다. 이와 더불어 생리적인 협업도 활발해졌겠지만 이러한 움직
임이 그대로 지속적으로 발전하는 건 아니다.

아카야마의 작업장 면적은 20m²를 넘는다. 한 세대가 소비하는 칠엽수열매를 처리하는 시설로서 규모가 너무 크다. 작업장 옆에 칠엽수열매 무더기가 있고 다량의 칠엽수열매가 방치되어 있다. 아카야마 취락의 여성 전원이 칠엽수열매를 채집·처리하고 선별한 후 남은 것을 버리던 광경을 상상할 수 있다. 몇 세대의 여성이 공동으로 칠엽수열매를 처리하였으므로 세대 간의 협업도 이루어졌다. 다른 취락의 여성도 참가하였다면 복수 취락 간의 협업도 성립된다. 이는 협업이 조몬시대 생업의 기반이었음을 추측케 한다.

지바현 가이노하나(貝ノ花)에서 출토된 사슴과 멧돼지의 사지골은 전후·좌우 수가 맞지 않다(표 14).[90] 예를 들어 호리노우치(堀之内)1기[18]의 사슴 앞다리뼈[前肢骨]를 집계해 보면 15개체분이 된다. 그런데 뒷다리뼈[後肢骨]는 10개체분밖에 없다. 가소리(加曾利)B기[19][소야(曽谷)기[20]]의 멧돼지도 앞다리뼈가 32개체분인 데 비해 뒷다리뼈

표 14 지바현 가이노하나의 사슴·멧돼지 주요 부위의 출토 수(주 90 문헌에서)(LL·L·S·SS는 크기구분)

시기별 크기		뼈 부위	앞다리						뒷다리					
			견갑골		상완골		요골		관골		대퇴골		경골	
			왼쪽	오른쪽	왼쪽	오른쪽	왼쪽	오른쪽	왼쪽	오른쪽	왼쪽	오른쪽	왼쪽	오른쪽
사슴	호리노우치1	LL				1								
		L	5		2	1		1	2		1			2
		M	6	2	5	2	2		3	4	1		2	2
		S	2	1	3	3		1			3		1	1
		SS									1			1
	가소리B	LL		1										
		L	1	1	3			2	1	3			1	
		M	3	2	1	5		2	1	3	2			3
		S		3	1	5			2	1				
		SS			1	5								
멧돼지	호리노우치1	LL												
		L	1	3	3	3	3	4			5	5		2
		M	3	3	4	5	3	5	3	4	6	3	4	5
		S	4	6	4	5	3	7			4	2	8	1
		SS												
	가소리B	LL												
		L	2		4	1	5	2	1	1	5	4	2	5
		M	8	4	7	10	7	3	11	10	2	6	5	4
		S	17	15	12	3	4	7			4	4	5	5
		SS	1	3	3		1	1	1				1	

는 21개체분뿐이다. 사슴의 경우에는 좌우 불균형도 현저한데, 호리노우치1기의 대퇴골(大腿骨)은 왼쪽만, 가소리B기의 요골(橈骨)은 우측뿐이다. 멧돼지는 사슴보다 좌우가 어느 정도 맞지만, 그래도 호리노우치1기의 S사이즈의 경골(脛骨)은 좌8·우1, 가소리B기의 M사이즈 오른쪽 견갑골(肩胛骨)은 왼쪽의 반 정도에 지나지 않는다. 전후·좌우의 불균형은 지바현 산부우바야마의 사슴·멧돼지 유체에서도 관찰할 수 있다.[91]

남자들이 포획물의 사지를 봉에 매달아 통째로 취락으로 들고 오는 광경을 박물관의 조몬시대 취락 복원도의 판넬 등에서 익히 볼 수 있다. 그러나 조몬인이 포획물을 통째로 취락으로 들고 와 그곳에서 해체하고 소비하였다면 전후·좌우의 불균형이 생기는 이유를 설명할 수 없다. 당시 주민이 버린 뼈 속에는 당연히 부식되고 분해되어 자취를 감춘 것도 있다. 인간이 먹다 남긴 것을 개가 먹었을 수도 있고, 야생 짐승이 가져가 버렸을 수도 있다. 그러나 이러한 상황은 뼈 부위에 따라 출토량이 다른 원인을 설명할 수 있어도 같은 부위의 좌우 수가 맞지 않은 이유를 설명해 주지 못한다.[92] 조몬인은 반드시 포획물을 통째로 취락으로 들고 들어온 것이 아니다. 그렇게 보면, 가이노하나와 산부우바야마의 사슴과 멧돼지 뼈의 전후·좌우 수가 다른 것을 납득할 수 있다.

가이노하나의 사슴·멧돼지 뼈에는 아직 설명할 수 없는 문제가 있다. 시기별 주거 수와 사슴·멧돼지의 출토량이 비례하지 않는다는 점이다. 가소리E_2기[*21]의 주거는 8동, 가소리E_3기의 주거는 13동으로, 호리노우치1기 이후가 되면 주거 수가 급감한다. 출토된 사슴·멧돼지가 취락의 주민이 일상적으로 소비한 것이라면, 중기에 사슴·멧돼지 출토량이 가장 많아야 한다. 그러나 중기에 사슴·멧돼지 출토량이 매우 낮다. 사슴·멧돼지 출토량이 가장 많은 시기는 중기와 비교되지 않을 정도로 주거 수가 적어지는 호리노우치1기·가소리B기이다. 가이노하나에서 출토되는 사슴·멧돼지 뼈를 이 취락의 주민이 그들 힘으로만 포획하여 소비하였다면, 이러한 주거양상을 이해하기 어렵다.

가소리B기(소야기)처럼 주거지가 거의 없는 시기에 사슴·멧돼지 뼈가 다량으로 출토되므로, 취락이 아닌 장소에서 포획물을 해체하고 소비하였던 것이다. 왜 취락이 아닌 장소에서 포획물을 해체하고 소비하였을까? 가이노하나에서 출토되는 사슴·멧돼지 뼈에 다른 취락의 멤버가 참가한 공동수렵의 포획물도 포함되어 있었다고 생각하면, 좌우 뼈의 수가 맞지 않는 점도 주거 수와 사슴·멧돼지 출토량이 비례하지 않는

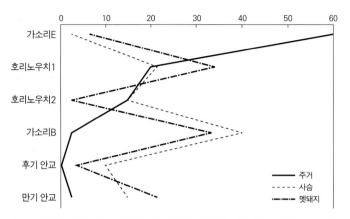

도31 지바현 가이노하나의 주거·사슴·멧돼지 유체의 시기마다의 비율(주 90 문헌에서)

점도 설명할 수 있다. 그리고 앞서 소개한 산부우바야마의 사슴 하악골과 마와키의 돌고래 상완골처럼 좌우 같은 개체가 하나도 없는 현상을 쉽게 이해할 수 있다. 종종 패총 등에 다량의 길짐승·새·물고기의 유체가 집적되어 있는 것은 복수의 세대, 복수의 취락 멤버가 참가한 집단노동, 즉 협업의 산물이라고 봐야 한다. 바꾸어 말해 몇 개 취락의 결합을 토대로 하는 협업이 조몬시대 생업의 기반이 되었을 것이다.

이러한 취락노동은 단순히 생업의 효율을 높이는 것 외에도 의미가 있었다. 가소리B기(소야기)의 가이노하나에서 출토된 사슴·멧돼지 뼈는 수렵에 참가한 멤버가 제의를 주최하고 포획물의 상당 부분을 그곳에서 소비하였음을 말해 준다. 수렵이든 어로든 복수의 인간이 포획물을 쫓아 포획하는 과정에서 긴장과 경험을 공유한다. 그 흥분은 제의장에서 재현된다. 공동노동과 그것을 통합하는 제의는 그곳에 참가하는 멤버의 사회적 결합을 확인하고 재생산하는 기회가 되기도 하였다. 집단노동이 조몬인의 생업 기반이 된 이유는 그것이 그들의 사회적인 결합을 재생산하는 기회였다는 점에서도 의미가 있다.

4. '조몬농경'

지금까지 조몬인을 수렵채집민 즉 자연 속에 있는 자원을 이용하는 사람들로 설명하였다. 그러나 조몬인이 식물을 재배하고 동물을 사육하였다는 의견도 있다. 만약 이러한 의견이 타당하다면, 조몬인을 더 이상 수렵채집민으로 취급할 수 없게 된다.

조몬인이 어떤 형태로든 농경을 실시하였다는 생각은 이미 1920년대 말에 등장하였다. 조몬농경을 인정하는 의견은

① 조몬시대 전체 또는 일부 시기·지역의 문화가 번영한 이유를 농경에서 찾으려는 입장
② 도작의 수용·급속한 전파의 전제조건으로서 원초적인 농경의 존재를 인정하려는 입장

으로 대별된다. 조몬농경론의 논점과 경과는 도자와 미치노리(戸沢充則), 노토 켄(能登健), 다마다 요시히데(玉田芳英) 등이 정리한 바 있다.[93] 1970년대 전반까지의 조몬농경론에 대한 논평은 이들에게 넘기고, 1970년대 후반 이후의 자료와 의견에 대해 살펴보자.

1970년대 중엽을 경계로 하여 조몬농경론은 새로운 국면을 맞이한다. 후쿠이현 도리하마에서 표주박과 녹두가 출토되고 나서부터[94] 조몬시대 일본열도에 재배식물이 도래하였음을 부정할 수 없게 되었다. 이후의 발견례를 더하면 표주박은 시가(滋賀)현 아와즈코테이(粟津湖底) 등 6개소, 녹두는 기후(岐阜)현 쓰루네(ツルネ) 등 8개소에서 출토된다. 들깨(자소?)가 가장 많은데, 나가노현 고진야마(荒神山) 등 10개소에서 출토되었다. 그 외에 도리하마에서는 새끼줄로 마(麻)를 이용한 것도 있고, 돗토리(鳥取)현 메구미(目久美) 등의 3개소에서는 유채류도 출토되었다.[95] 조몬시대 유적 총수에 비하면 극히 미미하지만, 모든 발굴조사에서 식물종자가 확인되는 것도 아니라는 점을 고려하면 무시할 수 없다.

곡물이 출토된 예도 있다. 그중에서 규슈의 후·만기의 예는 야요이 농경에 앞선 것이라 봐야 한다. 아오모리현 가메가오카의 쌀,[96] 홋카이도 마마치(ママチ), 아오모리현 이시가메(石龜)의 메밀 등[97]도 만기중엽 이후의 것이다. 혼슈 서남부의 돌대문토기(突帯紋土器) 문화권에 도달한 조기 야요이의 영향이 빠르게 북일본에까지 파급된 것이다. 후·만기 이전의 곡물 출토례는 홋카이도현 하마나스노(ハマナス野)의 메밀, 사이타마현 우에노(上野)와 기후현 쓰루네의 대맥(大麦) 등[98]으로 모두 중기에 해당한다. 이들 예가 틀림없다면, 후·만기 이전에도 일본열도에 곡물재배가 전해진 것이 된다. 그러나 그 기술이 후·만기까지 계승되었다고 볼 근거는 아직 없다.

제2절에서 소개한 조몬인의 식물 종별의 시뮬레이션 결과에 따르면, 조몬인은 보리·피·조와 같은 C_4식물도 섭취한 것처럼 보인다. 그러나 시뮬레이션을 실시할 때 조

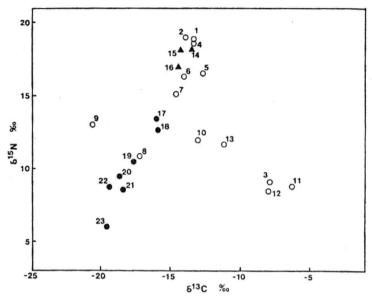

도 32 신대륙 각지의 주민과 조몬인의 탄소·질소 안정동위체비 측정치의 비교(주 99 문헌에서)
1: 이누이트, 2: 하이다족, 3: 페스코·페브로, 4: 브리티시 콜롬비아, 5: 모셀섬, 6: 추마시, 7: 연안 추마시, 8: 내륙 추마시, 9: 온타리오, 10: 온타리오, 11: 테우아칸, 12: 하비브, 13: 빌족, 14: 우스, 15: 기타코가네, 16: 다카사고, 17: 도도로키, 18: 쓰구모, 19: 고사쿠, 20: 오카다이라, 21: 산칸지, 22: 요세쿠라, 23: 기타무라

몬인이 안정동위체비가 다른 각종 식물을 무작위로 이용했다고 가정한 것이므로, C_4 식물의 비율도 제로가 되진 않는다. 미나가와 마사오의 지적에 의하면 평균치가 10% 전후라도 C_4식물의 이용률이 제로에 가까운 경우가 많고, 실제로는 이용하지 않았다고 봐야 한다고 한다. 미나가와는 신대륙 각지의 주민과 조몬인의 탄소·질소 안정동위체비 측정치를 비교하였다.[99] 테우아칸, 하비브 등 농경이 확인되는 중미와 북미 유적 주민(도 32-11·12)의 $\delta^{13}C$ 농도가 높다. 옥수수재배가 파급되기 이전(도 32-9)과 이후(도 32-10)로 $\delta^{13}C$ 농도가 변하는 경우도 있다. 조몬인의 측정값은 매우 넓은 범위에 분포한다. 그러나 C_4식물을 상시 섭취하는 사람들의 측정치와는 겹치지 않는다. C_4식물인 메밀·벼는 차치하고, 조몬인이 C_4식물을 주식으로 하였다고 볼 여지는 없어 보인다.

조몬인은 확실히 식물을 재배하였다. 그러나 그 작물 속에는 상시적으로 섭취하는 식품이 포함되어 있지 않았다. '조몬농경'을 둘러싼 논의는 이렇게 결론 내려졌다. 그러나 최근 새로운 문제가 대두되었다. 니가타(新潟)현 오사와(大沢)의 취락 내 포함층에서 피안화과(또는 백합과)와 참마과의 화분(도 33)이 검출되었고, 소량이지만 메밀속

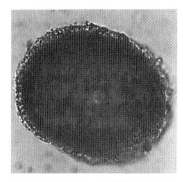

도 33 니가타현 오사와의 피안화(백합)과 (위)와 참마과(아래)의 화분[마키마치(巻町) 교육위원회 제공]

의 화분도 있다.[100] 수목류로는 노송나무과가 약간 많을 뿐, 초본류의 화분도 적어 합쳐 10% 전후이다. 그런데 피안화과(백합과)의 화분은 전기후엽~중기전엽(古)에는 50% 전후, 참마과의 화분은 중기전엽(新)에는 70% 전후가 된다. 중기전엽(中)에는 고비속의 포자가 30% 정도이다. 피안화과(백합과), 고비속, 참마과의 화분과 포자만 높은 비율로 나타나고 게다가 점차 차례로 교체변화하는 양상은 심상치 않다. 조사를 담당한 마에야마 키요아키(前山精明)가 지적한 것처럼 어떤 인위적인 요인을 고려해야 한다.

'조몬농경'에 비판적인 입장에 있는 사람도 조몬인이 호리타 미츠루(堀田 滿)가 말하는 땅속줄기형 유용식물[101]을 이용하였을 가능성은 인정한다. 가나가와현 가미노이리(上ノ入)에서 백양꽃으로 추정되는 것,[102] 도리하마에서 백합과 (도 35)로 여겨지는 것이 출토되었다. 도작 이전에 땅속줄기류 재배가 있었다는 의견은 민속(족)학 분야에 뿌리를 두고 있다. 예를 들어 쓰보이 히로후미(坪井洋文)는 도작문화의 기층으로 땅속줄기작 문화의 의의를 강조하였다.[103]

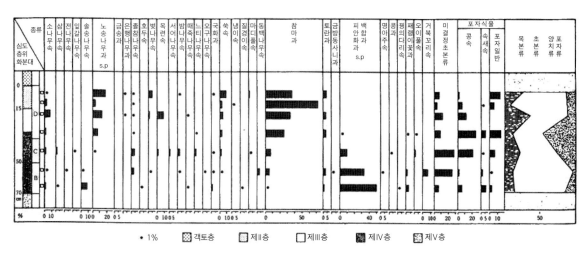

도 34 니가타현 오사와의 화분 다이어그램(주 100 문헌에서)

나카오 사스케(中尾佐助)는 조몬 시대에 "3배체(三倍体) 식물을 중심으로 하는 반재배농경문화가 전파·성립되어 있었"을 가능성이 있다고 한다.[104] 여기에서 나카오가 말하는 것은 토란·참나리·피안화·왕원추리·양하이다. 쇠기나물·참마도 그 "후보로 생각해 볼 수 있다"고 하였다. 오사와에서 화분이 출토되는 식물은 모두 여기에 포함된다. 피안화·백합·참마는 모두 C_3

도 35 후쿠이현 도리하마출토 토기에 부착된 구근(球根)
[후쿠이현립와카사(若狹)역사민속자료관 제공]

식물이므로(미나가와 마사오의 지적), 안정동위체비의 분석결과와도 모순되지 않는다.

배합·피안화과와 참마과의 화분이 이렇게 많은 비율을 점하는 예는 없다. 지금까지의 화분분석에서는 취락으로부터 떨어진 습지에서 샘플을 채취했을 뿐, 유물함유량—쓰레기장 등 취락 내 퇴적물을 분석한 예가 거의 없다. 이 식물들은 대지 위와 사면의 삼림을 구성하는데 군락지를 벗어나면 화분 양이 줄어든다. 그러므로 사면에서 떨어진 습지 등의 퇴적물에서 이 식물들의 화분비율이 낮은 것은 당연하다. 취락 밖의 습지뿐만 아니라, 취락 내 퇴적물 분석에도 주의를 기울일 필요가 있다.

한편 오사와의 쓰레기장 흙에서 화분이 확인된 것은 이 주변에 참마, 백합과 피안화과의 식물이 자라고 있었기 때문일 것이다. 참마과의 경우는 잎이 변형된 영양체[珠芽]를 저장하였거나 모아서 처리했을지 모른다. 오사와의 주민이 전분의 공급원이 되는 식물을 취락 내 또는 주거 주위의 '채원(採園)' 또는 '텃밭'[105]에 심었을 것이다.

땅속줄기류의 반재배 기술이 언제, 어떤 경로로 일본열도에 전해졌을까? 소바타(曾畑)식 시기에 한반도를 경유하여 전해졌다고 보는 것도 하나의 가능성이다. 반재배의 땅속줄기류가 녹두·표주박 등과 세트로 나타난다면, 이 시기는 압형문토기나 또는 그 이전으로 거슬러 올라갈 것이다. 동아시아 식물재배의 기원이 홀로세 초기 또는 플라이스토세 말기까지 소급되고 조몬인의 식물재배에 그 편린이 나타날 가능성도 전혀 없다고 할 수 없다.

5. 조몬인의 생업 성격

오사와의 화분분석 결과는 조몬 전기와 중기의 식물재배가 "취락 근처에 형성된 작은 밭과 텃밭에서 아주 소규모"[106]로 이루어졌을 거라는 사사키 코메이의 추측과 일치한다. 사사키는 조몬시대에 화전농경이 존재하였다고 강력하게 주장하였다.[107] 이 의견에 따르면 오사와 주민은 농경민이다.

사사키는 선사시대 작물재배라고 해도 그 내용은 "무한정으로 일괄할 수 있을 정도로 단순하고 동질적인 것이" 아니고, "채집(반재배), 수렵, 어로활동의 극히 일부를 보완하는 정도의" "원초적인 농경"과 "주식료의 생산 대부분을 (중략) 농경으로 보충하지만", 안정성이 낮고, "농경과 그 외의 생업활동의 비중이 역전되는 경우도 있는" "초기적 농경"으로 구별된다고 하였다.[108] 이 견해는 1960년대까지의 '조몬농경론'에 비해 훨씬 논리적으로 정리되어 있다.

식물재배가 "채집, 수렵, 어로활동의 극히 일부를 보완하는 정도"의 역할밖에 하지 않는 사회를 왜 새삼스럽게 '농경사회'라고 부르는 것일까? 사사키는 이에 대해 "매우 소규모라도 농경이 있으면 '있다'는 점을 중시하자고 생각한다"고 설명하였다.[109] 사사키는 조몬사회를 "성숙한 채집사회"[110]라고도 정의한다. '성숙한 채집사회' 속에는 '원초적인 농경사회'의 측면도 있다는 것이 진의일 것이다. 일본 농경문화의 기원이 어디에 있는가? 일본 농경은 언제까지 소급되는가? 사사키의 관심은 여기에 집중된다.

한편 고고학에서 '농경사회'라고 하면 '농경이 주요한 생업이 되는 사회'를 의미한다. '농경이 창출하는 잉여를 바탕으로 다른 생산활동도 이루어지는 사회'라고 해도 좋다. 결국 한 사회를 농경사회로 결정짓는 기준은 사회의 생산시스템 속에서 농경이 점하는 비중과 역할이다. 이 정의에 따르면 '초기적 농경' 단계가 겨우 '농경사회'의 입구에 도달한 것일 뿐, '원초적 농경' 단계에 있는 사회를 도저히 농경사회라고 할 수 없다.

후·만기 또는 그 이전의 조몬사회에 식물재배 또는 농경이 있었는가 하는 문제, 그리고 일본열도에 수도경작이 확산되는 과정에서 그것이 어떠한 역할을 점하였는가 하는 문제는 조몬사회를 특징지우는 생업이 무엇인가라는 문제와 분리해서 생각해야 한다. 조몬사회의 생업 성격을 파악하려면 식물성 식료자원만이 아니라, 동물성 식료

자원을 포함하여 조몬인의 생업시스템 전체의 특징을 파악해야 한다.

홀로세의 수렵·채집은 플라이스토세의 잔재가 아니고 농경·목축과 수렵·채집은 후빙기의 환경변화와 함께 평행하게 발전했다는 의견도 있다.[111] 한편 힉스(E. S. Higgs) 와 저먼(M. R. Jarman)은 인간과 동식물의 교섭이 플라이스토세부터 지속적으로 긴밀해지고, 그 경험이 누적되어 농경·목축이 성립된다고 생각하였다.[112] "정주하던 인간이 만들어 낸 환경 속에 자라는 식물을 근처에서 채집하고 식량화"하는 단계를 '선농경단계'라고 부르자는 나카오 사스케의 의견도 이와 유사하다.[113]

힉스와 저먼은 이 과정을 Husbandry와 Domestication으로 나눈다. 동식물 자원을 다소라도 의식적으로 보호·관리하는 경우가 Husbandry, 인간에 의해 계획적으로 좋은 품종을 만들어 내는 경우가 Domestication이다.[114] 전자를 '유도·관리', 후자를 '도태·훈육'이라고 해 둔다. 수렵채집민이라고 하면 주변에 주어진 자원을 받아 이용하던 사람들이라고 생각하기 쉽다. 그러나 최근 수렵채집민도 다양한 입장에서 자원을 유지·관리한다는 사실이 주목받고 있다. 하나의 구체적인 예가 수렵채집민이 시행하는 불놓기이다. 고바야시 타츠오는 북미 북서부 해안의 살리시족의 불놓기를 소개하였다.[115] 불놓기는 북미 북서부의 수렵채집민 사이에서 널리 이루어진다. 예를 들어 캐나다의 앨버타주 북부에서는 크리족, 크로우족, 치페와이언족 등의 여러 부족이 삼림의 초지에 불을 놓는다.[116] 오스트레일리아 각지의 수렵채집민도 불놓기를 하고, 캘리포니아 오레곤의 여러 부족처럼 저목림과 침엽수림에 불을 놓아 초지를 조성하는 경우도 있다. 영국에서는 중석기시대에 불놓기가 시작된다는 견해도 있다.[117] 불놓기를 한 장소는 풀이 빨리 자라나고 초지가 넓어진다. 초식동물이 여기에 모이고 이들을 따라 육식동물도 모여 들어 최적의 사냥터가 된다. 견과류 등 삼림의 유용식물 성장도 활발해진다. 불을 놓지 않으면 수목이 확대되어 초지는 소멸해 버린다.[118]

앞서 소개한 앨버타 북부의 경우, 초지[伐開地]의 유지·관리의 첫 번째 목적은 사냥터 확보에 있지만, 그것만이 아니라 초지는 다양한 기능과 목적을 수행한다. 초지에 유용식물을 재배하면 화전농경이 성립된다. 북아메리카 북서부에서 화전이 성립하지 않았던 이유는 이 지역에 재배에 적합한 유용식물이 분포하지 않고, 재배식물도 파급되지 않았기 때문이다. 이로쿼이족, 알곤킨족 등 농경이 파급된 북아메리카 북동부 삼림지대의 여러 부족에서는 화전농경이 성립한다.[119]

화전농경은 수렵채집민의 자원유지·관리라는 기술의 틀 내에서도 성립한다. 그렇다면 수렵채집민이 유용식물의 재배기술을 개발하고 화전농경을 시작하는 경우도 있을 것이다. 또한 수렵채집민이 농경민과 접촉하여 재배식물의 일부를 전통적인 기술로 받아들여 화전농경을 시작하는 경우도 있을 것이다. 그러므로 수전농경민이 화전으로 전향하는 경우는 있을 수 없다[120]는 일반론으로 문제를 해결할 수 없다. 조몬시대의 사회에서 실제로 어떠한 일들이 일어났는지 구체적인 자료를 바탕으로 판단해야 한다.

앨버타 북부의 수렵채집민이 유지·관리하는 초지는 그곳에서 주요 포획물이 되는 사슴류를 끌어모은다. 즉 초지를 유지·관리함으로써 이용가치가 있는 자원을 자신들의 손이 닿을 곳으로 유도한다고 할 수 있다. 나카오가 말하는 '선농경단계'의 반재배도 인간이 환경에 간섭하고 이용가치가 있는 식물을 유도한 것이다. 자신들이 이용하기 쉬운 장소를 유용한 자원이 증식하기 쉬운 환경으로 만들어 유도한다. 이러한 생업시스템의 원리를 상정할 수 있다. 조몬인의 생업도 이 속에 포함될 것이다.

단, 조몬인이 동식물 자원을 관리하였다는 확실한 증거가 아직 많지 않다. 지노 야스미치(千野裕道)의 탄화재 분석결과는 조몬인의 밤 관리와 이용 프로세스를 구체적으로 시사한다는 점에서 주목할 만하다.[121] 도쿄도 이사라고(伊皿子)의 꼬막 길이의 최소치는 최대치보다 변의 폭이 좁다. 스즈키 키미오는 패총을 남긴 사람들이 일정 크기보다 작은 조개를 채취하지 않도록 배려한 결과라고 해석하였다.[122] 소위 막대에 매단 굴도 조몬인의 자원관리 흔적일지 모른다. 취락의 주기적인 이동도 자원관리의 한 수단일 것이다. 조몬인의 동식물 자원의 관리, 그것은 지금부터 실증해 나가야 할 과제이다.

주

1   『大漢和辭典』이 인용하는 『史記·匈奴傳』에는 "(흉노는) 새를 날려 동물을 수렵하는 것을 생업으로 한다"
    고 나와 있다.

2   カール·ポランニー著, 玉野井芳郎·栗本慎一郎訳, 「人間の経済」上, p. 59(岩波現代選書 49, 岩波書店,
    1980).

3   鈴木公雄, 「日本の新石器時代」, pp. 77-78, 81(『講座日本歴史-原始·古代』1, 東京大学出版会, 1984).

4   여기에서는 나카이 노부유키(中井信之)들의 해진 최성기 추정연대 6,000~6,700y. B.P.에 따르도록 한다.
    中井信之·太田友子·藤沢 寛·吉田正夫, 「堆積物コアの炭素同位体比, C/N比およびFeS₂含有量からみた名
    古屋港周辺の古気候, 古海水準変動」, pp. 173-176(『第四紀研究』21: 169-177, 1982).

5   近藤義郎, 「縄文文化成立の諸前提」(『日本考古学研究序説』47-75, 岩波書店, 1985).
    小林達雄, 「総論·縄文経済」, p. 5(『縄文文化の研究』2: 1-16, 1983).

6   貝塚爽平, 「山と平野と海底と-平野と海岸序説」, p. 17(貝塚爽平ほか編, 『日本の自然』4: 1-22, 岩波書店,
    1985).

7   Stewart, K. M., Fishing Sites of North and East Africa in the Late Pleistocene and Holocene: *Envi-
    ronmental Change and Human Adaptation*. pp. 34-36, *BAR I. S. 521*, 1989.

8   이 책 제3장 제1절 1. 반도에서 열도로 참조.

9   杉原荘介·芹沢長介, 「神奈川県夏島における縄文文化初頭の貝塚」, pp. 32-35(『明治大学考古学研究室研
    究報告·考古学』2, 明治大学, 1957).
    岡本 勇, 「先土器·縄文時代の食料生産」, pp. 45-46(甘粕 健ほか編, 『岩波講座 日本考古学』3: 33-56, 岩
    波書店, 1986).

10 니시노죠·하나와다이에서는 일본재첩이 주체를 이루고, 히라사카에서는 참굴을 주체로 하며 꼬막이 섞여
    있다.
    西村正衛·金子浩昌·芹沢長介·江坂輝弥, 「千葉県西ノ城貝塚-関東縄文式早期文化の研究」(『石器時代』2:
    1-20, 1955).
    岡本 勇, 「相模·平坂貝塚」(『駿台史学』3: 58-76, 1953).
    吉田 格, 「縄文早期花輪台式文化-茨城県花輪台貝塚」(斎藤忠博士頌壽記念論文集編纂委員会編, 『考古学
    叢考』下, 455-479, 吉川弘文堂, 1988).

11 기시마패총에서는 패층 하반부는 일본재첩, 상반부에는 꼬막이 섞인 소형의 참굴이 보인다고 한다. 나츠시
    마·마즈카리·기시마의 패류조성이 유사하다. 요시다하마(吉田浜)패총에서는 가야마카소식 병행의 토기
    를 포함하는 참굴 패층 아래에 패각침선문토기 후엽의 혼패토층이 있는데, 종명을 알 수 없다.
    江坂輝彌, 「生活の舞台」, pp. 402-404(鎌木義昌編, 『日本の考古学』II: 399-415, 河出書房, 1965).
    芹沢長介, 『石器時代の日本』, p. 122.
    後藤勝彦, 「宮城県七ヶ浜町吉田浜貝塚」(宮城教育大学歴史研究会編, 『仙台湾周辺の考古学的研究』1-20,
    宝文堂, 1968).

12 貝塚爽平·鳴瀬 洋·太田陽子, 「平野と海岸の生い立ち」(貝塚爽平ほか編, 『日本の自然』4: 23-183).

13 安田喜憲, 「鳥浜貝塚80R区の花粉分析」, pp. 1-4(鳥浜貝塚研究グループ編, 『鳥浜貝塚』5: 1-13, 福井県教
    育委員会·福井県立若狭歴史民俗資料館, 1985), 「環境考古学事始-日本列島二万年」, pp. 143-146(NHK
    ブックス365, 日本放送出版協会, 1980).

14 이 책 제3장 제1절 1. 반도에서 열도로 참조.

15 이 책 제3장 제1절 2. 조몬해진 참조.

16 辻誠一郎·南木睦彦·小池裕子, 「縄文時代以降の植生編かと農耕-村田川流域を例として」, pp. 261-263(『第四紀研究』22: 251-266, 1983).

17 辻誠一郎·南木睦彦·小池裕子, 「縄文時代以降の植生変化と農耕-村田川流域を例として」, pp. 257-260.
德永重元·パリノサヴェイKK, 「自然遺物·花粉」, p. 149(早川智明監修, 『寿能泥炭層遺跡発掘調査報告書·自然遺物編』, 137-151, 埼玉県教育委員会, 1982).
辻誠一郎, 「開析谷の遺跡とそれをとりまく古環境復元: 関東平野中央部の川口市赤山陳屋遺跡における完新世の古環境」, pp. 349-351(『第四紀研究』27: 331-356, 1989).

18 安田喜憲, 『世界史のなかの縄文文化』, p. 130(考古学選書 26, 雄山閣出版, 1987).

19 松島義章, 「南関東における縄文海進に伴う貝類群集の変遷」, pp. 257-259(『第四紀研究』17: 243-265, 1979).

20 阪口 豊, 「尾瀬ヶ原の自然史-景観の秘密をさぐる」, pp. 168-178(中央公論社, 1989).

21 阪口 豊, 「尾瀬ヶ原の自然史-景観の秘密をさぐる」, pp. 180-183.

22 安田喜憲, 『世界史のなかの縄文文化』, pp. 260-261.

23 今村啓爾, 「稲名寺式土器の研究·下」, pp. 130-133(『考古学雑誌』63-2: 110-148, 1977).

24 藤本 強, 「墓制成立の背景」, pp. 19-20, 30(『縄文文化の研究』9: 12-31, 1983).

25 町田 洋, 「火山の大噴火」, pp. 44-47(『日本の自然』8: 33-59, 1986).

26 町田 洋·新井房夫, 「南九州鬼界カルデラから噴出した広域テフラ-アカホヤ火山灰」, p. 151(『第四紀研究』17: 143-163, 1978).

27 林 謙作, 「宮城県浅部貝塚出土のシカ·イノシシ遺体」(『物質文化』15: 1-11, 1970).
林 謙作, 「宮城県浅部貝塚出土の動物遺体」(『物質文化』17: 7-21, 1971).
塩釜女子高等学校社会部, 『二月田貝塚』(塩釜女子高等学校, 1971).
林 謙作, 「宮城県下の貝塚群」, pp. 113-116, 133-140(渡辺信夫編, 『宮城の研究』1: 109-172, 清文堂, 1984).
金子浩昌·草間俊一編, 『貝鳥貝塚-第四次調査報告』(岩手県文化財愛護協会·花泉町教育委員会, 1971).

28 발굴한 흙을 모두 가지고 들어와 미소유물을 검출하는 방침은 센다이만 연안에서는 미야기현교육위원회가 조사한 다가라(田柄), 도호쿠역사자료관이 조사한 사토하마니시하타(里浜西畑, 1979년)에서 시작된다. 샘플링은 모집단의 성질을 추측하기 위해 일부 자료를 뽑아내는 것이므로, '실개(悉皆)'는 '-센서스(census)'·'-회수'라고 불려야 할 것이다.

29 林 謙作, 「宮城県浅部貝塚出土の動物遺体」, Tab. 2.

30 松本秀明, 「沖積平野の形成過程から見た過去一万年間の海岸線変化」, pp. 20-21, 25-26, 34-36, 41-43, 49-50(『宮城の研究』1: 7-52).

31 마츠모토는 해면이 다시 상승하는 시기에 대해서는 밝히지 않았다.

32 輿野義一, 「迫川流域の石器時代文化」, pp. 27-29(『仙台郷土研究』18-3: 20-30, 1958).

33 加藤 孝·後藤勝彦編, 「宮城県登米郡南方町青島貝塚発掘調査報告-内陸淡水産貝塚の研究」(『南方町史·資料編』1: 11-274, 1975).
後藤勝彦, 「仙台湾縄文前期貝塚出土の動物遺体から見た漁労活動について-特に左道貝塚·貝殻塚貝塚·桂島貝塚を中心として」(『宮城県多賀城遺跡調査研究所研究紀要』6: 1-27, 1980).

34 伊東信雄編, 『埋蔵文化財緊急発掘調査概報-長根貝塚』(『宮城県文化財調査報告書』19, 1969), 「宮城県下の貝塚群」, pp. 126-127, 130-132.

35 松本秀明, 「沖積平野の形成過程から見た過去一万年間の海岸線変化」, p. 25.

36 岡本道雄・小井川和夫編, 『里浜貝塚V-宮城県鳴瀬町宮戸島里浜貝塚西畑地点の調査・研究 V』, pp. 97-99, 104-105(『東北歴史資料館資料集』 15, 東北歴史資料館, 1986), 『里浜貝塚VI』, p. 46(『東北歴史資料館資料集』 19, 1987).

37 林 謙作, 「宮城県下の貝塚群」, pp. 141-150.
   林 謙作, 「縄文時代」, pp. 106-108(『図説 発掘が語る日本史』 1: 69-112, 新人物往来社, 1986).
   林 謙作, 「亀ヶ岡と遠賀川」, pp. 96-98(戸沢充則ほか編, 『岩波講座 日本考古学』 5: 93-124, 1986).

38 백조 뼈가 출토되는 것으로 보아 패총이 겨울에도 형성되었다고 추측하는 것 같다.
   Lubbock, John, *Pre-Historic Times*. pp. 241-215(Williams and Norgate, 1913).
   Morlot, A., General Viewson Archaeology. pp. 312-313(*Annual Report of Smithonian Institution for 1860*. 284-343, 1961).

39 Clark, J. G. D., *Prehistoric Europe: the economic basis*. pp. 25-26, 38.

40 Clark, J. G. D. (ed.), *Excavations at star Carr: an early mesolithic site at Seamer. near Scarborough, England*. Cambridge University Press, 1954.

41 Casteel, R. W., Some Archaeological Uses of Fish Remains. *American Antiquity*. 37: 404-419.

42 Gilbert, B. M. & Bass, W. M., Seasonal Dating of Burials from the Presence of Fly Pupae. *American Antiquity*. 32: 534-535.

43 따라서 물리학, 공학 분야의 스펙트럼 해석과 같은 원리이다. 이 수법을 도입하면 더욱 세밀한 분석이 가능해진다.

44 이미 도다이지(東大寺)의 인왕상 원목을 벌목한 계절 추정이 이루어지고 있다.
   田中 琢編, 「年輪に歴史を読む-日本における古年輪学の成立」, p. 122(『奈良国立文化財研究所学報』 48, 1990).

45 체온을 조절하는 동물도 성장의 고저가 있다는 것은 옛날 이야기로 지금은 성장 사이클이 유전자 속에 새겨져 있는 것이 아닌가라는 의견도 있다고 한다(大泰司紀之의 지적).

46 Ohtaishi, N., Ecological and Physiological Longivity in Mammals: from the age structure of Japanese Dee. *Journal of Mammalian Society Japan*. 7: 130-134.
   大泰司紀之, 「遺跡出土ニホンジカの下顎骨による性別・年齢・死亡時期の推定法」(『考古学と自然科学』 13: 51-74, 1980).
   大泰司紀之・小池裕子, 「遺跡出土ニホンジカの齢構成から見た狩獵壓の時期変化」, p. 515(古文化財編集委員会編, 『古文化財の自然科学的研究』 508-517, 同朋舎, 1984).

47 新美倫子, 「愛知県伊川津遺跡出土ニホンイノシシの年齢及び死亡時期査定について」(『国立歴史民俗博物館研究報告』 29: 123-141, 1991).

48 Koike, H., Seasonal Dating by Growth-line Counting of the Clam, Meretrix Iusioria: toward a reconstruction of prehistoric shell collecting activities in Japan. *The University Museum Bulletin, University of Tokyo*. 18, 1980.
   小池裕子, 「貝殻成長線解析」(特定研究「古文化財」總括班編, 『古文化財に関する保存科学と人文・自然科学 昭和55年度年次報告書』 93-95, 1985).

49 小池裕子, 「伊皿子貝塚における貝類採取の季節性」(金子浩昌・鈴木公雄編, 『伊皿子貝塚遺跡』 607-615, 1981, 東京港区教育委員会・日本電信電話公社).
   小池裕子, 「宮城県田柄貝塚CL-40区出土のアサリ・ハマグリの貝殻成長線解析について」(小井川和夫・大田幸夫編, 『田柄貝塚』 3: 533-539, 1988, 宮城県教育委員会).

50 이석이라는 것은 내이도 내 기관의 일부로 평형감각을 유지하는 역할을 한다. 물고기만이 아니라, 모든 척

추동물에 있지만 물고기의 이석에서 특히 성장선을 관찰하기 쉽다.

51 Mellars, P., Excavations and Economic Analysis of Mesolithic Shell Middens on the Island of Oronsay (Inner Hebrides). Mellars ed., *The Early Postglacial Settlement of Northern Europe*. 371-396, Duckworth, London, 1978.

52 Casteel, R. W., Some Archaeological Uses of Fish Remains.

53 林 謙作, 「宮城県浅部貝塚出土のシカ・イノシシ遺体」.

54 10월 15일부터 4월 15일까지('조수보호 및 수렵에 관한 법률' 제8조의 3).

55 岡村道雄, 「発掘調査の目的」, p. 28(岡村道雄編, 「里浜貝塚I・宮城県鳴瀬町宮戸島里浜貝塚西畑地点の調査・研究」 26-40, 『東北歴史資料館資料集』 11, 1981).

56 연어과는 치어일 때 바다로 나가고 성숙하면 산란을 위해 돌아오는 강해형(降海型)이 많다. 정어리·산천어(민물송어)·무지개송어·사할린 자치어 등 태어난 곳에서 평생을 사는 것은 육봉형(陸封型)이다.

57 이 책 제5장 제2절 1. 센다이만 연안 유적의 새와 길짐승의 조성 참조.

58 小池裕子, 「アサリの成長線分析・貝殻成長線に基づくアサリの採取季節の推定について」(『里浜貝塚V』: 48-53 『東北歴史資料館資料集』 15, 1986).

59 赤沢 威, 「縄文貝塚産魚類の体長組成並びにその先史漁撈学的意味-縄文貝塚民の漁撈活動の復元に関する一試論」(『人類学雑誌』 77: 154-178, 1969).

60 笠原信男, 「各層出土の動植物遺体・魚類」, pp. 59-71(『里浜貝塚V』: 56-83), 「里浜貝塚西畑地点の生業活動と季節性」, pp. 28-31(岡村道雄・笠原信男編, 『里浜貝塚』 VI: 8-35, 1987).

61 松原喜代松・落合 明, 『魚類学・下』, p. 786(恒星社厚生閣, 1973).

62 이 책 제5장 제1절 1. 생업과 경제 참조.

63 小林達雄, 「縄文経済」, p. 6(加藤晋平・小林達雄・藤本 強編, 『縄文文化の研究』 2: 1-16, 雄山閣出版, 1983).

64 이 책 제5장 제2절 1. 센다이만 연안 유적의 새와 길짐승의 조성 참조.

65 岡村道雄・笠原信男編, 『里浜貝塚V』, pp. 31-35, p. 73(『東北歴史資料館資料集』 15, 1986).

66 다가라에서는 패류가 45종 출토되는데, 바지락이 압도적으로 많은 78% 후반대, 다음으로 백합이 14% 전반대로 합하면 90%를 넘는다. 이카와즈에서도 총 38종의 조개 가운데 눈알고둥과 바지락이 압도적인 비율을 점한다. 물고기는 38종 가운데 돔과(감성돔), 농어, 청어, 청어과 등의 비율이 높다.

小井川和夫・大田幸夫編, 「田柄貝塚3」, p. 203, 339(『宮城県文化財調査報告書』 111, 宮城県教育委員会・建設省東北地方建設局, 1986).

小野田勝一・春成秀爾・西本豊弘編, 『伊川津遺跡(本文編)』, pp. 309-310, 314(『渥美町埋蔵文化財調査報告書』 4, 渥美町教育委員会, 1988).

67 辻 秀子, 「可食植物の概観」(『縄文文化の研究』 2: 18-41).

68 辻 秀子, 「可食植物の概観」, pp. 28-29.

69 辻 秀子, 「可食植物の概観」, p. 25.

70 이 의견이 소위 '연어·송어론'이다. '연어·송어론'에 대한 평가는 주 78 스즈키 논문(pp. 182-188)을 참조해 주길 바란다.

山内清男, 「日本先史時代概説」, pp. 141-142(山内清男・江坂輝彌編, 『日本原始美術』 1: 135-147, 講談社, 1964).

71 西田正規, 「縄文時代の食料資源と生業活動-鳥浜貝塚の自然遺物を中心として」, pp. 35-37(『季刊人類学』 11-3: 1-41, 1980).

72 이 책 제5장 제3절 2. 계절 추정 참조.

73　西村正衛·金子浩昌,「千葉県香取郡大倉南貝塚」(『古代』21·22: 1-47, 1956).

74　渡辺 誠,「縄文時代の植物質食料採集活動について(予察)」(『古代学』15-4: 266-276, 1969),「縄文時代における植物質食料採集活動の研究」(『古代文化』24-5·6: 139-170),『縄文時代の食物食』(考古学選書 13, 雄山閣出版, 1975).

75　平口哲夫,「動物遺体個体別分析の諸問題-真脇遺跡出土イルカ上腕骨のペアリングを中心に」, pp. 67-72(『国立歴史民俗博物館研究報告』29: 61-88, 1991).

76　岡村道雄·菅原弘樹,「動物遺体分析にあたって」, pp. 22-23(『里浜貝塚V』: 1-23, 1986).[*22]

77　佐原 真,「日本人の誕生」, p. 111(『大系日本の歴史』1, 小学館, 1987).

78　鈴木公雄,「縄文時代論」, pp. 188-195(大塚初重·戸沢充則·佐原 真編,『日本考古学を学ぶ』3: 178-202, 有斐閣, 1979).

79　佐原 真,「日本人の誕生」, p. 112.
　　佐々木高明,『日本史誕生』, p. 128(『日本の歴史』1, 集英社, 1991).

80　하야시 요시히로(林 良博)는 식품으로서의 멧돼지 수율(收率)[*23]을 75% 전후로 추정하였다. 이러한 추정에 골수가 포함되어 있지 않은 것 같은데 조몬인이 멧돼지를 이용하는 경우의 수율은 더욱 높아질 것이다.
　　林 良博,「イノシシ」, p. 143(『縄文文化の研究』2: 136-147, 1983).[*24]

81　Chisholm, B.·小池裕子·中井信之,「炭素安定同位体比による古代食性の研究」(『考古学と自然科学』20: 7-16, 1988).

82　Price, T. G., The Reconstruction of Mesolithic Diets. pp. 54-56 (Bonsall. C. ed., *The Mesolithic in Europe*. 48-59. John Donald, 1986).

83　南川雅男,「安定同位体比による食生態研究」(『モンゴロイド』1: 14-16, 1989),「アイソトープ食性解析からみる先史モンゴロイドの食生態」(『モンゴロイド』6: 24-29, 1990).

84　여기에서 설명한 사항은 주 81 외, 杉山達雄,「C₃植物, C₄植物とは?」(『モンゴロイド』2: 13-15, 1989)에 해설이 있다.

85　이 책 제5장 제4절 2. 식품의 선택(1) 표 13 참조.

86　鈴木公雄,『貝塚の考古学』, pp. 64-68(『UP考古学選書』5, 東京大学出版会, 1989).

87　渡辺 誠,『縄文時代の植物食』, pp. 98-135(考古学選書 13, 雄山閣出版, 1975).

88　金箱文夫編,『赤山——一般国道298号(東京外郭環状道路)新設工事に伴う埋蔵文化財発掘調査報告書·本文編第一分冊』, pp. 405, 410, 411-430(川口市遺跡調査会報告 12, 1989).

89　西野秀和,『金沢市米泉遺跡』, pp. 13-14, 282-284(石川県埋蔵文化財センター, 1989).

90　林 謙作,「貝ノ花貝塚のシカ·イノシシ遺体」(『北方文化研究』13: 75-134, 1980).

91　林 謙作·西本豊弘,「縄文晩期~弥生前期の狩猟と儀礼」, pp. 38-41(大井晴男編,『環太平洋北部地域における狩猟獣の捕獲·分配·儀礼』26-42, 1986).

92　브레인(K. C. Brain)의 관찰에 의하면, 개가 인간이 먹다 남긴 염소 뼈를 가져간 뒤, 하악골은 90% 이상, 상완골[*25]·경골(모두 하단부)과 요골·척골은 50~60%가 남아 있지만, 족단골·경추골·장골(腸骨)은 모두 10% 이하로, 특히 척추골·상완골(상단부)는 전혀 남아 있지 않았다고 한다.
　　Brain, K. C., Some Interpretation of Bone Accumulations Associated with Man. pp. 105-112 (Issac, G. LI., McCown, E. R. (eds.), *Human Origins: Louis Leakey and the East African Evidence*. 97-116, 1976, Benjamin/Cummings).

93　戸沢充則,「縄文農耕論」(大塚初重·戸沢充則·佐原 真編,『日本考古学を学ぶ』2: 173-191, 有斐閣, 1979).
　　能登 健,「縄文農耕論」(桜井清彦·坂詰秀一編,『論争·学説 日本の考古学』3: 1-29, 雄山閣出版, 1987).
　　玉田芳英,「縄文時代に農耕はあったか」(鈴木公雄編,『論点·日本の歴史』1: 141-153, 新人物往来社,

1991).

94 西田正規,「植物遺体」(岡本 勇監修,『鳥浜貝塚-縄文前期を主とする低湿地遺跡の調査』1: 158-161, 1979).

松本 豪,「緑豆」(岡本 勇監修,『鳥浜貝塚』162-163).

95 이 식물종자들의 출토지는 주 93 다마타(玉田) 논문 참조.

96 那須孝悌・山内 文,「縄文後・晩期低湿性遺跡における古植生の復元」, p. 163(文部省科学研究費特定研究, 「古文化財」総括班,『自然科学の手法による遺跡・古文化財等の研究』158-171, 丸善, 1980).

97 山田悟郎,「ママチ遺跡出土の花粉化石」, p. 314(北海道埋蔵文化財センター,『ママチ遺跡』311-318, 1982).

那須孝悌・飯田祥子,「青森県石亀遺跡(縄文晩期)の花粉分析」(渡辺 誠編,『青森県田子町石亀遺跡第二・三次発掘調査概報』13-17, 1975).

98 Crawford, G. W., Paleoethnobotany of the Kameda Peninsula, Jomon. pp. 90, 148-149, *Anthropological Papers. Museum of Anthropology, University of Michigan*. 73, 1983.

99 南川雅男,「アイソトープ食性解析からみる先史モンゴロイドの食生態」(『モンゴロイド』6: 24-29, 1990).

100 前山精明,『大沢遺跡-縄文時代中期前葉を主とする集落跡の調査概要』(港町教育委員会, 1990).

101 堀田 満,「イモ型有用植物の起源と系統-東アジアを中心に」, pp. 19-21(佐々木高明編,『日本文化の原像を求めて・日本農耕文化の源流』, 17-57, 日本放送出版協会, 1983).

102 小島弘義・浜口哲一,「上ノ入遺跡炭化球根」(『どるめん』13: 90-95, 1977), 주 94) 니시다(西田)보고문, p. 160.

103 坪井洋文,『イモと日本人』(未来社, 1979).

104 中尾佐助,「東アジアの農耕とムギ」, pp. 135-137(『日本農耕文化の源流』121-161).

105 福井勝義ほか,「縄文の畑作農耕とその検証の可能性をめぐって」, pp. 335-356(佐々木高明・松山利夫編,『畑作文化の誕生-縄文農耕論へのアプローチ』, 347-384, 日本放送出版協会, 1988).

106 佐々木高明,「日本における畑作農耕の成立をめぐって」, p. 17(『畑作文化の誕生』1-22).

107 佐々木高明,『稲作以前』(NHKブックス147, 日本放送出版協会, 1971),『照葉樹林文化の道-ブータン・雲南から日本へ』(NHKブックス422, 1982),「日本農耕文化源流論の視点」(『日本農耕文化の源流』1-15),『縄文文化と日本人-日本基層文化の形成と継承』(小学館, 1986),『日本史誕生』(『日本の歴史』1, 集英社, 1991).

108 佐々木高明,「日本における畑作農耕の成立をめぐって」, pp. 15-18.

109 佐々木高明・松山利夫編,『畑作文化の誕生-縄文農耕論へのアプローチ』, p. 351.

110 佐々木高明,『縄文文化と日本人』, p. 106.

111 Foley, R., Hominids. humans and hunter-gatherers: an evolutionary perspective. pp. 219-221. Ingold. T., Riches, D., Woodburn J. (eds.), *Hunters and Gatherers I: History, evolution and social change*. 1988, Berg.

112 Higgs, E. S., Jarman, M. R., The Orgins of Animal and Plant Husbandry. pp. 12-13, Higgs (ed.), *Papers in Economic Prehistory*. 3-13, 1972, Cambridge, University Press.

113 中尾佐助,「先農耕段階とその類型-農耕起源論と関連して」, p. 330(『畑作文化の誕生』325-344).

114 Higgs, E. S., Jarman, M. R., The Orgins of Animal and Plant Husbandry. p. 8.

115 小林達雄,「総論・縄文経済」, p. 11(加藤晋平・小林達雄・藤本 強編,『縄文文化の研究』2: 1-16, 雄山閣出版, 1983).

116 Lewis, H. T., Fire Technology and Resource Management in Aboriginal North America and Australia. pp. 51-53. Williams N. M., Hunn E. S. (eds.), *Resource Managers: North American and*

Australian Hunter-Gatherers. 45-67, 1980, Australian Institute of Aboriginal Studies.

117 Simmons, I. G., Evidence for vegetation changes associated with mesolithic man in Britain. Ucko, P.
  J., Dimbleby, G. W. (eds.), *The Domestication and Exploitation of Plants and Animals*. 111-119,
  Duckworth, 1976.

118 Mellars, P., Fire Ecology, Animal Populations and Man: a Study of some Ecological Relationships
  in Prehistory. pp. 16-39, *Proceedings of the Prehistoric Society*. 42: 15-45, 1976.

119 Trigger, B. G. (ed.), *Handbook of North American Indians: Northeast*. pp. 163, 199, 216-217, 258,
  297, 379, 795, 1978, Smithonian Institution.

120 佐々木高明, 『縄文文化と日本人』, p. 139.

121 千野裕道, 「縄文時代のクリと集落周辺植生」(『東京都埋蔵文化財センター研究論集』 2: 25-42, 1983).

122 鈴木公雄, 『貝塚の考古学』, pp. 76-77.

역주

*1 일본 국어사전이다.

*2 이구사식은 간토를 중심으로 한 조기전반의 연사문계토기군 초두형식이다.

*3 다이마루식은 간토지방 서부를 중심으로 분포하는 조기전반의 연사문계토기군의 한 형식이다.

*4 다도조소식은 간토지방을 중심으로 분포하는 패각침선문계토기군 종말에 해당하는 조기중엽의 토기형식
  이다.

*5 나츠시마식은 간토를 중심으로 하는 연사문계토기군으로 조기전반의 한 형식이다.

*6 최근에는 이와 달리 17,000B.P.의 추운 기후에서 조몬문화가 시작되는 것으로 보는 견해도 있다.

*7 가야마조소식은 간토지방의 조기후엽 토기형식으로 조혼문계 후반에 해당한다.

*8 규슈지방의 조기후반의 토기형식이다.

*9 규슈지방의 조기말에서 전기전반의 토기형식이다.

*10 규슈지방의 전기후반으로 편년되는 토기형식이다.

*11 원서에 % 뒤에 強 또는 弱이라는 말이 붙는 경우가 있다. 가령 30%強 또는 30%弱으로 표기된 경우 전자
  는 30%대 중에서 많은 수치를, 후자는 30%대 중에서 적은 수치를 일컫는다. 여기서는 알기 쉽게 強을 후
  반대, 弱을 전반대로 표기한다. 이하 동일하다.

*12 원서에 하구/구릉형, 삼림/호소형으로 표기되어 있는데 여기서는 하구·구릉형, 삼림·호소형으로 통일한
  다. 이하 동일하다.

*13 원서에 호소·삼림형으로 되어 있는데, 앞의 용어 설명내용으로 보면 삼림·호소형이 옳다.

*14 다이기식은 전기~중기에 걸치며 다이기1~10식까지 세분된다. 다이기1기~6기가 전기, 다이기7기~10기
  가 중기에 해당한다.

*15 사슴 뿔이 탈락되고 새로 돋을 때, 피부에 싸여 털이 나고 부드러운 혹모양을 띠는 것을 말한다.

*16 대각이 점차 골화되어 피부가 단단해지고 말라 떨어진 것을 말한다.

*17 메기목 동자개과 동자개속에 속하는 일본 특산종이다.

*18 호리노우치식은 간토지방 후기전반으로 대표하는 토기형식으로 쇼묘지(称名寺)식 이후 가소리B식 이전
  에 위치한다.

*19 가소리B식 간토지방 후기중엽의 토기형식으로 오모리(大森)패총의 대부분을 점하여 오모리식으로 불리 기도 하였다.

*20 소야식은 간토지방 후기후반의 토기형식으로 예전에는 가소리B식과의 구별이 분명하지 않았으나, 현재는 가소리B식 이후 안교(安行)식 이전으로 편년된다.

*21 가소리E식은 간토지방 중기후반으로 대표하는 토기형식으로 이후 호리노우치식으로 이어진다.

*22 원서에는 1987년 출판으로 되어 있지만, 1986년이 옳다.

*23 식용 가능한 비율을 말한다.

*24 원서에는 1982년 출판으로 되어 있지만, 1983년이 옳다.

*25 상완골이라고 되어 있지만, 내용으로 보면 오기로 판단된다.

제6장 조몬인의 영역

조몬인의 생업, 그 무대가 되는 공간은 '영역'이라는 단어로 파악할 수 있다. 하나의 토기형식이 분포하는 범위도 그것이 의미하는 바는 별개라고 해도 하나의 영역으로 볼 수 있다. 나아가 전통적인 계승관계가 확인되는 몇 개의 형식(型式), 즉 오카모토 이사무(岡本 勇)의 형식군과 고바야시 타츠오(小林達雄)의 양식 분포권을 하나의 영역으로 해석하는 경우도 있다.

즉 영역이라는 단어는 적어도 현시점에서 상당히 다양한 의미로 이용되고, 그 내용을 분명하게 정의할 수 없는 것이 현실이다. 몇몇 구체적인 예를 들어 조몬인 사회 내의 '영역' 모습을 살펴보고자 한다.

1. 닛타노(新田野)패총의 사례

(1) 닛타노패총의 개요

지바(千葉)현 닛타노패총[1]은 보소(房總)반도를 횡단하여 흐르는 이스미가와(夷隅川) 강 하류에 위치하는 저위단구에 있다. 하나즈미카소(花積下層)기[*1]와 고료가다이(五領ヶ台)기[*2]의 패층이 확인되었고 유물도 이 시기에 집중된다. 릿쿄(立教)대학 고고학연구회가 실시한 분포조사 결과에 의하면 유적을 중심으로 사방 약 16km 범위에는 하나즈미카소기 유적이 2개소(단, 1개소는 불확실), 고료가다이기가 5개소 분포한다(도 36).

패층은 모두 남북 8m, 동서 2m 전후의 범위에 분포한다. 전기의 패층은 중심이 되는 J패층(6.0×2.0~1.5×0.3m) 외에 소규모 블록이 5개층(E·G·K·M·N) 있고, 중기

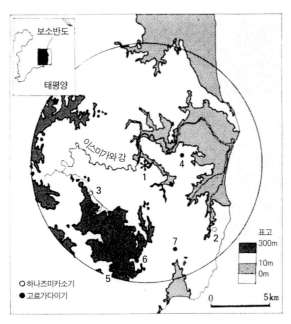

도 36 닛타노패총의 유적 영역(주 2 문헌에 가필)
1: 닛타노, 2: 오하라, 3: 호리노우치, 4: 가모네, 5: 하가, 6: 하나사토,
7: 신주쿠

의 패층도 D패층(4.4×2.0×0.3m) 외에 블록상의 7개층(A·B·C·H·I·Q·O)이 있다.

패층을 구성하는 조개는 전기 층에서 25종, 중기 층에서 18종으로 총 30종이다. 아카자와 타케루(赤沢 威)는 이 패류들을 서식하는 구역에 따라 다음과 같이 정리하였다.[2]

① 하천-하구역에 서식하는 것(재첩)

② 내만에 서식하는 것(비단고둥·갯비틀이고둥·갯고둥·말구슬우렁이·피뿔고둥·꼬막·참굴·바지락·가무락조개·백합·우럭조개)

③ 내만-외양에 서식하는 것(개울타리고둥·대수리·수랑)

④ 외양에 서식하는 것(소라)

닛타노패총에서는 내만에 서식하는 조개의 종류가 가장 많다. 뿐만 아니라 이매패에 비해 고둥이 적은 점이 특징이다(표 15). 패층이 퇴적되었을 즈음의 주위 환경이 얕은 입강 또는 하구였기 때문에 고둥이 서식하기에 적합하지 않았다고 생각된다.

전기 패층에서 가무락조개와 일본재첩이 40~45% 전후의 비율을 점하고, 여기에 참굴이 추가된다. 그리고 가무락조개가 일본재첩보다 많은 경우(J·K), 일본재첩이 가무락조개보다 많은 경우(E·N)가 있는데(표 15), 전자가 후자보다 이른 시기에 퇴적된 것으로 패층은 남에서 북쪽으로 퇴적되었다고 추정된다.[3] 중기에는 일본재첩이 압도적으로 많아져 99% 전후의 비율을 점하게 된다. 전기의 J패층에서는 참굴이 7.4% 정도 차지하는데 중기의 D패층에서는 겨우 0.02%를 차지한다. 가무락조개가 서식하는 내만이 축소되고 일본재첩이 서식하는 하구와 석호가 확대된 결과라고 볼 수 있다.[4]

표 15 닛타노패총의 패층 조성(주 1 문헌에서)

서식지	종명	전기		중기	
		J패층	E패층	D패층	A패층
외양	소라	13		20	
내만-외양	대수리	5	1		
	수랑			71	2
내만	비단고둥	4	1	43	11
	갯비틀이고둥	4		52	
	개고둥	5		25	
	말구슬우렁이	7			
	피뿔고둥	6			
	꼬막	106	2	3	
	참굴	813	5	24	3
	바지락	135	6	1	
	가무락조개	5261	136	376	22
	백합	90	29	100	12
	우럭조개	209	1	1	
하구·석호	일본재첩	4327	542	109416	4929
계		10985	723	110132	4979

닛타노패총 출토 일본재첩의 패각 길이 평균이 25~26mm로 현재의 도네가와(利根川) 강유역의 담수역에서 잡히는 개체와 유사하다고 한다.[5] 이러한 점으로 봐도 담수역이 확대되어 패층조성이 변화하였다는 추측은 타당하다.

어류는 전기와 중기에 모두 농어와 숭어가 많고 합해서 60%를 넘으며 나머지는 감성돔과 양태가 차지한다. 다만 중기의 어류 출토량이 전기보다 적어진다. 새개골(鰓蓋骨)로 헤아린 개체 수는 농어가 중기 28개체, 전기 188개체, 숭어는 중기 43개체, 전기 164개체이다. 중기의 농어는 전기의 거의 1/6, 숭어도 1/4 정도이다. 포함량의 체적을 고려하면 이 비율을 그대로 받아들일 수 없지만, 중기에 물고기 출토량이 줄어드는 것은 분명하다. 어류는 패류처럼 우점종이 변하는 것이 아니라 환경변화의 결과로 포획량이 감소한다.

닛타노패총에는 패류로는 소라, 어류로는 참돔과 어름돔처럼 암초성의 외해에 사는 것도 있다. 조류 가운데 신천옹, 포유류 가운데 돌고래와 큰돌고래 등도 외양성이다. 그러나 이들은 모두 극소수이다. 신천옹과 돌고래류는 가끔 내만과 하구로 흘러들어 오는 경우도 있다. 닛타노패총의 주민은 전기에 내만의 수산자원, 중기에는 하구와 석호에 서식하는 수산자원을 이용하였다.

(2) 닛타노패총의 유적 territory

아카자와는 위의 결과를 바탕으로 닛타노패총 주민의 '유적 territory' 복원을 시도하였다. '유적 territory'란 "그 유적에 거주하던 집단이 일상적으로 식료 등 각종 자원을 조달한 영역이고, 그것은 명확하게 폐쇄계(閉鎖系, 또는 폐쇄시스템)[*3]를 의미한다"고 하였다(방점 필자).[6] 아카자와는 유적 영역의 기준으로 반경 10km[*4] 범위를 상정하였다. 이는 유럽·중근동·아프리카에서 수렵채집민의 생업활동 행동반경으로 이용되는 숫자이다.[7]

이미 서술한 바와 같이 닛타노패총의 수산자원에는 현재 닛타노패총 주변에서 볼 수 없는 내만성 요소가 두드러진다. 아카자와는 패층의 퇴적이 시작되는 전기초두가 조몬해진 피크에 해당한다는 사실을 고려하여, 고지형을 복원하고 지금의 이스미가와 강 유역에 입강(고이스미만)이 존재하였다고 한다(도 36). 고이스미(古夷隅)만을 비롯한 입강은 반경 10km의 유적 영역의 15% 전반대 면적을 점한다. 닛타노패총의 전기 패층 출토 내만성 어패류는 여기에서 포획된 것이며, "고이스미만은 닛타노패총 주민에 의해 항시적으로 (중략) 식량조달에 이용되었던 territory임을 부정할 수 없다"고 하였다.[8]

한편 반경 10km 범위에는 고이스미만 밖으로 펼쳐진 외양도 포함되는데, 그 면적은 전체 10% 정도라고 추정된다. 그러나 이미 설명하였듯이 닛타노패총에서 출토되는 어패류는 물론 조류와 포유류도 외양성 요소가 전무하다고 할 수 없지만 거의 보이지 않는다. 아카자와는 이 외양성 요소들은 닛타노패총 주민이 가끔 외양까지 나갔거나 또는 고이스미만 일부에 이 어패류들이 서식할 수 있는 구역이 있어 종종 포획되었던 것으로 보았다. 여하튼 "territory의 바깥 경계를 반경 10km에서 찾는 것은 적어도 해산물 조달에 관한 한, 너무 넓음을 알 수 있다"[9]고 하였다.

(3) 유적 territory의 구조

아카자와의 의견은 유적 territory의 복원 수법을 조몬시대 유적에 처음으로 적용한 예이다. 위의 아카자와 의견은 타당하고, 한 유적 주민이 이용한 territory를 구체적으로 밝혔다는 점에서 큰 의미가 있다. 다만 이 유적 territory가 아카자와가 말하는 것처럼 완전하게 폐쇄계인지에 대해서는 문제가 있다. 이 territory가 '폐쇄계'라면 닛타노패총에 살던 사람들은 모든 '각종 자원을 일상적으로 조달'할 수 있었다는 것이 된다.

확실히 어패류로 볼 때 고이스미만을 중심으로 하는 territory는 닛타노패총 주민에게 충분한 식료를 공급하였다고 생각된다. 소쿠리나 상자류만 있으면 패류를 채집할 수 있다. 녹각제 낚싯바늘, 골제 작살, 석추 등의 어로구도 적지만 출토된다. 이 도구들의 원료를 그물의 원료인 수피류와 마찬가지로 고이스미만 연안에서 입수할 수 있었을 것이다. 어패류 포획과 채집에 필요한 도구의 원료도 이 territory 내에서 조달할 수 있었다고 추측된다.

그런데 닛타노패총에서는 활석제 결상이식(玦狀耳飾)과 흑요석제 석촉 등 이 지역에는 분포하지 않는 원료를 이용한 유물이 출토된다.[10] 일용품이라 할 수 없는 결상이식은 그렇다 치고, 석촉 80여 점 가운데 흑요석제가 가장 많다. 그 산지가 어디든 조소(常總)대지 밖에서 유입된 것임에 확실하다. 닛타노패총의 주민은 수렵구 원료를 다른 지역에서 공급받았으므로 고이스미만 연안의 territory를 '폐쇄계'라고 할 수 없다.

앞에서 지바현 가이노하나(貝ノ花), 산부우바야마(山武姥山) 등의 사슴·멧돼지 뼈에 전후·좌우의 불균형이 관찰된다고 지적하고, 집단수렵의 포획물 분배가 그 원인일 것으로 추정하였다.[11] 동일한 현상이 닛타노패총에서도 나타난다(표 16). 물론 포획물의 분배라는 요소만으로는 좌우가 맞지 않는 원인을 설명할 수 없다. 예를 들면 사슴의 요골(橈骨) 수는 좌4개·우2개로 좌측이 많고, 척골(尺骨)은 좌2개·우4개로 요골과 반대로 우측이 많다. 요골과 척골은 인대 속에 있어 해체 시에 하나의 뼈처럼 다루어진다. 따라서 해체가 끝났을 때 좌우 요골과 척골의 수가 맞지 않을 리가 없다. 이런 양상이 나타나는 것은 해체와 배분이 끝난 뒤, 도구의 원료가 되는 뼈를 선별하거나 고기가 붙어 있는 뼈를 개의 먹이로 주었을 때 나타난다.

그러나 거골(距骨)과 종골(踵骨) 등은 도구 원료로 거의 이용가치가 없고, 설사 개의 먹이로 주었다고 해도 뼈가 단단해 개가 씹어 먹을 가능성은 낮다. 그러나 〈표 16〉과 같이 이 뼈들도 사슴이든 멧돼지이든 좌우의 불균형이 가장 두드러진다. 해체한 포

표 16 닛타노패총 Ⅶ층(전기)의 사슴·멧돼지의 사지뼈

	견갑		상완		요골		척골		중수		관골		대퇴		경골		거골		중골		중족	
	좌	우	좌	우	좌	우	좌	우	좌	우	좌	우	좌	우	좌	우	좌	우	좌	우	좌	우
사슴	4	2	1	6	4	2	2	4	2	3	3	5	2	1	4	3	6	5	5	7	2	
멧돼지	3	1	1	5	5	7	9	5	-	-	2	4			7	2	6	2	11	1	-	-

획물을 취락으로 가져온 뒤에 맞지 않게 되었다고 보기 어렵다. 한쪽 다리만 들고 오는 경우가 많았던 것이 아닐까? 취락 밖에서 소비한 것이나 다른 취락으로 운반된 것도 있지 않을까? 여기서 출토되는 사슴·멧돼지 중에 닛타노패총 주민 이외의 사람들도 참가한 집단사냥의 포획물이 포함되어 있다고 봐야 한다.

본론에서 벗어난 설명이 길어졌지만 닛타노패총 주민이 다른 취락의 주민과 공동으로 사냥했다면 고이스미만 연안의 territory를 폐쇄시스템으로 보는 것은 무리라는 이야기이다. 타 지역에서 운반된 흑요석을 원료로 하여 만든 석촉이 많은 점도, 이것이 수렵구인 만큼 공동사냥과 무관하다고 단언할 수 없다. 닛타노패총의 주민은 공동사냥과 같은 기회에 흑요석을 입수하였을지(또는 그 반대로) 모르지만 이는 억측에 지나지 않는다.

닛타노패총 주민이 사계절 동안 여기에서 살았는지도 아직 확실하지 않다. 고이케 유코(小池裕子)는 일본재첩의 성장선 분석을 통해 봄에 채취한 조개가 중심이고 늦가을(경우에 따라서는 초겨울)까지 계속 퇴적되는 경우(일반형)와 한정된 계절(여름·가을)에 집중하는 경우(변이형)가 있음을 밝혔다.[12] 일반형 패층은 규모가 크고 변이형 패층은 소규모 블록으로 나타난다. 일반형의 패층은 주민이 사계절 동안 거주하였을 경우에 나타난다고 봐도 좋다. 변이형 패층은

① 일시적으로 패각을 버린 장소가 바뀌었을 때

② 닛타노에서 이주한 사람들이 일시에 원래 취락으로 되돌아갔을 때

형성되었을 것이다.

앞서 언급한 것처럼 닛타노에서 전기의 가무락조개·일본재첩 패층이 중기에 거의 일본재첩으로만 변한다. 그러나 전기·중기의 어류조성에는 그렇게 두드러진 변화가 보이지 않는다. 아카자와는 이 이유에 대해 다음과 같이 설명한다. 전기전엽 이후가 되면 해안선이 지금의 위치와 가까워진다. 전기에 닛타노패총 근처에 있던 고이스미만이 중기에는 고이스미가와 강이 된다. 중기의 닛타노 주민이 전기와 같은 입강에 서식하는 어패류를 잡으려면 전기보다 더 멀리 나가야 한다. 여자와 아이들은 "해안선까지 나가는 것을 포기하고 고이스미가와 강을 따라 오로지 일본재첩을 조달하였다." 그러나 남자들은 중기에도 입강이 있는 곳까지 가서 농어와 숭어를 포획하였다.[13]

전기초두에서 중기초두의 닛타노패총 주민의 생업활동 변화는 아카자와의 지적대로일 것이다. 그러나 여자와 아이가 "해안까지 나가는 것을 포기"하였다는 내용은

오해를 초래할 수 있다. 아래와 같이 설명하면 좋을 것이다. 아이를 데리고 있는 여성의 행동범위는 남성만 움직이는 범위보다 좁다. 하나즈미카소기에는 고이스미만이 닛타노 바로 근처에 있고, 가무락조개를 채집할 수 있는 장소도 아이를 데리고 여성이 활동할 수 있는 행동범위 안에 포함되어 있었다. 그러나 고료가다이기에는 해안선이 후퇴하여, 아이가 딸린 여성의 행동범위에는 가무락조개를 채집할 수 있는 장소가 없어져 일본재첩만 채집할 수 있게 되었다.

이상의 내용으로 보면 아카자와가 말하는 '유적 territory'의 한 측면을 엿볼 수 있다. 닛타노패총 유적 territory의 범위는 반경 10km를 넘지 않는다고 추정된다. 이 범위를 하나의 '계(系, system)'라고 하면, 이 속에는 몇 개의 '아계(亞系, sub system)'가 포함된다. 반경 10km를 넘지 않는 범위는 유적 territory 범위와 일치한다. 그 속에는 앞서 언급한 아이가 딸린 여성의 행동권 등의 아계도 포함된다. 그리고 이 공간 자체도 논리적으로는 '유적 territory'라는 시스템 속의 남성의 일일행동권이라는 하나의 아계이다.

한 집단이 오로지 하나의 유적 territory만 이용하면 자원은 고갈되어 버린다. 앞서 지적하였듯이 조몬인도 자원을 보호하고 관리하였다. 이주 및 거주지 이동도 유효한 수단의 하나이다. 조몬인은 계획적으로 이주와 이사를 계속하였음에 틀림없다. 닛타노패총이 하나즈미카소식과 고료가다이식의 전 기간 동안 계속되었다고 보기 어렵다. 닛타노패총 부근에는 하나즈미카소기의 유적이 극히 적지만, 닛타노패총 동남쪽으로 8km 떨어진 곳에는 오하라(大原)(도 36-2), 서남 15km 떨어진 곳에는 조자가다이(長者ヶ台)의 두 유적이 있다. 서남 6km 떨어진 곳에 있는 호리노우치(堀之內)(도 36-3)에도 이 시기에 사람들이 살았을 가능성이 있다. 고료가다이기에는 동남동으로 4km 떨어진 곳에 가모네(鴨根)(도 36-4), 남남서-동남 8~9km 떨어진 곳에는 하가(芳賀)(도 36-5), 하나사토(花里)(도 36-6), 신주쿠(新宿)(도 36-7) 등의 유적이 있다. 유적 간 거리를 봐도 서로 다른 집단의 사람들이 이 유적들을 남겼다고 보기 어렵다. 한 집단의 구성원이 때로는 분열하고 때로는 합체되면서 몇 개의 거점 사이를 이동한 것이 아닐까? 하나의 예로서 히에잔(比叡山) 서남록의 유석군 동향을 검토해 보자.

이즈미 타쿠라(泉 拓良)에 의하면 긴키(近畿)지방의 조몬유적은 선상지와 자연제방 등 저지대에 입지하는 것이 매우 많다. 이 지역의 취락도 예외 없이

① 취락이 입지하는 지형면의 규모가 작다

② 화강암이 풍화된 사력을 기반으로 하는 이 지형면들은 매우 불안정하다

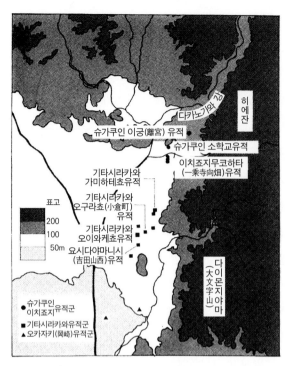

③그 결과, 일정 수 이상의 인구를 유지하거나 장기간 거주하는 것이 곤란하다고 지적하였다.[14]

도 37 히에잔 서남록 유적군(축척 1:100,000)(국토지리원, 『교토서북부』에서)

이 지역에는 남북 6km, 동서 5km 정도의 범위에 슈가쿠인(修學院) 및 이치죠지(一乘寺), 기타시라카와(北白川), 오카자키(岡崎)의 세 유적군이 2km 정도의 간격을 두고 분포한다(도 37). 오카자키유적군은 유적 수도 적고 존속기간도 짧다. 전기에서 중기에 걸쳐 유적이 기타시라카와 선상지에 집중하는데, 슈가쿠인 및 이치죠지지구에는 확인되지 않는다. 이 상태가 후기전엽의 후쿠다(福田)K-2기[*5]까지 지속된다. 기타시라카와조소1기[*6]가 되면 비로소 슈가쿠인 및 이치죠지지구에 유적이 성립된다. 후기중엽의 이치죠지K기[*7] 이후가 되면 기타시라카와 선상지의 유적은 자취를 감춘다(표 17). 이 지역의 인구는 어떤 때는 기타시라카와지구, 어떤 때는 슈가쿠인 및 이치죠지지구에 집중하고 있어, 두 지구 간에 이주와 이사가 이루어졌다고 해석할 수 있다.

이즈미는 이 지역의 유적이 기타시라카와 가미하테쵸(上終町)와 오이와케쵸(追分町)처럼, 주거지와 분묘 등 거점취락에 수반하는 유구가 확실하게 확인되는 유적에서도 몇 형식 동안 빈번하게 이동하고, 인구가 증가한 경우에는 분촌을 형성한다고 생각하였다.[15] 확실히 기타시라카와C기[*8]와 기타시라카와조소2기와 같이 규모가 유사한 복수 유적이 상당히 근접한 거리에 분포한다. 아마도 한 집단이 동시기에 몇 개의 거점을 차례로 이주하였을 것이다. 이주 및 거주지 이동을 지장 없이 계속하기 위해서는 이용하고 있는 territory만이 아니라, 언젠가 territory로 이용할 수 있는 소위 잠재적 territory를 확보해 둘 필요가 있다. 우리가 실제로 확인할 수 있는 유적 territory는 몇 개

표 17 히에잔서남록의 유적 동향(주 14 문헌에서)

| 지역명 | | 슈가쿠인·이치죠지 | | | | | 기타시라카와 | | | | | | | | 오카자키 | |
시기	유적번호와 유적명	1 슈가쿠인 이궁	2 슈가쿠인소학교	3 이치죠지무코하타 북	4 이치죠지무코하타 중앙	5 이치죠지무코하타 남	6 기타시라카와가미하테초1	7 기타시라카와가미하테초2	8 기타시라카와벳토초(別当町)유적	9 기타시라카와오구라초	10 기타시라카와오이와케초1	11 기타시라카와오이와케초2	12 요시다야마서록1	13 요시다야마서록2	14 구오카자키촌	15 오카자키
조기	압형문	‖			│	‖	│									
	조흔문															
전기	하시마카소II식								│	│	┊					
	기타시라카와카소Ia식					│			│	│						
	기타시라카와카소Ib식								│	│						
	기타시라카와카소IIa식								│	│						
	기타시라카와카소IIb식								│	│						
	기타시라카와카소IIc식								│	│						
	기타시라카와카소III식								│	│	│					
	오토시야마(大蔵山)식									│						
중기	다카시마(鷹島)식										│					
	후나모토I식										│					
	후나모토II식										‖					
	후나모토III식															
	후나모토IV식															
	사토키II식															
	다이고III식													┊		
	기타시라카와C식						‖							│		│
후기	나카츠식										│					
	후쿠다KII식										‖					
	기타시라카와조소식 1	│					│		│	│	‖			│		
	기타시라카와조소식 2						‖		│	│						
	기타시라카와조소식 3													│		
	이치죠지K식			‖												
	모토스미요시야마(元住吉山)I식			│		‖										
	모토스미요시야마II식															
	미야타키(宮滝)식															
만기	시가사토I식															
	시가사토II식															
	시가사토IIIa식													│		
	시가사토IIIb식													‖		
	시가사토IV식										│					
	후나하시(船橋)식		‖					‖								
	나가하라(長原)식			│								‖	│	‖		‖

유물량   ----: 희소,   ─── : 적음,   ═══ : 약간 많음,   ═══ : 많음

의 잠재적 territory를 합친 계(系) 안에 있는 하나의 아계이기도 하다.

(4) 유적 territory의 성격

닛타노패총 주민은 수산자원 이용이라는 면에서 거의 자급자족 생활을 하였다고 보아도 좋다. 어패류의 포획 및 채집에 필요한 도구의 원료는 고이스미만 연안에서 조달하였다. 고이케가 일반형이라고 부르는 패층이 있고, 농어잡이 시즌이 봄-가을로 추정되는 점에서도[16] 주민이 일 년간 필요한 식료를 이 안에서 조달하였다고 봐도 좋다. 아카자와가 유적 territory라는 계(系)의 폐쇄성을 강조하는 것도 무리가 아니다.

바꾸어 말하면 닛타노패총 주민은 고이스미만 연안 밖의 세계와 완전히 관계없이 하루하루를 살았을지 모른다. 닛타노패총만 좋은 조건의 혜택을 받았다고 볼 특별한 이유는 없다. 일본열도 각지의 주요한 조몬시대 유적이 같은 조건하에 놓여 있었다고 봐도 좋다. 이것이 유적 territory의 가장 큰 특징이다. 일상생활에 필요한 식료 확보를 중심으로 한 필요최저한의 자원을 확보할 수 있는 범위가 유적 territory이다. 이 점을 강조하는 의미로 지금부터 유적 territory를 영역계 속의 '핵영역(nuclear territory)'[17]이라 부르도록 하자. 핵영역은 조몬시대만의 전유물이 아니다. 조몬시대 이전이든 이후든 모든 물질 생산과 유통이 상품 생산과 유통으로 변질되지 않는 한, 핵영역은 소멸하지 않는다. 시대와 지역에 따라 고유한 모습을 보여 준다.

(5) 핵영역의 성격

앞에서 주민이 유적 territory(핵영역)를 이용한다는 막연한 형태로 닛타노패총 주민과 핵영역의 관계를 표현하였다. 이를 좀 더 구체적으로 설명할 수 없을까? 즉 닛타노패총 주민과 핵영역, 나아가서 범위를 넓혀 조몬인과 토지의 관계가 어떠하였지 생각해 보자.

조몬인이 자원 보호를 도모하였다 하더라도 관심사는 자원일 뿐, 토지는 인간이 자원을 이용하기 위한 필요조건에 지나지 않는다. 이 점이 토지 자체가 노동의 대상이 되고, 자원이용의 필요충분조건이 되는 농경사회와의 커다란 차이점이다. 구석기와 조몬사회에 필요한 자원을 입수하기 위해 토지를 이용하는 권리(用益權)가 있었다 하더라도 토지 자체를 처분하는 권리(所有權)는 없었다. 이 점에서 구석기시대부터 조몬 만기까지 인간과 토지의 관계에는 어떤 변화도 일어나지 않았다.

제5장에서 아카야마(赤山)의 칠엽수열매 처리시설을 소개하고, 내구성이 높고 다량의 노동력을 쏟아부은 시설이 조몬시대에 처음으로 등장한다고 하였다.[18] 초창기후엽 연사문토기군 시기에 간토(關東)·주부(中部)지방에서 복수의 수혈주거로 이루어진 취락이 보급된다. 남큐슈에서는 더 이른 융선문토기군 시기에 취락이 나타난다. 이러한 취락은 소위 내구성이 높은 시설의 복합체이다. 반복이용을 전제로 한 내구성 높은 시설 및 시설군이 보급되는 것은 특정 토지와 특정 집단의 결속이 강해졌기 때문이다. 당연히 다른 집단이 그 토지를 이용할 기회가 적어진다. 조몬시대 핵영역 속에서는 그곳을 거점으로 하는 집단만이 용익권을 확보하였을 가능성이 높다.

이 문제를 다른 측면에서 검토해 보자. 고이케 유코는 생태학의 territory와 home range의 개념을 고고학에도 적용해야 한다고 하였다.[19] 어떤 종(개체군·개체)이 점거하는 공간에 다른 종(개체군·개체)이 들어온다. 선주민이 새로운 얼굴을 배제하려 하면 그 공간은 종(개체군·개체)의 territory, 배제하지 않으면 home range이다.[20] 이 구별에 따라 핵영역의 성격을 생각해 보자. 여기에서는 territory를 세력권(제)[*9], home range를 입회(入會)(제)[*10]라고 하고,[21] 그 외의 형태도 포함한 인간과 토지의 관계 전체를 '영역'이라고 부른다.

어떤 집단은 자원을 독점적으로 이용한다. 이것이 세력권제이다. 서로 알고 호혜와 평등의 원칙하에 자원을 이용하는 집단도 있다. 이것이 입회제이다. 왜 이러한 차이가 나타날까? 골드(R. A. Gould)는 인간이 자원을 이용하는 데 장해가 되는 다양한 조건(risk)의 크고 작음에 따라 그에 대응하는 유효한 방책에 차이가 생긴다고 생각했다.[22] 다이슨-허드슨(R. Dyson-Hudson)과 스미스(E. A. Smith)는 '영역(territoriality)'의 여러 형태를 결정하는 요소를 더욱 구체적으로 분석하여 '영역'의 형태를 좌우하는 것은

① 이용할 수 있는 자원분포의 규칙성

② 자원의 규모와 밀도

의 두 요인이고, 그 고저에 따라

A. ①·②가 모두 낮은 경우: 특정 토지로의 인구집중이 일어나지 않는다

B. ①이 높고, ②는 낮은 경우: 자원이 풍부한 지역과 시기에만 세력권제가 성립한다

C. ①이 낮고, ②가 높은 경우: 입회제가 성립

D. ①·②가 모두 높은 경우: 세력권제가 성립

의 4종류의 모델이 성립한다고 생각하였다. 빈포드(R. Binford)의 forager·collecter[23]의 '영역'을 생각해 보면, forager는 A, collecter는 D의 '영역' 속에서 생활하는 것이 된다. 한편 다이슨-허드슨은 북미 그레이트 베이슨(Great Basin) 인근 지역에 살고 있는 서쇼쇼니족, 파이우트족, 북쇼쇼니족 등의 '영역'을 이 모델로 설명할 수 있다고 하였다.[24]

반면 리차드슨(A. Richardson)은 북미 북서해안 여러 부족의 '영역'은 위 의견과 반대로 자원량이 적은 곳의 주민일수록 엄격한 세력권제를 지향하는 경향이 있고, 아북극권처럼 자원량이 겹쳐진 지역으로 들어가면 다시금 유연한 세력권제와 입회제가 이루어지므로 다이슨-허드슨이 설정한 모델과 일치하지 않는다고 하였다.[25] '영역'에는 자연적인 조건만이 아니라, 역사적·사회적인 조건의 제약도 포함된다.[26] 다이슨-허드슨이 설정한 모델이 모든 '영역'의 형태를 설명할 수 있는 것은 아니다. 현실에 존재하는 '영역'에 포함되는 역사적·사회적 제약을 이해하기 위한 출발점으로 다이슨-허드슨이 설정한 모델은 유효하다.

이제 닛타노패총의 자원분포 규칙성과 자원의 규모·밀도에 대해 살펴보자. 닛타노패총 주민은 계절에 따라 어패류를 포획하고 채집하였고, 사슴·멧돼지 사냥도 예외는 아니다. 그들은 확보할 수 있는 자원량도 예측하였을 것이다. 닛타노패총 주민이 1년 가까운 기간을 여기에서 지내는 경우도 분명히 있었을 것이다. 고이스미만 연안은 자원분포의 규칙성 면에서도 자원의 규모·밀도 면에서도 세력권제가 성립될 조건을 갖추고 있다. 닛타노패총 주민은 이 지역을 세력범위로 하여 어패류를 중심으로 하는 식료자원을 독점적으로 이용하였다고 할 수 있다. 고이스미만(강) 연안은 조몬시대 핵영역으로서 특별히 훌륭한 조건을 갖춘 곳이 아니다. 그렇다면 조몬시대 핵영역은 그 속의 거점이 되는 취락 주민의 세력범위였던 것이 된다.

자원의 종류에 따라 '영역'의 형태는 변한다. 어느 집단이 핵영역을 세력범위로 하였다 하더라도, 모든 종류의 자원을 이용할 권리를 독점했다고 볼 근거는 없다. 다이슨-허드슨은 동아프리카의 카리모종족이 향모(香茅)*11 밭에는 세력권제를 실시하고, 소 방목지에는 입회제를 취한 예를 지적한 바 있다.[27] 닛타노패총 주민에게 어패류와 사슴의 경우가 여기에 해당할 것이라 생각된다. 닛타노패총 주민은 적어도 어패류의 포획 최성기에 다른 집단이 어패류를 포획하는 것을 인정하지 않았음이 분명하다. 그러나 사슴사냥의 경우에는 사정이 달라서 입회제를 취하였다고 생각된다.

사슴의 먹이로는 억새 등 벼과식물이 큰 비율을 점하고,[28] 나무가 듬성듬성 난 초지가 사슴의 먹이장소이다. 그런데 황무지에 이차림이 성립되기까지 도중에 억새·좀해장죽·띠 군락이 성립하고, 좀해장죽을 계속 베어 버리면 이차림으로의 전이가 늦어지며 억새·띠 군락이 유지된다.[29] 앞서 한 집단은 일정 간격으로 이주·이전할 것이라 보았다. 그곳은 황무지에서 이차림으로의 전이가 시작된다. 그렇게 해서 사슴의 먹이 장소를 계속 만들게 되고, 핵영역으로부터 그리 멀지 않은 곳에 사슴의 사냥터를 확보하게 된다. 일찍이 취락으로 이용되던 장소는 바로 이용할 수 있는 핵영역 주변 또는 그 외곽에 있는 것이 보통이므로 이 지역의 자원이용에 입회제를 실시하였다고 해도 일상 자원이용에는 지장이 없다.

핵영역 속의 자원이용에도 다양한 변화가 있다. 예를 들어 히에잔 서남록 유적군의 경우, 식료로 이용되는 견과류의 분포가 동일본처럼 단상림(單相林)을 형성하지 않았다.[30] 그렇다면 이곳 주민들 간에는 자원이용을 독점하는 경향이 약하여 세력권제가 현저하지 않았을지 모른다. 또한 미야기(宮城)현 아사베(淺部)처럼 동물성 식료 가운데 사슴과 멧돼지의 비중이 매우 높은 경우도 있다.[31] 이와 같은 사정에 있는 내륙부의 집단은 적지 않았을 것이다. 이들이 닛타노 주민과 마찬가지로 잠재적 핵영역에서 사슴·멧돼지 사냥에 입회제를 실시하였는지는 별개로 검토해야 한다. 핵영역과 잠재적 핵영역 속에서 어떠한 자원을 어떻게 이용하였는가라는 구체적인 분석은 금후의 문제이다.

지금은 다음과 같은 점을 강조해 두고자 한다. 조몬인의 '영역'은 등질의 공간적 범위가 아니라, 이용하는 자원의 종류와 목적, 활동형태 등에 따라 변하고 포개어져 있는 구조였다. 조몬인의 '영역' 속에서 기본이 되는 것은 핵영역 — 식료·연료·일상집기의 원료가 되는 자원 공급원이다. 그곳에서의 자원이용은 강약의 차는 있어도 세력권제가 발휘되었을 것이다. 하나의 핵영역은 주로 생리적인 분업을 바탕으로 하는 몇 개의 아계를 포함한다. 하나의 집단이 생존하기 위해서는 몇 개의 핵영역을 확보해 둘 필요가 있다. 바로 이용할 수 있는 핵영역 외에 몇 개의 잠재적인 핵영역을 합한 것이 조몬인의 '생활권'이었다. 잠재적인 핵영역에서의 자원이용은 입회제로 이용되있을 것이다.

2. 〈핵영역〉과 '핵영역'

조몬인의 영역은 한 장의 판 같은 것이 아니라, 몇 개의 판이 복잡하게 얽힌 구조이다.[32] 그러나 구체적인 설명은 아카자와 타케루가 말하는 '유적 territory' — 이를 '핵영역'이라고 바꿔 불렀지만 — 외에 그다지 없다. 여기서 몇 종류의 영역이 중복된 다는 점과 그 중복방식을 설명하고자 한다.

사실 핵영역이라는 용어 사용은 적절하지 못한 점도 있다. 이 말을 필자보다 먼 저 다른 의미로 사용한 사람이 있기 때문이다. 고바야시 타츠오는 "일정한 제작 전통 에 따라 빚어진" "공통된 분위기·효과"를 보여 주는 복수의 '형식(型式)'을 '양식(樣 式)'이라고 부르고, "공통된 분위기를 보여 주는 양식을 지지하는" 것은 지연적 집단이 라고 하였다.[33] 코바야시의 '양식'·'형식' 정의는 고바야시 유키오(小林行雄)가 사용한 똑같은 용어에 다른 의미를 부여한 것이다. 이에 대해서는 이미 몇몇 연구자가 비판하 였다.[34] 여기서 고바야시 타츠오가 '양식'이라 부르는 것은 윌리(G. R. Willey)와 필립스 (P. Phillips)가 전통(Tradition)이라고 부른 것,[35] 그 토대가 되는 '범형(範型)'은 mental template를 환골탈태시킨 것이라고만 말해 둔다. 고바야시 타츠오는 이러한 양식이 널리 퍼져 있는 범위를 '핵영역'이라고 한다.[36]

고바야시는 논의를 진행시켜 〈핵영역〉(잠시 동안 고바야시가 말하는 핵영역을 이렇 게, 필자가 말하는 것을 '핵영역'이라고 구별하여 쓴다)의 내용을 설명하였다. 나아가 필자 의 집단영역에 대한 발언[37]을 문제삼아 "하야시(林)가 구분하는 소지구가 핵영역 안에 실제로 존재했을 개연성은 확실히 낮지 않지"만, "일상성에서 자기완결될 수 없는 것 이고, 다른 것과의 상호보완관계를 통해 비로소 서로의 존립이 보증되"므로 "영역으로 서의 기능을 갖추고 독립 또는 주체성을 유지할 수 없어," 〈핵영역〉이야말로 기본적인 단위라고 주장하였다.[38] 고바야시의 말처럼 필자가 일찍이 집단영역이라 부르고 '핵영 역'이라고 명명한 공간이 일상생활의 토대라는 의미를 갖지 않는다면 새삼스럽게 혼 란스런 용어를 사용할 필요가 없다. 고바야시의 의견에는 몇몇 납득할 수 없는 점이 있 다. 고바야시가 '양식'을 근거로 정리한 지역적 결속, 그것은 확실히 "현실에 존재"한 다. 다만 '일상성'은 일상세계에서 파악할 수 있는 것이 아니라, 비'일상성' 즉 제의의 세계 속에서 비로소 파악할 수 있는 것이다. 필자가 굳이 '핵영역'이라는 말을 사용하 는 이유는 여기에 있다.

고바야시는 "활동무대인 공간적 범위와 그곳에 뿌리내리고 사는 조몬인 집단과의 상호관계는 동전의 앞뒷면에 해당하는 성질"의 것이고, 그 관계를 영역이라는 개념으 로 파악할 수 있다고 한다. 게다가 이 영역은 "나라자랑, 내가 나라고, 나랏말의, 저 나라로"라고 하여, "조몬시대의 나라야말로 조몬시대 역사의 기본적인 단위가 되고, 지리적인 일정범위 및 그곳을 근거지로 삼은 조몬인 집단의 무리를 의미한다"[39]고도 하였다.

고바야시가 말하는 '조몬시대의 나라들'은 몇 개의 형식을 하나로 묶을 수 있는 토기 분포권이다. 우리가 토기로 알 수 있는 특징, 그것이 왜 토기의 제작공인 및 사용인의 영역의 깃발표시가 될까? 하나의 양식은 "실제로 형식의 조합으로, 일정한 지역적 범위를 나타내고 일정기간 유지된다"는 말, 나아가 "형식은 집단표상으로서의 의미를 가진다"는 말[40] 속에 이미 대답이 있다. 즉 토기 제작공인 한 사람 한 사람의 의식 속의 '범형'은 실제로는 그 사람들이 속해 있는 집단 전원이 공유한다. 그렇기 때문에 한 형식의 분포는 수세대에 걸쳐 있고, 한 양식의 분포권은 몇 개 형식에 걸친 집단의 영역이라고 생각할 수 있다. 고바야시의 설명은 이렇게 짜여 있다.

고바야시가 예로 든 사례와 비유를 따라 읽어 가는 한, 이 설명이 가장 적절하다. 이 설명에는 전혀 문제가 없어 보인다. 그러나 고바야시의 의견에는 근거 제시는 물론 데이터의 해석에도 문제가 있다고 생각한다. 순차적으로 설명하도록 하겠다.

고바야시도 영역은 한 장의 판이 아니라 대영역·중영역·핵영역의 3장이 겹쳐져 있다고 하였다. 다만 대영역·중영역은 관념적인 것으로, 자원이용 등의 구체적인 활동과 집단으로서의 귀속의식을 좌우하지 않는다. 집단 구성원의 구체적인 활동의 장이라는 의미를 가지는 것이 〈핵영역〉이고, 필자가 말하는 '핵영역'은 집단의 자립성을 보증하는 경제적인 기반이 되지 못한다고 하였다.[41]

여기서 집단의 성질이 문제가 된다. 고바야시가 말하는 집단은 토기의 제작공인·사용인이다. 토기를 만드는 활동·사용해야 하는 상황에 처한 집단이라고 해도 좋다. 그 집단이 다른 곳에 있는 집단과 조금의 차이도 없이 일치하면, 고바야시의 의견은 늘 성립한다. 만약 그렇다면 고바야시의 명제는 법칙적이라고 할 수 있다. 그러나 고바야시는 이 집단의 성질을 검토하지 않았다. 고바야시는 토기 제작공인과 사용인으로서 여성을 염두에 두고 있는 것 같다.[42] 통속적인 민족지를 예로 들면, 화살촉과 통나무배를 만들고 주거를 짓는 것은 남성의 일이다. 그렇다면 토기 제작공인·사용인과 화살촉·통나무배·주거 축조 공인이 비록 한 집단 속에 있어도 이 차이에만 주목하면 서로 다른 집단이라고 보는 것이 상식이다. 이는 이 집단들이 다른 의식·별개의 심벌을 가지고 독립적으로 행동한다고 해도 이상할 것 없다고 말하는 것보다 훨씬 자연스러운 일이다. 따라서 고바야시의 의견은 언제 어떠한 경우라도 성립되는 것이 아니라, 경우에 따라서는 성립되고 경우에 따라서는 성립되지 않는다. 이는 법칙적이 아니라 종합적이다.[43]

여기서 다른 문제를 뒤로 하고, 구체적인 데이터 즉 토기를 검토해 보자. 고바야시는 가메가오카(亀ヶ岡)토기 양식이 "대영역 전체를 석권한다"고 하였다.[44] 그러나 중영역과 〈핵영역〉의 모습이 갖추어지지 않았는지, 아니면 구체적인 의미가 없더라도―그에 해당하는 구역을 선으로 그을 수 있다고 생각했는지 알 수 없다.

만기중엽의 도호쿠지방에는 오보라(大洞)C$_2$식이라는 형식이 분포한다. 사토 히로시(佐藤広史)는 이 형식의 기종조합과 한 기종 내의 기형을 세분하여 분포의 농담을 조사하였다.[45] 이 시기에는 일상에서 끓이는 데 사용하는 토기(=일상용 토기),[46] 즉 조제심발에도 세세한 지역차가 나타난다. 바탕무늬를 관찰해 보면 무문과 목리, 연사문과 목리의 조합이 도호쿠 남부에, 짧은 새끼를 옆으로 굴린 승문이 도호쿠 중부에, 가는 조흔과 긴 새끼를 비스듬히 굴린 승문조합이 도호쿠 북부와 오시마(渡島)반도에 각각 분포한다. 즉 조제심발의 바탕무늬를 기준으로 할 때, 오보라C$_2$식의 분포권은 3그룹으로 나뉜다(도 38). 그러나 여기에 굴곡의 유무, 구연단 제작과 장식의 유무와 종류 등 기형적 특징을 추가하면 3그룹은 없어지고, 분지·수계·만과 연안 등 주된 지형단위별 군이 눈에 띄게 된다.

제의에 사용하는 토기(=제의용 토기), 즉 정제토기는 어떠할까? 주구(注口)와 중형 천발 등은 오시마반도에서 나카가와(那珂川) 강 수계까지 매우 넓은 범위에 분포한다. 이것이 사토가 말하는 분포D로 가장 광의의 의미로 오보라C$_2$식 분포권에 해당한다. 호의 기형을 보면

① 구경부가 외반하고 최대경이 동부(胴部) 상위에 있으며, 동부에 부조 수법으로 C자문을 새긴 중형의 호가 분포하는 지역(오시마반도-도호쿠 북단부)

② 구경부가 직립 또는 외경하고 최대경이 동부 중앙에 있으며, 동부에 직선화한 운형문(雲形文)을 문질러 지우는 수법으로 시문한 중·소형호가 분포하는 지역 (도호쿠 북부-중부)

③ 구경부 하반부가 내경하고 상반부가 외경하며 최대경은 동부 상위에 있고, 구경부에 운형문을 새긴 소형호(장경광구호)가 분포하는 지역(도호쿠 남부-북칸토)

의 3그룹으로 나눌 수 있다. 이 경향은 조제심발의 바탕무늬 종류로 본 지역차와 거의

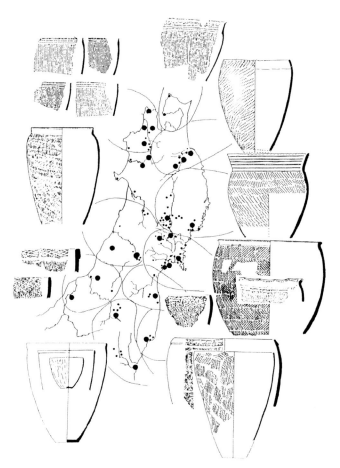

도 38 오보라C₂식 조제심발의 지역차(주 45 문헌의 제6도 일부 수정)

일치한다.

여기에 A자 돌기가 붙는 발, 대형 천발, 향로형 토기 등의 요소를 부가한 기종과 기형조합은 기타카미가와(北上川) 강 상-중류역·산리쿠(三陸) 연안·센다이(仙台)평야에 분포한다. 사토는 이 범위(=분포B)가 오보라C₂식의 분포권이라고 보았다.[47] 이 지역을 조제토기의 특징에 따라 남부와 북부로 나눌 수도 있다(=분포A).

무엇을 실마리로 하여 지역차를 파악할 것인가? 그 기준에 따라 더욱 적은 차이도 확인된다. 기타카미가와 강 중류역의 유적군 동향을 관찰해 보자.

같은 기타카미가와 강 중류역(기타카미분지)(도 41)이라도 와카가와(和賀川) 강유역과 이사와(胆澤)선상지는 지형단위만이 아니라 유적군 움직임에서도 구별된다.[48] 와카가와 강유역의 만기 유적은 기타카미가와 강과 와카가와 강이 합류하는 지점에 집

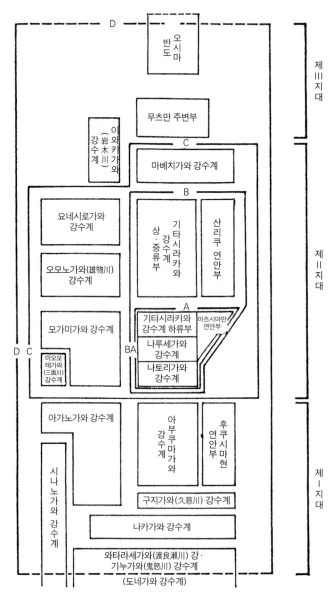

도 39 오보라C₂식의 지역구성(주 45 문헌에서)

중한다.[49] 이는 만기동안 변함없다. 다만 만기전엽의 유적은 모두 중위단구 위에 있고, 저위단구와 자연제방에는 없다. 저위단구 및 자연제방 위에 취락이 형성되는 것은 오보라C₁기부터로, 와다마에(和田前), 마루코다테(丸子館) 등 중위단구 위에 취락을 조성하던 사람들의 자손이 눈앞의 저위단구와 자연제방으로 내려와 새로운 마을을 만들었다. 이것이 보탄바타케(牡丹畑), 구넨바시(九年橋) 등 만기중엽[*12]에 시작되는 유적이다.

와카가와 강 연안의 만기 유적군을 관찰해 보면 위와 같은 추측이 가능하다. 이사와선 상지에서도 동일한 양상을 관찰할 수 있다. 그러나 이 지역의 만기전엽 유적은 선정 가까이에 위치하고 수도 극히 적다. 만기중엽을 경계로 하여 유적 수가 급격히 증가하기 시작해 오보라C2기에 시작되는 유적이 특히 많다.[50] 그러나 이 지역에서는 바로 눈앞의 저지가 아니라 기타카미가와 강 또는 이사와가와 강 부근의 지역까지 이동한다. 또는 다른 지역으로부터의 이주나 전입도 있었을지 모른다. 이사와선상지 유적군은 이러한 움직임을 보인다. 같은 기타카미가와 강 중류역이라도 와카가와 강 북쪽에 평행하게 흐르는 도요사와가와(豊澤川) 강 연안에는 만기 유적이 거의 분포하지 않는다.

이상으로 만기 유적군의 움직임은 영역과 거의 관계가 없는 것처럼 보일지도 모른다. 확실히 그렇다. 유적군의 움직임을 살펴보면, 기타카미가와 강 중류역이라는 군이 하나가 아니라 도요사와가와 강 연안·와카가와 강 연안·이사와선상지라는 세 단위로 독립되어 있다는 점을 이야기하고 싶었다. 그 의미는 결코 미미하지 않다. 고바야시는 조몬시대 역사를 설명하는 기준이 영역이고, 그것은 조몬사회의 기초단위라고 역설하였다.[51] 이는 유적군을 통해 조몬시대 사회와 역사를 파악하려는 오카모토 이사무의 제안과 마찬가지로 부정되어야 할 성질의 것이 아니다. 그러나 정확한 곳을 짚었다 하더라도 분석대상의 범위가 틀리면 바른 결론에 도달할 확률이 낮아진다. 요행을 바라고 작업을 개시할 수 없다. 고바야시의 영역론 속에서는 여기서 문제 삼고 있는 소지역이 가지는 의미, 그 속의 움직임을 무시 또는 간과하고 있다. 필자가 군이 고바야시의 의견에 토를 다는 것도 이 때문이다.

한편 하나의 손자형식의 분포범위가 몇 개의 '핵영역'을 포함하고 있는 것은 틀림없다. 몇몇 손자형식의 분포범위를 포괄한 것이 하나의 〈핵영역〉이 된다. 이론적으로는 앞서 소개한 사토의 작업 수순에 따라 〈핵영역〉 속 토기의 공통 특징을 파악할 수 있어야 한다. 그러나 현재 공통 특징은 새끼를 꼬는 강도, 시문 시 토기의 건조 정도, 태토의 혼입물, 소성완료 후의 상태 등 상당히 토기에 친숙한 사람이 아니면 "공통된 분위기·무드"[52]라고밖에 표현할 방법이 없는 요소뿐이다. 그렇다고 해서 〈핵영역〉이 실재하지 않는다든가 관념적인 성질의 것이라고 단언할 수 없다. 구체적인 자료를 계속 분석하면 선을 그을 수 있게 될 것이다. 현재로서는 이 문제에 대한 판단을 유보하는 것이 온당할 것이다. 그러나 〈핵영역〉·'핵영역'이 나타내는 범위에는 큰 차이가 있고, 약간 어긋나 있다. 이들 내용이 무엇인지 자료를 바꾸어 계속 검토해 보자.

3. 생업·석기 원료와 영역

센다이만 연안에서는 봄~여름에 연안에서 내륙으로, 가을~겨울에 내륙에서 연안으로 식료를 공급한 것으로 추측하였다.[53] 이는 이론상 가능한 이야기를 표면화시킨 것이다. 그러나 구체적인 증거가 전혀 없는 것도 아니다. 미야기현 나카자와메(中澤目)에서는 바지락, 문절망둑 등 내만에서만 잡히는 식품이 거의 일정 간격으로 반복되어 출토된다.[54] 나카자와메의 주민이 봄·가을에 연안부까지 발걸음을 했는지, 일정한 계절에 연안부의 사람들이 가져왔는지 아직 알 수 없다. 어느 쪽이든 나카자와메의 주민은 봄~여름에는 바지락, 가을 초입에는 문절망둑을 먹을 수 있었다. 내륙에서 연안부로 식량을 공급했다는 증거는 아직 없다. 수렵채집민 X는 A에게 자원을 공급하고 언젠가 A는 말할 필요도 없이 B·C·D···로부터 자원을 공급받을 권리를 확보한다. 그들은 소위 거래범위와 결제기간이 무한할 정도로 스케일이 큰 신용거래를 한다. 수렵채집민 사회의 특징 중 하나인 호혜(互惠, reciprocity)의 원리는 이렇게 성립된다. 조몬인 사회, 특히 동일본의 후·만기에는 이 원리가 약해졌을지 모른다. 그러나 호혜가 완전히 자취를 감췄다고 생각하기 어렵다. 그렇게 본다면 내륙에서 연안부로의 식료 공급도 전혀 불가능한 일이 아니다. 고토쿄(古東京)만의 안쪽, 일본재첩의 패층이 있는 패총에서 종종 복어와 고래 뼈가 출토된다.[55] 간토지방에서도 연안에서 내륙으로 식료를 공급하거나 그 반대의 경우도 있었을 것이다. 주의를 기울이면 다른 지역에서도 이러한 자료를 더 찾을 수 있을 것이다.

내륙에서 출토되는 해산 식품을 실마리로 하면 내륙과 연안이라는 한 쌍의 단위가 형성된다. 해산물과 관련이 깊은 도구도 쌍을 이룬다. 센다이만과 산리쿠 연안에서는 연미형(燕尾形) 작살, 이두섬(離頭銛) 등으로 불리우는 분리형 작살*[13](도 40-1~3), 조합식 작살(도 40-4~6), 낚싯바늘(도 40-7~9)이 발달한다. 모두 사슴 뿔로 제작된 것이다. 내륙에서도 이러한 어로구가 출토되지만 일반적인 어로에 이용되었다고 볼 수 없다. 내륙에서 눈에 띄는 것은 사슴 다리뼈로 만든 미늘 없는 작살(도 40-12·13)이다. 가끔 낚싯바늘도 출토되는데 역시 다리뼈나 멧돼지 이빨로 만들어졌다. 분리형 작살·조합식 작살·낚싯바늘의 많고 적음, 재료가 뿔인가 다리뼈인가를 기준으로 연안과 내륙으로 구별할 수 있다.

연대차이가 약간 있지만 아사베패총 주민이 사용하던 어로구는 나카자와메와 가이토리 주민이 사용한 것과 구별되지 않는다. 또한 누마즈와 다가라(田柄)에서 출토된 어로구를 니가데나 사토하마의 것과 섞어 놓아도 분간할 수 없다. 앞에서 패총에서 출토되는 동물 종류를 비교하여 센다이만 연안 주민의 생업을 4종류로 분류한 바 있다.[56] 그러나 어로구로 대상을 바꾸면 이러한 구별이 불가능해지고, 연안과 내륙이라는 구별만 나타난다.

오가사와라 요시히코(小笠原好彦)의 입장에서 보면, 위의 구별에 대해 "환경결정론적 약점이 있다"[57]고 할지 모른다. 확실히 센다이만 연안의 '집단영역'이라고 말할 때, 인간의 자원 이용·수급관계·그것을 기반으로 하는 사회관계, 그러한 문제를 파악하는 방법에 불충분한 점이 있다. 그러나

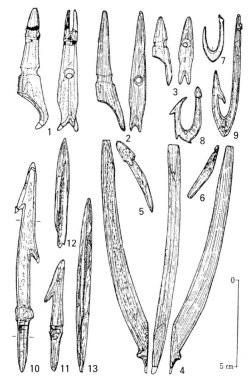

도 40 센다이만 연안의 어로구
1~3: 분리형 작살, 4~6: 조합식 작살, 7~9: 낚싯바늘, 10~13: 작살(1~11: 미야기현 다가라, 12·13: 미야기현 나카자와메 출토)

오가사와라의 발언에 인간이 그 속에서 살고 있는 환경, 그 속의 물리적인 측면에 주목하는 것, 그 자체가 환경결정론에 말려들게 된다는 그러한 편견은 없을까? 한편 고바야시는 필자가 구별하는 지역이 영역이 아니고, 필자가 '생활권'[58]이라고 부르는 것이 겨우 영역으로서의 의미를 갖는다고 하였다.[59] 핵영역과 생활권, 이 두 용어는 상하관계에 있다. 그러나 뿐만 아니라 선을 긋는다는 측면에서도 차이가 있다. 어떠한 차이가 있는지 실제 자료를 이용하여 살펴보자.

센다이만 연안의 내륙부와 연안부 주민은 계절에 따라 다른 식품을 공급하는 입장과 공급을 받는 입장에 있었다. 그러나 사계절 동안 살펴보면 어느 한쪽이 한도 이상으로 빌리는 경우는 없었다. 어려운 말을 빌리자면 이 두 지역 주민들 사이에는 호혜적인 관계(reciprocal relation)가 성립되었던 것이다. 그러나 이 지역 주민 전체가 일방적으로 받기만 하는 물품도 있다. 그것은 석기 원료이다. 논점에서 벗어나지만 석기 소재

와 분포에 대해 설명하고자 한다.

조몬인은 꽤 다양한 원료를 사용하였다. 용도에 따라 '힘든 일'과 '정교한 일'로 나뉘고, 암석의 성질에 따라 화강암·응회암·안산암·용암처럼 표면이 거친 것(組立岩石), 현무암·섬록암·휘록응회암과 같이 약간 거칠고 무거운 것(中粒重岩石), 흑요석·혈암·규질안산암(사누카이트)처럼 표면이 매끈하면서 무겁지 않은 것(細粒輕岩石)으로 나뉜다. 예를 들어 석명(石皿)이나 마석 등은 조립암석을 사용하는 힘든 일의 도구, 석부는 중립중암석을 소재로 한 힘든 일의 도구, 소형마제석부는 소재는 같아도 정교한 일의 도구, 석촉과 석시(石匙) 등은 세립경암석을 소재로 한 정교한 일의 도구이다.

일본열도의 골격을 형성하는 세키료(脊梁)산맥 주변에는 조립암석과 중립중암석이 널려 있다. 그러나 석촉과 석시 등의 원료가 되는 입자가 고운 암석의 경우에는 흑요석 외에 극히 적다. 세립암석은 세키료산맥에서 동서로 떨어진 지역에 분포한다. 따라서 세키료산맥에 수원을 둔 지역에서는 조립암석과 중립중암석을 쉽게 손에 넣을 수 있지만 수렵구와 해체처리 도구의 소재가 되는 세립암석을 입수하기 어렵다. 이러한 원료의 혜택을 누릴 수 있는 곳은 극히 제한된 지역뿐이다. 일본열도 내의 석기 원료 분포는 대체로 이렇게 설명할 수 있다.

일본열도 안에서 패총이 밀집하는 지역에는 석재가 부족하다. 홋카이도의 우스(有珠)만 연안, 기타카미가와 강 하류역 특히 마츠시마(松島)만, 보소반도, 아리아케카이(有明海) 해 연안 등 어디를 가도 석기 특히 석촉과 석시 등의 원료는 전무에 가깝다. 산리쿠 연안처럼 석재가 전무하지 않은 지역이라도 종류가 제한되어 있다. 고토쿄만 연안처럼 단구가 발달한 지역에서는 사층이 노출되어 있는 곳을 원료 공급원으로 이용할 수 있다. 그러나 그 경우에도 노두 어디에나 있는 건 아닌데, 이전에 있던 강줄기를 따라 분포하지 않는 암석을 구할 수 없다.

이러한 사정을 센다이만 연안을 예로 들어 좀 더 상세하게 살펴보자. 한정된 지역에만 분포하는 석촉과 석시 등의 원료에 초점을 맞춰 보자. 이 지역에서는 이 석기들 원료로 혈암이 가장 많다. 혈암을 채취할 수 있는 곳은 신죠(新庄)분지, 요코테(横手)분지 등 세키료산맥의 서쪽 지역뿐이다. 그 외에 기타카미산지의 각지에는 규질점판암이 분포하고, 그 북반부에는 처트(chert)도 있다. 또 세키료산맥에 수원을 둔 하천 유역에는 흑요석을 포함한 자갈층(礫層)도 곳곳에 있다. 그러나 이 암석들은 그다지 넓은 범위에서 이용되지 않는다.

또한 이곳의 미지형도 석기 원료 입수를 굉장히 어렵게 만든다. 이 지역은 하사마가와(迫川) 강, 에아이가와(江合川) 강, 나루세가와(鳴瀬川) 강 등 기타카미가와 강 지류의 하천 중하류역에 해당한다. 평탄한 지역은 구배(句配)가 완만하여 하천면적이 넓지만 어디에서나 돌을 채집할 수 있는 건 아니다. 게다가 이 지역에서 현 지형의 기반이 되는 것은 세키료산맥이 형성될 쯤에 분출된 응회암이다. 예를 들어 마츠시마만 연안처럼 오래된 암석이 퇴적되어 있는 곳은 별개이지만, 기반 중에 석촉과 석시 등의 원료가 되는 돌은 전혀 확인되지 않는다. 기반이 약한 암석이어서 단구가 발달하지 못하고 가는 산등성이만 계속 이어진다. 한마디로 말하자면 이 지역은 석기 원료가 매우 적은 곳이다.

미야기현 나카자와메패총이 이러한 지역에 있다. 그런데 이곳에서 출토되는 석기·박편·부스러기를 조사해 보면 90% 이상이 혈암이다.[60] 흑요석, 사누카이트와 달리 혈암의 원산지를 추정하는 이화학적인 방법은 아직 개발되지 않았다. 그렇기 때문에 확실하게 이야기할 수 없지만, 나카자와메의 혈암은 신죠분지의 것으로 추정된다. 요코테분지 등 아키타(秋田)지방 것과 비교하면 규산분이 적고 백색을 띤다. 확실한 경로를 알 수 없지만 오우우(奧羽)산맥을 동서로 횡단하는 교류가 있었던 것이 분명하다. 누마즈패총에서도 석촉과 석시에는 혈암을 사용한다. 가니사와 사토시(蟹澤聰史)에 의하면 다가라패총의 석기·박편·부스러기도 혈암이 많다.[61] 세키료산맥의 동서를 잇는 교류망은 산리쿠 연안에까지 미친다(도 41). 그렇다고 해서 신죠분지를 기점으로 하여 나카자와메와 누마즈를 경유하여 다가라를 종점으로 하는 '혈암 로드'가 있었다는 등의 이야기는 어처구니가 없다. 이 유적들에서 출토되는 혈암이 모두 같은 산지의 것인지 알 수 없다. 그렇기 때문에 나카자와메 주민과 다가라 주민이 같은 곳에서 혈암을 공급받았는지 현재로서는 판단할 수 없다. 그들이 각기 다른 지역의 주민과 석기 원료를 공급하는 계약을 맺었을 수도 있다.

한편 후·만기의 기타카미가와 강 하류역에서는 석촉과 석시의 재료로 혈암을 사용하는 관습이 퍼져 있었다. 나카자와메, 누마즈, 다가라 등의 주민은 이 관습에 따랐다. 고바야시가 '양식권'의 성립배경으로 지적한 '사회적 합의'·'집단의 전통'·'전통을 공유하는 집단군'[62]이 성립된 것이다. 고바야시에 의하면 이 지역은 핵영역 IIc-2의 일부에 해당한다(도 42). 고바야시의 생각처럼 한 〈핵영역〉이 '사회적 합의'·'집단의 전통'을 공유하는 사람들의 '나라'라면, 〈핵영역〉 IIc-2 즉 남쪽으로 이바라기현·지바

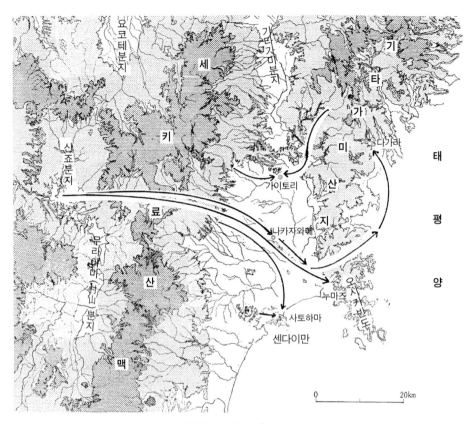

도 41 센다이만 연안의 후·만기유적의 박편석기 원료의 공급원

현 내, 북으로는 아오모리현·이와테현 내, 서로는 세키료산맥의 분수령 범위의 주민은 모두 혈암제 석촉과 석시를 제작하고 사용하는 '사회적 합의'와 '집단의 전통'에 따랐을 것이다.

그런데 예외는 어디에나 있다. 혈암제 석촉과 석시가 전혀 출토되지 않거나 출토되어도 매우 적은 유적이 있다. 나카자와메패총의 동북동쪽으로 23km 떨어진 곳에 있는 가이토리패총에서는 석촉이 모두 규질점판암제이고 혈암제는 하나도 없다. 혈암제 석시가 있지만 비율은 10%에 미치지 못하고 역시 규질점판암이 많다.[63] 가이토리패총의 주민은 기타카미가와 강의 대안에 있는 기타카미산지의 주민으로부터 석재를 공급받았거나 또는 스스로 찾아가 석촉과 석시의 원료를 구했을 것이다. 사토하마의 주민도 근처에 있는 마츠시마 응회암 속에 있는 규화응회암, 옥수(玉髓), 벽옥 등을 고생해서 채취하여 석기 원료로 사용하였다.[64] 단, 소량이지만 세키료산맥 부근에서 구할 수 있는 흑요석도 있음을 무시할 수 없다(도 41).

토기형식의 경우와 마찬가지로 하나의 〈핵영역〉 가운데 꽤 강한 개성을 가진 집단이 포함되어 있다. 이 집단들은 그냥 예외일까? 분파집단일까? 지금까지 기타카미가와 강 중류역과 하류역을 대상으로 분석한 작업을 다른 지역에 비추어 보면 아마도 역시 같은 결과가 될 것이다. 즉 고바야시는 '나라'라는 말에 이끌려 〈핵영역〉의 범위를 너무 넓게 잡았다. 조몬인의 나라, 그것은 하나의 분지·수계·내만 또는 그들 일부─즉 몇 개의 '핵영역'을 포괄하는 것이다. 지금까지 설명해 온 사실에서 그 이외의 결론은 나오지 않는다.

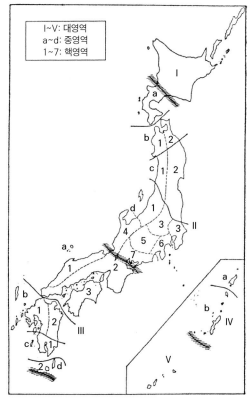

도 42 조몬시대의 〈영역〉(주 33 문헌에서)

4. 영역과 분포권

고바야시 타츠오의 영역에 대한 발언을 예로 들어 몇몇 문제점을 지적하였다. 그 가운데 고바야시와 필자 사이에는 영역을 설정하는 입장에도 차이가 있다. 조몬인의 영역 설명과는 동떨어진 이야기가 되겠지만, 영역을 설정하는 입장과 틀에 대한 필자의 생각을 제시하고자 한다.

고바야시의 의견을 간단하게 요약하면 하나의 〈토기양식〉 분포권이 하나의 〈핵영역〉에 해당한다고 봐도 좋다. 고바야시의 영역은 토기 분포권과 불가분의 관계에 있다. 토기 분포권을 실마리로 삼아 영역을 복원하려는 시도는 조몬문화 연구 속에서 꽤 긴 이력을 갖고 있다. 1991년 가니 미치히로(可兒通宏)의 논문도 그 하나이다.[65] 가니가 문제삼는 것은 '모로이소(諸磯)양식' 내의 '연사문'(도 43-1~5), '패각배압흔문(貝殼背壓痕文)'(도 43-6~9)이라는 두 '타입'이다. 이 토기들은 모두 구연부에 구획대가 있지만 문양이 시문되어 있지 않고, 동체부와 마찬가지로 낙조체(絡條體)[*14]·패각(腹緣·背

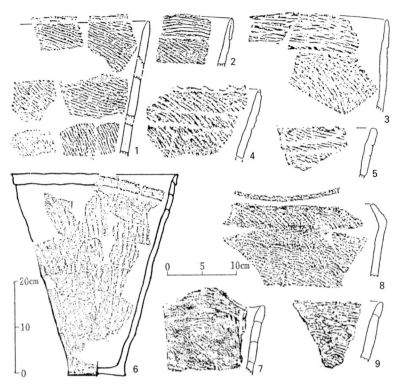

도 43 연사문(1~5)·패각배압흔문(6~9) 타입의 조제토기(주 65 문헌에서)

面)을 이용한 바탕무늬만 나타난다. 정면도 조잡하여 기면에 요철이 심하다. 기종은 심발뿐이다.[66]

　　다마가와(多摩川) 강과 사가미가와(相模川) 강 사이에 있는 지역 북부, 즉 다마구릉 일대가 이 두 종류 토기의 분포권인데, 단자와(丹澤)산지 남록의 하다노(秦野)분지에도 분포한다. 또 패각배압흔문 타입의 분포권은 연사문 타입보다 남북으로 확산되고, 북으로는 간토산지 남록, 남으로는 요코하마(横浜)시 북부[미나토키타(港北)뉴타운]가 분포 한계이다(도 44 위). 이 토기들이 분포하는 범위는 좁고 장식이 거의 없어 다른 집단과의 교류대상이 되었다고 보기 어렵다. 따라서 연사문 타입과 패각배압흔문 타입의 분포권은 한 집단의 이동범위―영역을 나타낸다고 봐도 좋다. 따라서 가니는 다마구릉을 본거지로 하는 집단의 영역은 하다노분지를 제외한 거의 300km² 범위가 된다고 보았다.[67]

　　같은 논문집 가운데 고구스리 카즈오(小藥一夫)는 세키야마(關山)기[*15]의 주거를 분류하여 간토지방 조몬 전기의 영역을 복원하려 하였다.[68] 고구스리에 의하면 세키야

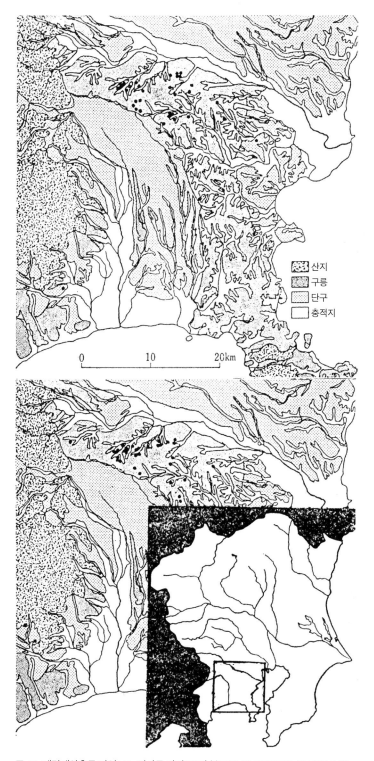

도 44 패각배압흔문 타입(上)·연사문 타입(下)의 분포(주 66 문헌의 제2·3도 일부 수정)

표 18 세키야마기 주거의 형식분류(주 68 문헌에서)

형식	형태	종류	화덕의 위치	주기둥의 위치	수	비고
A	장방형·제형	지상노	장축의 한쪽에 치우침	단벽쪽·중앙	6	a 벽기둥만 → b 벽기둥+주기둥(6) → c 주기둥(6)+벽구의 변천
B	방형	지상노	주기둥 옆	중앙	2	벽기둥과 벽구 있는 것·없는 것이 있음
C	부정형	지상노	중앙		없음	원형·방형의 경우도 있음
D	장방형	석조노	약간 중앙	단벽쪽·중앙	6	단벽상의 기둥은 A보다 안쪽으로 들어옴 화덕은 3면을 둘러싸는 ㄷ자형
E	방형·말각방형	지상노	주기둥의 대각선상	바닥면에 대각선상	4	
F	원형	지상노	주기둥의 대각선상	바닥면에 대각선상	4	

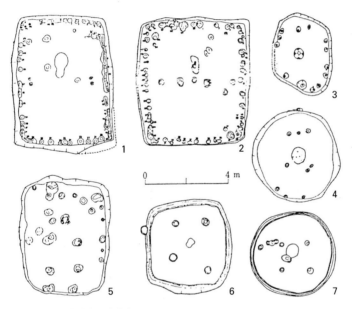

도 45 세키야마기의 주거형식(주 68 문헌에서)
A: 1〔사이타마 미야가야토(宮ヶ谷塔) 14호〕, B: 2〔사이타마 미야가야토 11호〕,
C: 3〔사이타마 가자하야(風早)15호〕, 4〔지바 야츠다이(谷津台)13호〕, D: 5〔군마 스와니시(諏訪西)8호〕,
E: 6〔나가노 아큐(阿久)25호〕, F: 7〔가나가와 노켄도(能見堂)1호〕

마기의 주거 A~F의 6형식으로 분류된다(표 18, 도 45). 이 가운데 D(도 45-5)는 하루나 (榛名)·아카기(赤城)산록에, E(도 45-6)는 지쿠마가와(千曲川) 강유역을 중심으로 분포 하고, 도네가와(利根川) 강, 아라카와(荒川) 강, 다마가와 강유역에는 보이지 않는다. 또 한 F(도 45-7)는 다마구릉 이남지역을 중심으로 분포하는데 확실한 예가 매우 적다.[69] 따라서 도쿄만 연안지역의 세키야마기 주거는 A(도 45-1)·B(도 45-2)·C(도 45-3·4)

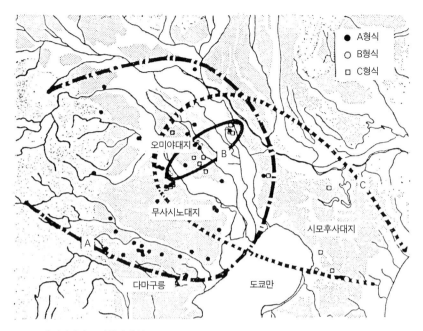

도 46 세키야마기 주거형식의 분포(주 68 문헌의 제2도 가필·수정)

의 3형식으로 대표된다.

다마구릉의 세키야마기 주거는 모두 A이고, 시모후사(下總)대지는 모두 C이다. 중간에 해당하는 무사시노(武蔵野)대지와 오미야(大宮)대지에서는 A가 주류를 이루면서 B·C도 확인된다(도 46).[70] 분포상 B가 이 지역의 고유형식이지만 아직 발견 예가 적다. 도쿄만의 동서 지역에 각각 C·A가 중심 분포하고 중간 지역에서는 양자가 섞여 있다. 각각의 분포범위 끝과 끝을 직선거리로 재어 보면 A가 60km 전후, C가 70km 전후, B가 30km로 A·C의 1/2 정도이다. 이는 이 종류의 주거 발견 예가 적기 때문인지 모른다.

고구스리는 주거가 토기처럼 사람 손을 거쳐 다른 지역으로 이동하는 물질이 아니라고 지적하였다.[71] 이 사실을 염두에 두면 다마구릉, 무사시노·오미야대지, 시모후사 대지에 분포하는 다른 종류의 주거 또는 주거조합은 "일정규범 또는 공통인식을 가진 집단의 이동행위를 포함하는 직선적 확대"를 보여 주고, "주거를 공통규범으로 하는 집단의 활동영역을 나타내는 하나의 에리어"로 바꾸어 말할 수 있다고 하였다.[72]

사이타마현 웃코시(打越)의 세키야마기 취락에서는 A·B 두 형식의 주거가 섞여 있는데, 공반하는 토기형식과 주거배치도 구별할 수 없다.[73] 고구스리는 이 사실을 "주거형식을 달리하는 두 집단이 토기형식으로 구별할 수 없는 시간차를 가지고 또는 동시기에 특별 주거조성 구역을 달리하지 않고 점유하였"다고 해석한다.[74] 그렇다면 주거형식을 단서로 하여 파악할 수 있는 활동영역은 "눈에 보이는 명확한 선이 그어져 있는 불가침적인 것이 아니라, 오히려 (중략) 집단차를 넘어 공통의 선택지로 이용"할 수 있는 것이라고 하였다.[75]

가니와 고구스리의 의견은 각각 주목할 만한 내용이다. 그 내용에 대한 검토를 유보하고, 여기에서는 두 사람이 채용하는 수법을 검토하고자 한다. 가니는 분포범위가 거의 겹치는 두 요소, 고구스리는 분포범위가 다른 세 요소를 대상으로 한다. 때문에 가니와 고구스리는 서로 다른 수법을 취한 것처럼 보인다. 그러나 두 사람의 수법은 같은 원리에 뿌리를 두고 있다.

가니의 경우에는 도쿄만 연안지역을 연사문·패각배압흔문(貝殼背壓痕紋)토기가 분포하는 지역, 연사문·패각배압흔문토기가 분포하지 않는 지역, 즉 성질이 다른 두 지역으로 분할하였다. 고구스리의 다마구릉, 무사시노·오미야대지, 시모후사대지라는 세 지역의 구분도 같은 과정을 거친 결과라고 할 수 있다. 가니와 고구스리가 이용하는 수법은

　　① 꽤 넓은 범위를 대상으로 하고

　　② 몇 개 요소가 분포하는가 분포하지 않는가를 기준으로 하며

　　③ 지역을 구별하고 선을 긋는다

는 점에서 동일하다고 할 수 있다.

5. 등질모델·기능(결절)모델

현재 우리에게 친숙한 고고학상의 지역구분—예를 들면 스기쿠보(杉久保)형 나이프와 고우(国府)형 나이프, 가메가오카(亀ヶ岡)식토기와 시가사토(滋賀里)식토기, 동탁·동검·동모의 분포권—을 상기시켜 보자. 모두 대조적인 분포를 보여 주는데 한 요소가 분포하는 지역과 다른 요소가 분포하는 지역으로 구별한다. 조몬시대뿐만 아니라 지금의 일본 고고학에서는 분포문제에 있어서 거의 예외 없이 이와 동일한 방법을 이용한다. 가니와 고구스리의 지역구분도 예외는 아니다.

이 방법은 특정 요소의 분포 여부를 확인하는 작업부터 시작된다. 같은 요소가 분

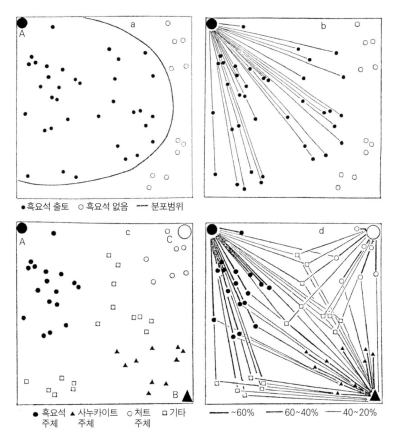

●흑요석 출토　○흑요석 없음　- - 분포범위

●흑요석　▲사누카이트　○처트　□기타
　주체　　　주체　　　주체

—— ~60%　—— 60~40%　—— 40~20%

도 47 등질모델(a·c), 결절모델(b·d)에 의한 분포도 예

포하는 지역은 같은 성질(=등질)을 나타내는 지역, 그 요소가 분포하지 않는 지역 및 다른 요소가 분포하는 지역은 다른 성질(=비등질)의 지역인 것이다. 고고학만이 아니라 지리학·언어학·인류학 등 다양한 분야에서도 이러한 구별방법을 활용한다. 이 방법은 "지역적인 불연속성이 존재하고, 동시에 그것이 지역의 다양한 성격 (중략) 과 관련된다. 바꾸어 말하면 지리적으로 의미 있는 경계선이 존재"[76]한다는 것을 전제로 한다. 지리학에서는 이러한 지역구분 방법을 '등질모델', 그에 따라 설정된 지역을 '등질지역'이라고 부른다. 이와 대조되는 것이 결절(기능)모델이다. "기능적인 중심지와 또는 결절점을 핵으로 하여 그곳과 연결되어 있는 지점의 집합이 가장 심플한 형태의 기능지역이다."[77] 등질모델과 결절모델이 어떤 차이가 있는지 다음 예를 통해 살펴보자.

어느 지역에 원산지A의 흑요석이 출토되는 유적과 출토되지 않는 유적이 분포한다고 하자. 이것을 분포도로 표현하려면 우리들은 우선 흑요석이 출토되는 유적(●)·

출토되지 않는 유적(○)을 나누고 도면에 각각의 위치를 표시한다. 그리고 ●가 분포하는 외곽선을 따라 선을 그어 원산지A의 흑요석 분포권(흑요석 공급권)이라고 할 것이다(도 47a). 이것이 등질모델에 따른 분포도이다. 여기에서 원산지A의 흑요석 유무가 유적을 나누는 기준이라는 점에 주의하자. 등질모델의 구분 기준이 유무라고 봐도 지장 없다. 〈도 47a〉에 그어진 선 안쪽에는 ●, 바깥쪽에는 ○만 분포한다. 선의 안쪽과 바깥쪽은 완전히 다른 세계이다. 도면은 이러한 점을 보여 준다.

어느 유적에서 원산지A의 흑요석이 출토된다는 것은 그 지역이 흑요석 공급이라는 기능을 매개로 원산지A와 관련된다고도 할 수 있다. 이러한 입장에서 분포도를 만들면 〈도 47b〉와 같이 된다. 여기에서 기준이 되는 것도 유무인데 원산지와 유적의 관련성을 보여 준다. 그 결과 몇몇 유적으로 공급되는 흑요석 공급원(=결절점)으로서의 원산지A가 도면 속에서 부각된다. 분포도 그 자체에서 알 수 있는 내용은 a와 같은데, 매우 단순하지만 〈도 47b〉는 결절모델에 기초한 분포도이다.

그런데 이 지역의 유적에서는 원산지A의 흑요석만이 아니라, 원산지B의 사누카이트·원산지C의 처트도 출토된다고 하자. 등질모델로 이 양상을 표현할 수 있다. 적당한 수치(예를 들어 75%)를 골라 흑요석(●)·사누카이트(▲)·처트(○)가 중심이 되는 유적, 어느 하나가 중심이라고 할 수 없는 유적(□)으로 나누면 분포 경향을 파악할 수 있다(도 47c). 그러나 흑요석이 75%를 점하는 유적에서 나머지 25%의 내용이 무엇인가라는 점을 문제시하면 이 도면에서 알 수 있는 것은 없다.

앞서 지적하였듯이 등질모델의 토대가 되는 것은 유무이다. 따라서 지금 문제 삼는 지역의 어느 유적에서 사누카이트가 중심이 된다(75%를 넘는다)는 것을 정확하게 표현하면, 이 유적에서는

① 흑요석의 비율은 75%가 되지 않는다

② 처트의 비율도 75%가 되지 않는다

③ 그 대신 사누카이트의 비율은 75% 또는 그 이상이다

는 것만 알 수 있을 뿐, 흑요석·처트의 비율은 전혀 반영되어 있지 않다. 각각의 유적에서 중심이 되는 암석 이외의 종류가 어느 정도의 비율을 점하는가, 중심을 집어낼 수 없는 유적에서 비율이 어떤가라는 문제는 결절모델에 의한 분포도(도 47d) 아니면 표현할 수 없다.[78]

등질모델과 결절모델에는 또 하나 간과할 수 없는 차이가 있다. 등질모델은 관찰

대상이 되는 지역을 몇 개의 불연속적인 면으로 나누는 것을 목적으로 한다. 즉 몇 개 지점 간의 비교가 성립되지 않으면 등질모델을 적용할 수 없다. 따라서 등질모델을 이용하여 관찰하는 경우에는 가니와 고구스리처럼 어느 정도의 분포범위가 있는 공간을 대상으로 선택하게 된다. 등질모델을 기준으로 한 관찰은 밖에서, 위에서 관찰하는 것이다.

이에 비해, 결절모델에서 문제가 되는 것은 두 지점 간의 관련 여부이다. 따라서 등질모델처럼 몇 개 지점과 지점의 면적 분포범위가 없어도 관찰할 수 있다. 극단적인 경우, 단순히 두 지역의 관계만을 결절모델로 나타낼 수 있다. 따라서 결절모델은 안에서, 아래로부터의 관찰이라는 관점을 견지하게 된다. 다만 〈도 47〉의 흑요석·사누카이트·처트의 원산지 예처럼 대략적으로라도 사람·물건·정보의 흐름이 집중되는 곳을 알 수 없으면 결절모델을 적용할 수 없다.

6. 면·선·점—영역의 구성

조몬인의 영역을 고려할 때 등질·결절의 두 모델 차이는 무엇을 의미할까? 이 문제는 우리가 어떤 재료를 이용해 영역을 복원하는가와 직결된다. 앞서 살펴본 가니와 고구스리가 복원하는 영역의 경우가 어떠한지 살펴보자. 가니가 말하는 토기 '타입'보다 세밀하게 분포 중심을 파악할 수 있을 것 같지 않다. 고구스리가 예로 든 주거형식도 A·B·C가 각각 다마구릉, 무사시노·오미야대지, 시모후사대지에서 성립하여 분포의 중심을 이룰지도 모른다. 그러나 어떤 형식의 주거가 처음 성립된 곳이 이 지역들 중에서 어느 지점인가 하는 점까지 파악하는 것은 불가능한 것 같다.

두 사람의 추측은 등질모델이라는 데이터 취급 방법의 제약을 받는다. 단, 취급하는 데이터가 결절모델을 적용할 수 있는 성질의 것이 아닌 점, 현재 결절모델로 처리할 수 있는 데이터가 없다는 점도 사실이다. 그러면 두 사람의 결론에 보이는 제약을 피할 수 없게 된다.

토기와 주거 형식만 그렇지는 않다. 우리가 형식으로 파악하는 유물·유구·유적 속에 야요이시대의 동탁과 고분시대 이후의 거울·스에키·기와처럼 특정 공인과 결부지을 수 있는 것은 전무하다고 해도 좋다. 적어도 현시점에서 우리가 파악하는 조몬시대의 유물·유구·유적의 형식을 창출해 낸 것은 정체를 알 수 없는 '집단'이다. 오히려 가니가 이야기하는 연사문 타입과 패각배압흔문 타입 등은 한 형식 속에서 가장 분포 범위가 좁은 요소라는 점에 주목해야 한다. 가니가 '국지분포형'[79]이라고 부르는 토기를 관찰하고 분석한 것은 영역에 대해 새로운 해석과 추측을 제공할 가능성이 매우 높다. 그러나 조몬시대의 경우는 야요이 이후 시대에 비해 좁힐 수 있는 범위가 한정되어 있다.

동탁·거울·스에키·기와의 형식은 어느 정도로 발달한 사회적인 분업 속에서 형성된다. 그렇기 때문에 하나의 형식을 특정 공인 또는 공인집단과 결부시킬 수 있다. 그 배경에는 공인집단을 전문가로 육성할 만큼의 잉여 축적이 필요하다. 이와 더불어 생산 프로세스와 시스템이 초심자가 손을 댈 수 없을 정도로 특수한 것이어야 한다. 조몬시대에 전문가의 지식과 경험을 필요로 하는 기술이 있었을까? 상세하게 살펴볼 여유가 없지만, 조몬시대에는 새로운 기술과 도구가 발명되어도 한정된 범위의 사람들이 그것을 독점하는 경우는 없었다고 봐도 좋다. 원래 새로운 기술은 한 지역 주민의 창의와 궁리의 산물이라기보다 몇 개 지역의 전통 교류와 만남 속에서 생겨나는 것이다.

한마디로 말해 조몬인이 보유하던 기술에는 사회적인 분업과 결부되는 요소가 거의 없다. 이것이 조몬시대 기술의 본질이라면, 유물과 유구 등의 형식이 어디서 처음 성립하는지를 어느 정도 좁힐 수 있어도 그것에는 한계가 있다. 따라서 유물·유구의 형식을 대상으로 영역을 복원하는 경우에도 결절모델보다 등질모델에 따라 분석하고 해석해야 하는 경우가 더 많다는 점을 충분히 예상할 수 있다.[80]

이는 조몬사회에만 국한된 사정이 아니다. 유럽에서도 결절모델을 적용한 영역과 교역의 분석은 청동기시대 이후부터로 철기시대·역사시대의 데이터를 이용하는 경우가 압도적으로 많다.[81] 신석기시대보다 오래된 시기에는 석부, 흑요석 등 원산지가 분명한 자료만 활용한다.[82] 원산지가 알려진 일부 자원을 제외하고, 사회적 분업이 발달하지 않은 사회에서 사람·물건·정보의 흐름과 중심지를 찾기는 어렵다. 그러므로 등질모델을 바탕으로 한 추측에 의존할 수밖에 없다. 다만 등질모델을 적용한 추측은 대략적이고 애매하므로 결절모델을 이용할 수 있는 데이터를 계속 추적하는 노력을 기울여야 한다. 석기의 원료와 공급원, 토기 태토 등의 이화학적인 분석만이 아니라, 토기를 비롯한 각종 유물·유구 형식의 치밀한 분석도 중요한 정보가 된다.

그런데 가니가 연사문 타입과 패각배압흔문 타입의 토기공인이자 사용인들이 약 300km² 정도의 범위를 영역으로 이용하였다고 추정한 내용을 소개하였다. 고구스리도 "A형식의 주거를 구축한 집단은 (중략) 이합집산을 반복하면서 집단을 유지"하고, "그 이동은 주거 형식권으로 제시된 30~60km 정도의 범위에서 전개되었다"[83]고 추정하였다. 두 사람은 하나의 집단영역이 상당히 넓다고 생각하였다. 가니가 추정하는 면적을 원으로 바꾸어 보면 반경 10km에 약간 못 미친다. 아카자와 타케루가 추정하는 유적 territory는 반경 5km 이하이다. 어느 쪽이 타당한가라는 검토는 접어 두고 먼저 가니와 고구스리가 추정하는 영역의 성질을 살펴보자.

두 사람이 지적한 것은 한 집단의 주기적인 운동궤적이라고 할 수 있다. 이동 주기가 어느 정도인지 아직 확실치 않다. 그러나 끊임없이 이동한 것은 아니며 체류와 이동을 반복하고, 한 근거지(=취락)에 체류하던 기간이 더 길었다고 생각된다. 식료와 연료 조달처럼 매일은 아니라도 극히 짧은 주기로 반복하는 활동이 미치는 범위는 $300km^2$ 또는 30~60km가 아닌 취락을 중심으로 하는 꽤 좁은 범위에 해당할 것이다.

세키야마기의 주거형식에서 추정할 수 있는 직선거리 30~60km, 모로이소기의 국지분포형의 토기에서 추정할 수 있는 $300km^2$라는 '영역'은 한 장의 판 같은 것이 아니다. 토기·주거 형식을 단서로 하여 파악한 눈에 보이는 영역과 그곳에 내재되어 있는 눈에 보이지 않는 영역(하위영역)이 포개어져 있다. 아카자와가 유적 territory라고 명명하고 추정한 범위는 눈에 보이지 않는 영역이다. 한편 토기와 주거 형식에 나타나는 가시적 영역은 필자가 핵영역이라고 부르는 것과 같다. 단, 영역의 전체 모습을 이 두 요소만으로 설명할 수는 없다.

이제 입장을 바꾸어 집단의 거점이 되는 취락의 성격과 그 주민이 필요한 물자를 어떻게 조달하였는지 생각해 보자. 취락은 그곳을 거점으로 하는 인간의 다양한 활동의 결절점이다. 식료 획득을 비롯해 인간이 이용하는 자원의 흐름을 생각해 보면 부언설명할 필요도 없다. 그러나 인간이 이용하기 위해 취락에 들여오는 자원, 그 획득방법은 다양하다. 그 경우, 입회제든 세력권제든 인간과 토지와의 사이에 연결이 생긴다. 반복적으로 자원을 이용한 결과로 결속이 강해지면 특정 인간이 토지를 점유하는 관계가 성립한다. 이용빈도가 높고, 즉 손에 넣고 나서 소비할 때까지의 기간이 짧은 물자는 토지 점유와 깊이 관련된다. 식료·연료·의류의 원료를 확보하기 위해서는 토지 점유가 필요하다.

그러나 한 취락의 주민이 필요한 물자를 모두 스스로의 힘으로 획득하기에는 한계가 있다. 필요한 물자를 모두 조달할 수 있을 만큼의 토지도 점유할 수 없다. 소비(라기보다 폐기)까지의 기간이 긴 물자라면, 토지를 점유하지 않아도 입수할 수 있다. 석기와 장신구 등 요즘말로 내구소비재 원료가 그렇다고 볼 수 있다. 센다이만 연안에서는 석촉과 석시 등의 원료를 원거리에 있는 원산지에서 운반하였다. 흑요석 및 사누카이트가 원격지로 운반되었음은 말할 필요도 없다. 해산 조개팔찌가 내륙의 유적에서 출토되는 것도 드문 일이 아니다.

조몬인이 그들 거주지에서는 손에 넣을 수 없는 물자(=비현지성 물자)를 어떻게 입수하였는지 아직 확실하지 않다. 증여품이나 교역품이었을 수도 있고, 소비자가 원산지까지 직접 가서 손에 넣었을 수도 있다. 여하튼 소비자가 자원이 있는 토지를 점유하지 않았음은 확실하다. 비현지성 물자가 교역품이나 증여품으로 운반되었다면, 이는 토지와 인간의 관련이 아니라 인간과 인간의 연결을 반영한다. 소비자가 원산지로 직접 갔다고 해도 자원이 있는 토지를 점유하던 사람이 있다면 양해를 받아야만 물자를 입수할 수 있다. 이 경우도 비현지성 물자를 입수하는 전제가 인간과 인간의 연결이다. 분포가 치우쳐 있고 넓은 범위에 걸쳐 수요되는 물자가 있는 토지에는 입회제가 나타나 자원이용에 전혀 제한이 없었을 수도 있다. 이것이 성립된다면, 조몬인은 모든 물자를 토지와 인간의 관계를 매개로 하여 확보한 것이 된다. 그러나 이를 고고자료만으로 논증할 수는 없을 것 같다.

여기서 문제가 되는 것은 영역이라는 말의 정의이다. 개인이든 집단이든, 인간이 점유(또는 소유)하는 토지를 영역이라고 부를 수 있다. 이 경우 비현지성 물자의 산지는 소비자 입장에 있는 사람들의 영역에 포함되지 않는다. 그러나 영역이 인간이 필요로 하는 물자를 확보하는 것에 따라 움직인다면, 인간이 그 토지를 점유(소유)하였는지의 여부는 불변의 조건이 되지 않는다. 비현지성 물자의 소비자도 공급자의 입장에 있는 사람을 매개로 하여 자원이 분포하는 지역과 결부된다. 그 관계를 완전히 무시하는 것은 납득할 수 없다.

물론 인간과 토지가 실제로 결부되어 있는 범위(=좁은 의미의 영역)와 다른 인간을 매개로 하여 간접적으로 결부되어 있는 범위(=넓은 의미의 영역)를 구별해야 한다. 여기서 핵영역이라는 말을 다시 정의하여, 좁은 의미의 영역을 핵영역이라고 부르기로 하자. 어느 집단(또는 그 구성원)이 점유하는 토지, 즉 주기적으로 반복해서 이용하는 토지가 핵영역이다. 넓은 의미의 영역—다른 집단(또는 그 구성원)—을 매개로 하여 결부되어 있는 토지를 교섭권이라고 부르기로 하자.[84]

조몬인의 일상생활을 유지하는 기반이 핵영역이다. 그 범위는 시간에 따라 지역에 따라 차이가 있다. 조몬 전기의 남칸토의 핵영역이 300km² 전후라는 추측은 앞으로 더욱 검토할 만한 가치가 있는 제안이다. 조몬인의 생활은 핵영역 속에서만 완결되는 것이 아니다. 핵영역 바깥에는 교섭권이 존재한다. 이 두 요소가 한 쌍이 되는 것이 조몬인의 영역이다. 아카자와가 지적하는 유적 territory는 한정된 시간 폭 안의 핵영역의 단면이다. 실제로 기능을 발휘하는 핵영역의 범위는 아카자와의 추정과 큰 차이가 없을 것이다. 이를 추가하면 조몬인의 영역은 3종류의 요소로 성립된다.

영역을 면·선·점의 조합으로 설명할 수도 있다. 영역전체·교섭권·핵영역·유적 territory는 각각 규모가 다른 몇 개의 면이다. 그 속에는 몇 종류의 활동거점이 문자 그대로 점으로 산재한다. 장기간에 걸쳐 지속적으로 반복되는 몇 종류의 활동거점으로 이용되는 장소(=취락), 짧은 기간 동안 반복해서 한정된 종류의 활동거점이 되는 장소(=작업지)로 나눌 수 있다. 한 유적 territory 속의 취락을 1개소로 보는 것이 보통이고, 취락 주변에는 다른 목적을 달성하는 몇 종류의 작업지가 산재해 있다.

복수의 유적 territory 집합이 하나의 핵영역이 된다. 정확하게 말하면, 지금 살아 있는 유적 territory가 하나, 지금은 죽어 버린 또는 잠들어 있는 유적 territory가 몇 개 모여 하나의 핵영역이 될 수 있다. 따라서 하나의 핵영역 속에 중심이 되어 살아 있는 취락은 하나이지만, 취락 구성원의 대부분이 이주하고 난 뒤에 소수 구성원이 원래의 취락에 남아 있는 경우도 있을 것이다. 반대로 주력멤버보다 먼저 소수의 멤버가 다음 취락이 되는 장소로 이주하는 경우도 있을 것이다. 이처럼 형태상 소규모 취락이지만 내용은 작업지인 경우도 있다.

핵영역 밖에는 교섭권이 있다. 단, 교섭권이 항상 핵영역과 유적 territory 밖에만 있다고 단언할 수 없다. 교섭권은 유적 territory나 핵영역과 달리, 경관상 자연지와 구별할 수 없다. 그곳은 핵영역·유적 territory 또는 취락·작업지처럼 빈번하게 인간활동의 장이 되지 않는다. 몇 개의 집단이 극히 짧은 기간 동안 접촉·교섭할 때만 인간활동의 장이 된다.

선이 점과 점(취락-취락·작업지-취락·작업지-작업지), 점과 면(취락-핵영역·작업지-핵영역·취락-교섭권), 면과 면(유적영역-핵영역, 핵영역-핵영역, 핵영역-교섭권)을 연결한다. 경관상 통로, 내용상 사람·물건·정보의 흐름이 이 선을 만든다.

7. 유적군과 영역

유적군 분석도 조몬인의 영역 범위와 구조를 추정하는 유력한 단서이다. 유적군 분석을 바탕으로 한 연구를 소개하고 이 방법으로 밝힐 수 있는 것과 남겨진 문제점을 살펴보자.

유적군이라는 말이 활발하게 이용된 것은 1960년대부터이다. 1960년대에 시작된 대규모 개발과 더불어 유적 보존과 개발 문제에 대해 전국적으로 논의가 이루어졌다. 개발을 진행시키려는 쪽은 귀중한 유적이나 대표적인 유적만 보존하면 충분하다고 주장(=선택보존)하였다. 동일한 유적을 전부 조사할 필요가 없다는 의견도 적지 않았다. 반면 보존하고자 하는 쪽은 다음과 같은 주장을 펼친다. 한 지역 안의 유적은 각각 개성이 있고 서로 관련성을 가지고 있어 일부 유적만 남기면 그 관련성을 파악할 수 없게 된다. 일부 유적만 조사하고 다른 유적을 조사하지 않고 파괴하는 것은 두말할 필요도 없다. 이러한 논의 속에서 유적군이라는 말은 유적 보존을 주장하는 입장에서 활발하게 사용한 말이다.

유적군은 한 지역 내 유적의 집합, 즉 곳곳에 분포하는 유적을 단순히 한데 모은 것이 아니다. 유적A는 유적B에서 이주해 온 사람들이 살기 시작한 취락일지 모른다. 유적C·D·E·F는 취락G 주민의 사냥터일지도 모른다. 수전유적H는 취락I 주민이 만든 것일 것이다. 전방후원분J의 축조에 동원된 것은 취락K·L·M·N의 주민일 것이다.··· 한 지역의 유적 간에는 다양한 결속과 관계가 있다. 결속과 관계의 내용이 바로 분명해지진 않아도 몇 개 유적 간에 그러한 관계가 성립되었음에 틀림없다. 유적군이라는 것은 이 사실을 전제로 하여, 한 지역 안에서 서로 관계가 있는 유적의 무리(=복합체)를 가리킨다. 따라서 영역을 복원하는 수단으로 유적군을 분석하는 것은 매우 당연한 일이다.

지역의 내용은 경우에 따라 다양하게 바뀐다. 보통은 도도부현(都道府縣) 정도의 범위가 유적군의 가장 큰 단위일 것이다. 그러나 이 정도 범위로 파악한 유적군은 조몬인의 영역을 추정하는 목적에 거의 도움이 안 된다. 예를 들면 도호쿠역사자료관은 현 내 패총 분포를 조사하여 4개의 그룹으로 나누었다.[85] 이 그룹의 하나하나를 유적군으로 파악할 수도 있다. 그러나 그 결과에서 현재 미야기현에 해당하는 지역에 살고 있던 조몬인의 영역을 단정 짓는 것은 무리이다. 영역 문제를 분석하는 재료로써 유적군을 다루는 경우에는 가장 좁은 지역을 대상으로 하는 것이 바람직하다. 그것도 넓은 평야의 일부보다는 산맥·바다·큰 하천으로 선을 그을 수 있는 곳이 적합하다. 주위가 바다로 둘러싸인 섬 등이 이상적이라 할 수 있다.

8. 유적군 분석의 실례

(1) 사토하마(里浜)패총군―한 지역 한 집단의 사례

미야기현 사토하마패총군은 섬 안에 있는 유적군이다. 마츠시마만의 동측 입구에 미야토지마(宮戸島)라고 불리는 섬이 있다(도 49). 사토하마패총군은 이 섬에 있다. 지금은 육지와 연결되어 있지만 원래는 육지와의 사이에 폭 2km 정도의 물길이 있었다. 섬의 동쪽과 남쪽의 외양에 면한 곳에도 유적이 분포한다. 그러나 규모가 큰 것은 섬 동쪽에 있는 무로하마(室浜)패총(전기초두·후기중엽)뿐으로 나머지는 모두 규모가 작고 연대도 고대까지 내려가는 것이 많다. 섬 북쪽의 대안인 지금의 JR센세키(仙石)선 노비루(野蒜)역 부근에도 매우 규모가 작은 패총이 산재해 있다. 이곳과 사토하마지구 사이의 단애(=파식애)에 있는 바위그늘에는 불 피운 흔적이 잇달아 남아 있다. 드물게

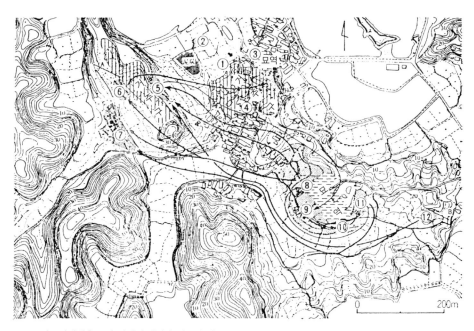

도 48 사토하마패총군 각 지점의 위치와 이동 순서(주 87 문헌에서)
①: 니시하타기타, ②: 니시하타, ③: 데라시타, ④: 사토하마, ⑤~⑦: 다이, ⑧·⑨: 소데쿠보, ⑩·⑪: 니시노키

표 19 사토하마패총군 각 지구의 시기

시기		소데쿠보	다이	나시노키	사토하마	니시하타	니시하타기타	데라시타
전기	전엽	○						
	중엽							
	후엽		○					
중기	전엽		○					
	중엽			○				
	후엽			○				
후기	전엽	○	○					
	중엽		○					
	후엽		○		○	○	○	○
만기	전엽		○		○			○
	중엽				○			○
	후엽				○	○	○	○
야요이	중기							○
	후기							○
고분								○

토기·동물뼈·패각편이 발견되기도 한다. 사토하마 주민이 극히 짧은 기간 동안 한정된 종류의 활동을 위해 이용한 장소도 있을 것이다.

사토하마패총군은 섬의 거의 중앙에서 동쪽으로 돌출된 곳에 있는데 북에서부터 니시하타키타(西畑北)(도 48-①)·니시하타(西畑)(도 48-②)·데라시타(寺下)(도 48-③)·사토하마(도 48-④)·다이(台)(도 48-⑤·⑦)·소데쿠보(袖窪)(도 48-⑧·⑨)·나시노키(梨ノ木)(도 48-⑩·⑪)의 7지구, 11지점으로 나뉜다.[86] 지점에 따라 시기 차가 있어 취락의 이동 양상을 쉽게 추정할 수 있다.

사토하마패총군의 시기를 정리해 보면 〈표 19〉와 같다. 소테쿠보 → 다이 → 나시노키 → 소테쿠보·다이 → 다이 → 사토하마·데라시타 → 니시하타 순으로 취락이 이동하였을 것이다.[87] 전기중엽을 제외하면 이 흐름에 단절상은 없다. 니시하타키타는 취락이 니시하타에 있었을 때의 제염 작업장이다. 다이와 사토하마·데라시타 그리고 니시하타에서는 시기가 중복되므로 2~3개소로 취락이 나뉘었을 가능성도 있다.[88] 그러나 인골은 중기중엽부터 후기전엽에 걸친 소테쿠보에서, 후기중엽부터 만기중엽에 걸쳐 사토하마·데라시타에서 집중적으로 출토된다. 묘역이 1개소로 고정되어 있었던 것 같으므로 취락이 몇 개로 나누어져 있었다고 해도 그 주민은 하나의 집단이라고 봐도 좋다.

이미 설명한 바와 같이 미야토지마 섬에 다른 집단이 살았던 흔적은 없다. 한 집단이 다른 지점으로 취락 장소를 옮긴 것이다. 신중을 기하기 위해 섬 밖의 양상을 확인해 보자. 간단하게 설명하기 위해 후·만기 유적만을 살펴보고자 한다(도 49).

마츠시마만 내에서 후·만기에 규모가 큰 유적은 사토하마패총군 외에 미야토지마 섬의 동쪽 대안에 있는 시치가하마(七ヶ浜)반도의 니가테패총, 만 안쪽에 있는 니시노하마(西ノ浜)패총을 포함하여 3개소이다. 그 외에 미야토지마 섬의 북동쪽에 있는 나루세가와 강의 하구에서 4km 떨어진 곳, 사토하마·데라시타에서 8.5km 정도 떨어진

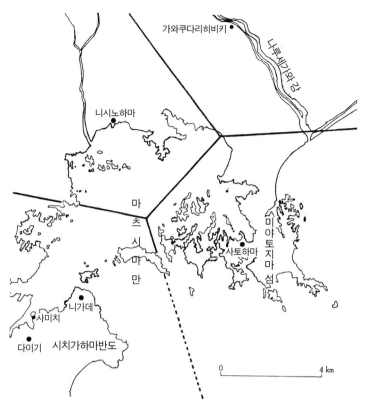

도 49 마츠시마만 안의 후·만기 유적과 내만의 영역 추정

곳에 가와쿠다리히비키(川下り響)패총이 있다. 그러나 지금은 겨우 장소만 알 수 있을 뿐 상세한 것은 전혀 알 수 없다. 따라서 논외로 한다.

　　마츠시마만의 후·만기 주민은 사토하마·니가데·니시노하마의 세 취락 가운데 어느 하나의 구성원이었다고 봐도 좋다. 즉 마츠시마만은 이 세 취락 주민의 영역이었다. 각각의 영역을 선으로 그을 수 있을까? 가령 세 취락의 인구밀도에 큰 차이가 없다고 가정해 보자. 인구가 같으므로 필요한 자원양도 거의 같을 것이다. 만 안의 자원분포에 큰 편차도 없다고 하자. 이러한 가정하에서

　　① 두 유적의 직선거리를 재고,

　　② 두 유적을 기점으로 그 거리를 반경으로 하는 원을 그린다.

　　③ 이 두 원의 교점을 연결하는 직선을 긋고,

　　④ 이 작업을 모든 유적 간의 거리를 이등분할 때까지 반복한다.

　　이 작업의 결과, 폐쇄된 다각형이 만들어지면 그 범위가 하나의 영역이 된다. 이

것이 티센 다각형(Thiessen Polygon)으로 지리학에서 지역분석의 첫 단계로 이용하는 방법이다.[89] 사토하마·니가데의 경우에는 영역이 외양(外洋)의 어디까지 미치는지 알 수 없어 닫혀진 다각형을 만들 수 없기 때문에 영역면적도 알 수 없다. 니시노하마의 수상(水上)영역은 닫혀진 다각형의 면적인 약 27km²가 된다.

이 면적은 매우 개략적인 계산에 지나지 않는다. 마츠시마만 내의 섬, 최근의 매립지 면적도 무시하는 등 몇 개의 가정도 너무 개략적이다. 그러나 시기별 취락의 규모와 마츠시마만 내의 자원분포 양상을 모르면 이 숫자를 근본적으로 수정하는 것은 무리이다. 다만 이러한 선을 그을 수 있다면 니시노하마의 주민은 참돔과 가다랑어 등 외양에서 채취한 자원을 거의 이용할 수 없게 된다. 도저히 이를 납득할 수 없는데 니시노하마에서도 참돔 뼈가 적지 않게 출토된다. 그러므로 이 수치는 해초, 조개, 내만성 물고기 등을 이용하는 경우의 영역의 한 기준으로만 생각해야 한다. 사토하마·니가데·니시노하마의 주민은 외양으로부터 들어오는 자원에는 입회제를 선택하였을 가능성이 높아진다. 그 범위는 니가데·사토하마에서 통나무배를 내어 조업하고 해가 떠 있는 동안 돌아올 수 있는 곳일 텐데[90] 지금은 숫자로 제시할 수 없다.

육상 영역은 어떠할까? 사토하마 니시하타지점의 보고서에서는 여기의 주민은 거의 모든 자원을 섬 안에서 조달하였다고 해석하였다.[91] 이 해석이 타당하다면 미야토지마 섬의 면적 7km² 후반대[92] 정도 있으면 육상 자원을 이용하는 데 부자유는 없었던 것이 된다.

오타이시 노리유키(大泰司紀之)에 의하면 대륙사슴의 적정한 규모, 즉 한 무리가 출산율이 높고 체격도 좋은 상태를 유지할 수 있는 밀도는 1km²당 10마리 전후이다.[93] 이 숫자를 기계적으로 적용하면, 미야토지마 섬에는 70마리 전후의 사슴이 서식할 수 있다. 섬 안의 모든 지역이 사슴이 서식하기에 좋은 환경은 아닐 것이므로 실제 수는 이보다 적은 50~60마리 정도였을 것이다. 1년에 10% 전후를 포획해도 무리의 품질이 유지될 수 있다면[94] 5~6마리를 포획할 수 있게 된다. 사슴의 자원량으로 판단하는 한, 미야토지마 섬 안에는 섬 주민의 필요를 충족시킬 만큼의 자원이 있었다고 봐도 좋다.

다만 그 규모는 제의를 위한 공동사냥 등을 섬 안에서 행한다면 바로 고갈될 정도이다. 제의 등 특별한 필요가 생길 것을 고려하면 섬 밖에 필요한 자원을 확보하기 위한 기지가 필요하게 된다. 앞서 언급한 가와쿠다리히비키패총은 이러한 성격의 유적이라고 볼 수 있다. 또한 니가데패총도 니시노하마 주민이 외양성 자원을 이용하기 위해 설치한 분촌 또는 전진기지가 정착한 것이라고 해석할 수 있다. 다만 현재 이러한 해석을 뒷받침하는 확실한 증거는 아무것도 없다.

사토하마패총군의 경우, 한 집단이 지속적으로 한 지역을 영역으로 삼았다고 추정된다. 센다이만에서 남산리쿠에 걸친 도호쿠지방의 태평양 연안에서는 한 지역 내에 동시에 공존하는 유적 수가 한정되었던 것 같다. 오후나도(大船渡)만과 히로타(広田)만 연안에서 후·만기의 거점취락이라 할 만한 유적은 히로타만 나카자와하마(中澤浜), 오후나도만 동안의 오보라, 서안의 시모후나도(下船渡), 만 안쪽의 하세도(長谷堂)의 4개소이다. 중기 이전에는 더욱 적다. 고이나이(古稲井)만 연안에서 후·만기에 공존했을 가능성이 있는 것은 누마즈·미나미자카이(南境)·오다미네(尾田峯)의 3개소,[95] 후기전엽 이전에는 누마즈·미나미자카이의 2개소이다.

이 분포밀도는 패총이 많은 도쿄만 연안 등에 비해 현저하게 낮다. 이 지역은 도쿄만 연안처럼 해안단구가 발달하지 않고, 침식을 받아 가는 능선이 계속되어 큰 규모의 취락이 형성될 만한 장소가 한정되어 있다. 따라서 이 지역 주민은 같은 장소에 장기간 살게 된다. 한 번 생긴 취락이 흔적도 없이 사라지는 경우는 거의 없었을 것이다. 이러한 취락 양상은 주민의 자원이용 방침, 영역의 구성과 규모를 좌우한다.

오후나도만 연안에는 후기중엽 이후부터 몇 개의 취락이 공존하게 된다. 중기전엽까지 하나의 대지를 덮을 정도로 큰 규모의 유적은 다코노우라(蛸ノ浦)패총 1개소뿐이다. 마츠시마만도 사정이 같아서 조기후엽 또는 전기전엽에서 중기후엽까지 단절되지 않고 지속되는 취락은 미야토지마 섬(소데쿠보 → 다이 → 나시노키)과 시치가하마반도[사미치(左道) → 다이기(大木)]에 각각 한 개소뿐이다(도 49). 오후나도만에서는 연안 전역이 하나의 집단영역이고, 마츠시마만에서는 동반부와 서반부에 각각 미야토지마 섬과 시치가하마반도를 본거지로 하는 집단이 분할되어 있었다. 이 영역이 삼분·사분되는 것은 후기중엽 이후로 그 사이 천년을 단위로 하는 시간이 경과한다.

이 지역들에서는 어류가 주민의 주된 식료자원의 하나였다.[96] 넓은 범위를 회유하는 것(청어, 정어리, 꽁치, 방어, 참다랑어, 가다랑어 등)은 물론, 계절 또는 성장 정도에 따라 내만과 외해 사이를 이동하는 것(농어, 돔, 전갱이, 볼락, 쥐노래미 등)[97]은 한 장소에서 어로를 계속해도 씨가 마를 위험이 적다. 하나의 취락이 같은 장소에서 오랜 기간 동안 있을 수 있었던 것도 이 지역 주민이 이같이 이동성이 높은 자원을 이용하였기 때문이

기도 하다.

그러나 물고기라도 문절망둑과 숭어처럼 이동성이 낮은 것, 해초와 조개처럼 전혀 이동하지 않는 자원을 무제한으로 포획하면 씨가 말라 버린다. 포획하는 양과 기간을 제한하고, 포획할 수 있는 장소 중 몇몇은 포획을 중단하는 등의 조치가 필요하다. 연료와 식료 등으로 이용하는 식물에도 같은 배려가 필요하였음에 틀림없다.

마츠시마만과 오후나도만 등의 지역, 그 영역의 특징을 다음과 같이 요약할 수 있다.

① 영역범위에 변동이 일어나는 것은 수천 년에 한 번 정도로 범위는 매우 긴 기간 동안 안정적이다.

② 영역범위는 꽤 넓어 한 집단이 공동으로 이용하는 경향을 엿볼 수 있다.

③ 다만 자원의 종류에 따라서 한 영역을 분할하여 교대로 이용하였을 가능성이 높다.

이러한 특징을 가지는 영역을 '남산리쿠(南三陸)형'이라 부르도록 하자.

(2) 야츠가타케(八ヶ岳) 서남록―한 지역 복수집단의 경우

미야토지마 섬의 주민은 꽤 넓은 지역을 영역으로 이용하였음을 쉽게 추정할 수 있다. 그러나 일본열도 전체로 보면 이러한 지역은 오히려 예외이다. 특히 동일본처럼 유적 총수가 많은 곳에서는 한 집단의 영역을 추정하는 일이 쉽지 않다. 야츠가타케 서남록의 중기 유적군이 그러하다.

이 유적군에 대해서는 이미 몇몇 고찰이 발표된 바 있다.[98] 여기서는 데시가와라 아키라(勅使河原彰)가 발표한 분석결과를 소개하도록 하겠다.[99]

야츠가타케 서남록의 유적군은 표고 800~1,200m의 아고산대에 있다. 데시가와라가 제시한 분포도에 의하면 약 220km²의 범위에 186개소의 유적이 분포한다(도 51). 사방 400m 범위에 2개소의 유적이 있는 셈이다.

조기 유적은 매우 적고 일시적인 야영지뿐이다. 전기에는 환상취락도 나타나는데 입지가 표고 900m 전후의 능선 말단부에 한정되고, 아큐(阿久) 등의 일부 예를 제외하면 거의 취락이 토기 1형식 도중에 폐지된다. 후기후엽이 되면 유적 수도 많아지고 능선 말단부에 있던 취락이 산사면으로 넓게 분포하게 된다. 중기에 들어서 이 경향이 더욱 현저해져 규베에오네(九兵衛尾根)기에는 "일제히 취락 분포가 확대된다."[100]

이미 많은 사람이 지적하였듯이 중기 취락이 많아지는 것은 견과류를 중심으로

하는 식물성 식료를 이용하는 기술발달과 관련된다. 데시가와라는 아큐(전기)·오이시(大石, 중기전엽)·이자와오네(居澤尾根, 중기후엽)의 석기 조성을 조사하여 중기전엽을 경계로 타제석부가 증가한다고 지적하였다. 나아가서 다카후로(高風呂)유적에서는 전기말엽에 타제석부, 중기전엽에 요석(凹石)·마석이 많아지

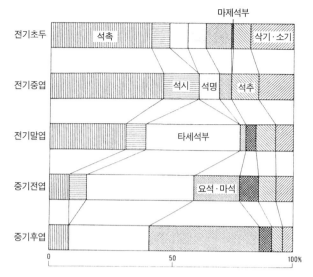

도 50 다카후로유적에서의 석기 조성 변천(주 99 문헌에서)

고 대신 석촉은 매우 적어진다고 한다(도 50). "식물채취 및 가공구의 발달(타제석부·마석·요석의 증가—필자)과 더불어 식용식물을 고도로 이용하는 생업형태"가 유적의 폭발적인 증가 원인이다.[101] 앞서 미나가와·아카자와의 콜라겐 분석을 통해 나가노현 기타무라(北村) 주민의 식품이 식물성 식료에 큰 비중을 두었다고 추정한 사실을 소개하였다.[102] 야츠가타케 서남록의 중기 석기조합 특징도 이와 모순되지 않는다. 이 지역에서도 식물성 식료의 비중이 컸을 것이다.

이러한 생업시스템은 한정된 종류에 대한 자원 비중이 너무 커져, 중기후엽에 기온이 하강하면 바로 유적 수가 급감하는 결과를 초래한다고 많은 연구자들이 지적한 바 있다. 한편 이러한 생업시스템은 영역 구성과 분할 방법에도 영향을 미쳤지 않을까?

데시가와라는 이 지역에서 한 능선 위에 동시기의 취락이 2km 전후의 거리를 두고 병존하는 경우가 많다고 지적하였다.[103] 이 경향은 야츠가타케 서남록 전역에 공통되는 것이 아니라, 다츠하가와(立場川) 강 남안과 고로쿠가와(甲六川) 강 북안 사이의 지역에서는 하나의 능선에 취락 하나로 제한되어 있었다. 데시가와라는 그 이유를 구배(勾配)가 급해 취락 조성에 적합한 토지가 좁기 때문이라고 설명하였다.[104] 이 구역은 전기처럼 능선 말단에 취락이 집중하는데[105] 야츠가타케 서남록의 취락 점유지의 오랜 전통이 남아 있다고 해석할 수 있다. 즉 데시가와라가 지적하는 2km 전후의 간격을 두고 병존하는 취락은 중기 이후에 나타나는 새로운 형태의 토지이용의 산물이

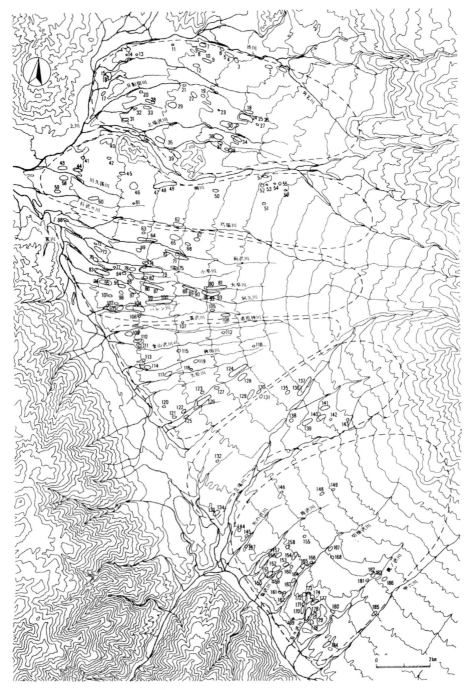

도 51 야츠가타케 서남록의 중기 집단영역(주 99 문헌에서)

라고 봐도 좋다.

데시가와라가 제시한 유적 지도와 리스트에서 유구의 존재가 확실한 유적(유적a), 유구가 없거나 존재를 확인할 수 없는 유적(유적b)을 집계해 보았다(표 20). 이 표의 I~III의 구분은 데시가와라 논문의 제6~10도의 상단~하단의 구획과 거의 같은데(I·II의 범위는 약간 넓다), III은 다츠하가와 강 남안에서 고로쿠가와 강 북안까지의 구역에 해당한다. 확실히 이 지역에서는 유적 수에 두드러진 움직임이 보이지 않는다.

다츠하가와 강 이남(구역III)에서는 유적a와 유적b의 수 변화에도 그다지 분명한 경향이 보이지 않는다. 그런데 다츠하가와 강 이북(구역I·II)에서 유적b는 유적a보다 증가율이

표 20 야츠가타케 서남록 주요지역의 유적 수 변화(주 99 문헌에서)
I: 시부카와 강 남안-유미하리가와(弓張川) 강 북안,
II: 유미하리가와 강 남안-미야가와(宮川) 강 수원,
III: 하치노사와(八ノ沢) 남안-고로쿠가와 강 북안
a: 유구 있음, b: 유구 없음/불명

유적 수 / 시기	I		II		III		I~III	
	a	b	a	b	a	b	a	b
규베에오네I	4	9	3	13	4	6	11	28
규베에오네II	5	8	4	11	3	6	17	25
무지나사와(狢澤)·아라미치(新道)	5	8	8	7	4	4	17	19
후지우치(藤內)I	6	14	8	12	4	7	18	33
후지우치II	6	13	5	14	3	6	14	33
이도지리I	4	12	5	11	4	3	13	26
이도지리II	3	13	4	11	4	1	15	25
이도지리III	4	11	6	7	4	2	14	20
소리I	6	22	6	18	4		16	40
소리II	8	24	12	19	7	3	27	46
소리III	9	26	5	24	4	9	18	59
소리IV	8	21	6	14	5	3	19	38
소리V	1	19	4	15	6	3	11	37
쇼묘지(稱名寺)	1	13	5	6	1	2	7	21
호리노우치	6	9	8	14		6	14	23
가소리B	1	1	1	2	2	1	4	4

높다. 이 경향는 구역I에서 더욱 현저하다. 소리(曾利)III기의 유적a 수는 규베에오네I기의 거의 두 배이다. 이에 비해 유적b는 거의 3배이다. 야츠가타케 서남록의 중기 유적의 '폭발적 증가'는 바로 유적b의 증가인 것이다.

유적a를 모두 요스케오네(与助尾根)와 도가리이시(尖石) 같은 거점취락이라고 할 수 없다. 그러나 수가 적다 하더라도 유구가 확인되므로 유적b에 비해 장기간 지속되었거나 밀도가 높은 유적이라고 할 수 있을 것이다. 유적b 중에도 조사해 보면, 유적a에 해당하는 것이 포함되어 있을 것이다. 그러나 데시가와라가 설명한 것처럼 유물은 출토되지만 유구가 확인되지 않는 유적도 있다. 구별방법이 애매하지만 유적b를 단기간만 이용하거나 밀도가 낮은 유적이라 해 두자.

유적b는 일 년 중 한정된 기간의 특정 활동을 위해 이용된 토지일 것이다. 그중에서도 생업과 관련되는 활동의 빈도가 높을 것이다. 데시가와라는 구역I의 히에다가시

라(稗田頭)b를 히에다가시라a에 거점을 둔 사람들의 생업활동의 장으로 추정하였다.[106] 그 거리는 수백m이다. 같은 구역에 있는 시부카와(渋川) 강 남안의 나카츠바라(中ツ原) 주변에 유적b가 몇 개 분포한다. 나카츠바라로부터의 거리는 1km를 넘지 않는다. 구역Ⅱ·Ⅲ에서도 두 종류의 유적이 같이 분포한다. 앞서 하나의 핵영역 속에는 주로 생리적인 분업을 바탕으로 하는 몇 종류의 아계가 있다고 추정하였다.[107] 야츠가타케 서남록의 유적a와 유적b의 관계는 그 예라고 할 수 있다.

이제 이 지역 주민이 식물성 식료 이용에 비중을 두었다는 사실을 상기해 주기 바란다. 여성이 큰 역할을 수행하게 된다. 유적a와 유적b가 1km를 넘지 않는 범위에 모여 있는 이유는 유적b가 여성의 식물식료 채집과 1차처리 장소였기 때문일 것이다. 거점이 되는 취락(유적a)이 하나의 능선 상에 2km 전후의 간격으로 병존하는 것도 같은 이유 때문일 것이다. 생활 거점이 이토록 가까운 위치에 있고, 게다가 주위에 자원이용 지점이 산재해 있다고 하면 자원이 소모되는 정도는 꽤 빨랐을 것이다. 생활 거점(=취락)을 이동하여 자원이 회복되기를 기다릴 필요가 생긴다. 이 지역의 취락은 꽤 빈번하게 이동하였을 것이다. 이러한 시스템을 유지할 수 없게 되면 결과적으로 유적 수가 급감하게 된다.

이 지역에는 중기 유적의 밀도가 매우 높다. 그러나 "조사가 어느 정도 이루어져 취락이 존재해도 좋을 법한 능선임에도 불구하고," "취락이 존재하지 않는 공백의 능선지대"가 장기간 유지된다. 이 공백은 개개 집단의 생활영역 가운데 '집단 전체를 포괄하는 영역'이 있었음을 말해 주고, '집단 전체를 포괄하는 영역'이 '집단영역'이라는 것이 데시가와라의 해석이다(도 51).[108]

야츠가타케 서남록의 '집단영역' 속에는 몇 개의 취락군이 동시에 병존한다. 앞서 설명한 영역의 구성을 적용시켜 보면[109] 하나의 핵영역이 몇 개의 유적 territory로 분할되어 있다. 지바현 닛타노에서도 마츠시마만과 오후나도만에서도 하나의 핵영역은 목적과 기능이 다른 작업 장소와 간격을 두고 이용하는 유적 territory를 포함한다. 그러나 그곳을 이용하는 집단은 하나이고, 핵영역은 분할되어 있지 않다. 반면 야츠가타케 서남록에서는 한 취락의 지속시기가 마츠시마만과 오후나도만에 비해 짧다. 아마도 취락은 빈번하게 이동하였을 것이다. 마츠시마만의 경우처럼 몇 개 집단이 공동으로 이용하는 영역이 확실히 존재했었다고는 단언할 수 없다. 이러한 영역의 구성을 '야츠가타케형'이라고 하자.

(3) 핵영역의 유형

남산리쿠과 야츠가타케의 두 유형은 정착성의 강약과 핵영역의 분할 유무 등에서 대조적이다. 남산리쿠에서는 어로와 수렵의 비중이 크고, 야츠가타케 서남록에서는 식물채집의 비중이 높다. 이 차이가 영역 구성에 반영되어 있다. 그러나 양자가 한정된 기간에 다량으로 수중에 들어오는 자원을 집중적으로 이용하는 생업시스템하에서 성립한다는 점에서 공통된다. 적은 종류, 다량의 자원이용 시스템이 두 영역 유형의 토대가 된다. 양자를 합하여 동일본형이라는 상위 유형으로 설정 가능하다.

이즈미 타쿠라(泉 拓良)가 분석한 교토분지의 영역은 이와 대조적으로 많은 종류, 소량의 자원이용 시스템하에서 성립된다.[110] 이곳에는 규모가 작은 유적만 드문드문 분포한다. 이를 서일본형이라고 해야 할 것이다. 시미즈 요시히로(淸水芳裕)는 태토 분석 결과를 바탕으로 비산세토(備讃瀬戸)의 주민 영역이 주코쿠(中國)산지의 산간부까지 퍼져 있었을 가능성이 있다고 지적하였다.[111] 미나가와·아카자와의 콜라겐분석 결과로 보아 히로시마현 요세쿠라(寄倉)동굴 주민은 대형어류 또는 해수도 이용하였다.[112] 이는 시미즈의 추정과 모순되지 않는다. 서일본에서는 한 집단이 연안과 내륙을 왕복하는 영역의 양상도 추정할 수 있다. 현재로서는 이 두 가지가 독립된 유형인지 어떤지 판단할 수 없다.

주

1 　立教大学考古学研究会,『新田野貝塚-千葉県夷隅大原町所在の縄文時代貝塚』(1975).

2 　赤沢 威,『採集狩猟民の考古学』, p. 48(モナド・ブックス20, 海鳴社, 1983).

3 　立教大学考古学研究会,『新田野貝塚』, p. 47.

4 　立教大学考古学研究会,『新田野貝塚』, p. 47.

5 　立教大学考古学研究会,『新田野貝塚』, p. 46.

6 　赤沢 威,『採集狩猟民の考古学』, p. 10.

7 　Barker, G. W. W., Prehistoric Territories and Economies in Central Italy. pp. 119-131. Higgs, E. S. ed., *Palaeoeconomy*. 111-175, Cambridge Univ. Press, 1975.
　　Bailey, G. S., Shell Middens as Indicators of Postglacial Economies: A Territorial Approach. pp. 42-45, Mellars (ed.), *The Early Postglacial Settlement of Northern Europe*. 37-63, Duckworth, 1978.

8 　赤沢 威,『採集狩猟民の考古学』, p. 64.

9 　赤沢 威,『採集狩猟民の考古学』, p. 65.

10 　立教大学考古学研究会,『新田野貝塚』, pp. 35-36.

11 　이 책 제5장 제4절 3. 식품의 선택(2), 4. 조몬농경, 5. 조몬인의 생업 성격 참조.

12 　立教大学考古学研究会,『新田野貝塚』, pp. 50-52.

13 　赤沢 威,『採集狩猟民の考古学』, pp. 72-73.

14 　泉 拓良,「日本の先原始集落-近畿地方の事例研究」, pp. 49-50, 54-55(藤岡謙二郎編,『講座考古地理学』5: 45-64, 学生社, 1985).

15 　泉 拓良,「日本の先原始集落-近畿地方の事例研究」, pp. 49-50, 54-55(藤岡謙二郎編,『講座考古地理学』5: 45-64, 学生社, 1985).

16 　赤沢 威,『採集狩猟民の考古学』, pp. 56-64.

17 　곤도 요시로(近藤義郎)가 제창한 '집단영역'과 같은 내용이다. 아카자와의 '유적 territory'는 어느 유적의 배후에 상정할 수 있는 territory라는 의미를 내포하고 있어 혼란을 야기할 염려가 있어 이용하지 않는다.

18 　이 책 제5장 제4절 3. 식품의 선택(2) 참조.

19 　小池裕子,「宮崎博論文『土地と縄文人』に関する先史生態学からの一コメント」(『貝塚』39: 10-11, 1987).

20 　E. R. ピアンカ, 伊藤嘉昭・久場洋之・中筋房夫・平野耕治譯,『進化生態学』, p. 167(蒼樹書房, 1978).
　　Clark, G. L., *Elements of Ecology*. pp. 350-357, Wiley, 1954.

21 　이토(伊藤) 등은 home range를 행동권이라고 번역하였다. 이 책에서는 행동이 미치는 범위라는 의미로 행동권이라는 용어를 사용하는 경우가 있으므로 일부러 입회라고 하였다. 다만 전통적인 입회지에서는 소유자인 공동체 성원 이외의 멤버가 이용하는 것을 인정하지 않기 때문에 엄밀하게 말하면 이 번역은 부정확하다.

22 　Gould, R. A., To Have and Have Not: The Ecology of Sharing Among Hunter-Gatherers. pp. 75-76, 88, *Resource Managers*. 69-91.

23 　Binford. L. R., Willow Smoke and Dogs' Tails: Hunter-Gatherer Settlement Systems and Archaeological Site Formation. *American Antiquity*. 45: 4-20, 1980.

24 　Dyson-Hudson, R., Smith, E. A., Human Territoriality: An Ecological Reassessment. pp. 25-31, *American Anthropologist*. 80: 21-41, 1978.

25 　Richardson, A., The Control of Productive Resources on the Northwest Coast of North America.

pp. 106-108, *Resource Managers*. 93-112.

26　다이슨-허드슨 등은 이 같은 예로써 모피교역이 북오지브와(Ojibwa)족의 '영역'에 영향을 미쳤던 것을
　　예로 들고 있다. Human Territoriality. pp. 32-33.

27　Dyson-Hudson, R., Smith, E. A., Human Territoriality. pp. 43-36.

28　飯村 武, 『丹沢山塊のシカ個体群と森林被害ならび防除に関する研究』, p. 28(大日本山林会, 1980).

29　沼田 真·岩瀬 徹, 『図説·日本の植生』, p. 138(朝倉書店, 1975).

30　泉 拓良, 「日本の先原始集落」, pp. 60-63.

31　이 책 제5장 제2절 2. 불규칙성의 원인, 3. 새와 길짐승 조성의 유형 참조.

32　이 책 제6장 1. 닛타노패총의 사례 참조.

33　小林達雄, 「縄文時代領域論」, p. 12(国学院大学文学部史学科編, 『坂本太郎博士頌壽記念 日本史学論集』
　　1-29, 吉川弘文舘, 1982).

34　예를 들면, 横山浩一, 「様式論」, p. 56(横山浩一·近藤義郎編, 『岩波講座 日本考古学』 1: 43-78, 岩波書店,
　　1985), 佐原 真, 「総論」, p. 9(金関 恕·佐原 真編, 『弥生文化の研究』 3: 5-10, 雄山閣出版, 1986).

35　Willey, G. R., Rhilips, P., *Method and Theory in American Archaeology*. p. 37, Univ. of Chicago
　　Press, Chicago and London, 1965.

36　小林達雄, 「縄文時代領域論」, pp. 21-22.

37　林 謙作, 「縄文期の集団領域」(『考古学研究』 20-4: 12-19, 1974).

38　小林達雄, 「縄文時代領域論」, pp. 4-5.

39　小林達雄, 「縄文時代領域論」, pp. 11-12.

40　小林達雄, 「縄文時代領域論」, pp. 25-26.

41　小林達雄, 「縄文時代領域論」, pp. 22-26.

42　小林達雄, 「総論」, p. 5(加藤晋平·小林達雄·藤本 強編, 『縄文文化の研究』 3: 3-15, 雄山閣出版, 1982).

43　법칙적·종합적 구별에 대해서는 논리철학의 입문서(예를 들어, H. ライヘンバッハ, 石本 新訳, 『記号論理
　　学の基礎』, pp. 29-35, 大修館書店, 1982)를 참조해 주기 바란다.

44　小林達雄, 「縄文時代領域論」, p. 25.

45　佐藤広史, 「型式の空間分布から観た土器型式」(『片倉信光氏追悼論文集』 4-22, 赤い本同人会, 1985).

46　한 개의 조제심발이 의례 용기인지 일상생활용 그릇인지는 상당히 특별한 조건이 갖추어져 있지 않는 한,
　　판단하기 어렵다. 여기에서는 대다수가 일상생활용 그릇일 것이라는 정도의 의미이다.

47　佐藤広史, 「型式の空間分布から観た土器型式」, p. 18.

48　草間俊一, 『水沢市の原始·古代遺跡』(水沢市教育委員会, 1969).

49　司東真雄·菊地啓治郎·沼山源喜治, 『北上市史』, 原始·古代(北上市, 1968).

50　草間俊一, 『水沢市の原始·古代遺跡』.

51　小林達雄, 「縄文時代領域論」, pp. 4-5.

52　小林達雄, 「縄文時代領域論」, pp. 21, 22.

53　이 책 제5장 제3절 2. 계절 추정 참조.

54　杉藤 隆編, 『中沢目貝塚』, pp. 101-102, 126, 129(東北大学考古学研究会, 1984).
　　杉藤 隆·富岡直人, 「縄文時代生業の論点と課題」, pp. 136-139(鈴木公雄編, 『争点 日本の歴史』 124-140,
　　新人物往来社, 1990).

55　酒詰仲男, 『日本縄文石器時代資料総説』, pp. 213, 226-228(土曜会, 1960).

56　이 책 제5장 제2절 3. 새와 길짐승 조성의 유형 참조.

57　小笠原好彦ほか, 「林報告に対するコメント」, p. 23(『考古学研究』 21-1: 15-23, 1974).

58　林 謙作, 「縄文期の集落と領域」, p. 117(横山浩一・佐原 真・戸沢充則編, 『日本考古学を学ぶ』3: 102-119, 有斐閣, 1979).

59　小林達雄, 「縄文時代領域論」, pp. 22-26.

60　杉藤 隆編, 『中沢目貝塚』, pp. 80, 199-218.

61　蟹沢聰史, 「田柄貝塚から出土した石器類の材質について」, p. 319(茂木好光編, 『田柄貝塚』2: 309-320, 宮城県教育委員会, 1986).

62　小林達雄, 「縄文時代領域論」.

63　草間俊一・金子浩昌編, 『貝鳥貝塚』, pp. 315-321(花泉町教育委員会, 1975).

64　岡村道雄・笠原信男, 『里浜貝塚 IV』, p. 61(宮城県教育委員会, 1984).

65　可児通宏, 「縄文人の生活領域を探る-土器による領域へのアプローチは可能か」(『研究論集』10(創立10周年記念論文集): 138-148, 東京都埋蔵文化財センター, 1991).

66　可児通宏, 「縄文人の生活領域を探る」, pp. 135-136, 141.

67　可児通宏, 「縄文人の生活領域を探る」.

68　小薬一夫, 「『住居型式論』からの視点-縄文時代前期の集団領域解明に向けて」(『研究論集』10: 171-189, 東京都埋蔵文化財センター, 1991).

69　小薬一夫, 「『住居型式論』からの視点」, pp. 175, 177-178.

70　小薬一夫, 「『住居型式論』からの視点」, pp. 178-179.

71　小薬一夫, 「『住居型式論』からの視点」.

72　小薬一夫, 「『住居型式論』からの視点」, p. 180.

73　新井幹夫・小出輝雄, 「打越遺跡」(『富士見市文化財報告』14, 26, 富士見市教育委員会, 1978, 1983).

74　小薬一夫, 「『住居型式論』からの視点」, p. 180.

75　小薬一夫, 「『住居型式論』からの視点」, pp. 181-182.

76　手塚 章, 「地域的観点と地域構造」, p. 132(中村和郎・手塚 章・石井英也, 『地理学講座』4-地域と景観: 107-184, 古今書院, 1991).

77　手塚 章, 「地域的観点と地域構造」, p. 142.

78　분류작업의 논리까지 언급하지 않으면 이 문제의 충분한 설명을 할 수 없다. 너무 길어지므로 여기서는 설명을 생략하고 결론만 서술한다.

79　可児通宏, 「縄文人の生活領域を探る」, pp. 134-153, 144, 145.

80　현재 조몬연구에서는 결절모델을 적용할 수 있을 법한 형태로 데이터가 제시되어 있는 경우가 거의 없다.

81　Hodder, Ian and Orton, Clive, *Spatial Analysis in Archaeology*. pp. 54-97, Cambridge Univ. Press, 1976.

　　Grant, Eric (ed.), *Central Places, Archaeology and History*. Sheffield University Press, 1986.

82　Hodder, Ian, A Regression Analysis of some Trade And Marketting Patterns. *World Archaeology*. 6: 172-189, 1974.

　　Renfrew, C., Dixon, J. E. and Cann, J. R., Further Analysis of Near Eastern Obisdians. *Proceedings of the Prehistoric Society*. 34: 319-331, 1968.

　　Ammerman, A. J., Matessi, C. and Cavalli-Sforza, L. L., Some New Approaches to the Study of the Obisdian Trade in the Mediterranian and adjacent Areas.

　　Hodder, Ian (ed.), *The Spatial Organization of Culture*. pp. 179-196, Duckworth, 1978.

83　小薬一夫, 「『住居型式論』からの視点」, p. 185.

84　결절모델을 기계적으로 맞추면 교섭권 안에서는 비현지성 물자의 원산지도 포함되게 된다. 그러나 그리되

면 어느 집단의 영역은 그 집단 고유의 영역과 다른 집단의 영역을 합쳐 버리는 결과가 되어 모순이 발생한다. 아마 두 개의 핵영역 사이의 무주지(無主地)가 교섭권이 될 것이다. 이 점은 좀 더 검토할 필요가 있다.

85 藤沼邦彦·小井川和夫·加藤道夫·山田晃弘·茂木好光, 『宮城県の貝塚』(『東北歴史資料館資料集』 25, 1989).

86 藤沼邦彦ほか, 『宮城県の貝塚』, pp. 130-136.
이하 미야기현 내 패총의 명칭과 시기는 이 책에 기재된 것을 따르도록 한다.

87 林 謙作, 「縄文時代」, pp. 96-97(林 謙作編, 『発掘が語る日本史』 1: 69-112, 新人物往来社, 1986).
한편 후기후엽~만기중엽까지는 사토하마·데라시타를 분리할 수 없다.

88 후기전엽에도 취락이 소데쿠보와 다이로 나누어질 가능성이 있다.

89 Hagett, P., Cliff, A. D., Frey, A., *Locational Analysis in Human Geography*. pp. 436-439, Arnold, 1970.

90 실제로는 연안에 근접한 무리를 적당한 입강으로 몰아 잡았을 것이므로 꽤 근해까지 나아갔을지도 모른다.

91 笠原信男·岡村道雄編, 『里浜貝塚 V』, pp. 74-75.

92 행정단위로서의 미야토지구의 총면적은 7.9km²이다. 암초와 작은 섬을 포함하며 섬 본체의 정확한 면적을 알 수 없다. 아이타 요시히로(會田容弘)의 지적이다.

93 大泰司紀之, 「シカ」, pp. 127-128(加藤晋平·小林達雄·藤本 強編, 『縄文文化の研究』 2: 122-135, 雄山閣出版, 1983).

94 大泰司紀之, 「シカ」.

95 林 謙作, 「亀ヶ岡と遠賀川」, pp. 106-107(戸沢充則ほか編, 『岩波講座 日本考古学』 5: 93-124, 1986).

96 이 책 제5장 제3절 2. 계절 추정 참조.

97 落合 明·田中 克, 『魚類学』 下(恒星社厚生閣, 1986).

98 水野正好, 「縄文時代集落研究への基礎的操作」(『古代文化』 21-3·4: 47-69, 1969), 桐原 健, 「八ヶ岳の縄文集落-高原の先史時代集落」(『えとのす』 8: 122-128, 1977), 長崎元広, 「補論 中部地方の縄文時代集落」(『考古学研究』 24-1: 27-31, 1977), 宮坂光昭, 「八ヶ岳山麓に見られる集落の移動と領域」(『國分直一博士古稀記念論文集-考古編』 117-160, 同論文集刊行会, 1980) 등.

99 勅使河原彰, 「縄文時代の社会構成(上)-八ヶ岳西南麓の縄文時代中期遺跡群の分析から」(『考古学雑誌』 78-1: 1-44, 1992).

100 勅使河原彰, 「縄文時代の社会構成(上)」, p. 8.

101 勅使河原彰, 「縄文時代の社会構成(上)」, p. 10.

102 이 책 5장 제4절 2. 식품의 선택(1) 참조.

103 勅使河原彰, 「縄文時代の社会構成(上)」, pp. 19-20, 27.

104 勅使河原彰, 「縄文時代の社会構成(上)」, pp. 27-28.

105 勅使河原彰, 「縄文時代の社会構成(上)」, 제6~10도 하단.

106 勅使河原彰, 「縄文時代の社会構成(上)」, p. 30.

107 이 책 제6장 6. 면·선·점 - 영역의 구성 참조.

108 勅使河原彰, 「縄文時代の社会構成(上)」, p. 36.

109 이 책 제6장 1. 닛타노패총의 사례 참조.

110 泉 拓良, 「日本の先原始集落」.

111 清水芳裕, 「縄文時代の集落領域について」(『考古学研究』 19-4: 90-102, 1973).

112 이 책 제5장 제4절 2. 식품의 선택(1) 참조.

역주

*1 하나즈미카소식은 간토지방을 중심으로 분포하는 전기전반의 우상승문계토기군의 한 형식이다.

*2 고료가다이식은 간토·주부·도카이지방을 중심으로 분포하는 중기초두의 토기형식이다.

*3 원서에서는 닫혀진 시스템(閉じた系)으로 표현되어 있는데, 의미를 원활하게 전달하기 위해 폐쇄계로 번역하였고, 폐쇄시스템이라고 해도 좋다.

*4 원서에 아카자와 타케루가 설정한 유적 territory의 범위가 여기서는 반경 10km, 본 장의 '6. 면·선·점 – 영역의 구성'에서는 반경 5km 이하라고 기술되어 있다. 엄격하게 말해 아카자와는 민족지에서 수렵채집민은 반경 약 10km, 농경민은 반경 약 5km를 영역으로 한다고 하였다. 나아가서 조몬시대 유적 territory를 분석한 결과 농경민과 같은 정도의 반경 5km라고 보았다.

*5 후쿠다K식은 후기초~후엽의 토기형식으로 1~3식으로 세분된다.

*6 기타시라카와조소식은 긴키지방을 중심으로 분포하는 후기 전엽~중엽 연대문토기의 한 형식으로, 간토의 호리노우치1식~가소리B1식의 영향으로 성립된다. 1~3식으로 세분된다.

*7 이치죠지K식은 긴키지방을 중심으로 분포하는 후기중엽의 토기형식이다.

*8 기타시라카와C식은 긴키지방을 중심으로 분포하는 중기말의 토기형식으로, 간토의 가소리E식 영향으로 성립된다.

*9 원서에는 나와바리(繩張り)라고 표현되어 있는데 의미상 세력이 미치는 범위를 뜻하므로 세력권(圈)으로 번역하였다.

*10 일정 지역의 주민이 일정한 산림·임야·어장 따위에 들어가서 목재, 땔나무, 마초, 거름풀, 물고기 등을 채취할 수 있는 이권을 공동으로 행사하는 일을 뜻한다.

*11 피의 일종이다.

*12 원서에는 후기중엽으로 되어 있다. 그러나 본문 내용으로 미루어 보면, 만기중엽이 옳다.

*13 원서에는 하나레(ハナレ)라고 되어 있는데 여기서 분리형 작살이라고 해 둔다.

*14 막대에 새끼줄을 감은 시문도구[洛條體]의 측면압흔문을 뜻한다.

*15 세키야마식은 간토지방을 중심으로 분포하는 전기전반의 우상승문계토기군의 한 형식이다.

제7장 조몬인의 〈교역〉

조몬인의 영역 안에는 일상의 생업활동 무대와 달리, 반드시 토지 점유를 전제로 하지 않는 '교섭권'이라는 카테고리도 포함된다.[1] 교섭권의 범위, 조몬인의 생활에서 교섭권이 가지는 의미에 대해 구체적으로 설명하도록 하겠다.

지금까지 비현지성 물자를 〈교역〉이라는 시점에서 다루는 경우가 많았다. 20세기 초 이즈오시마(伊豆大島) 섬에서 출토된 고우즈시마(神津島)산 흑요석에 대한 쓰보이 쇼고로(坪井正五郎)의 발언을 비롯해 도리이 류조(鳥居龍藏), 야와타 이치로(八幡一郎) 등 1940년대까지의 비현지성 물자에 대한 연구[2]는 거의 모두 〈교역론〉의 틀에서 다루어져 왔다고 해도 과언이 아니다.

1. 〈교역〉·물자·원산지

1960년대부터 1970년대에 걸쳐, 흑요석·사누카이트 등의 이화학적 분석이 보급되면서 그때까지와는 비교도 되지 않을 정도의 높은 정밀도로 원산지를 추정할 수 있게 되었다. 이제 가나야마(金山)산 사누카이트, 시라타키(白滝)산 흑요석이 어디까지 운반되는지, 한 유적에서 출토되는 흑요석·사누카이트의 원산지 리스트와 같은 데이터는 확실하게 축적되어 있다. 그러나 한발 나아가 한 유적에서 출토되는 사누카이트·흑요석 원산지마다의 비율을 조사하려면 바로 막혀 버린다. 이러한 의미에서 조몬시대 비현지성 물자를 둘러싼 논의는 1940년대와 비교해 본질적인 변화가 없다고 해도 과언이 아니다.

이화학적인 수법을 통한 원산지 추정이 무의미하다고 말하는 것이 아니다. 어중간하다는 것이다. 예를 들면 유적A에서 원산지B의 석재가 출토된다고 하자. 그 석재가 원산지에서 유적까지 어떻게 운반되었는지에 대해 상상밖에 할 수 없다는 것이 일본 학계의 현실이다.

산지와 소비지(=유적) 사이에 있는 몇 개 지점(=유적)에서 어떤 산지의 물자(하나든 복수든 상관없이)가 얼마나 출토되는지의 데이터를 해석하면 교역 방식을 복원할 수 있다. 만약 몇몇 유적에서 물자량이 산지로부터의 거리에 반비례하여 적어지고 분포 빈도의 곡선이 내려가기만 한다면, 취락에서 취락으로 릴레이식으로 운반된다고 판단할 수 있다. 만약 하향 곡선 중에 몇 개의 산이 확인되면 몇 개의 중계지점이 있고, 각각의 중계지점에서 그 주변 소비지로 분배되었다고 추정할 수 있다.[3] 영국에서는 신석기시대 마제석부의 원료 공급지를 전부 조사한 후에 이러한 논의가 이루어지고 있다.[4]

일본열도에서도 위와 같이 데이터를 분석하고 결론을 이끌어 낼 여지가 있다. 구석기시대·조몬시대 간토(關東)평야와 비산세토(備讚瀨戶)·주코쿠(中國)산지·북큐슈의 주민이 몇 개 산지의 석재를 이용하였음은 익히 알려져 있다.[5] 고고학 연구자가 이 수치를 해석하여 교역 방식을 복원한다는 발상을 가지고 자료분석을 의뢰하면 좋을 것이다. 즉 발상과 자금(지금의 긴급조사 경비에 비추어 보면 큰 것은 아니다)의 문제에 지나지 않는다.

왜 지금까지 교역의 구체적인 모습을 복원할 수 있는 데이터를 축적할 수 없었을까? 한마디로 말해, 지금까지 물자의 교환·유통 문제가 〈교역론〉의 입장에서만 다루어져 왔기 때문이다. 제6장에서 영역을 파악하는 모델로 등질·결절의 두 종류가 있다고 설명하였다. 그 가운데 등질모델은 한 지역 안에서 몇 종류의 물자 관계와 비율을 파악하는 데 결정적인 약점이 있다고 지적하였다.[6] 지금까지의 〈교역론〉은 등질모델을 바탕으로 한 특정 물자의 분포론에 지나지 않는다. 원산지A·B·C의 흑요석, P·Q·R의 사누카이트, U·V·W의 조개는 각각 독립된 분포권으로 묶여져 버려 분포권 속의 분포농담·다른 물자와의 관계에 눈감아 버리고 〈××문화권〉을 설정하고 오로지 그 '문화적 의의'를 둘러싼 내용만 개진한다. 〈교역론〉의 내용을 정리하면 이와 같다. 그리되면 교역의 구체적인 모습 등을 파악할 수 있다고 하는 편이 더 이상하지 않을까?

교역의 모습을 구체적으로 파악하려면 등질모델에서 결절모델로 전환할 필요가 있다. 그러나 결절모델에 필요한 수량 증거가 되는 데이터를 준비하려면 엄청난 시간과 경비가 필요하다. 그러면 그러한 데이터가 준비되기까지 우리는 무엇을 하면 좋을까? 여기서 비현지성 물자를 문제 삼는 이유가 여기에 있다.

손때 묻은 〈교역론〉은 일단 접어 두자. 원래 어느 비현지성 물자가 교역에 의해 어느 집단으로 운반되었는지, 증여의 결과로 운반되었는지조차도 확실하지 않기 때문이다. 하나하나의 유적에서 출토되는 물자를 현지성·비현지성으로 나누고, 각각이 유적에서 출토된 유물 중에서 어느 정도의 비율을 점하는지, 그 유적에서 어느 정도의 역할을 하였으며 어느 정도의 의미를 가지는지를 샅샅이 살펴보자. 이는 지금부터라도 다룰 수 있는 작업이다. 그 유적의 주민에게 비현지성 물자는 없어서 안 되는 것인지, 없으면 없는 대로 괜찮은 것인지부터 우선 재검토해야 한다. 원산지 탐색은 그 후의 문제이다.

이러한 작업은 석기 원료라는 한정된 범위이긴 하지만 이미 시작되었다. 아카보리 에이조(赤堀英三)의 석촉 원료 분석은 교역론과 다른 시점에서 접근한 것이고, 후지모리 에이이치(藤森栄一)·나카무라 타츠오(中村龍雄)의 나가노(長野)현 호시노토(星ノ塔)의 흑요석 채굴지 조사도 원산지와 공급지의 관계를 구체적으로 파악하려 한 것이다.[7] 1980년대에 들어서 간토평야의 조몬시대 석기 원료 분포에 대해 몇 개의 업적이 발표되었고, 그 후 도호쿠(東北)일본의 조몬 중기의 석기 원료에 대한 개관도 발표되었다.[8]

2. 가이토리(貝鳥)유적과 나카자와메(中澤目)유적의 비현지성 물자

조몬인이 이용하던 원격지산의 물자에는 어떤 것이 있고 어느 정도의 거리에서 운반된 것일까? 한 예로서 기타카미가와(北上川) 강 하류역에 있는 이와테(岩手)현 가이토리[9]와 미야기(宮城)현 나카자와메[10]의 비현지성 물자의 구성과 용도, 원산지와의 거리를 살펴보자(표 21). 같은 센다이(仙台)만 연안의 사토하마(里浜)와 다가라(田柄)의 데이터도 추가하였다. 그러나 표의 내용 자체에는 거의 변화가 없고, 번잡해질 뿐이므로 앞서 발표한 것[11]을 보완하여 이용한다.

본론으로 들어가기 전에 이 표를 만들 때의 의도를 설명해 두고자 한다.

먼저 현지성과 비현지성을 구별하는 기준을 분명하게 밝혀야 한다. 흑요석과 사누카이트 또는 후술하는 비취(경옥)처럼 원산지가 한정되어 있고, 게다가 이화학적인 분석결과가 축적되어 있는 경우에 가장 정확한 판단을 기대할 수 있다. 몇 개의 후보지 중에서 하나만 골라도 판단이 잘못될 가능성이 극히 낮다.

경질혈암과 아스팔트, 난류성 조개 등은 원산지 분석 데이터가 전혀 없다. 분석 수

표 21 가이토리유적과 나카자와메유적 출토 비현지성 물자(△가이토리, ▽나카자와메, ◇양쪽에서 출토)

원산지	게센누마만	마츠시마만	기타가미산지	오우우산지 동록	신죠분지	쇼나이평야	보소이남
거리 { 가이토리 ⇒ 나카자와메 ⇒	35km 50km	55km 30km	10~30km 45km	10~25km	70km	100km	350~550km
수렵구·어로구 등		가오리¹ △	규질점판암 △ 처트 △	흑요석 △	경질혈암 △		
주방용구 등 목공구	← 고래²,⁴ ◇ →		사암 △ 회록응회암◇ 섬록암 △ 반려암 △	화강암 △ 석영안산암 ◇ 분암 ◇			
접착제						아스팔트 ◇	
식료품	까막전복 △ 소라 △ 관절매물고둥 △ ← 바지락⁴ ◇ → 살조개 △ 왕우럭조개△ 홍합 ▽ ← 참치⁴ △ → ← 돛새치과⁴ △ → ← 청어아목⁴ △ → 바다거북이⁴ △	소금³ ▽ 말구슬우렁이△ 피뿔고둥 △ 참굴 ◇ 복어 △ 망둥어아목▽					
의기·주술적인 물건	← 범고래⁴ △ → ← 슴새⁴ △ → ← 신천옹⁴ △ → ← 바다가마우지⁴△ →		← 반달가슴곰⁴ △ → ← 독수리·매과⁴ △ → 일본산양⁴ △ 점판암 ◇				
장신구 등	← 흰삿갓조개⁴ △ → ← 상어목⁴ △ → ← 참돔⁴ △ →	백합 ◇ 대합 ◇ 사루보우 ◇ (Scapharca kagoshimen sis) 피조개 ◇ 토굴 ◇					투박조개 ◇ 쓰타노하가이 △ (삿갓조개과) 굴족류⁵ ◇ 이모가이 △ 자패 △

1: 꼬리가시(尾棘)를 작살로 이용, 2: 추체(椎體)를 공작대로 사용, 3: 제염토기 출토, 4: 어느 쪽인지 판단할 수 없는 것,
5: 가공 흔적 없음

법조차 세울 수 없는 실정이다. 아스팔트와 난류성 조개의 분포는 소위 상식적인 범위에서 알 수 있기 때문에 추측이 가능하다. 그러나 몇 개의 후보지 가운데 하나로 좁혔다 하더라도 그 판단이 잘못될 가능성이 꽤 높다는 점을 각오해 두어야 한다.

〈표 21〉에 제시된 물자 가운데 휘록응회암과 같은 경우에 판단의 신뢰도가 가장 낮다. 이 경우 암맥의 유무를 정확하게 알 수 있지만 단구역층과 하천변의 자갈을 이용하는 경우도 고려해야 하기 때문에 원료 공급지의 범위가 너무 넓어져 한 지점으로 좁히기 어려워진다. 가이토리·나카자와메에서는 마제석부 미완성품이 출토되지 않으므로 원료 근처에 있는 지역으로부터 제품을 공급받았을 가능성이 높다고 판단된다. 그러나 이 판단의 근거는 상식선을 벗어나지 못하고 미완성품 유무라는 소위 상황증거에 의존할 수밖에 없다는 점이 가장 큰 약점이다.

다음으로 〈표 21〉에 제시한 지역을 원산지로 판단하는 이유를 보충하고자 한다.

첫째, 까막전복·소라·왕우럭조개·홍합과 같은 암초성, 외양에 면한 모래 속에 서식하는 살조개 등의 산지는 마츠시마만보다는 게센누마(気仙沼)만 쪽일 가능성이 높다. 그러나 쓰타노하가이(Scutellastra flexuosa)[*1]제 팔찌는 사토하마에서 7점 출토되지만, 미야기현 다가라에서는 훨씬 넓은 면적을 조사하였음에도 불구하고 1점만 출토되었다.[12] 후술하는 참돔의 전액골(前額骨)을 가공한 장식품도 사토하마·가이토리에서 모두 공통적으로 출토되지만 다가라에서는 보이지 않는다. 가이토리와 사토하마 주민 간에 교섭이 이루어졌던 것은 확실할 것이다.

둘째, 가니사와 사토시(蟹沢聡史)의 이야기에 의하면 처트의 원산지는 기타카미(北上)산지 북부일 가능성이 높다. 가이토리에서 출토되는 처트의 원산지는 하야치네(早池峰)산 이북의 50~100km의 거리에 있다고 봐야 할 것이다.

셋째, 『北上川流域地質圖』[13]에 의하면 가이토리와 나카자와메에서 가장 가까운 휘록응회암·섬록암·반려암의 산지는 게센누마만 연안에서 와시카(牡鹿)반도 부근에 있다. 가이토리와 나카자와메의 주민이 직접 가거나 그 지역 주민으로부터 공급받지 않는 한 이용할 수 없다. 가이토리와 나카자와메에서는 마제석부 미완성품이 출토되지 않는다. 반제품 또는 제품의 형태로 이 지역들 주민으로부터 제공받았을 것이다.

넷째, 석영안산암, 분암(玢岩) 등 오우우(奥羽)산지에 분포하는 암석은 기타카미가와 강 우안에 분포하는 단구역층에 포함되어 있다고 가정하고, 가장 가까운 중위·저위단구까지의 거리를 재었다.[14]

다섯째, 나카자와메의 경질혈암을 신죠(新庄)분지산으로 추정하는 이유는 앞서 설명하였다.[15] 에아이가와(江合川) 강·오구니가와(小国川) 강의 강줄기를 이용한 루트를 추정할 수 있다.

여섯째, 아스팔트는 아비코 쇼지(安孫子昭二)의 지적에 따라 조카이잔(鳥海山)산 동남록의 유노다이(湯ノ台)를 원산지로 가정한다.[16]

일곱째, 투박조개는 구로시오(黑潮)의 영향이 미치는 해역에 분포한다. 투박조개제 팔찌의 원료는 홋카이도 남부·도호쿠 연안부에서도 공급되었을지 모른다는 견해도 있다.[17] 그러나 이누보자키(犬吹埼)부터 북쪽 해역으로는 구로시오가 외양쪽으로 방향을 바꾸기 때문에[18] 채취가 곤란하다. 게다가 구로시오 전선 속에 있는 난수괴가 끊임없이 위치를 바꾼다.[19] 이러한 환경에서 조개팔찌에 이용할 수 있을 만큼 성장한 개체를 안정적으로 공급했다고 보기 어렵다는 의견도 있다.[20] 아키타현 가시코도코로(柏子所)에서 출토된 투박조개제 팔찌는 1,153점을 넘는다고 한다.[21] 불안정한 환경에서 그만큼의 일정량을 공급할 수 있을 것 같지 않다. 난수괴가 분포하는 해역에서 공급되었다고 하더라도 구로시오 본류의 영향이 바로 미치는 보소(房總)반도보다 남쪽 지역이 태평양 연안에서의 주된 공급원임에 틀림없다.

여덟째, 하시구치 나오타케(橋口尙武)의 지적에 따라 조개팔찌에 이용할 수 있는 대형 쓰타노하가이의 산지는 이즈제도와 미야케지마(三宅島) 섬 이남의 해역이라고 본다.

3. 비현지성 물자의 구성

가이토리에서는 〈표 21〉에 제시한 것 외에도 해산 조개가 출토되지만 다른 지역과의 관련성을 고려하는 데 그다지 의미가 없어 생략하였다. 또한 여기에서는 연안부에 분포하는 분리형 작살(도 52-1·2)이 출토되고, 양측에 복수의 미늘이 달린 작살(도 52-3·4)도 내륙부보다 연안부에서 많이 출토된다. 미야기현 산노카코이(山王囲)와 이와테현 히가시우라(東裏)[22]의 조합식 작살, 이와테현 나카가미(中神)와 나카자와메, 미야기현 스리하기(摺萩)(도 53)의 제염토기[23]도 소위 제자리가 아닌 곳에 섞여 들어온 미아 같다. 이 미아들의 이력을 샅샅이 밝혀낼 수 있다면 재미있겠지만 현재는 어렵다. 다만 연안부에서 내륙부로 들어온 미아는 있어도 내륙에서 연안부로 들어온 미아는 없다는 점을 지적할 수 있다.

〈표 21〉에 제시한 물자의 용도를 보면 식료품과 도구, 집기 등의 실용품에서 의기, 주술적 물건, 장신구 등의 비실용품의 원료(제품)까지 조몬인 생활의 거의 전면에 걸쳐 있다. 물론 여기에서 식료품이라고 한 것, 예를 들어 나카자와메의 바지락과 문절망둑, 가이토리의 참다랑어 등은 양적으로 매우 한정되어 있어 메뉴를 풍성하게 하는 것 이상의 의미가 없을지 모른다. 그러나 지역 간에 다양한 물자, 그에 수반되는 정보와 사람의 교류에서 조몬인의 생활이 풍성하였음을 엿볼 수 있다.

이제 가이토리와 나카자와메에서 출토되는 비현지성 물자가 어느 정도의 거리로 운반되었는지 살펴보자. 분출암·관입암처럼 석부의 원료로 이용된 암석 또는 식료품과 같은 실용품 공급지는 비록 산지에서 바로 운반된다 하더라도 직선거리로 30~50km를 넘지 않는다. 혈암과 아스팔트 원산지까지의 거리는 이보다 커서 직선거리로 70~100km가 된다. 이보다 원거리에서 운반되는 것은 쓰타노하가이·투박조개 등 난류성 조개로, 원산지와의 거리가 350~550km나 된다. 이를 기준으로 직선거리 50km 이하의 거리와 지역을 근거리·인접지, 50~100km를 중거리·중격지(中隔地), 100km 이상을 원거리·원격지라고 부르도록 하자.

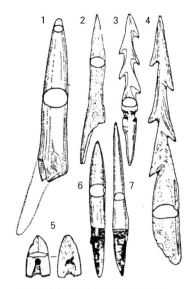

도 52 이와테현 가이토리 출토 어로구
1·2: 분리형 작살, 3·4: 조합식 작살, 5: 송곳니제 화살촉, 6·7: 단식 작살(주 9 문헌에서)

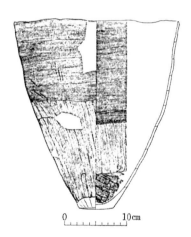

도 53 내륙부(미야기현 스리하기)에서 출토된 제염토기(주 23 문헌에서)

인접지에서 운반되는 물자는 종류가 많지만 양이 적다. 그 가운데 마제석부(또는 그 원료) 같은 생활필수품도 포함된다. 그러나 가이토리·나카자와메의 주민이 에아이가와 강과 기타카미가와 강의 수로를 이용하면, 와시카반도 주변에 분포하는 휘록응회암·섬록암·반려암을 그다지 어렵지 않게 조달할 수 있었을 것이다. 근거리에서 조달할 수 있는 물자가 식료품을 비롯해 주술적인 물건과 장식품을 포괄한 잡다한 구성이라는 점은 이 물자들이 소위 일상적이라고 해도 좋을 만큼, 빈번한 접촉의 결과로 소비지로 유입되었기 때문이 아닐까?

근거리에서 조달된 물자 중에는 가이토리에서 출토되는 참돔의 전액골, 바닷새의 지골(肢骨)처럼 장식품 또는 주술적 물건으로 이용되는 것도 있다.[24] 바닷새는 그렇다 치고 참돔 등은 식료로서 운반된 것의 일부가 주술물·장식품으로 전용된 것으로 생각해야 한다. 한편 바닷새의 뼈는 가공 도중에 폐기되었다. 조몬인이 근거리에서 조달하는 물자는 그 구성이 잡다할 뿐만 아니라 소비지에서 가공·전용이 상당히 빈번하게 이루어진다.

이와 대조적인 것이 원격지로부터 조달된 물자로 그 용도는 실용과 동떨어진 장식품·장신구로 한정된다. 투박조개는 그렇다 치더라도 굴족류(掘足類) 등을 식용으로 이용하였다고 생각하기 어렵다. 식료품으로 운반된 것을 장식품으로 전용한 것이 아니다. 이러한 사정을 가장 잘 보여 주는 것이 쓰타노하가이로 만든 팔찌이다. 센다이만 연안에서 출토되는 쓰타노하가이제 팔찌는 사토하마의 7예를 비롯해 다테(館), 후쿠사키(副崎) 등의 미보고 예를 포함하면 십수 점에 이르는데, 필자가 관찰한 바로는 모두 완성품뿐으로 미완성품은 한 예도 없다. 쓰타노하가이는 센다이만 연안보다 남쪽 지역에서 제품화되어 소비지로 들어왔을 것이다.

원격지산의 물자가 반제품·미완성품 상태로 소비지까지 운반되는 경우가 있다. 예를 들어 가시코도코로에서 출토된 1,100점이 넘는 조개팔찌가 그러하다. 그 가운데 바로 몸에 착용할 수 있는 것은 단 1점뿐이다. 따라서 원격지산의 물자가 모두 제품으로 소비지에 운반되었다고 단언할 수 없다. 그러나 가이토리의 참돔처럼 전용되는 일 없이 용도는 처음부터 결정되어 있다. 주술적인 물건·장신구·장식품처럼 실용과는 거리가 먼 분야, 이것이 원격지산 물자의 용도이며 경옥도 그러한 예이다.

가이토리와 나카자와메에서 출토되는 비현지성 물자에는 한편으로 실용성이 강하고 소비지에서 전용·가공되는 인접지산의 물자, 다른 한편으로는 실용과 동떨어진 목적으로만 이용되는 원격지산의 물자가 있다. 그리고 아스팔트와 혈암은 원산지와의 거리·용도 면에서 양자의 중간적 성질을 가진다. 이 물자들은 인접지산 물자와 마찬가지로 실용품—이라기보다 생활필수품이다. 그러나 원산지와의 거리는 인접지의 2배 또는 3배가 된다. 이 두 종류의 물자에 대해 좀 더 상세하게 설명할 필요가 있을 것이다.

4. 아스팔트와 혈암

(1) 아스팔트

아스팔트의 원산지는 이화학적인 수단으로 추정된 바 없다. 그러나 아스팔트 산지는 유전 주변에만 있고 유전은 동해 연안에 집중적으로 분포한다. 따라서 태평양 연안에서 출토되는 아스팔트의 원산지가 동해 연안임에 틀림없다(도 54).[25]

아비코 쇼지에 의하면 아스팔트와 관련된 유적은 147개소에 이른다. 새롭게 발견된 예를 추가하면 200개소 전후에 달할지도 모른다. 아키타현 오하타다이(大畑台)와 니가타(新潟)현 산부쇼(三佛生)[26]처럼 덩어리로 출토되는 곳은 극히 드물고, 석촉·석시·석부(마제·타제)·분리형 작살·작살·뿔(송곳니)제 화살촉(도 52-3 ·5~7)·낚싯바늘·토기·토우에 붙어 있는 경우가 압도적으로 많다.

아스팔트와 관련된 유물의 출토지는 아오모리(青森)현·이와테현·아키타현·야마가타(山形)현·미야기현·니가타현에 집중하는데, 같은 도호쿠지방이라도 후쿠시마(福島)에서는 현저하게 적어지고 니가타에 인접해 있는 도야마(富山)현·나가노현에도 거의 없다(도 54). 아오모리·이와테·미야기에서 출토되는 아스팔트의 원산지가 아키타·야마가타에 있음은 틀림없을 것이다. 아오모리·이와테·미야기의 대부분의 소비지는 아키타·야마가타의 원산지로부터 100~150km의 범위에 있다. 이 정도의 거리가 소비지와 원산지의 주민이 실제로 관계하는 한도인데, 후쿠시마에서 아스팔트의 출토 예가 적은 것은 소비자와 원산지의 거리가 그 한도를 넘어서기 때문이라고 설명할 수 있다.

도 54 아스팔트산지(왼쪽 위)와 소비지(주 26 安孫子 문헌에 가필)

다만 니가타산 아스팔트의 소비지는 대부분 원산지에서 50km 이내에 분포하고, 주부·호쿠리쿠 각지에서 아스팔트와 관련된 유적은 극히 적다. 교통 루트와 수단의 문제도 무시할 수 없다. 니가타평야에서 주부고지·호쿠리쿠로 가는 길목에는 장애가 많다. 아스팔트 이용이 보급되지 않았던 이유 중의 하나임에 틀림없다. 그러나 같은 니가타에 원산지를 둔 경옥은 아스팔트보다 훨씬 넓은 범위에 운반되고 이용된다. 비현지성 물자가 어느 정도의 범위에서 얼마나 소비되었는지를 밝히기 위해서는 원산지와 소비지의 거리뿐만 아니라, 수요와 물자 자체의 성질도 고려해야 한다.

그런데 아스팔트 이용은 경옥 이용의 개시·보급과 거의 궤를 같이 한다. 아스팔트가 아오모리~야마가타의 동해 연안에서 이용되기 시작하는 것은 전기후엽~중기전엽이다. 중기후엽에는 무츠(陸奧)만 연안과 미야기·이와테로 확대된다. 히메카와(姬川)강유역에서 경옥제 큰 구슬이 제작되기 시작해 주변으로 보급되는 것이 이즈음이다. 이와테·미야기로 아스팔트가 전해져 생활에 없어서는 안 되는 것이 되는 때는 후기중엽 이후인데, 이것도 경옥제 소옥·구옥(臼玉)·구옥(勾玉)이 보급되는 시기와 일치한다.[27]

아스팔트 이용과 경옥제품의 착용이 실제로 관련 있는 것은 아니다. 하나는 주로 수렵과 어로 등에 이용하는 실용적인 소비물자이다. 또 하나는 의례와 제의 시에 몸에 착용하는 장식품으로 내구소비재이다. 경옥제 큰 구슬의 분포가 중기중엽에 아오모리까지 확대되지만[28] 니가타에서 후기전엽 이전에는 아스팔트 이용이 확인되지 않는다고 한다.[29] 비현지성 물자의 유통 뒤에는 지역사회의 교류·접촉이 있고, 그것이 물자 이동으로 나타난다. 중기중엽이라는 시기에 지역사회의 관계에 큰 변화가 일어났다고 생각할 수 있다.

(2) 혈암

센다이만 연안의 유적에서 출토되는 혈암[30]은 모두 신죠분지에 원산지가 있다[31]는 가정하에 이야기를 진행한다. 필자가 이 가정이 타당하다고 믿는 것은 아니다. 기타카미가와 강유역에도 혈암 자갈이 분포하고 이 지역의 조기후엽~전기전엽의 토기 태토에는 혈암질 사력(砂礫)이 많이 혼입된다. 그러나 모든 혈암이 석기 원료로 이용될 수 있는 것은 아니다. 한정된 수의 연구자만이 어느 지역의 어느 지점에 석기 원료로 이용할 수 있는 혈암이 있는지 계속 찾고 있는 실정이다. 신죠분지를 원산지로 했을 때 설

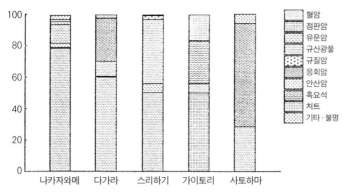

도 55 센다이만 연안의 후·만기 유적의 박편석기 원료의 비율

명할 수 없는 문제가 발생하는지에 대해 가정을 바탕으로 작업을 진행하는 것도 하나의 방법이지 않을까?

가이토리·나카자와메·다가라[32]·스리하기(제1포함층)·사토하마[33]의 박편석기[34] 원료를 비교해 보자. 이러한 비교에 문제점도 있다. 즉 회수(=조사) 방법에 따라 자료 성질에 나타나는 변형을 고려하면,

    ① 수세선별을 실시한 자료(나카자와메·다가라·사토하마)와 하지 않은 자료(가이토리·스리하기)

    ② 넓은 범위를 대상으로 조사한 자료(가이토리·다가라·스리하기)와 좁은 범위를 대상으로 조사한 자료(나카자와메·사토하마)

를 비교해 봐야 의미가 없다는 의견도 있을 것이다. 여기서는 유물 수를 바탕으로 원료 비율을 산정하는데 이것이 반드시 이상적이라고 생각하지 않는다. 이러한 문제점을 인지하고, 일단 비교한 뒤, 어떠한 문제가 발생하는지 살펴보자.

이 유적들의 주민은 두 종류 이상의 석재를 이용한다. 가장 이용률이 높은 것을 주재료[主材], 다음으로 이용률이 높은 것을 부재료[副材]라고 하자. 주재료와 부재료의 비율이 거의 일정한데, 주재료를 1로 하였을 때 부재료는 1/2 정도가 된다고 해석할 수 있다. 가이토리·다가라·사토하마의 주재료와 부재료의 비율에 거의 차이가 없어 주재료가 65~50%, 부재료가 28~27%이다(표 22). 스리하기에서는 주재료와 부재료의 비율 차가 10%에 지나지 않고, 나카자와메에서는 부재료와 주재료의 차가 60%를 넘는다. 그러나 주재료와 부재료의 비율을 평균하면 64.12%와 26.4%로 다른 유적의 주재료 및 부재료의 비율과 매우 근사한 수치가 된다. 이 두 유적의 데이터는 부재

표 22 센다이만 연안의 후·만기 유적의 박편석기 원료

원료 \ 유적	스리하기		나카자와메		다가라		가이토리		사토하마	
혈암[1]	996	50.1	111	78.2	1,277	60.1				
점판암[2]			1	0.7			172	50.0		
유문암	116	5.8	4	2.8	16	0.8				
규산광물[3]	810	40.8	17	12.0	203	9.6	21	6.1	376	28.4
규질암	51	2.6								
응회암[4]	6	0.3			578	27.2			870	65.7
안산암	2	0.1			3	0.1				
흑요석	7	0.4	3	2.1	48	2.3	94	27.3		
처트			2	1.4			57	16.6		
기타·불명			4	2.8					79	6.0
계	1,988	100.1	142	100.0	2,125	100.1	344	100.0	1,325	100.1

1: 흑색혈암·규질혈암·응회질혈암 등을 포함, 2: 규질점판암·사질점판암을 포함, 3: 벽옥·옥수(玉髓)·철석영·단백석(蛋白石)·재스퍼·규화목·옥수화한 혈암과 응회암을 포함, 4: 규질응회암, 규화응회암 등을 포함

표 23 주재료·부재료 비율의 적합도 검증결과

적합도 \ 유적	관측치		기대치		λ²치
	주재료	부재료	주재료	부재료	
가이토리	50.0	27.3	51.5	25.8	0.1373
다가라	60.1	27.2	58.2	29.1	0.1855
사토하마	65.7	28.4	62.7	31.4	0.4200
스리하기·나카자와메	62.2	26.4	59.0	29.5	0.4927

료 비율의 고저 양극을 보여 주는 것이 아닐까?

주재료와 부재료의 비율이 0.6667∶0.3333이라는 가설을 세우고, 카이자승 분포의 적합도를 검정하였다. 모두 자유도 1, 유의 수준 95%의 λ^2치 (0.3842)를 밑도는 결과가 되어 가설이 어느 정도 타당하다고 볼 수 있다(표 23). 바꾸어 말해 가이토리·다가라·사토하마, 스리하기와 나타자와메를 평균한 주재료와 부재료의 비율은 모두 2∶1범위에 포함된다.

조몬인은 혈암·응회암류·규산광물을 구별하지 않았음에 분명하다. 그렇다면 여기서 문제 삼는 주재료와 부재료의 비율은 말과 숫자 놀음에 지나지 않을지도 모른다. '주재료·부재료'의 내용을 석재 종류가 아니라, '주요한 산지·부차적인 산지로부터 공급된 것'으로 치환해 보자. 공급받는 쪽에서는 한 산지에서 공급되는 석재를 한 종류로 봤다고 생각해도 문제없을 것이다. 바꾸어 말하면 가이토리·다가라·사토하마의 주민은 갑·을 두 석재 산지를 이용하였다는 것이 된다.

이제 부재료 내용에 눈을 돌려 보자. 다가라에서는 규질응회암, 규화응회암 등이

부재료가 되는데 모두 현지성 석재이다.[35] 가이토리에서 부재료가 되는 흑요석도 하나 이즈미마치(花泉町) 내와 직선거리로 35km 정도 북쪽에 있는 마에사와쵸(前澤町) 오리이(折居)에도 산지가 있다.[36] 스리하기에서는 규산광물이 부재료가 되는데 특히 옥수(玉髓)가 압도적으로 많고, 유적 맞은편에 있는 노두를 이용한 것으로 추정된다.[37] 그렇다면 가이토리·다가라·스리하기의 주재료와 부재료는 비현지성과 현지성(또는 인접지산)이라는 구별이 있게 된다. 사토하마의 경우는 모두 현지성이라고 해도 주재료와 부재료 두 종류의 공급원을 확보하였음에 변함없다. 현시점에서 센다이만 연안의 후·만기 주민은 주재료·부재료 두 종류의 석기 원료 공급원을 확보하였다는 가설을 제기하고자 한다. 만약 이 가설이 뒷받침되면, 조몬인의 교섭권 구조를 이해하는 데 한발 가까워질 것이다.

5. 석기의 원료—종류[種別]와 분업

제6장에서 센다이만 연안의 후·만기 주민이 이용한 박편석기의 원료로 비현지성 주재료와 현지성 부재료를 선택하였다고 지적하였다. 여기에서는 다른 종류의 석기일 경우, 현지성과 비현지성 원료를 어떻게 구별하여 사용했는지 검토해 보자.

앞에서 조몬인이 석기 기능에 따라 원료를 구별하여 사용하였다고 하였다.[38] 아라이 시게조(新井重三),[39] 시바타 토오루(柴田 徹),[40] 야마모토 카오루(山本 薫)[41] 등도 같은 취지의 지적을 한 바 있다.

아라이는 안산암·유문암과 같은 화산암이 석명(石皿)·요석(凹石)·마석 제작에 이용되고, 점판암은 석촉·마제석부·타제석부 제작에 이용된다고 지적하고, 전자의 경우 열에 강하고 표면이 적당하게 거친 점, 후자의 경우 규질, 변질, 녹색 등 매우 경도가 높고 강인한 점을 그 이유로 삼았다.[42] 이것은 시바타와 야마모토의 지적과 공통된다. 그러나 안타깝게도 석기 종류에 생산용·생활용이라는 무의미한 구별을 채용하였기 때문에 석재를 구별하여 사용한다는 경향이 확실하게 부각되지 못하는 결과가 되었다.

시바타는 먼저 고와시미즈(子和清水)·게스(下水)·가소리(加曾利)·다마(多摩)뉴타운 No.3의 네 유적에서 출토된 타제석부·마제석부·마석·고석(叩石)·요석·석명의 원료를 검토하여 타제석부 원료에는 사암과 혼펠스 또는 혈암을, 마제석부에는 휘록암 등의 초염기성암을, 마석·고석·요석·석명에는 사암·안산암·현무암을 이용한다고 지적하고, 조몬인이 경도·치밀함·균질함·끈질김의 물리적인 성질(물성)을 파악하여 석재를 선택하였다고 지적하였다.[43] 계속해서 지바·사이타마·도쿄의 유적으로 대상을 넓혀 "각 기종에 사용되는 석재의 암석 종류는 지역마다 상당히 차이가 있지만 암석이 가진 물성에 눈을 돌렸을 때는 지역 간의 차이가 거의 없어져 공통성이 눈에 띄게 된다"[44]고 지적하였다. 예를 들어 마제석부의 재료가 되는 초염기성암·결정편암·반려암·섬록암은 튼튼하고 꽤 단단하며 균질하고 끈질김이 있다는 점이 공통되고, 석명과 마석에 이용되는 석영규암·안산암은 어느 정도 표면이 튼튼하고 균질하며 표면이 거슬거슬한 점이 공통된 특징이다.[45]

야마모토는 혼슈(本州) 동북부에 위치하는 조몬 중기의 32유적의 석기 기종별 석재조성, 중량과 두께에 따른 석재 이용(표 24~26)을 검토하여

① 야마모토가 제1유형이라 부르는 석촉, 석추, 첨두기 등 소형(중량 20g, 두께 1cm 미만)석기의 원료 종류는 매우 한정되어 흑요석과 혈암에 집중하지만 규산광물도 꽤 이용된다,

② 고석, 마석·요석, 석명 등의 대형(중량 400g, 두께 3cm 이상)석기(제2유형)의 원료도 종류가 한정되어 있다. 안산암·사암의 비율이 높고 제1유형과 같은 흑요석, 혈암, 규산광물 등의 석재를 이용하지 않는다,

③ 타제석부, 마제석부 등의 중형(두께 1cm 이상 3cm 미만)석기(제3유형)에는 사암·혈암·점판암·편암 등을 이용하고 앞의 두 종류의 석기보다 선택의 폭이 넓다

는 점을 밝혔다.[46]

야마모토는 소형석기의 소재(규질혈암·경질혈암·흑요석·규산광물)가 치밀·경질·유리질·균질하여 가장자리가 예리한 박편을 얻기 쉽다는 공통된 성질이 있고, 대형석기의 소재(사암·안산암·화강암)는 모두 가공하기 쉽고, 사암과 안산암 등은 표면이 거칠다는 공통된 특징이 있으며,[47] 사암·안산암은 혼슈 동북부에서 구할 수 있는 화산암·퇴적암 가운데 가장 넓은 범위에 분포한다[48]고 지적하였다.

아라이와 시바타, 그리고 야마모토의 의견을 다음과 같이 정리할 수 있다. 석촉을 비롯한 박편석기는 비현지성 석재가 주류를 이룬다. 한편 석명·마석을 비롯한 대형자갈을 소재로 하는 석기(=대형 礫石器)는 현지성 석재가 주류를 이룬다.

그런데 박편석기 중에는 석추와 석시(石匙)처럼 여성도 사용했을 가능성이 있는 기종도 포함되어 있지만 석촉과 석창[尖頭器] 등의 수렵용구의 주된 사용인은 남성임에 틀림없다. 한편 마석(요석)과 석명은 소위 맷돌의 상하석으로 식물성 식료 처리가 주된 용도일 것이다. 그렇다면 대형 역석기의 주된 사용인은 여성이라고 추측할 수 있다.

이러한 추측이 성립된다면 박편석기의 주된 석재가 비현지성이고, 대형 역석기의 석재가 현지성이라는 점은 특별한 의미가 있다. 여성이 육아와 일상적 가사노동을 담당하는 한, 그녀들은 취락을 벗어나는 일이 극히 드물고 거주지에서 당일로 왕복할 수 있는 범위 안에서 행동하였을 가능성이 높다. 그렇다면 비현지성 물자를 입수하는 것은 남성이 담당하는 일이 된다. 이러한 업무 분담(생리적 분업)은 논리적으로 가능할 뿐만 아니라 민족지 예에서는 항시 볼 수 있는 광경이다.

현지성과 비현지성이라는 구별, 그리고 그 물자들을 손에 넣는 데 남녀의 역할 분담이 있었다는 점을 고려하면 어떠한 석재를 어디서, 어떻게 입수하였는지에 대해서도 남녀 역할 차이를 엿볼 수 있지 않을까?

6. 석재 선택과 채취 그리고 유통의 범위

앞에서 센다이만 연안의 후·만기 유적에서는 박편석기(야마모토의 제1유형)의 원료로 비현지성의 비율이 매우 높다고 지적하였다.[49] 시바타의 조사결과에서도 흑요석과 처트의 석촉은 전체 8~9할을 점한다(도 56).[50] 적어도 지바·사이타마·도쿄의 유적에서 출토되는 석촉에는 비현지성 석재의 비율이 매우 높다고 해석해도 좋다. 야마모토가 혼슈 동북부의 중기자료를 조사한 결과에서도 박편석기의 석재는 혈암·흑요석이 압도적으로 많다는 점을 소개하였다(표 24~26). 이 결과들로 보면 혼슈 동북부에서는 박편석기 석재를 원격지에서 공급받는 지역이 꽤 많았음에 틀림없다. 따라서 박편석기 원료를 확보하는 것은 남성의 역할이었다고 추정할 수 있다.

그런데 대형 역석기에는 박편석기류와 대조적으로 현지성 석재가 주류를 이룬다. 또 마제석부와 타제석부는 이용하는 석재 성질이 비슷하지만 그렇다고 제품 또는 원료의 공급 및 유통 방법마저 같다고 볼 수는 없다. 이제 이 석기들—또는 그 석재의 공급·유통 범위를 다시 검토해 보자.

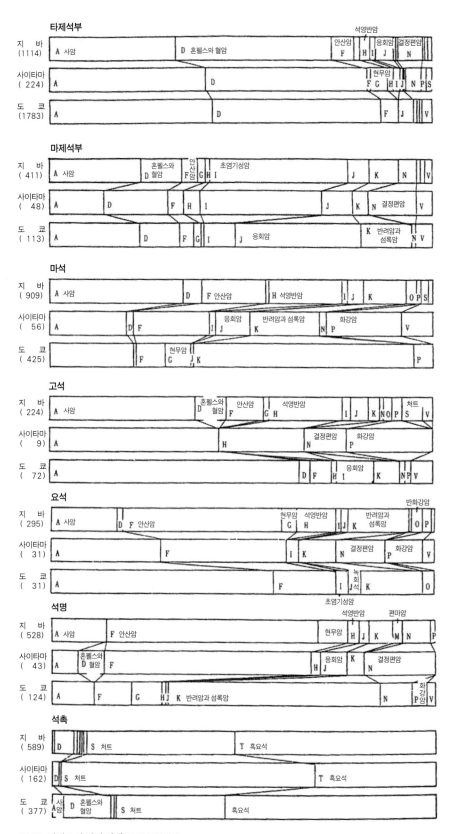

도 56 남간토의 석기 석재(주 41 문헌에서)

(1) 대형 역석기의 석재―생리적 분업

야마모토가 혼슈 동북부의 조몬 중기 자료를 검토한 바에 의하면 대형 역석기에 안산암·사암을 이용하는 경우가 매우 많다. 필자가 검토한 센다이만 연안의 후·만기 유적에서도 같은 경향을 지적할 수 있다. 미야기현 다가라도 그 한 예인데, 마석·요석 에는 사암·응회질사암(40% 후반대)과 안산암~분암(19% 후반대), 석명·지석에는 사 암·응회질사암·사질응회암(64% 전반대)과 안산암~분암(14% 전반대)이 대표적인 석 재이다.[51]

가니사와 사토시에 의하면 사암류는 고생대(페름기)~중생대(삼첩기·쥬라기)의 지 층, 안산암~분암은 중생대 백악기에 분출한 니이츠키(新月)층[가나에가우라(鼎ヶ浦)]을 기원으로 한다.[52] 다가라패총 앞에 흐르는 오카와(大川) 강의 수원은 이 지층들이 형성 된 산지에 있고, 같은 암질의 구릉지 사이를 흐른다. 따라서 오카와 강의 하상을 포함 하여 유적 주위의 플라이스토세, 홀로세 퇴적물은 이 암석들을 포함하고 있다(도 57). 즉 다가라에서는 대형 역석기의 석재 공급원이 근거리에 있어 적어도 여성이 석재를 채집하기에 곤란하지 않다. 다가라에서 남성이 박편석기의 원료를, 여성이 대형 역석 기의 원료를 확보한다는 역할분담이 이루어져 있었다고 추정할 수 있다.

혼슈 동북부에는 안산암이 널리 분포한다. 사암도 대형 역석기의 주요 원료인데 곳곳에 분포한다. 따라서 혼슈 동북부 각지에서는 여성들이 사용하는 마석, 요석 등의 원료를 손 닿는 곳에서 채집할 수 있었고, 다가라에서 추측한 것처럼 석기 원료를 확보

표 24 기종별 석재의 이용빈도(주 42 문헌의 표 4를 일부 수정)

기종 (자료수)	화강암	섬록암	반려암	휘록암	현무암	유문암	반암	안산암	각석암	흑요석	규산광물	역암	사암	니암	혈암	점판암	응회암	규질암	석회암	편암	편마암	혼펠스	사문암
석촉 (917)	-			-	+		+		●	○		-	+	○	+	+	+			-			
석추 (132)					+		+		●	+			+	●	+	+	+			+			
첨두기 (30)					+		○		+	-		+	+	●		+				+			
타제석부 (2554)	-	-		-	+		○			-	-	◎	+	○	○	+				○	-	+	-
마제석부 (463)	-	+	-	+	+	+	○	-				○	+	+	+		○		○		+	-	
고석 (396)	○			-	+	+	◎	-			+	○	+	+	+	+		○				+	
마석 (1912)	+	+		-	+	+	●	-	-		+	○	-	-		○				+		+	
석명 (364)	+	+	-		+	+	●				+	○				+				+	-		

표 25 중량별 석재의 이용빈도(주 42 문헌의 표 5를 일부 수정)

중량 (자료수)	화강암	섬록암	반려암	휘록암	현무암	유문암	반암	안산암	흑요석	규산광물	역암	사암	니암	혈암	점판암	응회암	규질암	석회암	편암	편마암	혼펠스	사문암
~ 10g(473)						+		+	●	○		-	+	◎	+	+	+		-			
10~ 20g(14)									+	○		+		●	+				+			
20~ 30g(23)												+	+	●	◎	+			○			
30~ 40g(37)					+				+			○	+	◎	○				◎		○	
40~ 50g(57)						+		+				○	+	◎	+				○		+	
50~ 60g(66)								+				○	+	+	◎				◎		+	
60~ 70g(102)	+			+	+			+				○	+	○	○	+			◎		+	+
70~ 80g(89)	+							+		+		◎	+	+	○	+		+	◎		+	
80~ 90g(78)				+	+			+				◎	+	○	○	+			●		+	
90~ 100g(77)	+							+				◎	+	+	○	+			◎		+	
100~ 200g(422)	-	-	-	+	-			○			-	◎	+	+	○	+	-		◎		+	-
200~ 300g(177)	+	+		-	+	+		●		-	+	○	+	+	+	+	+		○			+
300~ 400g(165)	+	+		+	+	+	-	●		+		○							+		+	
400~ 500g(177)	+	+		-	+	+	+	●		-		○	+	+	+	+			+			
500~ 600g(155)	+	+		-	+	+	-	●		-	+	○	-		+	+			+			
600~ 700g(127)	○				+			●			-	+	+		+				+			-
700~ 800g(86)	○	+			+		+	●			+	○			+	+			+			+
800~ 900g(59)	○	+						●			+	○			+				+			+
900~ 1000g(43)	◎	+			+	+		●				○			+				+			
1000~ 2000g(94)	○	+			+			●			+	○			+				+			
2000~ g(37)	+	+	+		+			●			+	◎			+				○			

표 26 두께별 석재의 이용빈도(주 42 문헌의 표 6을 일부 수정)

두께 (자료수)	화강암	섬록암	반려암	휘록암	현무암	유문암	반암	안산암	흑요석	규산광물	역암	사암	니암	혈암	점판암	응회암	규질암	석회암	편암	편마암	혼펠스	사문암
~0.5cm(321)				-		+		+	●	○		-	-	◎	+	-	+		-			
0.5~1.0cm(438)	-			-		+		+	◎	○		+	+	◎	+	+	+		+	-	-	
1.0~1.5cm(453)					+			+	+	+	-	○	+	+	◎	+			◎		+	-
1.5~2.0cm(538)	-		-	-				+			-	◎	+	+	◎	+			○		+	+
2.0~2.5cm(351)		-	-	+	-				+		-	●	+	+	◎	-			○		+	-
2.5~3.0cm(217)	-	-		-	+	-		○			+	+	+		+				+		+	
3.0~3.5cm(165)	+	+		-	+			◎			+	◎	+	+	+				+		+	
3.5~4.0cm(185)	+	+	+	+				●	-		+	◎	+	+	+	+	+		-			
4.0~4.5cm(184)	+	+	-	+	+	+		●		-		○	+		+	-	-		+			+
4.5~5.0cm(182)	+	+		-	+	+	-	●			+	○			-				+			-
5.5~ cm(515)	○	+	-		+	+	-	●		-	+	○			+				+			-

-: ~1%, +: 1~10%, ○: 10~20%, ◎: 20~30%, ●: 30%~

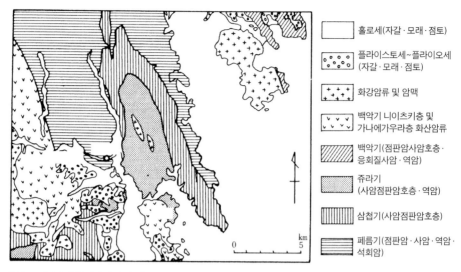

도 57 다가라패총 주변의 지질 개요(주 51 문헌에서)

☐	홀로세(자갈·모래·점토)
	플라이스토세~플라이오세 (자갈·모래·점토)
	화강암류 및 암맥
	백악기 니이츠키층 및 가나에가우라층 화산암류
	백악기(점판암사암호층· 응회질사암·역암)
	쥬라기 (사암점판암호층·역암)
	삼첩기(사암점판암호층)
	페름기(점판암·사암·역암· 석회암)

하는 데 남녀의 분업이 각지에서 성립되었을 가능성이 있다.

간토와 주부지방의 유적에서 다량으로 출토되는 타제석부도 이러한 관점에서 재검토할 필요가 있다. 타제석부 원료도 사암, 안산암 등 현지성 석재의 비율이 높다. 확실한 근거가 없는 상상에 지나지 않지만 타제석부가 비늘줄기[鱗莖], 뿌리줄기[根莖] 등 식물성 식료 채집에 이용되었을 가능성이 매우 높다. 이 점을 고려하면 여성이 원료를 채집하고 제작에도 관여했을지 모른다.

다만 혼슈 동북부의 전 지역에서 이러한 조건이 성립되었다고 할 수 없다. 지바현 가소리패총에서 출토되는 대형 역석기의 석재가 그 증거이다. 가소리패총에서 출토되는 대형 역석기의 석재는 안산암·경사암·사암·석영반암의 비율이 높고, 반화강암·석영섬록암·섬록암·유문암도 비교적 많다. 또한 석명에는 녹니편암제가 두드러진다.[53]

그중에서 지바현 내에 분포하는 원료는 사암뿐이고, 안산암·석영반암·석영섬록암·섬록암·유문암은 군마(群馬)·도치기(栃木)에 걸친 아시오(足尾)산괴, 경사암·녹니편암은 사이타마·도쿄·가나가와에 걸친 간토산지, 반화강암은 쓰쿠바산(筑波山)의 북사면이 원산지로 추정된다.[54] 아라이 시게조는 가소리패총의 주민이 사암을 가소리패총 남쪽에 흐르는 요로가와(養老川) 강유역에서 입수할 수 있었지만, 원산지가 아시오산괴와 간토산지에 있는 석재는 모토아라카와(本荒川) 강 또는 고토네가와(古利根川) 강 하구에 집적된 자갈을 이용하였을 것으로 보았다.[55]

그렇다면 가소리패총의 주민은 일상생활에 필요한 대형 역석기의 소재를 확보하기 위해, 적어도 20km나 떨어진 아라카와 강과 도네가와 강의 하구까지 진출하거나 그 지역 주민과 증여·교환하는 관계를 맺을 필요가 있다. 여성이 대형 역석기의 원료 가운데 사암 등을 조달하였다고 해도 다른 지역에 비하면 한정된 것이어서 박편석기만이 아니라 대형 역석기의 원료를 확보하는 데에도 남성의 역할이 컸음에 틀림없다. 이는 가소리패총만 아니라 조소(常總)대지의 취락에서도 공통된다.

마석, 석명 등 대형 역석기의 소재와 그 원산지를 간단하게 검토하였다. 그 결과 혼슈 동북부의 대부분 지역에서는 근처에서 입수할 가능성이 높다고 지적할 수 있다. 이 지역에서는 여성이 일상적 가사 중에 틈틈이 또는 가사의 한 부분으로 적당한 소재를 채집할 수 있었을 것이다. 그곳에서는 원정대를 파견하거나 증여·교역으로 확보해야 하는 비현지성 원료(=박편석기의 소재)를 남성이, 취락에서 일상생활을 보내면서 확보할 수 있는 현지성 원료(=대형 역석기의 소재)를 여성이 담당하는 분업이 성립되었을 가능성이 높다. 말할 필요도 없이 이러한 분업이 혼슈 동북부의 구석구석에까지 빠짐 없이 이루어졌던 것은 아니다. 가소리패총을 비롯한 조소대지와 같은 예는 다른 지역에서도 확인할 수 있을 것이다.

소비량으로 보면 비현지성보다는 현지성이 훨씬 많았음에 틀림없다. 따라서 일 년 중 한정된 기간에 교류의 기회가 있으면, 필요한 석기 소재를 모두 확보할 수 있었을 것이다. 단 가소리패총처럼 근처에서 확보할 수 있는 원료가 적고 원정·증여·교환의 수단을 이용해야만 필요한 석기 소재를 확보할 수 있는 지역도 있었다는 점을 무시할 수 없다. 이러한 지역에서는 교류가 빈번하게 이루어지거나 규모를 확대할 필요가 있었을 것이다.

(2) 마제석부의 석재와 유통―사회적 분업

마제석부의 석재도 박편석기처럼 비현지성 물자가 두드러진다. 예를 들어 아라이 시게조에 의하면 가소리패총 출토 마제석부 121점 가운데 지바현 내에 원산지가 있는 사암제는 12점뿐이고 휘록암(21점), 경사암(19점), 점판암(16점) 등 "지바현 밖에서 원산지 및 채취지를 찾을 수밖에 없는 석재가 많다."[56] 이 지적에 따르면 마제석부는 박편석기와 마찬가지로 비현지성 원료를 이용하고 원료의 확보·제품 이용에 남성이 관여했다고도 생각할 수 있다. 다만 양자 사이에는 무시할 수 없는 차이가 있다.

박편석기의 경우에는 석재가 소재 형태로 원산지에서 소비지로 운반되는 것 같다. 토갱(土坑)과 주거지 바닥에서 비현지성의 대형박편이 무더기로 출토되는 경우가 있다. 같은 모재에서 떨어진 것이 많다. 다가라패총에서는 박편과 부스러기가 다량으로 출토되지만 석핵은 1점에 지나지 않는다. 가사하라 노부오(笠原信男)·시게키 요시미츠(茂木好光)는 원산지에서 운반된 대형박편을 소재로 이용하였다고 추정하였다.[57] 중기 후엽에서 후기전엽에는 세키료산맥 서쪽의 모가미가와(最上川) 강 중류역의 몇몇 유적에서 규질혈암, 경질혈암의 종장박편과 더불어 그것을 떼어낸 석핵도 출토된다. 그러나 미야기현 내에서 종장박편은 있지만 석핵은 보이지 않는다. 사토 히로시(佐藤広史)·아카자와 야스아키(赤沢靖章)는 종장박편이 원산지에서 소비지로 공급된 석기소재라고 생각한다.[58]

이러한 예를 고려하면 센다이만 연안의 주민은 경질혈암과 규질혈암 등 비현지성 박편석기의 소재를 원산지에서 공급받았음이 거의 확실하다. 그러나 다가라·나카자와메·사토하마에서 박편과 부스러기가 다량으로 출토되는 점에서 알 수 있듯이 소재에서 제품으로의 가공은 소비지에서 이루어진다. 박편석기의 경우, 석재 원산지에서 소비지로 제품이 공급되는 일이 전무하지 않더라도 거의 없다고 해도 좋다.

그런데 미야기현 내에서는 마제석부의 미완성품·반제품이 극히 적다. 미야기현뿐만 아니라 일본열도 전체를 살펴봐도 마제석부의 미완성품·반제품이 출토되는 유적은 한정될 것이다. 적어도 완성품·파손품만 출토되는 유적이 미완성품·반제품이 출토되는 유적보다 많은 것은 확실하다.

도야마와 니가타 등에서는 마제석부의 미완성품·반제품이 출토되는 유적이 많다. 이 지역은 마제석부의 주 소재가 되는 사문암·경사암·안산암의 분포범위에 있다. 미야기현 내에서 소수의 미완성품·반제품은 시라이시(白石)분지에 집중한다. 이 지역에도 도호쿠·홋카이도에서 마제석부의 석재로 이용하는 녹색응회암이 분포한다. 다가라의 마제석부 중에도 제작 도중의 파손품이 있다.[59] 이곳에서는 마제석부에 현지성 원료를 이용하는데, 혈암 내지 점판암이 50%, 사질응회암이 31% 후반대를 점한다.[60]

다가라에서 출토된 마제석부는 121점이다. 센다이만 연안에서는 매우 많은 양이다. 그러나 이를 상회하는 양의 마제석부가 출토되는 곳도 있다. 도야마현 사카이(境) A유적이다. 여기에서 출토되는 마제석부는 완성품 157점, 파손품 874점, 미완성품 35,182점에 이른다. 석재는 압도적으로 사문암이 많아 93% 후반대를 점하고, 그 외에

사암·안산암·점판암이 약간 보인다. 모두 현지성 석재이다.[61]

마제석부의 반제품·미완성품이 출토되는 유적, 완성품·파손품만 출토되는 유적의 분포를 아직 정확하게 알 수 없다. 그러나 사문암·반려암·섬록암·경사암·점판암처럼 치밀하고 중량이 있는 암석은 분포지역이 한정되어 있다. 마제석부는 이러한 지역 가운데 한정된 장소에서 생산되어[62] 제품으로 유통되었다고 추측할 수 있지 않을까? 마제석부가 조몬시대 사회적 분업의 심벌이라고 보는 것은 너무 무모할까?

이 추측을 뒷받침하는 사실이 전혀 없는 것도 아니다. 호리캇부(堀株)1과 호리캇부2는 샤코탄(積丹)반도 남단에 있고 도마리(泊)원자력발전소 건설 시에 조사되었다. 시기는 후기전엽~중엽이다. 고우치 노부오(合地信生)는 마제석부 16점의 재질을 분석하였다.[63] 그 가운데 7점이 청색편암이라고 추정된다. 이것들은 색조가 검푸르고 석영이 그다지 함유되어 있지 않다. 또 나트륨각섬석과 더불어 옅은 녹색이고 암석의 기질이 되는 펌펠리아이트(pumpellyite)가 포함되어 있고 강한 변성작용을 받아 변성되지 않은 채 남아 있는 광물은 적고 대부분 방해석으로 변질되어 있다.

고우치는 이 특징들이 히다(飛驒)외연대(外緣帶) 변성암의 특징이고, 호리캇부의 청색편암제 석부 원산지는 후쿠이현 동남부 구즈류가와(九頭龍川) 강 상류에 있다고 추정하였다. 이에 앞서 와타나베 테루오(渡辺暉雄)도 샤코탄반도 동남부의 후곳페(フゴッペ)패총(전기중엽)의 마제석부 중에는 아사히가와(旭川)시 근교의 가무이코탄(神居古潭)변성대의 편암을 이용한 것이 있다고 지적한 바 있다.[64] 비현지성 원료를 이용한 마제석부가 꽤 넓은 범위에 유통되었음을 부정할 수 없다. 호리캇부와 후곳페에서 출토되는 박편 중에 히다외연대와 가무이코탄변성대 특유의 암석에서 유래하는 것이 있는지의 여부가 확실하지 않다. 이 점이 확인되면 지금 필자가 세운 가설이 더욱 현실화될 것이다.

석기 원료의 공급권(供給圈) 문제는 지금까지의 '교역론' 속에서도 다루어져 왔다. 그러나 주된 논의는 원산지의 위치에 집중되어 소비지에서의 상태는 거의 문제되지 않았다. 이 점에 주목해 보면 박편석기와 마제석부에 대해 지적한 것과 같은 문제도 떠오를 것이고, 그것에서 조몬시대의 사회적 분업을 실증적으로 검토할 수 있는 길도 열릴 것이다.

7. 사카이(境) A유적의 석기 제작과 유통

도야마현 사카이A유적에서는 마제석부만이 아니라 각종 석기와 경옥제품도 다량으로 출토된다. 계속해서 사카이A에서 출토된 석기를 소개하면서 조몬시대 석기 생산과 유통문제를 생각해 보자.

(1) 사카이A유적 출토 석기

사카이A유적에서 출토되는 석기는 "주부지방 조몬시대 중기 이후의 거점적인 취락유적에서 출토되는 거의 모든 석기를 망라한다"[65]고 해도 과언이 아니다. 여기서는 어물(御物)석기[*2]·석봉·석관(石冠)·경옥제품과 같은 석제품, 삼각형·원반형·설형의 용도가 불분명한 것 또는 출토량이 적은 석기는 다루지 않는다.

〈표 27〉에 제시한 것처럼 석촉을 비롯한 각종 석기는 현지에서 가공된다. 다만 타제석부와 스크레이퍼[66]의 경우에는 현지라고 해도 취락 안이 아니라 원료를 모은 장소 가까이에서 가공된 것으로 추측된다. 이것들은 옥석에서 떼어낸 박편을 소재로 하는데 풍화된 표면을 남기는 경우가 많기 때문에 한 개의 옥석에서 떼어낼 수 있는 박편은 1~2장으로 심(芯)부분은 잔해가 되어 그대로 버려진다. 그러나 석기 분석을 담당한

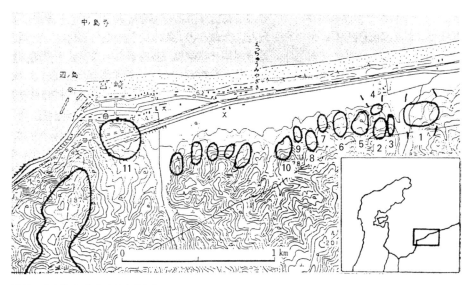

도 58 사카이A유적과 바바야마유적군(주 65 문헌에 가필 및 수정)
1: 사카이A, 2: 바바야마D, 3: 바바야마E, 4: 바바야마F, 5: 바바야마G, 6: 바바야마H, 7: 바바야마C, 8: 바바야마B, 9: 바바야마A, 10: 하마야마(浜山), 11: 가미노야마(上ノ山)

표 27 사카이A에서 출토된 석기의 주된 석재와 반출품·반입품의 유무(주 65 문헌에서)

종류 \ 석재	출토량	주요 석재 (비율)	미완성품	반출품	반입품
석촉	737	옥수(21.2), 처트(20.2), 흑요석(16.6), 규화응회암(8.6)	약간 적음		○
석시·석추	119	옥수(33.6), 철석영(14.3), 처트(11.8), 규화응회암(9.2)	?		
타제석부	428	사암(44.9), 사문암(15.9)	적음		
역기	231	사암(40.3), 니암(18.6), 사질니암(14.3)	약간 적음		
석명	22	사암(50.0), 안산암(31.8)	많음		
마석	39	안산암(46.2), 사암(35.9)	많음		
요석	953	안산암(41.1), 사암(27.5)	많음		
석추	339	안산암(48.4), 사암(25.1)	많음	?	
마제석부	36,188	사문암(＞ 91.1)	매우 많음	◎	?
지석	4,225	사암(99.9)	많음		
고석	4,550	경옥(47.6), 사문암(28.0)	많음		
대석	729	사암(59.0), 안산암(25.9)	많음		
스크레이퍼	636	사암(53.9), 니암(12.9)	많음		

◎: 매우 가능성이 높음, ○: 가능성이 높음, ?: 가능성이 있음

야마모토 마사토시(山本正敏)에 의하면 이렇게 버려진 몸돌 출토량이 많지 않다고 한다. 야마모토는 같은 현지성 생산이라도 원료를 취락 안으로 가지고 와서 가공하는 경우(모델A)와 취락 밖의 원료 집합장소 근처에서 마무리하거나 소재만 취락으로 가지고 와서 제품을 완성하는 경우(모델B)로 구별해야 한다고 하였다.[67]

이제 사카이A에서 출토되는 석기 가운데 반입품·반출품의 문제를 살펴보자. 〈표 27〉에 제시한 것과 같이 사카이A에는 다른 지역에서 들여온 또는 다른 지역으로 운반된 것으로 추정되는 석기가 많지 않다. 반입품이라고 생각되는 것이 포함되어 있는 기종은 석촉과 마제석부, 석제품을 포함해도 안산암제의 어물석기에 지나지 않는다. 타지역으로 반출되었을 가능성이 있는 기종은 실용품으로 석추(실을 거는 홈이 있는 것)와 마제석부, 비실용품으로 석봉·석도(검)·석관·어물석기(사암제), 그리고 경옥제품 등이 있다. 야마모토도 지적한 바와 같이[68] 반출품 중에는 제의용구와 장식품, 소유하는 인물의 특별한 역할과 입장을 나타내는 것(=위신재)이 돋보인다. 여기에 조몬시대 유통의 한 측면을 엿볼 수 있다.

한편 그만큼 다양한 종류의 석기가 많이 출토되므로 다른 취락과 지역으로 제품을 운반하였다고 하더라도 별로 이상할 것 없다. 오히려 제품이 타 지역에서 이곳으로 운반되었다고 하는 편이 더 이상하고 주목해야 할 내용이다. 다른 곳에서 사카이A로 들여온 석기—마제석부의 문제는 나중에 다시 다루고, 여기서는 석촉에 대해 소개하

고자 한다 .

사카이A에서는 석촉의 "출토 총수에 비해 미완성품의 양이 적다는 인상을 받는다." 특히 청회색 처트를 이용한 석촉은 "석핵과 박편이 약간 적고 미완성품은 거의 없"으며, 침상안산암·휘석안산암의 석핵은 거의 없고 박편도 적다.[69] 야마모토는 기후(岐阜)현 기타우라(北裏) 등 이 석재들을 이용한 석촉을 대량으로 생산하는 유적에서 완성품을 가지고 온 것으로 추측하였다.[70] 청회색 처트의 비율이 어느 정도 될지 알 수 없지만 침상안산암·휘석안산암제 석촉은 전체의 14.5%에 이르므로 20~30% 전후의 석촉이 완성품 형태로 원격지에서 들여온 것이 된다.[71] 이것이 사실이라면 원격지산의 석재를 박편형태로 입수하는 센다이만 연안[72]과 상당히 사정이 다르다.

(2) 사문암제 석부와 사암제 석부

사카이A는 이 지역 석기·석제품 생산의 중심지였다. 특히 여기에서 생산된 사문암제 마제석부, 그리고 경옥제품의 양은 막대하다. 마제석부는 완성품이 1,031점, 미완성품 35,157점(표 27)이고 그 외에 원석이 있다.[73] 경옥제품은 큰 구슬 9, 관옥 11, 환옥 281, 기타 옥류 118점이다. 원석을 포함한 소재는 집계가 완료된 것만으로 8,898점, 654kg에 달한다.[74]

당연히 이 막대한 양의 제품들은 그 지역 주민의 필요를 충족시켰을 뿐만 아니라, 타 지역으로도 운반되었을 것이다. 야마모토는 도야마 동부에서 생산된 사문암제 마제석부가 "호쿠리쿠지역에 꽤 농밀하게" 분포하고, 주부·간토지방 일원에도 "보편적으로" 분포하며, "양이 적을지 모르지만 긴키지방 이서와 도호쿠지방에도 널리 퍼졌을 가능성"이 있다고 지적하였다.[75] 본 장 '5. 석기의 원료'에서 소개한 호리캇부의 예를 고려하면 야마모토의 의견이 뒷받침되는 것은 시간문제이다.

확실히 조몬시대에 비현지성 원료·소재·제품이 100km를 단위로 하는 범위에 유통되는 것은 놀랍게도 틀림없다. 그러나 도야마현 내의 마제석부 분포에는 광범위한 유통만으로 다 설명할 수 없는 문제가 있다.

중기전엽에서 중엽에 걸쳐 사카이A와 그 대안에 있는 바바야마(馬場山)유적군이 있는 니가타현 경계 지역[이것을 구로베가와(黒部川) 강 하류-사카이가와(境川) 강유역이라고 부른다], 그보다 30km 정도 서쪽으로 떨어진 죠간지가와(常願寺川) 강유역[하나키리(花切)와 이와쿠라노(岩峅野) 등]의 두 지역에서 마제석부 생산이 활발해진다. 구로

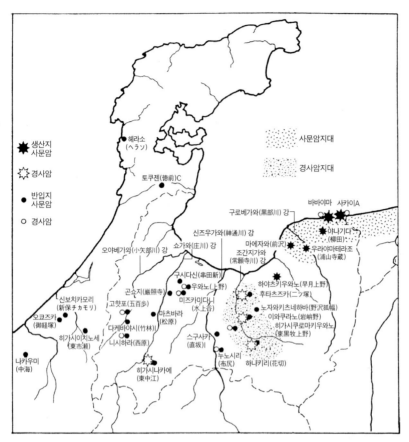

도 59 호쿠리쿠지방의 사문암 · 사암제 마제석부와 제작지의 분포(주 76 문헌 일부 수정)

베가와 강 하류-사카이가와 강유역에서는 사문암, 죠간지가와 강유역에서는 경질사암을 이용한다(도 59).[76] 다만 하야츠키우와노(早月上野) 같은 사문암지대 주변에 해당하는 지역에서는 안산암과 응회암 등을 이용하는 비율이 높아지는 경향이 있고,[77] 죠간지가와 강 서쪽 20km의 쇼가와(庄川) 강유역의 히가시나카에(東中江)에서도 경질사암을 이용하여 마제석부를 생산한다(도 59).[78] 그러나 대략적으로 보면 도야마현 내의 마제석부 생산지에는 서편과 동편의 두 중심지가 있고, 각각 사문암과 경질사암이라는 고유 석재로 이용한다고 할 수 있다.

사문암제 마제석부가 매우 넓은 범위에 걸쳐 유통되었음은 이미 소개하였다. 경질사암제 마제석부는 그렇게 광범위하게 유통되지 않았던 것 같다. 석재를 쉽게 알 수 있다는 점도 고려할 필요가 있는데, 노자와키츠네하바(野沢狐幅)와 같은 죠간지가와 강유역의 유적에서도 사문암제 마제석부만 출토되는 유적이 있다.[79] 사문암제 마제석부가 경질사암제의 것보다 높은 평가를 받고 수요도 많았을 것이다. 적어도 현재 죠간지가 와 강유역에서는 사카이A와 어깨를 나란히 할 만큼의 생산지가 확인되지 않는다. 사문암제 석부의 생산은 전국시장용이고, 경질사암제는 지역시장용이라고 할까?

사문암제 석부는 경질사암제의 것보다 광범위에 걸쳐 높은 평가를 받았다. 그렇다 면 왜 죠간지가와 강과 쇼가와 강유역의 주민은 경질사암제 석부를 계속 제작하였을 까? 높은 평가를 받는 제품의 수요는 커진다. 그러나 생산량이 한정되어 있기 때문에 전체에 걸쳐 유통될 수 없다. 일류품을 손에 넣을 기회가 없는 경우에는 이류품으로 만 족할 수밖에 없다. 사문암제 석부의 부족을 보강하기 위해 경질사암제 석부가 필요하 였다. 이렇게 설명하는 것이 상식일 것이다. 또는 사암제·사문암제 석부를 용도에 따 라 구별하여 사용하였을지도 모른다.

그러나 구로베가와 강 하류-사카이가와 강유역의 유적에서는 이 논리로 설명할 수 없는 사실이 보고되어 있다. 예를 들어 바바야마D에서는 녹색의 사암제 석부가 1 점 출토되는데, 야마모토는 죠간지가와 강유역의 제품이 틀림없다고 한다.[80] 사카이A 에서는 완성품 중에 사암제의 비율이 미완성품보다 약간이지만 높다. 죠간지가와 강 유역의 것으로 단정할 수 없어도 외부에서 사암제 완성품이 유입되었을 가능성도 있 다고 한다.[81] 바바야마G에서는 완성품 45점 가운데 경질사암제가 1점, 미완성품 중에 도 사암제가 1점 있다.[82]

사카이A와 바바야마D 그리고 바바야마G 모두 소위 사문암제 석부의 본고장이 다. 주민들은 양질의 석부를 사용하는 데 부자유스럽지 않았을 것이다. 그럼에도 불구 하고 사암제 석부가 약간이나마 유입된다. 이 사실은 앞서 제시한 수요와 공급이라는 상식, 조몬인은 우선 자신들이 필요한 만큼의 재화를 생산하고 여분이 생겼을 때 비로 소 그것을 교역품으로 돌린다는 '교역론'의 통설로는 설명하기 어렵다. 만약 이러한 생각이 성립된다면, 사카이A와 바바야마D유적의 석부는 바바야마F·바바야마H처럼 사문암제뿐이고[83] 사암제가 섞여 있을 리가 없다.

사카이A·바바야마D·마에자와(前澤)·이와쿠라노·하나키리·히가시나카에의 6 유적에서 출토된 사문암제·사암제 마제석부의 총수, 완성품의 비율, 파손품의 재가공 유무를 살펴보자(표 28). 마에자와는 사카이A와 마찬가지로 구로베가와 강 하류-사카 이가와 강유역에 있고 석재는 유문암이 주류를 이룬다.[84] 이와쿠라노·하나키리는 죠 간지가와 강유역에 있고, 재지의 경질사암을 이용한 석부가 주류를 이룬다.[85]

표 28 사문암·사암제 마제석부의 비교

석재 유적	사문암제			사암제		
	총수	완성품	파손품 재가공	총수	완성품	파손품 재가공
사카이A	13,808*	7.2%	있음	303*	17.6%	없음
바바야마D	579	10.0	?	1**	100.0	없음
마에자와	40	30.0	있음?	?	?	?
이와쿠라노	10	100.0	?	14**	85.7	없음
하나키리	28	?	있음	64**	?	없음?
히가시나카에	35	100.0	있음	80**	13.8?	없음?

*: 파손된 미완성품은 포함하지 않음, **: 경질사암제

　정확한 비율을 제시할 수 없지만 사문암제 석부의 경우에는 사카이A와 같이 막대한 양이 출토되는 유적에서도 파손품의 재가공이 이루어진다. 그런데 사암제 석부의 경우에는 확실하게 재가공된 예를 지적할 수 없다. 사문암제 석부의 경우에는 인부 끝이 부분적으로 파손되는 경우가 많아 재마연이 가능하다. 사암제 석부의 경우에는 부러지는 경우가 많아 재가공이 어렵다(야마모토 마사토시의 지적). 이러한 차이가 사문암제 석부가 사암제 석부보다 높은 평가를 받은 이유의 하나일 것이다.

　출토 총수 중 완성품의 비율로 그 유적이 석부 생산지였는지를 추측할 수 있다. 이와쿠라노에서는 사문암·사암 모두 완성품의 비율이 높다. 총수도 모두 24점[86]이다. 〈표 28〉에 제시한 유적 중에서 가장 적다. 이와쿠라노에서 석부가 생산되었다고 해도 그 규모는 극히 작다. 하나키리에서는 경질사암제 석부의 경우 미완성품 비율이 높다고 하지만 사문암제 석부 중에도 미완성품이 있다고 한다.[87] 사문암제 미완성품을 손에 넣어 현지에서 마무리하였을 것이다. 그 외의 유적은 모두 생산지로 봐도 좋다. 그렇다면 도야마현 동부의 사문암 지대에서는 거의 모든 취락에서 석부가 생산되지만 서쪽의 경질사암지대와 경질사암이 분포하지 않는 지역에는 석부를 생산하지 않는 취락도 있다. 사문암제 석부(소재 또는 완성품)를 공급받아 그 부족분을 사암제 석부로 보완하였다고 추정된다.

　구로베가와 강 하류-사카이가와 강유역의 유적에서는 사암제 석부 비율이 극히 낮다. 그 가운데 사카이A에서는 완성품과 미완성품을 포함한 사문암제·사암제 석부의 비율이 50:1 전후이다(다만 전부 쇼간지가와 강유역의 사암이 아니고 재지의 것도 이용하였을 것이다). 타 유적에서는 100:1 이하이다. 그런데 히가시나카에를 포함하는 경질

사암지대의 유적에서는 그 비율이 1:2 또는 그 이상이다. 다만 이 숫자는 미완성품의 유무에 좌우된다. 미완성품을 제외한 이와쿠라노의 비율은 5:7로 사문암제는 소형이 많다고 한다.[88] 히가시나카에의 완성품에는 사문암제의 것이 사암제 것보다 많고 역시 소형이 많다고 한다.[89] 석부 크기, 나아가서 용도에 따라 사암제와 사문암제로 구별하여 사용했을지도 모른다. 그러나 야마모토마 사토시의 이야기에 따르면 사문암제 석부는 소형이고 사암제 석부는 대형이라고 단언할 수 없다고 한다. 구별하여 사용하는 경우도 있다고만 생각해야 한다.

이처럼 생각하면 구로베가와 강 하류-사카이가와 강유역산 사문암제 석부가 죠간지가와 강·죠가와 강유역산 사암제 석부보다 높은 평가를 받아 넓은 범위에 공급되었음은 틀림없다. 이 평가는 막연한 지명도가 아니라 재가공의 편리함 —내구성이 높다는 구체적인 근거에 기반한다. 이와쿠라노와 히가시나카노처럼 사문암제와 사암제 석부를 구별하여 사용하는 경우가 있더라도 사문암제 석부의 부족분을 보충하는 조치였다고 봐야 한다. 그렇다면 바바야마D·G 또는 사카이A와 같이 사문암제 마제석부의 본고장에 확실하게 저평가를 받는 사암제 석부가 섞여 있는 이유를 설명할 수 없다. 우리들의 입장에서 보면 바바야마F·H처럼 사문암제 석부만 출토되는 것이 당연하다. 높은 평가를 받는 사문암제 석부의 본고장으로 낮은 평가를 받는 사암제 석부를 운반하는 것은 경⦁제⦁적⦁으⦁로⦁ 의⦁미⦁가⦁ 없⦁는⦁ 행위이다.

사실 이러한 경제적으로 무의미한 행위를 처음 소개하는 것은 아니다. 센다이만 연안의 후·만기 유적의 박편석기 원료 중에 흑요석이 포함되어 있다.[90] 그러나 그 비율이 매우 낮아 이와테현 가이토리에서만 27%를 넘을 뿐 나머지는 모두 3% 이하이다. 설사 흑요석 공급이 중단되어도 이 유적들의 주민 생활에는 전혀 지장이 없다. 아라이 시게조는 가소리패총에서 녹색응회암제[오야이시(大谷石)] 마석이 2점(!) 출토되지만 무른 암석이라 도치기의 원산지에서 바로 가지고 온 것이라고 봐야 한다고 한다.[91] 100km를 넘는 거리로 미미한 양의 마석을 운반한다—이것도 경제적으로 무의미한 행위의 하나일 것이다. 이러한 예는 우리가 간과하고 있을 뿐, 찾고자 하면 계속 발견될 것이다. 우리 눈으로 보면 경제적으로 무의미한 교섭과 유통이다. 여기에 조몬인이 행한 교환·조몬사회 속의 유통의 특징이 있는 것이 아닐까?

8. 태형합인석부(太形蛤刃石斧)와 석도

이즈음에서 야요이시대 석기 유통 문제로 이야기를 돌려 보자. 시모조 노부유키 (下條信行)의 태형합인석부를 중심으로 하는 북큐슈(北九州)의 야요이시대 전기에서 중기의 석기 생산,[92] 사카이 류이치(酒井龍一)의 야요이 중기의 기나이(畿內)·북큐슈의 반월형석도 유통,[93] 이 두 연구를 통해 야요이시대 석기 생산과 유통을 살펴보자.

(1) 북큐슈의 이마야마(今山)산 석부

북큐슈의 전기~중기초두의 유적에서는 반월형석도, 마제석부, 석검, 석과 등 각종 석기 완성품만이 아니라 미완성품도 출토된다. 이 사실은 취락마다의 자급자족이 이 시기 석기 생산 원칙이었음을 말해 준다. 중기에는 다테이와(立岩)산 반월형석도가 광범위하게 유통된다(도 60). 그러나 한 유적의 출토량 반수를 넘는 경우가 없고 자급자족 원칙은 유지된다.[94]

그런데 태형합인석부만이 예외로 완성품이 출토되는 것은 드물지 않지만 미완성품이 출토되는 취락은 전무하다.[95] 전기말 전후가 되면 하카타(博多)만 서안에서는 이마야마(今山)·이마즈(今津)·노미야마(呑山) 3개소에서 현무암을 이용한 합인석부 생산이 시작된다(도 60). 이마즈·노미야마의 제품은 오로지 재지에서 소비되지만 이마야마 제품만은 타 지역으로 반출된다.[96] 중기가 되면 이마야마산 석부의 분포범위가 북부큐슈는 말할 필요도 없이 오이타(大分)·사가(佐賀)·구마모토(熊本)까지 확대된다. 특히 후쿠오카(福岡)현 내 각지에서는 이마야마산이 압도적인 비율을 점하고 재지산은 10%를 넘지 않는다.[97]

(2) 긴키(近畿)지방의 석도

나라(奈良)분지의 반월형석도 석재가 전기에는 안산암계의 석재를 이용하고, 중기가 되면 녹색휘암·녹니편암 등을 이용한다는 사실이 1940년대부터 지적되었다.[98] 오사카(大阪)부 이케가미(池上)에서도 안산암제 반월형석도가 전기에서 중기에 걸쳐 이용된다고 한다. 석재 공급원은 니죠잔(二上山)산으로 추정되지만 현재 제작지와 유통 경로는 분명하지 않다. 중기초두가 지나면 반월형석도에 이용하는 석재 또는 제품 자체의 공급경로에 큰 변화가 일어난다고 한다. 안산암과는 다른 산지의 석재―점판암,

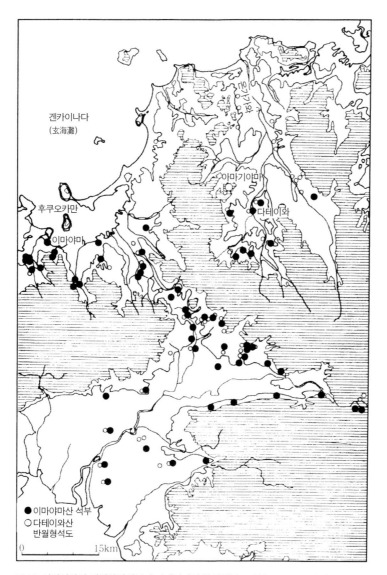

도 60 이마야마산 태형합인석부와 다테이와산 반월형석도의 분포(주 92 문헌 일부 수정)

결정편암 등을 이용한 것이 급증한다.[99] 사카이에 의하면 오사카만 연안·요도가와(淀川) 강유역의 야요이 중기 반월형석도의 주요 석재는 사누카이트·점판암·결정편암으로, 사누카이트제 반월형석도는 고베(神戸)시 이서의 세토나이카이(瀬戸内海) 해 연안, 점판암제는 교토(京都)분지, 결정편암제는 나라분지·오사카평야 동남부·기노카와(紀川) 강유역에 분포한다. 그리고 오사카평야 동북부에서 교토분지 서남부에 걸쳐 점판암제·결정편암제 반월형석도가 혼재되어 분포하는 지역이 있다(도 61).[100]

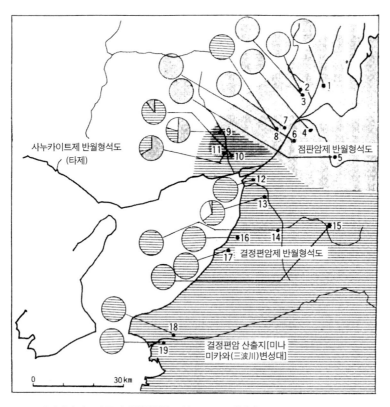

도 61 긴키지방 야요이 중기의 반월형석도 분포(주 93 문헌에서)

1: 후카쿠사(深草), 2: 나카쿠세(中久世), 3: 모리모토(森本), 4: 긴우에이몬카이토(金右衛門垣内), 5: 와키데노미야(湧出宮),
6: 다노쿠치야마(田ノ口山), 7: 아마(安満), 8: 텐진야마(天神山), 9: 세츠가모(摂津加茂), 10: 가츠베(勝部), 11: 다노(田能),
12: 모리노미야(森ノ宮), 13: 우류도(瓜生堂), 14: 고우(国府), 15: 가라코(唐古), 16: 요츠이케(四ッ池), 17: 이케가미(池上),
18: 우다모리(宇田森), 19: 오타쿠로다(太田黒田)

    사카이는 이 반월형석도들이 소재 또는 반제품 상태로 소비지에 공급되었다고 보
고 이 점이 다테이와산 반월형석도가 완성품 형태로 각지에 공급되는 북큐슈와의 결
정적인 차이라고 하였다. 긴키지방의 여러 유적 — 와카야마(和歌山)현 오타쿠로다(大田
黒田)와 오사카부 이케가미(결정편암), 오사카부 아마(安満, 점판암) 등에서는 소재·반
제품이 다량 출토되고, 마무리에 필요한 지석과 석추도 각지의 취락에서 "보편적이고
다수 출토되는 것"이 그 이유이다. 소재·반제품의 공급은 매우 안정적인데 결정편암
제의 경우 석재의 산지[기노카와 강유역을 중심으로 하는 미나미카와(三波川)변성대]에서
40km 이내의 경우에는 거의 모두를, 60km 이내의 경우에는 40~80%를 공급한다고
한다.[101]

(3) 조몬시대와 야요이시대의 유통

지금까지의 내용을 간단하게 정리해 보자. 특정 지역의 한정된 종류의 제품이 높은 평가를 받고 광범위하게 공급된다는 점에서 도야마의 사문암제 석부는 북큐슈의 이마야마산 합인석부 그리고 다테이와산 반월형석도와 다르지 않다. 재지 원료를 이용한 석기 생산이 주류를 이루고 일부 제품만을 원격지에서 공급받는다는 점에서도 북큐슈의 야요이 중기와 호쿠리쿠를 중심으로 하는 지역의 조몬 중기~만기의 양상과 비슷하다.

한편 긴키지방의 야요이인은 가까운 지역에서 공급되는 반월형석도의 소재와 반제품을 이용한다. 결정편암·점판암제 반월형석도에는 사문암·사암제 석부만큼 큰 차이는 없을 것이다. 같이 벼베기에 사용한다면 근처에서 입수할 수 있는 제품을 선택할 것이다. 작업 효율이 높으면 산지가 멀어도 질이 좋은 것을 입수하려 했을지도 모른다. 긴키지방의 반월형석도 생산과 유통을 지배하는 것이 시장원리라고까지 이야기하지 않아도 우리들이 경제적이라고 부르는 원리이다. 이러한 시스템 속에서는 도야마의 사암제 석부·센다이만 연안의 흑요석·가소리의 마석과 같이 경제적으로 무의미한 행위라고 생각하기 어렵다.

경제적으로 무의미한 행위로 인해 타 지역으로 운반되는 물자는 도구 및 그 소재(=생산재)임에 틀림없다. 그러나 이 물자들이 생산재 이외의 가치가 없다면 그 생산과 유통은 경제적인 원리로만 움직일 것이다. 생산재의 사용가치·교환가치와는 별개로—상징적인 가치가 있기 때문에 경제적으로 무의미한 유통이 이루어진다. 그러면 이들 물자는 무엇을 상징하는가? 물자를 공급하는 것과 공급받는 것의 관계이다. 경제적으로 무의미한 물자의 유통은 그 심벌이다.

조몬시대 석부에는 도저히 실용품이라 보기 어려운 초대형인 것[아키타현 우와하바(上場) 등][102]이 있다. 생산재 자체도 심벌(=위신재)이 되고 그 유통·교환에도 집단과 지역의 관계를 나타내는 심벌로서의 의미가 담겨져 있다. 이것이 조몬인의 세계이다. 긴키지방 야요이 중기의 반월형석도 생산과 유통에는 상징적인 의미를 전혀 읽을 수 없다. 지역과 집단의 관계를 상징하는 수단이 없어진 것은 아니다. 동탁을 비롯한 청동제 제의도구(의기·제기)가 새롭게 등장해 예전의 생산재는 위신재로서의 측면을 상실하였던 것이다.

9. 물자의 유통과 영역

도야마지방의 사암제 마제석부의 움직임을 실마리로 하여, 조몬시대 물자의 유통과 '교역'의 의미를 재검토하였다. 경옥제품, 양질의 마제석부, 아스팔트 등으로 대표되는 비현지성 물자는 그 자체가 귀중한 위신재이자 생산재로, 조몬인은 이 재화와 물자들을 손에 넣기 위해 전력을 기울였음에 분명하다. 동시에 이 물자와 재화들은 지역사회를 엮어 주는 심벌이기도 하다. 그렇다면 이 비현지성 물자들과 재화의 범위는 사토 히로유키(佐藤宏之)가 말하는 '사회적 영역'[103]을 나타내는 것이 된다. 필자가 '교섭권'[104]이라고 부르는 것도 같은 내용이다.

조몬인의 '사회적 영역' 또는 '교섭권'은 어느 정도의 범위를 나타낼까? 나카자와메와 가이토리에서 출토되는 비현지성 물자로 추정하면[105] 그 범위는 직선거리로 30km 전후에서 300~550km 전후에 이른다. 아스팔트와 규질혈암 등 소비량이 큰 생산재의 산지는 거의 100km 이내에 있다. 한편 조개팔찌를 비롯한 장식품의 원료 등 내구소비재와 위신재는 300km를 넘는 거리로 운반된다. 홋카이도와 아오모리로 운반되는 경옥제품과 긴키지방에서 출토되는 가메가오카계 정제토기 등도 이러한 예에 해당한다고 할 수 있다.

말할 필요도 없이 이 차이는 같은 비현지성 물자라도 생산재의 경우는 정기적으로 접촉할 필요가 있고, 위신재의 경우는 단속적(斷續的) 또는 부정기적으로 접촉해도 지장이 없다는 상황에서 생겨난다. 따라서 조몬인의 교섭권은 정기적으로 아마 빈번하게 접촉하는 범위와 부정기적이고 단속적으로 접촉하는 범위의 두 부분으로 나누어질 것이다. 센다이만 연안의 예로 추정하자면 위신재의 교환·유통을 매개로 하는 관계는 300km 또는 500km를 넘는 경우도 있고, 위신재와 식료를 포함하는 소비재의 교환·유통을 매개로 하는 관계는 거의 100~150km 이내의 범위에 해당할 것이다. 이것을 각각 원거리 교섭권, 중거리 교섭권으로 나누어 부르자.

조몬시대 유통이라고 하면 아직 인접하는 취락에서 취락으로, 지역에서 지역으로라는 이미지가 지배적인 것 같다. 그러나 예를 들어 경옥제품의 분포는 이 상식을 뛰어넘는다. 후쿠다 토모유키(福田友之)에 의하면 홋카이도·아오모리에서 출토되는 히메카와산 경옥제품은 유적 수와 출토량에서 아키타·야마가타를 상회한다.[106] 릴레이식으로 운반되었다면 출토되는 유적 수와 제품량이 원산지로부터의 거리에 반비례하여 줄어들 것이다. 주요 거점과 거점을 잇는 유통시스템을 고려해야 한다. 특히 원격지산 비현지성 물자의 경우는 유통·교환의 거점으로 상당한 양이 운반되고, 나아가 거점을 둘러싼 지역과 취락으로 분배되었을 것이다.

늦어도 중기중엽에는 호쿠리쿠에서 홋카이도에 걸쳐 이러한 시스템이 성립되었을 것이다. 다만 원격지산의 비현지성 물자의 유통 자체는 이 시기에 시작되어 성립된 것이 아니다. 그 흔적은 초창기 또는 그 이전으로 거슬러 올라간다. 그러나 유통의 거점─취락의 성격은 크게 변한다.

주

1   이 책 제6장 6. 면·선·점-영역의 구성 참조.

2   坪井正五郎, 「石器時代人民の交通交易」(『東洋学芸雑誌』 240: 243-246, 1901).
     鳥居龍蔵, 「諏訪史」, pp. 74-77(『鳥居龍蔵全集』 3: 1-426, 朝日新聞社, 1976).
     八幡一郎, 「先史時代の交易」(『人類学先史学講座』 2: 1-28, 雄山閣, 1938).

3   Renfrew, C., Alternative Models for Exchange and Spatial Distributio. Earle, T. L. and Ericon J. E.
     (eds.), *Exchange Systems in Prehistory*. 71-90, Academic Press, London, 1977.
     Hodder, I., Some Effects of Distance on Patterns of Human Interaction. Hodder (ed.), *Spatial Or-
     ganization of Culture Change*. 155-178, Duckworth, London, 1978.
     Hodder, Ian and Orton, C., The Association between Distributions. *Spatial Analysis in Archaeol-
     ogy*. 198-223, Cambridge Univ. Press, London, 1976.

4   Cummins, W. A., The Neolithic Stone Axe Trade in Britain. *Antiquity*. 48: 201-205, 1974.
     Clough, T. H. Mck. & Cummins, W. A. (eds.), Stone Axe Studies. *CBA Research Report*. 23, Council
     for British Archaeology, London, 1979.
     Chappell, S., Alternative Sources in Regional Exchange Systems: A Gravity Model Approach. *P. P. S.*
     52: 131-142, 1986.

5   Suzuki, M., Chronology of Human Activity in Kanto, Japan. Pt. 1. *Journal of the Faculty of Sci-
     ence, University of Tokyo*. Sec. V Ser. 4 Pt. 3, 241-318, 1973, Pt. 2, Ibd. Pt. 4, 395-469, 1974.
     藁科哲男, 「サヌカイトの蛍光X線分析」(『考古学と自然科学』 5: 69-75, 1973).
     鎌木義昌·東村武信·藁科哲男·三宅 寛, 「黒曜石·サヌカイト製石器の産地推定による古文化交流の研究」
     (特定研究『古文化財の自然科学的研究』総括班編, 『古文化財の自然科学的研究』 333-359, 同朋舎出版,
     1984).

6   이 책 제6장 5. 등질모델·기능(결절)모델 참조.

7   赤堀英三, 「打製石鏃の地域的差異」(『人類学雑誌』 46: 166-180, 1931).
     藤森栄一·中村龍雄, 「星ヶ塔黒曜石採掘址」(『古代学』 11: 58-62, 1962).

8   柴田 徹, 「No. 3遺跡·石材の鑑定と産地推定」(小薬一夫編, 『多摩ニュータウン遺跡-昭和56年度』 5: 194-
     202, 東京都埋蔵文化財センター, 1982).
     新井和民·外山和夫·阿久津久·飯島義雄·小川良祐·庄司 克·福間 元, 「遺跡出土品からみた交易圏の研究-
     縄文時代の石材について」(『利根川流域の自然と文化』, 関東地区博物館協会, 1983).
     後藤和民·庄司 克·新井重三, 「縄文時代の石器-その石材の交流に関する研究」(『貝塚博物館研究資料』 4,
     1983).
     山本 薫, 「縄文時代の石器に使われた岩石および鉱物について」(『地学雑誌』 98: 911-933, 1989).

9   金子浩昌·草間俊一編, 『貝鳥貝塚-第四次調査報告』(花泉町教育委員会·岩手県文化財愛護協会, 1971).

10   須藤 隆編, 『中沢目貝塚-縄文時代晩期貝塚の研究』(東北大学考古学研究会, 1984).

11   林 謙作, 「亀ヶ岡と遠賀川」 表1(『岩波講座 日本考古学』 5: 93-124, 1986). [*3]

12   小井川和夫·岡本道雄, 「里浜貝塚 IV-宮城県鳴瀬町宮戸島里浜貝塚西畑地点の調査·研究 IV』, pp. 29, 58-
     59, 74(『東北歴史資料館資料集』 13, 東北歴史資料館, 1985).
     新庄屋元晴·安部 恵編, 『田柄貝塚 III-骨角牙製品·貝製品·自然遺物·總括編』, pp. 159-171, 179-180(『宮
     城県文化財調査報告書』 113, 宮城県教育委員会·建設省東北地方建設局, 1986).

13 小貫義雄·北村信·中川久夫·長谷弘太郎,『北上川流域地質図』(二十万分之一)·同説明書』(長谷地質調査事務所, 1981).

14 고위단구에 있는 역층 내의 자갈은 석기 원료로 이용할 수 있는 상태가 아니므로 여기에서는 제외하였다.

15 이 책 제6장 3. 생업·석기원료와 영역 참조.

16 安孫子昭二,「アスファルト」, p. 213(加藤晋平·小林達雄·藤本 強編,『縄文文化の研究』8: 205-222, 雄山閣出版, 1982).

17 니시모토 토요히로(西本豊弘)의 지적이다.

18 永田 豊,「日本近海の海流」, pp. 93-95(堀越増興·永田 豊·佐藤任弘,『日本の自然』7: 85-126, 岩波書店, 1986).

19 永田 豊,「日本近海の海流」, pp. 93-95(堀越増興·永田 豊·佐藤任弘,『日本の自然』7: 85-126, 岩波書店, 1986).

20 오시마 나오유키(大島直行)의 지적이다.

21 大和久震平,「秋田県能代市所在·柏子所貝塚-第2次·第3次発掘調査報告書」, pp. 48-49(『秋田県文化財調査報告書』8, 1966).

22 相原康二,「東裏遺跡」(『岩手県文化財調査報告』58, 1981).

23 須藤 隆編,『中沢目貝塚』, p. 59.
    安部博志·柳沢和明·須田良平·吉川一明ほか,「摺萩遺跡」, pp. 123, 299, 76-777(『宮城県文化財調査報告書』132, 宮城県教育委員会·宮城県土木部水資源開発課, 1990).

24 참돔의 전액골 좌우 양단에 구멍을 뚫어 펜던트(?)로 가공하였다. 바닷새의 뼈에는 자른 흔적이 남아 있다. 관옥(?)으로 가공하려 했는지도 모른다. 金子浩昌·草間俊一編,『貝鳥貝塚』, pp. 145-147, 179.

25 기코나이쵸(木古内町) 가마야(釜谷)에서도 아스팔트 산지가 확인된다. 鈴木省吾,「添山」, p. 53(『木古内町文化財調査報告書』, 1983).

26 安藤文一,「翡翠」, pp. 183-185(『縄文文化の研究』8: 180-192).
    安孫子昭二,「アスファルトの流通と東北の地域圏」, p. 45(『季刊考古学』12: 43-46, 1985).

27 安藤文一,「翡翠」, pp. 183-185(『縄文文化の研究』8: 180-192).
    安孫子昭二,「アスファルトの流通と東北の地域圏」, p. 45(『季刊考古学』12: 43-46, 1985).

28 安藤文一,「翡翠」, pp. 183-185(『縄文文化の研究』8: 180-192).
    安孫子昭二,「アスファルトの流通と東北の地域圏」, p. 45(『季刊考古学』12: 43-46, 1985).

29 安藤文一,「翡翠」, pp. 183-185(『縄文文化の研究』8: 180-192).
    安孫子昭二,「アスファルトの流通と東北の地域圏」, p. 45(『季刊考古学』12: 43-46, 1985).

30 가니사와 사토시(蟹沢聰史)가 동정한 미야기현 다가라의 석재 리스트에는 규질혈암·흑색혈암 외에 규질응회질혈암·응회질혈암·규질혈암[玉髄化]·사질혈암·혈암, 그리고 실트암 등이 등장한다. 이 구별이 산지지역(=암체)의 차이에 있는 경우도 있을 것이다.『北上川流域地質図説明書』에 의하면 흑색혈암은 기타카미산지에도 분포한다. 한편 규질응회질혈암과 응회질혈암의 차이는 같은 지역 내 지점(=노두)의 차이 또는 하나의 노두 내 부분적 차이일지도 모른다. 여기에서는 모두 '혈암'으로 부르기로 한다.

31 신죠분지 외에 무라야마(村山)분지·오키타마(置賜)분지에서도 공급되었을지 모른다.

32 茂木好光編,『田柄貝塚 II-石器·土製品·石製品編』(『宮城県文化財調査報告書』 II, 宮城県教育委員会·建設省東北地方建設局, 1986).

33 小井川和夫·岡村道雄編,「里浜貝塚 III」(『東北歴史資料館資料集』IX, 東北歴史資料館, 1984.)
    한편 여기에서는 길이와 폭이 1cm 이상의 박편만을 집계하였다. 따라서 이 데이터는 사토하마 주민이 현지에서 가공한 석기 원료 비율을 나타낸다.

34　석촉·석시·석추·'첨두기'·부정형석기·석핵이다. 박편·조각(chip)은 사토하마 외에는 제외하였으므로 나카자와메의 혈암 비율이 주 11과 다르다.

35　蟹沢聰史,「田柄貝塚から出土した石器類の材質について」(『田柄貝塚 II-石器·土製品·石製品編』, 309-320, 1986).

36　藁科哲男·東村武信,「礫山城遺跡出土のサヌカイトおよび黒曜石遺物の石材産地分析」, p. 206(中井 均『礫山城遺跡』205-213, 米原町教育委員会, 1986).

37　須田良平·吉川一昭,「第一遺物包含層出土の石器」, p. 799(『楢萩遺跡』, pp. 799-866, 宮城県文化財調査報告書 132, 1990).

38　이 책 제6장 3. 생업·석기원료와 영역 참조.

39　新井重三·庄司 克·後藤和民,『縄文時代の石器-その石材の交流に関する研究』, pp. 68-75, 92-95(加曾利貝塚博物館, 1983).

40　柴田 徹,「縄文時代中~後期における石器の器種と石材の岩石種の間にみられる関係について」(『東京都立上野高等学校紀要』13: 40-48, 1984),「縄文時代における石器の器種と石材の岩石種の間にみられる関係(II)」(『東京都立上野高等学校紀要』14: 29-35, 1985),「関東南部における縄文時代の石材圏についての考察」(『東京都立上野高等学校紀要』16: 76-88, 1987).

41　山本 薫,「縄文時代の石器に使われた岩石および鉱物について-石器製作における石材の選択とその背景」(『地学雑誌 』98: 911-933, 1989).

42　新井重三,「加曾利貝塚より出土した石器用石材について」, p. 65(『地学雑誌』98: 43-67, 1989).

43　柴田 徹,「縄文時代中~後期における石器の器種と石材の岩石種の間にみられる関係について」, pp. 40-44, 45-48.

44　柴田 徹,「縄文時代における石器の器種と石材の岩石種の間にみられる関係(II)」, p. 32.

45　柴田 徹,「縄文時代における石器の器種と石材の岩石種の間にみられる関係(II)」, pp. 30-31.

46　山本 薫,「縄文時代の石器に使われた岩石および鉱物について」, pp. 917-920.

47　山本 薫,「縄文時代の石器に使われた岩石および鉱物について」, pp. 920-922.

48　山本 薫,「縄文時代の石器に使われた岩石および鉱物について」, p. 929.

49　이 책 제7장 4. 아스팔트와 혈암 참조.

50　柴田 徹,「縄文時代における石器の器種と石材の岩石種の間にみられる関係(II)」, pp. 31-32.

51　蟹沢聰史,「田柄貝塚から出土した石器類の材質について」, p. 318(『田柄貝塚 II』: 309-320, 1986).

52　蟹沢聰史,「田柄貝塚から出土した石器類の材質について」, p. 317.

53　新井重三·後藤和民·庄司 克,『縄文時代の石器』, pp.102-113.

54　新井重三,「加曾利貝塚より出土した石器用石材について」(『縄文時代の石器』43-62),「加曾利貝塚出土石器用石材の原産地」(『縄文時代の石器』96-98).

55　新井重三,「石器の採取と流入経路」(『縄文時代の石器』99-102).

56　新井重三,「加曾利貝塚より出土した磨製石斧の岩質的特徴」(『縄文時代の石器』94-95).

57　笠原信男·茂木好光,「石器」, p. 304(『田柄貝塚』II: 37-306).

58　佐藤広史·赤沢靖章,「大梁川遺跡を指標とする石器群の分布圏について」, pp. 491-492(『宮城県文化財調査報告書』126: 490-496, 1988).

59　『田柄貝塚』II: 제187도 7, 제189도 5, 10, 14 등이다. 한편 타제석부로 여겨지는 것 중에도 마제석부의 미완성품 같은 것이 있다(제169도 2, 제176도 3, 제180도 3 등).

60　蟹沢聰史,「田柄貝塚から出土した石器類の材質について」, p. 318.

61　山本正敏,「境A遺跡-石器編1」, pp. 25-31(『北陸自動車道遺跡調査報告-朝日町編5』, 富山県埋蔵文化財セ

ンター, 1990).

62 규질혈암·경질혈암의 종장박편을 만들 수 있는 석핵은 모가미가와(最上川) 강 중류역의 모든 유적에서
다량으로 출토되는 것이 아니라, 2~3개소의 한정된 유적에 집중된다는 사실(주 59)을 고려해야 할 것이다.

63 合地信生, 「堀株1·2遺跡出土の石斧の岩石学的分析と産地について」(『堀株1·2遺跡』 698-704, 北海道文
化財研究所, 1992).

64 渡辺暉大, 「フゴッペ貝塚出土石器石材の岩石鑑定」(千葉英一·長沼 孝, 『余市町フゴッペ貝塚』 563-568, 北
海道埋蔵文化財センター, 1991).

65 山本正敏, 「境A遺跡-石器編(本文)」, p. 8(『北陸自動車道遺跡調査報告-朝日町編5』, 富山県教育委員会,
1990).

66 보고서의 「削器」(「境A遺跡-石器編(本文)」, pp. 38-40)이다.

67 山本正敏, 「境A遺跡-石器編(本文)」, pp. 38, 68-69, 71.

68 山本正敏, 「境A遺跡-石器編(本文)」, p. 72.

69 山本正敏, 「境A遺跡-石器編(本文)」, p. 69.

70 山本正敏, 「境A遺跡-石器編(本文)」.

71 침상안산암은 석추에도 이용된다. 석추에도 반입품이 있을지 모른다.

72 이 책 제7장 4. 아스팔트와 혈암.

73 山本正敏, 「境A遺跡-石器編(本文)」, pp. 25-31, 63-64.

74 山本正敏, 「境A遺跡-石器編(本文)」, pp. 53-63.

75 山本正敏, 「境A遺跡-石器編(本文)」, p. 70.

76 豊田善樹(編), 『平成4年度特別企画展図録·斧の文化』, p. 38(富山県埋蔵文化財センター, 1990).

77 山本正敏, 「魚津市早月上野遺跡における磨製石斧の製作」, pp. 29-30(『大境』 12: 29-40, 1988).

78 岸本雅敏·酒井重洋·宮田進一·久々忠義, 『東中江遺跡-富山県平村東中江所在の縄文遺跡発掘調査報告』
(平村教育委員会, 1982).

79 狩野 睦·森 秀典, 『富山県立山町総合公園内野沢狐幅遺跡発掘調査概報』, p. 24(立山町教育委員会, 1985).

80 미완성품 521점 가운데, 사암제는 없다. 山本正敏·岡本淳一郎, 『馬場山D遺跡』, p. 46, 50(『北陸自動車道遺
跡調査報告-朝日町編』 3: 7-66, 富山県教育委員会, 1987).
山本正敏, 「境A遺跡-石器編(本文)」, p. 71.

81 사암제 비율은 완성품이 4.6%(47점), 미완성품이 1.9%(267점)이다.
山本正敏, 「境A遺跡-石器編(本文)」, pp. 26, 29, 71.

82 岡本淳一郎·酒井重洋·狩野 睦·橋本正春, 「馬場山G遺跡」, p. 97(『北陸自動車道遺跡調査報告-朝日町編』 5:
67-106).

83 山本正敏·橋本正春·松島吉信, 「馬場山F遺跡」, p. 11(『北陸自動車道遺跡調査報告-朝日町編』 2: 8-16, 富
山県教育委員会, 1985).
松島吉信·橋本正春, 「馬場山H遺跡」(『北陸自動車道遺跡調査報告-朝日町編』 3: 107, 23, 1987).

84 山本正敏, 「黒部市前沢における磨製石斧製作の再検討」(『大境』 11: 17-27, 1987).

85 池野正男·柳井 睦, 『富山県立山町岩峅野遺跡緊急発掘調査概要』(富山県教育委員会, 1976).
狩野 睦·亀田修一·高井 誠, 『富山県大山町花切遺跡発掘調査概要』(『大山町教育委員会』, 1988).

86 池野正男·柳井 睦, 『富山県立山町岩峅野遺跡緊急発掘調査概要』, p. 16.

87 狩野 睦·亀田修一·高井 誠, 『富山県大山町花切遺跡発掘調査概要』, p. 17.

88 池野正男·柳井 睦, 『富山県立山町岩峅野遺跡緊急発掘調査概要』.

89 狩野 睦·亀田修一·高井 誠, 『富山県大山町花切遺跡発掘調査概要』.

90 이 책 제7장 4. 아스팔트와 혈암 참조.

91 新井重三·庄司 克·後藤和民, 『縄文時代の石器』, pp. 54, 79.

92 下條信行, 「北九州における弥生時代の石器生産·考古学研究会第21回総会研究報告要旨」(『考古学研究』 21-4: 1-2, 1974),[*4] 「北九州における弥生時代の石器生産·考古学研究会第21回総会研究報告」(『考古学 研究』 22-1: 7-14, 1974).
논문 제목으로 구별할 수 없기 때문에 전자를 '下条·要旨', 후자를 '下条·報告'로 한다.

93 酒井龍一, 「石包丁の生産と消費をめぐる二つのモデル」(『考古学研究』 21-2: 23-36, 1974).

94 下條信行, 「北九州における弥生時代の石器生産」.

95 下條信行, 「北九州における弥生時代の石器生産」, p. 8.

96 下條信行, 「北九州における弥生時代の石器生産」, pp. 9-10.

97 下條信行, 「北九州における弥生時代の石器生産」, p. 11.

98 藤岡謙二郎·小林行雄, 「石器類」, pp. 191-192, 206(末永雅雄·小林行雄·藤岡謙二郎, 『大和唐古弥生式遺 跡の研究』, 京都帝国大学文学部考古学研究報告 16, 京都大学, 1943).

99 酒井龍一, 「石包丁の生産と消費をめぐる二つのモデル」, p. 26.

100 酒井龍一, 「石包丁の生産と消費をめぐる二つのモデル」, pp. 27-29.

101 酒井龍一, 「石包丁の生産と消費をめぐる二つのモデル」, p. 30, 35.
사카이는 원료·소재를 원격지에서 공급받아 마무리에 필요한 공구만 보유하고 있는 긴키와 특정 지역의 제품이 유통되기는 해도 각지의 취락이 재지 원료를 이용하여 마무리까지 하는 북큐슈를 대조시켜, '생산 제 수단의 일부 공유'와 '생산 제 수단의 개별적 소유'의 두 모델을 설정하였다.

102 도호쿠·홋카이도에 많지만 오키나와 본 섬에도 분포한다(沖縄県立博物館藏). 시기는 초창기~중기로 후· 만기 것은 아직 확인되지 않는다.
庄内昭男, 「秋田県東成瀬村上掵遺跡出土の大型磨製石斧」(『考古学雑誌』 73-1: 64-71, 1987).
岩手県立博物館(編), 『じょうもん発信』, p. 98(1993).

103 佐藤宏之, 「1992年の縄文時代学界動向-生業論」, p. 180(『縄文時代』 4: 178-181, 1993).

104 이 책 제6장 6. 면·선·점 – 영역의 구성 참조.

105 이 책 제7장 3. 비현지성 물자의 구성 참조.

106 福田友之, 「亀ヶ岡文化圏の物の動き-東北地方北部の黒曜石·ヒスイ製品を中心として」, pp. 15-16 (『考 古学ジャーナル』 368: 12-17, 1993).

역주

*1 삿갓조개과의 일종이다.

*2 물건을 본뜬 형태의 석기를 말한다.

*3 원서에 1985년 출판으로 되어 있지만, 1986년이 옳다.

*4 원서에 1975년 출판으로 되어 있지만, 1974년이 옳다.

제8장 조몬인의 취락

조몬인의 취락은 어떻게 변천했을까? 취락 안에는 어떠한 시설이 배치되어 있었을까? 취락 주민의 구성이 일정할까? 이 질문들에 대한 구체적인 설명에 앞서, 선학들이 조몬인의 취락에 대해 어떻게 생각했는지, 바꾸어 말해 조몬인의 취락에 대한 이미지 변화과정을 살펴보자.

1. '조몬취락'의 형성

(1) 우바야마(姥山)패총 조사

1926년 5월 9일, 150명 정도의 사람들이 이치카와(市川)시 우바야마(姥山)패총[당시 지바(千葉)현 히가시카츠시카(東葛飾)군 오카시와무라(大柏村) 가시와이(柏井)]에 모였다. 도쿄(東京)인류학회 주최의 '견학회'에 참가한 인류학회 회원과 그 가족들이다. 드디어 그들은 패총의 동쪽 보리밭 일각에 진을 치고 제각기 땅을 파기 시작했다. 1920년대 중엽에서 1930년대까지 이러한 '견학회'가 꽤 빈번하게 열렸다. 대부분의 경우 수명의 사람들이 모이는 정도였다고 한다. 이 우바야마패총 '견학회'는 지금까지 없던 규모의 참가자가 모인 셈이다.

그날 저녁에 패층 아래에서 토기로 메워진 노지가 발견되었다.[1] 이 '견학회'의 사실상 주최자는 도쿄제국대학 인류학교실이었다. 인류학교실에서는 계속해서 조사할 것을 결정하고, 다시 5월 13일부터 조사를 시작해 5월 21일에는 제1호주거지(도 62)의 윤곽을 파악하는 데 성공했다. 제1기 조사는 6월 28일에 일단 중지되는데 "주거지 7기, 옹관 2기, 인골 뼈(성인) 4구, (중략) 소아 2구 외에 다량의 토기와 석기"[2]가 발견되었다.

제2기 조사는 7월 21일[3]에 시작되어 10월 22일에 종료되는데 "조사에 소요된 일수는 90일로 면적 300평 정도이며, 종래에 보기 드문 대발굴"[4]이었다. 그런데 6년 후에 간행된 보고서에는 제1기(A지점) 조사에 대한 결과가 전혀 수록되지 않았다.

인류학교실 주임인 마츠무라 아키라(松村 瞭)는 이 조사에 대단한 열의를 가지고 있었다. 그는 문학부 고고학연구실의 하라다 요시토(原田淑人)는 물론, 건축학의 이토 츄타(伊藤忠太)·세키노 타다시(関野 貞) 외에 지리학·어류학 전문가에게도 현지 지도를 부탁하였다. 육군참모본부 육지측량부(국토교통성 국토지리원의 전신)에 지형도와 유구 실측도 작성을 의뢰하고 육군비행학교에 항공사진 촬영을 의뢰하기도 하였다. 제1기 조사가 끝날 즈음에는 그해 3월 일본에서 처음으로 라디오 방송을 시작한 도쿄방송국(NHK의 전신)이 조사 결과를 뉴스로 보도하였다. 신문보도의 영향도 있어 "전문가는 물론 일반 동호인의 견학이 연일 무리를 지어, 우바야마패총의 이름이 전 세상에 알려지기에 이르렀다."[5] 매스컴이 고고학 관련정보를 사회특종으로 다룬 최초의 케이스이다.[6]

이 '대발굴'의 계기가 된 '제1호주거지'(도 62)에 대해서 앞서 설명한 사정 때문에 "6개의 주혈이 있고, 길이 6.8m, 너비 6m, 깊이 45cm로 주구를 가진 타원형 주거지"[7]

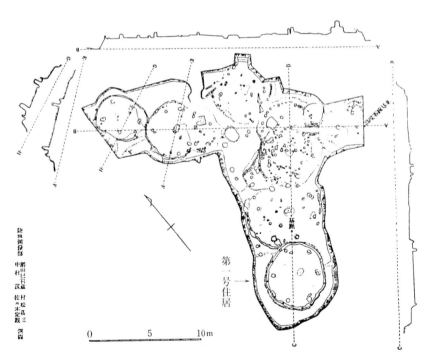

도 62 우바야마패총 제1기 조사(A지점)에서 확인된 주거지군(주 2 문헌에서)

라는 것 외에 알 수 없다. 제2기 조사에서 확인된 제1호주거지는 "원형을 띤 방형이고 남북 5.3m, 동서 5m"로 바닥면은 "거울처럼 매끄러운 광택을 띠고 치밀하고 단단해 오늘날의 도벽(塗壁)에 유사"하며, 네 모퉁이와 중앙에 직경 40~60cm, 깊이 90cm 전후의 주혈이 있다. 중앙의 주혈 옆에는 토기가 박혀 있는데 "구연이 수혈바닥면에 수평으로 놓여 있고 (중략) 안에는 재와 목탄 또는 소토 등으로 채워져 있으며, 토기 외면에 닿아 있는 흙은 다소 불맞은 흔적"이 있다. "벽을 따라 바닥면에는 도랑[溝]을 돌렸다. 이를 주구(周溝)라고 명명한다. (중략) 주구 내부 곳곳에 작은 홈이 있으며"[8] 주구폭은 18~20cm, 깊이는 15~25cm이고, '작은 홈' 부분은 40cm 전후인 것도 있다. 지금은 많은 사람들이 이 설명을 읽고 전형적인 조몬 중기 주거라는 것을 바로 알 수 있다. 그러나 '제1호주거지'가 확인되었을 때, "이것이 종래 불분명하던 우리 석기시대 주거의 전형적인 한 양식이라 할 만한 표형(標型)이 되리라고는 신이 아닌 이상, 누구도 예상할 수 없었다."[9]

이 조사를 통해 다음과 같은 사실이 밝혀졌다.

① 간토(關東)지방 패총의 패층 아래에는 주거지가 분포한다(도 63).

도 63 우바야마패총 B지점의 주거지군(주 2 문헌에서)
F: 화덕, Ⅲ~Ⅷ[*1]: 수혈번호, 점선: 주거 윤곽

② 주거에는 주혈, 화덕(爐)*², 매옹(埋甕), 주구 등의 부대시설이 있고,

③ 바닥은 단단하게 다져졌으며,

④ 롬(loam)*³층을 파고 설치되어 있다.[10]

⑤ 가까이에 위치하는 주거지 간에는 중복관계가 확인되어,

⑥ 시간차를 상정할 수 있다.[11]

이를 계기로 간토지방에서는 주거지 조사가 갑자기 활발해지고, 내륙부에서도 고토 슈이치(後藤守一)가 도쿄 니시아키루(西秋留)의 부석주거 조사[12] 등의 성과를 올렸다.

인류학교실이 조사한 우바야마패총의 주거지 발견은 취락 내에서 가장 큰 의미를 가진 시설인 주거를 확인하고 그 모습을 밝히는 계기가 되었다. 이 점에서 우바야마 패총 조사는 취락의 모습을 밝히는 데 매우 중요한 역할을 하였다. 이 발견은 결코 우연의 산물이 아니다. 약간 길어지지만 야와타 이치로(八幡一郎)의 문장을 인용하겠다. "토층에는 적지 않은 자연 및 인공 유물이 포함되어 있다. (중략) 종래 간토지방의 패총 발굴에서는 패층을 발굴하고 나면 생각해 볼 것이 많다는 느낌이 든다. 근년에 이르러 인골을 채집하기 위해 토층을 조사할 필요가 있다고 생각하여 각 층을 발굴하도록 유도하고 있다. 토층 발굴은 인골채집이라는 목적을 달성시켜 줄 뿐만 아니라 그 안에 함유되어 있는 유물류가 (중략) 그것을 덮고 있는 패층보다 이전에 매몰되었음을 밝혀 (중략) 층위파악에 중요한 실마리를 얻을 수 있어야 한다."[13] 한마디로 말하면 주거지의 발견도 토기편년과 마찬가지로 인골채집 붐의 부산물인 것이다.

(2) 우바야마 이전

말할 필요도 없지만 우바야마패총의 수혈주거는 전혀 새로운 발견이 아니다. 그 이전에도 수혈주거가 발굴되었고 일본열도를 포함하여 세계 각지에서 수혈주거를 이용하는 사람들이 있다는 지식도 널리 퍼져 있었다.

우바야마 조사 21년 전,[14] 먼로(Munro, Neil G.)는 가나가와(神奈川)현 미츠사와(三ッ沢)패총을 7개월에 걸쳐 발굴하였다(도 64). 〈도 64〉 상부중앙의 A구에서 완전한 인골 2구가 출토되었다. 첫 번째 인골과 "거의 같은 높이로 4m 정도 떨어진 곳에 재층이 있고 트렌치 남단 가까이에는 최대길이 1.5m, 깊이 50cm를 넘는 구덩이 (중략)가 있었다."[15] 두 번째 인골과 같은 높이로 1.8m 떨어진 곳에도 재층이 있고 1.5m 아래에는 "불 주위를 돌리기 위해 둥글게 배치한 위석[石圍],*⁴ 재와 목탄이 있는 점, 특히 적갈색

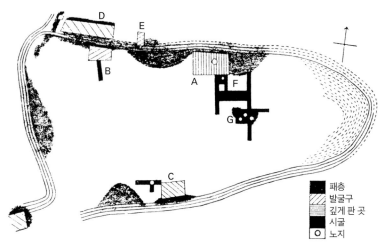

도 64 먼로가 조사한 미츠사와패총 조사평면도(주 15 문헌에서)

범례:
- 패층
- 발굴구
- 깊게 판 곳
- 시굴
- ○ 노지

으로 변색된 소토가 바닥에 있어 그것이라고 알 수 있는" "원시시대의 화덕"[16]이 있었다. 먼로는 미츠사와 곳곳에 직경 30cm 이하, 20~60cm 정도의 붉은 흙을 판 구덩이가 있음을 지적하고 주혈로 추정하였다.[17] 붉은 흙 바로 위에 검은 흙이 있는 곳도 있었다고 하므로[18] 바닥면일 가능성이 높다. 그러나 그는 주거지 평면형태를 파악하지 못했다. 주혈이 직선적으로 연결되는 건물만 예상하고 원형 및 타원형 등의 주거와 기둥배치는 예상외였기 때문에 평면형태를 확인할 수 없었던 것이다.[19] 그렇다고 해도 먼로가 이 유구들을 바탕으로 조몬시대 주거의 존재를 언급한 최초의 인물이라는 점에는 변함없다.[20]

오모리(大森)패총 보고서가 출판되던 같은 해(1879년)에 『穴居考』[21]라는 책(도 65)이 출판되었다. 일본식으로 엮어진 21페이지 분량의 소책자이다. 저자인 구로카와 마요리(黑川真頼)는 『古書類苑』의 편집자 중의 한 명이다. 그는 도쿄대학 고등사범학교 등에서 국사·유직고실(有職故実)[*5] 등을 강의하였다. "상고시대의 사람 (중략)은 산사면에 옆으로 굴을 만들어 산다"는 것을 고증하는 것이 『穴居考』의 목적이다. 저자의 경력에서 짐작할 수 있듯이 철두철미하게 『고사기(古事記)』·『일본서기(日本書紀)』를 비롯한 문헌자료를 근거로 제시하였고, 고고자료는 물론 민속자료를 전혀 언급하지 않았다. 『穴居考』는 '태고'의 주거지에 대한 가장 초기의 고증 중의 하나임이 분명하지만, 고고자료를 통한 고찰과 검토라는 입장에서 보면 의미 있는 책이라 할 수 없다. 그러나 구로카와의 해석은 미야케 요네키치(三宅米吉)의 『日本史學提要』(1886년 간행)에

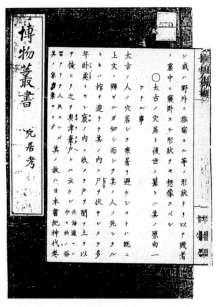

도 65 『혈거고』 표지와 본문[삿포로농학교 구장(舊藏)]

도 소개되어 혈거=횡혈이라는 생각이 뿌리내리는 데 한몫하였고, 당시의 인류학 및 고고학 연구자에게도 상당히 큰 영향을 미쳤던 것 같다.

예를 들어 쓰보이 쇼고로(坪井正五郎)는 1880년대에 사이타마(埼玉)현 요시미(吉見)를 비롯해 몇 개소의 횡혈분묘를 조사하였다.[22] 쓰보이는 "횡혈은 원래 분묘로 제작된 것이 아니고, (본래는 주거인데) 사람을 묻은 것은 단지 구덩이를 이용한 것이다"[23](괄호 안 필자)라고 하였다. 이 논리에 따르자면 비록 입구를 옥석 등으로 막은 횡혈이라도 입구를 막은 것은 횡혈을 무덤으로 이용한 사람이지 횡혈을 만든 것은 다른

사람이라는 것이다.

여기서 쓰보이는 "사람이 죽었을 때 관을 만들고 그 안에 주검을 엎어 두고 다년간 굴 안에 넣어 문을 닫고 흙으로 감추는데, 이것을 오키츠스타헤(奧津棄戸)[*6]라고 한다"[24]는 구로카와 마요리의 해석을 답습한다. 그런데 기묘하게도 쓰보이는 구로카와의 설을 전혀 언급하지 않았다. 이것이 의도적인지 어떤지는 제쳐 두고, 쓰보이는 횡혈조사에서 구로카와의 해석이 타당한지 어떤지를 확인하려 하지 않았다. 그러기는커녕 횡혈을 만든 사람들과 횡혈을 이용한 사람들이 별개라는, 적어도 당시 발굴기술로는 확인할 수 없는 해석을 제시하여 자신의 입장을 보강하였다.

20년 후, 쓰보이는 다시 이를 반복한다. 1908년 나가노(長野)현 스와코(諏訪湖) 호수에서 석촉과 박편 등이 발견되었다. 바로 스와코테이소네(諏訪湖底曾根)라고 부르는 유적이다.[25] 이를 보고한 하시모토 후쿠마츠(橋本福松)는 현지 어민들 인터뷰와 주위 지질구조 관찰을 바탕으로 지상에 있던 유적이 산사태나 지반침하로 인해 수몰되었다고 해석하였다.[26] 그런데 쓰보이는 현지조사를 시행하기 이전에 이것이 '항상주거(杭上住居)'[*7]일 것이라고 예측하고, 이후 그 입장을 견지하였다.[27] 유럽 신석기시대의 소위 호상(湖上)주거를 끌어들인 것이다. 쓰보이는 유럽 유적들과의 관련성 여부를 출전

(원전이 아닌 영역본)을 밝히면서 유례를 나열하였다.

오늘날의 관점에서 보면 소네에 말뚝[杭]이라 해석할 수 있는 유구가 남아 있어야 '항상주거'라는 해석이 성립 가능한 근거가 된다. 그러나 쓰보이가 현지조사 시 그 점에 특별한 주의를 기울였던 것 같지 않다. 다만 소네에서는(길어도 5cm 전후) 목편이 채집된다. 이 목편은 "수목 또는 목편이 흘러들어 온 것", "어떤 시대의 목제 물건이 침전된 것", "석기시대 당시의 주거 부분이 남아 있는 것"이라고 볼 수도 있지만, "나무가 흘러들어 왔다는 것도 무언가 침몰된 것이라는 것도 모두 증거가 있는 이야기"가 아니다. 그러므로 "목편 중에 어느 것이 석기시대 집의 잔해일지 모른다고 해서 그 상상의 근거가 다른 것에 비해 빈약하다고 할 수 없다"[28]는 이유로 쓰보이는 소네의 목편을 항상주거를 방증하는 자료로 파악하였다. 왜 필자가 쓰보이의 발언을 문제 삼는지는 후술하기로 하고 혼슈(本州)에서 조몬시대 수혈이 확인되기까지의 과정을 살펴보자.

수혈 자체는 앞서 소개한 먼로의 미츠사와패총 조사가 있기 9년 전인 1896년에 발견되었다. 마이타 소지로(蒔田鎗次郎)는 도쿄 스가모(巣鴨)의 자택부지 안에 야요이시대 주거지 단면이 노출되어 있는 것을 발견하고 보고하였다.[29] 그러나 먼로와 마이타의 보고는 거의 일반시민의 주목을 끌지 못했다. 고토 슈이치는 사토 덴조(佐藤伝蔵)의 아오모리(青森)현 모리타(森田)의 조사례와 시바타 조에(柴田常恵)의 이와테(岩手)현 내 조사례 등은 수혈이 혼슈에 분포하더라도 도호쿠(東北)지방 북부에 한정되어 있다는 생각이 당시에 지배적이었음을 보여 준다고 하였다.[30]

1910년에는 쓰보이 쇼고로가 니가타(新潟)현 구로보(クロボ)(도 66)와 간다(神田)의 노지를 소개하였다.[31] 구로보의 예는 폭 60cm 정도의 범위로 돌을 두르고 그 내부에 토기편을 깐

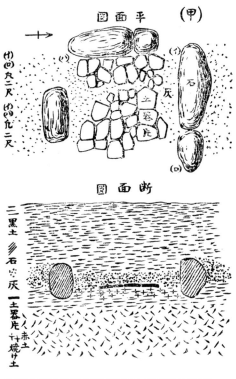

도 66 니가타 구로보에서 발견된 노지(주 31 문헌에서)

것으로 이 지역 중기중엽의 우마타카(馬高)기의 것이다. 간다의 예는 폭 30cm, 길이 50cm 이상의 범위로 돌을 두르고 한쪽에 심발 동부 하반부를 묻은 것이다. 이것도 중기중엽~후엽의 복식노(複式炉)이다. 그러나 쓰보이는 홋카이도(北海道)와 사할린의 수혈노(지상노)를 언급하면서도[32] 이것이 반지하식 주거 시설일 가능성을 언급하지 않았다. 현지에서 수혈식이 확인되지 않았기 때문이다. 그리고 홋카이도와 사할린의 수혈노를 연결시키면, 횡혈이 선주민의 주거라는 그의 입장에서 선사시대 주거는 '종혈(縦穴)'이 틀림없다는 신푸산진(神風山人)의 의견[33]을 인정할 수밖에 없게 된다는 사정도 있었을 것이다.

1889년 하시바 유스케(羽紫雄輔)는 "이러한 형태의 수혈이 모가미가와(最上川) 강 및 그 밖의 연안에서 발견"된다고 보고하였다.[34] 직경 1.8~3.6m, 깊이 30cm 정도로 지면을 파고 나뭇가지를 엮어 골격을 만들고 새와 억새를 덮어 지붕을 만든다. 지붕 처마에는 30~60cm 정도의 높이로 토사를 쌓아 빗물이 들어오지 못하게 한다. 말할 필요도 없이 이것은 일상적인 주거지가 아니라 "어로민 또는 도수교 경비원 등이 휴식하기 위해 설치한 움막"이다.

1895년에는 오노 노부타로[大野延太郎(大野雲外)]와 도리이 류조(鳥居龍藏)가 도쿄 신고(新郷)에서도 반지하식 움막을 겨울 작업장으로 이용하는 예가 있다고 보고하였다.[35] 굴착 깊이는 45~75cm로 바닥에는 10cm 정도의 두께로 거적이 깔려 있었다. 땅을 판 곳에도 거적을 걸치고 대꼬챙이로 고정하였다. 하시바가 보고한 쇼나이(庄内)의 예와 달리, 신고의 반지하식 움막의 평면형태는 방형이고 한 면이 3m 전반대이다.

하시바는 쇼나이지방의 반지하 움막이 홋카이도에 분포하는 수혈에 비해 얕고 보온효과가 낮다고 하였다. 그러나 그것은 시대 흐름에 따라 얕아진 것일 뿐, 이러한 시설은 "태고의 수혈주민이 남긴 것임을 의심할 여지가 없다고 판단된다."[36] 오노·도리이도 신고의 반지하식 움막 안에서 어둠을 밝히는 램프 등이 확인되는 예가 있음을 근거로 하여 "오랜 옛날에는 아마도 이것을 주거로 이용한 것"[37]이라고 추측하였다. 그 근거의 타당성 여부는 제쳐 두고, 혼슈에도 수혈(반지하식)주거를 이용하던 사람들이 있었다는 추측이 19세기 말 인류학 및 고고학 연구자들 사이에 점차 퍼져 있었음을 말해 준다.

이제 필자가 왜 쓰보이의 발언을 문제 삼는지 설명하고자 한다. 조몬시대 주거와 관련되는 발견이 확인되는 것은 우바야마의 조사보다 훨씬 이전이었다. 그러나 이 발견들은 결국 고립되어, 발굴조사를 통해 선사시대 주거의 모습을 파악하려는 움직임이 잠시 동안 일어나지 않았다. 19세기 고고학 및 인류학 조사가 소규모라서 조사경비가 충분하지 않았을 수도 있다. 확실히 데라다 카즈오(寺田和夫)가 말한 바와 같이[38] 인류학교실 전체의 경비가 주임교수의 연봉보다 적은 것이 사실이었다. 그러나 1930년대 이후가 되면 와지마 세이이치(和島誠一)의 도쿄도 시무라(志村), 미야사카 후사카즈(宮坂英弌)의 나가노현 도가리이시(尖石) 등의 조사를 비롯해 개인이 직접 도시락을 싸가지고 와 취락의 주요부를 발굴하는 경우가 나타나게 된다. 이러한 차이를 경비 액수, 조직·기관 유무로만 설명하는 것은 무리이다.

왜 와지마와 미야사카[게다가 스기하라 쇼스케(杉原莊介)·사카즈메 나카오(酒詰仲男)]는 무보수로 취락을 조사했을까? 구체적인 목적은 제쳐 두고 그들은 취락 조사가 필요하다고 생각했음에 틀림없다. 그렇다면 19세기 고고학자와 인류학자는 취락은 그렇다치고 주거지 조사가 필요하다고 생각하지 않았다는 것이 된다.

그러면 왜 그들은 주거지 조사가 필요하다고 생각하지 않았던 것일까? 19세기 말에서 20세기 초에 걸쳐 선사시대 사람들이 수혈을 주거로 사용했을 것이라는 생각이 널리 받아들여지고 있었다. 그러나 수혈주거라는 것이 유적 안에서 어떤 모습이었는지 확실하게 설명할 수 있는 사람도 없었다. 그럼에도 불구하고 누구도 주거지를 조사하려 하지 않았다. 발굴조사의 의미를 이해하지 못했기 때문이다.

고고학에서 다양한 근거를 바탕으로 한 가설과 해석은 발굴조사를 통해 검증된다. 발굴조사가 가설과 해석을 검토하는 단 하나의 수단은 아니지만, 꽤 유력한 수단인 건 사실이다. 극단적으로 말하자면 발굴조사를 통해 확인된 사실, 그것에서 읽어 낼 수 있는 사실이 무엇보다도 결정적인 의미를 가진다. 고고학은 이러한 세계이다.

다시 쓰보이 쇼고로의 발언에 주목해 보자. 쓰보이는 '수혈주거설'에서 수혈을 만든 사람과 무덤으로 이용한 사람이 다르다고 주장하였다. 이 주장은 어떻게 성립된 것일까?

쓰보이는 "신분이 높은 사람은 늘 서주하는 건물을 가지고 있고 건물 안쪽에 움을 만들어 (중략) 침소로 하며, (중략) 신분이 낮은 사람은 가옥이 있고 그 안쪽 또는 다른 곳에 움을 만들어 잠을 자는 자도 있으며 가옥 없이 늘 움에 사는 자도 있다"[39]는 『穴居考』의 설명을 이용하여, "우리 조상의 귀족들의 혈거는 스이제이(綏靖)천황 시절에 확실히 있었고 쓰지구모(土蜘蛛)*8의 혈거는 게이코(景行)천황 시절에 확실히 있던 것"[40]

이므로 횡혈을 만든 사람은 일본인 또는 쓰지구모일 가능성이 있는데, "일본인의 유적으로 보기보다 쓰지구모의 유적이라 보는 경향이 많다"[41]고 주장하였다. 쓰보이는 이 주장 속의 '혈거' · '쓰지구모'라는 두 키워드를 『고사기』 · 『일본서기』에서 인용하였다.

한편 구로이와(黑岩)와 기타요시미(北吉見)의 횡혈에서는 곡옥 · 관옥 · 스에키[須惠器(祝部土器)] · 하지키(土師器) · 하니와(埴輪) · 직도 · 도자 · 귀걸이와 같은 유물이 출토된다. 쓰보이는 "곡옥과 관옥은 우리 일본인의 선조가 이용하던 것입니다. 이와이베하니와(祝部埴輪)는 우리 일본인 선조의 분묘에 있는 것입니다. 저는 이러한 유물이 있는 횡혈이 우리 선조들의 매장지라고 단언합니다"[42]라고 해석하였다.

쓰보이는 '쓰지구모'가 '혈거'하였다는 『고사기』 · 『일본서기』의 기술과 횡혈에서 출토되는 유물이 일본인 선조가 남긴 것이라는 해석을 합체시킨 것이다. 이렇게 해서 횡혈을 만든 사람들과 이용한 사람들이 다르다는 주장이 성립되었다. 여기에서 쓰보이는 기(記) · 기(紀) 기술이 '진리'라고 믿었는데 여기서 그것을 문제 삼을 필요가 없다. 그는 문헌사료가 전하는 '진리'와 유물이 나타내는 '진리'를 간단하게 '조화'시켰다. 그것이 문제이다. 쓰보이는 기(記) · 기(紀)의 기술과 고고학적 사실을 같은 차원으로 나열하여 양쪽이 성립하도록 해석을 짜내었다. 이럴 경우 횡혈에서 출토되는 유물은 모두 '일본인의 선조'가 남긴 것이 되므로 쓰지구모는 주거로서 횡혈을 만들었을 뿐, 어떠한 유물도 남기지 않는다는 모순이 생긴다. 그러나 쓰보이는 고고학적 입장에서 무시할 수 없는 이러한 모순을 직시하려 하지 않았다.

스와코테이소네 조사 시에 말뚝이 남아 있는지에 대해 주의를 기울이지 않았다고 이미 지적하였다. 쓰지구모가 혈거하였다는 『고사기』 · 『일본서기』의 기술이 '진리'인 것처럼, 유럽학자의 저작 중에 나오는 '항상주거'도 '진리'인 것이다. 따라서 유적에 말뚝이 남아 있는지 어떤지에 대한 검토는 별로 중요하지 않았던 것이다. 쓰보이의 행동에서 그 생각의 골자를 살펴보면 소네의 유적과 유물은 그 '진리'를 담는 용기에 불과하다. 무조건적으로 성립하는 '진리'를 현실의 유적과 유물에 적용시킨다. 이는 '고고학'이 아니라 '고증학'이다.

결국 쓰보이의 의견에는 자신이 세운 가설과 문헌에 기술되어 있는 사항을 현지조사와 원 데이터를 조합시켜 파악하는 수순이 누락되어 있다. 유물과 유적에서 파악한 것을 바탕으로 가설을 세우고, 그것을 현지에서 검토하는 자세가 보이지 않는다. 바꾸어 말하면 발굴조사를 포함한 현지조사는 가설과 판단을 검증하는 수단이 아니라 새로운 해석의 소재를 손에 넣는 기회에 지나지 않았다. 19세기 말에서 20세기 초의 일본학계는 발굴조사를 중심으로 하는 현지조사가 가설을 포함한 다양한 판단의 검토 수단임을 이해하지 못했다. 이러한 상황에서 선사시대 주민의 본질을 발굴조사로 확인할 필요성을 느꼈을 리가 없다.

19세기 말에서 20세기 초의 일본 고고학 및 인류학은 아직 고증학의 수준에 머물러 있었다. 쓰보이 쇼고로의 발언을 불필요할 정도로 상세하게 재검토한 것도 이를 증명하기 위해서이다. 발굴조사가 다양한 근거를 바탕으로 하는 판단과 가설의 검증 수단이 된다는 점은 거의 인식되지 못했다. 주거지 조사가 늦어진 원인이 여기에 있다. 그러나 우리는 이를 지난 일이라고만 치부할 수 있을까? 지금 이루어지는 발굴조사 현장에서 무엇이든 하나의 가설을 검증한다는 목적을 얼마나 의식하고 있는지 매우 불안하다.

(3) 우바야마 이후

우바야마 조사가 조몬취락 연구의 큰 전환기였다는 점을 부정할 수 없다. 1920년대 후반에서 1930년대에 걸쳐 수혈주거지의 조사례는 비약적으로 증가하였다. 1940년대에 발표된 「上古時代の住居」[43]에서 고토 슈이치는 불확실한 예를 포함해 50예 이상의 조사례를 집성하였다. 우바야마 조사 직전인 1924년에는 문부성과 도쿄부가 공동으로 도쿄 고가사카(高ヶ坂)를 조사하여 처음으로 부석주거를 발견했는데,[44] 고토의 집성에 따르면 부석주거 수도 30기를 넘는다.

우바야마에서의 수혈주거지 발견이 토기형식 편년과 함께 인골채집 붐의 부산물임은 이미 지적하였다. 즉 주거지 조사는 토기형식 편년망의 정비와 보조를 맞추어 진행된 것이다. 그것은 다행스럽게도 전기·중기·후기의 3시기 구분이라는 틀 안에서이긴 하지만, 주거지의 시기가 비교적 확실하게 파악되었다. 1930년대에 이미 전기 주거는 방형·장방형이 주류를 이루고, 중기에 들어서는 원형·타원형·말각방형이 나타나며, 부식주거는 후기초에 주류를 이룬다고 밝혀졌다.[45]

조사라는 측면에서도 수혈을 판 면을 확인하려는 시도가 이루어지는 등 면밀한 주의도 기울여지게 되었다. 고토 슈이치는 도쿄 구사바나(草花) 조사 시에 토기편이 출토되는 위치와 깊이를 모두 기록하여 토기편은 지표하 40~50cm에 집중되고, 60cm를 넘어서면 거의 출토되지 않는다는 점을 확인하였다. 롬층의 상면(上面)이 지표하

75~80cm에 있기 때문에 수혈은 두께 20cm 전후의 부식토층 상면에서 굴착되었다고 추정된다는 것이 고토의 결론이었다.[46]

조몬시대 주거의 구조에 대해 세키노 마사루(關野 克)가 건축사 입장에서 의견을 제시한 것도 이즈음의 일이다. 세키노의 연구[47]로 조몬시대 주거의 구조가 상당히 확실하게 복원되었다. 현재 일본열도 각지에서 볼 수 있는 '복원주거'는 거의 대부분 세키노가 복원한 모델을 답습하고 있다. 또 세키노는 우바야마와 사이타마현 가미후쿠오카(上福岡) 등의 주거를 관찰한 결과를 바탕으로 수혈에 거주하던 사람 수까지 추측하였다.

세키노는 원시·고대의 주거를 구조상 수혈·평지·고상의 3종류로 나누고,[48] 출입구 외에 뚫린 곳이 없는 수혈은 '방한적 북방계', 개방적인 고상은 '피서적 남방계' 주거, 평지주거는 '중간적 온대계' 요소라고 하였다.[49] 세키노는 이 3종류의 주거 변천에서 원시·고대 주거의 계통변화를 파악하려 하였다. 조몬 전기·중기에는 북방계 수혈주거가 주류를 이루지만, 중기부터 평지주거가 나타나고, 후기가 되면 평지주거 또는 평지식 부석주거가 주류를 이룬다.[50] 그리고 "야요이시대 말에는 고상식 가옥이 알려져, 역사시대를 거쳐 일본 주택건축은 평지계 민가와 고상계 궁전"의 교섭과 더불어 변천함을 알 수 있지만, 수혈주거는 "대체로 원시시대에만 이용되는 주거형식이고, 후세의 주택건축과는 직접적인 관계가 없다"[51]고 해석하였다.

이러한 해석은 지금에 와서 보면 너무 단순하다. 우리가 알고 있는 자료로 볼 때, 주거가 아니더라도 조몬시대에 고상 건물이 없었다고 볼 수 없다. "수혈이 원시시대만의 주거형식"이라는 판단도 너무 억지스럽다. 한편에서는 하시바 유스케와 오노 노부타로, 도리이 류조 등이 일시적인 작업장으로 이용되는 '수혈'이 원시시대부터의 유품이라는 소박한 의견[52]을 제기하기도 하였다. 세키노는 건축사 전문가라는 입장에서 이러한 의견에 대해 수혈이 일반적인 주거였던 시대와 그 이외의 제한된 용도로 이용되는 시대를 구별해야 한다고 지적한 것이다.

이러한 문제는 그렇다 치고, 수혈주거의 구조에 대한 세키노의 의견에는 지금도 납득할 수 있는 부분이 많다. 세키노의 주요 논문 가운데 수혈주거 구조와 관련된 내용을 요약해 보자.

「日本古代住居址の研究」

① 원시적인 주거는 일반적으로 '단실일옥(單室一屋)'이고 용도에 따라 방의 분할

및 복합은 보이지 않는다(p. 1223).

② 이러한 구조의 주거를 바닥이 지하에 있는 것(수혈주거), 지표에 있는 것(평지주거), 지표에서 떨어져 있는 것(고상주거)으로 분류할 수 있다(p. 1223).

③ 평면형태는 말각방형 또는 원형인데, 방형이 깊고 원형이 얕다. 전자의 연대는 후자보다 이르다(p. 1227).

④ 가옥 상부의 평면형태는 모임지붕(四柱造)[*9][53]형태가 주류를 이룬다. 그러나 우진각지붕(寄棟造)[54]과 원추형지붕도 있을 수 있다(pp. 1224-1226).

⑤ 지붕의 하중을 서까래, 차수(叉首)[*10] 등을 매개로 하여 주기둥에 연결하는 구조로 추정되고, 지붕이 지상까지 닿는 구조였다고 판단되는 경우가 많은데 주구 부분에 벽을 세우는 경우도 있을 수 있다(pp. 1226-1227).

⑥ 전기 가나가와현 오리모토(折本)패총 방형주거지의 주기둥은 벽에서 1m 정도 떨어져 있지만, 중기의 우바야마패총 B지점[55] 1호주거 등의 주기둥은 벽 쪽에 있어 옥내 공간을 유효하게 이용하는 '구조의 진보'를 엿볼 수 있다(pp. 1224-1225).

「鉄山秘書高殿に就いて」

① 말각방형 및 원형에 가까운 평면, 그 대각선상에 있는 4~6개의 주기둥은 조몬시대를 비롯한 수혈주거의 특징이고, 장기간에 걸쳐 넓은 지역에서 확인된다(pp. 439-440).

② 이와 같은 특징은 주코쿠(中國)지방의 사철(砂鐵)을 정련하는 작업장에서 확인된다(pp. 437-439).

③ 사철을 정련하는 작업장―다카도노(高殿)[*11]에는 지붕을 지면까지 내린 것[이누노보리즈쿠리(犬登造)][*12]과 높이 1.2m 정도의 벽[56]을 세운 것[기리아게즈쿠리(切上造)][*13]이 있다(pp. 430-431, 436).

④ 이누노보리즈쿠리도 기리아게즈쿠리도 반지하식 구조는 아니지만, 주기둥(押立柱)과 부기둥(仲押立柱)을 세울 때는 수혈주거와 마찬가지로 지면을 판 구멍에 기둥을 세우는 굴립(堀立) 수법을 이용한다(pp. 432, 439).

⑤ 기리아게즈쿠리 다카도노의 주·부기둥, 벽기둥(切上柱) 배치를 조몬시대 수혈주거와 비교해 보면, "대지 위에 나타나는 다카도노의 평면과 원시시대 수혈주

거지 (중략) 사이에 일치점을 발견할 수 있다"(pp. 37-41).

⑥ 바닥의 평면형태가 일치한다고 해서 지붕구조도 일치한다고 단언할 수 없다. 그러나 다카도노의 구조는 "원시적이고 단순하여, 다른 형태의 구조형식을 생각하기 어렵다." 또 나라(奈良)현 사미다(佐味田)고분의 가옥문경과 가형(家形)하니와 등에도 공통되는 구조가 확인된다. 따라서 다카도노를 모델로 하여 조몬시대 수혈주거의 상부구조를 추정하는 것은 타당하다(p. 442).

⑦ 다카도노의 구조는 주기둥·부기둥과 도리(桁, 本台持·妻合持)를 조합한 주구조[台持]와 그 위에 올려지는 고야구미(小屋組)*14로 나뉘고,

   a. 주구조에서 사방으로 서까래(長尾·通長尾)를 내리고, 거기에 지붕 평고대(屋根木舞)를 엮어 도리 아래의 구조가 완성되며,

   b. 도리 위에 차수[57]를 조립하여 용마루를 지탱한다. 용마루의 양단은 도리 위에 수직으로 세운 동지주[棟持柱(宇立柱)]로 지탱한다. 여기에 서까래와 보를 조립하여 고야구미가 완성된다(pp. 435-436).

⑧ 그 결과 완성된 다카도노는 맞배지붕(切妻屋根)의 건물 본체 사방에 처마가 달린 일종의 팔작지붕에 가까운 형태가 된다(p. 435).

⑨ 다카도노의 입구는 평면 네 변의 중앙이 아니라, 건물 모서리에 있다(p. 438).[58]

⑩ 기둥을 세워 도리를 걸칠 때에는 '摺シ木'[59]이라고 부르는 발판(?)을 만든다. 수혈주거 바닥에는 종종 "무의미하다고 생각되는 작은 기둥구멍"이 있다. 그중에는 '摺シ木'와 같이 주거지를 건설하는 작업 시에 생긴 것도 포함되어 있을 것이다(p. 441).

「埼玉県福岡村縄紋前期住居址と竪穴住居の系統に就いて」

① 후쿠오카무라(현재 가미후쿠오카시) 가미후쿠오카의 15개소 지점의 패총은 세키야마(関山)식, 구로하마(黒浜)식토기를 공반하는 수혈을 이용한 것이다(p. 366).

② 이 가운데 유적 북쪽에 모여 있는 3지점(F, K, M)의 주거지를 A군, 그 남쪽 지점(C, D, G~J, O)을 B군이라 한다. A군에서는 세키야마식, B군에서는 '구로하마식 및 그에 가까운 토기'가 출토된다(p. 367).

③ 세키야마기의 주거에는 주기둥이 없고, 벽을 따라 작은 기둥이 거의 등간격으로 있는데 벽구는 없고, 평면은 직선적인 장방형 내지 제형[台形]*15이다(pp.

367-369).

④ 구로하마기의 주거에는 보통 4~6개의 주기둥이 확인되고 방형·장방형·제형의 모든 형태가 말각에 가깝다. 벽구 안에 벽기둥을 세운 것이 많은데 거의 등간격으로 세워진 경우, 간격이 일정하지 않는 경우, 세키야마기와 마찬가지로 벽구가 없는 예도 있다(pp. 369-375).

⑤ 세키야마기의 주거는 '차수중심', 구로하마기의 주거는 '기둥중심'이고,[60] 지붕구조에도 맞배지붕(세키야마기)과 네모 또는 우진각지붕(구로하마기)이라는 차이가 있을 것이다(pp. 369-375).

⑥ 벽구는 배수를 위한 것이 아니라 벽기둥을 지탱하기 위해 벽기둥 사이를 메우는 토류(土留)시설이다(p. 379).

⑦ 수혈의 바닥면적을 주기둥 수로 나누어 보면 기둥 하나당 바닥면적은 $5 \sim 6m^2$가 된다.[61] 우바야마패총 접속구(接續溝)의 주거는 주기둥 4개, 면적 $12.2m^2$로, 주기둥 1개당 $3.3m^2$가 된다. 이보다 면적이 작은―예를 들어 D지점 주거 가운데 가장 이른 것(D-1주거)처럼 한 변 3.5m 이하의 것―은 주기둥이 없어도 지장 없다(p. 379).

⑧ A군 중 K지점, B군 중 C지점·D지점·I지점의 주거에서는 주기둥 몇 개가 매우 가까이에 위치하고 벽구도 이중·삼중으로 돌려져 있다. I지점 주거에서는 오래된 주거의 벽구 위에 새로운 주거의 화덕이 설치되어 있어 주거가 확장[62]되었음을 알 수 있다(pp. 368-369, 371-376).

⑨ C지점 주거와 같이 사방으로 확장되는 경우와 K지점 주거처럼 장축방향으로만 확장되는 경우가 있다. 이는 지붕구조 차이를 반영하는데 전자는 네모 또는 우진각지붕, 후자는 맞배지붕일 것이다(pp. 376, 379-380).

⑩ 일회당 확장면적의 평균은 거의 $3m^2$가 된다. 가족 수가 늘어날 때마다 확장한다면 수혈주거 안에서 한 사람당 필요한 면적이 $3m^2$라고 추정할 수 있다. 화덕이 차시하는 면적을 $3m^2$라고 하면, 주거 면적 A와 주거에 사는 사람 수 n 사이에는

$A = 3(n+1), n = A/3 - 1$

의 관계가 성립된다(pp. 376-378).

세키노의 논문을 다시 읽어 보니 짧은 논문이지만 몇몇 중요한 문제들이 지적되어 있고, 조몬시대 주거 구조를 매우 구체적으로 설명하였다는 점을 새삼 느꼈다. 필자의 경험에 비추어 봐도 고고학 연구자가 세키노의 의견을 얼마나 이해했는지 불안하다. 예를 들어 세키노는 선사시대 주거 연구는 신화·전승을 해석하는 것만으로 불충분하고, '주거유적' 분석을 출발점으로 삼아야 한다고 하였다.[63] 그러나 고토 슈이치는 맞배지붕을 지면까지 연장하여 이엉을 덮은 '덴치콘겐미야즈쿠리(天地根元宮造)'*[16]가 가장 원시적인 건축이라는 공인들의 전승에 구애받아,[64] 지붕이 원추형으로 되는 주거도 있다는 세키노의 의견[65]을 부정하였다.[66]

이러한 사정은 지금도 그다지 변하지 않았다. 가미후쿠오카의 수혈주거 논문 속에서 수혈에 살던 사람 수를 나눈 '세키노 공식'은 종종 인용된다. 그러나 같은 논문 안에 지적되어 있는 차수중심·기둥중심이라는 주거 구조의 차이, 토기 한 형식 내에 이 차이가 생기는 이유, 주거 확장이라는 해석의 타당성 여부에 대해 거의 심도 깊은 논의가 이루어져 있지 않다.[67] 예를 들면 1960년대 중엽에 아소 마사루(麻生 優)가 집필한 조몬시대 주거·취락의 개설에서는 처음으로 원형·방형이라는 주거지(=유구) 평면의 차이가 원추형지붕·맞배지붕(4기둥)이라는 구조의 차이와 관련된다고 설명되어 있다.[68] 그러나 후속하는 각 시기와 각 지역의 주거 변화는 오로지 원형·방형이라는 유구형태의 차이로만 설명된다.[69]

아소가 이러한 설명 방식을 선택한 이유를 충분히 이해할 수 있다. 어느 정도 주거지에 익숙한 사람—즉 고고학 연구자에게 있어서 원형플랜, 방형플랜이라는 '전문용어(符牒, technical term)'에서 주기둥의 위치·화덕의 위치 및 형태와 구조, 벽주와 벽구 등 부대시설 유구가 결합된 이미지를 조합하는 것은 그만큼 어렵지 않다. 따라서 고고학자를 상대로 할 경우 이런 설명 방식으로 짧게 이야기하면 된다.

그러나 고고학 연구를 시작한 학생, 전문가는 아니지만 고고학에 흥미가 있는 사람들을 상대로 하는 경우에는 어떠할까? 그들은 조몬시대 주거가 사각형에서 모서리가 둥글게 변한다는 것은 잘못된 것으로, '동서 일본의 지역차와 시간차를 나타내는 것'이며 조기에 사각형 주거가 도호쿠부터 간토까지 퍼져 있었지만 화덕이 없다[70]는 설명을 머릿속에 입력하는 것만으로 지쳐 버릴 것이다.

고고학 연구자가 아닌 사람들에게 조몬시대 주거의 연대차·지역차를 설명하기 위해서는 유구의 윤곽이 아니라 주거 자체의 특징을 설명하는 편이 훨씬 쉽다. 즉 원형플랜이라는 말 대신 원추형주거, 방형플랜이라는 말 대신 기둥이 4개인 주거라고 말해야 한다. 이처럼 전문가가 아닌 사람들에게 알기 쉬운 '말'을 사용하는 것은 고고학 연구자 자신에게도 필요한 일이라고 생각한다.

조몬시대 취락과 취락 내 주거에 대한 우리의 이미지는 얼마나 구체적일까? 간토지방의 구로하마기 취락이라고 할 때 맞배지붕·장방형플랜, 주구, 지상노… 등의 '전문용어'를 떠올릴 수 있다. 그러나 취락 복원도 또는 주거의 고야구미 평면도 및 단면도를 그릴 수 있을까? 가능한 사람은 극히 소수로, 그들은 박물관에서 조몬취락 모형 전시를 담당하였거나 유적정비로 복원 주거를 세운—즉 눈에 보이는 형태로 전문가가 아닌 사람들에게 취락과 주거의 이미지를 전달한—경험이 있음에 틀림없다. 우리가 취락과 고야구미의 복원도를 그릴 수 없는 것은 맞배지붕·장방형플랜이라는 '전문용어'를 사용하는 데 너무 익숙해져, 한층 더 구체적인 설명을 할 필요를 못 느끼기 때문이다.

'전문용어'라는 것은 동료들의 공통된 경험과 정의의 산물이므로, 그 범위 내의 이미지와 강하게 관련되고 동료들 사이의 설명과 논의의 수고스러움을 생략할 수 있는 유효한 수단이다. 반면, 이해의 애매모호함, 개인마다의 정의와 내용 차이 등이 표면화되지 않는다는 부작용도 있다. 전문용어를 사용하여 생각하고 논의하는 데 익숙해져 버리면 경험과 정의의 틀에서 벗어나는 문제를 간과하기 쉽다. 또 '전문용어'라는 것이 '동료가 아닌 사람들에게 거의 의미가 없는 말', 즉 은어(jargon)에 지나지 않는다는 점도 의식하지 않게 된다. 그 결과 어떻게 될까? 우리가 취락과 주거 복원도를 그릴 수 없는 이유의 하나는 우진각지붕·고야구미·시코로부키(錣葺)[*17]…라는 건축사 분야에서의 은어에 익숙하지 않다는 점을 고려하면 이해하기 쉬울 것이다. 이야기가 옆길로 빠졌다. 본론으로 돌아와 살펴보자.

(4) 「原始聚落の構成」에서 「縄文時代集落研究への基礎的操作」까지

「原始聚落の構成」 전야

우바야마패총 조사는 '혈거'를 둘러싼 끝없는 '고증'에 종지부를 찍고 '주거'에 대한 실증적인 '연구'의 출발점이 되었다. 인골채집을 목적으로 발굴하고, 인골이 묻힌 패총 아래의 토층까지 조사하는 것이 간토지방 패총을 분층발굴하는 출발점이다.[71]

인골채취라는 목적과 분층발굴이라는 방법, 이 두 가지가 우바야마 조사가 성공한

전제이다. 주거지 조사는 분층발굴의 성과─토기형식 편년과 함께 진행된다. 이 점에 주목하면 1920년대 중엽부터 1930년대 중엽에 걸쳐 활발해지는 주거지 조사를, 토기형식 편년의 정비와 더불어 고고학의 조직화를 대표하는 움직임의 하나라고 볼 수 있다. 게다가 그 배경에는 제1차세계대전 이후의 좋은 경기를 바탕으로 인재양성의 사회적 요구가 증가하고, 그 결과로서 대학의 제도적·경제적 정비 및 확충 등의 움직임이 있었음을 지적할 수 있다.[72]

이러한 의미로 우바야마패총의 수혈주거 조사는 조몬시대 연구라는 제한된 분야만이 아니라 일본 고고학 역사 속에서도 큰 의미가 있다고 재평가해야 한다. 반면, 우바야마로부터 이어지는 일련의 조사가 결국 주거지 조사로 끝나, 본격적인 취락론이 전개되지 않았던 것도 사실이다. 예를 들어 네즈 마사시(禰津正志)는 "……원시시대의 전 사회기구를 ……유물·유적 연구를 바탕으로 재현하는 것"이 "고고학의 중추적인 임무"라고 지적하고, '거주양식'·'공동묘지'를 예로 들어 일본 석기시대에 "원시적 무계급의 사회조직"이 있었다고 설명하였다.[73] 그러나 '거주양식'의 내용은 수혈주거·부석주거에 대해 해설하고 유물에 일상품 외의 사치품이 전혀 포함되지 않는 점, 주거 면적이나 형태에 두드러진 차이가 없다는 점을 지적했는데, 이는 "아직 개인적 또는 가족적 부의 축적이 충분하게 이루어지지 않았다"[74]는 점을 반영한다는 데에만 머물러 있어 본격적인 취락론과는 거리가 멀다. 고토와 세키노처럼 소위 아카데미즘 속에서 실증주의의 입장을 취하는 사람들이든 네즈와 같이 아카데미즘·실증주의를 비판하고 신흥과학(=마르크시즘)의 입장에 선 사람들이든 취락이라는 것의 구체적인 이미지를 그리는 데까지 도달하지 못했다. 이것이 1930년대 중엽부터 1940년대 초까지의 취락 연구의 실정이었다.

그러나 당시 연구자가 이러한 한계를 인식하지 못했던 것은 아니다. 세키노는 "한두 유적 조사에 그치지 않고 전체적인 관점에서 발굴계획을 세우고, 하나의 유적이라도 개개 주거지에서 취락적인 연구에까지 힘써야 할 것"이고, 가미후쿠오카조사는 그 점에서 "결코 만족스러운 것이 아니었다"[75]고 하였다. 고토 슈이치도 "……한 주거군의 종합적 발굴조사는 아직 한 번도 시도된 적이 없고, 그렇기 때문에 고대 취락 형태 연구는 한발도 나아가지 못했다고 해도 좋다"[76]고 지적하였다.

고토가 이렇게 말한 것이 1941년 9월이다. 그해 12월에는 쇼와(昭和)천황 히로히토(裕仁)가 아메리카합중국을 비롯한 4개국에 선전포고하고, 4년 후에 포츠담선언에 승복하여 전면 항복한다. 그 4년간 일본의 인적·물적 '자원'은 철저히 전쟁으로 낭비된다. 이러한 '불행한 사태'가 일어나지 않았더라면 취락 조사는 순조롭게 발전하여 본격적인 취락론이 성립되지 않았을까? 고토와 세키노의 발언을 통해 이러한 상상도 해 본다.

확실히 고토는 "석기시대 취락의 외연형태"를 밝힌다는 목적하에 도쿄 나라하마(楢浜)의 취락을 조사하고, 수혈이라고 추정되는 유구가 열상으로 배치되어 있는 것을 확인하였다.[77] 도쿄 니시아키루에서는 뒤에 "……상당히 자유롭게 발굴하여 거의 유실되지 않았다고 생각된다"[78]고 할 정도로 철저하게 조사하였다. 적어도 고토가 "당시에 잠시 동안 존재하던 집의 흔적이 확실해지지 않는 한, 조몬시대 마을을 밝힐 수 없다"[79]고 인식하였음에 분명하다.

한편 고토는 고고학 연구의 대상이 "풍속, 제도, 문물, 기능 등의 문화이고 이것만 가지고 직접 정치사, 경제사 등의 연구를 시도해서는 안 된다"[80]고도 하였다. 이 문장을 고려하면 "잠시 존재하던 집의 흔적"이 확실해졌다고 해도 그것에서 그려 낼 수 있는 "조몬시대 마을"의 모습은 몇 종류의 주거, 규모와 구조, 화덕의 특징 등을 나열한 것, 즉 '고대 취락의 형태'를 설명하는 것뿐이다. 적어도 네즈가 생각하던 목적에 부응하지 않았음은 확실하다.

위에 인용한 고토의 발언이 있기 5년 전, 하마다 코사쿠(浜田耕作)는 "……고고학으로……고대의 풍속·기능·문화를 연구하는 것만이 임무라고 하는 것은 쓸데없고 유해한 제한이"[81]라고 하였다. 왜 고토가 "정치사, 경제사 등의 연구를 시도해서는 안 된다"고 판단했는지 정확하게 알 수 없다. 아마 1925년 3월에 보통선거법과 함께 국회를 통과한 '치안유지법'을 의식한 것이리라.

이 법률에는 "국체를 변혁시키고 또는 사유재산제도를 부인할 목적으로 결사를 조직"하는 등의 행위만이 아니라, 이 "죄를 범하도록 하는 것을 목적으로 하여, 금품 기타 재산상의 이익을 공여하거나 또는 요청하고, 그렇지 않으면 약속하는 자"까지 처벌의 대상이 된다. '국체'에는 몇 개의 의미가 있다.[82] 여기서는 천황제 국가를 가리킨다. 즉 천황제 폐지를 주장하는 정당·모임(=결사)에 참가하는 것은 물론이고, 자금모금, 활동장소를 제공한다는 구두약속을 하는 것만으로 처벌의 대상이 되었다.

지금의 일본도 천황제 국가이다. 다만 이때의 일본은 '대일본제국헌법'하에 천황이 통치하는 국가였다. 천황이 단 한 사람의 주권자이고, 천황과 그 친족을 제외한 전 국민이 "절대적으로 국가에 종속되어 그 권력에 복종하는 것을 본질"[83]로 하는 '신민'

인 국가, 그것이 '국체'의 본질이다. 조몬시대 취락에서 '원시적 무계급의 사회조직'의 모습을 파악하는 것은 '만세일계'의 '국가존엄'에 상처를 내는 행위이고, 치안유지법의 단속 대상이 되었다. 고토는 이러한 이유로 고고학 연구의 범위에 하마다가 "쓸데없고 유해한"것이라고 한 제한을 추가한 것이다. 자유로운 고고학 연구와 천황제 국가는 공존할 수 없다. 앞으로도 이 점은 변하지 않을 것이다.[84]

「原始聚落の構成」과 와지마의 취락론

1948년 와지마 세이이치는 「原始聚落の構成」[85]을 발표한다. 당시 부분적으로 조사가 시작된 시즈오카(静岡)현 도로(登呂)의 몇몇 주거 규모가 거의 같고, 원시·고대의 주거도 이를 전후한 규모라는 것을 논거로 하여, 일본의 원시·고대에는 '대가족'과 같은 것이 존재하지 않았다는 취지의 도다 테이조(戸田貞三)의 강연에 대한 반론 형태이다.

와지마는 이 논문에서 이바라기(茨城)현 하나와다이(花輪台)와 나가노(長野)현 도가리이시(尖石) 등 패전 후에 이루어진 조사와 공표된 성과를 인용하였다. 그러나 근거 데이터는 대부분 1920~1940년대에 축적된 것이어서 실질적으로 패전 전에 발표할 기회가 없었던 것을 발표한 것이라 볼 수 있다.

와지마는 "같은 지붕 아래에 하나의 화덕을 둘러싸고 살던 한 무리의 사람들을 세대로 인정하는 것이 타당한 경우가 많지"만, 그것을 "바로 한 단위의 가족이라고 생각할"수 있을지는 별개의 문제라고 지적하였다. 거듭 '대가족'이 존재했는지의 여부는 한 주거에 살던 사람 수를 근거로 결정할 수 있는 성질의 것이 아니고, "주거지와 그 성원이 어떠한 성격의 취락에 속하고, 또 그 취락의 구성부분으로 어떠한 기능"[86]을 발휘하였는지를 밝힘으로써 비로소 해결할 수 있는 문제라고도 지적하였다.

개개 주거에 사는 사람들(=세대)은 "주로 생활의 후생적인 면"에서 독립된 기능을 발휘한다. 그러나 "일상생활 가운데 가장 중요한 '생산' 면에서는 취락전체의 조직적인 움직임에 강하게 규제받는 일부분으로서 비로소 의미"를 가지는 존재였다는 것이 와지마의 결론이다.[87] 여기서 와지마는 우바야마와 구사카리바(草刈場) 등 연안부 패총 중심부에 "주거도 짓지 않고, 조개도 버려지지 않고 남아 있는" 부분이 있고,[88] 미야사카 후사카즈가 조사한 나가노현 도가리이시에도 '집단생활의 결집점'이라고 볼 수 있는 구역이 존재하며,[89] 양자 모두 몇 개의 토기형식이 지속되는 동안 유지된다는 사실에 주목하였다.

이것은 취락이 존속하던 꽤 장기간에 걸쳐 공통규제가 유지되었던 결과이다. 동일한 현상이 "개인수렵이 가능한…… 수렵자"의 취락인 도가리이시에서도, "식물채집과 수렵 이외에 집단노동을 하는 경우가 많은 어로"에 의존하는 우바야마와 구사카리바에서도 인정된다.[90] 그러므로 이러한 규제가 우연이 아니라 조몬시대 취락에 공통되고 이 시대 생산양식과 본질적으로 관련되어 있음을 보여 준다고 하였다.

게다가 와지마는 조몬시대 노동용구에 대해 두 가지를 지적하였다. 조기의 하나와다이패총에서 출토된 "수렵·어로·식물채집의 기본적인 용구가 각각 용도에 맞게 분화된다."[91] 한편 중기 이후의 노동용구는 부분적으로 개량되지만 질적인 변화는 확인되지 않는다. 따라서 노동력의 증대(=인구의 증가)가 조몬시대 생산력 발전의 큰 요인이 된다.[92] 노동력이 극히 빈약한 단계, 즉 하나와다이패총과 같이 취락의 규모가 극히 작은 시기에는 "집단이 약소한 만큼 광폭한 자연에 대해 강한 결합이 필요"[93]해진다. 한편 인구가 증가하여 노동력이 확대된다고 해도 자연조건에 변화가 없고 "약탈적인 자원획득 방법"을 취하는 한 인구 증가는 "정주성을 위협하는 인자"가 되기도 하므로, 협업·분업과 난획 방지 등의 통제가 필요하고 취락이 하나의 단위로서 생산의 주체가 되어야 한다는 것이다.

와지마는 1958년[*18]에 간행된 『横浜市史』[94]에서 다시 조몬취락론을 전개하였다. 「原始聚落の構成」의 논점과 거의 변화가 없다.[95] 다만 조기의 불안정한 취락과 정주성이 강한 전기의 취락,[96] 대지 중앙의 광장을 둘러싸는 주거의 배치,[97] 취락을 구성하는 주거의 수[98]와 배치의 변화[99] 등 취락의 구체적인 양상에 대한 설명을 덧붙였다. 이는 1955년에 실시한 난보리(南堀)패총의 조사성과이다. 여기서 강한 안정성과 확고한 공동체적 규제를 전제로 하는 마제형(馬蹄形) 또는 환상의 '정형적 취락'의 이미지가 완성된다. 그리고 1960년대 말까지 와지마의 의견을 모형으로 한 취락론이 반복된다.

와지마의 취락론은 일본 고고학 최초의 본격적인 취락론으로 소위 취락론의 원점이라고 할 만하다. 그만큼 와지마가 제시한 주장의 특징과 약점을 정확하게 평가하는 것은 앞으로 취락론을 전개시키기 위해 필요한 일이다.

「原始聚落の構成」에서 다루는 것은 문자 그대로 '일본 원시사회의 취락'으로 조몬취락만을 대상으로 하지 않는다. 우선 이를 확인해 둘 필요가 있다. 와지마의 검토대상은 조몬 조기에서 8세기까지의 사회적인 조직으로서의 취락, 그리고 그 안의 가족의 변질과정이다. 따라서 한 시기만을 추출하여 이렇다 저렇다 결점을 지적하는 것은 온

당하지 못하다. "이 논문으로 원시 취락의 역사적 밑바탕이 그려지고, 원시사회의 기본문제인 공동체론·가족론을 위한 전제가 갖추어졌다"[100]는 평가는 지금도 변함없다.

와지마의 조몬취락론은 그 사회가 '본원적인 빈곤'하에서 원시공산제, 좀 더 구체적으로 말하면 씨족공동체가 생산의 주역이었던 사회라는 가설을 바탕으로 한다. 따라서 데이터 하나하나를 검토하여 의견을 제시하는 방향(상향법)이 아니라, 가설에서 출발하여 데이터에 해석을 부가하는 방향(하향법)으로 연구된다. 와지마의 취락론은 귀납법이 아닌 연역적 성질의 것이라는 점은 거의 주목받지 않았다. 와지마의 논리가 연역적인 이상, 이미 결정이 나 있는 결론을 이끌어 내기 위해 자료를 조작한다는 비판도 요점이 빗나간 것이다.

와지마의 발언에 가설검증이라고 할 수 있는 부분이 거의 없는 것도 사실이다. 이는 논문이 1948년 즉 천황제가 붕괴된 직후에 발표되었다는 사정을 고려할 필요가 있다. 앞서 지적하였듯이 천황을 유일의 주권자로 삼는 국가하에서 천황 지배를 부정하는 입장에 선 사람들은 마르크시즘 이론이 과학적인 증거가 있는 '진리'라는 점에 기대어 천황국가로부터 가해지는 탄압에 저항하였다. 정치적으로는 이러한 입장이 정당하다. 와지마는 1933년에 치안유지법 위반으로 검거된 이력이 있다. 「原始聚落の構成」에 이러한 자세가 엿보이는 것도 당연하다.

그런데 이러한 경향은 고고학에 그대로 뿌리를 내리고 말았다. "취락의 전모를 파악할 수 있을 정도로 발굴된 조사가 아직 하나도"[101] 없는 상태에서 발표된 와지마의 '시론'은 이렇다 할 검증도 이루어지지 않은 채, '정설'이 되었다. 오늘날 조몬취락 연구의 정체 원인이 여기에 있다. 하부 준코(羽生淳子)가 "사회적 규제의 연구에 중점을 둔 사적유물론은 조몬시대 취락 연구에 반드시 유효한 틀이 아니다"[102]라고 한 말은 이를 반영한다. 그러나 조몬시대 취락 연구가 정체되어 있는 원인은 사적유물론 그 자체에 있는 것이 아니라, 도이 요시오(土井義夫)가 지적하였듯이 "와지마의 시각을 무비판적으로, 경우에 따라서는 교조주의적으로 받아들인"[103] 데에 있다.

「縄文時代集落研究への基礎的操作」

1969년에 발표된 미즈노 마사요시(水野正好)의 논문에 대해서는 이미 많은 연구자들이 의견을 제시한 바 있다. 1970년대 이후, 조몬시대 취락문제를 다룬 논문으로 이 논문에 언급되지 않은 것이 없다. 게다가 2동을 하나의 소군으로 하는 주거군 구성이 인정되는가라는 점에 대부분의 논의가 집중되어 있다. 그러나 나가노현 요스케오네(与助尾根)의 구성을 분석하고[105] 아키타현 오유(大湯)환상열석의 구성을 복원했을 때,[106] 미즈노의 의견은 이미 거의 확립되어 있었을 것이다. 이 논문에서는 주거 내부의 배치를 필두로 개개 주거의 역할로 복원되는 마을의 역사, 나아가 마을의 구조와 기능,[107] 마을의 움직임과 영역[108] 등의 문제도 다루었다. 즉 한 무리를 이루는 조직인 '마을(村)'의 모습을 그리는 것이 이 논문의 목적이다.

「原始聚落の構成」이 연역적 논리로 관철되어 있다고 이미 지적하였다. 미즈노의 논문도 연역적 논리로 이루어진다. 이것이 두 사람 논문의 가장 큰 공통점이다. 와지마는 일본열도에서 성립한 씨족공동체라는 전제를 바탕으로 논리를 세웠다. 미즈노는 언뜻 봐서는 혼돈스러운 조몬시대 취락도 몇 개의 '형(型)'으로 정리할 수 있다는 전제를 바탕으로 한다. 와지마는 공동체이론의 레벨로 연역적 논리를 전개하고 미즈노는 유구를 파악하는 레벨로 연역적 논리를 전개하였다고 할 수 있다. 미즈노는 「原始聚落の構成」이 아니라 『横浜市史』를 인용한다. 논리의 전개 수준이 다르다고 의식하였기 때문일 것이다. 이 점을 염두에 두고 두 사람의 의견이 일치하는 점과 다른 점을 살펴보자.

이미 소개한 바와 같이 와지마는 1동의 주거에 사는 사람들을 '가족'으로 보는 것을 부정하였다. 미즈노도 2동의 주거에 사는 사람들이 한 가족을 이루는 것이 보통이고, "때로는 1동에 한 가족이 사는 경우도 있었다"[109]고 하였다. 그리고 요스케오네의 예를 들어 한 주거를 가장부처(家長夫妻)와 유아, 다른 주거를 가장과 같은 출자의 남자와 어린이가 이용하였을 가능성이 있다고 하였다.

미즈노는 난보리패총의 구로하마기 취락에서는 2동 1조의 가족이 이동했을 가능성이 있고,[110] 지바현 가이노하나(貝の花)에서는 "우선 동쪽으로 1동이 이어지고 이후에 1동이"[111] 이동한다고 지적하였다. 또 나가노현 가고바타(籠畑)를 근거로 "2동 1조에 1동이 추가된 형"[112]을 설정하였다. 이렇게 한 가족 또는 가족 일부가 독립적으로 움직이는 경우도 있다는 섬을 완전히 부정하지 않는다. 그러나 가이노하나의 경우에도 1동의 주거를 단위로 하는 움직임은 "마을의 용인"하에서 이루어진다고 해석하였다.[113]

또 '마을 이주의 제 형태'[114] 중에서는 제일적(齊一的)·비제일적인 이촌(離村)과 마찬가지로 제일적·비제일적인 이촌(移村)정착이 교차한다고 지적하였다. 그러나 그 전에 예로 든 난보리·가이노하나·요스케오네는 모두 '제일적 이촌(移村)'의 사례로 해석할 수 있다. 따라서 제일적 이촌(離村)과 이촌(移村), 즉 미즈노가 마을 통째로 이동하는 것이 일반적이라고 생각하였다는 인상을 받는 것도 어쩔 수 없다.

미즈노는 취락 안의 주거배치가 강한 규칙하에 통제되었다고 강조하였다.[115] 규칙을 추가하는 주체가 '마을'임은 말할 필요도 없다. 그 규칙은 주거만이 아니라, 패총·묘지의 배치에까지 미친다.[116] 와지마는 '취락전체'가 생산에 종사한다는 점을 강조하였다. 미즈노는 취락 안의 토지이용을 결정하는 것이 '마을'이라고 하였다. 바꾸어 말해 취락으로 이용하는 토지를 전유한 것이 '마을'이었다는 것이다.[117] 와지마의 '생산' 대신에, 미즈노는 '소유'·'점유'의 측면을 강조한 것이다. 미즈노는 패총 위치와 주거배치가 대응한다고 보고, 그 이유를 공공의 수렵·어로의 포획물 분배에서 찾기 때문에 생산의 측면에서도 '마을'이 주요한 역할을 수행한 것으로 보았다.

그렇다면 미즈노도 와지마와 마찬가지로 조몬시대 취락을 강한 '공동체적 규제'의 산물이라고 생각한 것처럼 보인다. 미즈노의 '마을'·와지마의 '취락총체'는 모두 '공동체'이다. 그러나 좀 더 깊게 들어가 보면 내용의 차이는 분명하다. 와지마는 '공동체'의 내용을 계급분화가 없는 "자연발생적인 혈연집단"[118]이라고 정의하였다. 한편 미즈노는 '마을'은 몇 개의 가족(=소군)이 모인 "지연집단"이라고 정의하였다.[119] 와지마는 하나의 '혈연집단'이 몇 개의 '세대'로 나누어진 것이 '취락'이라고 생각하였다. 미즈노는 몇 개의 '가족'이 '지연'에 따라 관계를 맺은 것이 '마을'이라고 생각하였다. 더 이상 두 사람의 의견차이를 검토할 여유가 없지만, 와지마의 '취락'과 미즈노의 '마을'의 내용이 전혀 다른 점은 확실하다.

미즈노는 만약 "원초적인 농경을 상정한다면, 마을 뒤편에 가족단위의 밭도 있을 것이다. 특정 개인은 이러한 환경에서 정치적·의례적 우월을 획득하고 마을을 움직이게 된다"[120]고 하였다. 매우 미묘하게 돌려 말한 것인데, 후반부에 주목해 보면 조몬시대에 이후 시대의 수장에 해당하는 인물이 생겨날 가능성이 전혀 없다고 생각하지 않았음이 분명하다. 한편 와지마는 "자연물 채집경제에서는 집단이 본원적인 자원을 소유하고, 한편 다른 조건하에서 자연발생된 혈연집단을 갈라놓는 계기로서의 계급분화"는 인정되지 않는다[121]고 하였다. 와지마와 미즈노의 의견은 결정적으로 여기에서 갈라진다.

이러한 차이에도 불구하고 미즈노와 와지마 두 사람의 의견에는 공통되는 부분도 있다. 바로 조몬시대 사회조직 내 취락에 대한 이해이다. 와지마는 사카즈메 나카오의 논문[122]을 인용하여 몇 개의 패총군이 동시에 존재하고 취락과 유기적인 관계를 유지하였을 가능성을 인정하였다. 그러나 "그 구체적인 의미를 현실 자료에서 찾아내는 것은 불가능하고, 단지 막연한 상상만 허락될 뿐이다"고 하여 검토를 중단하였다.[123] 한편 생산의 주역은 '취락총체'라고 강조했다. 그 결과, 한 취락이 조몬시대의 몇 겹으로 겹쳐진 사회조직의 일부라기보다 자립할 수 있는 존재(어렵게 이야기하면 완결된 기초단위)라는 착각도 생겨나기 쉽다.

미즈노의 논문에도 유사한 부분이 있다. 미즈노도 '마을들의 영역'을 잇는 군을 파악할 수 있다고 하였다. 계속해서 이 군에서 "부족으로서의 지연성이 확인되면, ……비로소 조몬시대 취락론이 역사학의 대상이 된다"[124]고 하였다. 확실히 미즈노도 하나의 '마을'이 완결된 기초단위가 된다고 생각하지 않았다. 자료가 부족하기 때문에 그 내용을 검토할 수 없었던 것이다. 미즈노가 이 논문을 집필하였을 때 가이노하나의 정식보고서는 아직 출판되지 않았다. 한편 미즈노는 산줄기·강줄기로 구획된 취락영역이 "병존하고, 서로 섞이는 일 없이"[125] 변한다고 지적하였다. 더구나 이 영역들은 자립성이 강한 생업활동·종교활동의 기반이 되어 "아마 마을 사람은 그 군 안의 영역에서 일생을 보내고, 역사의 흐름도 지상의 변화도 모두 그 영역 안에서 생겨난 것이라고 생각된다"[126]고 하였다. 이 문장들과 앞서 지적한 제일적인 이촌(離村)·이촌(移村)의 사례를 비추어 보면 조몬인은 '마을'이라는 닫힌 공간 속에서 살았다고 착각하기 쉽다. 지금까지 발표된 미즈노 논문에 대한 비판 속에는 이 점이 간과되어 있거나 또는 잘못 이해되었다. 안타깝게도 필자 자신도 예외는 아니다.[127] 1970년대 말이 되어야 겨우 이 공백을 메우려는 움직임이 시작된다. 그것이 조몬시대 취락 연구의 현상이라고 할 수 있다.

2. 조몬취락론의 현상과 문제점

(1) 지금까지의 조몬취락론

와지마 세이이치의 「原始聚落の構成」, 그리고 미즈노 마사요시의 「縄文時代集落研究への基礎的操作」, 이 두 논문은 조몬취락론의 출발점이다. 바꾸어 말해 현재 조몬취락론을 둘러싼 문제는 거의 와지마와 미즈노가 언급한 범위 안에 있다고 해도 과언이 아니다.

예를 들면 미즈노가 미야사카 후사카즈의 요스케오네의 조사[128]를 기초로 하여 요스케오네의 취락구성 복원[129]에 채용한 대군-소군의 구성은 바로 오카모토 이사무(岡本 勇)·도자와 미츠노리(戸沢充則), 무코우사카 코지(向坂鋼二) 등의 개설적 논문[130]에 도입된다. 대군·소군을 구분하는 분할축의 구성분석을 출발점으로 하여 친족조직 복원을 시도한 니와 유이치(丹羽佑一)의 논문도 있다.[131]

1970년대부터 1980년대에 걸쳐 고바야시 타츠오(小林達雄)가 다마(多摩)뉴타운 유적군의 '취락패턴(settlement pattern)'을 분류하고 이를 기초로 하는 '취락시스템(settlement system)'을 복원한 시도와[132] 필자가 센다이(仙台)만 연안을 대상으로 한 작업[133] 등 복수 취락의 관계를 점유 영역에 착목하여 정리하려는 움직임도 나타난다. 와지마는 이미 1950년대 중엽에 아이치(愛知)현 도요카와(豊川) 강유역에서 선구적으로 연구한 바 있다.[134] 미즈노의 취락영역에 대한 내용도 이 작업들을 촉발시켰다.

와지마와 미즈노의 논문이 발표된 이후, 조몬시대의 취락문제를 다룬 논문은 매우 많다. 모두 조몬취락 연구 속의 개별 과제를 파고들고 있다는 점에서 각각 의미가 있다. 그러나 새로운 연구 흐름을 창출시키는 데까지 영향을 미치지 못한다.

나가사키 모토히로(長崎元広)는 1970년대까지의 조몬취락론의 문제점을 극명하게 정리하여 관련 논문을 공들여 발표하였다.[135] 1960년대부터 1970년대에 걸쳐 취락론의 구체적인 동향과 평가는 나가사키의 논문을 참조하기 바라고, 여기서는 조몬취락론의 현상황에 초점을 맞추도록 하겠다.

'전통적'인 조몬취락론의 이미지를 재검토하자고 주장하는 의견(=재검토론)과 그에 대한 반론이 최근 십수 년간 조몬취락론을 둘러싼 논의의 중심에 있다. 스에키 타케시(末木 健), 이시이 히로시(石井 寛), 도이 요시오, 구로오 카즈히사(黒尾和久), 하부 준코 등이 '재검토론'의 입장에 있고, 야마모토 테루히사(山本暉久), 스즈키 야스히코(鈴木保彦), 사사키 후지오(佐々木藤雄) 등이 이를 반론하는 입장에 있다.

(2) '재검토론'의 윤곽

조몬시대 취락은 '정주적'인 것이 아니라 토기 한 형식 기간 중에도 몇 번 이동을 반복하였다. 소위 '대취락'은 몇 개의 토기형식에 걸치는 긴 기간 동안 전입·전출을 반복한 결과이다. '재검토론'의 내용을 이렇게 요약할 수 있다.

오늘날 우리가 주거지라고 부르는 유구가 어떻게 형성되었는가? 그 관찰과 해석이 주거가 계속 이용되었다는 해석을 부정하고, 빈번하게 이동하였다는 주장의 근거

가 된다. 주거지와 토갱(土坑) 등의 유구에서 '일괄유물'이 출토되어 토기형식 세별의
자료가 된다. 세별형식의 편년을 바탕으로 주거지를 비롯한 유구의 연대를 결정하면,
토기 한 형식에 해당하는 취락의 호수는 많아도 수 채에 지나지 않는다. '재검토론'의
논거는 이렇게 정리할 수 있다.

1960년대에 시작되어 1970년대 일본열도 전역에 확산되는 '대규모 개발'에 따른
'긴급조사'로 막대한 자료와 데이터가 유적 대신 남겨지게 되었다. 미즈노가 "상념(想
念)을 가진 조사"의 필요성을 강조한 것이 1960년대 말,[136] 긴급조사가 전국적으로 조
직화되기 시작한 시기였다. "상념을 가진 조사"를 통해 취락지는 '역사'를 복원하는 데
이터가 된다. 모습이 사라져 가는 유적을 앞에 두고 무엇을 어떻게 '기록'해야 하는가
라는 문제를 의식했던 것이다. 그러한 의미에서 이시이를 비롯한 '재검토론'은 결론이
미즈노와 다르다고 해도 같은 의식을 공유하고 있으며, 현재의 매장문화재를 둘러싼
상황하에서 생겨날 수밖에 없는 것이 생겨난 것이라고 할 수 있다.

'취락이동론'

이시이 히로시는 조몬시대 '집단'은 "일정 토지에 대한 정착성을 강화시켜 나가면
서 일정 지역 안에서 이동을 반복하였다. (중략) 하나의 취락지는 비록 토기형식을 보
면 여러 형식에 걸쳐 거주한 것처럼 보여도, 한 토기형식 기간 내에서조차 거주가 단속
적이며, 취락지는 무인상태가 반복되었다고 생각된다"[137]고 하였다. '집단이동론'의 골
자는 이와 같다.

이시이의 지적처럼 조몬시대 취락이 고정된 것이 아니라 집단적으로 이동하였을
가능성이 있음은 1960년대 중엽부터 지적되어 왔지만 특히 활발해지는 것은 1975년
이후이다.[138] 이시이는 스에키 타케시의 취락이동에 대한 해석[139]을 비판하면서 자신의
의견을 전개하였다. 스에키의 견해는 고바야시 타츠오의 '후키아게(吹上)패턴',[140] 가니
미치히로(可兒通宏)의 토기·주거의 폐기과정 해석[141]에 대한 비판으로 제기된 것이다.

'집단이동론'은 1960년대 중엽부터 유구의 형성·유물 퇴적에 대한 '패턴론'과 관
련된다. 후지모리 에이이치는 1960년대 중엽에 이루어진 나가노현 후시미쵸(富士見町)
내 조몬 중기 취락 조사에서 주거지 안의 '일괄토기'와 주거의 중복관계를 바탕으로
'이도지리(井戸尻)유적의 편년'을 수립하였다.[142] 다만 주거의 중복·일괄토기의 존재
라는 두 '사실'을 토기형식 편년에만 이용할 뿐, 주거 폐기까지의 과정과 '일괄토기'의

표 29 주거의 전입·전출에 따른 취락의 변용(주 143 문헌에 의거해 작성)

주민	주거	옛 주거	폐옥(窪地)	토기
전입	신축 → 정리	부재로 전용 / 장작으로 이용	일괄토기투기 → 정리	재이용 / 폐기
				일괄제작
정착	거주	땔감 두는 곳	토기편·박편· 식료잔해 등 폐기	파손 / 보충제작
전출	방치	황폐 [1차퇴적층 → 웅덩이]	완전매몰	매몰/산란

성격까지 검토하지 못하였다. 이에 대해 주거가 주거지가 될 때까지의 과정, 토기를 비롯한 유물의 유기·폐기라는 인간행동의 접점을 설명하는 것, '후키아게패턴'을 제안하는 의미가 여기에 있다.

취락의 주민은 주기적으로 일정한 양의 토기를 폐기한다. 그 장소로서 더 이상 사용하지 않는 웅덩이가 되어 버린 주거지를 이용한다. 그것이 '후키아게패턴'이다. 쓰레기장으로 이용되는 주거지는 벽 쪽에서 중앙쪽을 향해 접시모양으로 퇴적된 매토(제1차퇴적층)로 이미 중간쯤 메워진 상태이다. 그러나 고바야시의 설명에는 자연의 작용[營力]에 의한 유구의 매몰과 유물의 투기, 두 종류의 과정이 충분히 구별되어 있지 않다. 여기서 '제1차퇴적층이 형성되는 동안 사람들은 무엇을 하였는가?'[143]라는 의문이 생기고 그것이 '집단이동론'으로 전개된다.

이 의문을 처음 던진 것이 스에키 타케시이다. 그는 제1차퇴적층이 유물을 거의 포함하지 않는다는 점에 주목하였다. 고바야시와 가니가 생각하는 것처럼, 동일 취락 안에서 한 주거에서 다른 주거로 주민이 이동하였다면 제1차퇴적층이 형성되기 전에 이미 주거지를 쓰레기장으로 사용할 수 있다. 그렇다면 제1차퇴적층에서도 유물이 출토될 것이다. 나아가서 이 층이 퇴적되는 동안 취락은 무인상태였다고 봐야 한다는 것이 스에키의 의견이다.[144] 이 전제하에서 스에키는 주민의 전입·전출에 따른 시설 및 기물정리 등의 행위, 시설 폐기에 따른 변용 등 일련의 현상을 모델화하였다(표 29).[145]

스에키의 해석으로 주거지 매토(복토) 가운데 최초로 퇴적된 층에서 유물이 거의 포함되지 않는 이유를 일단 설명할 수 있게 되었다. 유구가 완성되는 과정을 인간행위와 관련짓는다는 점에서 고바야시와 가니를 계승하고 있고, 나아가서 세심한 문제까지 다루며 새로운 해석을 도출하였다. 이시이는 여기서 한 발 더 내딛는다.

이미 소개하였듯이 주거 확장이라는 현상을 처음 지적한 사람이 세키노 마사루이다. 세키노는 주거 중복과 확장을 구별하고, 신구의 주거가 우연히 겹치는 경우를 중복주거, 수혈을 파내려가는 노동력을 절약하기 위해 '폐기된 수혈을 이용'하는 경우를 확장주거로 구분하였다. 그리고 가미후쿠오카D지점의 주거처럼 "수 회에 걸쳐 확장된 예"는 "필요에 따라 순차적으로" 확장된 것이라고 해석하였다.[146] 이후, 바닥면이 거의 같은 높이에 있고 몇 개의 벽기둥 열[溝]·몇 조의 주기둥이 남아 있는 주거지를 '확장주거'로 부르게 되었다. 이와 더불어 필요(예를 들어 가족 수의 증가)가 생길 때마다 바닥면적을 넓힌다는 해석도 그대로 계승되었다.

필요에 따라 주거를 확장한다. 이 해석은 앞서 설명한 상태의 주거지가 최후에 폐기되기까지 끊임없이 주거로 이용되었음을 의미한다. 미즈노가 '거주의 흐름'을 복원한 것도 이 해석을 바탕으로 한다.[147] 이시이는 유구 자체를 충분히 검토하지 않고 이 해석을 받아들였다는 점이 문제라고 하였다. 그는 확장이든 개축이든 "실제로는 오래된 주거를 폐기하고 새로운 주거를 구축하는 동안, (중략) 그 사이에 주거가 존재하지 않는 기간이 포함되어 있다"[148]고 주장하였다.

이시이에 의하면, '확장주거'는 다수 보고되어 있지만 '확장'되기 전의 주혈 매토 상태에 주의를 기울인 예가 거의 없다. 만약 '확장'되기 전 "주거의 주혈이 자연영력에 의해 자연퇴적토 유입으로 매워졌다면,"[149](방점 필자) 지금까지의 주거 확장을 둘러싼 해석은 근거가 없어지게 된다. 이시이는 미나토키타 뉴타운의 니시노타니(西/谷) 6호 주거의 확장주거를 소개하며, 벽기둥 열과 주 주혈의 매토가 '자연유입토'인 점, 바닥재 아래에도 '자연퇴적토'가 '유입'되어 있다고 지적하였다.[150]

니시노타니 6호주거는 끊임없이 이용되고 필요에 따라 확장된 주거가 아니다. 총 4회 '확장'되는 동안, '자연퇴적토의 유입'이 있었다는 것은 그때마다 주거가 방치되어 중간 정도 매몰된 상태였음을 말해 준다. "우리가 현재 '확장'주거라고 생각하는 수채분의 주거지는 실제로 이러한 '구축 → 거주 → 폐기 → 반매몰 → 구축'이라는 반복 과정을 거친다"[151]는 것이 이시이의 결론이다. 이시이는 가나가와현 시오미다이(潮見台) 9호주거의 중복된 주혈 매토(도 68)[152]를 지적하며, 니시노타니 6호주거처럼 폐기 → 반매몰의 과정이 존재한다고 판단하였다. 나가노현 지노와다니시(茅野和田西) 3호 주거도 설명이 불충분하지만, 마찬가지로 폐기 → 반매몰 과정이 개재함이 틀림없다고 하였다.[153]

스에키와 이시이의 의견이 '집단이동론'을 대표한다는 점에 이견이 없을 것이다. 후술하겠지만 집단이동론에 찬성하지 않는 연구자도 많고, 이시이가 스에키의 해석을 비판한 것처럼 동일한 입장에 있는 연구자들 사이에서도 의견이 반드시 하나로 모아져 있는 것도 아니다. 그렇다 하더라도 유구에 대한 세심한 관찰을 출발점으로 하여 취락 또는 취락 주민의 움직임을 파악하려는 것이 '집단이동론'의 특징이다. 지금까지의 조사에서 주의했어야 하지만 누락되어 온 문제를 지적한 것이다. 현장에서 조사를 담당하는 사람들 사이에서 공감을 불러일으킨 이유도 여기에 있다. 조사기술, 그 토대가 되는 문제의식 그리고 분석·해석의 방향, 이러한 몇 개 요소를 통합한 의견으로써 집단이동론이 가지는 의미는 결코 작지 않다.

'소규모 취락론'

"설사 20기, 30기의 주거지가 발견되어도 그것은 결국 약간의 거주의 흐름에 지나지 않는다."[154] 이 미즈노의 발언은 '소규모 취락론'의 실질적 출발점이 될지 모르겠다. 미즈노는 소위 대취락을 2동 1소군 3단위 주거로 구성되는 취락이 전이·이동한 결과라고 주장하였다. 한편 마을 안의 여러 시설이 중앙광장을 중심으로 배치되고 광장이 마을 안팎 사람들의 교환·교류를 위한 공간으로 지속적으로 유지되었다고도 주장하였다. 미즈노는 대취락의 존재를 부정하는 입장에 있지만 정형적인 취락의 존재마저 부정하지는 않았다. '소규모 취락론'을 지지하는 연구자 중에는 광장의 존재 자체를 의문시하는 사람도 있다.

먼저 '소규모 집단론'을 주장하는 사람들의 의견을 들어 보자. '소규모 취락론'을 주장하는 연구자는 지금까지의 조몬취락 연구에 어떤 문제가 있다고 생각하였을까? 도이 요시오는 다음과 같이 설명하였다.[155]

① 관찰·분석의 대상이 되는 취락유적은 시간적으로 누적된 최종적인 모습이지만 종래의 연구에서는 이 점이 충분히 이해되지 않았다.

② 그 결과, 여러 시기에 걸쳐 형성된 취락모습을 바탕으로 정형적·거점적 취락의 틀이 만들어지게 되었다.

③ 한편 이 틀에 포함되지 않는 취락유적은 임시적·파생적·특수한 성격으로 이해되어 성격이 다른 두 종류의 취락유적이 존재하는 이유가 밝혀지지 않은 채 있으며,

④ 그 결과 취락유적에서 출토되는 몇몇 토기형식의 서열·변천을 그대로 단절 없이 지속되는 취락의 모습으로 바꿔 버렸다.

⑤ 따라서 한 토기형식이 나타내는 연대 폭 안에서 취락과 주거의 폐기·주거의 전출과 전입이 있었을 가능성이 본격적으로 논의된 적 없었다.

여기에서 도이가 문제 삼고 있는 것은 지금까지의 조몬취락 조사·연구의 결함으로 오로지 여기에만 집중되고 있다. 그 점에서 앞서 소개한 하부의 와지마 취락론에 대한 비판보다 훨씬 적확하고 설득력이 있다.

다음은 '소규모 취락론'의 내용이다. 구로오 카즈히사의 주장은 다음과 같이 요약된다.[156]

① 조몬 중기의 생활단위 (중략)는 수혈 1기~수 기 정도의 매우 소규모 집단이다.

② '대규모 취락'도 한 시점에서의 취락경관은 '소규모 취락'과 대차 없다.

③ '대규모 취락'은 그러한 소집단이 서서히 이합집산을 반복한 결과 형성된 시간 누적의 결과이다.

④ 조몬시대 중기의 거주 실태는 소규모 집단을 생활단위로 하는 이동성이 강한 방식이다.

여기서 구로오의 검토대상은 중기의 취락이지만 조기후엽[157]·전기전엽[158]·전기 중~후엽[159]의 취락을 대상으로 한 분석에서도 같은 결론에 도달한다. 즉 '소규모 취락론'의 기초가 되는 데이터는 조몬 중기 또는 그 이전 시기의 것이므로 반드시 조몬시대 전체를 대표한다고 볼 수 없다. 지금까지의 연구에서도 같은 경향을 지적할 수 있다. 입장과 수법을 불문하고 조몬취락의 구성 모델이 되는 것은 중기 유적이 압도적으로 많다. 지금까지의 취락론이 중기 유적의 비율이 매우 높은 간토(동부·남부)와 주부(中部)고지의 자료를 바탕으로 전개되어 왔기 때문이다. 그만큼 '소규모 취락론'의 입장에 있는 연구자가 조기·전기의 취락구성을 다루는 것은 조몬취락론의 연구영역 확대와 관련되므로 환영할 만한 일이다.

구로오는 조몬 중기와 후기 사이에 취락의 성격이 변하고 후기에는 본격적인 정주취락이 성립될 가능성이 있다고 지적하였다.[160] 게다가 "조몬시대 전형으로 이해하기 쉬운 중기의 '취락' 양상도 조몬시대 속의 한 양상으로 위치지우는 것이 타당하다"[161]고 하였다. 앞서 지적한 상황을 고려하면 "간토·주부고지의 조몬시대 한 양상"이라는 것이 정확할 것이다. 어떻든 지금까지 조몬취락의 변천이라고 하면 초창기·조기에는 소규모로 불안정하다가 전기에 들어 대형화·안정화되는 경향이 퍼지는 가운데 정형적 취락이 출현하며, 중기에 정형적 대취락의 전성기를 맞이한다는 틀에 박힌 조몬시대상에서 벗어날 수 없었다. 조몬시대 취락에서 언제·어느 지역에서·어떤 변화를 관찰할 수 있는가라는 문제가(비록 간토·주부고지에 한정되어 있더라도) 해결되면 조몬취락론은 확실히 새로운 단계로 접어들게 될 것이다.

도이 요시오는 지금까지의 '종적인 취락 연구'를 대신하여 토기형식마다의 거주 실태를 밝히는 '횡적 취락 연구'를 시도할 필요가 있다고 지적하였다.[162] 그러기 위해서는 어떠한 수법을 이용해야 할까?

토기형식 세별이 유력한 무기이다. 하부 쥰코는 가나가와·도쿄·군마의 전기중엽~후엽의 51개 유적, 총 78동의 주거지 연대를 모로이소(諸磯)식 세분을 바탕으로 나누었다. 그 결과 전 시기 동안 한 시기의 주거지 수가 겨우 1동인 취락이 40예(51.2%)를 넘고, 한 시기에 5동 이상 공존하는 취락은 겨우 9예(11.6%)에 지나지 않는다는 것이 밝혀졌다.[163]

한 시기당 예상 취락규모가 너무 크면, 시간척도를 짧게 할수록 한 시기당 취락의 호수가 적어지는 것은 당연하다. 토기형식의 세분은 소규모 취락론자에게 방치할 수 없는 무기이다. 다만 하부 자신도 지적하였듯이 여기에 소개한 시기마다의 주거 수는 최대 수이다.[164] 따라서 한 시기·한 취락당의 평균 호수 2.4라는 수치는 더욱 작아진다고 봐야 한다. 이는 하부 자신의 주장에 지장을 주지 않는다. 그러나 토기형식만으로 유구의 연대·서열을 결정할 수 없다는 점도 분명하다.

구로오는 토기편의 접합관계를 실마리로 하여, 주거가 폐기된 시기의 선후를 판단하였다.[165] 그리고 도쿄도 가미야하라(神谷原)·덴소진자히가시(天祖神社東)·와다모구사(和田百草)의 예(도 67)를 소개하고, 이웃하는 위치에 있는 주거 매토에서 출토되는 토기편은 접합되지 않고, 오히려 먼 위치 ─ 전통적인 용어를 사용하면 광장을 낀 반대편 ─ 에 있는 주거에서 출토되는 것이 접합된다고 하였다. 구로오는 이 사실을 근거로 가까운 위치에 있는 주거가 연계되어 소군을 구성한다는 해석[166]이 성립되지 않는다고 하였다.

접합 유무만이 아니라 토기의 출토위치 관찰은 시설이 유구가 되기까지의 과정과 거기에 개입되어 있는 인간활동을 파악하는 유효한 실마리가 된다. 가네코 나오유키(金子直行)는 사이타마현 기타(北)유적의 복수 주거지에서 출토된 토기접합과 화덕에 매몰된 토기, 바닥에서 출토된 토기관계를 관찰하여 시설이 유구가 되는 과정과 취락 주민들이 토기를 처리하는 방법을 파악하려 하였다.[167] 고바야시 켄이치(小林謙一)도 게이오기쥬쿠(慶応義塾)대학 후지사와(藤澤) 캠퍼스 등의 자료를 이용하여 폐기된 토기의 이동과 유구가 되기까지의 경과를 검토하였다.[168] 고바야시의 관심은 '폐기'라는 행동을 추적하는데 있다. 그 경우 폐기라는 행위의 내용을 다시 정리하지 않으면 혼란이 생긴다. 고바야시는 복합적·단순·결과로서의 폐기라는 3개의 카테고리를 설정하였다. 기류나오히코(桐生直彦)가 유물 출토상태를 전용·유기·폐기·유입으로 나누고 그것을 더욱 세분하려던 것도 같은 의도의 결과일 것이다.[169] 기류는 이 논문에서 연구사를 정리하고 문헌도 집성하였다.

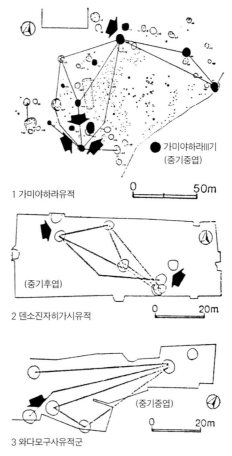

1 가미야하라유적

2 덴소진자히가시유적

3 와다모구사유적군

도 67 동일개체 토기의 분포(주 156 문헌에서)

구로오는 이외에 쓰레기장, 무덤 등 주거 이외의 시설 양상도 검토하였지만 솔직히 말해 필자는 찬동하기 어렵다.

(3) '재검토론'에 대한 평가

조몬취락 연구에서 새로운 방향을 찾으려는 시도를 가칭 '재검토론'이라 이름 지었다. 그중에는 하부처럼 극단적으로 오해하는 경우도 있지만 지금까지의 조몬연구 역사를 이해하기 위한 제안이 주류를 이룬다. "……연구사 흐름을 단순히 객관적으로 좇는 것이 아니라, 취락론의 오늘날의 문제점 (중략)에 초점을 맞추어 이 문제들이 발생하는 원인과 연구풍토의 구체적인 분석을 통해 장래의 극복책을 제시하는 훌륭한 실천적 방향성을 적지 않게 내포하고 있다"[170]는 사사키 후지오의 평가에 찬성한다. 그럼에도 불구하고 구체적인 문제에 대한 의견 일치는 아직 멀다.

다음으로 유구형성과 토기의 폐기, 이동·정주,*19 취락의 전체상에 대한 필자의 의견을 피력하며 소개하겠다.

유구형성과 토기의 폐기

스에키는 '집단이동론'의 도화선에 불을 붙인 문장에서 '제1차 퇴적토'는 버려진 주거 밖에서 흘러들어 온 것이라고 해석했다. 야마모토 테루히사는 이를 정면에서 부정하였다.[171] 동일 취락 안의 주거를 방기할 때 상부를 해체하고 도로 메운다. '제1차 퇴적토'는 이때 인간이 던져 넣은 것이라는 것이 그의 해석이다. 야마모토는 주거의 폐기의례가 있었음을 재삼 주장하였다.[172] 야마모토의 의견을 비판하는 것은 논점에서 벗어나지만 그의 주장에는 납득할 수 없는 부분이 많다.

'제1차 퇴적토'는 스에키가 지적한 바와 같이 유물이 거의 없고, 매우 세립으로 균질한 경우가 압도적으로 많다. 이 특징은 적어도 동일본에서는 조몬시대에 한정되지 않고 전 시기에 공통된다. 동일본 일대에서는 조몬시대에서 역사시대까지 공통된 '폐옥의례(廢屋儀禮)' 전통을 유지하였던 것일까? 썩은 지붕과 벽의 틈새에서 흙먼지가 쓸려 들어왔다고 생각하면 '제1차 퇴적토'의 이러한 특징을 이해할 수 있다.

야마모토의 의견에 납득할 수 없는 한 가지 이유가 있다. 야마모토의 논문에서 상부구조를 해체한다는 해석의 근거가 뭔지 알 수 없다. 특히 기둥을 어떻게 처리했는가? 잘라 버렸는지 뽑았는지 유구 관찰로 판단할 수 있어야 하지만, 야마모토는 이 점에 대해서는 언급하지 않는다. 이러한 측면에서 이시이의 주혈 매토에 대한 해석에도 납득할 수 없는 부분이 있다. 이시이가 '자연유입토'로 메워졌다고 해석한 시오미다이 9호주거지의 주혈(도 68-b)을 검토해 보자.

이 주거지 전체의 토층 단면(도 68-a)은 주거 밖에서 흘러들어 온 흙이 주혈을 메운 것처럼 그려져 있다. 다만 이 흙은 다갈색이지 주혈 단면(도 68-b)에 있는 암갈색이 아니다. 더구나 P_2 안의 흑색 흙은 주거 매토에서 전혀 확인되지 않는다. 이 두 종류의 흙은 밖에서 흘러들어 온 것이 아니다. 암갈색은 P_6에 기둥을 세웠을 때의 매토, 흑색은 P_2에 있던 기둥이 그대로 썩은 것에 가깝다.

역사시대 굴립주건물을 조사할 때 기둥의 흔적과 기둥을 세우는 굴광을 구별하는 것이 상식이다. 기둥을 전용하기 위해 뽑았는지의 여부도 기둥흔적의 윤곽이 불규칙하고 측면에 굴광과 부자연스러운 요철이 형성되므로 판단할 수 있다. 초석을 사용하

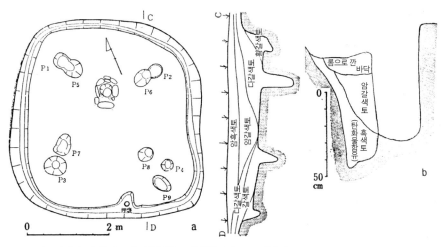

도 68 시오미다이 9호주거(a)와 기둥구멍(b)의 단면도(주 152 문헌에서)

지 않는 한 기둥은 땅속에 세워질 수밖에 없다. 모래언덕이 아닌 이상 구멍을 파지 않으면 기둥을 세울 수 없다. 그 구멍은 기둥보다 크므로 기둥을 세운 후, 구멍과 기둥 사이의 공간을 메워야 한다. 기반층과 표토가 뒤섞인 흙이 기둥을 세울 때의 매토가 된다. 조몬인도 이후 시대의 사람들과 마찬가지로 구멍을 파고 기둥을 세웠음이 분명하다. 그러나 조몬시대 건물 조사에서 기둥흔적과 기둥을 세울 때의 굴광을 구분하는 경우는 극히 드물다.[173] 조몬시대와 역사시대 건물의 기둥은 조사하는 사람들의 손에 의해 구별되는 것이다.

기둥의 매토가 '자연유입'이라는 해석과 매토에 대한 설명에는 모순이 있다. 이시이가 말한 것처럼 모든 주혈이 흘러들어 온 흙으로 메워져 있다면 기둥흔적은 비어 있는 상태였던 것이 되므로 썩어 없어진 기둥은 하나도 없고, 야마모토의 말처럼 조몬인은 주거를 폐기할 때마다 기둥을 뽑았던 것이 된다. 그러나 실측도에서 뽑아낸 흔적이 확인되는 예는 거의 없고 야마모토도 이에 대해서는 언급하지 않았다. 뽑아낸 증거도 없기 때문에 기둥은 원래 위치에서 썩었을 것으로 봐야 한다. 그러면 주혈에 남아 있었을 기둥의 잔해는 어디로 간 걸까? 흔적도 없이 바람에 날린 것도 아닐 것이다. 이시이의 해석처럼 주거지의 주혈은 "자연영력에 의해 자연퇴적토 유입으로 메워졌"던 것이 아니다. 기둥흔적을 메운 '흑색토'야말로 기둥이 썩은 모습인 것이다.

하찮은 이야기가 되어 버렸지만, 화제를 토기의 폐기문제로 바꿔 좀 더 하도록 하겠다. 여러 유구에서 출토된 동일개체의 토기를 해석하는 문제이다. 구로오는 몇 개 주거지에 걸쳐 같은 개체의 토기가 출토되는 경우, "그 주거지들 간에는 접합관계가 없는 주거에 비해 폐기시점이 가깝다(동시에 세워졌을 가능성이 높다)는 것이 된다"[174]고 설명하였다. 이 설명이 성립될 가능성이 매우 크다는 점을 부정할 수 없고, 구로오의 신중한 태도도 엿볼 수 있다. 근거가 되는 보고서와 논문[175]을 참조할 수 없었기 때문에 기우에 지나지 않을지 모르지만 한 가닥 의문이 남는다.

가네코 나오유키는 기타유적 16호주거에서 관찰한 사례를 아래와 같이 설명하였다. "복토에서 출토된 토기는 (중략) 바닥면에서 꽤 떨어진 (중략) 상태로 출토되었다. (중략) 총체적으로 가소리(加曾利)EI식의 고~중단계의 양상이 보이고, 화덕으로 사용된 토기(爐體土器)와 시간차가 보이지 않는다. 그러나 이 주거의 바닥은 2의 토기(가소리EI식의 신단계-필자)가 점유하던 시기가 있다. 이 현상을 이해하기 위해서는 1이 노체토기로 기능하던 시기 다음에 2가 바닥에서 기능하던 시기가 있어 이 주거지가 메워진 최종단계에 복토의 토기(노체토기와 거의 동시기의 토기)가 어디에선가 흘러들어 와 폐기되었다."[176] 가네코는 이 사례를 스에키가 '정리'(표 29)라고 부르는 행위의 결과로 해석할 수 있다고 판단하였다.

접합관계의 분석이 취락 연구의 새로운 무기가 되는 것은 분명하다. 앞으로 접합자료를 실마리로 삼아 기류가 말하는 '소거법적'[177]인 수법을 이용하여 동시에 공존하던 주거를 찾아내는 작업은 취락분석의 정석이 될 가능성이 높다. 따라서 구로오가 내린 판단이 정통이 되리라고 예상할 수 있다. 한편 소위 폐기라고 부를 만한 사례도 밝혀지고 있다. 이 경우에도 구로오의 판단이 타당하다고 할 수 있을까?

이동과 정주

예전에 이시이와 미즈노의 영역에 대한 의견을 대조하여, 양자 모두 "중층성·다면성을 가진 마을, 집단영역의 일면만을 과도하게 강조"하고, 이시이의 경우는 와지마 세이이치가 주장하는 생산성이 낮은 불안정한 사회라는 조몬사회의 평가를 답습한 데에 원인이 있다고 이야기한 적이 있다.[178] 와지마의 논문을 다시 읽어 보고 와지마가 조몬시대를 생산성이 낮은 불안정한 사회가 계속되었다고 생각하지 않았음을 알았다.[179] 앞의 필자 이야기 가운데, 와지마의 조몬사회에 대한 평가 부분을 철회한다.

이 논문을 집필했을 때 필자는 '정주론'에 가까운 입장에 있었다. 단, 취락에서 출토되는 토기가 몇 개 형식에 걸쳐 있다고 해서 취락이 중단되지 않고 계속되었다고 생각한 것은 아니다. 그러나 이시이가 지적한 만큼 빈번하게 이동했다고 생각하지 않았기 때문에 결과적으로 이시이의 의견을 부정하였다. 지금은 이 책에서 자원관리 수단으로서의 이동을 여러 번 지적하고 있어 짐작하겠지만, 이동은 자원소비를 적정한 규모로 유지하기 위해 매우 유효한 수단이다. 조몬인은 이시이가 주장하는 것처럼 꽤 빈번하게 취락을 이동하였다고 봐야 한다. 문제는 그 빈도와 이동의 실태이다. 이 점에 대해서 이시이의 의견에 동의할 수 없다.

이동과 정주의 문제를 정확하게 파악하기 위해서는 적어도 다음의 3가지 카테고리를 분명하게 구별해야 한다. 제1은 조몬취락 연구의 역사에서 '정주'가 어떤 의미로 다루어져 왔는가라는 문제이다. 이는 제2의 카테고리, 즉 조몬인의 이동·정주 실태와 별개의 문제이지만, 지금의 이동·정주를 둘러싼 논의 속에서 이미 혼란을 초래하는 경우도 있다. 제3의 카테고리는 일본열도 사회의 역사 속에서 조몬사회의 이동·정주에 대해 내린 평가이다.

세 가지 카테고리 가운데 제1의 카테고리를 무시하고 작업하는 것은 무모한 일이다. 그러나 제2와 제3의 카테고리는 어느 한쪽의 내용을 몰라도 다음 작업으로 진행할 수 있다. 제2의 카테고리에만 논의가 집중되고 제3의 카테고리는 거의 문제되지 않는 것이 현재 조몬취락론의 실정이다. 그러나 제2·제3의 카테고리 속에서 양자의 작업을 적절하게 병행하지 않으면, 균형 잡힌 조몬취락의 모습을 그려 낼 수가 없다.

「原始聚落の構成」 속의 '정주'

조몬취락 연구의 역사에서 '정주'가 어떠한 의미를 가지는가? 이 문제는 「原始聚落の構成」의 내용을 정확하게 이해하는가와 결부된다. 그중에서도 와지마가 조몬시대 취락이 아니라, '일본에서 원시취락의 실상과 그 변천'을 살펴보는 가운데 '정주'의 문제를 지적하고 있음을 간과할 수 없다.

이와주쿠(岩宿)에 대한 조사가 이루어진 것은 와지마가 이 논문을 발표한 다음 해인 1949년의 일이다. 당연히 와지마는 조몬 조기 이전의 취락모습을 언급하지 않았다. 그러나 하나와다이에서 출토된 유물을 "석기시대의 문화로서 결코 원시적인 모습"[180]이 아니라고 평가하였다. 일반적인 이미지라도 더욱 '원시적인' 상태가 시야에 없다면 이러한 평가를 내릴 수 없다. 와지마는 이러한 상태와 비교한 뒤, "일본 석기시대의 조기 이래의 경향인 정주성"[181]을 조몬취락의 한 특징이라고 지적하였다.

다만 풍부한 자연자원, 어느 정도의 생산력 발달, 생산력의 합리적·효과적인 사용이라는 조건하에서 "어느 정도로 정주"[182]가 실현되었다고 해도 "하나하나의 수혈과 그 성원"은 생산의 장에서 "취락전체의 조직적인 움직임에 강하게 규제되는 일부분으로서 비로소 의미를 가지는"[183] 상태였다. 와지마가 이러한 상태를 "……몇 개 수혈을 한 단위로 하여 취락 내부에 분기"[184]되어 있는 야요이시대 취락과 대조된다고 파악한 것은 확실하다. 와지마가 '정주성'을 조몬취락의 한 특징으로 보는 것은 전후시대와의 비교를 통해 내린 상대적인 평가이다.

이러한 와지마의 판단은 어디에서 유래하는 것일까? 사사키 후지오는 '정주'에 대한 마르크스와 엥겔스의 관심은 "정주생활 형성에 따른 토지 점유관계의 역사적 형태 변화"를 해명하는 데 있다고 지적하였다.[185] 와지마는 그들과 동일한 입장에서 '정주'의 문제를 다루었다. 즉 인간이 토지를 '사유'하기까지의 몇 단계, 하나의 획기로서 와지마는 조몬취락의 '정주성'을 지적한 것이다. 인간이 토지와 어떠한 관계를 유지하였는가 그리고 그것이 어떤 조건에서 어떻게 변하는가라는 의문을 전제로 해야 비로소 이동·정주의 문제가 역사적 의미를 가진다. 와지마의 「原始聚落の構成」 내용을 이렇게 파악해야 한다.

구미 인류학·선사학에서의 '정주'

'정주혁명'이라는 말이 자주 인용된다. '자유주의 사회'가 승리하고 '혁명'의 성과가 차츰 부정되고 있었기 때문에 더욱 두드러졌을지 모른다. 고든 차일드는 '신석기혁명'의 결과로서 '도시혁명(Urban Revolution)'의 역사적인 의미를 검토하였다.[186] '정주'가 어떤 조건에서 시작되고 도시형성으로 나아가는지가 1950~1960년대 아메리카 취락고고학(Settlement Archaeology)의 주된 관심의 하나였다.[187] 그러나 '정주'가 구미 인류학·선사학 연구자의 공통된 관심사가 된 것은 1960년대 중엽쯤으로 시카고에서 열린 심포지엄 'Man and Hunter'[188] 이후이다. 이 심포지엄에서는 수렵채집민의 집단 움직임(group mobility, 집단동태)도 논의 테마 중 하나였다.

사하라 마코토와 스즈키 키미오[189]는 이 심포지엄에서 다루어진 몇몇 문제 가운데, 수렵채집민의 주식 문제를 소개하고 조몬인의 식료사정에 새로운 정설을 제기하였다. 바다 건너 저편에서는 칼로리, 집단동태, 인구, 분업 등을 결부시켜 논의가 계속되지만, 일본에서는 칼로리 일변도의 이야기가 되어 반론다운 반론도 없이 채식주의자가 압승을 거두고, 조몬인은 식물채집민이 되어 버렸다. '컴퓨터 고고학'의 전문가는 인구규모 문제를 마음대로 이용하였지만[190] 집단동태·분업에 대한 논의를 소개하지 않았다.

시카고의 심포지엄에서 떠오른 수렵채집민의 모습은 열대의 이동성이 강한 사회 (High Mobility Society)를 모델로 한 것이었다. 1980년대에 들어 예전에 고급수렵민 이라고 불리던 사람들의 복잡화한 수렵채집사회(Complex Hunter-gatherer Society)에 초점이 맞추어지게 된다.[191] "심플 라이프를 보내는 수렵채집민"이라는 이미지가 수렵 채집민의 다양한 생활과 문화를 너무 단순화시킨 것이라는 깨달음에 대한 결과이다. '복잡화'한 수렵채집민과 '단순한' 수렵채집민을 어떻게 구별해야 할까? 이렇게 유럽 과 아메리카의 선사학·인류학 연구자는 정주와 저장에 눈을 돌리게 되었다.

이동의 실상

취락이동은 어떠한 형태였을까? 미즈노 마사요시는 이촌(離村)·이촌(移村)이라는 현상 속에는 "제일적인 마을 전체의" 이동과 "비제일적인 일부 가족의" 이동이 교차되 어 있고, "제일적 이촌(離村)을 하면서도 (중략) 각 가족이 각각 다른 곳으로 이촌(移村) 하거나, 일부 가족만이 분산되는 경우도 생각할 수 있다"[192]고 하였다.

'재검토론'의 입장에 있는 사람들이 이 점을 어떻게 생각하는지 분명하지 않다. 필 자가 논문들을 읽고 이해하는 한, 미즈노는 "제일적인 마을 전체의" 이촌(離村)·이촌 (移村)이라는 동태가 기본이라고 생각한다는 인상을 받았다. 여러 세대가 이주해 와서 취락을 만들고 결국에 또 일제히 다른 토지로 이주해 간다. 이러한 일도 실제로 있었을 것이다. 그러나 일부 세대가 다른 곳으로 전출한 이후에도 일부 세대만이 원래 취락에 머물러 있는 경우도 있을 수 있다. 19세기 아이누의 인구동태, 아키타현 오유환상열석 형성과정의 분석결과를 통해 살펴보자.

19세기 아이누의 인구동태

아이누사회의 지역적인 무리단위에 대해서는 뒤에 다시 소개하기로 하고, 여기서 는 그들이 '고탄'이라고 부르는 단위가 지역사회의 기초가 되었다는 것만 지적해 둔 다. 마츠우라 타케시로(松浦武四郎)의 답사기록에 의하면,[193] 고탄의 규모는 그다지 크 지 않다. 구시로가와(釧路川) 강유역의 답사기록인 「久摺日誌」에 인가 16채라는 기록이 보이는데 이는 오히려 예외적인 것으로 10~13채 이내가 보통이다. 13채를 넘는 고탄

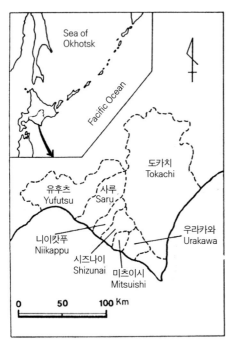

도 69 인구이동 분석의 대상지역(주 193 문헌에서)

은 왜인[和人]*20이 들어와 사는 곳(장소·番屋)에 집중해 있으며,[194] 호수 3채 이하의 고탄이 압도적으로 많고 데시오가와(天鹽川) 강유역처럼 18개소의 고탄이 모두 호수 3채 이하인 경우도 있다(표 30).

엔도 마사토시(遠藤匡俊)는 1856년~1858년의 마츠우라 타케시로의 「현장수첩[野帳]」[195]을 바탕으로 히다카(日高) 연안의 유후츠(勇払), 사루(沙流), 미즈이시(三石), 시즈나이(靜內) 등 7개소 지역(도 69)의 아이누 인구동태를 분석하였다.[196] 그중에서도 인구동태가 가장 심한 미츠이시의 실태를 살펴보자(표 31). 1856년~1858년까지 3년간 같은 장소에 계속 거주하는 것은 가무이코탄의 6채에

지나지 않는다. 또 이주하는 경우에도 고탄 전세대가 그대로 이주하는 것이 아니라 몇 개 집단으로 분열되어 다른 토지로 이동한다. 그 경우 헤하우(ヘヽ\ウ)의 주민 가운데 7채 전부가 루베시베(ルベシベ)로 이주한 경우도 있다. 그러나 이것은 예외로 오히려 오

표 30 19세기 아이누의 고탄 안의 주거호수 [( )는 장소(場所)·번옥(番屋)소재지의 고탄]

지역＼호수	1~3	4~6	7~9	10~12	13~15	16~	출전
유바리	10	2	3(2)		1(1)		松浦 1977
도카치	8	5	2	2			상동
구시로	6	6	2			1	상동
시레토코	1	2(1)	2(2)	1(1)	2(2)	1(1)	상동
데시오	18						상동
몬베츠	7	2	1	1			遠藤 1985
시비챠리	1	2	2	1			상동
마쿤베츠	1						상동
치누이히라	1	1					상동
합계	53	20(1)	12(4)	5(1)	3(3)	2(1)	

표 31 미츠이시의 취락·호수 변동(1856~1858년)(주 196 문헌의 표 6 일부 수정)

고탄명	호수 (1856)	정착 호수	이동 호수	전출지 불명	전출지	호수 (1858)	전입지	전출지 불명
A 헤아우	11	0	11	0	B, O(2), P(7), U	4	C, D(2), F	0
B 가무이코탄	10	6	4	0	O(2), P, R	13	A, C, F	5
C 누흐슛츠	9	0	8	1	A, B, L, P(2), Q(2), T(2)	0		0
D 오하우	2	0	2	0	A(2)	0		0
E 고이토이	1	0	1	0	P	0		0
F 데코시	3	0	3	0	A, B, N	0		0
G 웬네츠	1	0	1	0	L	0		0
H 슈모	2	0	2	0	L, T	0		0
I 구토	3	0	2	1	S, U	0		0
J 쇼나이	2	0	2	0	S, T	0		0
K 하시네츠	1	0	1	0	V	0		0
L 게리마후	1	0	1	0	T	2*	C, G, H	0
M 도쿠로샤모	3	0	3	0	T(3)	0		0
N 미츠이시						1	F	0
O 시샤모나이						5	A(2), B(2)	1
P 루베시베						12	A(7), B, C(2), E	1
Q 기무이코탄						3*	C(2)	0
R 붓시						1	B	0
S 왓칸베츠						2	I, J	0
T 슈모로						7	C(2), H, J, M(3)	0
U 다후카루니키						4	A, I	2
V 모히라						1	K	0
계	49	6	41	2		55		9

( ): 같은 토지에 이주한 호수, *: 2호가 합체하여 1호가 된다.

하후(オハフ), 쇼나이(ショナイ), 도쿠로샤모(トクロシャモ)처럼 2~3세대가 같이 동일한 토지로 이주하는 경우가 많다. 미즈노의 말을 빌리자면 제일적인 퇴거·비제일적인 이주가 19세기 아이누 인구동태의 실상이었고 할 수 있다.

이주·이동의 영향은 촌락 또는 취락구성만이 아니라 세대의 구성—즉 개인의 운명까지 좌우한다. 1858년 게리마후(ケリマフ)의 고탄에는 2세대가 살고 있었지만 그 멤버는 누흐슛츠(ヌフシュッツ)·웬네츠(ウェンネツ)·슈모(シュモ)에서 이주해 온 것이다. 누흐슛츠에서 전출한 2세대의 주민은 가무이코탄에서 3세대의 고탄을 형성한다. 태어난 토지를 떠나 다른 곳으로 이주한 젊은이가 이주처에서 새로운 세대를 만드는 경우가 분명히 있었다. 반대로 이주 도중과 이주지에서 노인부부가 사망하고 세대가

소멸하는 경우도 있었을 것이다. 누흐슛츠·웬네츠·슈모에서 이주한 3세대는 이주처인 게리마후에서 2세대가 된다. 생계를 유지할 수 없는 세대가 여유 있는 세대로 흡수되는 경우도 있었을 것이다.

19세기 후반의 아이누사회는 왜인의 침입으로 변화가 일어난다. 이를 충분히 고려해야 한다. 미츠이시가 보여 주는 심한 이동도 어로에 적합한 토지를 왜인이 어장으로 독점하였기 때문이다. 앞서 설명한 고탄 내 주거 수도 천연두의 유행으로 인해 인구가 감소되었음에 틀림없다. 여기서 소개한 19세기 아이누의 인구동태가 일시적인 재해와 기후변동 등 악화된 생활조건에서의 이동·이주의 실상을 이해하는 실마리가 됨은 확실하다.

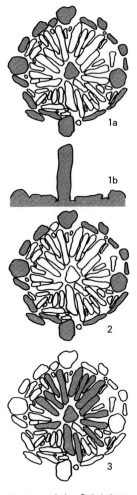

도 70 노나카도 「해시계」(주 198 문헌에서)

오유환상열석의 구성

특별사적 '오유환상열석'은 만자(万座)·노나카도(野中堂)의 두 배석묘(配石墓)군을 포함한다.[197] 노나카도는 보존상태가 매우 좋지 않아 묘역의 변천을 파악하는 데 무리가 있으므로 여기서는 만자만을 다룬다. 이외에 가즈노(鹿角)시교육위원회가 조사한 만자 서북쪽 약 300m에 있는 잇폰기우시로(一本木後)에도 배석묘군이 있다.[198] 잇폰기우시로는 만자·노나카도보다 오래된 것이다. 만자·노나카도 주변에서 출토되는 토기는 오유(大湯)식(가소리B1 병행)이 압도적으로 많지만, 잇폰기우시로의 SX(S)-12, SX(S)-30에서는 도코시나이(十腰内)1식[호리노우치(堀之内)1 병행] 후반의 토기가 출토된다. 또 잇폰기우시로의 배석묘는 만자·노나카도와 같은 환상이 아니라 호상으로 배열되어 있다. 호상 배치는 이와테현 시모무라(下村)B와 이와테현 유후네자와(湯舟澤) 등에 예가 있는데[199] 모두 후기전엽으로 후기중엽까지 내려오지 않는다. 따라서 만자·노나카도의 배석묘 가운데 잇폰기우시로와 공통되는 요소를 포함하는 것이 오래되었고 그렇지 않은 것이 늦은 것이다. 배석묘의 형식을 실마리로 하여 만자·노나카도에 묻혀 있는 사람들의 동태를 파악할 수 있다. 배석묘의 형식 분류는 별도로 다룬다.[200] 여기서는 최소한으로 필요한 설명만 하겠다.

먼저 노나카도의 소위 '해시계'를 예로 들어 오유의 배석묘 구성을 살펴보자. 중심에 있는 입석을 무시하면 이 석조[石組]는 원형으로 배치된 '테두리 돌[緣石]'(도 70-2) 안에 비교적 큰 하천돌을 이용하여 방사상으로 둔 '배치 돌(置石)'(도 70-3)이 있다. 만자·노나카도의 배석묘는 모두 테두리 돌·배치 돌의 두 요소를 포함한다. 이 '해시계'의 테두리 돌은 단축을 수직으로 세워 박은 것이다. 이러한 수법을 '소구세우기[小口立]'라고 부른다. 이 석조는 장축을 수직으로 새운 장수세우기[長手立]의 석재가 4개소에 배치되어 있는데(도 70-1b), 테두리 돌을 구성하는 석재가 모두 소구세우기로 되어 있는 경우를 '전주(全周) 소구세우기', 테두리 돌의 장변만을 소구세우기한 경우를 '장변 소구세우기'라고 부른다.

테두리 돌의 윤곽은 '해시계'와 같은 원형 외에 달걀형·타원형이 많

표 32 유적군별 배석묘의 속성 비교

속성 \ 유적군	잇폰기우시로	만자	노나카도
A 바깥 둘러싸기	---------		
B 테두리 돌			
I. 배치방법			
a 소구세우기			
1 전주(全周)	═══════	───────	
2 장변	───────	- - - - -	
b 편평하게 놓기			
1 방사상	- - - - - - - -		
2 장수	- - - - - - - ─────		
II. 윤곽			
a 원형	═══════	───────	
b 달걀형	═══════════════		
c 소판형	- - - - - - - - - ═══?		
d 기타	- - - - - - - - -		
III. 테두리 입석			
a 있음			
1 장축	───── - - - - -		
2 단축	- - - - -		
3 네모서리	───── - - - - -		
4 양축		━━━━━	
b 없음	━━━━━ - - - - -		
C 배치 돌			
I. 유무/형태			
a 있음			
1 무질서하게 쌓기	─────────		
2 부정형	━━━━━		
3 두르기	═══════════════════		
4 나란히 배치	━━━━━━━━━━━		
5 방사상	- - - - - - - - - -		
b 없음	━━━━━		
II. 심(芯)입석	- - - - ━━━━━		

═: >50%, ━: 50~20%, ─: 20~0%, - - -: <10%

고, 장방형·방형·능형은 극히 적다. 잇폰기우시로·만자·노나카도의 주류가 되는 테두리 돌 형식에는 차이가 있어 연대차가 있음을 추정할 수 있다. 잇폰기우시로에서는 테두리 돌·배치 돌을 분리하지 않는 경우가 많지만 테두리 돌을 확인할 수 있는 것 중에서는 원형이 많다. 달걀형도 소수 확인되고 만자에서는 주류를 점한다. 노나카도에

표 33 석조 속성의 신구(新舊) 요소

	테두리 돌 배치방법	테두리 입석	배치 돌	심(芯)입석
신	전주 소구세우기 장변 소구세우기	비(非)양축	배치 돌 없음 부정형으로 편평하게 배치 무질서하게 돌쌓기	없음
구	장수(長手) 편평하게 배치	양축	둘러싸기 나란히 배치 방사상 배치	있음

표 34 오유만자의 배석묘 편년

매장구 \ 시기		만자 I	만자 II	만자 III	만자 IV
Ex	I			Ex-36, 37, 38, 39	
	II	Ex-06	← (Ex-07) →	Ex-01, 02, 03, 04, 05	
	III			Ex-08, 09, 11	Ex-10
	IV	Ex-12	← (Ex-13a, 13b) →		Ex-14
	V	Ex-15, 26	Ex-16, 18, 19b, 27b	Ex-20, 21, 24, 25	Ex-22, 23
	VI		Ex-30	Ex-29b, 46b	
	VII		Ex-32		
	VIII	Ex-34a, 34b	Ex-35		
In	I	In-03, 04			
군외		In-01b, 02	Ex-33	「해시계」	Ex-28

Ex: 바깥쪽 구역(外帶), In: 안쪽 구역(內帶), (　)는 시기를 확정할 수 없는 것

서는 타원형이 주류를 점하는데 만자에서는 타원형 테두리 돌이 매우 적다. 따라서 잇폰기우시로 → 만자 → 노나카도라는 서열을 상정할 수 있다(표 32). 마찬가지로 잇폰기우시로와 공통되는 것을 오래된 요소, 잇폰기우시로에 보이지 않는 것을 새로운 요소로 보고 만자의 배석묘에 보이는 속성을 정리할 수 있다. 이들 신구 요소를 정리한 결과가 〈표 33〉이다.

　테두리 돌의 배치방식·테두리 돌의 종류·배치 돌의 종류·중심 입석의 유무라는 4항목을 기준으로 신구관계를 판정하였다. 4항목 모두에 새로운 요소가 나타나는 것이 가장 늦은 시기, 4항목에서 모두 오래된 요소가 보이는 것이 가장 오래된 시기로 추정할 수 있다. 마찬가지로 1항목에만 새로운 요소가 보이는 것, 2항목에 새로운 요소가 보이는 것, 3항목에 새로운 요소가 보이는 것을 각각 같은 시기에 속하는 것으로 보았다. 이러한 만자의 배석은 만자 I~IV의 4시기로 편년된다(표 34).

그런데 만자(도 71-a)의 안쪽 구역(內帶)·
바깥쪽 구역(外帶)에는 각각 4기·49기, 합해서
53기의 배석묘가 남아 있어 몇 개의 매장구로
나눌 수 있다(도 71-b). 매장구를 구성하는 묘
의 수에는 다소 차이가 있지만 3~4기 전후에
집중한다. 그러나 Ex-V군만이 총 14기로 평균
치의 3배를 넘는다. 왜 이 매장구에만 묘가 많
을까?

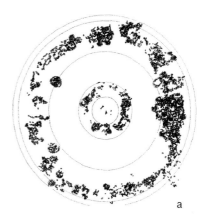

한 매장구에 묻혀 있는 사람들은 생전에
한 세대를 구성하였다고 봐도 좋다. 세대의 규
모가 크면 매장구를 구성하는 무덤도 많아진
다. 다른 세대보다 사망률이 높아도 매장구의
규모가 커질 것이다. 매장구가 유지되는 기간
이 다른 곳보다 길 경우에도 매장구의 규모는
커진다. 이 외에도 여러 가지 이유를 생각할 수
있지만 여기서는 3종류의 설명을 검토해 보자.

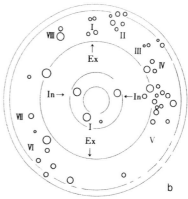

도 71 만자유적군(a)과 매장구(b)(a는 주 197 문
헌에서)

만약 Ex-V군을 매장구로 이용하던 세대
의 규모가 다른 세대보다 월등히 컸다면 한 시
기당 무덤 수도 다른 매장구보다 많아져야 한다. 특정 세대만 사망률이 높았다 해도 마
찬가지이다. 만자II기에는 이 매장구의 무덤 수가 다른 곳보다 확실히 많아진다. 동시
기의 다른 매장구(In-I, Ex-VI, Ex-VII, Ex-VIII)의 묘는 모두 1기에 지나지 않는다. 즉
이 시기의 다른 매장구의 무덤 수가 이상할 정도로 적다. 다른 매장구의 무덤 수가 감
소하는데 Ex-V군만이 감소하지 않기 때문에 눈에 띄는 것이다. 다른 시기 특히 만자
III기의 무덤 수는 다른 매장구와 큰 차이가 없다(표 34). 따라서 앞서 언급한 3종류의
설명 가운데 세대의 규모, 사망률이라는 설명은 성립되지 않는다.

그러면 지속기간은 어떠할까? 확실히 Ex-V군이 다른 매장구보다 먼저 성립된 것
도 아니고 다른 매장구가 폐지된 이후까지 지속되는 것도 아니다. 그러나 〈표 34〉를 보
면 분명한 것처럼 두 시기 전후에 폐지되는 매장구가 많고(Ex-III, Ex-VI, Ex-VIII)[201]
한 시기에 폐지되는 경우(Ex-I, Ex-VII)도 있다. 그러나 Ex-V군만 만자의 묘역이 유지

되던 전 기간에 걸쳐 이용된다. 바꾸어 말하면 이곳을 매장구로 사용하던 세대만이 끊임없이 같은 장소에 계속 매장되는 것이다. 따라서 Ex-V군은 다른 매장구보다도 장기간에 걸쳐 있고 그 결과 무덤 수가 많아졌다고 설명할 수 있다. 여기에 앞에서 다룬 조몬시대 취락의 이주·이동 문제가 떠오른다.

왜 Ex-V군만 만자I기에서 IV기까지 끊임없이 매장되고 다른 매장구는 중단되거나 단기간에 사용이 폐지되는 것일까? 다른 세대는 비교적 단기간에[202] 만자를 묘역으로 이용하지 않을 정도의 거리까지 이동·이주하였다. 그러나 이 장소를 매장구로 사용한 세대는 이동·이주를 하여도 계속해서 주검을 만자로 옮겨 매장하기에 지장 없는 범위에 머물러 있었다. 이러한 해석이 가장 자연스럽지 않을까? 이 해석을 전제로 하여 만자를 묘역으로 사용한 사람들의 취락동태를 복원해 보자.

만자를 묘역으로 사용하던 사람들이 한 취락의 주민이라는 확증은 없다. 그들을 한 취락보다 한 촌락의 주민이라고 보는 것이 더 정확할지 모른다.[203] 그러나 한 매장구를 하나의 세대가 이용한다고 보면 한 시기당 규모는 5~6세대가 되므로 한 취락의 주민이라고 생각해도 이상하지 않다. 여기서는 만자에 묻혀 있는 사람들이 생전에 한 취락의 주민이라고 생각하고 논의를 진행하도록 한다. 그리고 매장구에 포함되어 있지 않은 무덤은 제외한다.

만자I기의 묘역은 In-I·Ex-II·Ex-IV·Ex-V·Ex-VIII의 매장구로 구성된다. In-I의 성격에 문제가 있어[204] 이것을 제외하면 4개소가 된다. 만자II기·III기에는 매장구의 수가 6개소일 가능성이 있고 만자IV기에는 3개소로 줄어든다. 그러나 각 시기마다 대체로 4~5개소로 유지되므로 묘역 규모에 큰 변동이 없다.

그러나 묘역의 내용, 즉 매장구의 모습은 꽤 변화가 심하다. 만자II기와 III기 사이에 변화가 두드러진다. 만자II기를 경계로 하여 몇 개의 매장구(In-I·Ex-VII·Ex-VIII)가 폐지되고, Ex-II·Ex-IV도 폐지되었을지 모른다(표 34). 이 자리를 대신하듯 만자III기에는 Ex-I·Ex-III의 두 매장구가 성립한다. 그러나 만자IV기에는 Ex-I·Ex-II·Ex-VI이 폐지되고, Ex-III·Ex-IV·Ex-V만 계속된다(표 34).

여기에서 '매장구'를 '세대' 또는 '주거지'로 치환해 보면 매장구의 '폐지'는 주민의 '전출'로, '성립'은 '전입'으로 파악할 수 있다. 말할 필요도 없이 전입·전출이라는 요인만으로 매장구의 폐지와 성립을 설명할 수 없다. '세대'가 성립 또는 소멸한 결과 '매장구'가 새롭게 '성립'하거나 '폐지'되는 경우도 염두에 둘 필요가 있다. 그러나 반대로 매장구의 폐지와 성립을 세대의 소멸과 성립이라는 두 요인만으로 설명하는 것도 무리가 있다. 따라서 만자의 매장구에서 관찰되는 변동, 적어도 그 일부는 취락 주민의 전입·전출에 의해 일어난다고 볼 수 있다. 그렇다면 만자를 묘역으로 사용하던 사람들의 취락동태는 '제일적'인 전출·전입과 거리가 멀고 '이합집산'한다고 보는 것이 타당하다.

만자의 묘역 변천을 통해 그 기초가 되는 취락동태를 복원해 보았다. 그 결과 조몬취락의 주민은 이합집산을 반복할 가능성이 높다는 결론을 이끌어 내었다. 이는 종래의 통설보다는 앞서 소개한 19세기 아이누의 고탄 동태에 가깝다. 말할 필요도 없이 이 결과를 통해 모든 조몬취락의 동태를 설명하려는 의도는 아니다. 그러나 조몬취락의 동태를 복원하는 데 지금까지 구체적으로 문제되지 않았던 주민의 '이합집산'이라는 요소를 염두에 둘 필요가 있음을 지적할 수 있었다.

취락의 구성

'재검토론'의 입장에 있는 연구자는 취락이 어느 정도의 규모인가, 얼마나 계속되는가라는 두 가지에 초점을 맞춘다. 즉 취락의 다양한 측면 가운데 수량으로 표현할 수 있는 부분('양적인 측면')에 주의를 기울인다. 이는 취락에 대한 설명이 정확해지는 하나의 방향이므로 부정할 것은 아니다. 그러나 취락에는 수량으로 쉽게 표현할 수 없는 측면('질적인 측면')도 있다. 예를 들어 취락의 성격이 그러하다. 사사키 후지오의 비판처럼[205] '재검토론'의 입장에 있는 연구자들은 취락의 질적인 측면에 그다지 주의를 기울이지 않는다. 문제는 여기에 있다.

예를 들면 구로오 카즈히사는 호리코시 마사유키(堀越正行)의 의견[206]을 근거로 중기의 '대규모 취락'에는 "(전략) 거주역, 생활폐기물 집중역, 묘역의 명확한 구별이 존재하지 않았다(이하 생략)"고 주장하며 중기 취락의 정주성을 부정하였다.[207] 구로오의 의견에서는 무덤이라는 취락의 질적 측면이 양적 측면의 문제를 설명하는 도구 역할만 한다.

설사 간토지방의 중기 취락에서 "거주역, 생활폐기물 집중역, 묘역의 명확한 구별"이 성립되지 않는다고 해도, 그것이 일본열도 전역의 중기 취락 모습을 대표한다고 할 수 없다고 사사키가 지적하였다.[208] 이와테현 니시다(西田), 아오모리현 도미노사와(富の沢)(1) 등이 그러하다. 아오모리현 산나이마루야마(山內丸山) 조사결과에 의하면 북일본에서는 구로오가 문제 삼는 여러 시설을 분리시킨 취락이 이미 전기중엽에

성립된다. 구로오는 간토지방의 중기와 후기의 취락 정주성에 차이가 있다고 강조하였는데[209] 중기의 지역차에도 눈을 돌려야 할 것이다. 이 점을 고려하면 취락의 양적인 측면에만 논의를 집중하는 것은 불충분함을 알 수 있다.

(4) 남겨진 문제

재검토론은 1960년대 중엽에 형성된 조몬취락에 대한 '정설'[210] 가운데 간과된 부분이 있음을 지적하고 조몬취락 연구의 진전에 큰 역할을 하였다. 그러나 필자 자신을 포함해 재검토론의 주장에 비판적인 입장을 취하는 연구자도 있다. 이 비판들을 소개하면서 이제부터 조몬취락 연구가 나아가야 할 방향에 대해 살펴보고자 한다.

횡적 취락론[*21]의 맹점

앞에서 재검토론의 입장에 있는 연구자들이 규모와 지속기간 등 취락의 양적 측면에 초점을 맞추는 한편, 형상과 성격 등의 질적 측면을 거의 다루지 않는다고 지적하였다.[211] 여기서는 이 두 문제를 다루겠지만 그 전에 취락의 양적 측면과 관련된 문제에 미처 하지 못한 말이 있다. 그것은 '횡적 취락론'으로 취락규모를 확정할 수 있는가 하는 점이다. 규모를 파악할 수 없다는 것은 너무 단정적일지 몰라도 꽤 어려운 일임에 분명하다. 주거지에서 발견되는 토기는

　① 주거 내의 시설(火壺, 爐緣, 埋甕 등)[212]로 이용되는 것

　② 바닥에서 출토되고 가옥 내에 유기·방치되었다고 판단되는 것[213]

　③ 주거지 매토에서 출토되고 폐기 후 투기·유입되었다고 판단할 수 있는 것

으로 나눌 수 있다. 주거의 부대시설로 이용되는 토기는 주거의 건조연대 상한을 나타낸다. 바닥에서 출토되고 유기·방치되었다고 추정되는 토기는 거주중단의 연대 상한을, 매토에서 출토되는 토기는 하한을 나타낸다. 따라서 주거의 이용기간을 나타내는 직접적인 증거가 없다. 우리는 ①·② 또는 ①·③의 조합에서 주거가 이용되던 기간을 추측해야 한다. 그러나 만든 시기, 중단된 시기를 확정할 수 있는 주거 수는 결코 많지 않다.

중기전엽~중엽의 지바현 구사카리(草刈)[214] 취락을 예로 들어 살펴보자. 여기에는 화호(火壺)를 묻거나 토기편으로 테두리를 둘린 화덕이 있고, 토기를 거꾸로 씌워 주검을 바닥면에 안치한 소위 폐옥장(廢屋葬)도 보여 주거의 존속기간을 추정하는 데 필요한 조건이 풍부하다. 그러나 총 177기의 주거지 가운데 토기가 매토에서만 출토되는 경

우가 107예(60%)를 점한다(표 35). 바꾸어 말하면 60% 이상의 주거지는 하한밖에 알 수 없다. 부대시설로 이용된 토기로 건설 연대를 추정할 수 있는 것은 36예(20%), 바닥에서 출토되는 토기로 폐기 연대를 압축할 수 있는 것은 13예(7%)에 지나지 않는다.

미야기현 고야나가와(小梁川, 전기전엽·전기후엽~중기중엽)[215]에서도 반수를 넘는 주거의 연대는 하한만 추정할 수 있을

표 35 주거지 안의 토기 출토위치(주 214, 215 문헌에서)

시설	바닥면	매토	구사카리		고야나가와	
○	○	○	6	3.39	1	2.86
○	○		1	0.56		
	○	○	13	7.34	10	28.57
○		○	36	20.34		
○			7	3.95		
	○		2	1.13	1	2.86
		○	107	60.45	18	51.43
			5	2.82	5	14.29
합계			177	99.98	35	100.01

뿐, 건설 시기를 확인할 수 있는 것은 겨우 1예뿐이다. 반면 바닥에서 출토된 토기로 폐기 연대를 압축할 수 있는 예가 구사카리보다 훨씬 많아 3할에 이른다. 이러한 차이가 생겨나는 원인은 구사카리 보고문에서는 토기편의 출토 층위를 확인할 수 없는 경우가 많지만 고야나가와에서는 파편의 출토 층위도 기재되어 있기 때문이다.

한편 구사카리와 고야나가와의 예에서 한 유적에서 확인된 주거지 가운데 폐기 연대를 압축할 수 있는 것은 많아도 3할, 보통은 1할에도 미치지 않음을 알 수 있다. 폐기 연대의 하한을 추측할 수 있는 경우도 과반수를 점한다. 이러한 숫자를 고려하면 횡적 취락론을 구사하여도 한 마을을 구성하던 주거를 산출하는 작업이 매우 곤란―하다기보다 불가능에 가깝다는 점을 이해할 수 있다.

만약 모든 주거의 건설·폐기 연대를 확정할 수 있다고 가정해 보자. 그래도 어느 주거와 어느 주거가 병존하는가라는 추측에는 불확실한 측면이 생긴다. 즉 토기형식이 나타내는 연대에는 아무리 세분하여도 다소의 폭이 있다.[216] 더구나 주거의 건설·노후화·폐기 등의 과정을 지배하는 요인은 토기형식의 변천을 지배하는 요인과 일치하지 않는다. 서로 다른 시기에 폐기되는 주거가 비록 단기간이라도 한 마을을 구성했음을 부정하는 것은 쉽지 않다. 적어도 현시점에서 취락구성 복원이라는 작업에는 블랙박스[217]가 등장할 여지가 있고 그것을 받아들일 필요성도 있다.

미즈노가 제창한 '주거의 흐름', 즉 '군 구성'을 단서로 취락구성을 복원하는 방법은 발표 직후부터 비판받고 있다. 그럼에도 불구하고 이 방법이 취락복원의 정석이 되는 이유는 2동 1소군·3소군 1대군이라는 모델이 블랙박스로서 매우 뛰어난 효과를 발휘하기 때문이다.

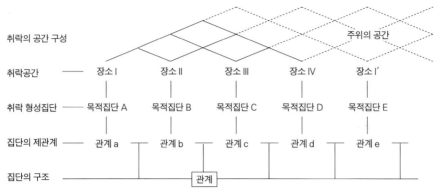

도 72 취락의 공간 구성 모델(주 218 문헌에서)

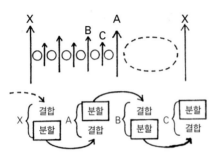

도 73 분할축과 결합선의 관계(주 218 문헌에서)

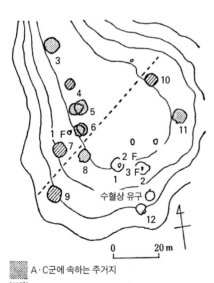

▨ A·C군에 속하는 주거지

▧ B·D군에 속하는 주거지

도 74 시오미다이의 주거지군(주 222 문헌에서)
점선: 정착 시의 대군 분할축, F: 노지

군 구성을 통한 취락분석

'주거의 흐름'(=군 구성) 분석을 이어받아 논의를 가장 본격적으로 전개시키고 있는 것이 니와 유이치이다. 니와는 구체적인 데이터 분석에 앞서 취락이라는 공간 구성을 파악하는 모델(도 72)을 세워[218] 그 틀에 따라 작업을 진행한다. 이것이 그의 작업의 특징인데, 그 결과 그가 이끌어 낸 결론은 시종일관 같다. 다만 취락구조를 파악하는 과정에서 먼 길을 돌아가는 결과가 된 것도 사실이다.[219]

니와는 지바현 다카네키도(高根木戶), 가나가와현 쓰루가와(鶴川)J지점, 하츠야마(初山) 등의 취락을 분석하여[220] 대군과 대군, 소군과 소군, 소군을 구성하는 2동의 주거 사이에 각각 성질이 다른 분할축이 있는 점, 그리고 상위(=더욱 넓은 범위에 걸치는) 분할축이 하위(=더욱 좁은 범위에 걸치는)의 결합선이 된다는 점(도 73)을 지적하였다.[221]

이 결과에 따라 가나가와현 시오미다이

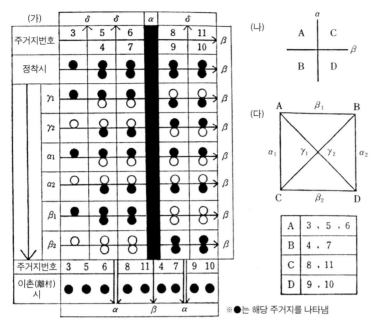

도 75 시오미다이 거주집단 구조도 작성을 위한 수순(주 222 문헌에서)

〈도 74〉의 거주집단 구조를 〈도 75〉 (가)·(나)·(다) 순서를 거쳐 도면화할 수 있다.[222] 그런데 시오미다이의 주거에 설치된 화덕은 2종류이다. a류는 장변이 입구와 화덕을 연결하는 축에 직교하고 타원형을 포함하지만 평면형태가 늘 일정한 것은 아니다. b류는 장변이 축에 병행하고 평면은 장방형이다.[223] a류와 b류의 특징을 다음과 같이 바꾸어 볼 수 있다.[224]

α관계 · β축

	A	B	
	노지돌 : −	+ : 노지돌	
	{방향 : +	+ : 방향	β관계 · α축
	{형체 : +	+ : 형체	
	노지돌 : −	+ : 노지돌	
	{방향 : −	− : 방향	
	{형체 : −	− : 형체	
	C	D	

도 76 시오미다이 주거지군의 화덕 특징(주 223 문헌에서)

　　a류: 방향이 축에 직교하고 평면형태가 타원형

　　b류: 방향이 축에 직교하지 않고 평면형태가 비타원형

　　b류의 특징이 a류와 대조적인 점이 주목된다. 만약 a의 특징이 +값이라면, b류의 특징은 −값이 된다. 게다가 노지의 돌을 제거했는지의 유무를 덧붙여 A~D군의 주거 특징을 나타내면(도 76), 〈도 75-나〉를 90도 회전한 것이 되고, 종횡의 축을 나누면 〈도 75-다〉와 같이 된다. 앞에서 니와의 분석이 먼 길을 돌아오는 결과가 된다고 말한 것은 이것을 가리킨다. 그가 처음부터 화덕의 특징을 이런 형태로 도면화했다면 결론을 훨씬 알기 쉬워져 그의 의견을 받아들이는 사람들도 더 많아졌을 것이다. 그러나 니

와가 도출한 구조 속에는 주거(화덕)의 특징만이 아니라 비취제의 큰 구슬[大珠], 토우, 유공악부토기(有孔鍔付土器) 등 유물의 유무를 도입할 수 있다는 점에 주의할 필요가 있다. 주거(화덕)의 구조와 유물―예를 들어 토우를 동열로 취급할 수 없는 것, 바꾸어 말해 등가가 아닌 것, 이것은 누가 봐도 명백하다. 그렇다면 주거 구조에서 도출된 주거집단의 구조와 토우분석에서 도출된 제사집단의 구조가 등질적인 것임을 증명해야 한다. 그러나 일단 목적집단의 구조라는 차원까지 추상화가 진행되면 유물분석에서 복원된 목적집단의 구조를 주거집단의 구조와 비교하는 것은 논리상 아무런 문제가 되지 않는다. 니와가 정력을 쏟은 관계구조의 추출은 꽤 난해하지만[225] 논리적으로 피할 수 없는 과정이다.

한편 조몬시대 중기의 간토·주부고지 거주집단의 구조는 대립되는 두 요소의 조합이라고 할 수 있다. 이를 통해 한정교환의 한 형태인 카리에라(Carriera)형 친족조직[*22]이 성립되었다고 추측할 수 있다. 이것이 이 작업을 통해 니와가 끌어낸 결론이다.[226]

니와가 주목하고 데이터를 조작하는 가이드라인으로 삼은 것이 앞서 언급한 2항 대립의 원리인데, 이것이 이중으로 결부되어 있다는 점에 특징이 있다. 이는 필자가 일찍이 지적한 도호쿠지방의 후·만기 매장의 머리 위치에 보이는 주(主)-부(副), 정(正)-반(反)의 대치원리와 일치한다.[227] 또한 오유환상열석의 고형식의 배석 테두리 돌·배치 돌에 보이는 유무의 구별도 같은 구성이다.[228]

게다가 니와는 주거군이 3군으로 구성되는 경우, 대립하는 두 개의 주거군을 통합하는 '제3군'이 사실상 제1 또는 제2군 속에 들어가 있는 경우(도 77-a)가 있다고 지적하였다.[229] 이 또한 홋카이도 가시와기(柏木)B의 환상주제묘(環狀周堤墓)의 묘역구성(도 77-b)과 일치한다. 주제묘 내부에는 모두 21기의 무덤이 있다. 서쪽에 분포하는 무덤은 모두 묘광 장축의 동단 또는 양단에 각주상의 안산암을 이용한 묘표석을 뽑은 흔적이 있다. 동쪽에 분포하는 무덤 가운데 북쪽의 것은 묘광 주위에 큰 하천 돌을 방사상으로 배치하고 남쪽의 것은 묘광 입구를 거대한 하천 돌로 덮었던 것으로 추정된다.[230]

서·북·남 매장구의 무덤 수는 다소의 차이가 있지만 거의 비슷하다. 그러나 서구의 무덤은 주제묘 안에 거의 반 정도의 면적에 여유 있게 배치되어 있는 반면, 북구와 남구의 무덤은 나머지 면적 안에 빽빽하게 배치되어 있다. 가시와기B의 이러한 묘역구성은 니와가 제시한 데이터로 볼 때 야마나시현 샤카도(釋迦堂)의 산코진다이라(三口神平)지구의 Z-2기와 유사하다. a~c의 3소군의 총 주거 수는 2:5:1로, a·b 양 군은

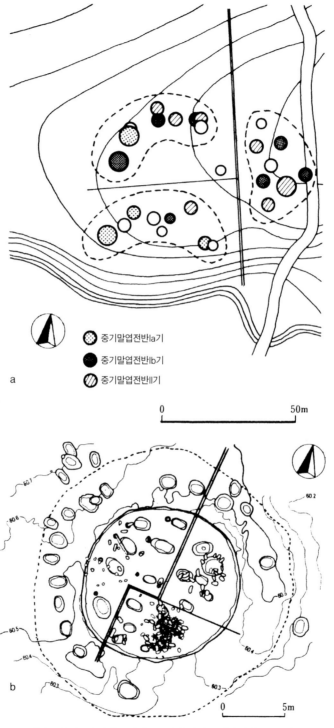

중기말엽전반Ia기

중기말엽전반Ib기

중기말엽전반II기

a

0   50m

b

도 77 나가노현 지노와다의 주거지군(a)과 홋카이도 가시와기B의 묘역(b) 구성
(a: 주 229 문헌 일부 수정, b: 주 230 문헌 일부 수정)

두 시기에 걸쳐 계속되지만 c군은 한 시기에만 지속되다가 폐기된다.[231]

묘역과 주거군, 두 유구군 사이에 일치 또는 대응관계가 확인되는 것을 우연이라고 보기 어렵다. 둘 다 주민의 동태를 반영한다. 나아가 이중의 쌍분(雙分)원리가 비대칭으로 전개된다[232]는 원리 면에서도 공통된다. 이러한 양상을 고려하면 조몬시대 혼인이 한정교환 시스템하에서 운영되고, 환상취락 거주집단의 친족조직이 카리에라형일 것이라는 니와의 가설은 거의 논의의 여지가 없어 보인다.

조몬시대 교환시스템이 트로브리안드(Trobriand)제도 사람들의 쿨라(kula)*23처럼[233] 특정 파트너에 한정되어 있었을 가능성이 매우 높다.[234] 레비스트로스는 이러한 교환시스템을 한정교환(restricted exchange)이라고 부른다.[235] 그러나 고토 아키라(後藤 明)에 의하면 레비스트로스가 지적한 친족조직의 구조를 현실의 친족조직 형태에 대응시키는 것은 잘못이라는 의견도 있다.[236] 고토는 고고자료를 바탕으로 한 거주규제, 친족조직 복원이 너무 단순한 모델에 근거한다는 비판을 받은 몇몇 예도 소개하였다.[237] 조몬시대 친족조직의 구체적인 모습을 파악하기 위해 더욱 다방면에서 검토할 필요가 있다.

만약 환상취락을 카리에라형 친족조직과 결부시킨다고 해도 조몬시대 시작부터 종말까지 일본열도 전역의 사회가 같은 친족조직을 채용하였다고 볼 수는 없다. 니와는 제3의 주거군 존재를 주거가 환상으로 배치되는 원인의 하나라고 지적하였다.[238] 동시에 제3군의 존재가 분명하지 않은 점이 조몬취락의 공간 구성 특징의 하나라고도 지적하였다.[239] 그렇다면 환상취락의 구성에서 추측할 수 있는 친족조직이 조몬사회 속에서 반드시 보편적인 것은 아니라고 봐야 한다. 카리에라형 외에 어떠한 친족조직이 있었을까?[240] 니와가 '병렬형'이라고 부르는 주거배치와 어떠한 친족조직이 관련될까? 이 문제를 해명하는 것이 가장 쉽고 확실한 방법이다. 니와가 제창한 가설은 새로운 자료를 끌어들여 논리적인 검토가 가능하다. 이 점에서 그의 업적에 획기적인 의미가 있다고 인정하고 싶다.

지금까지 소개한 니와의 작업 가운데 몇몇 문제를 지적해 두겠다. 문제는 두 가지로 나누어진다. 하나는 니와가 제시한 데이터의 신뢰도, 또 하나는 논리의 명확성이다.

오이 하루오(大井晴男)는 이시이 히로시의 비판이 맞다면 "미즈노가 생각하는 '마을의 모습'은 대부분 그 근거를 상실하"고, 니와의 취락구성 해석도 같은 운명에 처할 것이라고 하였다.[241] 확실히 '거주의 흐름'에 공백이 있다면 미즈노=니와류의 해석은 성립되기 어렵다. 그러나 스즈키 야스히코는 우리가 보는 것이 "취락의 최종단계 내지 일정기간이 경과한 후의 모습"임을 인지하고, "취락의 존속기간 내지 일정기간을 통해" 취락을 구성하는 시설을 배치하는데 "공간규제가 엄수되지 않으면" 정형적인 취락이 성립될 리 없다고 주장하였다.[242] 미즈노와 니와가 이 의견에 동조할지는 차치하고, 스즈키와 같은 입장에서 보면 거주의 흐름은 주거의 운동궤적이므로 중단되든 중단되지 않든 취락의 구성원리를 파악하는 것이 가능하다. 이시이와 오이가 지적하는 문제는 미즈노=니와의 가설이 성립하는 데 난점이 됨에 틀림없지만 치명적인 문제는 아니다. 여기서 지적하는 것은 이것과 전혀 별개의 문제이다.

이미 소개한 바와 같이 니와는 주거와 부대시설만이 아니라 토우,[243] 비취제 큰 옥,[244] 유공악부토기[245] 등의 유물분포도 취락을 재구성하는 작업에 적용시켰다. 다만 버려졌을 때의 상태가 분명하지 않는 것(토우), 거주집단과 관련짓기에 출토상태가 불안정한 것(비취제 큰 옥), 매우 희귀한 유물로 구성을 복원하는 요소로 보기 어려운 것(비취제 큰 옥·유공악부토기)도 포함되어 있다. 니와가 이러한 조건을 모두 무시한 것은 아니다.[246] 그러나 이 유물들을 포함하는 데 문제는 없을까? 니와는 이 유물들을 폐기행동(=폐기집단)의 결과로 공통항목에 넣고 있다.[247] 그러나 이 논리는 너무 무리가 아닐까?

다음은 논리적인 문제이다. 〈도 76〉에서는 시오미다이의 주거에 공반하는 두 종류의 화덕 플랜을 a류는 타원형, b류는 비타원형이라고 하였다. 사실 여기서 필자는 의도적으로 약간 무리한 조작을 하였다. "a류에 속하는 노지는 타원형에 가까운 것이 있고 그 형태는 일정하지 않다. 한편 b류에 속하는 노지는 장방형이다"라는 설명에 따르자면 b류를 장방형, a류를 비장방형으로 하는 편이 더 낫다. 여기에 ＋·－의 부호를 부여하면 화덕의 특징을 표시하는 것이 번잡해질(도 78)뿐만 아니라 화덕의 위치와 형태를 바탕으로 주거를 두 타입으로 나누는 니와의 방침과도 일치하지 않으므로 어쩔 수 없이 타원형·비타원형으로 나누었다. 그러나 장방형·비장방형, 또는 장방형·타원형·부정형으로 구별하면 또 다른 결론이 나올 가능성도 있다.[248]

거주집단 내의 관계성 추출, 이것이 니와가 추구하는 작업의 핵심이다. 이 작업의 대상이 되는 데이터는 화덕의

	*a*관계·*β*축	
	A	B
노지돌 : －	＋ : 노지돌	
{ 방향 : ＋	＋ : 방향 }	*β*관계·*a*축
{ 형태 : －	－ : 형태 }	
노지돌 : －	＋ : 노지돌	
{ 방향 : －	－ : 방향 }	
{ 형태 : ＋	＋ : 형태 }	
C	D	

도 78 시오미다이 주거지군의 화덕 특징(화덕 형태 부호를 바꿨음)

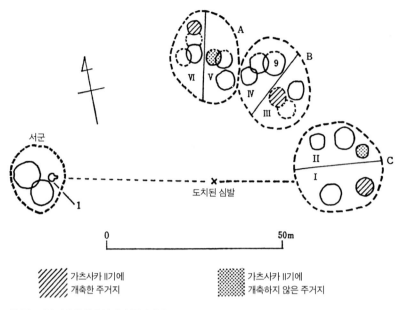

도 79 가나가와현 하츠야마의 주거지군(주 249 문헌에서)

플랜, 매옹의 유무와 위치, 토우의 잔존 부위 …… 등 개별적(=종합적)인 특징이 분리되고, 보편적(= 법칙적)인 '관계'로, 그리고 좌표계 속의 위치로 변형되어 버린다. 따라서 결론과 작업과정을 검토해도 결론이 타당한지 어떤지를 판단할 수 없다. 오히려 취급하는 데이터의 신뢰성, 쌍을 이루는 개념이 데이터와 정확하게 대응하는지가 전처리과정에서 이미 결론의 옳고 그름이 결정되어 버린다고 해도 무방하다. 이러한 점에서 짝이 되는 유물(유구)을 선별하는 수순을 누락시키고 비취제 큰 옥과 유공악부토기 등을 직접 유무로 처리해도 좋은지 의문이 남는다.

하는 김에 좀 더 세세한 문제도 지적해 둔다. 니와는 가나가와현 하츠야마의 주거지군 분석에서 1소군으로 모여 있던 주거가 이동 시에 분열하는 경우가 있다고 하였다. 또 광장이 분열되어 반원형의 광장이 각각 하나의 대군에 대응한다고 하였다.[249] 그 이유는 다음과 같다. 하츠야마의 취락은 대지의 동쪽에 나란히 배치된 3개의 소군(A~C)이 하나의 대군을 이루고 서쪽에 고립되어 있는 서쪽 소군과 대치한다(도 79). 그리고 서쪽 소군의 1호주거의 돌출된 부분과 광장 중앙의 도치된 심발을 연결하는 선을 연장시키면 C소군의 남쪽에 도달한다.

소군이 이동하는 경우에 분열하는 경우도 있다. 이는 충분히 고려할 만한 것으로 앞서 지적한 이합집산의 증거가 된다. 그러나 광장이 주거군(=대군)에 대응하는 형태로 분할되어 있었다는 생각에는 동의할 수 없다. 제의 시에 거주집단이 두 개로 나뉘어져 열을 이루는 경우가 있을 것이다. 그러한 의미로 광장이 분할되는 경우를 생각할 수 있다. 그러나 이렇게 분할된 모습이 광장의 본질이라고 보기 어렵다. 니와도 다루었던 이와테현 니시다의 묘역에서는[250] 중앙부에 묘광이 2열로 줄지어 있다. 원형의 공간(의 일부)이 분할되어 있지만 외측에도 묘광군이 퍼져 있어 중앙의 묘광군은 안쪽 구역이라는 하나의 군을 형성한다. 안쪽의 집단만이 아니라 취락 밖의 사람들도 초청받고 섞이고 관계를 맺는 것, 이것이 광장의 본질적인 기능이 아닐까?

지바현 가이노하나 주거지군은 중기후엽에 대지의 서쪽, 후기전엽에 대지의 동쪽에 중심이 있다. 세키네 타카오(關根孝夫)는 이 시기에 광장을 낀 대지의 서쪽에서는 패층, 소토퇴적(13개소), 무덤 등이 분포하고, 소토퇴적은 매장의례와 관련될 것이라고 상정하였다.[251] 이 관찰에 따르면 후기전엽 가이노하나의 취락에서는 대지 동쪽의 주거군을 중심으로 하는 생활공간과 대지 서쪽의 묘지 및 쓰레기처리장 등의 부정한 공간이 의례의 공간인 광장을 끼고 대치된다는 구성을 복원할 수 있다. 그렇다면 "조몬 환상주거군은 주거가 원형으로 둘러싸는 것이 아니라, 반원배치의 2대군이 대응함으로써 형성된다"[252]는 니와의 결론에는 재고의 여지가 있다고 할 수 있다.

처음에 니와는 하나의 소군을 구성하는 2동의 주거에 사는 사람들이 아버지-자식 관계를 축으로 하여, 혼인으로 밖에서 들어온[단 남편의 어머니와 같은 반족(半族)의] 배우자가 추가된 것(=부계출자집단)이라고 추정하였다.[253] 그러나 나중에는 "조카부부 간, 삼촌-조카부부 간 관계를 매개로 결합"[254]한 것이라고 하였다. 그는 여기에서 혼인에 따른 거주규정을 언급하지 않았지만, "조카부부가 삼촌의 자식 부부로" 삼는 조치는 부계출자보다는 모계출자의 처방거주제가 더욱 어울린다.[255]

그 이유에 대해 니와는 다음과 같이 설명하였다. "(전략) 2동의 구성원 간에 친자부부, 형제부부 간, 조카부부 간, 삼촌·조카부부 간 관계가 단독으로 때로는 복합되어 존재한 것으로 추정된다. 그러나 (중략) 2동 구성원 간의 모든 친족관계가 중복되어 (중략) 친족의 체계화로서의 주거역할을 파악할 수 없게 된다. 1동에 친자부부, 삼촌조카부부, 조카부부가 존재한다. 그러나 요스케오네유적 등에서는 종교활동 시에 2동이 명확하게 구분된다. 친족을 2분하는 원리가 존재하는 것이다. (중략) 친자부부 간의 관계가 1동을 넘어 2동까지로 연장되는 것에 혼란의 주 요인이 있는데, (중략) 조카부부가 삼촌의 자식부부가 되면 이 혼란이 해소된다."[256]

짝을 이루는 주거도 한편으로는 독립된 거주집단을 수용하는 시설이다. 그러나 다른 한편으로는 종교의례에서 보는 바와 같이 친족을 2분하는 원리도 존재한다. 이 모순을 해결하기 위해 니와는 삼촌-조카이고, 동시에 아버지-아들이기도 한 관계를 생각해 낸 것이다. 그러나 "통상적으로 1인의 남아가 성장하여 1조의 부부를 형성하고, 때때로 2명의 남아가 성장하여 2조의 부부를 형성"[257]하는 상태에서는 니와가 우려하는 친족조직의 혼란은 적어도 실제로 일어나지 않는 것이 아닐까? 그렇다면 남아 있는 것은 제사체계의 문제뿐으로 연령계제제(年齡階梯制)*24의 틀 속에서도 설명할 수 있다. 즉 한 소군(=2~3동의 주거)의 거주집단 속에 제의를 집행하는 권리를 가진 사람과 권리가 없는 사람으로 구별되고, 집행할 권리를 가진 인물과 그 배우자, 미혼의 자녀가 1동의 주거에 살며, 결혼한 자식부부는 다른 주거에 산다. 이러한 상태를 생각하면 좋을 것이다.

미즈노 취락론과 그에 대한 반응에 대해 내린 니와의 평가는 매우 적확하다고 할 수 있다. "1동도 2동도 3동 이상도 사실이다. (중략) 주거군에는 1동의 최소단위보다 큰 단위가 존재하고, (중략) 2동의 빈도가 높다는 것이다. 우리는 2동의 빈도가 왜 높은가를 문제 삼아야 했다."[258]

마을의 구별

'재검토론'의 입장에 있는 연구자가 취락의 양적 측면, 즉 규모와 계속기간에만 주의를 기울인다고 지적해 왔다. 왜 이러한 경향이 나타나는지도 대략 설명하였다. 여기서는 그러한 입장을 취하는 경우, 마을과 마을 간에 존재할 기능과 역할 차이를 무시하게 되고 촌락이라는 조직을 복원할 수 없게 된다는 점을 설명하고자 한다.

지금부터 취락·마을·촌락이라는 말을 반복해서 사용하게 된다. 이 말들의 내용을 이미 설명한 바 있지만[259] 다시 설명해 둘 필요가 있다. 이에 앞서 다음 절의 논의와 관계가 깊은 유구배치를 파악하는 문제를 다루고 이후에 취락·마을·촌락을 정의하도록 하겠다.

유구와 시설, 그리고 취락·마을·촌락

우리는 발굴조사 후 조사데이터[260]를 정리한다. 우리가 관찰·기록한 유적의 모습을 그곳에서 인간이 생활하던 상태로 치환하는 것이 작업의 목적이다. 이 목적을 실현시키기 위해서 유구·유물 데이터를 기능·시간·공간이라는 세 종류의 기준을 바탕으로 정리하는 작업이 필요하다.

유적 내 유구와 유물의 관계는 공간 속의 위치 외에 기술할 수단이 없다. 유적이라는 좌표계에는 공간 외에 축이 없다. 여기서 유구와 유물은 바로 의미를 파악할 수 없는 데이터의 집합에 지나지 않는다. 우리는 이 좌표계에 시간과 기능이라는 2종류의 축을 더해 유적을 서로 독립된 몇 개의 좌표계로 나눈다. 이와 더불어 유적 내 유구와 유물이라는 집합도 몇 개의 부분집합으로 분리된다. 그 결과, 유구와 유물은 의미를 가진 데이터군이 된다.

우리가 유적에서 보는 '유구'는 현재 유적인 '장소'에서 생활하던 사람들이 이용한 '시설'의 화석이다. 다양한 유구를 기능·용도라는 좌표축상에 배치한다. 이렇게 유구라는 카테고리의 데이터군은 시설이라는 카테고리로 이동한다.

그런데 우리는 다양한 종류의 유구를 구별하고 각각 다른 이름을 붙인다. 유구의 이름에는 예를 들어 수혈주거·야외노지와 같이 기능과 용도를 추측한 것도 있다. 한편, 장방형 주혈열·매옹처럼 오로지 유구 특징만 나타내는 이름도 많다. 따라서 같은 종류의 시설에 다른 이름을 붙이거나 반대로 전혀 다른 종류의 시설에 같은 이름을 붙이는 경우도 있다. 예를 들어 자갈군(礫群), 노지혈, 집석토광 등의 유구는 모두 조리용 시설임에 틀림없다. 또 입석이라고 부르는 유구는 묘표(매장), 제단(제사), 토지구획 등 다양한 종류의 시설로 나누어짐에 틀림없다. 유구라는 카테고리 속의 데이터를 시설이라는 카테고리로 치환시킬 경우에 부분적으로 배치(서브 카테고리)를 변경할 필요가 생긴다.

한 유적의 유구·유물이 모두 같은 시기에 속하는 경우도 있다. 그러나 이러한 경우는 오히려 적고, 여러 시기가 혼재되어 있는 경우가 더 많다. 그 결과 지금은 유적이 된 장소에 인간이 생활하였을 때, 그들이 이용하던 시설이 어떻게 배치되어 있었는지 유적 관찰과 유구 위치를 기록한 도면에서 바로 읽어 낼 수 없는 경우가 많다. 설사 파악할 수 있다 하더라도 그 내용이 정확하다는 보증은 없다.

여기서 유적의 시기를 구분하고 유구 연대를 결정하여 연대가 다른 유구를 분리하고, 같은 연대의 유구를 모으는 작업이 필요해진다. 상하로 겹치고 중복되는 위치관계가 유구의 신구·선후를 판정하는 데 가장 확실한 데이터이다. 그러나 유구 연대를 결정하기 위해서는 연대가 분명한 유물이 필요하다. 노지·병경식(柄鏡式)[25] 주거처럼 유구 자체의 특징에서 대략적인 연대를 알 수 있는 경우도 있다. 그러나 유구의 연대를 결정하기 위한 가장 유효한 수단은 토기이다.

　위치관계를 바탕으로 유구의 신구·선후의 서열, 그것과 공반하는 유물로 결정하는 연대라는 두 종류의 데이터[261]를 조합하면 시설의 배치계획을 대부분 파악할 수 있게 된다. 그러나 유일하고 절대적인 방법은 없고 연대와 선후관계를 확정할 수 없는—근거 없는—유구도 있다. 이 때문에 시설배치를 파악하는 방법을 둘러싼 논의는 끊임없이 계속된다.

　근거 없는 유구의 대부분은 유구 종류에 따라 꽤 차이가 있다. 주거지는 폐기 후(폐기 시?)에 투기된 토기, 부대시설(매옹·화호)로 이용된 토기 등이 있고, 중복되는 예도 많으므로 다른 유구보다 근거가 있는 편이다. 그래도 엄밀하게 연대를 결정할 수 있는 예는 그다지 많지 않다.[262] 동일본과 북일본의 플라스크형 수혈은 밀집분포하고 서로 중복되는 경우가 많아 선후관계를 파악하기 쉽다. 그러나 연대를 결정할 수 없는 것이 꽤 많다. 토갱묘의 경우, 대부분 연대를 확정할 수 없다. 장방형 주혈열(굴립주건물)의 연대를 확정하는 것은 절망적이다. 굴착된 부분에서 유물이 출토되면 건설된 연대의 상한을 추측할 수 있다. 그러나 폐기 연대를 결정할 수 있는 확률은 소수점 이하가 될 것이다.

　위의 내용을 한 번 더 설명해 두고자 한다. 어떤 유적을 조사하고 그곳에서 확인된 유구가 고·중·신의 세 단계로 대별되고 각각 a·b로 세별된다고 하자. 대다수의 주거지는 대별편년은 물론 세별편년의 틀 속에 포함된다. 편년상의 위치를 전혀 판단할 수 없는 것은 수% 이하고 고·중·신단계로 판정할 수 있지만 a·b의 어느 단계에 해당하는지 알 수 없는 것이 10~20% 전후(이 숫자들은 알기 쉽게 설명하기 위한 것으로 대략적인 비율에 지나지 않는다)가 아닐까? 플라스크형 수혈은 신구의 서열을 확인할 수 있는 것이 반 수 이하(대략 30~40% 전후), 편년적 위치를 결정할 수 있는 것은 10% 전후일 것이다. 편년적 위치를 결정할 수 있는 토갱묘는 5% 이하, 장방형 주혈열은 1%에도 미치지 못할 것이다.

　이렇게 보면 유구의 편년이든 주거지의 편년이든 내용에는 거의 다를 바가 없다. 편년적 위치를 확정할 수 있는 유구 가운데에는 주거지가 압도적으로 많고, 플라스크형 수혈과 같은 소수의 예, 토갱묘와 같이 극히 드문 예 또는 장방형 주혈열과 같이 예외적인 것이 여기에 더해질 뿐이다. 주거지 이외의 대다수 유구는 고·중·신 3단계의 어디에 속하는가라는 것 외에 편년적 위치를 결정할 방법이 없다. 엄밀하게 말하면 그 것도 상황증거에 기초한 추측에 지나지 않아 확실한 근거가 없다.

이러한 문제가 있더라도 동시기로 판단되는 유구의 집합이 취락지이다. 다만 여기 서 '동시기'라는 것은 어느 시간 폭에 포함된다는 것이지 그 시간 폭이 고정되어 있다 는 것이 아니다. 유구군의 변천은 20년·30년을 단위로 하는 시간 폭 안에서의 움직임 을 반영한다. 소위 단순유적의 경우 우리는 수개월 사이에 일어난 일의 흔적을 관찰하 는 것일지도 모른다.

시간 폭이라는 것은 우리가 취락지의 움직임을 파악하는 단위이다. 취락지 안의 어떠한 움직임을 파악하려 하는가? 즉 분석과 기술의 목적에 따라 시간을 새기는 폭 을 좁게도 넓게도 할 수 있다. 취락지의 변천을 이해하는 것이 목적인 이상, 빠짐없이 유적군의 동태를 파악해야 하므로 시간 폭도 가능한 한 좁은 것이 좋다. 그러나 복수 의 취락지를 비교하려면, 세별단계 속의 움직임은 서랍 속에 넣어 두고 대별단계 속의 움직임만 비교하는 것이 좋다. 또 예를 들어 어느 취락을 전기와 중기 또는 조몬·야요 이·고분의 취락지 특징을 설명하는 예로 인용하는 경우, 대별단계 속의 움직임도 서 랍 속에 넣어 두고 성립에서 종말기까지를 하나의 단위로 하는 것이 좋다.

취락지 안의 유구가 시설로 기능하던 때의 구조와 기능·용도의 추측을 더한 것이 취락이다. 취락지는 실측도와 유구배치도의 세계에, 취락은 복원도의 세계에 속한다. 이러한 차이가 있더라도 취락지·취락 안의 요소를 모두 시각적으로 파악할 수 있다는 점은 일치한다. 따라서 사회적인 관계처럼 시각적으로 파악할 수 없는 요소를 포함하 는 마을과는 구별할 필요가 있다.

하나의 취락은 그곳에 살고 있는 사람들의 생활 근거지이다. 그러나 모든 취락에 주민이 생활을 유지하는 데 필요한 시설이 갖추어져 있는 것은 아니다. 뒤에서 다시 설 명하겠지만, 다른 취락과의 관계가 없다면 하나의 취락 주민이 생활하는 데 필요한 다 양한 요구를 만족시킬 수 없다. 또 수렵·어로·채집, 목기·석기 등의 생활재와 그 원 료의 획득, 생산활동은 취락 밖에서 이루어졌음이 분명하다. 몇몇 취락의 주민이 협업 조직을 만들고 식료확보와 저장처리를 하며 공동제의에 참가하는 경우도 있었을 것이 다. 이러한 사정을 고려하여 취락 또는 취락 주민의 문제를 다루는 경우, 취락을 마을 로 바꾸어 부를 수 있다. 마을의 경관—시각으로 파악할 수 있는 측면이 취락이다.

지리적으로 가까운 위치—아마도 편도 하루 정도 걸리는 범위—에 있는 몇몇 마을은 촌락을 만든다. 촌락은 마을의 상부조직이다. 다만 촌락이 특정 마을에 거점을 두었는지 어떤지, 특히 거점이 되는 마을이 다른 마을과 구별되는 경관을 만들었는지, 즉 다른 마을에는 없는 특별한 시설이 있었는지는 또 다른 문제이다.

촌락의 중핵이 되는 마을에 묘역, 제사장 등의 특별 시설이 배치되고, 촌락이 복수 마을을 통합·유지하는 기능을 담당하는 경우도 있을 것이다. 한편 몇몇 마을이 각각 다른 기능을 발휘하였더라도 완전히 호혜적·보완적인 관계를 유지하는 경우도 있을 수 있다. 고정된 중심이 없는 몇몇 마을의 네트워크도 촌락으로서의 기능을 발휘한다. 촌락 내에 거점이 되는 마을이 성립되면 마을과 마을 사이에도 조직으로서의 상급·하급 관계가 성립될지 모른다. 그러나 이는 기능적 중심지와 그 주변과의 관계를 나타낼 뿐, 소위 계층관계는 아니다.

'횡적 취락론'이 말해 주는 것

처음에 말한 바와 같이 재검토론 입장에서는 마을을 토대로 하는 촌락의 모습이 떠오르지 않는다. 왜 그럴까? 도이 요시오의 이야기를 한 예로 들어 살펴보자.

도이는 조몬취락에는 동시기의 2~4동 전후의 주거군이 거의 중복되는 일 없이 산재하는 경우와 동시기 또는 전후하는 몇 시기의 10동 이상 수십 동의 주거가 밀집하는 경우가 있다고 하며, 각각 타입A·타입B라고 하였다.[263] 지금까지의 소위 대규모 취락·정형적 취락은 타입B에 해당한다. 도이는 다른 재검토론자와 마찬가지로 타입B는 타입A가 누적된 최종적 모습에 지나지 않고 타입A이야말로 "시대와 지역을 넘어 주체적·보편적·일반적으로 존재하는"[264] 취락이라고 주장하였다.

지금까지 큰 규모·정형적인 시설의 배치와 더불어 묘지, 저장시설 등 주거 이외의 '부대시설'[265]을 동반하는 것이 대규모이고 정형적인 취락의 특징이라고 지적되어 왔다. 그러나 도이는 이 '부대시설'들에는 "기능과 성격이 분명하지 않은 것, 시기를 판단할 수 없는 것"이 많다고 지적하고 부대시설 유무를 기준으로 타입A·타입B를 구별할 수 없다고 주장하였는데, 구로오 카즈히사도 이 의견에 동의한다.[266] 재검토론자 가운데 '부대시설'에 대해 확실하게 부정적 평가를 내린 것은 도이와 구로오 두 명뿐인 것 같다.

소위 '대규모 취락'도 복원해 보면 그 규모가 그렇게 크지 않고, 타입A·타입B의 동시기 주거지 수에는 큰 차이가 없다. 이는 도이가 지적한 바와 같다. 소위 '대취락'

은 그다지 규모가 크지 않은 취락이 누적된 결과 겉으로 보이는 모습에 지나지 않는다는 의견도 나름대로 일리가 있다. 취락이 유지된 기간이 겉으로 보이는 취락규모를 좌우한다. 여기에 도이는 타입A·타입B의 2종류의 취락 차이를 취락의 계속기간, 그렇지 않으면 반복해서 취락이 형성된 회수의 차이에 지나지 않는다고 결론지었다. 이 점에는 동의할 수 없다.

앞서 유구 종류에 따라 편년적 위치를 판정할 수 있는 유구 수에 큰 차이가 있고 유구군 편년도 주거지군 편년과 큰 차이가 없다고 지적하였다. 주거지 이외의 대부분의 유구는 기능과 시기가 불분명한 채, 유구편년이라는 작업 속에 근거 없이 방치되어 있다.[267] 이 점에서도 도이의 지적은 정확하다. 그렇다고 해서 '부대시설'이 취락 연구에서 아무런 의미를 가지지 않는다고 단언할 수 있을까?

취락지를 다룰 때의 시간 폭은 분석과 서술의 목적에 따라 변경할 수 있다. 이와 마찬가지로 취락지의 어떠한 측면을 분석·서술하는가 하는 목적에 따라 다루는 유구의 종류에도 선택의 여지가 있다. 이제 도이가 어떤 목적으로 어떻게 데이터를 다루었는지 살펴보자.

취락의 동태를 시간흐름 속에서 가능한 한 세부적으로 파악하는 것―횡적 취락론의 확립―이 도이의 목적이다. 이 목적을 실현하기 위해서 유구군의 움직임을 파악하는 시간 폭을 가능한 한 작게 할 필요가 있다. 여기에 연대를 확정할 수 없는 '부대시설'을 도입하면 시간 폭이 넓어져 목적을 실현시킬 수 없다. 그래서 '부대시설'을 데이터에서 제외시켜 분석해 결과를 얻는다. 도이는 목적을 실현시키기 위해 불필요하고 무효한 데이터('부대시설')를 분리시켜 필요하고 유효한 데이터(주거군)만을 이용하여 작업하였다. 이러한 작업은 이해할 수 있고 잘못된 것도 아니다. 다만 이는 횡적 취락론의 확립이라는 목적을 실현하는 데 필요하고 정당화할 수 있을 때까지만 통용될 뿐, 모든 목적에 필요하고 정당한 '원칙'은 아니다.

모든 연구방침은 그 나름의 조건하에서 비로소 실현된다. 토기형식의 세별, 취락지의 조사데이터 축적이라는 두 조건이 갖추어지지 않으면 횡적 취락론은 성립되지 않는다. 간토평야 동남부와 서남부, 게다가 고후(甲府)분지를 포함하는 주부고지, 이 지역들에서는 그 조건이 갖추어져 있다. 그러나 긴키와 세토우치 등의 혼슈 서남부에서 시코쿠, 오키나와 등의 지역에서는 그 조건이 전무하다고 해도 무방하다. 홋카이도·도호쿠·북칸토·규슈지역에서는 횡적 취락론을 적용할 수 있는 데이터가 있다. 그러나 그곳에서 얻을 수 있는 결론을 어디까지 일반화시킬 수 있는가라는 문제가 남아 있다. 횡적 취락론은 남칸토·주부고지에서의 자료축적과 연구현상하에서는 필요하기도 하고 실천에 옮길 수 있는 조건도 갖추어져 있다. 그렇다고 다른 지역도 같은 방향으로 나아간다고 단언할 수 없고 또한 충분한 자료가 축적되기까지 취락 연구를 보류할 수 있는 것도 아니다.

설사 도이의 의견을 받아들여 조몬시대의 소위 대규모 취락을 소규모 취락이 누적된 결과에 지나지 않는다고 하자. 그러나 역시 다음과 같은 의문이 생긴다. 왜 어느 한 취락은 다른 취락보다 긴 기간에 걸쳐 계속되는가? 왜 어느 장소가 다른 장소보다도 빈번하게 반복해서 이용되는가? 비록 규모면에서 차이가 없더라도 취락의 계속성, 토지의 이용빈도 등에 차이가 있음을 부정할 수 없다. 도이의 취락론에서는 이러한 문제가 설명되지 않은 채 남아 있다. 주거지군을 중심으로 하는 유적군의 움직임[서열과 단속(斷續)], 횡적 취락론은 그것을 분석하고 서술하는 수단으로 유효한 무기이다. 그러나 이 방법으로 설명할 수 없는 것도 있다.

도이의 지적처럼 '부대시설'을 동반하지 않는 타입A의 취락은 "시대와 지역을 넘어……보편적·일반적으로" 분포한다. 그렇다면 '부대시설'을 동반하는 타입B의 취락이야말로 '시대와 지역'의 특성이 결부된 마을의 성격을 읽을 수 있는 자료가 되지 않을까? 재검토론을 주장하는 사람들은 이 점을 간과하고 있다.

상용시설과 비상용시설[*26]

구체적인 유구를 출발점으로 하여 소위 '부대시설' 문제를 취락론 안으로 끌어들이기 위해서는 유적·유구군 검토라는 과정이 필요하다. 적당한 자료를 선정하여 그 이유를 설명하고 검토과정과 결과를 설명할 필요가 있다. 여기서는 도저히 그럴 여유가 없다. 그러나 지금 우리에게 허락된 자료를 바탕으로 특정 연대·지역의 인간—예를 들면 조몬인이 어떤 시설을 필요로 했는지를 살펴볼 수 있다. 조몬인이 필요로 한 시설이라는 관점에서 '부대시설'의 내용과 마을의 성격을 생각해 보자.

도이는 '부대시설'의 예로서 저장시설과 묘지를 들고 있다. 이 시설들이 일상생활에서 늘 필요한 것은 아니다. 그 점에서 주거·쓰레기장·급수장소와는 다른 종류라고 할 수 있다. 그러나 이 시설들도 없으면 안 된다. 예를 들어 식료와 연료, 또는 제의 시에 필요한 물품, 이러한 물자를 저장·보관하는 시설은 일 년 중에 반드시 필요하다. 묘지도 수년 또는 십수 년 안에 죽은 자를 보낼 필요가 생기는 것은 분명하다.

　조몬인이 이용하던 시설을 두 종류로 나누어 보자. 하나는 일상생활에서 싫든 좋든 필요한 것이다. 이에 비해 다른 하나는 반드시 어디에나 있어야 하는 성질의 것이 아니다. 그러나 언젠가는 필요하고 어딘가에서는 없으면 안 된다는 점에 특징이 있다. 일상생활을 위해 반드시 필요한 성질의 것을 상용시설, 언젠가 필요하고 어딘가에서 없어선 안 되는 시설을 비상용시설로 나누도록 하자.

　상용시설과 비상용시설의 내용을 좀 더 구체적으로 살펴보자. 스즈키 야스히코는 조몬취락 내의 시설로 다음의 6종류를 제시하였다.[268](〔〕안은 확인된 유구의 예).

　① 거주〔수혈주거 · 부석주거〕

　② 저장〔저장공 · 작은 수혈 · 저목장〕

　③ 조리〔자갈군 · 노지혈 · 집석토광 · 야외노지〕

　④ 매장〔토갱묘 · 배석묘 · 매옹〕

　⑤ 제사〔광장 · 배석 및 입석 · 굴립주건물〕

　⑥ 폐기〔토기 폐기장 · 견과류껍질무더기 · 패층 · 어골층 · 골총 · 소토층 · 성토유구〕

여기에 다음의 5종류

　⑦ 사교 · 오락〔광장 · 대형건물(수혈 · 굴립주)〕

　⑧ 급수〔집수시설(목조 · 석조)〕

　⑨ 식품가공〔견과처리장 · 물에 담그기 위한 토광〕

　⑩ 원료채취〔점토채굴광〕

　⑪ 통로〔목도(木道)〕

를 더하면 조몬취락에서 볼 수 있는 시설은 거의 다 있는 셈이다.

　여기서는 전형적인 조몬취락이라면 입지조건에 관계없이 어느 지역에서나 볼 수 있는 시설을 들었다. 각종 시설의 구체 예로 든 유구는 필자의 생각을 기술한 것일 뿐, 반드시 기능 · 용도에 대해 의견이 일치하지는 않는다. 대형수혈(주거)이 그 예로 적설지대의 민가 · 확대(복합)가족의 주거, 겨울 동안의 작업장, 집회소, 젊은이들의 숙소, 수장의 주거 등등 백가쟁명으로 아직 정설이 없다.[269]

　어느 것이든 이의가 있다는 점을 숙지하고 이 시설들을 상용 · 비상용시설로 나누어 보자. 상용시설에 포함되는 것은 거주 · 조리 · 폐기 · 급수 · 통로의 5종류이다. 비상용시설은 저장 · 매장 · 제사 · 사교 및 오락 · 식품가공 · 원료채취의 6종류로 비상용시설이 약간 많다. 조리시설 가운데 야외노지와 자갈군 등은 제의 시 조리에 사용될 가능성이 있다. 폐기시설이라고 한 유구의 퇴적물 중에는 일상생활에서 동반하는 폐기물이 그다지 높은 비율을 차지하지 않는다. 비상용시설이 조몬취락의 '부대시설'의 주류를 이룬다고 할 수 있지 않을까?

이러한 각종 시설의 이용방법은 세대 또는 세대 내의 특정 멤버의 개별이용, 마을 또는 복수세대의 공동이용의 2종류로 나눌 수 있다. 폐기시설과 급수시설처럼 같은 시설을 개별로도 공동으로도 이용하는 경우가 있고, 저장시설 중에는 개별과 공동 2종류의 시설이 포함될 가능성도 있다. 때문에 단순하게 나눌 수 없지만 대다수의 비상용시설은 공동이용을 위한 시설로 볼 수 있다. 이 견해를 뒷받침하는 사례를 몇몇 들어 보자.

앞에서 사이타마현 아카야마(赤山)의 칠엽수열매 처리장 유구를 소개하고[270] 적어도 아카야마 마을의 여성이 공동으로 이용한 시설일 것으로 보았다. 건설할 때에는 남자 힘을 동원하지만 그 남자도 아카야마 마을은 물론 아카야마 부락 안의 다른 마을에서 동원되었을 것이다. 비상용의 공동이용시설의 한 예이며 공동노동의 산물이기도 하다.

폐기시설에서도 공동노동의 흔적을 찾아볼 수 있다. 이와테현 마가타(曲田)I유적의 EIII-011주거에는 만기전엽의 토기가 모여 투기되어 있다.[271] 정제토기의 비율이 높고 조제토기는 적다. 기종별 비율을 살펴보면 식기세트 12조, 조리용구세트 6조를 모아 폐기한 것으로 추측된다. 적어도 2~3세대에 해당하는 사람 수의 식사를 제공할 수 있는 양이다. 이만한 양의 식기 및 조리용구를 한 세대가 소유하였다고 보기 어렵다. 이 식기들과 조리용구는 몇몇 세대가 들고 왔을 것이다. 그렇다면 요리 준비와 음식을 담을 때에도 몇 세대의 여성이 참가하였다고 봐도 부자연스럽지 않다. 제의에 사용된 조리용구와 식기를 모아 한꺼번에 처리한 것으로 추측된다. 제의장에서 이용한 기구를 일상생활의 장으로 들고 들어와 부정 타는 것을 피하는 것도 토기를 비롯해 기구를 일괄폐기하는 이유의 하나가 아닐까? 이 추측의 타당성은 제쳐 두고, 폐기시설(쓰레기장)에도 공동노동과 결부되는 비상용시설로서의 성격을 갖춘 것이 있다는 것은 확실하다.

대형수혈은 공동노동을 전제로 하여 실현되는데 공동으로 이용하는 비상용시설의 전형적인 예일 것이다. 이러한 시설의 용도가 아직 분명하지 않다고 이미 서술하였다. 최대급의 바닥면적은 200m²를 넘어 일반 주거의 10~20배 정도이다. 50~100명을 무리 없이 수용할 수 있으며 대부분 인간을 수용하는 시설이었을 것이다. 그런데 바닥과 화덕이 단단하지 않은 것이 많아 많은 사람이 늘 상주하였다고 보기 어렵다. 칸막이를 한 것도 있지만 일반적이라고 할 수 없어 복합가족 또는 확대가족의 주거로 보기도 어렵다. 필자는 이러한 이유에서 이 시설의 주된 기능이 집회소—즉 비상용시설의 하나일 것이라고 생각한다.

평균 크기의 수혈주거를 세울 때에도 마을의 남성이 총동원되었음에 틀림없다. 또한 바닥면적 200㎡를 넘는 수혈이라면 몇 개 마을의 노동력을 동원하지 않으면 무리이다. 조몬인의 사회에서 특정 세대가 이용하는 시설을 세우는 데 이만큼의 노동력을 동원할 수 있는가라고 생각해 보아도 대형수혈은 공동이용을 위한 시설이라고 할 수 있다.

비상용시설이 있는 마을과 없는 마을

취락 안의 시설을 상용·비상용시설로 나누어 보면, 도이가 말하는 타입A·타입B 2종류의 취락은 비상용시설을 갖추지 않은 취락(마을)과 상용시설 외에 비상용시설을 갖춘 취락(마을) 2종류로 치환시킬 수 있다. 그리고 고바야시 타츠오는 비상용시설을 갖춘 마을을 '조몬모델촌'[272]이라고 명명하였다.

그런데 타입A, 즉 비상용시설이 없는 취락은 "시대와 지역을 넘어 …… 보편적·일반적으로" 분포하는 한편, 타입B —비상용시설이 있는 취락이 '특수한 양상'을 나타낸다는 것은 도이가 지적한 대로일 것이다. 재검토론의 입장에 있는 사람들은 이 차이가 생겨나는 이유를 계속기간, 점유빈도의 문제로만 정리한다. 그러나 상용·비상용시설의 성질을 고려하면 조몬인의 연간 또는 일생 동안의 생활은 비상용시설이 없는 타입A 취락 안에서는 완결되지 않는다. 상용·비상용 2종류의 시설이 없다면 조몬인의 생활은 성립되지 않는다. 그렇다면 그들 생활의 장—마을도 2종류가 있다고 생각해야 한다. 수적으로 주류를 이루는 타입A, 여기에 외견상 '특수한 양상'을 나타내는 타입B가 더해져 이 2종류의 마을이 하나의 조직(=촌락) 안에서 결합된다. 조몬인의 일 년 동안의 생활, 탄생에서 죽음에 이르는 일생은 이러한 촌락 안에서 비로소 완결된다고 봐야 한다.

지금까지의 조몬취락론에서 비상용시설이 갖추어진 마을을 거점취락·근거지(base camp)로 불러 왔다(빈포드가 말하는 residential base[273]도 거의 같은 내용이다). 한편 상용시설만 있는 마을은 막연하게 임시취락(temporary camp)으로만 불러 왔다(빈포드가 말하는 location 또는 workshop의 일부도 포함될 것이다).[274]

이 구별은 쉽게 말해 전통적인 조몬취락론에서의 대규모 취락·소규모 취락의 구별과 대비될 수 있다. 그러나 마을의 성격을 구별할 때 규모를 기준으로 하는 것은 타당하지 않다. 이것을 명확하게 밝힌 것이 소규모 취락론, 취락이동론 등 재검토론자가 펼친 주장의 공적이다. 적어도 필자는 재검토론의 주장을 검토하는 과정에서 이러한 생각에 도달하였다. 그 사실을 솔직하게 인정해야 한다.

한편 비상용시설이 갖추어진 마을·상용시설만 있는 마을, 2종류의 마을 성질을 어떻게 표현하면 좋을까? 비상용시설이 있다면 취락의 규모는 커질 것이다. 그러나 다른 종류의 마을에는 없는 성질의 시설을 설치한 결과로 규모가 확대되므로 규모 차이가 본질적인 것은 아니다.

또한 마을에는 보이지 않는 몇 종류의 시설, 그것이 전제가 되어 마을 규모의 확대라는 결과가 수반된다. 이 관계에 주목하면 2종류의 마을이 갖추고 있는 기능차, 그것이 2종류 마을의 차이를 나타낸다고 할 수 있다. 이 점에 주목하여 비상용시설을 갖춘 취락(마을)을 다기능 취락(마을), 상용시설만 있는 취락(마을)을 소기능 취락(마을)으로 부르도록 하자.

주거형식을 통한 주거지군 구성의 복원

조몬시대(라고 한정할 수 없지만) 마을은 비상용시설을 갖춘 다기능 마을과 상용시설만 있는 소기능 마을의 2종류로 구별할 수 있다고 지적하였다. 이것에 가까운 생각을 보여 주는 발언도 몇몇 지적할 수 있다. 이 의견들을 소개하는 것이 순서이지만 주거군 구성을 복원하는 수법 가운데 빠져 있는 부분이 있으므로 보완하고자 한다.

조몬시대 주거가 몇 개의 형식으로 나누어진다는 것은 우바야마패총 보고에서 이미 지적된 바 있다.[275] 이후 주거형식의 구별은 주거 변천 경향과 지역차를 설명하는 수단으로[276] 이용되어 왔던 것이다.

미즈노 마사요시는 나가노현 소리(曾利)의 17~19호[*27] 3동의 주거지에 모두 주축을 따라 장대한 위석노[石圍爐]가 있고, 18·19호 2동은 기둥배치도 일치하여 "지붕(上屋材)을 일부 재이용했을 가능성조차도 생각할 수 있다"고 지적하였다.[277] 주거형식이 취락구성 복원에도 이용될 수 있음을 시사한다. 이 발언은 무라타 후미오(村田文夫)의 가나가와현 시오미다이의 취락분석[278]에 계승된다. 그는 이후 나가노현 고신바라(庚申原)II[279]를 추가하여 주거형식 구분을 바탕으로 주거지군의 복원원리와 결과를 해설하고[280] 그 후 나가노현 다나바타케(棚畑)[281]의 사례를 들고 있다.[282]

취락·주거군 구성을 복원하려면 주거 자체의 특징에 주의하게 된다. 취락구성 복

원에 주거형식의 분류를 활용하는
연구자가 꽤 많다. 앞서 소개한 니
와 유이치의 작업도 주거형식 분류
가 기초가 된다. 아카야마 요조(赤山
容造)는 이 수법을 이용하여 군마(群
馬)현 미하라다(三原田)의 주거지를
분류하고[283] 사카가미 카츠히로(坂
上克弘)·이마이 야스히로(今井康弘)
도 가나가와현 오쿠마나카마치(大
熊仲町)의 가츠사카(勝坂)~가소리E$_2$

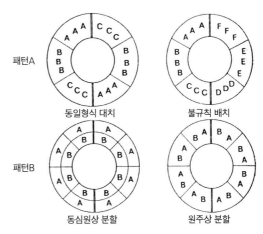

도 80 주거형식에 의한 환상취락의 구성모델(주 288 문헌에서)

기의 취락을 분석하였다.[284] 구시하라 코이치(櫛原功一)는 도쿄도 나메리자카(滑坂),[285]
나가노현 쓰지사와미나미(辻沢南),[286] 다나바타케, 사이타마현 후루이도(古井戸)[287] 취
락의 주거형식을 검토하여 환상취락의 구성이 동형식의 주거가 모여 소군을 구성하는
경우(패턴A)와 소구역 안에 다른 형식의 주거가 혼재하는 경우(패턴B)로 대별할 수 있
다고 지적하였다(도 80).[288]

　　그러나 구시하라의 지적처럼 " '주거형식'이란 무엇인가? 주거형식은 어떠한 속성
으로 규정되는가?"[289]라는 점의 논의가 결론에 도달했다고 할 수 없다. 이것이 주거형
식을 바탕으로 한 취락론의 근본적인 문제이다. 하나하나 주거 특징을 밝히는 것만이
아니라 취락 내 주거의 친소관계를 밝히는 것을 '주거형식'을 설정하는 목적으로 삼아
야 하고 그에 어울리는 기준을 선택해야 한다. 이러한 사정을 무라타가 시오미다이에
서 설정한 형식을 소재로 하여 검토해 보자.

　　무라타는 '횡적 취락론'에 매우 소극적인 태도를 취한다.[290] 그 근거가 충분하게 설
득력이 있다고 할 수 없지만, 그것은 차치하고 그의 취락론에서는 '주거형식'이 '횡적
취락론'의 공반유물이 나타내는 연대에 해당하는 역할을 한다. 확실히 주거형식을 결정
하는 것은 유구(=주거지)에서 읽어 낼 수 있는 특징임에 틀림없다. 그러나 그 내용이 매
우 유동적이다. 동일 유구에서 같은 특징을 관찰하였다고 해도 표현방법에 따라 형식내
용이 좌우되는 경우도 있다. 예를 들어 무라타는 시오미다이 주거는 출입구가 광장을
향해 있는 것(10·11호), 광장을 등지고 있는 것(4~9호)의 2군으로 나뉜다고 한다.[291] 여
기서 그는 출입구의 위치를 광장에 대응하는 방향, 즉 상대방위를 바탕으로 나타낸다.

表 36 무라타 후미오에 의한 가나가와현 시오미다이의 주거 분류(주 278, 280 문헌에서)

A	표고 94m선에 분포	소형·낮은 벽·벽구 없음·기둥배치 불규칙 ··	4호·7호
B		모가 죽은 환형에서 원형으로 변화·높은 벽·벽구 있음·개건축/개축 ·············	5호·6호
C		돌출된 매옹매설·기둥 간격 비율 1.4전후 ···	8호·10호·11호
D	표고 92m선에 분포·내경하는 주혈에서 수직하는 주혈로 변화···························		9호

그런데 거의 대부분의 주거 출입구는 서남쪽을 향해 열려 있다. 따라서 출입구의 방위 자체(=절대방위)를 대상으로 하면 출입구의 방향으로 주거지군을 나눌 수 없게 된다. 이처럼 특징을 기술하는 방법에 따라 분류결과에 차이가 발생하는 경우도 있다.

　무라타는 말각방형에서 원형으로 변화하는 주거 평면형태의 변화와 기둥을 세우는 방식의 변화 등 선후관계가 보이는 주거의 특징 차이도 '주거형식'을 설정하는 기준으로 삼았다(표 36). "주거의 '형(型)'이 같다는 것은 그 배경에 (중략) 친족관계가 가깝다는 의미의 계보가"[292] 존재한다는 추측이 전제가 될 것이다. 그러나 '주거형식'을 설정하는 근거를 '형태적 특징'에서 찾으므로 말각방형·원형, 내경하는 기둥·직립하는 기둥은 다른 형식을 설정하는 근거가 되어도 한 형식으로 모으는 근거가 되지 않음은 자명한 사실이다. 무라타는 시오미다이의 주거를 A~D로 나누었다. 그러나 〈표 36〉에서 알 수 있듯이 이 '형식(型式)'들을 설정하는 기준에는 공통요소가 거의 없다. 따라서 그가 A군~D군을 각각 다른 집합―독립된 분류군(taxa)―으로 생각한다는 것을 파악할 수 있지만 각각의 분류군(taxa) 간의 관계를 파악할 수 없다.

　이제 니와의 분류[293](표 37)로 눈을 돌려 보자. 그도 무라타와 마찬가지로 시오미다이의 주거지군을 A군~D군으로 분류하였다. 다만 이 경우 A군·B군은 화덕의 장변이 주거 축(출입구와 안쪽 벽을 연결하는 선)에 직교하고, 비장방형인 것(a군)을 매옹 위치에 따라 2분한 것으로, C군·D군도 b군(화덕의 장변이 주거지 축에 평행하여 장방형이 되는 것)을 역시 매옹 위치에 따라 세별한 것이다. 니와가 설정한 '주거형식'은 무라타와 달리 상위·하위 분류단위를 포함하는 계층적 구조로 되어 있다.[294] 따라서 어느 한 분류군의 공통점만이 아니라 다른 분류군과의 공통점·상이점을 동시에 파악할 수 있게 된다. 무라타의 분류에서는 한 분류군의 공통점이 분명해져도 다른 분류군과의 관계를 알 수 없는 방식으로 짜여져 있다. 앞서 지적한 '주거형식'을 설정하는 목적을 고려하면, 무라타가 제안한 '주거형식'이 목적을 달성했다고 볼 수 없다.

　무라타는 9호주거가 다른 주거보다 한 단 낮은 위치에 있는 점을, 이 주거를 독립

표 37 니와 유이치에 의한 가나가와현 시오미다이의 주거 분류(주 293 문헌에서)

구조 분류	정착 시			이촌 시	
	화덕 장변이 주거축에	화덕 평면형	매옹매설 위치	노지돌	
a	직교	비장방형 { A B	벽 쪽 벽 쪽에서 떨어짐	없음 있음	3호·5호·6호 4호·7호
b	평행	장방형 { C D	벽 쪽 돌출부 안	없음 있음	8호·11호 9호·10호

된 분류군으로 파악하는 이유의 하나로 삼았다. 다른 주거와 떨어져 위치하는 것은 이 주거의 한 특징임에 틀림없다. 그러나 그 내용은 9호주거와 다른 주거의 위치(=관계) 일 뿐, 9호주거의 형상과 구조와 관련 없다는 것은 니와가 지적한 대로이다.[295] 무라타 는 재건축·개축이 이루어지는 것을 B군의 특징이라고 하였는데 이것도 '형태적 특징' 과 관계없다.

　　무라타는 8호·10호·11호주거의 기둥 간격 비율(=柱間比)이 모두 1.4전후임을 지적하고 이 주거를 C군으로 구분하는 근거로 보았다. 그러나 그가 기둥 간격 비율을 단축·장축 비율로 계산하는 점, 게다가 기둥 간격 비율이 '주거형식'을 설정하는 기준으로 유효한지가 문제가 된다.

　　여기서 시오미다이 주거의 기둥 간격 비율을 검토해 보자(표 38). 기둥 간격 비율은 원보고[296]의 실측도에서 계산하고, 출입구 위치는 무라타의 추정에 따른다. 모야(身舍)[*28]의 윤곽이 방형 또는 장방형인 경우, 길이[間口]·너비[奧行] 모두 장변·단변 길이의 평균치를 바탕으로 기둥 간격 비율을 구했다. 모야가 오각형 또는 육각형인 경우, 출입구에서 가장 가까운 기둥과 먼 기둥 간격을 너비

표 38 가나가와현 시오미다이의 주거 길이·너비·기둥 간격 비율(주 296 문헌에서)(*의 단위는 m)

주거 번호	길이*			너비*			기둥 간격 비율
	장변	단변	평균	장변	단변	평균	
3a	5.250	3.975	4.613	4.425		4.425	1.042
3b	–	–		–		–	
4	3.675	3.000	3.338	3.150	3.150	3.150	1.060
5a	3.750	3.600	3.675	3.525	3.450	3.488	1.054
5b	4.725	3.150	3.938	5.025		5.025	0.784
6a	3.600	2.625	3.113	2.400	2.250	2.325	1.339
6b	4.200	3.600	3.900	3.525		3.525	1.106
6c	3.450	2.850	3.150	4.725	4.350	4.538	0.694
7	–	–	–	–	–	–	
8	3.825	3.675	3.750	2.850	2.700	2.775	1.351
9a	2.400	2.025	2.213	2.175		2.175	1.017
9b	3.075	2.550	2.813	2.850	2.550	2.700	1.042
10	3.975	3.600	3.788	3.150	2.925	3.038	1.247
11a	5.100	4.350	4.725	3.750	3.525	3.638	1.299
11b	5.100	4.350	4.725	4.275		4.275	1.105

로 하였다(표 38).

기둥 간격 비율을 집계해 보면 길이·너비가 거의 같은 주거가 압도적으로 많다 (표 39). 소수이지만 a) 길이에 비해 너비가 긴 것(5호b·6호c), b) 너비가 짧은 것(6호 a·8호·10호·11호a)도 있다.[297] 모야와 출입구 관계를 고려하면, a)는 모야의 장변에 출 입구가 달리는 정면출입(軒入り)[*29]구조이고, b)는 단변에 출입구가 붙는 측면출입(妻入 り))[*30] 구조가 된다.

8호·10호·11호의 기둥 간격 비율이 일치한다는 무라타의 지적은 크게 보면 인 정해도 좋다. 다만 6호a의 기둥 간격 비율도 이와 같아진다. 한편 11호는 2회 개축되고, 11호b의 기둥 간격 비율은 1전후로 8호·10호와 다르다.

그런데 무라타는 주거의 길이·너비를 구별하지 않고 단변에 대한 장변의 비율을 산출하였다. 여기에서 a)라고 한 5호b와 6호c의 기둥 간격 비율을 무라타와 동일한 방 법으로 계산해 보면 각각 1.475와 1.441이 되어 8호주거에 가까워진다. 측면출입과 정면출입을 구별하는 것이 주거형식을 구별하는 지표로 유효한가는 논의의 여지가 있 지만, 이 구별을 하지 않는 입장에서 보면, 8호·10호·11호 3동의 주거지만 특별한 기 둥 간격 비율을 보여 준다는 무라타의 의견은 성립되지 않는다. 그리고 측면출입·정 면출입을 구별한다면, 11호b는 6호a·8호·10호·11호a와는 다른 형식이 된다(표 39).

이제 기둥 간격 비율이 주거형식을 구별하는 지표로서 유효한지 살펴보자. 바로 6 호주거(도 81-a)를 재료로 하여 검토를 진행하겠다. 이 주거에 3회의 '개축'이 있었다 고 보는데,[298] 개축할 때마다 주거 구조와 평면이 변한다. 즉 6호a(도 81-b)·6호b(도 81-c)는 모야의 길이가 너비보다 넓고, 6호c(도 81-d)는 너비가 길이보다 길다. 즉 출 입구와 모야의 관계가 변하고, 6호a·6호b는 정면출입, 6호c는 측면출입이 된다. 이와 더불어 기둥 수와 배치, 주거의 평면형태도 4개와 제형·장방형(6호a) → 5개와 오각 형·제형(6호b) → 6개와 장방형·달걀형?(6호c)의 순서로 변한다.

출입구과 모야의 관계·기둥 수와 배치에 주목하면 6호a를 6호b·6호c와 같은 '형 식'의 주거로 보는 것은 확실하게 무리이고, 이와 가장 가까운 것이 10호주거(도 81-e) 또는 8호주거가 된다. 6호b와 유사한 예는 5호b(도 81-f)를 들 수 있고 6호c(6개기둥· 장방형 기둥배치)와 유사한 예는 없다.

그런데 이 3회 '개축'이 모두 바닥면적의 확대를 수반하는 '확장' 형태를 취한다 는 점을 놓칠 수 없다. 6호b와 6호c의 면적차가 매우 적어 이시이 히로시가 말하는 "벽

을 허물고 다시 만든"[299] 것으로 해석할 수도 있
다. 그러나 6호a에서 6호b로 개축할 때의 면적
확대는 무시할 수 없는 규모이다. 구체적인 이
유는 차치하고 6호a를 재건축할 때 대폭적으로
면적을 확대할 필요가 생기고, 그에 따라 위에
서 지적한 바와 같은 구조, 즉 주거형식의 변화
가 일어났음이 분명하다. 6호b와 6호c 사이의
차이도 같은 차원의 것이라 해석할 수 있다.

당연한 일이지만 주거 규모와 구
조는 고정된 것이 아니라 거주하
는 사람 수와 그 외의 요인변화에
따라 소위 확장된다고 봐야 한다.
주거 구조 및 규모와 관련되는 요
소는 그것을 이용하던 거주집단
의 성질(=질적인 측면)보다는 규
모(=양적인 측면)와 강하게 결부
될 가능성이 높다. 그렇다면 '주
거형식'을 설정할 때 이러한 요
소―바닥면적, 기둥배치, 모야구
조, 출입구 위치 등―를 이용하
는 것이 적당한지를 신중하게 검
토할 필요가 있다. 적어도 기둥배
치, 모야의 구조 등의 특징을 바
탕으로 한 분류군과 바닥면적을
기준으로 한 구분 사이에 상관관
계가 있는지 검토하는 과정이 필
요할 것이다.

표 39 시오미다이 주거의 기둥 간격 비율 분포

기둥 간격 비율	주거번호
- 0.767	6c
0.767 - 0.840	5b
0.840 - 0.913	
0.913 - 0.986	
0.986 - 1.059	3a, 4, 5a, 9a, 9b
1.059 - 1.132	6b, 11b
1.132 - 1.205	
1.205 - 1.278	10
1.278 -	6a, 8, 11a

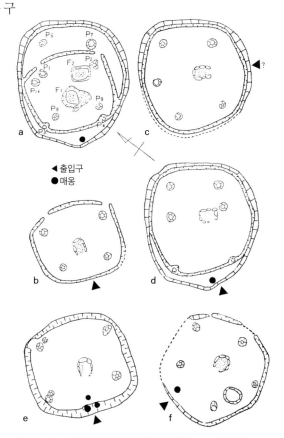

◀출입구
●매옹

도 81 시오미다이 6호주거의 변천과 유례(주 278 문헌에서)

오히려 거주집단의 질적 측면은 니와가 다루는 것처럼 매옹의 매설위치, 노지의
형상과 출입구 위치 등 주거 자체의 구조 및 규모와 관계가 적은 요소 쪽에 반영되어

있다고 봐야 할지도 모르겠다. 그렇다면 취락구성을 복원하기 위해 주거형식을 설정하는 경우에 이 요소들에만 주목해야 한다고 할 수 있다. 단, 이는 현재의 전망에 지나지 않는다. 앞으로 구체적인 검토를 진행해야 할 필요가 있다.

다기능 마을과 소기능 마을

앞에서 비상용시설이 있는지의 여부를 바탕으로 조몬마을을 다기능·소기능이라는 2종류로 대별하였다. 논리적으로는 어느 한 다기능 마을은 그만큼 독립된 촌락으로 기능을 발휘할 경우도 있을 수 있다. 그러나 실제로는 적어도 하나의 다기능 마을을 몇 개의 소기능 마을이 둘러싸는 형태가 전형적인 조몬시대 촌락의 모습이라고 봐야 한다. 그렇다면 다기능 마을과 소기능 마을의 관계를 구체적으로 파악하는 것이 촌락의 구체적인 구조를 복원하는 데 빠뜨릴 수 없는 작업이다. 그러나 이러한 작업은 의외로 적고 특히 소기능 마을과 다기능 마을의 관계를 구체적으로 지적한 사례는 거의 보이지 않는다.

니이츠 타케시(新津 健)는 길을 실마리로 하여 취락구성·취락 간의 관계를 복원하는 작업 중에 급수시설[水場遺構]이 발견된 야마나시현 데라도코(寺所)를 예로 들었다.[300] 급수시설에 대해서는 뒤에 다시 소개하겠지만, 이 유구의 남쪽 20m 지점에 모로이소c기, 남서 80m 지점에 모로이소b기의 주거가 각각 1동씩 발견된 것 외에 조몬시대 유구는 전혀 확인되지 않는다. 소기능 마을이라기보다는 일종의 작업장(work shop)이라고 해야 할지 모르겠다. 니이츠는 유적 북쪽 1.2km 떨어진 곳에 묘광군이 있는 모로이소b~c기의 환상취락[덴진(天神)유적]이 있어 데라도코와 덴진을 연결하는 길이 존재하였다고 추측하였다.[301] 이 경우 급수라는 특징적인 유구가 있기 때문에 다기능 마을과의 관련을 적극적으로 추정할 수 있었다. 그러나 이 유적이 덴진의 다기능 마을의 급수시설로 기능하였다고 단언하기 위해서는 덴진의 취락에 급수시설이 있는지를 확인할 필요가 있다. 그건 차치하고서라도 이러한 소기능 마을 또는 작업장과 관련되는 다기능 마을이 어느 정도의 거리에 있고 규모가 어느 정도인지 앞으로 적극적으로 검토할 필요가 있다.

지금까지 다기능 마을과 소기능 마을의 관계를 검토하는 자료는 다마뉴타운과 미나토키타(港北)뉴타운 등 방대한 면적을 대상으로 '개발'이 이루어진 지역에서 얻어진 것이다. 즉 우리는 유적군을 구성하는 유적이 샅샅이 파괴되는 곳에서 그 보상으로서 겨우 몇몇 데이터를 손에 넣고 있는 것이다.

1970년대 초, 고바야시 타츠오는 다마뉴타운 안의 조몬시대 유적을 6종류로 분류하고 유형마다의 분포상태를 검토했다.[302] 고바야시는 이 논문에서 다마뉴타운 내 각유형의 유적이 시기별로 어떻게 변화하는지, 소위 각종 유적의 시간에 따른 변화를 쫓는 것에 관심을 가졌다. 유형별 유적 수 변동을 단서로 하여 조몬시대 '거주패턴(settlement pattern)'을 파악하는 것이 고바야시의 주된 목적이었을 것이다. 그 결과 유적의 형식학을 유적군 구성 분석에 활용하는 데 이르지 못했다.

그 후 이시이 히로시는 미나토키타뉴타운 지역의 중기중엽(가소리E$_2$기)에서 후기 전엽(호리노우치2기)의 유적군 구성을 분석하였다.[303] 그는 고바야시의 기준을 답습하고 이 지역 유적을 아래의 6종류로 분류하였다.[304] 이 가운데 A가 다기능 마을, B~D가 소기능 마을에 해당한다. E·F는 거주지로 이용되었다는 적극적인 증거가 없어 취락이라 부르기 어렵다. 지금은 이를 활동거점(activity loci)이라고 부르도록 하자.

A. 다수의 주거가 중복되고 중앙광장, 묘광, 저장고 등의 시설이 동반한다. 각종 유물이 다량으로 출토되고 시기 폭도 수 형식에 이른다.

B. 동시에 공존한 주거가 2~3동, 많아도 5~6동으로 규모가 크지 않다. 주거 이외의 시설도 적고 유물 양은 많아도 생활필수품이 중심이다.

C. 동시에 공존한 주거지는 2동 정도이다. 주거 중복도 확인되지만 시기 폭은 동일 형식 내에 해당한다. 주거 이외의 시설도 보이지만 유물 양은 적다.

D. 구릉 정부나 곡간 등에 입지하고 주거 1동만이 고립되어 분포한다. 유물은 극단적으로 적다.

E. 무언가 유구는 확인되지만 주거는 보이지 않는다.

F. 유물만 출토되고 유구는 확인되지 않는다.

이시이는 미나토키타뉴타운 내, 즉 시모스에요시(下末吉)대지 위의 유적을 연대폭과 지리적 분포를 기준으로 12개의 유적군(도 82)으로 나눌 수 있다고 하였다.[305] 가소리E$_2$시기에는 H, I, K, L 등 대지 주변 지구에 "대규모 취락지를 중심으로 하여 취락지가 무리지어 존재하는 경향이 나타나"[306]지만, 중기후엽이 되면 B타입, C타입 등 소기능 마을이 각 지구에 산재하는 경향이 현저해진다. 가소리E$_2$기에는 8개소이던 다기능 마을이 자취를 감추고 소기능 마을─그것도 C타입이 압도적으로 많다─이 주류를 점하게 된다(도 83 아래). 한편 에다(荏田)유적군(도 82-B)처럼 대지 주변부에서 떨

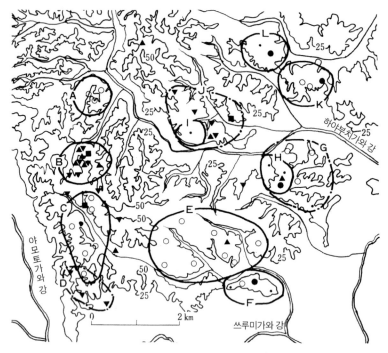

도 82 미나토키타뉴타운 내의 유적군(주 298 문헌에서)

어진 지구에 입지하는 경우도 있어 취락의 입지조건에 변화가 보인다.[307]

후기초두에는 이 지역 인구가 괴멸되는 상태에 빠졌을 가능성이 높다. 이 상태는 호리노우치1기에 들어서면 회복되지만 역시 A타입의 다기능 마을은 보이지 않고(도 84 위), "소~중규모의 취락이 소지역에 집중하여 거주하는 형태"[308]가 특징이다.

호리노우치2기에 들어서면 A타입 다기능 마을이 다시 나타나는데 유적 수는 오히려 감소한다(도 84 아래). C타입·D타입의 소기능 마을도 보이지 않고, 유적의 다양성이 적어진다. 이러한 경향은 후기중엽 이후에도 이어져 유적 수는 계속 감소하며 만기중엽[안교(安行)3c기]에 이른다고 한다.[309]

이시이는 가소리E$_2$기의 A타입의 취락이 "일정 거리를 두고 분포하는"데, 이 "대취락지를 단순하게 1 '집단'과 동일하게 연결시킬"수 없고 "1취락에 나타나는 1 '집단'을 통합한 형태의 조직이 존재했을 가능성"도 생각할 필요가 있다고 하였다.[310] 여기서 이시이가 생각하는 '조직'은 필자가 '촌락'이라 부르는 것에 해당한다고 봐도 좋다. 이제 이시이가 제시한 데이터를 바탕으로 촌락이 구체적으로 어떠한 모습이었는지를 생각해 보자.

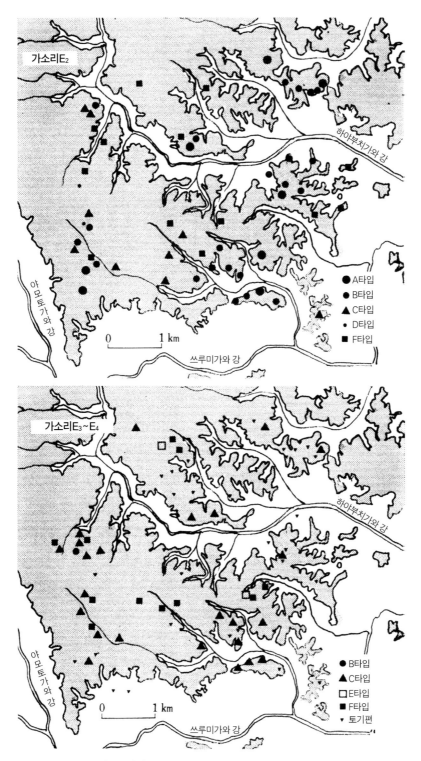

도 83 미나토키타뉴타운유적의 종류(1)(주 298 문헌 일부 수정)

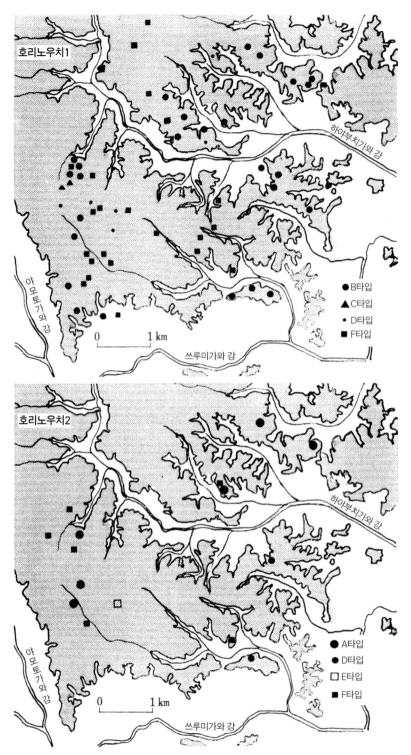

도 84 미나토키타뉴타운유적의 종류(2)(주 298 문헌 일부 수정)

가소리E2기의 유적군에는 두 개의 대립적 구성이 보인다. 하나는 하야부치가와(早渕川) 강 북안의 I군(도82,83 위)으로 여기에서는 "C-7·8[사이카치도(歲勝)·오츠카(大塚) 유적]과 같이 A패턴의 취락지 하나와 부속되는 B패턴 하나로만 구성된다."[311] 한편 쓰루미가와(鶴見川) 강 북안의 E군을 구성하는 11개소의 유적에서는 A타입의 다기능 마을 1개소 외에 소기능 마을 7개소(B타입 4, C타입 3)가 포함된다. 다기능 마을이 가장 하류에 있고 B·C타입의 소기능 마을은 위쪽에 있으며, 나아가서 그 바깥쪽에 활동역(F타입)이 산재해 있어 다기능 마을을 중심으로 하는 구심적 구조를 상정할 수 있다(도83 위).

가소리E2기 외의 유적군 구성을 살펴보면 F·G·H·K·L는 전자에 가깝고, A·C·D는 후자에 가깝다. 즉 대~중규모 취락[312]이 탁월한 유적군은 하야부치가와 강 유역에, 중~소규모 취락이 탁월한 유적군은 야모토가와(谷本川) 강·쓰루미가와 강유역에 집중하는 경향이 있다. 전자를 하야부치가와 강 타입, 후자를 야모토-쓰루미가와 강 타입이라 부르도록 하자.

호리노우치1기에는 이와 다른 구성의 유적군이 나타난다. 게조가다이(華藏ヶ台)지구의 에다유적군에서 중~소규모의 취락이 밀집하는 것이 특징이다. 이시이는 "개개 취락지는 각각을 구성하는 호수 외의 다양한 면에서 차이를 인정할 수 있고, (중략) 1단위 집단의 이동이 아니라 각각 별개의 소단위 집단이 (중략) 집중하여 거주하였다"[313] 고 해석할 수 있다고 한다. 상세한 설명은 정식보고를 기다리기로 하고 앞의 하야부치가와 강 타입·야모토-쓰루미가와 강 타입과는 별개로 게조가다이 타입이라고 하자.

미나토키타뉴타운지역의 유적군이 모두 하나의 촌락으로 형성되어 있었는지 복수 촌락으로 나누어져 있었는지에 대한 해석에 따라 복원되는 촌락의 구조도 달라진다. 복수의 촌락이라고 할 경우 A타입의 다기능 마을(이시이의 '거점적 거주지')을 각각 독립된 '집단'으로 볼 것인지, 거기에 B~D타입의 소기능 마을군(이시이의 '거점적 거주역')도 포함되는가에 따라 촌락의 구조가 달라진다.

이시이는 시모스에요시대지의 거점적 거주지·거점적 거주역이 하나의 촌락을 만들었다고 생각하였다. 한 수렵채집민 '집단'이 몇 세대에 걸쳐 같은 토지에서 계속 산다고 생각하기 어렵다. 예를 들어 거점적 거주지를 대표하는 사이카치도와 오츠카유적 주변의 거점적 거주역에는 이동자를 받아들일 만큼의 여유가 없다. 이것이 그 이유이다.[314] 확실히 '집단이동론'이 전제가 되어 제안된 모델에 대한 평가는 '집단이동론'에 대한 평가와 분리시킬 수 없다.

주

1   著者不明, 「姥山貝塚遠足会之記」(『人類学雑誌』 41: 289-290, 1926).

2   松村 瞭・八幡一郎・小金井良精, 「下総姥山ニ於ケル石器時代遺跡貝塚卜其ノ貝層下発見ノ住居址」, p. 2(『東京帝国大学理学部人類学教室研究報告』 5, 東京帝国大学, 1932).

3   마츠무라는 제2기 조사를 "8월하순 이후에 다시 착수하였다"(동상 p. 2, 방점필자)고 하지만 이는 7월의 오기일 것이다.

4   松村 瞭・八幡一郎・小金井良精, 「下総姥山ニ於ケル石器時代遺跡貝塚卜其ノ貝層下発見ノ住居址」, p. 4.

5   松村 瞭・八幡一郎・小金井良精, 「下総姥山ニ於ケル石器時代遺跡貝塚卜其ノ貝層下発見ノ住居址」, p. 4.

6   인류학교실 내외의 사정, '다이쇼(大正)'에서 '쇼와(昭和)'로 접어드는 사회정세를 염두에 두고 이 일들이 일어나는 배경을 고려할 필요가 있지만 여기에서는 생략한다.

7   松村 瞭・八幡一郎・小金井良精, 「下総姥山ニ於ケル石器時代遺跡貝塚卜其ノ貝層下発見ノ住居址」, p. 1.

8   松村 瞭・八幡一郎・小金井良精, 「下総姥山ニ於ケル石器時代遺跡貝塚卜其ノ貝層下発見ノ住居址」, pp. 14-15.

9   松村 瞭・八幡一郎・小金井良精, 「下総姥山ニ於ケル石器時代遺跡貝塚卜其ノ貝層下発見ノ住居址」, p. 1.

10   松村 瞭・八幡一郎・小金井良精, 「下総姥山ニ於ケル石器時代遺跡貝塚卜其ノ貝層下発見ノ住居址」, p. 13.

11   "상기한 수혈이 모두 반드시 동시에 존재하지 않는 것은 인접하는 것, 서로 절개되고 겹치는 사실로 비추어 봐도 확실하다. (중략) 제2호 이하 제8호까지는 서로 시기를 달리하여 만들어진 것으로 봐야 하고"(松村 瞭・八幡一郎・小金井良精, 「下総姥山ニ於ケル石器時代遺跡貝塚卜其ノ貝層下発見ノ住居址」, p. 23, 방점 필자)라는 문장을 보면 우리가 말하는 의미에서의 '중복관계'를 인지하였다고 볼 수 없다.

12   後藤守一, 「西秋留石器時代住居遺跡址」(『東京府史跡名勝天然記念物調査報告書』 10〈原典未見〉, 1933).

13   松村 瞭・八幡一郎・小金井良精, 「下総姥山ニ於ケル石器時代遺跡貝塚卜其ノ貝層下発見ノ住居址」, pp. 12-13.

14   먼로(Munro) 자신은 조사년월을 분명하게 밝히지 않았지만 고가네이 요시키요(小金井良精)는 1905년의 일이라고 하고, 일기에도 5월 25일에 먼로를 방문하여 발굴현장으로 안내받은 사실이 기록되어 있다.
     小金井良精, 「日本石器時代の埋葬状態」, p. 26(『人類学雑誌』 38: 25-47, 1922).
     星 新一, 『祖父・小金井良精の記』, pp. 328-329(河出書房新社, 1974).

15   Munro, Neil G., Prehistoric Japan. p. 63(출판사불명, 1908, Johnson Reprint Edition, 1971).

16   Munro, Neil G., Prehistoric Japan. p. 64.

17   Munro, Neil G., Prehistoric Japan. pp. 86-87.

18   Munro, Neil G., Prehistoric Japan. p. 86.

19   먼로는 이 주혈들이 직선적으로 배열되어 있지 않다고 지적하고 그 이유를 장기간에 걸쳐 주거가 한정된 동일한 장소에 반복적으로 세워졌기 때문에 기둥흔적이 불규칙적으로 분포하는 결과가 되었다고 해석하였다. Munro, Neil G., Prehistoric Japan. p. 87.

20   다카바타케 요시카즈(高畑宜一)는 먼로의 미츠사와패총 조사보다 빨리, 1890년대에 이시카리가와(石狩川) 강 연안의 수혈 분포조사를 실시하고 발굴도 하였다. 그러나 기술내용에는 화덕과 주혈 등의 내부시설을 언급한 부분이 전혀 없다. 지상에서 확인할 수 있는 움푹 패인 부분을 선정하여 발굴하였을 뿐, 유구 윤곽과 내부 시설에 대해서는 의식하지 않았던 것이다.
     高畑宜一, 「石狩川沿岸穴居人種」(『東京人類学会雑誌』 103: 2-16, 1894).

21   黒川真頼, 『穴居考』(博物叢書, 内務省博物局, 1879).

22 坪井正五郎,「埼玉県横見郡黒岩村及北吉見村横穴探究記」上·下篇(『東京人類学雑誌』19: 294-308, 22: 55-62, 1887·1888).

23 坪井正五郎,「神風山人君の説を読み再び考案を述ぶ」, p. 220(『東京人類学会雑誌』27: 213-225, 1888).

24 黒川真頼,『穴居考』, pp. 15-16.

25 소네라는 것은 지역이 아니라 스와코 호수 내의 얕은 여울을 일컫는 보통명사로 오늘날 우리가 소네라고 부르는 지점의 지명은 오와시타(大和下)이다.
    橋本福松,「諏訪湖底より石器を発見す」, pp. 279-280(『東京人類学会雑誌』278: 279-285, 1909).
    坪井正五郎,「諏訪湖底石器時代遺跡の調査·上」, p. 323(『東京人類学会雑誌』279: 321-324, 1909).

26 橋本福松,「諏訪湖底より石器を発見す」, pp. 282-284.

27 坪井正五郎,「石器時代杭上住居の跡は我国に存在せざるか」(『東京人類学会雑誌』278: 286-292, 1909), 「諏訪湖底石器時代遺跡の調査」上·中·下ノ一·下ノ二(『東京人類学会雑誌』279: 321-324, 280: 381-386, 283: 9-14, 285: 100-103, 1909),「諏訪湖底石器時代遺物考追記」1~4(『東京人類学会雑誌』278: 163-168, 288: 212-215, 289: 250-254, 291: 345-349, 1909).

28 坪井正五郎,「諏訪湖底石器時代遺跡の調査·下ノ一」, pp. 10-11.

29 蒔田鎗次郎,「弥生式土器発見に付て」, pp. 324-325(『東京人類学会雑誌』122: 320-325, 1896).

30 後藤守一,「上古時代の住居·上」, p. 3(『人類学·先史学講座』15: 1-79, 雄山閣, 1940).

31 坪井正五郎,「越後発見の石器時代火焚き場」(『東京人類学会雑誌』293: 401-406, 1910).

32 坪井正五郎,「越後発見の石器時代火焚き場」, p. 401.

33 神風山人,「北吉見村横穴ヲ以テ穴居遺跡ト為スノ説ニ敵ス」, pp. 140-141(『東京人類学会雑誌』25: 141-144, 1888).
    그리고 '神風山人'은 시라이 미츠타로(白井光太郎)의 펜네임이다.

34 羽柴雄輔,「竪穴ノ遺風今尚庄内地方ニ存セリ」(『東京人類学会雑誌』25: 152-153, 1888).

35 大野延太郎·鳥居龍蔵,「竪穴ニ類スル小舎東京近郊ニ現存ス」(『東京人類学会雑誌』95: 194-196, 1894).

36 羽柴雄輔,「竪穴ノ遺風今尚庄内地方ニ存セリ」, p. 153.

37 大野延太郎·鳥居龍蔵,「竪穴ニ類スル小舎東京近郊ニ現存ス」, p. 196.

38 寺田和夫,『日本の人類学』, p. 66(思索社, 1975).

39 黒川真頼,『穴居考』, pp. 3-4.

40 坪井正五郎,「埼玉県横見郡黒岩村及北吉見村横穴探究記·上篇」, p. 306.

41 坪井正五郎,「埼玉県横見郡黒岩村及北吉見村横穴探究記·上篇」, p. 308.

42 坪井正五郎,「埼玉県横見郡黒岩村及北吉見村横穴探究記·下篇」, p. 60.

43 後藤守一,「上古時代の住居」上·中·下(『人類学·先史学講座』15: 1-79, 16: 81-156, 17: 157-208, 雄山閣, 1940).

44 後藤守一,「上古時代の住居·上」, p. 3.
    원보고(柴田常恵,「高ヶ坂の石器時代住居」, 後藤守一,「南多摩郡高ヶ坂石器時代住居址」, 동,「南多摩郡高ヶ坂石器時代集落遺跡」)는 각각『史跡名勝天然記念物』1-10, 1925,『東京府史跡名勝天然記念物調査報告』4, 1925,『東京府史跡名勝天然記念物調査報告』5, 1926에 수록되어 있다. 다만 집필 시에 원보고를 참조할 수 없었다.

45 後藤守一,「上古時代の住居·下」, pp. 200-202.

46 後藤守一,「上古時代の住居·上」, pp. 57-58.
    원보고(「東京府下に於ける石器時代住居址·第二」,『東京府史跡名勝天然記念物調査報告』14, 1938)을 참조할 수 없었다.

47　関野 克,「日本古代住居址の研究」(『建築雑誌』591: 1219-1233, 1934),「竪穴家屋と其の遺跡に就いての理論的考察」(『ミネルヴァ』2-1, 1937),「鉄山秘書高殿に就いて(原始時代-建築構造の啓示)」(『考古学雑誌』28: 429-446, 1938),「埼玉県福岡村縄紋前期住居址と竪穴住居の系統に就いて」(『人類学雑誌』53: 365-382, 1938).

48　関野 克,「日本古代住居址の研究」, p. 1123.

49　関野 克,「日本古代住居址の研究」, p. 1233,「埼玉県福岡村縄紋前期住居址と竪穴住居の系統に就いて」, p. 381.

50　関野 克,「日本古代住居址の研究」, p. 1232,「埼玉県福岡村縄紋前期住居址と竪穴住居の系統に就いて」, p. 381.

51　関野 克,「埼玉県福岡村縄紋前期住居址と竪穴住居の系統に就いて」, p. 381.

52　羽柴雄輔,「竪穴ノ遺風今尚庄内地方ニ存セリ」, 大野延太郎·鳥居龍蔵,「竪穴ニ類スル小舎東京近郊ニ現存ス」.

53　마룻대 양단을 상단이 교차되는 경사재로 지지하는 구조이며 차수(叉首)·합장(合掌)이라고도 한다.

54　평면 장방형의 건물 용마루가 길이[開口]보다 짧으면 그 건물의 지붕은 사방으로 경사져 측면에서 보면 사다리꼴이 된다. 이것이 우진각지붕이다. 평면이 정방형이면 그 지붕은 피라미드와 같은 사각추형이 되고 측면에서 본 형태는 이등변삼각형이 된다. 평면이 정육각형·정팔각형이 되면 지붕도 그에 대응하는 추모양이 된다. 평면 정방형의 경우를 모임지붕[四柱造]이라고 부르고, 육각·팔각형을 포함해 사각뿔지붕[宝形造]이라고 총칭한다.

55　松村 瞭·八幡一郎·小金井良精,「下総姥山ニ於ケル石器時代遺跡貝塚ト其ノ貝層下発見ノ住居址」, pp. 14-16.

56　이 벽이 기리아게(切上)이다.

57　『鉄山秘書』에서는 차수를 만드는 부재 가운데 마룻대방향의 도리 위에 있는 것을 합상(合上), 박공방향의 도리 위에 있는 것을 향차수(向叉首)라고 부른다. 『鉄山秘書』는 별명으로, 본명은 『鉄山秘用記事』로 1784년에 간행되었다.

58　간토지방의 병경형(柄鏡形)주거를 비롯해 조몬시대·야요이시대 주거에서 입구를 확실하게 추정할 수 있는 것은 모야(身舍)의 중앙축 위에 위치한다. 미야모토 나가지로(宮本長二郎) 지적에 의하면 고분시대에도 모서리에 돌출부를 만들어 출입구로 사용한 예가 산인(山陰)·북큐슈에 있다고 하는데 실례는 많지 않은 것 같다. 그렇다면 시기·지역을 불문하고 유구로서의 형태를 남기지 않는 입구를 건물 모서리에 만드는 경우가 압도적으로 많을지도 모른다.

59　읽는 방식을 정확하게 알 수 없다. 세키노가 축과 고야구미를 만드는 방법을 설명하였지만(pp. 434-435) 잘 이해할 수 없다. 따라서 '摺シ木'을 발판(?)으로 봐도 좋은지 확실하지 않다.

60　표현이 약간 애매한데, 아마도 상부 하중을 지탱하는 구조의 차이를 지적한 것으로 생각된다.

61　1개당 평균치는 6.23m²가 된다.

62　신구의 수혈주거지가 중복되는 예가 그때도 알려져 있었는데 세키노는 "이 확장유적들은 최초의 발견일 것이다"(p. 372)라고 하였다.「日本古代住居址の研究」에서도 '확장'이라고 봐야 할 지바현 가미혼고(上本郷)E지점 1호주거를 주기둥 2~3개를 엮어 세운 것(p. 1262)이라고 생각하였기 때문에 이 논문을 집필한 1934년 전후에 '주거 확장'이라고 부를 수 있는 현상을 인식하지 못했음에 틀림없다. 가미후쿠오카(上福岡) 조사는 야마노우치 스가오(山内清男)가 실시하였다. '확장주거'를 처음으로 인지한 것은 야마노우치일지도 모른다.

63　関野 克,「日本古代住居址の研究」, p. 1220,「鉄山秘書高殿に就いて」, p. 429.

64　後藤守一,「上古時代の住居·下」, p. 206.

65 関野 克, 「日本古代住居址の研究」, p. 1224, 1227.

66 평면이 원형·원추형인 지붕은 방형보다 오래된 형태라는 '테일러씨'의 의견이 판단의 근거가 되는데(「上古時代の住居·下」, p. 201), '테일러씨'는 E. B. Taylor임에 틀림없지만 출전을 아직 확인하지 못하였다.

67 상세한 설명은 후술하겠지만 1970년대 말에 '정주·비정주'의 문제가 논의되어 겨우 확장주거의 문제에 눈을 돌리는 연구자가 나타났다. 그러나 바로 선후관계에 있는 세키야마기·구로하마기의 주거에 구조상 큰 차이가 보이는 이유가 설명되어 있지 않다. 조몬시대의 기술계승과 전파, 일본열도 각지 집단 간 정보전달의 계기와 조직 등을 설명하는 수단의 하나임에 틀림없지만 이 방면의 논의는 아직 활발하지 않다.

68 麻生 優, 「縄文時代の生活と社会·住居と集落」, p. 323(鎌木義昌編, 『日本の考古学』 II, 322-334, 河出書房新社, 1965).

69 麻生 優, 「縄文時代の生活と社会·住居と集落」, pp. 323-326.

70 麻生 優, 「縄文時代の生活と社会·住居と集落」, pp. 323-324.

71 松村 瞭·八幡一郎·小金井良精, 「下総姥山ニ於ケル石器時代遺跡貝塚ト其ノ貝層下発見ノ住居址」, pp. 12-13.

72 林 謙作, 「考古学と科学」, pp. 114-124(桜井清彦·坂詰秀一編, 『論争·学説 日本の考古学』 1: 101-143, 雄山閣出版, 1987)에서 간단하지만 이 문제들에 대해 언급되어 있다.

73 禰津正志, 「原始日本の経済と社会(1)」, p. 325(『歴史学研究』 4: 323-336, 1935, 原秀三郎編, 『日本原始共産制社會と國家の形成』 176-198, 校創書房, 1972).

74 禰津正志, 「原始日本の経済と社会(1)」, p. 330-332.
    다만 네즈 외에는 당시 발견되었던 주거지 규모·구조에 큰 차이가 없다는 점에 주목한 연구자가 없었음을 지적해 둔다.

75 関野 克, 「埼玉県福岡村縄紋前期住居址と竪穴住居の系統に就いて」, p. 382.

76 後藤守一, 「上古時代の住居·上」, p. 5.

77 後藤守一, 「樽原石器時代住居遺跡」(『東京府史跡保存物調査報告』 10, 1933〈원전미발견〉, 「上古時代の住居·中」,* p. 82, 84).

78 後藤守一, 「衣·食·住」, p. 278(杉原荘介編, 『日本考古學講座』 3: 247-288, 河出書房, 1956).*31

79 後藤守一, 「衣·食·住」, p. 278.

80 後藤守一, 『日本考古学』, p. 2(四海書房, 1927).

81 浜田耕作, 『通論考古学』, pp. 45, 93-94, 102-103, 132-133, 153(全国書房, 1947).

82 清瀬一郎, 「治安維持法を論ず」, pp. 107-108(『清瀬一郎功論集』, 人文会出版部, 1926, 奥平康弘編, 『現代史資料45·治安維持法』, * 104-112, みすず書房, 1972).

83 穂積八束, 『憲法提要』, p. 343(有斐閣, 1910).

84 천황제 국가하에서는 고고학·고고학 연구자에게 제약과 강압이 따라붙는다. 옛날에도 지금도 정도의 차는 있어도 사정은 변하지 않았다. 그러나 고고학·고고학 연구자를 피해자 입장으로만 볼 수 없다. 상세하게 설명할 여유가 없지만 에가미 나미오(江上波夫)의 기마민족설처럼 일본역사를 천황족 역사로 탈바꿈시키는 속임수는 예전에도 지금도(안타깝게도 장래에도) 끊임없이 이어진다. 우리 자신이 언제 천황제 속에서 형성된 통념과 속설로부터 자유로워질지가 가장 문제이다.

85 和島誠一, 「原始聚落の構成」(『日本歴史講座』, 学生書房, 1948, 『日本考古学の発達と科学的精神-和島誠一主要著作集』, * 481-504, 和島誠一著作集刊行会, 1973).

86 和島誠一, 「原始聚落の構成」, p. 481(이하 인용은 『日本考古学の発達と科学的精神』에 따른다).

87 和島誠一, 「原始聚落の構成」, p. 490.

88 和島誠一, 「原始聚落の構成」, pp. 486-487.

89 和島誠一, 「原始聚落の構成」, p. 487.

90 和島誠一, 「原始聚落の構成」 pp. 487-488.

91 和島誠一, 「原始聚落の構成」, p. 485.

92 和島誠一, 「原始聚落の構成」, pp. 488-489.

93 和島誠一, 「原始聚落の構成」, p. 490.

94 和島誠一, 「南堀貝塚と原始集落」(和島誠一·鈴木良一·古島敏雄, 『横山市史』 1: 29-46, 有隣堂, 1958).

95 『横山市史』에서도 "한 수혈의 성원은 (중략) 생산면에서 (중략) 취락전체의 조직적 움직임에 강하게 규제 받는 한 부분이었다"(p. 40)고 언급되어 있다. 그러나 생산용구의 발달(p. 45), 어로기술의 발달(pp. 56-58) 등을 기반으로 하는 '완만한 발전'(p. 61)을 지적하였다는 점에서는 조몬사회를 본질적으로 정체된 것으로 파악하는 「原始聚落の構成」에서의 발언과 미묘한 차이를 느끼게 한다. 오카모토 이사무(岡本 勇)의 의견을 받아들인 것일 것이다.

96 和島誠一, 「南堀貝塚と原始集落」, p. 38.

97 和島誠一, 「南堀貝塚と原始集落」, pp. 38-40.

98 구로하마기에는 6~7동, 모로이소a 전반 미즈코기·후반 야가미(矢上)기에는 10동 전후의 주거가 동시에 있었던 것으로 추정된다. 和島誠一, 「南堀貝塚と原始集落」, pp. 41-44.

99 구로하마기에 대지의 남쪽에 집중하던 주거가 모로이소a기에는 "넓은 광장 주위에 거의 균등"하게 분포하게 된다고 한다. 和島誠一, 「南堀貝塚と原始集落」, p. 45.

100 原秀三郎, 「日本における科学的原始·古代史研究の成立と展開」, p. 390(原秀三郎編, 『歴史科学大系』 1: 343-409, 校倉書房, 1972).

101 和島誠一, 「原始聚落の構成」, p. 482.

102 羽生淳子, 「縄文時代の集落研究と狩猟·採集民研究の接点」, p. 4(『物質文化』 53: 1-14, 1990).

103 土井義夫, 「1993年の縄文学界の動向-集落·領域論」, p. 217(『縄文時代』 2: 216-218, 1991).

104 水野正好, 「縄文時代集落研究への基礎的操作」(『古代文化』 21-3·4: 1-21, 1969).

105 坪井清足, 「縄文文化論」, pp. 118-120(石母田正編, 『岩波講座 日本歴史』 1: 109-138, 岩波書店, 1962), 水野正好, 「縄文文化期における集落と宗教構造」(『日本考古学協会第29回総会発表要旨』 5-6, 1963).

106 水野正好, 「環状組石墓群の意味するもの」(『信濃』 20: 255-263, 1968).

107 水野正好, 「縄文時代集落研究への基礎的操作」, pp. 14-16.

108 水野正好, 「縄文時代集落研究への基礎的操作」, pp. 16-20.

109 水野正好, 「縄文時代集落研究への基礎的操作」, pp. 11-12.

110 水野正好, 「縄文時代集落研究への基礎的操作」, pp. 10, 17.

111 水野正好, 「縄文時代集落研究への基礎的操作」, p. 10.

112 水野正好, 「縄文時代集落研究への基礎的操作」, p. 9.

113 水野正好, 「縄文時代集落研究への基礎的操作」, p. 13.

114 水野正好, 「縄文時代集落研究への基礎的操作」, pp. 16-18.

115 水野正好, 「縄文時代集落研究への基礎的操作」, pp. 13-14.

116 水野正好, 「縄文時代集落研究への基礎的操作」, pp. 13-14.

117 미즈노는 마을 영역 안에 가족과 마을의 용익지(用益地)가 있고 이용 목적에 따라 용익권의 강약차, 성별에 따른 사용 분리의 가능성이 있다고 지적하였다(p. 16). 이러한 결론은 약간 부정확할지도 모른다.

118 和島誠一, 「原始聚落の構成」, p. 493.

119 水野正好, 「縄文時代集落研究への基礎的操作」, p. 12, 16.

120 水野正好, 「縄文時代集落研究への基礎的操作」, pp. 13-14.

121 和島誠一, 「原始聚落の構成」, p. 493.

122 酒詰仲男, 「神奈川県下貝塚間交通問題試論」(『人類学·先史学講座』14, 雄山閣, 1940).

123 和島誠一, 『横山市史』, p. 35.

124 水野正好, 「縄文時代集落研究への基礎的操作」, p. 20.

125 水野正好, 「縄文時代集落研究への基礎的操作」, p. 19.

126 水野正好, 「縄文時代集落研究への基礎的操作」, p. 20.

127 林 謙作, 「縄文時代の集落と領域」, pp. 117-119(大塚初重·戸沢充則·佐原 真編, 『日本考古学を学ぶ』1: 108-127, 有斐閣, 1988).

128 宮坂英弍, 「与助尾根遺跡の発掘調査」(『尖石』141-215, 茅野市教育委員会, 1957·1975〈復刻〉).

129 水野正好, 「縄文文化期における集落と宗教構造」.

130 岡本 勇·戸沢充則, 「縄文文化の発展と地域性-関東」(鎌木義昌編, 『日本の考古学』II: 97-132, 河出書房新社, 1965), 向坂鋼二, 「原始時代郷土の生活圏」(『郷土史研究講座』1: 257-299, 朝倉書店, 1971).

131 丹羽佑一, 「縄文中期における集落の空間構成と集団の諸關係」(『史林』61: 274-312, 1978), 「縄文時代の集団構造」(小林行雄博士古稀記念論文集刊行会, 『考古学論考-小林行雄博士古稀記念論文集』41-47, 平凡社, 1982).

132 小林達雄, 「多摩ニュータウンの先住者-主として縄文時代のセトルメント·システムについて」(『月刊文化財』112: 20-26, 1973).

133 林 謙作, 「縄文期の集団領域」(『考古学研究』20-4: 12-19, 1979), 「宮城県下の貝塚群」(渡辺信夫編, 『宮城の研究』1: 109-172, 清文堂, 1984).

134 和島誠一, 「野外調査-集落址」, pp. 51-55(和島誠一編, 『日本考古学講座』1: 46-74, 河出書房, 1955).

135 長崎元広, 「縄文集落研究の系譜と展望」(『駿台史学』50: 51-95, 1980).

136 水野正好, 「縄文時代集落研究への基礎的操作」, p. 1.

137 石井 寛, 「縄文社会における集団移動と地域組織」(『調査研究集録』2: 1-42, 1977).

138 石井 寛, 「縄文社会における集団移動と地域組織」(『調査研究集録』2: 1-42, 1977).

139 末木 健, 「移動の所産としての吹上パターン」(末木 健, 『山梨県中央道埋蔵文化財調査報告書-北多摩群長坂·明野·韮崎地内』220-224, 山梨県教育委員会·日本道路公団東京第二建設局, 1975).

140 小林達雄, 「遺物埋没状態及びそれに派生する問題」(栗原文蔵編, 『米島貝塚』, 庄和町教育委員会, 1965).

141 可児通宏, 「住居の廃絶と土器の廃棄」(『多摩ニュウ-タウン遺跡調査報告』7: 27-32, 多摩ニュウ-タウン遺跡調査会, 1969).

142 藤森栄一編, 『井戸尻』(中央公論美術出版, 1965).

143 末木 健, 「移動の所産としての吹上パターン」, p. 221, 「土器廃棄と集落研究」, p. 335(論集日本原史刊行会編, 『日本原史』351-372, 吉川弘文館, 1985).

144 末木 健, 「移動の所産としての吹上パターン」, p. 221.

145 末木 健, 「移動の所産としての吹上パターン」, p. 223.

146 関野 克, 「埼玉県福岡村縄紋前期住居址と竪穴住居の系統に就いて」, p. 376.

147 水野正好, 「縄文時代集落研究への基礎的操作」, pp. 4-7.

148 石井 寛, 「縄文社会における集団移動と地域組織」, p. 2.

149 石井 寛, 「縄文社会における集団移動と地域組織」, p. 4.

150 石井 寛, 「縄文社会における集団移動と地域組織」, pp. 5-6.

151 石井 寛, 「縄文社会における集団移動と地域組織」, p. 6.

152 久保常晴·伊藤秀吉·関 俊彦, 『潮見台遺跡』, pp. 40-43(中央公論美術出版, 1971).

153 石井 寬, 「縄文社会における集団移動と地域組織」, pp. 7-9.

154 水野正好, 「縄文時代集落研究への基礎的操作」, p. 8.

155 土井義夫, 「考古資料の性格と転換期の考古学」, pp. 5-6(『歴史評論』454: 1-8, 1988).

156 黒尾和久, 「縄文時代中期の居住形態」, p. 19(『歴史評論』454: 9-21, 1988).

157 小林謙一, 「縄文早期後葉の南関東における居住活動」(『縄文時代』2: 81-118, 1991).
고바야시(小林) 논문의 논지는 "거주, 조리·분배, 소비·폐기와 장송·의례 활동이 집중하는 거점적 취락"(p. 111)을 중심으로 하는 네트워크가 존재한다고 지적하는 것에 있기 때문에 고바야시가 '소규모 취락론'의 입장에 있다고는 단정할 수 없다.

158 土井義夫·黒尾和久, 「縄文時代前期前葉の居住形態-多摩丘陵地域の事例を中心として」(吉田格先生古稀記念論文集刊行会編, 『武蔵野の考古学-吉田格先生古稀記念論文集』45-84, 1992).

159 羽生淳子, 「縄文土器の類似度-土器の属性分析に基づく遺跡間の関係復元への新たな試み」(『史学』55: 115-144, 1992), Habu Junko, Numbers of Pit Dwellings in Early Jomon Moroiso Stage Site. (『人類学雑誌』96: 147-165, 1988).

160 黒尾和久, 「縄文時代中期の居住形態」, pp. 15-16, 19.

161 黒尾和久, 「縄文時代中期の居住形態」, p. 20.

162 土井義夫, 「1993年の縄文学界の動向-集落·領域論」, p. 218.

163 Habu Junko, Numbers of Pit Dwellings in Early Jomon Moroiso Stage Site, pp. 152-156, 159.

164 Habu Junko, Numbers of Pit Dwellings in Early Jomon Moroiso Stage Site, p. 156.

165 黒尾和久, 「縄文時代中期の居住形態」, pp. 12-13.

166 水野正好, 「縄文時代集落研究への基礎的操作」, pp. 9-10.

167 金子直行編, 「北·八番谷·相野谷(本文編)-上越新幹線関係埋蔵文化財発掘調査報告10」, pp. 222-226(『埼玉県埋蔵文化財事業団報告書』66, 1987).

168 小林謙一, 「縄文遺跡における廃棄行為復元の試み-住居覆土中一括遺存遺物及び炉体土器の接合関係」(『異貌』13: 17-45, 1993).

169 桐生直彦, 「住居址間土器接合資料の捉え方-現状認識のためのノート」(『土曜考古』13: 1-19, 1992).

170 佐々木藤雄, 「和島集落論と考古学の新しい流れ-漂流する縄文集落論」(『異貌』13: 46-123, 1993).

171 山本暉久, 「縄文時代社会と移動-『集団移動』論をめぐる研究の現状とその問題点について」, p. 70(『神奈川考古』23: 65-88, 1987).

172 山本暉久, 「縄文中期における住居跡内一括遺存土器群の性格」(『神奈川考古』3, 1978), 「縄文時代における竪穴住居の廃絶と出土遺物の評価」(『二十一世紀への考古学-桜井清彦先生古稀記念論文集』, 39-55, 雄山格出版, 1994).

173 게이오기쥬쿠대학 후지사와캠퍼스 II구 4호주거지의 토층 단면도에서는 기둥이 세워진 채로 썩은 상태임을 알 수 있다.
大野尚子·小林謙一, 「II区の調査·遺構とその出土遺物·竪穴住居址」, pp. 528-531(慶応義塾藤沢校地埋蔵文化財調査室編, 『湘南藤沢キャンパス内遺跡』3: 489-755, 1992).

174 黒尾和久, 「縄文時代中期の居住形態」, p. 13.

175 後藤祥夫, 「新山遺跡における遺物遺存状態の観察」(『新山遺跡』426-437, 東久留米市教育委員会, 1988).
黒尾和久·石井浩己, 「遺物出土状況」(『天祖神社東遺跡』185-219, 練馬区遺跡調査会, 1986).
黒尾和久, 「竪穴出土遺物の考え方」(『東京の遺跡』16: 6, 東京考古談話会, 1987).

176 金子直行編, 「北·八番谷·相野谷(本文編)」, pp. 224-225.

177 桐生直彦, 「住居址間土器接合資料の捉え方」, p. 16.

178 林 謙作,「縄文時代の集落と領域」, p. 122(大塚初重・戸沢充則・佐原 真編,『日本考古学を学ぶ』3: 108-127, 有斐閣, 1988).

179 이 점에 대해 사사키 후지오(佐々木藤雄)로부터 같은 논지의 이야기를 들었다.

180 和島誠一,「原始聚落の構成」, p. 485.

181 和島誠一,「原始聚落の構成」, p. 488.

182 和島誠一,「原始聚落の構成」, p. 488.

183 和島誠一,「原始聚落の構成」, p. 490.

184 和島誠一,「原始聚落の構成」, p. 494.

185 佐々木藤雄,「和島集落論と考古学の新しい流れ」, pp. 60-61.

186 Child, V. G., The Urvan Revolution. *City Planning Review*. 21: 3-17, 1950.

187 Braidwood, R. F. and Willey, G. R. (ed), *Courses toward Urban Life*. Chicago University Press, 1968.

188 Lee, R. and DeVore, T. (ed), *Man the Hunter*.
고든 윌리(G. R. Willey)와 장광직(張光直) 등이 취락고고학(Settlement Archaeology) 성과를 발표했을 때, 이 심포지엄이 개최되는 점, 1970년대에 들어서 취락고고학이 겨우 간토평야의 일각에서 명맥을 유지하게 되는 점을 지적해 두어야 할 것이다.

189 佐原 真,「海の幸と山の幸」, pp. 22-26(横山浩一編,『日本生活文化史』1: 22-24, 河出書房, 1980), 鈴木公雄,「縄文時代論」, pp. 199-208(大塚初重・戸沢充則・佐原 真編,『日本考古学を学ぶ』3: 189-215, 有斐閣, 1980).
이 기회에 '육식주의자'의 한 사람으로서 왜 이들 '채식주의자'의 의견에 유효한 반론을 할 수 없었는지를 설명해 두고 싶다. 스즈키는 패총조사에 계통적으로 체질(Sieving)을 도입한 한 사람이다. 이와테현 미야노조사 등의 결과, 육안에만 의존하던 수작업 자료에 현저한 편차가 있음을 실증하였다. 한편 종래의 방법으로 채집된 자료를 새로운 방법으로 채집한 자료의 기준으로 재평가하는 수단은 아직 개발되지 않았다. 육안으로 골라내는 자료를 바탕으로 개체 수를 산정한 전통적인 '육식주의' 연구자는 여기서 잠시 반론의 기회를 빼앗겼을 것이다. 다만 안정동위체비 분석결과로는 연안부의 조몬인 식료 중에 어패류・동물을 포함하면 60%가 된다. 그들의 음식 중에서 식물성 식료가 차지하는 비중은 '채식주의자'들이 선전하는 것처럼 높지 않았다고 파악할 수도 있을 것 같다. 이상의 내용은 패전군의 쓸쓸한 변명이다.

190 小山修三,『縄文時代-コンピューター考古学による復元』(中公新書 737, 中央公論社, 1984).

191 필자가 살펴본 논문을 몇몇 소개해 둔다.
Price, D. G. and Brown, J. A. (ed), *Prehistoric Hunter-Gatheres: emergence of cultural complexity*. Academic Press, 1991.
Special Section: Hunter-Gatherer Complexity on the west coast of North America. *Antiquity* 65: 921-976, 1991.
Chapman, R., *Emerging Complexity: The later prehistory of south-east Spain, Iberia and the west Mediterranian*. Cambridge University Press, 1990.
Hayden, B. (ed), *A Complex Culture of the British Columbia Plateau*. UBC Press, 1992
저장에 대해서는,
Testart, J., The Significance of Food Storage among Hunter-Gatherers: Residence Patterns, Population Dunsities, and Social Inequalities. *Current Anthropology* 23: 523-530, 1982. Ingold, T., The Significance of Storage in Hunting Societies. *Man(N. S.)* 18: 553-571, 1983 등이 있다. 테스타르(J. Testart) 논문은 『現代思想』18卷: 12号(1990)에 번역본이 게재되어 있다.

192 水野正好,「縄文時代集落研究への基礎的操作」, p. 17.

193 松浦武四郎,「夕張日誌」,「十勝日誌」,「久摺日誌」,「知床日誌」,「手塩日誌」(吉田武三編,『松浦武四郎紀行集·下』, pp. 301-530, 富山房, 1977).

194 와타나베 진(渡辺 仁)에 의하면 사루가와(沙流川) 강유역의 고탄은 예외적으로 규모가 크고, 11개소 고탄 평균호수는 18.6호(최다 30호·최소 3호)에 달한다고 한다.
Watanabe, J., The Ainu: A Study of Ecology and the System of Social Solidarity between Man and Nature in Relation to Group Structure. p. 97, *Journal of Faculty of Science*. University of Tokyo, Sec. 5, Vol. 2, Pt. 6, 1964.

195 마츠우라가 현지에서 작성한 메모이다. 이 메모를 편집한 것이 주 193의 「일지」이다.

196 遠藤匡俊,「アイヌの移動と居住集団-江戸末期の東蝦夷地を例に」(『地理学評論』58(Ser. A) 771-788, 1985).

197 斎藤 忠·三宅俊成編,「大湯町環状列石」(『埋蔵文化財発掘調査報告』2, 文化財保護委員会, 1953).

198 秋本信夫編,「大湯環状列席周辺遺跡発掘調査報告書(3)」, pp. 16-30(『鹿角市文化財調査資料』32, 鹿角市教育委員会, 1987).

199 四井謙吉·高田和徳,「下村B遺跡」(『岩手県文化財調査報告書』53: 13-73, 1981).
井上雅孝,「湯丹沢11遺跡-ストーンサークルの調査概要」(『岩手県滝沢村文化財調査報告書』16, 滝沢村教育委員会·(株)トーメン, 1991).

200 林 謙作,「大湯環状列石の配石墓」(『よねしろ考古』7: 105-125, 1991, 8: 79-108, 1993).

201 In-I도 만자II기에 시작되어 만자II기에 중단된다. 그러나 이 매장구는 다른 매장구보다 앞서 성립되었을 가능성이 있으므로(林 謙作,「大湯環状列石の配石墓(2)」, pp. 79-81), 여기서는 제외하였다.

202 아마 2~3세대일 것이다.

203 촌락·취락의 구별은「縄文期の集落と領域」의 pp. 102-104, 117-118에 설명되어 있다.

204 佐々木藤雄,「和島集落論と考古学の新しい流れ」, pp. 54-58.

205 佐々木藤雄,「和島集落論と考古学の新しい流れ」, pp. 54-58.

206 堀越正行,「京葉における縄文中期埋葬の検討」(『史館』19: 1-66, 1986).

207 黒尾和久,「縄文時代中期の居住形態」, pp. 15-16.

208 佐々木藤雄,「和島集落論と考古学の新しい流れ」, pp. 54-58.

209 黒尾和久,「縄文時代中期の居住形態」, p. 19.

210 麻生 優,「縄文時代の生活と社会·住居と集落」(鎌木義昌編,『日本の考古学』II, 322-334, 河出書房新社, 1965)는 그 한 예이다. 고바야시 타츠오의「조몬모델촌」도 이 틀을 부분적으로 수정한 것이라고도 할 수 있다[「原始集落」, pp. 54-56(近藤義郎·横山浩一編,『岩波講座 日本考古学』4: 38-75, 岩波書店, 1986)].

211 이 책 제8장 2. 조몬취락론의 현상과 문제점 (3) '재검토론'에 대한 평가 참조.

212 토기매설노, 복식노에 묻은 토기가 화호(火壺), 토기편을 둘러 화덕으로 이용한 토기가 노연(爐緣)이다.

213 우리가 '바닥면(床面)'이라고 부르는 것은 주거의 수혈 상면(上面)이지, 주거의 '바닥' 그 자체가 아니다. 우리가 확인하는 '바닥면'은 '지면(土間)'인 것이다. 주거지 내에 수혈의 지면바닥이 그대로 있었다고는 생각할 수 없다. 깔개나 침상 등의 시설이 있었다고 고려하면, '바닥면'에서 약간 떠 있는 토기에도 유기·방치되었다고 볼 수 있는 것도 포함되어 있다고 봐야 할 것이다. 기리하라 타케시(桐原 健)는 토기 출토상태와 바닥의 위치·구조의 관계에 대해 검토하였다(桐原 健,「床面浮上土器の取扱について」,『信濃』28: 735-748, 1976).

214 高田 博·古内 茂·小宮 孟·橋本勝雄·榊原弘二·田形孝行一·小野慶一·山崎京美·伊藤弘美·平本嘉助·溝口優司,『千原台ニュータウンIII·草刈遺跡(B区)』(住宅·都市整備公団·千葉県文化財センター, 1986).

215 村田晃一·真山 悟·伊藤 裕·今野 隆·佐藤浩史·星川清親·庄司駒男,「七ヶ宿ダム関連遺跡発掘調査報告

書III・小梁川遺跡」(『宮城県文化財調査報告書』122: 宮城県教育委員会・建設省七ヶ宿ダム工事事務所, 1987).

216 몇몇 유물·유구(또는 유적)가 공인과 사용인 사이에 공통기술과 이데올로기가 정착되었다고 판단할 수 있는 특징을 갖추고 있는 것이 '형식'을 설정하는 필요조건이 된다. 따라서 형식이 나타내는 연대 폭을 좁힐 수는 있어도 없앨 수는 없다. 연대 폭이 없는 유물은 몇 개 형식의 집합이거나 그렇지 않으면 단순한 유물의 집합에 지나지 않는다.

217 Clarke, D., *Analytical Archaeology*. pp. 58-62.

218 丹羽佑一, 「縄文中期における集落の空間構成と集団の諸關係」, pp. 276-281(『史林』 61: 274-312, 1978).

219 그의 발언이 경원시되어 제대로 된 논평이 되지 못했던 이유의 하나는 여기에도 있을 것이다.

220 丹羽佑一, 「縄文中期における集落の空間構成と集団の諸關係」, pp. 283-303.

221 丹羽佑一, 「縄文中期における集落の空間構成と集団の諸關係」, pp. 305-306.

222 丹羽佑一, 「縄文時代の集団構造-中期集落に於ける住居址群の分析より」, pp. 42-46(小林行雄博士古稀記念論文集刊行委員會編, 『考古学論考-小林行雄博士古稀記念論文集』 41-74, 平凡社, 1982).

223 丹羽佑一, 「縄文時代の集団構造」, p. 44.

224, 225 치환한 결과가 원 데이터와 정확하게 대응하는 것은 아니다. 그러나 논리상 모순은 없다.

226 니와는 「縄文中期における集落の空間構成と集団の諸關係」에서 이미 「縄文時代の集団構造」 논문에서 전개하는 거의 모든 문제점을 지적하였다. 다만 그것을 구조화시킨 명확한 주된 개념은 「縄文時代の集団構造」 속에서 처음으로 제시된다. 따라서 이 두 논문을 합해 연속해서 읽지 않으면 니와의 진의를 이해하기 어렵다. 매우 정교한 구성이긴 하지만, 난해한 부분도 있다.

227 林 謙作, 「縄文期の葬制-第II部・遺体の配列, 特に頭位方向」, pp. 213-217, 235-238(『考古学雑誌』 63: 211-246, 1972), 「東日本縄文期墓制の変遷(予察)」, p. 281(『人類学雑誌』 88: 269-284, 1980).

228 林 謙作, 「大湯環状列石の配石墓(1)」, pp. 123-125, 「大湯環状列石の配石墓(2)」, pp. 81-83.

229 丹羽佑一, 「縄文集落の住居配置はなぜ円いのか」, p. 155(坪井清足さんの古稀を祝う会編, 『論苑考古学-坪井清足さんの古稀を記念する論文集』 145-188, 天山舎, 1993).

230 木村英明編, 『北海道恵庭市発掘調査報告書・柏木B遺跡』, pp. 164-168, 365(恵庭市教育委員会, 1981), 林 謙作, 「柏木B第1号環状周堤墓の構成と変遷」, pp. 21-22(『北海道考古学』 19: 19-36, 1983).

231 丹羽佑一, 「縄文集落の住居配置はなぜ円いのか」, pp. 163-164.

232 林 謙作, 「縄文期の村落をどうとらえるか」, p. 4(『考古学研究』 26-3: 1-16, 1979).

233 Malinowski, B., *Argonauts of the Western Pacific*. pp. 81-104, Routledge & Kegan Paul, 1978.

234 비현지성 물자 가운데 중~장거리산 물자의 분포에는 확실한 지리적인 구배(geographic cline)가 없다. 예를 들면 비취제품의 분포를 보면, 니가타·아오모리[이시카리(石狩)저지대]에 각각 분포의 피크가 나타나지만, 중간의 야마가타·아키타에는 현저한 피크가 나타나지 않는다. 그리고 분포의 지리적 구배는 이들 분포가 집중하는 지역 안에서 나타난다. 비취의 유통은 몇 개 거점과 거점을 연결하는 원거리 운송과 거점 주변의 중~근거리 범위에서의 분배형태로 이루어졌다고밖에 생각할 수 없다. 거점과 거점 사이의 유통은 한 정교환이다. 모방토기(예를 들면 가메가오카(亀ヶ岡)같은 것)가 성립하는 모습도 같은 사정(특정 거점과 거점 사이의 토기 이동과 기술·도안의 영향)을 상정할 수 있다.

235 Levi-Strauss, C., Bell, J. H. & Strumer, F. R. (transl.), Needham, R. (ed.), *The Elementary Structure of Kinship*. pp. 177-181, Beacon Press, 1969.

236 後藤 明, 「欧米考古学の動向-理論と方法論の再検討を中心に」, p. 512(『考古学雑誌』 69-4: 475-525, 1984).

237 後藤 明, 「欧米考古学の動向」, pp. 484-486.

238 丹羽佑一, 「縄文集落の住居配置はなぜ円いのか」, pp. 179-180.

239 丹羽佑一, 「縄文集落の住居配置はなぜ円いのか」, p. 187.

240 친족조직과는 다른 원리에 따라 공간을 분할하는 경우도 생각할 수 있다.

241 大井晴男, 「学説史 日本考古学における方法・方法論」, p. 96(桜井清彦・坂詰秀一, 『論争・学説 日本の考古学』 1 : 13-100, 雄山閣出版, 1987).

242 鈴木保彦, 「集落の構成」, p. 33(『季刊考古学』 7 : 27-33, 1984).

243 丹羽佑一, 「縄文中期における集落の空間構成と集団の諸関係」, p. 294, 「縄文時代の集団構造」, pp. 51, 61-62, 「縄文集落の住居配置はなぜ円いのか」, p. 165.

244 丹羽佑一, 「縄文中期における集落の空間構成と集団の諸関係」, p. 301.

245 丹羽佑一, 「縄文中期における集落の空間構成と集団の諸関係」, p. 301.

246 丹羽佑一, 「縄文中期における集落の空間構成と集団の諸関係」, p. 283.

247 丹羽佑一, 「縄文中期における集落の空間構成と集団の諸関係」, p. 308.

248 여기서 문제 삼는 화덕의 평면은 3차원·6분면으로 배치할 수 있고 그 편이 데이터 실정과 부합한다. 그렇다고 해서 2차원·4분면 배치가 잘못되었다고는 할 수 없다. 변환 단계를 하나 추가하면 문제는 해결된다.

249 丹羽佑一, 「縄文時代の集団構造」, p. 49.

250 丹羽佑一, 「縄文中期における集落の空間構成と集団の諸関係」, pp. 299-300.

251 関根孝夫, 「集落」, pp. 571-576(八幡一郎編, 『貝の花貝塚』, 松戸市文化財調査報告4, 567-576, 松戸市教育委員会, 1973), 「集落各論・貝の花遺跡(千葉県松戸市)」, p. 75, pp. 79-80(加藤晋平・小林達雄・藤本 強編, 『縄文文化の研究』 8 : 73-83, 雄山閣出版, 1982).[32]

252 丹羽佑一, 「縄文集落の基礎単位の構成員」(『文化財学論集』 221-228, 文化財学論集刊行会, 1994).

253 丹羽佑一, 「縄文集落の住居配置はなぜ円いのか」, p. 187.

254 丹羽佑一, 「縄文集落の基礎単位の構成員」, p. 228.

255 단, 아버지=삼촌이므로 친족명칭에는 아버지=자식의 관계는 변함없다. 따라서 니와는 이전에 제기한 가설을 전혀 수정하지 않았다고 할 수 있다. 혼인·거주 실태상에서도 카리에라형 친족체계에는 "모계반족이 지역그룹이 되고, 그것을 부계반족이 이분하는 경우"도 있다고 지적하고 있기 때문에(「縄文時代の集団構造」, p. 68), 가설 자체는 유효하다.

256 丹羽佑一, 「縄文集落の基礎単位の構成員」, pp. 227-228.

257 丹羽佑一, 「縄文集落の基礎単位の構成員」, p. 227.

258 丹羽佑一, 「縄文集落の基礎単位の構成員」, p. 228.

259 林謙作, 「縄文期の集落と領域」, pp. 109-110, 123-125.

260 우리가 취급하는 것은 유적·유구·유물 자체가 아니고 이들에서 추출한 데이터(정보)임을 인지해야 한다. 조사와 조직규모가 작으면 조사에 관계된 사람들이 유구·유물을 빠짐없이 살펴보는 것도 가능하다. 고고학의 연구대상이 물질적 유물이라는 생각은 이러한 상황에서 완성되었다. 그러나 실제로 연구대상이 되는 것은 물질적인 유물이 아니라, 그 관찰결과(=데이터)임은 현재의 행정조사 현장과 다를 바 없다.

261 유구에서 출토된 토기형식을 바탕으로 유적의 시기를 몇 개로 대별하고, 나아가 유구의 신구·선후관계를 바탕으로 세별한다. 이러한 수법이 일반적이다. 이러한 결론을 받아들여도 실제적으로 문제가 일어나는 일은 거의 없다. 그러나 곰곰이 생각해 보면, 이 수법에 문제가 없는 것도 아니다. 여기서는 토기형식·유구의 위치관계를 모두 시간의 척도로 이용하고 있고 전자는 단위가 넓고, 후자는 단위가 세밀하다는 차이가 있다. 시설 특히 주거의 내구기간은 토기형식의 존속기간보다 짧다는 추측이 전제가 된다. 이 추측은 아마 타당하겠지만, 증명된 것이 아니다. 더 심도 깊은 설명을 할 수 없지만, 앞서 지적한 바와 같이 토기와 시설의 내용(耐用)기간은 같은 요인의 지배를 받는다고 볼 수 없고, 토기형식의 교대와 시설의 폐기 사이클이 궤

를 같이 한다고 확인된 것도 아니다. 유구위치를 바탕으로 신구의 서열, 유물과 유구 형식을 바탕으로 연대라는 이 2조의 데이터를 대조한다. 그것이 유구편년의 원칙이다.

262 이 책 제8장 2. 조몬취락론의 현상과 문제점 (4) 남겨진 문제 참조.

263 土井義夫, 「縄文時代集落論の原則的問題-集落遺跡の二つのあり方をめぐって」, pp. 5-6(『東京考古』3: 1-11, 1985).

264 土井義夫, 「縄文時代集落論の原則的問題」, p. 7.

265 취락을 일상생활을 보내는 장으로 파악하고, 이를 위해 필요최저한의 시설을 갖추는 것이 일반적이라고 생각하면, 묘지·저장시설 등을 취락의 부대시설로 부르는 것도 이해할 수 있다. 그러나 필자는 이러한 생각에는 찬성할 수 없고 화덕, 매옹 등 주거에 동반하는 부대시설과도 혼동하기 쉽다. 부대시설이라는 말은 주거에만 이용하는 것으로 하고 어쩔 수 없는 경우에는 괄호를 하여 표기한다.

266 土井義夫, 「縄文時代集落論の原則的問題」, p. 7, 黒尾和久, 「縄文時代中期の居住形態」, p. 15.

267 이러한 사실은 현재 조몬취락 연구의 약점을 반영하고 있다. 그러나 이것을 취락 연구의 결함이라고 비난을 쏟아부어도 의미가 없다. 우리는 대다수 유구의 시기도 성격도 결정할 수 없다는 사실을 받아들여야만 한다. 그런 후에 어떻게 하면 유구군을 연구대상으로 활용할 수 있는지 머리를 짜내야 할 것이다.

268 예시한 유구의 종류는 대체로 스즈키에 따르지만, 명칭을 변경하거나 덧붙인 부분도 있다. 鈴木保彦, 「集落の構成」, p. 33(『季刊考古学』7: 27-33, 1984), 「関東·中部地方における縄文時代の集落」, p. 1(『よねしろ考古』7: 1-21, 1991).

269 나카무라 요시유키(中村良幸)·오가와 노조무(小川 望)·스가야 미치야스(菅谷通保)·무사시 야스히로(武蔵康弘)들의 논문을 참조해 주기 바란다.
中村良幸, 「大形住居」(加藤晋平·藤本 強·小林達雄編, 『縄文文化の研究』8: 134-146, 雄山閣出版, 1982).
小川 望, 「縄文時代の『大形住居』について(その1)その機能と定義をめぐる若干の考察」(『東京大学考古学研究室紀要』4: 189-214, 1985), 「縄文時代の『大形住居』について(その2)」(『東京大学考古学研究室紀要』7: 95-113, 1989).
菅谷通保, 「縄文時代特殊住居論批判-『大形住居』研究の展開のために」(『東京大学考古学研究室紀要』6: 155-166, 1988).
武蔵康弘, 「複合住居家屋の系譜-ロングハウスの系譜と居住形態」(渡辺仁教授古稀記念論文集刊行会編, 『考古学と民族誌』95-122, 六興出版, 1989).

270 이 책 제5장 제4절 3. 식품의 선택(2) 참조.

271 嶋 千秋·鈴木隆英, 「曲田I遺跡発掘調査報告書」, pp. 48-85(『岩手県埋蔵文化財センター文化財調査報告書』87, 1985).
林 謙作, 「曲田Iと八幡」, pp. 236-242(『論苑考古学-坪井清足さんの古稀を記念する論文集』223-263, 天山舎, 1993).
이 책 제4장 6. 제작·사용·폐기와 형식 참조.

272 小林達雄, 「原始集落」, pp. 57-59 (近藤義郎·横山浩一ほか編, 『岩波講座 日本考古学』4: 38-75, 岩波書店, 1986).

273 Binford, L. R., Willow Smoke and Dogs' Tails, *American Antiquity*, 45: 4-20, 1980.

274 이 사실에서 도이를 비롯한 재검토론 입장에 있는 연구자가 지적하는 것처럼 전통적인 취락론 내에서는 오로지 '전형적'인 '대규모 취락'에만 주의가 집중되었음을 알 수 있다.

275 松村 暸·八幡一郎·小金井良精, 「下総姥山ニ於ケル石器時代遺跡貝塚卜其ノ貝層下発見ノ住居址」, pp. 22-23.

276 모든 논문을 망라할 여유가 없다. 주요한 것만을 소개해 두도록 한다. 関野 克, 「日本古代住居址の研究」,

「竪穴家屋と其の遺跡に就いての理論的考察」(『ミネルヴァ』2-1: 378-383, 1937), 「埼玉県福岡村縄紋前期住居址と竪穴住居の系統に就いて」, 後藤守一, 「上古時代の住居・中」, pp. 147-156, 「上古時代の住居・下」, pp. 200-208, 橋本 正, 「竪穴住居の分類と系譜」(『考古学研究』23-3: 37-72, 1976), 石野博信, 「古代日本の住居」(『日本原始・古代住居の研究』1-111, 吉川弘文館, 1989), 宮本長二郎, 「古代の住居と集落」(永原慶二・山口啓二編, 『講座・日本技術の社会史』7: 7-35, 日本評論社, 1983), 「関東地方の縄文時代竪穴住居の変遷」(刊行会編, 『文化財論叢・奈良国立文化財研究所創立30周年記念論文集』3-37, 同朋舎, 1983), 「縄文時代の竪穴住居-北海道地方の場合」(『季刊考古学』7: 38-44, 1984) 등.

277 水野正好, 「縄文時代集落研究への基礎的操作」, p. 7.

278 村田文夫, 「川崎市潮見台遺跡の縄文中期集落復元への一試論」(『古代文化』26: 179-209, 1974).

279 矢口忠彦編, 「庚申原II遺跡」(『長野県中央道埋蔵文化財包蔵地発掘調査報告・下伊那郡松川町地区』, 長野県教育委員会・日本道路公団長野建設局, 1976).

280 村田文夫, 『縄文集落』, pp. 36-47(ニュー・サイエンス社, 1985).

281 鵜飼幸雄編, 「棚畑-八ヶ岳西山麓における縄文時代中期の集落遺跡」(『茅野市文化財調査報告』13, 茅野市教育委員会, 1989).

282 村田文夫, 「棚畑遺跡縄文ムラの語り-中期集落理解にむけての断想」(『縄文時代』3: 1-30, 1992).

283 赤山容造, 『三原田遺跡(住居篇)-赤城山西麓における縄文中期集落跡』付図6(群馬県企業局, 1980), 「竪穴住居」, pp. 112-115(加藤晋平・小林達雄・藤本 強編, 『縄文文化の研究』8: 110-121, 雄山閣出版, 1982).

284 坂上克弘・今井康弘, 「大熊仲町発掘調査概報」(『調査研究集録』5: 48-91, 1984).

285 佐々木克典篇, 「滑坂遺跡」(『南八王子地区遺跡調査報告』4, 八王子市南部地区遺跡調査会, 1988).

286 気賀沢進篇, 『辻沢南遺跡』(駒ヶ根市土地開発公社・駒ヶ根市教育委員会, 1988), 『辻沢南遺跡(第二次調査)』(駒ヶ根市土地開発公社・駒ヶ根市教育委員会, 1989).

287 宮井英一, 「児玉郡児玉町古井戸・縄文時代-児玉工業団地関係埋蔵文化財発掘調査報告V」(『埼玉県埋蔵文化財調査事業団報告書』75, 埼玉県埋蔵文化財調査事業団, 1989).

288 櫛原功一, 「縄文中期の環状集落と居住形態」, pp. 121-123(山梨県考古学協会編, 『山梨考古学論集(山梨県考古学協会15週年記念論文集)』3: 97-130, 1994).

289 櫛原功一, 「遺構論」, p. 171(『縄文時代』6: 169-173, 1995).

290 村田文夫, 「川崎市潮見台遺跡の縄文中期集落復元への一試論」, pp. 25-26, 『縄文集落』, p. 37, 「棚畑遺跡縄文ムラの語り」, p. 1.

291 村田文夫, 「川崎市潮見台遺跡の縄文中期集落復元への一試論」, p. 21.

292 村田文夫, 『縄文集落』, p. 43.

293 丹羽佑一, 「縄文時代の集団構造」, pp. 42-47.

294 니와가 계통분류(taxonomy)의 원리를 바탕으로 '주거형식'을 설정하여 분류군의 친소관계를 밝혔던 것에 비해, 무라타는 기술분류(descriptive classification)에 따라 임의의 분류군을 나열하는 데 그쳤다고도 할 수 있다.

295 니와는 「縄文時代の集団構造」(pp. 43-44)에서 무라타의 「川崎市潮見台遺跡の縄文中期集落復元への一試論」에서의 분류를 비판하지만, 무라타는 『縄文集落』(pp. 42-43)에서 니와의 비판을 전혀 언급하지 않은 채, 같은 분류를 답습한다. 니와의 비판에도 불구하고 같은 생각을 유지한다면 비판을 받아들이지 않는 이유에 대해서 밝혀야 할 것이다.

296 久保常晴・伊藤秀吉・関 俊彦, 『潮見台遺跡』(中央公論美術出版, 1971).

297 이들 주거지의 기둥 간격 비율은 1.4에 미치지 않는다. 그러나 오독에 따른 오차・기둥 간격 비율 산출 방법 등의 요인도 있으므로 본질적인 문제는 아니다.

298 이시이 히로시는 시오미다이취락이 '계속적 거주'의 결과로 형성된 것이라고 판단하였다. 여기서는 주거의 폐지기간 유무를 불문하고 '개축'이라고 부른다. 石井 寬,「繩文社会における集団移動と地域組織」, p. 40.

299 石井 寬,「繩文社会における集団移動と地域組織」, p. 22.

300 八卷与志夫·新津 健,「寺所遺跡」(『山梨県埋蔵文化財センター調査報告』 27, 1987).

301 新津 健,「繩文集落と道」, pp. 139-141(『山梨考古学論集』 3: 131-152).

302 小林達雄,「多摩ニュータウンの先住者たち」.

303 石井 寬,「繩文社会における集団移動と地域組織」, pp. 23-40.

304 石井 寬,「繩文社会における集団移動と地域組織」, p. 28.

305 石井 寬,「繩文社会における集団移動と地域組織」, pp. 24-27.

306 石井 寬,「繩文社会における集団移動と地域組織」, p. 29.

307 石井 寬,「繩文社会における集団移動と地域組織」, p. 30.

308 石井 寬,「繩文社会における集団移動と地域組織」, p. 32.

309 石井 寬,「繩文社会における集団移動と地域組織」, pp. 32-34.

310 石井 寬,「繩文社会における集団移動と地域組織」, p. 37.

311 여기서 대규모·소규모라는 것은 어느 한정된 시점에서의 규모가 아니라, 주민이 이합집산을 반복한 결과를 의미한다.

312 여기서 대규모·소규모라는 것은 어느 한정된 시점에서의 규모가 아니라, 주민이 이합집산을 반복한 결과를 의미한다.

313 石井 寬,「繩文社会における集団移動と地域組織」, p. 31.

314 石井 寬,「繩文社会における集団移動と地域組織」, pp. 35-39.

역주

*1 원서에는 IV로 되어 있으나, 그림 및 주 2의 내용과 대조해 보면 VIII이 옳다.

*2 원서에 노(爐)로 표기되어 있는 것은 화덕으로 번역하였다. 다만 노지, 복식노처럼 다른 용어와 사용될 때는 그대로 노로 표기한다. 이하 동일하다.

*3 롬(loam)은 점토 함량이 중간 정도인 양토를 가리킨다. 그러나 일본의 대표적 간토롬층은 기원이 화산회임이 알려지면서 롬은 화산회 기원이라는 의미가 내포되어 정의에 혼란이 있다.

*4 원서에는 석위(石圍)·석위노(石圍爐)라고 되어 있는데 여기서는 위석(圍石)·위석노(圍石爐)로 통일한다.

*5 옛 조정이나 무가의 예식, 관직, 법령, 행사 등을 연구하는 것을 말한다.

*6 『日本書紀』에 나오는 말인데, 본래 사체를 유기하는 장법을 나타내는 것으로 일반민이 무덤을 만들지 않고 사체를 유기하는 것을 뜻한다.

*7 고상가옥을 가리킨다.

*8 옛날 일본에 혈거한 선주민족의 이름으로 키가 작고 손발이 길었다고 전해진다.

*9 四柱造는 지붕을 앞에서 봤을 때, 지붕의 네 면이 사다리모양으로 경사지는 것을 일컫는데 네모지붕이라고도 한다. 우진각지붕(寄棟造)의 범주에 포함된다.

*10 두 개의 나무를 마룻대(棟)에서 교차시켜, 보(梁) 양단에 끼워 넣은 구조를 말한다.

*11 다타라라고도 하는데, 제철작업을 하기 위한 노가 있는 건물을 가리킨다.

*12 복옥식 구조를 일컫는데 상부는 고깔지붕 또는 원추형지붕 형태이다.

*13 벽립식 구조를 말한다.

*14 집 지붕의 무게를 지탱하기 위한 뼈대구조이다

*15 원서에 臺形이라고 되어 있는데, 사다리꼴모양(梯形)을 일컫는다. 이하 제형으로 통일한다.

*16 원서에는 天地根源宮造라고 되어 있지만 天地根元宮造가 옳다.

*17 팔작지붕 형태로 지붕을 얹는 방식을 말한다. 팔작지붕은 鐵葺屋根 또는 入母屋造라고도 한다.

*18 원서에 1959년으로 되어 있지만 이는 잘못 표기된 것으로, 관련내용은 1958년 출판된 『横浜市史』 1권 「원시·고대에서 개항이전」에 나와 있다.

*19 원서에는 이동/정주로 표기되어 있는데 이동·정주로 통일한다. 이하 동일하다.

*20 아이누 외의 일본인 또는 야마토민족을 통칭하는데, 왜인(倭人)이라고도 한다.

*21 원서에는 横切り集落論이라고 되어 있는데 횡적 취락론으로 번역하였다. 이하 동일하다.

*22 카리에라형 친족조직이란 성원이 두 개의 반족으로 나뉘어지고, 각각은 두 개의 혼인 그룹으로 나누어진다. 각 반족은 외혼단위를 이루고 자매교환에 의한 교차종남매혼(交差從男妹婚)을 한다. 그 결과 소위 사분조직을 이룬다.

*23 뉴기니 동쪽 끝에서 동북부의 섬들을 포함한 각지에서 행해지고 있는 의례적인 선물 교환을 일컫는다.

*24 사회구성원을 연배에 따라 구분하여 동년배들을 계층화·집단화함과 동시에 집단 간에는 상하서열 관계를 설정하는 것을 말한다.

*25 손잡이가 달린 거울모양을 말한다.

*26 원서에는 비·상용시설로 표기되어 있다. 여기서는 비상용시설로 통일한다. 이하 동일하다.

*27 원서에는 18호로 나와 있지만, 본문 내용으로 보면 19호가 옳다.

*28 모야는 주기둥으로 둘러싸인 가옥의 중심부분을 말한다.

*29 겐이리(軒入り)는 출입구가 정면(장변)에 있는 것으로 처마출입이라고도 한다.

*30 쓰마이리(妻入り)는 출입구가 측면(단변)에 있는 것으로 박공출입이라고도 한다.

*31 원서에는 1955년 출판으로 되어 있지만, 1956년이 옳다.

*32 원서에는 1988년 출판으로 되어 있지만, 1982년이 옳다

제9장 조몬인의 주거

1. 주거의 종류와 구조

세키노 마사루(關野 克)는 수혈·평지·고상의 3종류 주거 가운데 조몬시대에는 수혈·평지의 2종류가 있다고 보았는데 그 후 이 견해는 정설로 자리잡고 있다.[1] 그러나 고토 슈이치(後藤守一)가 평지식 주거라고 한 예 중에서 바닥면이 확실하게 지표에 있었다고 단언할 수 있는 예는 극히 적다.[2] 오늘날에도 평지식 주거가 주류를 이루는 취락은 시즈오카(静岡)현 시지미즈카(蜆塚), 야마가타(山形)현 온다시(押出)[3] 외에 거의 없다.

이러한 이유로 우리는 조몬시대 주거라고 하면 수혈식(반지하식) 주거를 바로 떠올린다. 미야모토 나가지로(宮本長二郎)는 '소토(燒土)유구'가 다수 확인되는 홋카이도(北海道)와 발견 예가 극히 적은 서일본에서는 평지식 주거가 높은 비율을 점하였을 것으로 본다.[4] 미야모토의 의견에 납득할 수 없는 부분도 있지만[5] 지금의 유구 확인과정에서 누락된 것이 상당히 있음을 인정해야 한다. 조사 개선을 기대하고 지금 우리에게 허락된 데이터 대부분이 반지하식 주거라는 사실을 출발점으로 하여 설명하고자 한다.

반지하식 주거의 변천과 지역차를 평면형태 방형·원형을 키워드로 하여 설명할 수 있다고 여겨졌던 적도 있었다.[6] 1950년대부터 1960년대 중엽까지의 일이다. 확실히 이 구별은 반지하식 주거의 특징을 간단하게 설명하는 데 편리하다. 그러나 이러한 구별은 반지하식 주거지의 굴착 윤곽에 지나지 않는다. 주거 변천과 지역차를 충분하게 설명하기 위해서는 기둥배치와 상부[上屋]·하부[下屋]구조도 살펴봐야 한다.[7]

쓰데 히로시(都出比呂志)는 서일본의 야요이~고분시대 주거가 바닥중앙을 중심으로 하여 원주상으로 주기둥을 배치하고 동일본에서는 중심축의 양측에 대칭되도록 배치하는 점을 지적하고, 전자를 구심구조, 후자를 대칭구조라고 명명했다.[8] 구심구조의 주거 평면형태는 원형을 비롯한 점대칭의 도형, 대칭구조의 주거는 장방형을 비롯한 선대칭의 도형이 된다.

미야모토 나가지로는 반지하식 주거의 상부 단면을 서까래 말단이 지면까지 내려오는 것을 복옥(伏屋), 내려오지 않는 경우를 벽립(壁立)이라고 하였다(도 85). 바닥·벽·지표에 비스듬히 교차하는 구멍군이 서까래의 흔적이다. 서까래 말단이 벽 하단과 벽면에 있으면 복옥A, 벽 상단에 있으면 복옥B, 주제(周堤) 위에 있으면 복옥C가 된다. 복옥A~C의 지붕은 모두 흙으로 덮여 있는데 흙과 풀을 같이 쓰면 이단복옥이 된다.[9] 벽립 주거는 주기둥[主柱]과 벽기둥[壁柱]을 같이 쓰는 벽립A, 주기둥이 없는 벽립B로 나뉘고 벽립A가 일반적이다.[10]

쓰데와 미야모토의 분류를 활용하여 간토(關東)지방에서의 반지하식 주거지 변화를 대략적으로 살펴보자.

주거 구조는 초창기후엽·전기전엽·중기초두·후기중엽에 크게 변화한다. 이와 더불어 벽구(壁溝)가 있는 주거의 비율도 증가·감소한다고 한다. 미야모토는 기후변동에 따라 주거 구조도 변화할 것으로 생각하였다. 게다가 미야모토는 조기와 전기, 중기전엽과 중엽의 집 구조에는 "이질적 문화를 수용하고 또는 그 영향을 받았다고 봐야 할 만큼"[11]의 차이가 있다고 하였다.

전기초두에서 후엽에 걸쳐 대칭구조와 벽립A의 조합이 주류를 이룬다. 주기둥은 조기중엽에 이용되기 시작하여 후엽에 보급된다. 조기후엽의 주거에는 장축상에 마룻대[棟木]를 지지하는 기둥[棟持柱]을 세우는 경우가 있다. 벽립A가 정착하는 과정에서 나타나는 일시적인 현상인 것 같다. 다만 전기초두에는 바닥면적이 50m²를 넘는 대형 주거지가 북칸토,[12] 오미야(大宮)대지[13] 등에서 나타나는데 이러한 종류의 주거에는 동지주가 확인된다. 전기전엽에 들어 벽기둥·벽구가 출현하여 단기간에 보급되고, 아울

도 85 반지하식 주거의 단면(주 9 문헌에서)

1 복옥A   2 복옥B   3 복옥C   4 이단복옥   5 벽립

러 지상노(地床爐)·매발(埋鉢, 매옹·토기매설)·화덕을 갖춘 주거도 급증한다.

방사구조와 벽립A(또는 복옥C·이단복옥)의 조합은 전기후엽에 성립하여 중기전엽에 보급되는 것 같다. 벽기둥이 있어도 간격은 제각각이다. 평면 원형·4개의 주기둥·화덕(위석·매발)이 달린 주거가 대표적인 형태인데, 주부(中部)고지에서 성립하여 간토로 파급되는 것 같다. 이 형식이 보급되면서 대칭구조의 주거는 자취를 감춰 버린다. 이 형식의 주거는 간토·주부고지에서 각각 인접지역으로 영향을 미쳤을 가능성이 높다.

후기초두가 되면 벽기둥이 밀집하는 벽립A가 다시 출현하는데 벽기둥이 적은 것과 전혀 없는 것이 혼재한다. 출입구 시설이 있는 주거는 중기후엽부터 출현하고 후기전엽에는 벽 또는 주혈을 세운 출입구가 돌출된 병경형 주거로 발전한다. 소수이지만 벽기둥 없이 기둥(?)을 세운 병경형 주거도 있어 주거플랜이 주거 구조와 일치하지 않음을 보여 준다. 또 가나가와(神奈川)현 오지노다이(王子ノ台)처럼[14] 병경상의 굴착부 외측을 둘러싸듯 하나의 큰 굴착부가 존재하는 예도 있다. 조몬시대에 세키노의 단옥단실(單屋單室) 원칙에서 벗어나는 주거도 있다.

후기전엽의 벽기둥과 수혈 벽면 사이에는 좁지만 틈이 있다. 후기중엽에는 이 틈이 없어지고 수혈 벽에 맞대어 벽기둥열이 세워진다. 평면도 전엽에는 원형을 중심으로 일부 방형이 있는 정도였지만 중엽에는 방형이 압도적으로 많아진다. 미야모토는 이 시기에 흙벽이 보급되었다고 생각하였다.[15] 벽기둥이 좁아지고 전엽보다 더욱 밀도가 높아지기 때문이다. 이 형식의 주거는 만기에도 계승된다고 하는데 실례는 극히 적다.

간토지방에서의 동향을 통해 조몬시대 주거 변천의 흐름을 설명하였다. 그러나 일본열도 각지의 주민이 도장을 찍은 것처럼 같은 형식의 주거만 이용한 것은 아니다. 각지역을 살펴봐야 하지만 혼슈(本州) 서남부는 자료부족, 규슈(九州)는 보고서가 미간행된 상태라 설명할 수 없다. 여기서는 미야모토의 간토·홋카이도·나가노(長野)의 비교[16]와 더불어 도호쿠(東北)[17]·홋카이도의 양상을 설명하겠다.

홋카이도의 주거형식에는 간토만큼 큰 변화가 보이지 않는다. 홋카이도에서는 조기중엽에 주기둥이 이용되기 시작해 그 결과 벽립도 비교적 일찍부터 성립된다. 그러나 방사구조는 극히 적고[18] 대체로 대칭구조가 중심이다. 마베치가와(馬淵川) 강유역·오가와라코(小川原湖) 호수 연안·기타카미가와(北上川) 강 상류역에서도 이러한 양상은 변함없다. 다만 중기 이후가 되면 방사구조·대칭구조의 주거가 혼재하게 된다.

오모노가와(雄物川) 강·요네시로가와(米代川) 강유역에서는 중기중엽부터 후엽까지 대칭구조 중심·방사구조 중심의 취락이 분리되는 경향이 두드러지고, 다이기(大木)10 후반기에는 방사구조로 통일된다. 아부쿠마가와(阿武隈川) 강유역·센다이(仙台)만 연안·기타카미가와 강 중류역에서는 간토지방과 거의 동시에 방사구조의 주거가 보급되어 만기후엽까지 주류를 이룬다. 만기전엽에는 기타카미가와 강 중류역에서 대칭구조의 벽립이 부활하는 조짐이 보인다. 그러나 이와테(岩手) 이외 지역에서 만기에 해당하는 주거의 실례는 매우 적다. 아가노가와(阿賀野川) 강유역의 중기중엽~후엽에는 방사·대칭 2종류의 주거가 혼재하는 것 같다.[19]

미야모토의 집계에 의하면 홋카이도에서는 바닥면적 $10m^2$ 이하인 주거 비율이 전체의 40%를 약간 넘어 간토·나가노의 3배 가까운 비율을 점한다. 주기둥이 없는 주거가 거의 5할에 달하는 것도 당연한 결과이다. 홋카이도와 간토의 취락구성, 주민의 거주 패턴차를 반영하는 것임에 틀림없다. 도호쿠지방의 사정도 분명하지 않다.

홋카이도에서는 유적 수가 증가하는 시기에 형식변화가 일어난다고 한다. 도호쿠 전역에서도 이 경향에 변화는 없지만 간토·주부고지에서는 반대 양상이 나타난다. 어느 지역의 주거형식이 어떠한 사정과 방식에 의해 다른 지방으로 통째로 확산되거나 부분적인 영향을 미칠까? 미야모토의 지적이 이 문제를 검토하는 실마리가 될 것 같다.

열도의 동북부에 한정해서 보아도 각 지역에서의 주거 변천은 실로 복잡하다. 더욱 상세한 내용에 대해서는 전체적[20]·지역적 개설[21]에 나와 있는 인용문헌을 참조하기 바란다.

2. 집을 짓다

(1) 집을 짓는 방법 – 다카도노(高殿)와 지세(チセ)

조몬시대의 집은 무슨 재료를 얼마나 사용하여 어떻게 지을까? 『鐵山必用記事』(별명 『鐵山秘書』)에 설명되어 있는 다카도노(바닥면적 $371m^2$)와 가야노 시게루(萱野 茂)가 복원한 아이누의 전통적인 집(지세, 바닥면적 $50m^2$)을 짓는 방법을 소개하겠다.[22]

작업은 재료준비부터 시작된다. 다카도노 건설에 필요한 재료를 정리해 보자(표 40). 목재는 지름 50cm 전후, 길이 9~12m의 끝이 'Y'자인 우목(又木)[*1] 8개, 지름 15~20cm의 통나무 129개, 이보다 작은 것 270개를 준비한다.[23] 지붕을 얹는 것으로는 3.3m의 끈으로 엮은 띠[茅] 100묶음, 부재를 고정하는 새끼줄 100묶음이 필요하다.

표 40 「鐵山秘書」 다카도노의 건설자재(주 22 下原 · 三枝 문헌에서)

도86번호	부재명칭	직경 (cm)	길이 (m)	수량	비고
(1)	오시다테바시라(押立柱)	40~50	9	4	주기둥
(15)	나카오시다테바시라(中押立柱)	30	7	2	보조기둥
(4)	나가오(長尾)	20	12	75	서까래
(3)	다이모치(台持)	50~60	12	2	보 재료
		50~60	10.5	2	
(6)	아이카미(合上)	20	6~7	4	도리 재료
(10)	나게카키(投懸)	20	6	12	고야구미의 서까래
(7)	무키사스마타(向さす又)	15	5~6	2	도리에 올리는 차수 부재
(8)	나카가미노키다테마타(中上宇立又)	15	4.5	2	마룻대의 보조 기둥
		15	4	4	
(11)	야나카기(屋中木)	–	–	270	서까래에 걸치는 횡목
		>15	–	30	
(14)	야네카야부키(屋根葺茅)			100묶음	길이 3m의 줄로 다발을 만듦
	누이나와(縫繩)			50묶음	
	마사키카즈라(正木蘰)			30묶음	

가야노도 위의 재료 외에 띠 500묶음,[24] 피나무 수피로 만든 끈 80묶음을 준비하였다.

가야노는 지세의 지붕에 얹는 띠에 대해 "가을, 눈이 한 번 내지 두 번 온 후에 채취하는 것이 가장 좋다고 합니다"라고 하였다. 건축에 이용되는 수목도 성장이 활발한 봄·여름을 피해 늦가을부터 초겨울까지 벌채한다. 재료준비는 늦가을에서 초겨울에 이루어진다. 그렇다면 재료를 준비하는 동안에 지면이 얼기 시작한다. 다카도노도 지세도 평지식이므로 그다지 영향을 받지 않지만 반지하식 주거를 지을 경우 동결은 큰 영향을 미칠 것이다. 준비를 잘하여 작업을 진행해야 하고 사람 수도 어느 정도 모아야 한다.[25]

가야노는 목재를 벌채하자마자 집짓기에 돌입하지만 기둥, 보[梁], 도리[桁] 등 건물의 무게가 집중되는 뼈대[軸]로 사용하는 재목을 말려 뒤틀림을 적게 하기 위해서는 전년도 가을·겨울에 재료를 준비하고 눈 녹기를 기다려 지어야 무리가 없다. 가야노도 지붕에 얹는 띠를 전년도에 준비해 두었다고 한다. 모은 재료를 보관해 둘 시설도 필요하다. 집을 짓는 데에는 작업관리, 재료준비의 양면에서 치밀하게 계획할 필요가 있다. 집의 규격이 정해져 있지 않으면 재료준비도 할 수 없다. 전형적인 주거의 출현은 장래를 염두에 둔 생활의 시작을 상징한다.[26]

다카도노의 주기둥에는 밤나무·떡갈나무·벗나무·너도밤나무·소나무처럼 잘 썩지 않는 재료를 이용한다. 지세의 주기둥으로는 회화나무·들정향나무를 이용한다

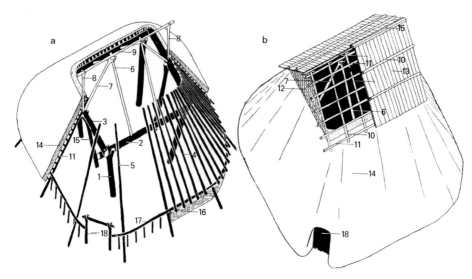

도 86 기리아게즈쿠리(a), 이누노보리즈쿠리(b)의 다카도노(주 22 関野 문헌에서)

고 한다. 조몬시대에는 밤나무가 압도적으로 많다. 다카도노의 서까래[垂木]와 너시래[橫木]*²의 재료는 불분명하다. 가야노는 들메나무와 너도밤나무 등 비틀림이 적은 수종을 이용하였다.

주기둥(도 86 a-1)은 차목(叉木)*³을 이용하고 넝쿨로 감아 쪼개어지는 것을 방지한다. 재료가 가늘 때는 기둥을 2·3개 묶어 주기둥으로 사용한다. 굴립주의 주혈 깊이는 기둥 길이의 1/5~1/6이다. 주기둥을 고정하고 그 위에 횡목을 얹힌다. 마룻대와 평행하는 방향이 도리(도 86 a-2), 직교하는 방향이 보(도 86 a-3)가 된다. 다카도노의 주기둥 높이와 보·도리의 길이 비율은 1 : 1.5 : 1.8이다.

주기둥을 세울 때 그 주변에 발판을 만든다. 이 발판도 굴착하여 만드는데 바닥면의 기둥구멍 안에 발판 흔적이 있을 가능성도 있다. 가야노는 발판을 사용하지 않고 고정한 주기둥 위에 도리·보를 올렸다. 주기둥 사이에 지지하는 기둥[支柱](도 86 a-15)을 넣는 경우도 있다.

보·도리에 서까래를 올리고 그 위에 너시래를 넝쿨로 묶어 고정한다. 서까래를 보·도리에 올릴 때 먼저 네 모서리에 2개씩 합계 8개의 서까래를 올리고 나머지를 네 변에 배치한다. 서까래의 선단은 보·도리에서 1.2m 정도 위로 돌출된다.

도리·보를 발판으로 하여 고야구미(小屋組)를 만든다. 지세도 다카도노도 3개의 목재를 교차시킨 차수(叉首) 2조(도 86 a-6·7)와 차수 위에 올리는 마룻대(도 86 a-9)가

고야구미의 뼈대가 된다. 다카도노의 보 위에는 지세에는 없는 마룻대를 지지하는 기둥[宇立柱]*4(도 86 a-8)을 세운다. 대형 지세에는 지상에서 조립한 차수를 올리고, 소형 지세에는 지상에서 보·도리 위에 고야구미를 고정하고 나서 기둥 위에 올린다.

다카도노의 고야구미는 다음 순서로 완성된다. 마룻대에 걸친 서까래(도 86 b-10) 위에 너시래(도 86 b-11)를 가로 놓는다. 양측의 박공[博栱[妻]](도 86 b-12)을 막은 뒤 마룻대에 연목개판[椽木蓋板(葺板)](도 86 b-13)을 양쪽으로 걸치고 너시래(도 86 b-19)로 고정한다. 마지막에 마룻대 위에 마루적심[樋板]*5을 올려 고정한다.

다카도노의 지붕이엉은 너시래 위에 올리고 지세의 이엉과 너시래 사이에는 부들로 엮은 발을 끼운다. 다카도노도 지세도 그리고 조몬시대 복원주거도 띠를 사용한다. 조몬시대 화재 주거에서 조릿대가 출토된 예도 있어[27] 수피(삼나무, 노송나무, 자작나무, 벚나무 등)를 이용했을 가능성도 높다.

(2) 주거의 세부시설

다카도노의 서까래 끝에서 기둥까지의 거리는 기둥의 높이와 같게 한다. 따라서 지붕(서까래)의 구배는 45도가 된다. 구배가 이보다 낮으면 비가 새기 쉽다고 한다. 이 누노보리즈쿠리(犬登造)*6(도 86 b)와 같이 벽이 없는 반지하식 주거의 서까래 끝은 접지면에 비스듬히 교차할 것이다. 비스듬히 설치된 '주혈'은 서까래 흔적이라고 봐도 좋다. 유구를 기반층 상면보다 위에서 확인하기 시작해 수혈과 기둥흔적을 구분하여 조사하면 서까래 끝의 위치를 정확하게 파악할 수 있게 되어 상부구조를 복원하기 수월해진다.

벽

지세의 벽은 지붕과 같은 재료와 수법으로 엮어져 있고 서까래 말단이 지면에서 떨어져 있다. 지세의 유구는 주혈이 열을 이룰 것이다. 기리아게즈쿠리(切上造) 다카도노(도 86 a)가 유구가 된 경우에도 서까래 끝의 흔적이 남지 않는다. 벽 도리를 지탱하는 기둥이 굴착되어 있다면 기둥열이 남고 간격이 촘촘한 점을 통해 상부구조가 벽립식이라고 추정할 수 있다.

기리아게즈쿠리 다카도노의 벽 재료와 제작방법이 기술된 바 없다. 실마리가 되는 유구·유물이 없을까? 니가타(新潟)현 오키노하라(沖ノ原)의 대형주거[28] 외에 판벽·토

벽으로 해석할 수 있는 예가 몇몇 확인된다. 결정적이라고 할 수 없지만 소개해 둔다.

판벽 같은 것이 출토되는 것은 기후(岐阜)현 가이토(垣內) 28호주거[소리(曾利)3기]와 아오모리(青森)현 다모노키타이라(田面木平) 4호주거[도코시나이(十腰内)1기][29]이다. 다모노키타이라의 판 하단은 벽구 상단에 접해 있다(도 87). 탄화되지 않은 벽구 안의 것은 썩었을 것이다. 가이토에서도 북쪽에서 출토된 판은 같은 상태였는데 남쪽에서는 벽구에 박혀 있었다. 3열 모두 나무결이 상하로 나 있어 종판[縱羽目][*7]의 일부였음을 알 수 있다. 가이토의 판은 폭 30cm, 두께 1~1.5cm, 길이 불명으로 재료는 밤나무이다. 다모노키타이라의 판은 재질 불명이다. 폭 40cm 정도의 범위에 널려 있는데 판 한 장의 폭과 두께는 모른다. 길이는 90cm 정도 된다고 한다. 가이토에서는 직경 50cm 전후의 주기둥 4개 모두 탄화된 채로 남아 있었다.[30]

다나카 아키라(田中 彰)는 가이토의 판재를 "흙 붕괴를 막는 판"이라고 하였다. 상부의 하중을 지탱하는 측벽이 아니라 옆으로부터의 토압을 받치는 옹벽이라는 것이다. 과연 그럴까? 가이토에서도 다모노키타이라에서도 한 변의 벽기둥 수는 2~3개에 지나지 않는다. 판은 세워져 있다. 횡목이 없으면 고정할 수 없다. 횡판[橫羽目]이라면 횡목을 걸칠 필요가 없다. 더 많은 수고가 필요하다는 것을 알면서도 종판을 사용한다는 것은 높게 할 필요가 있었던 것이 아닐까? 상부의 무게를 지탱하는 측벽도 있었다고 생각된다.

이와테현 안도야시키(安堵屋敷)에서는 탄 흙덩이가 출토되었다. 모두 강한 열을 받았는데 그냥 흙이 탄 것이 아니다. 판과 나무막대의 압흔이 남아 있었다.[31] 옆에 주거가 있고 바닥이 강하게 피열되었다. 탄화재는 남아 있지 않았다. 불에 타 무너진 주거를 정리하여 잔해를 토갱에 버린 것 같다. 흙덩이의 출처가 주거라면 바닥이나 벽의 일부일 것이다. 판과 편물을 깐 바닥도 보고되어 있는데[32] 가이토·다모노키타이라의 예를 고려할 때 벽과 관련된다고 생각된다. 그렇다면 나무막대는 벽의 심, 판은 외측에 바른 화장(化粧)흔적일 것이다. 막대 심을 넣고 판으로 화장한 벽이라면 상부의 무게도 지탱할 수 있다. 시기는 오보라(大洞)C_1기이다.

주제(周堤)

쓰데 히로시는 남은 흙의 처리, 벽 보강이라는 이유로 야요이·고분시대 반지하식 주거는 주제가 있었을 가능성이 있다고 강조하였다.[33] 쓰데가 제시한 이유는 야요이·

고분시대 특유의 것이 아니므로 조몬시대 주거에 주제가 있어도 좋을 것이다. 그러나 아래에서 말하는 배석 외에는 거의 실례가 없다.

병경형 주거에는 시즈오카현 슈젠지오츠카(修善寺大塚), 가나가와현 기타하라(北原), 바바(馬場), 나가노현 기타무라(北村) 등 수혈 주위에 열석을 돌린 것이 있다.[34]

이 가운데 기타무라 SB101(도88)은 위석노·노지와 입구를 연결하는 부석통로 등 주거 본체 안의 시설이 꽤 철저하게 해체되어 있었다. 그러나 입구 밖의 부석과 열석이 잘 보존되어 있어 규모와 구조를 파악할 수 있다. 유구확인이 종료되었을 때의 상태(도 88-a)를 보면 주거 주위가 약간 솟아 있어 적석이라고 부를 만한 상태였다. 이시이 히로시의 지적처럼 내부로 던져진 석재도 있는 것 같다.

뜬 돌과 불규칙적으로 배치된 석재를 제거하면 비교적 큰 하천돌을 길게 놓은 열석이 남는다(도88-b). '상면배석(上面配石)'의 실측도

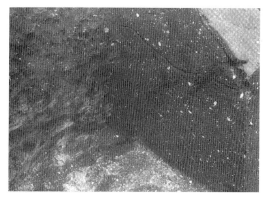

도 87 아오모리현 다모노키타이라유적 4호주거지의 판재 출토 상태[하치노베(八戶)시박물관 제공]

도 88 나가노현 기타무라유적 SB101의 검출 직후(a)와 조사 후(b)의 상태(나가노현립역사관 제공)

와 합쳐 보면 '열석'은 적석 안쪽의 테두리 돌임을 알 수 있다. 가나가와현 바바J-4주거에서는 테두리 돌을 수혈 안에 배치한다. 테두리 돌의 윤곽은 D자형을 이루고 입구부분에서 밖으로 돌출되며 입구 앞에 부석을 둘러싸고 있다. 적석 폭은 0.8~1m 전후, 높이는 50cm 정도였을 것이다.

이시이는 이러한 시설을 주제력(周堤礫)이라 명명하고 주거를 둘러싸는 시설이라고 생각하였다.[35] 사사모리 켄이치(笹森健一)도 사이타마현 미야지(宮地)의 병경형 주거의 출입구 테두리 돌 위에도 '벽쌓기'가 있었다고 소개하였는데,[36] 주거를 둘러싸는 시설이 있었음을 시사한다. 미야지의 원보고를 확인하지 않아 상세하게 설명할 수 없지만 중기후엽에서 후기전엽의 주거에는 입체적인 부대시설이 갖추어져 있었음에 분명하다. 단, 모든 주거에 이러한 시설이 있었던 것은 아닌 것 같다.

이 시기에 주거를 폐기할 때 또는 폐기한 후 의례를 행했다는 의견도 있지만 이를 부정하는 의견도 있다.[37] 이 문제의 결론은 적석의 성격과 관련 깊다. 시설이 유구로 바뀌는 과정, 그곳에서 일어나는 일을 정확하게 복원할 수 있는 조사를 축적해야 한다.

조몬시대 주거에도 본체를 둘러싸는 시설이 갖추어져 있었음이 확실해졌다. 그러나 그 내용은 쓰데가 지적하는 흙처리와 관련 없다. 수혈주거의 본고장인 동일본에서 토제(土堤)가 보이지 않는 것은 기묘한 일이다. 무언가 놓치고 있는 것일까? 토제 외에 배토를 처리하는 수단이 있었을까? 배토의 행방을 생각해 보는 한편 토제가 있다는 점을 염두에 두고 발굴조사에 임할 필요가 있다.[38]

이상의 내용을 작성한 뒤, 니가타현 이즈미(和泉)A, 기타노(北野)에서 토제가 갖추어진 주거가 확인된 사실을 알았다.[39] 게다가 데라우치 타카오(寺內隆夫)로부터 나가노현 야시로(屋代)유적군에도 유례가 있다는 사실을 들었다. 시기는 모두 전기후엽이다.

출입구

다카도노의 입구는 모서리에 있는데 2개의 기둥에 나무를 걸친 간단한 구조이다 (도 86 a-18). 그러나 조몬시대 주거에는 수혈의 돌출된 부분이나 단은 그렇다 치고 이 정도의 구조조차 없는 경우가 많으며, 출입구가 분명하지 않은 예가 많다. 초창기후엽부터 전기, 중기전엽까지의 출입구 위치와 구조는 어느 지역에서도 분명하지 않다. 앞서 서술한 바와 같이 간토·주부지방에서 명확한 출입구가 달린 주거는 중기후엽에 출현하여 후기·만기에 계승된다.

홋카이도·도호쿠에서는 간토·주부의 전기와 같은 상태가 계속된다고 보는 것이 통설이지만 중기중엽~후엽의 주거지에는 조사원들이 '못코리(モッコリ)'[*8]라 부르는 특수한 시설이 있는 것도 있다. 분포는 무츠(陸奧)만, 오가와라코(小川原湖) 호수 연안을 중심으로 이와테·아키타(秋田) 일부에까지 퍼져 있다. 제단의 일종이라는 의견이

유력한데 필자는 사다리를 놓은 시설이 아닐까 생각한다.

주거 규모·형상과는 관계없이 벽 쪽에 있고 호상 또는 도넛형으로 점토를 쌓아 올린 것으로 직경 40~60cm 전후, 높이 20~30cm 전후이다. 이러한 특징은 전체적으로 공통된다.[40] 타원형·소판형(小判形)[*9] 평면의 주거에서는 반드시 장축상의 한쪽 끝에 있다. 중앙의 움푹 패인 곳에는 말뚝 흔적과 같은 부분이 남아 있는 경우, 노지와의 사이가 한층 더 단단한 경우도 많다. 지붕에서 출입하는 주거도 있었을 것이다.

미야모토는 나가노현 쓰키미마츠(月見松), 도가리이시(尖石) 등에서 수혈 모서리가 돌출되는 예가 있다고 한다.[41] 다카도노와 마찬가지로 출입구가 모서리에 있는 것이다. 아오모리현 다모노키타이라에서도 출입구가 모서리에 있다고 추정되는 주거가 있다.[42] 출입구가 모서리에 있는 주거지를 가칭 모서리출입 주거지라고 부르자.

무라타 후미오(村田文夫)는 나가노현 다나바타케(棚畑)의 주거를 분석하는 과정에서 출입구가 중심축선상에 있는 주거와 그렇지 않은 주거로 구별하고, 후자의 경우 왼쪽에 있는 경우와 오른쪽에 있는 경우가 있다고 하였다.[43] 다만 다나바타케의 주거 출입구는 중심축선-주거의 도리 위치에서 그다지 벗어나지 않는다. 즉 다나바타케의 주거는 지붕의 박공과 같은 방향에 출입구가 있는 측면출입(妻入, 박공출입) 주거이다. 아마 조몬시대에는 측면출입 주거가 주류를 이루었을 것이다.

토제(土堤)

토제를 두른 주거(주제주거라고도 한다)를 소개하고자 한다. 주제주거가 발견된 것은 니가타현 기타노,[44] 이즈미A[45]의 두 유적이다. 그 외에도 나가노현 야시로유적군에도 예가 있다. 기타노는 다이기5~다이기6(古)기, 이즈미A와 야시로유적군은 고료가타이(五領ヶ台)기로 모두 거의 동시기이다.

기타노에서는 반지하식 주거 9동, 굴립주건물 2동이 확인되었다. 주거 가운데 3동은 원형의 소규모이고 나머지 6동은 타원형의 대규모이다. 평면 및 규모와는 관계없이 7동에서 주제가 확인된다고 한다. 주제의 규모는 꽤 차이가 있는 것 같은데 상세한 것은 알 수 없다.

이즈미A에서는 반지하식 주거와 굴립주건물이 각각 3동 확인되었는데 반지하식 주거는 모두 벽립식 구조로 주제가 딸려 있다(도 89). 주제의 높이는 1호주거가 30~40cm 이상, 3호주거가 20cm 이상, 폭은 3호주거가 2~4m 전후이다(도 90). 주거

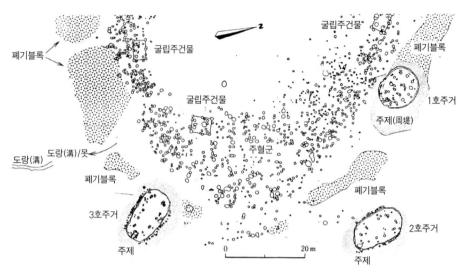

도 89 니가타현 이즈미A유적의 유구 분포(주 45 문헌 일부 수정)

하반부는 주제의 붕괴토로 메워져 있어 본래의 규모는 이보다 크고 높이는 60~80cm 전후일 가능성이 있다. 3호주거의 주제 위에는 지름 20~40cm의 서까래 말단이 박힌 흔적이 남아 있었다(도 90). 서까래 말단은 장변 쪽에 밀집하고 단변 쪽에는 보이지 않는다. 아마 측면출입 주거일 것이다.

화덕[爐]

주거 내부의 화덕 유무와 제작방법에는 시기와 지역에 따라 현저한 차이가 있다. 미야모토의 집계에 의하면 실내에 화덕을 설치하는 주거가 조기에는 3할 정도에 그치고 전기에 들어서면 6할 정도, 중기 이후에는 8~9할에 이르며, 동일본 특히 홋카이도에는 화덕이 있는 집이 많고 서일본에는 적다.[46] 일반적으로 화덕형태를 지상노(地床爐)·토기매설[埋甕]노·위석노의 3종류로 구별한다. 메구로 요시아키(目黑吉明)는 여기에 토기편으로 두른 것[土器片圍], 석조복식(石組複式), 토기매설복식, 사위(斜位)토기매설복식 등을 추가하여 12종으로 나누었다.[47]

물론 이 수치와 구별은 조몬시대 실내노의 증가경향과 다양성을 반영한다. 그러나 세세하게 보면 수정해야 할 부분, 언급되지 않은 종류의 화덕도 있다. 예를 들면 이마무라 케이지(今村啓爾)가 지적한 회상노(灰床爐)[48]처럼 불을 이용한 흔적이 거의 없는 것도 있다. 바닥면 중앙에 깊이 10~15cm, 한 변 50cm~1m 전후의 방형·장방형 구덩

이*[10]에 재를 넣는다. 구덩이 벽을 나무틀로 고정한 것 같은데 지바(千葉)현 니시노죠(西ノ城)처럼 구덩이 외곽을 따라 나무틀로 고정한 말뚝흔이 남아 있는 경우도 있다(도 91-1). 그러나 구덩이를 파지 않고 재를 넣는 틀을 가는 말뚝으로만 고정하면, 이마무라의 지적대로 재는 흡수되어 버리므로 화덕의 흔적은 거의 남지 않게 된다. 초창기·조기 주거의 경우 회상노의 존재를 고려하느냐 마느냐에 따라 화덕의 보존율이 꽤 달라질 가능성이 있다. 말뚝흔적 등 유구를 더욱 정밀하게 확인할 필요가 있다.

이마무라에 의하면 회상노의 분포범위는 오시마(渡島)반도에서 간토이다. 동칸토에 많고 서칸토에 적은 것은 주부고지 이서지역에 분포한다는 점과 더불어 흥미롭다. 간토의 예는 초창기후엽, 홋카이도·도호쿠에서는 조기중엽에 주류를 이룬다. 간토와 도호쿠·홋카이도의 회상노가 같은 계통인지, 독자적으로 발달한 것인지 아직 확실치 않다. 야마가타현 온다시의 주거 바닥면 중앙에 재가 집적되어 있다. 시기는 전기후엽(다이기4~5)이다. 아오모리현 도미노사와(富ノ沢)1의 195호주거 바닥면 중앙에도 폭 47cm, 길이 44cm, 깊이 9cm의 장방형 구덩이가 있는데 그 외에 노지일 것 같은 시설이 보이지 않는다. 매토에는 탄화물이 많다고 한다.[49] 시기는 사이바나(最花)기(다이기9 병행)이다. 혼슈 최후의 회상노일지 모른다.

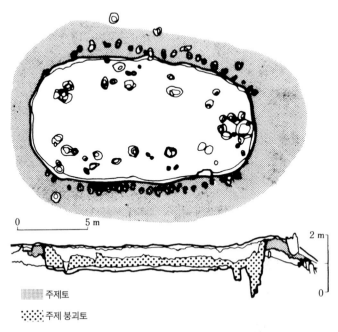

0　　　　　5 m

2 m

0

▦ 주제토

▨ 주제 붕괴토

도 90 니가타현 이즈미A유적 3호주거지의 주제(주 45 문헌 일부 수정)

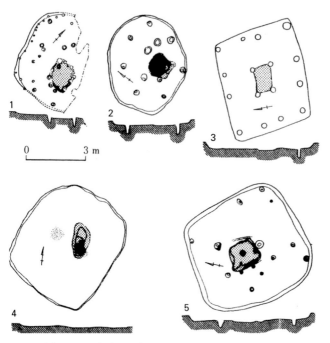

도 91 회상노(망처리)가 있는 주거(주 48 문헌 일부 수정)
1: 지바 니시노죠, 2: 지바 나리타신공항 No.7, 3: 이바라기현 하나와다이, 4: 아오모리현 시모타시로나야(下田代納屋)B
5: 홋카이도 나카노A

　　서일본에는 헷갈리는 명칭의 화덕―쓰데 히로시가 야요이시대 주거에서 주목한
회혈노(灰穴爐)[50]가 있다. 지름 50~70cm, 깊이 50cm~1m 전후의 구멍을 파고 재와
소토를 채운 것이다. 조몬시대에도 교토(京都)부 교다이코나이(京大構內), 구마모토(熊
本)현 이사카우에노하라(伊坂上原) 등에서 보고된 바 있고,[51] 시미즈 요시히로(淸水芳
裕)에 의하면 오사카(大阪)부 하야시(林)·교토부 모리야마(森山)에서도 유례가 있다고
한다. 미나토키타(港北)뉴타운 안의 호리노우치(堀之內)기의 주거에는 바닥면 중앙에
주혈과 같은 구멍이 있고 주위에 강한 열을 받아 단단해진 부분이 있다.[52] 단단하지 않
는 흑갈색 토양으로 메워진 경우가 많다. 다만 고미야 츠네오(小宮恒雄)의 말에 의하면
재층이 보이는 경우도 있다고 한다. 회혈노일 가능성도 고려해야 할 것이다. 도쿄도 이
사라고(伊皿子) 4호주거의 화덕은 확실히 회혈노로 현재 분포의 동한계에 해당한다.[53]
교다이코나이의 예는 중기후엽, 이사라고의 예는 후기전엽이다. 동일본 각지에서 토기
매설복식노와 위석복식노 등 개성이 풍부한 화덕이 출현하던 시기였다.
　　미야모토는 나가노의 조몬시대 주거가 간토·홋카이도에 비해 위석노의 비율이 매우 높다고 하였다(표 41).[54] 다만 미야모토가 집성한 자료에는 중기 주거의 비율이 매우 높다. 중기 데이터가 위석노의 비율 전체를 올리고 있을 가능성도 있다. 다른 종류의 데이터를 바탕으로 재검토할 필요가 있다.

고바야시 켄이치(小林謙一)는 스와(諏訪)분지, 다마가와(多摩川) 강유역, 도쿄만 서·북안, 가스미가우라(霞ヶ浦) 연안의 네 지역에서의 중기전반 실내노의 유무와 종류를 비교하였다(도 92).[55] 고바야시 논문을 바탕으로 간토·주부고지의 중기전반 실내노의 지역성을 관찰해 보자.

고바야시는 고료가다이2식 후엽전반을 I기, 후반을 II기로 하였다. 이후 가츠사카(勝坂)·아타마다이(阿玉台)기 초현기(III기),[56] 무지나사와(狢澤)식·아타마다이Ib식 전반(IV기), 아라미치(新道)식 전반·아타마다이Ib식 후반(V기), 아라미치식 후반·아타마다이II식(VI기)이 된다.

가스미가우라 연안에서는 실내노가 없는 주거가 압도적으로 많고 타 지역에서 지상노·매옹노가 보급되는 아타마다이II식(VI기)기에도 화덕이 있는 것은 예외적인 존재(2%)에 지나지 않는다. 도쿄만 서·북안에서도 지상노·위석노가 설치된 주거가 연대가 내려오면서 증가하는 경향이 있지만 VI기에도 실내노가 없는 주거의 비율이 40%에 이른다. 이에 비해 다마가와 강유역에서는 실내노가 없는 주거의 비율이 15~20%

표 41 옥내 화덕의 유무·종별의 지역별 비율(주 54 문헌에서)

종별 \ 지역	나가노	간토	홋카이도
화덕 없음	7.8%	14.4%	40.7%
지상노	23.3	44.5	35.5
위석노	54.7	14.5	10.4
매옹노	5.8	13.2	2.7
매옹위석노	3.8	3.2	0.4
토기편위노	-	1.6	-
불명	4.7	8.5	10.3

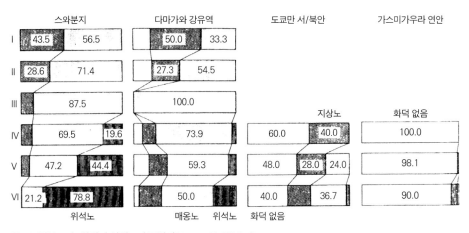

도 92 주부고지·관련의 실내노의 구성비(주 55 문헌 일부 수정)

에 머물러 있고, 스와분지에서는 전혀 확인되지 않는다.

스와분지·다마가와 강유역에서는 고료가다이2식 단계(I·II기)에 매옹노·지상노가 주류를 이루고 연대가 내려올수록 매옹노가 증가한다.[57] 스와분지에서는 무지나사와기에 위석노가 출현하고 이를 대체하듯이 지상노가 증가해 매옹노의 비율이 낮아진다. 다마가와 강유역에서도 스와분지와 동시에 위석노가 출현하지만 그 비율이 매우 낮아 무지나사와(IV)기에 4.4%, 아라미치전반(V)기에도 7.4%에 지나지 않는다. 아라미치 후반(VI)기에도 20% 후반대로 스와분지처럼 80% 전반대까지 달하지 않고 지상노의 비율도 스와분지만큼 변화가 현저하지 않다.

고바야시는 실내노의 유무와 종류[種別]뿐만 아니라 주거 본체의 구조와 면적, 매설[爐體]토기 형식 등의 요소도 분석대상으로 삼아, 아타마다이와 가츠사카 양 계통 취락에 구조차이가 있다고 지적하였다. 아타마다이와 가츠사카 양 계통의 취락에서 인구증가에 대응하는 방식에 차이가 있다[58]는 지적은 매우 흥미롭다. 또 동일한 가츠사카계 취락에서도 화덕 종류별로 지역차가 있어 스와분지에서는 위석노, 다마가와 강유역에서는 매옹노가 각각 주류를 이룬다는 지적도 실내노의 성격을 이해하는 데 흥미롭다.

주거를 이전하거나 폐기하는 경우에 화덕이 특별한 행위(소위 폐옥의례)의 대상이 되기도 한다. 간토와 주부고지(특히 중기후반)에서 주거의 노지 돌[爐石]이 뽑혀 있는 경우가 많다는 사실은 널리 알려져 있다. 오미야대지를 중심으로 하는 지역의 전기전엽 주거에서는 화덕에 묻은 토기(노체토기·매옹)를 이전할 때 파괴한다.

물론 이 행위들이 모두 같은 동기와 목적하에 이루어졌다고 단정할 수 없다. 예를 들면 노체토기 파괴는 신구 주거의 단절을 강조하는 데 목적이 있었는지도 모른다. 한편 노지 돌을 빼는 것은 새로운 주거의 화덕으로 전용할 것을 예정한 결과였는지도 모른다. 이러한 문제는 폐기되었을 때의 주거상황과 부재의 전용 실정과도 관련시키면서 좀 더 세밀하게 검토해야 한다. 그러나 이러한 구체적인 검토는 겨우 시작되었을 뿐이다.[59] 단, 노지 돌을 뽑기가 전용을 예상한 행위였음이 이미 구체적으로 지적된 바 있다.

미야기(宮城)현 가미후카자와(上深澤)에서는 완전한 상태로 남아 있는 복식노 4예 가운데 3예까지는 위석노의 석재가 구덩이 내 매토와 접하는, 즉 열을 받기 어려운 면이 피열되어 변색되거나 금이 가 있다고 한다. 나머지 1예는 전혀 이용한 흔적이 없음에도 변색되고 금이 간 석재를 이용하였다.[60] 새롭게 화덕을 만들 때 반드시 오래된 화덕에 사용하던 석재를 이용하는 습관이 있었던 것이다. 앞으로 이러한 관찰을 축적하여 전용된 석재의 비율이 어느 정도인지 밝힐 필요가 있다.

다시금 화덕의 지역성에 눈을 돌려 보자. 앞서 소개한 고바야시의 연구는 주부고지·간토의 중기전엽~중엽의 데이터를 다루었다. 여기에서는 중기중엽~후엽시기의 도호쿠~홋카이도 데이터를 추가하도록 하겠다(표 42). 메구로의 데이터 외에 홋카이도 지토세(千歲)9, 아라미치(新道)4, 우스지리(臼尻)B, 아오모리현 도미노자와1, 아키타현 덴토모리(天戸森), 우치무라(內村), 이와테현 요쇼(柳上), 미야기현 가미후카자와, 야마다우에노다이(山田上ノ台), 후쿠시마(福島)현 우에노다이(上ノ台)A, 도치기(栃木)현 오시로다(御城田), 군마(群馬)현 교코타야마(行幸田山), 사이타마현 쇼겐즈카(將監塚), 후루이도(古井戸), 나가노현 다나바타케를 추가하였다.[61]

중기중엽~후엽에는 도호쿠 남반부를 중심으로 복식노가 보급된다. 이 종류의 화덕은 남으로 아가노가와 강유역, 북으로 태평양 연안의 기타카미가와 강 상류역, 동해 연안으로는 요네시로가와(米代川) 강유역에까지 분포하는데 그 이남과 이북지역에서는 보이지 않는다. 바꾸어 말해 이 시기 동일본(홋카이도 서남부~주부고지)은 복식노의 분포권을 끼고 3지역으로 구분할 수 있다(표 42). 단, 3지역도 몇 개의 소지역으로 나뉜다.

우선 주부고지와 간토를 살펴보자. 이 지역 취락의 화덕 형태를 결정하는 것은 4종류의 요소—위석노·매옹노·지상노, 그리고 실내노가 없다는 점이다. 이 4종류[*11]의 요소 가운데 매옹노와 지상노는 쌍으로 나타나는 경향이 강하다.

주부고지와 서칸토에서는 위석노가 압도적으로 비율이 높다. 특히 주부고지에서는 중엽부터 계속해서 위석노의 비율이 높아지고 다나바타케에서는 매옹노가 아라미치~도나이(藤內)기[*12] 이후부터 현저하게 감소하고, 이도지리(井戸尻)기[*13] 이후에는 지상노가 보이지 않게 된다. 서칸토의 도마(当麻), 오자키(尾崎)에서도 위석노가 주류를 이루지만 다나바타케에 비하면 화덕 형태가 다양하다. 화덕의 구조를 구별할 수 없는 단일형식이 압도적인 비율을 점하고 여기에 극소수의 타 형식의 화덕이 혼재한다. 이것이 이 지역 화덕 구성의 특징이다(표 42).

이와 대조적으로 오미야대지·조소(常總)대지·북칸토 서부지역에서는 구조가 다른 몇 종류의 화덕이 공존한다. 오미야대지의 쇼겐즈카, 후루이도에서는 매옹노와 지상노가 주를 이루는데, 다카네키도(高根木戸)의 화덕 형태와 일치한다. 북칸토 서부의 교쿄타야마, 오시로다에서는 실내노가 없는 주거, 지상노·배석노·매옹노를 갖춘 주거가 혼재하고 비율은 그다지 차이가 없다. 실내노가 없는 주거가 이 지역에만 많은 것

표 42 주부·간토·도호쿠·홋카이도의 중기중엽~후엽의 실내노 유무와 종류(주 47, 61 문헌에서)

종류\유적명	화덕없음	지상노	배석노	매옹노	복식노 A1	A2	A3	B1	B2	B3	B4	병설노* A	B	C	토기편위노	합계	시기
이도지리유적군		5	30	6												41	이도지리~소리V
다나바타케	1		101	12											1	115	이도지리~소리V
반도야마			17	11												28	가소리E₁~E₂
교코타야마	12	11	11	16												50	가츠사카3~가소리E₄
오시로다	17	17	15	12												61	가소리E₁~E₄**
가이노하나		1	8	10											1	20	가소리E₂~E₃
다카네키도		11	2	20											14	47	가소리E₁~E₃
쇼겐즈카	6	41	10	54												111	이도지리2~가소리E₃신
후루이도	8	47	25	76	1											157	이도지리2~가소리E₃신
도마		4	44	15	1										1	65	가소리E₁~E₃
오자키		1	24													25	가소리E₁~호리노우치2
우에노다이A	3		6	2	11	1		28								51	다이기9신~10신***
가미후카자와		4	1		1	1	1	2	2		1					13	다이기9고~9신
야마다우에노다이					4	1	3	13	1							22	다기이10고~10신
요쇼	5	2	22	27	5		13	17	1	1	13	1	2		2	111	다기이9신~10신
츠나기III		3		10					6	8						27	다이기8b·다이기10신
우치무라				2	6			35	2		1					46	다이기9중~다이기10신
덴토모리	20	34	30	3				3	33		3	3		1	3	133	엔토조소e~다이기10신
도미노자와1	32	153	46	5	1	1			4		2	4		9		257	엔토조소d~이야사카다이라1
아라미치4	1	11		3											1	16	엔토조소e~사이바나
우스지리B		21	70	45		2						2		1	2	143	엔토조소d~오안자이
지토세6		3	19									12	2	1		37	노닷푸2~오안자이

*: 병설노의 종류, A 위석노+지상노, B 매옹노+지상노, C 지상노+지상노
: 아타마다이·다이기계토기도 출토. *: 다이기8b의 주거 1동

은 아타마다이계 주거 전통이 계승되었기 때문일 것이다. 북칸토 동부(가스미가우라 연안)의 양상은 양호한 자료가 없어 판단할 수 없다. 가이노하나(貝の花)의 매옹노·토기편위노(土器片圍爐)의 조합은 조소대지 고유의 것인데 분포가 좁은 범위에 한정된다는 점에서 주목된다(표 42).

복식노[62]의 분포권 안에서는 이와 약간 다른 지역차가 보인다. 이를 설명하기 위해 복식노의 분류를 살펴볼 필요가 있다. 복식노의 분류에 대해서는 메구로를 비롯해 몇몇 연구자들이 의견을 발표한 바 있다. 여기서는 세세한 형태보다 구조차를 밝히기 위해 구덩이[前庭部]가 없는 것과 있는 것으로 크게 구별하고 전자를 A, 후자를 B로 하였다. 복식노A는 매옹과 위석을 조합한 A₁(도 93-1), 복수의 위석을 조합한 A₂, 복수의 매

옹을 조합한 A₃(도 93-2)으로 나누었다. 복식노B도 매옹·위석(복수인 경우도 있다)·구 덩이로 구성되는 B₁(도 93-4), 위석·구덩이가 구성된 B₂, 복수의 위석과 구덩이를 조합 한 B₃(도 93-4),[63] 매옹(보통은 복수)·구덩이를 조합하고 위석이 없는 B₄로 세분하였다.

전통적인 분포론 입장에서 보면 복식노가 집중분포하는 도호쿠지방 남부(후쿠시 마·야마가타·미야기)는 1차 분포권에 해당하고 그 남북의 지역(도호쿠 북부, 북칸토~니 가타)은 2차 분포권이 된다.[64] 이러한 해석에 근거가 전혀 없는 것도 아니다. 예를 들어 복식노 분포의 북한계에 해당하는 요네시로가와 강유역의 덴토모리와 기타카미가와 강유역[시즈쿠이시가와(雫石川) 강 연안]의 츠나기(繫)III, 기타카미가와 강 중류역[와카 가와(和賀川) 강 연안]의 요쇼에서는 매옹노·위석노 또는 지상노 등이 복식노와 공존한 다(표 42).[65] 복식노 분포에는 지리적 구배(勾配, geographic cline)가 있고 2차 분포권 에는 복식노가 전파되기 이전의 전통적인 요소가 남아 있다고 할 수 있다. 이 해석이 전통적인 분포론 틀에서 매우 상식적일 것이다.

2차 분포권의 복식노에는 1차 분포권에 보이지 않는 공통된 특징이 있다. 요쇼와 이와테현 유자와모리(湯澤森)[66]의 A₁, A₃, B₁ 등 매옹이 있는 형식에는 매옹을 비스듬 히 또는 옆으로 묻은 경우가 많다. 무라타 후미오는 니가타현 핫탄다(八反田)에도 유례 가 있다고 한다.[67] 우에노다이A, 야마다우에노다이, 가미후카자와 등 1차 분포권에는 이러한 예가 보이지 않는다. 남북의 사례가 각각 독자적으로 발생한 것인지 어떤지는 지금부터 검토해야 할 문제인데 2차 분포권 특유의 현상임에는 틀림없다.

한편 2차 분포권 안에서도 지역차를 지적할 수 있다. 덴토모리에서는 복식노B가 주류를 이루는데, 매옹·위석·구덩이 구성(B₁)은 극소수이고 유례가 적은 위석·구덩 이 조합(B₂)이 주류를 이룬다. 요쇼에서는 매옹·구덩이를 조합시킨 B₄가 두드러지는 데 이것도 다른 유적에서는 거의 확인되지 않는다.

1차 분포권에서는 이러한 구조적 차이를 지적할 수 없고, 형태와 석재배치 등에서 한 취락을 구성하는 주거의 차이만 지적할 수 있을 뿐이다. 이는 주부고지·서칸토의 위석노와 공통되는 현상이라 할 수 있다.

1차·2차 분포권 간에 보이는 화덕 조합과 매옹을 묻는 방식 등의 차이는 전통적 인 분포론 즉 민속학의 주권론(周圈論),[68] 인문지리학의 등질모델과 공통되는 관점에서 도 해석 가능하다. 그러나 〈표 42〉의 예들 중에도 전통적인 사고방식으로 설명할 수 없 는 부분도 있다.

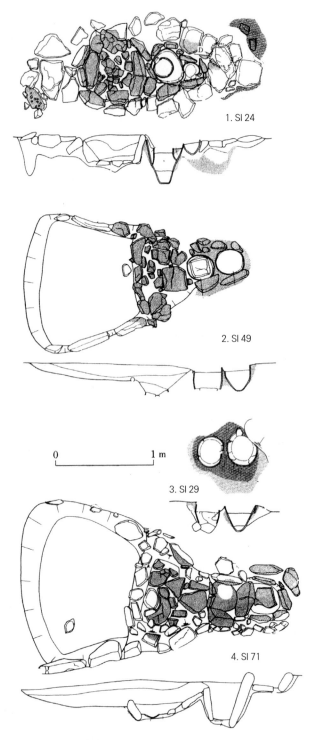

도 93 복식노의 형식(1~4 후쿠시마현 우에노다이A)

1: A₁, 2: A₃, 3: B₁, 4: B₃

아키타현 우치무라의 복식노에는 3가지 특징이 있다. 먼저 이 유적에서는 전형적인 복식노B, 즉 B₁이 주류를 이루고 요쇼·덴토모리처럼 지역성이 강한 형식은 거의 보이지 않는다. 다음으로 매옹은 모두 우에노다이A·야마다우에노다이·가미후카자와처럼 바로 세워져 있고, 요쇼·유자와모리처럼 비스듬히 또는 옆으로 묻은 예는 보이지 않는다. 마지막으로 우치무라에는 전형적인 복식노A, 즉 A₁이 확인된다. 이러한 특징은 우치무라보다 약간 북쪽에 있는 유자와모리는 그렇다 치고, 우치무라보다 남쪽에 있는 요쇼보다 가미후카자와, 야마다우에노다이 등 센다이만 연안의 예와 가깝다. 소위 우치무라는 1차 분포권 복식노가 건너뛰어 나타나는 것처럼 보인다.

왜 이러한 '건너뛰는 현상'이 보이는지 그 이유를 설명하기 위해서는 분포를 해석하는 토대인 모델을 바꿀 필요가 있고, 주권론과 등질모델로 본 해석을 다시금 재검토할 필요가 있다. 이 문제는 다른 데이터를 통해 다음에 생각해 보자.

마지막으로 도호쿠 북부·홋카이도 서남부의 중기중엽~후엽의 사정도 간단히 언급해 둔다. 도호쿠 북부에 위석노·매옹노가 출현하는 것은 에노키바야시(榎林)기(다이기8b 병행)이다. 홋카이도 서남부에도 거의 동시에 이들 형식이 모습을 드러낸다. 우스지리B와 같이 매옹·위석이 공존하는 경우와 아라미치4처럼 위석이 보이지 않는 경우가 있다(표 42). 이것이 지역차인지 시기차인지는 아직 판단이 서지 않는다. 홋카이도 서남부에서도 무츠만·오가와하라코 호수 연안에서도 사이바나기(다이기9 병행)에는 위석노의 비율이 더욱 높아진다. 무츠만 연안에서는 사이바나기 후반부터 야사카다이라(彌榮平)1기(다이기10 병행)에 걸쳐 복식노B₂[사와베(澤部)형][69]가 출현한다. 덴토모리 등 아키타 북부와의 관련성을 고려할 수 있다. 오가와하라코 호수 연안의 도미노자와1에도 유례가 있지만 극소수이다(표 42). 우스지리B에서도 복식노로 생각되는 예가 극소수 확인된다. 앞서 언급한 '못코리'로 불리는 주거 한쪽에 보이는 시설의 구조와 성격, 나아가서 다음에 설명하는 병설노(倂設爐)의 문제를 포함하여 검토를 거듭할 필요가 있다.

홋카이도 서남부에서는 노닷푸(ノダップ)2식 시기가 되면 매우 특징적인 화덕이 성립한다. 주거지 바닥면 중앙 근처에 대형의 방형위석노(도 94-3, a)가 설치된다. 소형 주거에는 여기에 지상노 또는 소형 위석노가 설치된다. 대형·중형 주거에는 더 벽 쪽에 지상노(도 94-3, b)가 있는 경우가 많다. 위석노·지상노가 동시에 이용되었다는 결정적인 증거는 없지만 지토세6에서는 총 37동의 주거지 가운데 위석노·지상노 2종류

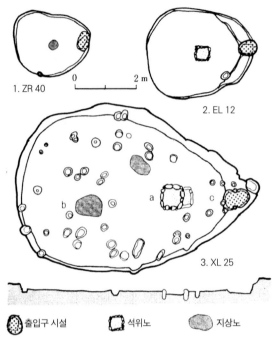

의 화덕이 있는 주거(도 94-3)
가 12동에 이르며, 한 종류로 한
정되는 주거는 대체로 소형(도
94-1·2)이다. 2종류의 화덕을
동시에 사용하였다고 생각되므
로 병설노라고 부르기도 한다.
한 변이 예리하고 뾰족한 평면
형, 첨단부에 위치하는 정방형
의 구덩이(도 94-3, b)와 함께
지역성이 매우 강한 홋카이도
고유의 형식이다.[70] 노닷푸2식
의 세분, 타 지역 형식과의 비교
는 확정적이지 않다. 여기서는
후기초두로 본다.

1. ZR 40

2. EL 12

3. XL 25

🔵 출입구 시설　　⬜ 석위노　　🔘 지상노

도 94 노닷푸2식 주거지와 노(주 61 大島·瀨川의 보고서 일부 수정)
XL25의 노지돌은 신구 모두 뽑혀 있다. 여기에서 새로운 화덕이 뽑힌 흔적
에 기초해 복원하였다.

이제 중기후엽 각 지역에서
화덕 분포의 대략적인 흐름(공
간과 시간상의 이유로 말로만 쓴 청사진이 되어 버렸다!)을 정리해 보자. 중기후엽의 동일본
은 미나미토호쿠의 복식노 1차 분포권, 그 북쪽과 남쪽의 3지역으로 크게 나뉜다. 미나
미토호쿠의 남북에는 후지모토 츠요시(藤本 强)의 말을 빌리자면 '바림*14지대'[71]가 펼
쳐진다. 쓰가루(津軽)해협 양안이 북쪽의 바림지대, 간토산지 북록에서 시나노가와(信
濃川) 강유역까지가 남측의 바림지역일 것이다. 바림지대는 북쪽으로는 홋카이도 대부
분을 점하는 지상노가 탁월한 지역, 남쪽으로는 주부고지의 위석노 1차 분포권으로 이
어진다. 미나미토호쿠의 복식노와 주부고지의 위석노, 이 두 형식이 중기후엽 동일본의
지배적인 형식이 된다.

　　위석노의 1차 분포권 남쪽―혼슈 서남부·시코쿠(四國)·규슈지역은 홋카이도와
같은 지상노, 그리고 아마 회혈노의 1차 분포권이 될 것이다. 다만 동일본과 달리 그
범위를 좁히기 곤란하다. 이 지역에도 위석노는 매우 드물게 분포한다. 매옹노는 필자
가 가지고 있는 자료로 보는 한 보고 예가 없다. 이 지역에서의 지역차를 확인하는 것
이 앞으로 과제일 것이다.[72]

주

1　関野 克,「日本古代住居址の研究」, p. 1223(『建築雑誌』591: 1219-1233, 1934).

2　後藤守一,「上古時代の住居・下」, pp. 158-171(『人類学・先史学講座』17: 157-208, 雄山閣, 1940).

3　後藤守一編,『蜆塚遺跡・その第二次調査』,『蜆塚遺跡・その第三次調査』,『蜆塚遺跡・その第四次調査』, 内藤 晃編,『蜆塚遺跡・総括編』(浜松市教育委員会, 1958~1961).
　　佐藤正俊,「山形県押出遺跡」(『日本考古学年報』38: 363-368, 1987).

4　宮本長二郎,「縄文時代の竪穴住居–北海道地方の場合」, p. 44(『季刊考古学』7: 38-44, 1984),「古代の住居と集落」, pp. 14-22(永原慶二・山口啓二編,『講座・日本技術の社会史』7: 7-35, 日本評論社, 1983),「縄文の家と村」, pp. 86-87(鈴木公雄編,『古代史復元』2: 85-112, 講談社, 1988).

5　바닥면에 유기된 유물 양이 적고 수혈매토에서 다량의 유물이 출토되는 것을 평지주거가 수납시설이었기 때문이라고 해석한다. 흥미로운 가설이지만 주거 폐기에 따른 정리, 유물의 일괄폐기에 관한 가설과 충분히 비교 검토할 필요가 있다.

6　後藤守一,「衣・食・住」, pp. 271-274(杉原荘介編,『日本考古学講座』III: 247-288, 河出書房新社, 1956).
　　麻生 優,「住居と集落」, pp. 323-326(鎌木義昌編,『日本の考古学』II, 322-334, 河出書房新社, 1965).

7　세키노 마사루는 수혈주거 단면을 분류하여 입체적인 구조를 단면 평행이동체・회전체로 파악할 것을 제안하였다. 뛰어난 착상이지만 기호로 표시하기 때문에 이용하기 어렵다.
　　関野 克,「竪穴家屋と其の遺跡に就いての理論的考察」(『ミネルヴァ』1, 378-383, 1936).

8　都出比呂志,「竪穴家屋と平面形」, pp. 115-122(『日本農耕社会の成立過程』114-141, 岩波書店, 1989).

9　宮本長二郎,「竪穴住居の復元」, pp. 124-132(大塚初重・白石太一郎・西谷 正・町田 章編,『考古学による日本歴史』15: 123-132, 雄山閣出版, 1996).

10　宮本長二郎,「関東地方の縄文時代竪穴住居の変遷」(田中 琢,『文化財論叢』2-36, 同朋舎出版, 1983).

11　宮本長二郎,「関東地方の縄文時代竪穴住居の変遷」, pp. 17-19.

12　芹沢清八・安永真一,「古宿」, pp. 23-52(『栃木県埋蔵文化財調査報告』142, 1994).

13　荒井幹夫・会田 明・佐々木保俊ほか,「打越遺跡」, pp. 149-156(『富士見市文化財報告』26, 1983).
　　柳田博之,「浦和市大古里遺跡の調査」(『第28回遺跡発掘調査報告会発表要旨』, pp. 6-7, 埼玉考古学会, 1995).

14　長岡文紀編,『平成7年度かながわの遺跡展・謎の敷石住居』, p. 10(神奈川県立埋蔵文化財センター, 1996).

15　宮本長二郎,「縄文の家と村」, p. 94.

16　宮本長二郎,「縄文時代の竪穴住居–北海道地方の場合」, pp. 41-44,「縄文時代の竪穴住居–長野県」, pp. 448-451(『信濃』37: 431-451).

17　宮本長二郎,「特集 縄文時代前・中期のムラ」(『よねしろ考古』7: 23-104, 1991). 이 논문에서 도호쿠지방 북반부의 상황을 파악할 수 있다.

18　미야모토는 중기전엽의 '히노하마(日ノ浜)식 주거'가 요시자키 마사카즈(吉崎昌一)와 다카하시 마사카츠(高橋正勝)가 말하는 것과 같은 5개 기둥이 아니라 4개의 주기둥 구조라고 하였다. 이러한 종류의 주거도 대칭구조이지 방사구조가 아니다.
　　宮本長二郎,「縄文時代の竪穴住居–北海道地方の場合」, p. 40.
　　吉崎昌一,「縄文文化の発展と地域性–北海道」, pp. 47-48(鎌木義昌編,『日本の考古学』II, 30-63, 河出書房新社, 1965).
　　高橋正勝,「日ノ浜型住居址」(『北海道考古学』10: 77-88, 1974).

19 田中耕作·鶴巻康司,「上車野E遺跡」(『新発田市埋蔵文化財調査報告』15: 13-21, 1994).

20 미야모토의 앞 논문들 외에,「住生活」, pp. 256-261(『日本考古学を学ぶ』2: 254-272, 有斐閣, 1979),「住居」, pp. 177-184(近藤義郎·横山浩一ほか編,『岩波講座 日本考古学』4: 175-216, 岩波書店, 1986).

21 특정 시기 및 형식을 대상으로 한 논문은 생략한다.
[간토] 笹森健一,「住まいのかたち-上屋復元の試み」(『季刊考古学』32: 17-24, 1990), 山本暉久,「竪穴住居の形態」(『季刊考古学』44: 17-22, 1993).
[주부고지] 櫛原功一,「縄文時代の住居形態と集落-甲府盆地を中心として」(『山梨考古論集』2: 191-222, 山梨県考古学協会, 1989).
[호쿠리쿠] 橋本 正,「竪穴住居の分類と系譜」(『考古学研究』23-3: 32-71, 1976).

22 下原重仲著·三枝博音編,「鉄山必用記事(鉄山秘書)」, pp. 171-188(狩野享吉·小倉金之助ほか監修,『日本科学古典全書』10: 76-329, 朝日新聞社, 1944).
関野 克,「鉄山秘書高殿に就いて」, pp. 431-432.
萱野 茂·須藤 功,『アイヌ民家の復元 チセ·ア·カラ われら家をつくる』(未来社, 1976).

23 다카도노의 서까래로 이용하는 목재 두께는 불분명하지만 작은 단야(鍛冶) 작업장의 서까래는 두께 6~10cm이다.
下原重仲著·三枝博音編,「鉄山必用記事(鉄山秘書)」, p. 267.

24 길이 1.5m의 끈으로 다발을 만든다. 지붕을 얹을 때에는 이것을 7~8다발로 완성시킨다.

25 가야노의 작업에는 남성 8명, 여성 4명 정도가 참가하였다. 띠를 모으고 수피끈과 발을 만드는 것은 여성이 분담하고, 띠 다발을 지붕얹기용의 작은 다발로 나누는 작업, 외벽을 마무리하는 것도 여성이다.

26 소위 후빙기 환경하에서 자원을 유효하게 활용하는 시스템이 완성되었다는 의미이지 구석기시대인이 한 치 앞을 내다볼 수 없는 생활을 보냈다는 것이 아니다.

27 山内 文,「伊皿子貝塚遺跡出土の炭化材」, pp. 603-604(清水潤三·金子浩昌·鈴木公雄·藤村東男編,『伊皿子貝塚遺跡·本文編』, 602-606, 日本電信電話公社·港区伊皿子貝塚遺跡調査会, 1981).

28 江坂輝彌·渡辺 誠,「沖ノ原遺跡発掘調査報告書」(『津南町文化財調査報告書』12, 1977), 村田文夫,『縄文集落』, p. 75.

29 田中 章·渡辺 誠,「垣内遺跡発掘調査報告書」, pp. 34-37(『高山市埋蔵文化財調査報告書』19, 1991).
工藤竹久編,「田面木平遺跡(1)」, pp. 11-20(『八戸市埋蔵文化財調査報告書』20, 1988).

30 원시·고대 주거의 기둥 지름은 10~15cm 전후가 보통인데 이 두께는 다카도노의 주기둥에 필적한다(표 40). 두꺼운 기둥을 사용한 주거도 있음을 주의해야 한다.

31 国生 尚·昆野 靖,「安堵屋敷遺跡発掘調査報告書」, p. 21(『岩手県埋蔵文化財センター文化財調査報告書』74, 1984).

32 무라타는 나가노현 햐쿠단가리(百駄刈)의 판깔기 외에 나가노현 이노나가와리(井野長割), 가나가와현 소야후키아게(曽屋吹上), 도쿄도 이사라고(伊皿子) 등의 편물을 깐 예를 소개하였다. 나가노현 기타무라에서도 SB555의 화덕 주위에 탄화된 판재가 남아 있었다.
樋口昇一·平林 彰·町田勝則編,「北村遺跡」, p. 42(『長野県埋蔵文化財センター文化財調査報告書』74, 1984).

33 都出比呂志,「竪穴式住居の周堤と壁体」(『考古学研究』22-2: 63-68, 1975,『日本農耕社会の成立過程』, pp. 101-114).

34 小野真一·辰巳三郎,『修善寺大塚』, pp. 72-76(修善寺町教育委員会, 1982).
市川正史·恩田勇統,「宮ヶ瀬遺跡群 IV」, pp. 80-86(『神奈川県立埋蔵文化財センター調査報告』21, 1991).
鈴木次郎·近野正幸,「宮ヶ瀬遺跡群 V」, pp. 479-490(『かながわ考古学財団調査報告』4, 1995).

樋口昇一・平林 彰・町田勝則編,「北村遺跡」, pp. 36-37.

35 　주제로 이용하는 석재가 '자갈'이라고 부르기에 너무 크다. 석제(石堤)라고 부르기로 한다. 石井 寛,「縄文後期集落の構成に関する一試論-関東地方西部域を中心に」, pp. 86-89(『縄文時代』5: 77-110, 1994).

36 　笹森健一,「住まいのかたち-上屋復元の試み」, p. 21.

37 　山本暉久,「敷石住居終焉の持つ意味(3)」(『古代文化』39-3: 1-12, 1987), 金井安子,「縄文時代の周礫を有する住居について」(『青山考古通信』4: 7-19, 1984), 小杉 康,「縄文時代後半期における大規模配石記念物の成立-「葬墓祭制」の構造と機能」(『駿台史学』93: 101-149, 1995)는 긍정설, 本橋恵美子,「縄文時代の柄鏡形住居の研究-その発生と伝播をめぐって(1)」(『信濃』40: 782-794, 1988), 秋田かな子,「柄鏡形住居研究の視点」(『東海大学校地内遺跡調査団報告』2: 192-199, 1991)는 부정설이다.

38 　흙지붕과 토벽은 가장 간단한 배토처리 수단이다. 성토유구도 유효한 후보이다. 산나이마루야마(三内丸山)・기츠네다이(狐岱)・데라노히가시(寺野東)에서는 기반층와 부식토 블록의 라미나와 소토・탄화재 라미나의 교차층이 관찰된다.

岡田康弘・小笠原雅行,「青森県青森市山内丸山遺跡」(『日本考古学年報』46: 426-429, 1995).

大野憲司,「狐岱遺跡-1989年範囲確認調査から」(『秋田県埋蔵文化財センター研究紀要』5: 68-76, 1990).

岩上照朗・小曾根友治ほか,「寺野東遺跡・発掘調査概要」(『栃木県埋蔵文化財調査報告』152, 1994).

39 　宮本長二郎,「竪穴住居の復元」, p. 129.

40 　成田滋彦編,「富ノ沢(2)遺跡」6: 948-961(『青森県埋蔵文化財センター発掘調査報告書』147, 1992).

41 　宮本長二郎,「縄文時代の竪穴住居-長野県」, p. 451.

42 　工藤竹久編,「田面木平遺跡(1)」.

43 　村田文夫,「長野県棚畑遺跡縄文ムラの語り」, pp. 3-8.

44 　高橋保雄,「新潟県東蒲原郡上川村北野遺跡の調査概要-縄文時代前期後葉~末葉の集落跡を中心に」(『すまいの考古学-住居跡の廃絶をめぐって』54-62, 山梨県考古学協会, 1996).

45 　荒川隆史,「新潟県中頸城郡中郷村和泉A遺跡の調査-縄文時代中期初頭の集落を中心に」(『すまいの考古学』63-73).

46 　宮本長二郎,「炉からカマドへ」, p. 51(『季刊考古学』32: 50-53, 1990).

47 　目黒吉明,「住居の炉」(加藤晋平・小林達雄・藤本 強編,『縄文文化の研究』8: 147-166, 雄山閣出版, 1982).*15

48 　今村啓爾,「縄文早期の竪穴住居址にみられる方形の掘り込みについて」(『古代』80: 1-19, 1985).

49 　成田滋彦ほか,「富ノ沢(2)遺跡」5-1, pp. 488-489.

50 　都出比呂志,「炉の構造の地域差と住居内の位置」(『日本農耕社会の成立過程』131-133).

51 　清水芳裕,「京都大学北部構内BF33区の発掘調査」, p. 43(『京都大学北部構内遺跡調査研究年報』41-50, 1982).

村井真輝,「伊坂上原遺跡」, pp. 19-21(『熊本県文化財調査報告』78, 1986).

52 　야마다오츠카(山田大塚) 22~24・42호주거, 가와와무카이하라(川和向原) 7・8・13호주거, 하라데구치(原出口) 12・13・15・16・18호주거 등이다.

石井 寛,「山田大塚遺跡」, pp. 93-100(『港北ニュータウン地域内埋蔵文化財調査報告』11, 1990),「川和向原遺跡」, pp. 27-42(『港北ニュータウン地域内埋蔵文化財調査報告』19, 9-190, 横浜市ふるさと歴史財団, 1995),「原出口遺跡」, pp. 224-266(『港北ニュータウン地域内埋蔵文化財調査報告』19, 191-383).

53 　清水潤三・金子浩昌・鈴木公雄・藤村東男編,『伊皿子貝塚遺跡・本文編』, pp. 24-25(日本電信電話公社・港区伊皿子貝塚遺跡調査会, 1981).

54 　宮本長二郎,「縄文時代の竪穴住居-長野県」, p. 447, 450(『信濃』37: 431-451, 1985).

55 小林謙一, 「縄文時代中期勝坂式・阿玉台式成立期における竪穴住居の分析-地域文化成立過程の考古学的研究」, pp. 790-795, 797-798(『信濃』 42: 773-810, 1990).

56 가스미가우라 연안, 도쿄만 서・북안에는 I기~III기의 데이터가 없다.

57 다마가와 강유역 III기에 매옹노가 갖추어진 주거의 비율은 100%에 달한다. 그러나 이 시기 주거가 극단적으로 적어 겨우 5예뿐이다. 데이터가 증가하면 지상노가 갖추어진 주거 수도 증가할 것이다.

58 小林謙一, 「縄文時代中期勝坂式・阿玉台式成立期における竪穴住居の分析」, pp. 797-798.

59 小林謙一, 「竪穴住居の廃絶時の姿-SFC遺跡・大橋遺跡の縄文中期の事例から」(『日本考古学協会第60回総会研究発表要旨』 12-17, 日本考古学協会, 1994).

60 加藤道男・小井川和夫・丹羽茂ほか, 「上深沢遺跡」, p. 346(『宮城県文化財調査報告書』 52, 1978).

61 大島直行・瀬川拓郎, 『社内台地の縄文時代集落址-北海道登別市千歳6遺跡発掘調査報告』(登別市教育委員会, 1982).

遠藤香澄・大沼忠春・熊谷仁志ほか, 「木古内町新道4遺跡」(『北海道埋蔵文化財センター埋蔵文化財調査報告』 52, 1988).

小笠原忠久, 『臼尻B-縄文時代中期集落址の発掘調査報告』 5~8(南茅部町教育委員会, 1985~1988).

秋元信夫・藤井直正, 「天戸森遺跡」(『鹿角市文化財資料』 26, 1984).

大野憲司, 「内村遺跡」(『秋田県文化財調査報告』 82, 1981).

小原真一・遠藤修・工藤利幸ほか, 「柳上遺跡発掘調査報告書」(『岩手県文化振興事業団埋蔵文化財調査報告書』 213, 1995).

主浜光明, 「山田上ノ台遺跡」(『仙台市文化財調査報告』 100, 1987).

井憲治・山内和則, 「上ノ台A遺跡(第二次)」(『福島県文化財調査報告書』 230, 1990).

石塚和則, 「将監塚-縄文時代」(『埼玉県埋蔵文化財調査事業団報告書』 63, 1986).

宮井英一, 「児玉郡児玉町古井戸・縄文時代」(『埼玉県埋蔵文化財調査事業団報告書』 75, 1989).

大塚昌彦・小林良光, 「行幸田山遺跡」(『渋川市発掘調査報告書』 12, 渋川市教育委員会・群馬県企業局・日本道路公団, 1987).

芹沢清八, 「御成田」(『栃木県埋蔵文化財発掘調査報告』 68, 栃木県文化振興事業団, 1986).

62 매옹・위석의 두 종류 또는 구덩이가 있는 3종류의 시설이 서로 접해 있는 경우를 복식노라고 한다. 매옹노의 경우와 마찬가지로 매옹에 위석이 있는 경우와 없는 경우가 있는데, 여기에서는 구별하지 않는다.

63 우에노다이A와 같이 구덩이가 주거 벽에서 떨어져 있는 경우, 위석을 구분 짓는 것인지 구덩이인지 판단할수 없는 경우가 있지만 〈표 42〉에서는 모두 B₁에 포함시켰다.

64 아가노가와 강유역, 시나노가와 강유역에서도 도호쿠 북부처럼 또는 그 이상으로 복잡한 지역적 현상을 관찰할 수 있다. 그러나 이를 설명해 줄 데이터가 없어 도호쿠 북부에서 관찰할 수 있는 현상만 언급해 둔다.

65 요쇼에서는 위석노가 복식노를 파괴하고 설치되는 경우가 많다. 우에노다이A에서도 다이기10신단계에 들어서 위석노가 증가한다고 한다. 위석노를 오래된 요소로 단정할 수 없을 것이다.

小野真一・遠藤修・工藤利幸ほか, 「柳上遺跡発掘調査報告書」, pp. 32-34, 44-46, 102, 131, 141, 178-191.

井憲治・山内和則, 「上ノ台A遺跡」, pp. 513-515.

66 瀬川司男・高橋文夫, 「都南村湯沢森遺跡」(『岩手県埋蔵文化財センター文化財調査報告書』 2, 1977).

67 무라타 후미오(村田文夫)는 매옹이 화호와 재를 담는 용기로 보고 가로로 또는 비스듬히 묻은 매옹은 재를걷어내기 좋다고 하였다.

村田文夫, 『縄文集落』, pp. 28-29.

68 柳田国男, 『蝸牛考』, pp. 138-149(刀江書院, 1931).

69 市川金丸·大湯卓二·古市豊司,「三内沢部遺跡発掘調査報告書」, pp. 357-363(『青森県埋蔵文化財調査報告書』41, 1977).

70 〈표 42〉에 제시한 것처럼 도미노자와1·덴토모리에 소수이지만 병설노가 있음을 주의해야 한다.

71 藤本 強,『もう二つの日本文化』, pp. 112-113(東京大学出版会, 1988).

72 미야모토 나가지로(宮本長二郎)·야나기다 히로유키(柳田博之)·오츠카 타츠로(大塚達朗)·아키타 카나코(秋田かな子)·데라우치 타카오(寺内隆夫)·니이츠 타케시(新津 健)·쓰데 히로시(都出比呂志)·시미즈 요시히로(清水芳裕)·고미야 츠네오(小宮恒雄)와 같은 분들로부터 자료와 문헌을 제공받거나 가르침을 받았다. 감사드린다.

역주

*1 중간에 끼우는 보조기둥을 일컫는다.

*2 원서에서 횡목(橫木)은 말 그대로 가로로 배치하여 고정하는 부재를 일컫는다. 서까래와 관련해서는 너시래로 보는 것이 좋은데 이는 서까래를 고정하기 위해 횡목을 처마에 평행하도록 배치하고 서까래와 엮어고정한 것을 말한다.

*3 두 갈래로 갈라진 나무를 가리킨다.

*4 宇立柱는 대공(臺工)을 일컫는다.

*5 樋板은 빗물 등의 액체를 운반하는 홈통을 일컬을지만 여기서는 마룻대와 서까래를 고정한다는 의미로 사용되므로 마루적심으로 번역하였다.

*6 복옥식 구조를 말하는데 상부가 고깔지붕 또는 원추형지붕 형태이다.

*7 건축용어로 폭이 좁은 판을 세로로 붙이는 것을 말한다.

*8 주위가 봉긋하게 올라 있는 모습을 일컫는다.

*9 타원형의 장변 부분이 직선적인 형태인 것을 말한다.

*10 원서에는 흙을 판 곳으로 기술되어 있고, 지면을 약간 굴착하여 화덕을 설치하는 것을 말한다. 이를 수혈이라고 하면 수혈주거와 혼동되므로 여기서는 구덩이로 번역한다. 이하 동일하다.

*11 원서에는 3종류로 기술되어 있는데, 본문 내용으로 미루어 보면 4종류가 옳다.

*12 도나이식은 중기중엽의 토기형식이다.

*13 이도지리식은 중기후엽의 토기형식으로 3기로 세분된다.

*14 색칠을 할 때 한쪽은 진하게 칠하고 다른 쪽으로 갈수록 점점 엷고 흐리게 칠하는 일을 말한다.

*15 원서에는 1983년으로 되어 있지만, 1982년이 옳다.

제10장 정주취락의 성립

1. 보이지 않는 정주와 보이는 정주

같은 수렵채집사회라도 구석기시대의 일본회랑과 조몬시대의 일본열도에서는 주민생활에 다양한 차이가 있다. '정주' 정도가 이러한 차이 중에서 가장 두드러지고, 게다가 근본적인 성질의 것이라고 할 수 있다. 다만 '정주'가 조몬시대에 들어와 시작되는 이 시대 특유의 현상이라고 단언할 수 없다.

이미 지적한 바와 같이 플라이스토세의 일본회랑에서는 평지가 빙상으로 덮여 있지 않았기 때문에 북유라시아나 북아메리카처럼 식생이 완전하게 파괴되는 일은 없었다. 평지가 연안부, 즉 남북으로 달리는 세키료(脊梁)산맥에서 남서로 흐르는 하천 하류에 집중적으로 분포한다는 사실에서도 근본적인 변화가 없었다. 미니어처 가든 같은 경관이 홀로세에 들어와 완성된 것이 아니다. 따라서 수렵의 대상인 동물도 북유라시아와 북아메리카처럼 대규모 무리를 만들어 광범위하게 이동하는 것이 아니라 소규모 무리가 연안의 평야와 그 주변의 고지 사이를 이동하였음에 틀림없다. 이러한 조건은 정주가 성립되기에 좋았다. 적어도 동물성 식료와 함께 식물성 식료(특히 낙엽활엽수의 견과류)를 이용할 수 있는 지역—예를 들어 남큐슈 등에서는 플라이스토세에 이미 정착성이 높은 취락이 성립되었을 가능성이 있다.

여기에서 '정주'·'유동(遊動)'을 구별하는 기준을 분명히 해 두자. 인간생활의 어느 분야에 주목하는가에 따라 판단의 기준이 달라진다.' 어떻든 '정주'는 계속해서(또는 단기간에 반복적으로) 같은 토지를 이용하는 것이다. 앞서 플라이스토세의 일본회랑에서 '정주'가 성립되었을 가능성이 있다고 말했다. 여기서 필자는 토지(자원)이용 시스템에 잠재해 있는 가능성에 주목하고 있다. 유물집합·조합이라는 형태에서 이러한 '정주'의 모습을 읽어 낼 수 있다. 플라이스토세의 일본회랑이 그 좋은 예이지만 구체적인 유구조합으로서의 모습을 거의 파악할 수 없다. 이 경우 '정주'냐 '유동'이냐의 판단은 데이터를 파악하는 방법에 따라 달라진다. '정주' 중에는 눈에 보이지 않는 종류, 바꾸어 말해 잠재적인 것도 있다.

반면 누가 봐도 '정주'로밖에 볼 수 없는 종류가 있다. 눈에 보이는 정주, 현재화(顯在化)한 정주라고 할 수 있다. 이 경우 계속─또는 반복되는 토지(자원)이용 시스템이 사물로 구체화되어 눈으로 볼 수 있는 모습을 취한다. 이것이 주거를 비롯한 몇 종류의 시설로 구성된 취락이다. 시설 복합체로서의 취락, 그것은 인간과 토지의 계속적·반복적 관계가 물상화(物象化)된 모습─인간이 토지에 새긴 인간과 토지의 관계이다. 말할 필요도 없지만 물상화되는 것은 일반적인 인간이 아니라 늘 특정 집단과 그 성원으로, 대상이 되는 것은 그 집단과 성원이 이용하는 토지라는 점을 지적해 둔다. 여기서는 현재화한 경우만을 '정주'라고 부른다. 플라이스토세와 홀로세의 수렵채집사회─구석기와 조몬시대의 정주(=토지와 인간의 관계)의 차이를 파악하기 위하여 이 구별이 필요하다.

몇 채의 주거가 동시에 존재하고, 그 토지와 주거가 계속 또는 반복해서 이용되었다고 판단할 수 있는 것, 게다가 그것이 몇 개의 수계에 걸치는 정도의 범위에 보급되어 있는 것, 이것이 '정주'가 이루어졌다고 판단하는 필요조건이다. 어느 한 집단이 정해진 토지를 계속해서 또는 반복해서 이용하였을 뿐만 아니라, 그러한 토지와 인간의 관계가 광범위하게 성립되었다고 판단할 수 있는 것도 계속 또는 반복되는 토지이용만큼이나 중요한 조건이다.

초창기전엽~중엽에는 본격적인 정주 흔적이 확인되지 않는다. 시간과 장소에 따라 정주가 좌우된다. 이것이 초창기전엽의 정주 실상인데, 조몬 이전의 양상과 본질적인 차이가 없다. 다만 정주를 채용하는 때와 장소가 초창기 이전에 비해 꽤 많아짐을 주의해 둘 필요가 있다. 초창기후엽~조기전엽이 되어서야 겨우 현재화된 정주가 실현된다. 그러나 지금 우리에게 주어진 자료가 제한되어 있기 때문일까? 그 지역이 한정되어 있다. 그 후 일본열도 주요부에서 본격적인 정주취락이 성립하기까지 경과한 시간은 본격적인 정주취락이 처음으로 출현하기까지의 기간에 비해 상당히 짧다. 즉 일본열도의 주요 지역에 정주생활이 정착하기까지를 성립기·보급기로 구분할 수 있다.

지금부터의 설명도 '성립기 정주까지'·'보급기 정주로'의 두 항목으로 나누어 살펴보겠다.

2. 성립기 정주까지

조건이 갖추어진 지역에서 각각 독립적으로 현재화한 정주가 시작된다. 이 단계가 성립기인데 초창기전엽 또는 이전의 가장 초기의 정주(=초기 정주)와의 관련성은 확실치 않다. 이즈음의 양상을 남큐슈(南九州)·간토(關東) 두 지역 데이터를 바탕으로 설명하겠다. 조기전엽부터 중엽에 걸쳐 간토·주부(中部)고지에 인접하는 광대한 지역에 차례차례 정주취락이 성립되어 간다. 이 보급기의 양상은 혼슈(本州) 동북부와 홋카이도(北海道) 데이터를 이용해 설명하겠다.

지금부터의 설명 중에는 시간흐름에 따라 한 지역 내의 데이터를 검토하므로 동시기의 여러 지역과의 데이터 비교 검토라는 면에서는 부족하다. 충분하게 준비할 수 없었기도 하지만 정주생활의 정착과정이라는 문제를 구체적으로 검토하려면 시간과 장소를 축약시켜 검토할 필요가 있다고 생각했기 때문이기도 하다.

현재 초창기전엽과 그 이전의 토기가 출토되는 주거는 북으로 도호쿠(東北) 북반부에서 간토·주부고지에 해당하는 혼슈 중앙부 이북지역, 그리고 남큐슈에서 발견된다. 그러나 현재 우리에게 허락된 데이터는 매우 단편적이어서 동시기의 다른 지역과 같은 지역의 다른 시기 데이터를 비교 검토하는 것은 곤란하다.

특히 초기 정주와 성립기 정주의 양 데이터가 갖추어져 있는 지역은 남큐슈와 간토지방에 한정된다. 여기에서는 남큐슈의 소지야마(掃除山)[2]와 가쿠리야마(加栗山),[3] 간토의 게이오(慶應)대학 쇼난후지사와(湘南藤澤)캠퍼스(SFC)[4]와 무사시다이(武蔵台)[5] 등의 데이터를 바탕으로 초기 정주에서 성립기 정주까지의 상황을 설명하고자 한다.

이외에 두 가지 문제—초창기 이전과 초창기전엽의 초기 정주 비교, 그리고 성립기 정주가 실현되는 배경—를 다루고자 한다. 전자를 설명하는 데 이용하는 데이터는 간토지방의 것이고, 후자의 설명에는 남큐슈·간토의 데이터를 함께 이용하겠다.

(1) 남큐슈의 초기 정주

가고시마(鹿児島)시 소지야마의 수혈주거는 융기선문토기 시기로 소개되어 있다

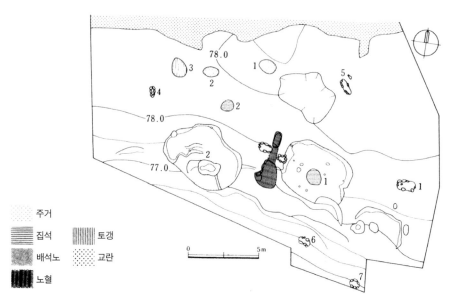

도 95 가고시마현 소지야마의 수혈주거 · 기타 유구(주 6 문헌 일부 수정)

(도 95).⁶ 이 유적을 정주가 확립된 증거로 보는 사람도 있다. 초기 정주의 한 예임에 틀림없지만 성립기 정주의 증거로 볼 수 없을 것 같다. 먼저 구체적인 데이터를 살펴보자.

1호 · 2호주거는 동서로 뻗은 능선의 정상부 부근에 위치하고 간격은 3m를 훨씬 넘는다. 수혈 밖으로 지붕이 뻗어 나와 있었다면 동시에 세워졌다고 보기 어렵다. 이외에 1호주거 동남쪽에 움푹 패인 곳이 있고 바닥에는 자갈이 산재되어 있으며, 화재가 난 흔적[赤色化土]도 남아 있다. 보고서에는 이 웅덩이를 '시라스단락(シラス段落)'*¹이라고 부르고 자연지형으로 본다.⁷ 주혈이 확인되지 않기 때문일 것이다. 주거지일 가능성도 있지만 여기서는 보고자들의 판단에 따라 주거에 포함시키지 않는다.

보고서에는 평면 타원형이라고 하지만 불규칙한 말각장방형이 더 타당할지 모르겠다. 1호주거는 단벽 중앙이 안쪽으로 들어와 있어 실패 같은 형태이다. 장변의 길이는 1호주거가 4.6m, 2호주거가 5.5m, 단변의 길이는 모두 3~3.5m 전후라고 생각된다. 벽 높이는 1호주거가 40cm 전후, 2호주거가 20~30cm로 모두 꽤 경사져 있다. 1호 · 2호주거 모두 남벽은 침식되어 남아 있지 않다. 북벽도 폐기 후에 침식을 받아 형태가 제대로 남아 있지 않게 되었을 것이다. 바닥은 사면을 따라 경사져 있고 불규칙적인 요철을 이룬다.

1호주거의 바닥면 거의 중앙에 길이 80cm, 폭 60cm 전후의 장방형 위석(1호집석)

이 있다. 구획 안쪽에는 불을 지핀 흔적이 있어 배석노(配石爐)가 틀림없다. 이 노지 아래에서 주혈이 발견되어 보고자들은 주거가 폐기된 후 제작된 실외노로 판단하고 1호주거에는 화덕이 없다고 판단하였다.[8] 그러나 주거를 보수할 때 새로운 화덕을 만들었을 수도 있다. 2호주거 북장벽 쪽에는 목탄이 집중되어 있고 바닥은 열을 받아 붉게 변색되어 있다. 지상노가 있었던 것이다.

소지야마의 주거 구조를 복원해 보자. 2호주거의 서벽과 북벽에 주혈이 각각 1개씩 남아 있다. 경사면과 단면형태는 1호주거 벽면과 벽 쪽에 남아 있는 것과 일치한다. 복옥식 상부의 서까래[垂木] 흔적임이 분명하다.

1호주거 서쪽 벽면에는 2개, 동쪽 벽 바닥에는 1개의 주혈이 있고 모두 끝이 뾰족하고 비스듬히 들어가 있다. 서까래 흔적이라고 봐도 좋다. 바닥면 중앙(?)에는 기둥열(북쪽 4개, 남쪽 3개)이 30cm 정도 간격으로 배치되어 있다. 기둥열에서 북으로 1m 정도 떨어진 곳, 즉 북벽 하단에서 40cm 떨어진 지점에 주혈 2개가 배치되어 있다. 간격은 약 40cm이다. 주거지 남쪽에 있는 주혈 2개의 위치도 기둥열로부터의 거리와 간격이 북쪽과 일치한다. 바닥중앙의 기둥열을 포함하여 이 주혈들은 벽면과 벽 쪽에 남아 있는 것보다 큰 것도 있고 수직으로 세워져 있다. 바닥중앙에 나란히 배치되어 있는 것을 주기둥[主柱], 남북 벽에 치우쳐 있는 것을 보조기둥[支柱]으로 파악해 둔다. 보조기둥과 주기둥의 구별이 타당한지는 차치하고, 주혈 형태와 규격으로 추측하면 바닥에 수직으로 세운 주기둥과 보조기둥이 확실히 있었다. 따라서 이 주거형식은 서까래만으로 지붕을 엮은 복옥A식이 아니라 기둥으로 도리[桁]를 지지하는 구조의 복옥B식이 된다. 그렇게 본다면 지붕이 수혈 밖으로 그다지 나오지 않으므로 2동(또는 3동)의 주거가 동시에 건설되었을 가능성도 전혀 없지 않다. 참고로 지붕형태는 동서로 마룻대[棟木]를 걸치고 사방으로 서까래를 올린 우진각지붕[寄棟]일 것이다.

주기둥열과 보조기둥이 2개씩 짝을 이루는 것처럼 보이는 유구는 뒤에 소개하는 가쿠리야마와 무사시다이 등 조기전엽과 초창기후엽의 취락에서 종종 확인된다. 특히 간토지방의 초창기후엽 주거지에서는 몇 조나 되는 주기둥과 보조기둥 흔적이 남아 있어 바닥에 앉을 공간조차 없어 보이는 경우도 드물지 않다. 상부구조를 구축하고 기둥을 얹는 기술이 미숙하여 보수를 반복한 결과가 아닐까? 조기중엽 이후의 가옥에는 기둥과 도리 등의 부재로 하나의 통나무를 사용한다. 초창기·조기전엽에는 여러 개의 목재를 조합하여 이용했을지도 모른다.[9] 현시점에서 어느 쪽이든 성립 가능하므로 판단하기 어렵다. 여기서 결론을 내기는 무리이고 그럴 필요도 없다. 다만 어느 해석을 선택하는가에 따라 소지야마 1호주거에 배석노가 있는지 없는지로 결론이 나뉜다.

아메미야 미즈오(雨宮瑞生)은 남큐슈 초창기가 "지금까지의 유동적 생활에서 온대삼림에서의 장기체류·대량저장에 무게를 둔 정주생활로 이행한 최초기의 양상을 나타낸다"고 하였다.[10] 확실히 그가 지적한 것처럼 남큐슈 초창기에는 마석(磨石)과 석명(石皿) 등 식물성 식료를 처리하는 도구가 발달하고[11] 히가시쿠로츠치다(東黑土田)에서는 식료를 비축해 두는 저장구덩이[穴倉]도 발견되었다.[12] 목재 벌채 및 가공에 이용하는 마제석부도 다량 출토된다. 남큐슈의 초창기전엽에는 식물 자원을 다각적으로 이용하는 기술이 확립되었고 이와 더불어 정주생활 확립으로의 움직임이 진행되었다는 것도 아메미야가 지적한 대로일 것이다.

그러나 한편으로 다음과 같은 사실도 무시할 수 없다. 소지야마에서는 주거 외에 판석을 배모양 또는 원형으로 조립한 실외노와 노혈(爐穴), 집석토갱 등의 유구도 확인되었다. 이 가운데 2호선형배석노와 1호집석은 2호주거가 폐기된 후에 만들어지는데 이 유구들과 동시기에 존재했을 주거가 남아 있지 않다. 소지야마를 생활의 장으로 이용하던 사람들이 항상 수혈주거를 이용했던 것 같지 않다. 가세다(加世田)시 가코이노하라(栫ノ原)에서도 꽤 넓은 범위에 걸쳐 융선문토기 시기의 실외노와 집석토갱 등이 확인되었다. 그러나 역시 수혈주거가 확인되지 않는다. 히가시쿠로츠치다의 도토리가 저장된 구덩이도 수혈주거와 공반하지 않는다.

수혈주거와 저장구덩이의 출현은 확실히 정주적 현상이고 소지야마 주거지에는 성립기 정주와 공통되는 요소도 보인다. 그러나 시간과 장소를 불문하고 수혈주거가 이용되었던 것이 아니다.

다음과 같은 조건이 충족되지 않는 한 정주생활이 보급되었다고 판단하는 것은 무리이다.
　① 수혈주거가 있는 취락 수가 없는 취락 수를 상회하고,
　② 이들 취락은
　　a. 몇 동의 주거가 함께 존재했다고 봐도 지장이 없을 정도의 규모와 분포상태를 나타내고,
　　b. 이 가운데에 몇 동은 개축·재건축 흔적이 나타나며,
　③ 더구나 이러한 취락이 광범위 — 적어도 몇 개 수계에 걸쳐 분포해야 한다.

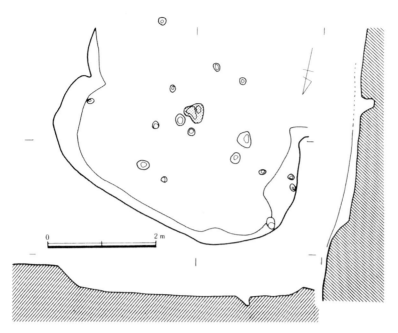

도 96 가고시마현 소지야마 1호주거(주 2 문헌 일부 수정)

나아가서 주거, 노혈, 집석 등 상용시설만이 아니라 저장시설, 묘 등 비상용시설을 갖춘 취락이 1개소는 확인되어야 비로소 확실하게 정주생활이 시작되었다고 할 수 있다.

(2) 남큐슈의 성립기 정주

가고시마시 가쿠리야마의 취락도 규슈의 초기 정주 예로서 종종 소개된다.[13] 가쿠리야마의 취락에서는 유적 내 특정 지점에 주거가 밀집하는 경향, 주거의 중복(8·9호, 11·12호)과 확장(10호)이 확인되어 남큐슈에서 가장 오래된 성립기 정주취락으로 여겨진다.

유적은 거의 남북으로 뻗은 설상대지의 평탄면에서 약간 내려온 완사면에 위치한다. 총 17동의 주거 가운데 16동이 마에비라(前平)기[*2]이고, 조사구 남단에 이시자카(石坂)기[*3]의 주거가 1동 있지만 보고서에는 이 주거에 대한 내용이 없다. 수혈주거 외에 노혈·집석이 확인되고 모두 표고 170~172m, 남북 80m, 동서 50m 범위에 분포한다. 대지 동쪽 끝에 노혈이 밀집하는 지점이 있고 그 부근에 11동의 주거가 모여 있다(도 97).

가쿠리야마 주거의 수혈 평면형태는 크게 장방형(도 98-1·3)과 말각방형(도 98-

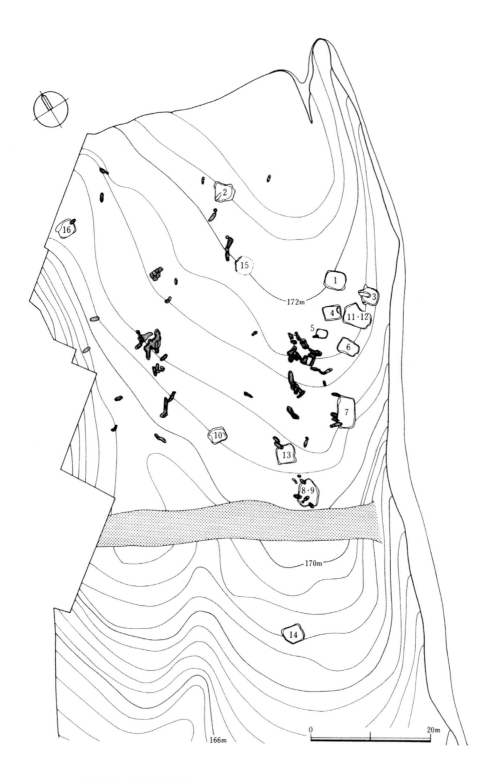

도 97 가고시마현 가쿠리야마의 유구배치도(주 3 문헌 일부 수정)

6·7)이 있다. 그밖에 장축상의 한쪽 끝이 둥근 것(도 98-2)과 돌출부가 있는 것(도 98-5) 등 불규칙적인 것도 일부 있다. 바닥면적은 대(1호, 7호, 8·9호?, 11·12호?)·중(2~4호, 6호, 10호b, 13~16호)·소(5호, 10호a)로 나뉘고 7호주거의 면적은 5호주거의 5~6배에 달한다. 장방형주거는 대형~소형 모두 있지만 말각방형은 중형이 많다.

수혈은 비교적 깊어 얕아도 20cm 전후로 깊은 것은 40cm 전후에 달한다. 벽은 바깥쪽으로 경사지는 경우가 많지만 거의 수직인 경우(6호주거), 안쪽으로 경사지는 경우(5호주거)도 있다. 바닥은 요철이 심하고 덜 다져져 있다. 실내노를 갖춘 주거는 전혀 없다. 10호주거는 벽 쪽에 벽구(壁溝)를 돌리고 2호주거에도 부분적으로 벽구가 있다. 그러나 가쿠리야마에서 벽구가 있는 주거는 일반적이지 않다.

주혈은 소지야마와 마찬가지로 가늘고 얇은 것이 압도적으로 많다. 주기둥과 보조기둥 흔적이 전혀 없는 것(2호·4~7호)과 반대로 매우 많은 것(1호·8호·9호·11~14호)이 다수를 점하는데, 수 개에 지나지 않는 것(3호·10호·16호)도 있어 상부구조가 반드시 일정하지 않았음을 알 수 있다. 다만 벽 쪽에는 간격과 규격이 일정하지 않지만 예외 없이 주혈이 있고 쐐기형으로 비스듬히 있는 것이 압도적으로 많다. 이것이 서까래 흔적임은 이미 설명했다. 서까래 끝을 바닥면 벽 쪽에 두는 것이 일반적인 제작방식인 셈이다. 미야모토 나가지로(宮本長二郎)가 지적한 바와 같이 서까래 끝을 바닥에 박고 빗물이 들어오는 것을 막기 위해서는 지붕을 흙으로 덮어야 한다. 가쿠리야마에서는 흙을 얹은 복옥A식 주거가 주류를 이룬다. 다만 세세한 차이도 있다.

1호주거의 서쪽과 남쪽의 바닥면 벽 쪽에는 20cm 전후의 간격으로 서까래 흔적이 있다. 그런데 반대편인 동쪽과 북쪽 벽에는 주혈 간격이 넓어 확실한 서까래 흔적이 없다. 바닥면 중앙에는 약간 부정형하게 남북 2열로 주혈이 배치되어 있다. 그 가운데 북쪽 모서리-남쪽 모서리의 대각선상에 있는 2개의 주혈(도 98-4, 망처리)[*4]은 다른 것보다 깊다. 이 2개가 주기둥이고 다른 주혈은 보조기둥일 것이다. 바닥의 대각선상에 주기둥을 2개 세워 도리를 올리고 보조기둥을 세워 서까래를 올린 한쪽이 비스듬히 내려오는 상부구조일 것이다. 구배가 약한 쪽의 경사면만을 흙으로 덮고 경사가 급한 부분에는 동물 가죽과 나무껍질을 덮었을 것이다.

7호주거(도 98-1)의 주축은 동북-서남 방향인데 동쪽 장벽의 바닥 벽 쪽에는 20cm 전후의 간격으로 거의 수직으로 세워진 주혈이 나란히 배치되어 있다. 서까래가 박혀 있던 것이 아니라 서까래나 도리를 지탱하는 보조기둥이다. 서쪽 장벽은 폐기

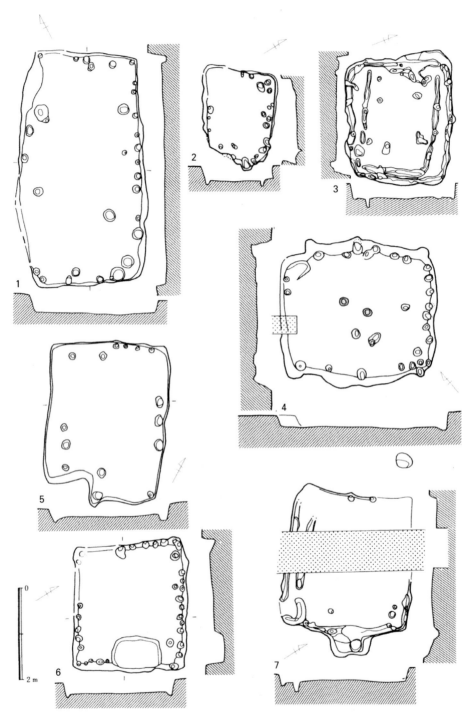

도 98 가고시마현 가쿠리야마의 주거지(주 3 문헌 일부 수정)
1: 7호, 2: 5호, 3: 10호, 4: 1호, 5: 6호, 6: 4호, 7: 2호

후에 만들어진 노혈로 파괴되었는데 보조기둥의 간격이 정연하지 않다. 벽 쪽에서 떨어진 바닥면에는 꽤 대형인 주혈이 있다. 주기둥과 보조기둥 흔적인 것 같다. 상부구조를 알 수 없지만 기둥을 세운 구조임에 틀림없다.

가쿠리야마의 16동 주거 가운데 15동이 복옥A식이다. 검토를 더 진행하면 1호주거처럼 세부 제작방식의 차이를 구별할 수 있는 예가 증가할지 모른다. 그러나 당시의 가쿠리야마 마을을 방문하였다면 무덤처럼 볼록한 집이 줄지어 있는 인상을 받을 것이다. 그중에 단 1동만 규모와 구조가 다른 7호주거가 섞여 있는 점이 주목을 끌 것이다. 지금부터 유구 분포(도 97)를 통해 어떠한 마을 구성을 보여 주는지 관찰해 보자.

유적의 주축, 주축에 대한 주거의 방향, 그리고 주거·노혈 조합이라는 3종류의 요소가 가쿠리야마 마을 구성을 복원하는 실마리가 된다.

가쿠리야마 대지의 주축(도 97)은 동북동–서남서 방향이고 앞서 지적한 주거·노혈도 이와 평행하게 분포한다. 주거의 분포밀도는 주축의 동쪽이 높다. 서쪽에는 주거보다 노혈·함정이 두드러진다. 주축 서쪽은 가쿠리야마 주민의 본거지가 다른 곳에 있을 때 수렵과 식품가공에 이용되었을 것이다. 주축의 서쪽에 있는 주거는 그곳에서 이용한 작은 움막이라고 생각된다.

가쿠리야마 주거의 방향은 유적의 주축을 의식하여 결정된 것 같다. 앞서 지적한 노혈군 주변에 모여 있는 주거 가운데 북쪽 그룹(In군)(도 97)중 5동은 유적 주축에 비스듬히 교차하는 방향으로 축이 일정하다. 단, 1동 4호주거만이 주축에 직교하고 주축 서쪽에 있는 주거와 방향이 같다. 대지 동쪽에 주거가 모여 있는 것 자체가 마을 주민이 바람 부는 쪽과 햇빛이 잘 드는 방향에 세심하게 주의를 기울인 결과인 것이다. 방향이 다른 주거는 기후와 날씨가 달라질 때 이용한 것 즉 이용시기나 계절에 차이가 있을 것이다.

2호·15호주거 사이에는 노혈이 2기 있다. 1동의 주거에 노혈이 1기 딸려 있는 점으로 보아, 마을 내부가 살기 좋은 곳에 노혈을 만드는 가족·좋지 못한 곳에 노혈을 만드는 가족으로 나누어져 있었다는 것을 추측할 수 있다. 주축 동쪽에 모여 있는 주거(I군)도 노혈군을 사이에 두고 북쪽(In군)·남쪽(Is군)으로 나뉘고 노혈군에도 남북으로 밀도차가 있다. I군의 노혈과 주거도 주거 1동·노혈 1기의 조합이 중복된 것으로 두 세대가 한 가족을 구성하는 것이 가쿠리야마 마을의 가족 모습이었다고 생각된다. 단, 두 세대가 늘 함께라면 In군·Is군과 같은 유구 밀도 차이가 발생하지 않는다. 가족 규모는 끊임없이 변화했던 것이다.

가족구성이 불안정하지만 가쿠리야마 마을의 주민은 몇 세대에 걸쳐 공통의 토지 이용 원칙을 유지하고 있었다. 이것이야말로 정주가 이루어지지 않으면 실현될 리 없다. 가쿠리야마 마을은 남큐슈에서 가장 오래된 정주취락인 것이다.

(3) 간토의 초기 정주

이 지역에서는 가나가와(神奈川)현 가츠사카(勝坂)[14] 등 융기선문토기 이전, 오츠카 타츠로(大塚達朗)가 말하는 소원(遡源)기[15][*5]로 소급되는 반지하식 주거가 보고되어 있다. 그중에는 도쿄(東京)도 마에타코치(前田耕地)와 같이 벽 쪽에 하천석을 돌린 예도 있다.[16] 모두 미코시바(御子柴)·조자쿠보(長者久保)계 석기군이 공반된다.

융기선문기에는 가나가와현 하나미야마(花見山),[17] 게이오기주쿠대학 쇼난후지사와캠퍼스II구[18](이하 쇼난후지사와) 등의 예가 있다. 하나미야마는 대부분 삭평되어 확실한 것을 알 수 없다. 여기서는 쇼난후지사와를 소개하도록 하겠다.

II구 유구는 D자에 가까운 부정한 원형을 이루는 주혈열, 그 안쪽의 "도넛상 갈색토의 패인 부분", 경화면 존재, 목탄이 포함된 구덩이(탄화물 집중) 등을 근거로 주거라고 판단되었다. I구에서는 지름 3.3m, III구에서는 지름 5m의 원형 주혈열이 확인된다.[19] 그러나 II구 주혈군을 주거라고 판단한 근거 중의 일부(특히 경화면과 탄화물 집중)가 누락되거나 새로운 시기의 주혈이 혼재되어 있어 초창기 주거로 여겨지지 않는다.

II구에서 확인된 주혈은 모두 12개이다. 평탄면에서 확인된 것은 지름·깊이 모두 40~50cm이고 사면에 있는 것은 얕고 소형이어서 보고자는 주거와 관련없다고 생각하였다. 모두 단면이 쐐기형이다.

평탄면의 주혈열은 남북 6.3m, 동서 6.9m의 D자형(부정원형)을 이루고 안쪽에 폭 0.7~1.2m 전후의 "도넛상 갈색토의 패인 부분"이 있다(도 99, 망처리 부분). 주혈열 안쪽은 바깥쪽보다 단단해 주거의 바닥면이라 봐도 지장 없는 상태이다. 주혈은 50~70cm 간격으로 배치되어 있는데 서남부에 4.5m 정도 열려 있어 보고자는 이 부분을 출입구라고 생각한다(도 99).

대부분의 주혈은 비스듬히 박혀 있는데 출입구 동쪽(남단)의 2개, 그 반대쪽(북쪽)의 2개만은 수직으로 박혀 있다. 한 쌍의 보조기둥에 마룻대를 올리고 서까래를 걸친 구조로 복옥식이 아닌 텐트로 봐야 한다.

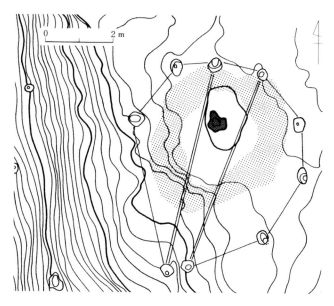

도 99 쇼난후지사와II구의 주거(주 18 문헌 일부 수정)

이러한 예에 주목하는 한, 간토지방에서는 융선문시기에 주거 축조가 정착되기 시작한 것 같은 인상을 받을지 모른다. 그러나 가나가와현 가미노(上野) 제1지점과 제2지점처럼 쇼난후지사와와 하나미야마에 가까운 위치에 있음에도 불구하고, 주거지가 없는 유물집중지점만 확인되는 예가 많다.[20] 또 포스트융선문기의 주거가 융선문기에 비해 증가한다고 잘라 말할 수 없다. 남큐슈의 초창기전엽과 마찬가지로 간토지방의 초창기전엽~중엽을 정주생활이 태동하는 시기로 봐야 한다.

(4) 간토의 성립기 정주

하라다 마사유키(原田昌幸)는 초창기후엽의 연사문(撚絲紋)토기군 시기를 수혈주거 보급의 획기로 본다. 하라다에 의하면 수혈주거의 보급이 현저해지는 것은 이나리다이(稲荷台)기[*6] 이후로 나츠시마(夏島)기 이전의 사례는 극히 적다. 이러한 동태는 다마(多摩)구릉·무사시노(武蔵野)대지 남부에서 시작되어 동칸토와 북칸토로 파급된다고 한다.[21] 시즈오카(静岡)현 와카미야(若宮)와 야마가타(山形)현 하치만바라(八幡原) 등의 예를 고려하면, 이러한 움직임은 도카이(東海)지방에도 확산되므로 그 영향이 도호쿠지방 남부까지 미쳤음을 알 수 있다.

초창기후엽에 들어서 비로소 주거군이 성립한다. 꽤 오래된 데이터이지만 하라

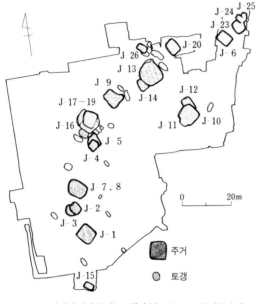

다가 1983년에 가나가와현·도쿄도·지바현·사이타마현을 대상으로 집계한 바에 따르면 연사문토기군 시기의 주거로 보고된 유적은 39개소, 주거 수는 105동에 이르며 한 유적당 2.6동이 된다.[22] 가장 규모가 큰 도쿄 무사시다이에서는 총 24동의 주거가 확인된다.[23] 주거의 재건축 및 개축 흔적이 확인되는 것도 이 시기이다. 모두 토지와 그 주변 자원, 그리고 그곳에 건설된 시설을 반복하여 이용한 결과이다. 간토의 성립기 정주의 모습을 설명하는 자료로 무사시다

도 100 무사시다이의 주거·토갱의 분포(주 23 문헌 일부 수정)

이에서 확인된 유적군을 소개하도록 하겠다.

무사시다이의 주거와 토갱(土坑)은 조사구의 동북 모서리에서 서남 모서리를 향해 호상으로 분포하고 그 범위는 직선거리로 120m에 이른다(도 100). 유구의 장축은 북서–동남 방향이고 주거 입구는 계곡 쪽을 향한다고 생각된다.

주거와 토갱은 중복관계가 꽤 많아, 시설을 같은 장소에 반복적으로 설치하는 경향이 있었다는 점, 토갱이 원칙적으로 주거 옆에 설치되는 성질의 시설이었다는 점을 말해 준다. 24동의 주거 가운데 중복되지 않는 것은 J-1·6·9·15·20·26호의 6동에 지나지 않는다. 토갱은 가장 가까운 주거에서 2~3m 떨어진 곳에 위치하고 이보다 먼 곳에 있는 것은 2호배석토갱과 J-25·100호토갱 3예뿐이다. 조사구 중앙부에 특히 유구가 밀집해 있어 남북 10m, 동서 6m 전후의 범위에 6동의 주거(J-4·5·16~19)와 7기의 토갱(J-47~53)이 확인된다.

불규칙한 형태의 접시모양 구덩이는 그렇다 치고 토갱은 성격상 몇 개로 나눌 수 있다(도 101). 먼저 함정으로 생각되는 벽이 직립하고 깊은 것(J-26·60)(도 101-1)이 있다. 그 외에 평면 부정타원형(도 101-2)·말각장방형(도 101-3·4)·장방형(도 101-5)인 것이 눈에 띈다. 이 중에는 벽 쪽 또는 바닥면에 주혈이 있는 것과 없는 것이 있다.

주혈이 있는 것 특히 소판형(小判形) 또는 장방형인 것(J-86~88·91)은 후술하는 소형 주거와 구별하기 어렵다. 그러나 J-86~88은 모두 길이 2m, 폭 1m 전후로 일반 주거로 보기에 너무 좁다. 매토는 수혈주거와 마찬가지로 흘러들어 온 상태이므로 무덤구덩이일 가능성은 낮다. 후술하듯이 주거와 중복되는 것이 많고 통상적으로 주거 옆에 위치하는 점을 고려하면 단신자용의 주거 또는 저장시설일 가능성이 높다. 저장시설이라면 비상용시설이 구비된 취락이 이 시기에 출현한다는 점에 주목하고 싶다.

무사시다이의 주거 규모는 크게 대·중·소 3종류로 나누어지고 각각 평면형태와 구조가 다른데, 이를 설명하기 전에 전체적으로 공통되는 특징을 지적해 두고자 한다. 무사시다이 주거에는

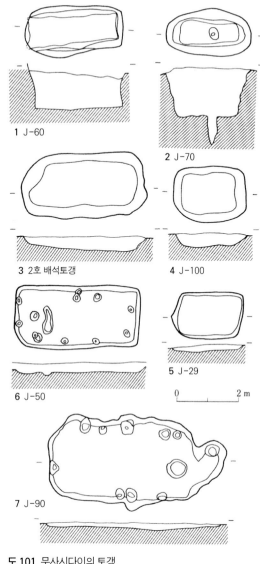

1 J-60

2 J-70

3 2호 배석토갱

4 J-100

5 J-29

6 J-50

7 J-90

0   2 m

도 101 무사시다이의 토갱

① 앞서 소개한 가고시마현 가쿠리야마와 마찬가지로 복옥식구조가 주류를 이루는 것 같다,[24]

② J-1호주거(도 104-1)에 부분적인 벽구가 확인되지만 그 외에는 없다,

③ 바닥면에는 매우 많은 주혈이 남아 있는 경우가 많다,

④ 주혈은 하단의 지름이 상단의 지름보다 작고 원추형에 가까운 것이 압도적으로 많으며 게다가 지름 20cm 이하인 것이 압도적 다수를 점한다

등이 공통되는데 실제로는 이 특징들이 무사시다이에만 한정되지 않고 넓게는 간토지

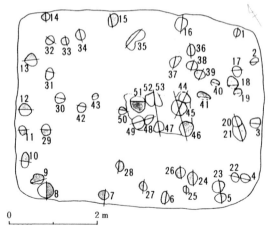

도 102 무사시다이 J-6주거의 기둥구멍(주 23 문헌에서)

방의 초창기후엽부터 조기전엽에 걸친 정주성립기 주거에서도 확인되어 이 시기 주거의 특징을 파악하는 실마리가 된다.

벽구가 배수를 위한 시설이 아니라 장두리널[腰羽目][*7] 또는 요판(腰板)[*8]과 같은 시설의 흔적이라면 복옥식의 상부구조와 관련지을 수 없으므로, 대다수의 주거에 벽구가 없는 것은 그다지 이상한 일이 아니다. 오히려 J-1호주거처럼 부분적이라도 벽구가 있는 예가 이 시기에 복옥식이 아닌 구조의 주거도 있었음을 시사한다는 점에서 주목할 필요가 있다.

도다 테츠야(戸田哲也)는 이 시기의 주거가 다수의 주혈을 갖춘 대형과 주혈 수가 극히 적은 소형으로 나뉘어지고 양자가 한 취락에 공존한다고 생각하였다.[25] 뒤에 다시 이야기하겠지만 이 시기 주거에 대소의 구별이 있었던 것은 확실하다. 그러나 주혈 수 자체가 주거형식을 구별하는 근거가 되는지, 바꾸어 말해 주혈 수가 주거 구조를 반영하는지에 대해서는 검토의 여지가 있다.

무사시다이의 J-6호주거를 예로 들어 검토해 보자. 이 주거에는 총 53개의 주혈이 확인되는데 특히 동반부에 주혈이 밀집하여 기둥배치를 파악하기 어렵다(도 102). 이 주혈들의 깊이는 꽤 다양해 가장 깊은 것은 49.5cm, 얕은 것은 4.7cm에 지나지 않아 평균하면 25.4cm가 된다. 평균치를 기준으로 깊이가 20cm를 넘는 주혈만을 찾아보면 벽 쪽에 있는 주혈은 모두 20cm 이상이고 바닥면 중앙에 있는 주혈은 대다수가 20cm 이하임을 알 수 있다(도 104-4).

도쿄텐몬다이(東京天文台) 3호주거(도 103)도 주혈이 극단적으로 많은 예 중의 하나이다. 여기서 확인되는 주혈이 모두 동시에 세워진 것이라면 이곳에서 자고 일어나는 일은 불가능할 것 같다. 이마무라 케이지(今村啓爾)는 이 주거의 주혈이 약 2~5개가 한 조를 이루고 이 주혈군이 정방형 배치를 나타난다고 지적하고, 주거가 장기간에 걸쳐 유지되고 거듭 보수된 결과 바닥에 다수의 주혈이 남았다고 해석하였다.[26]

아마 무사시다이 J-6호주거의 바닥에 있는 주혈도 상부하중을 바로 받치는 구조재가 아니라 서까래의 보조기둥으로 초창기후엽~전기전엽의 예들처럼 주거를 보수할 때 추가된 것이 섞인 것이라고 봐야 한다. 그렇다면 도다가 지적하는 주혈이 많은 주거·적은 주거의 구별은 반드시 주거 구조와 관계없고 보수를 거듭하느냐 마느냐의 차이를 반영하는 것이 된다. 다만 전기 이후에는 이렇게 기둥을 몇 회에 걸쳐

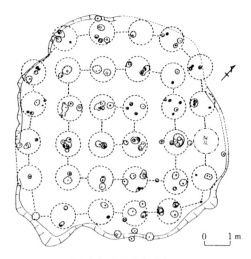

도 103 도쿄텐몬다이 3호주거의 배치도(주 26 문헌에서)

교체하는 예가 사라진다. 왜 이 시기에 빈번하게 기둥을 교체했던 것일까?

다시 도쿄텐몬다이 3호주거의 조사결과를 참조해 보자. 이 주거의 기둥 지름은 5~22cm 범위에 산재하는데 대체로 7~10cm 범위에 포함된다고 한다. 주혈 형태는 세장한 역원추형이다. 깊어서 굴착양상을 확인할 수 없는 주혈이 6개 있다. 사사 타카시(佐々孝)는 기둥과 동일한 크기의 주혈에 끼운 것이라고 추정하였다.[27] 이렇게 삽입한 기둥[挿込柱]도 있었음에 틀림없다. 그러나 이 주거의 기둥이 가늘고 주혈이 세장한 역원추형이 많다는 점을 주목할 필요가 있다. 주혈 주위의 롬(loam)이 탈색되어 있는 점도 놓칠 수 없다. 기둥을 박을 때 생기는 마찰열에 의해 주위의 롬이 탈색되었을 것이다.[28]

박아 넣은 기둥[打込柱]이라 두꺼운 재료를 사용할 수 없어 앞을 뾰족하게 만든 가는 나무를 이용하므로 주혈도 역원추형이 된다. 그렇게 보면 이러한 특징을 공유하는 초창기후엽~조기전엽의 주거에서는 도쿄텐몬다이 3호주거와 마찬가지로 박은 기둥이 주류를 이루었다고 봐야 한다. 박아 넣은 가는 기둥은 무게가 더해지면 견디는 힘이 약해지고 게다가 썩기 쉽다. 이 시기 주거에서 기둥을 빈번하게 교체한 것은 굴립주보다도 박아 넣는 기둥이 주류를 이루었기 때문임이 분명하다.

도쿄텐몬다이 3호주거의 주혈 깊이는 11cm·45cm·60cm 전후에 집중하고 평균 42cm로 벽 주변에 있는 주혈은 평균을 밑도는 것이 많으며[29] 이 주혈들은 모두 내경한다고 한다.[30] 반면 무사시다이 J-6호주거에서는 평균을 상회하는 깊이의 주혈이 벽 주위에 집중해 있고 모두 수직으로 세워져 있다. 양자를 비교하면 초창기후엽~조기전

엽의 주거에는

    a. 벽에서 떨어진 위치에 주기둥을 박고 벽면이나 벽 쪽에 서까래 끝을 박는 것,

    b. 벽 쪽에 주기둥, 바닥에 보조기둥을 배치하는 것,

2종류의 구조가 있었음을 알 수 있다. a를 주기둥구조[主柱構造], b를 벽기둥구조[壁柱構造]로 부르기로 한다. 다만 이 시기에 주거형식이 2종류만 있는 건 아니다. 다시 무사시다이 주거군을 예로 들어 그러한 양상을 관찰해 보자.

    무사시다이의 주거는 플랜·규모·구조에 따라 나아가서 바닥중앙의 구덩이 유무에 따라 세분할 수 있다.

    주거 규모는 대·중·소 3종류로 나뉘고 각각 한 변의 길이가 6m 이상·6~4m·4m 이하이다. 평면은 부정형한 제형[臺形]인 한 예(J-9호주거, 도 104-5)를 제외하면 말각방형 또는 말각장방형이다. 그리고 대형은 예외 없이 평면형태가 말각방형이고 소형도 예외 없이 말각장방형이다. 중형 특히 한 변 5m인 주거는 말각방형·말각장방형이 섞여 있다.

    J-10호주거는 말각방형의 대형주거이다(도 104-2). 이 주거의 바닥면에서는 꽤 많은 주혈이 확인되는데 모두 평균 이하의 깊이로, 평균을 상회하는 깊이의 주혈은 벽 주위에 집중한다. 앞의 구별에 따르면 벽주구조의 주거이다. 마찬가지로 방형의 대형주거에도 J-1호주거(도 104-1)처럼 벽 주변에는 주혈이 거의 없고 벽에서 약간 떨어진 위치에 주기둥으로 생각되는 수직의 주혈이 배치되어 있는 예, 즉 주기둥구조의 주거도 있다. 중형·소형주거에도 두 가지 구조가 있다.

    대형주거의 바닥면 중앙에는 방형 구덩이가 있고 여기에는 말뚝흔적 또는 주혈이 있다(도 104-1·2). 그 주위의 바닥이 다져져 있는 경우가 많은데 예외(도 104-5)도 있다. 앞서 설명한 회상노(灰床爐)이다. 회상노는 예외 없이 대형주거에서 확인되고 중형주거에서 확인되는 경우도 있다(도 104-3·4). 그러나 소형주거에는 없다.

    무사시다이의 주거군은 간토지방의 정주성립기 주거의 특징을 대표한다. 굴립주 기법이 발달하지 않았고 앞을 뾰족하게 만든 가는 기둥재료를 이용한다. 그 결과 기둥 교체가 빈번하게 이루어지고 보와 도리를 지지하는 보조기둥도 필요해지며 주혈 수가 극단적으로 많아진다. 평면은 말각방형 또는 말각장방형이 주류를 이룬다. 한 변의 길이가 6m를 넘는 대형주거는 말각방형이고 회상노가 설치된다. 한편 장변 길이가 4m 이하인 소형주거는 말각장방형이 주류를 이루고 회상노가 없다. 중형주거는 대형과

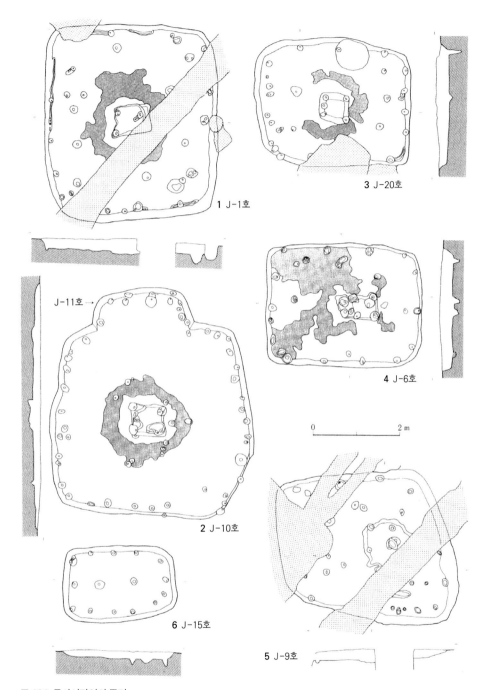

1 J-1호

3 J-20호

J-11호 →

4 J-6호

2 J-10호

0   2 m

6 J-15호

5 J-9호

도 104 무사시다이의 주거

소형주거의 특징이 섞여 있다.

단, 이와 다른 특징을 보여 주는 예도 있다. 예를 들어 도쿄도 하네사와다이(羽根澤
台)처럼 평면 원형인 것도 있다.[31] 또 도쿄도 나루세니시(成瀬西) 2호주거, 5호주거 또
는 도쿄텐몬다이 3호주거처럼 대형의 말각방형 주거에서도 구덩이를 파서 만든[*9] 회
상노가 없는 경우도 있다. 모두 바닥중앙에 방형으로 배치된 주혈 또는 말뚝 흔적이 있
다. 조합된 판재를 네 모서리에서 고정한 구덩이를 파지 않은 회상노를 상정하면 좋을
것이다. 한편 도쿄 다마뉴타운 No.145유적과 같이 말각장방형의 소형주거에 지상노
가 갖추어져 있는 경우도 있다.[32]

반지하식(수혈) 주거는 일본열도 선사시대 정주생활의 중요한 요소 중의 하나이
다. 앞서 지적한 소위 예외적인 사례는 정주성립기의 간토지방에서 이미 수혈주거에
다양성이 발생했음을 말해 준다.

(5) 정주성립기의 자원이용

이제 정주성립기의 자원이용 양상을 실마리로 하여 정주가 어떠한 조건하에서 실
현되었는지 설명하고자 한다. 그러나 여기서 이용할 수 있는 설명수단은 한정되어 있
다. 지금까지 소개해 온 초창기전엽·후엽에 해당하는 유적의 석기 조성을 비교해 보
자(표 43).

융기선문기의 쇼난후지사와·하나미다이·쓰키미노카미노(月見野上野) 제3지점
의 석기 조성은 목엽형첨두기·유설첨두기(有舌尖頭器)의 비율이 매우 높다. 스크레이
퍼류도 무사시다이, 도쿄텐몬다이, 나루세니시 등 연사문기의 유적에 비하면 다량으로
출토된다. 융기선문기의 석기 조성에서는 수렵과 포획물의 해체처리에 이용하는 도구
가 높은 비율을 점한다. 연사문기에는 목엽형·유설첨두기도 적지만 확인되고 석촉이
압도적으로 많아 수렵 도구가 창[手槍·投槍]에서 활로 전환되었음을 보여 준다.

석촉의 출토량에는 꽤 편차가 있다. 무사시다이에서는 다량으로 출토되지만 나루
세니시에서는 소량, 도쿄텐몬다이에서는 전혀 출토되지 않는다(표 43). 도쿄텐몬다이·
나루세니시에서는 주거지 매토를 체로 걸러 선별하지 않았기 때문에 누락된 것이 있
을 수도 있다. 그러나 같은 무사시다이의 주거라도 석촉 출토량은 꽤 제각각이다. 석촉
생산과 폐기가 수렵 시즌에 활발해지고 그 이외의 시기에 저조해진다면[33] 무사시다이
의 주민은 수렵 시즌에도 그 이외의 시즌에도 이 토지를 이용하였던 것이 된다. 연중

표 43 융기선문기·연사문기의 석기 조성 비율

유적·유구		박편석기					역핵석기						
		목엽형첨두기	유설첨두기	석촉	스크레이퍼	기타	고석	타제석부	마제석부	지석	역기	마석	석명
무사시다이	J-1호	1		39	2	1	6	1	3	8	10	16	3
	J-2호			7	2		3	2		3		10	3
	J-3호			1							2		
	J-4호	1		22	5	3	4	7	4	7	4	6	1
	J-5호			11	2	1	2	5		4	5	5	3
	J-6호	1	1	5	2		3		3	2	10	12	2
	J-7·8호			18	5		4		3	5	9	16	1
	J-9호	1		18	4		1	2	2	3	8	9	1
	J-10호			13				1	1	2	9	14	1
	J-11호	1							3		3		
	J-12호	1		2				1		1	2	4	
	J-13호			31	11			2	6	5	12	20	3
	J-14호				2			1		1		2	
	J-15호			1				2		2	1	3	
	J-16호						1					1	
	J-17~19호			9	3		4	2	2		4	5	5
	J-20호			16	1	1	2	3	2	4	9	6	2
	J-23호	1		4	1	1	3	3		4	6	5	1
	J-24호			1					3			1	
	J-25호								2		2	2	
	J-26호			2			2	1	2		2	2	
	소계	7	1	200	40	7	35	33	36	51	98	139	27
도쿄텐몬다이	1·2호					1	1				1	7	
	3호				2		1	1			12	31	7
	소계				2	1	2	1			13	38	7
나루세니시	1호				1				1		6	4	
	2호	1		2							1	2	
	3호							1			1	5	
	4호						1					2	
	5호		1	2							6	3	
	소계	1	1	4	1		1	1	1		14	16	
쇼난후지사와	Ⅰ구 pits	4	6		5			2			1		
	A	6	15		17	3					2		
	B		2								1	1	
	C		4										
	D										1		
	소계	10	27		22	3		2			5	1	
	Ⅱ구 주거		1					2				1	
	A	1	2		2		1	3				3	
	C						1				2		
	소계	1	3		2		2	5			2	4	
	Ⅲ구 B	2	2		5		1				1		
	C				2							1	
	D	5	6		5								
	E	3	1		4								
	소계	10	9		16		1				1	1	
	합계	21	39		40	3	3	7			8	6	
하나미야마		31	54	19	149	62		8			14		
쓰키미노카미노 Loc.2		3	1	1	6	4		5					

유지되는 취락이 성립될 가능성을 부정할 수 없다.

　마석·석명은 연사문기의 석기조성 중에서 현저한 요소이다. 마석은 쇼난후지사와에서 출토되나 하나미야마·쓰키미노카미노에서는 보이지 않고, 석명은 세 유적에서 모두 출토되지 않는다. 마석·석명은 식물성 식료를 처리하는 도구이다. 연사문기의 역기(礫器) 중에서는 스탬프형석기 비율이 매우 높다. 이 석기도 어떤 형태로든 식물성 자원 이용과 관련될 가능성이 높다.[34] 융기선문기에도 타제·국부마제석부가 출토되기 때문에 목재로 식물을 이용하였음을 추측할 수 있다. 그러나 연사문기에 비하면 식물성 자원 이용범위가 한정되어 있고, 특히 식물성 식료 비율이 매우 낮았음에 틀림없다. 식물성 식료 이용이 성행한 것은 연사문기 이후의 일이라고 생각된다.

　토기의 대량소비와 대형화가 식물성 식료 이용의 전제임에 틀림없다. 대량소비를 뒷받침하는 적당한 데이터를 제시할 수 없지만, 연사문기 특히 이나리다이식 이후가 되면 토기 출토량이 초창기전엽·중엽과는 비교되지 않을 정도로 증가한다는 사실은 잘 알려져 있다.

　하나미야마와 가나가와현 나츠시마[35]의 토기 구경(口徑)을 비교해 보자(표 44). 하나미야마 토기의 70% 전반대가 구경 10~20cm 범위에 해당한다. 나츠시마의 이구사(井草)기 토기는 수량이 적지만 하나미야마보다는 구경이 커진다. 나츠시마기가 되면 구경 20~30cm인 것이 70% 전반대를 점하고 35cm를 넘는 것도 출현하며 하나미야마보다 확실하게 대형화된다. 나츠시마기의 토기용량이 하나미야마의 2배는 될 것이다. 소비량과 더불어 토기용량도 증대한다.

　초창기후엽~조기전엽의 간토지방에는 상록활엽수림의 분포가 한정되어 있고 오히려 졸참나무·상수리나무·떡갈나무와 같은 낙엽활엽수림이 탁월하였다. 식물성 식료 중에서 낙엽활엽수의 견과류 비중이 높았음이 분명한데 탄닌을 제거하지 않으면 식료로 이용할 수 없다. 위에서 지적한 토기소비량의 증가와 대

표 44　융선문기·연사문기의 토기 구경 비교(주 17, 35 문헌에서)

구경 (cm)	하나미야마	나츠시마		
		이구사	나츠시마	이나리다이
~5	1(1.8)			
5~10	9(16.4)		1(0.5)	2(7.4)
10~15	22(40.0)	1(4.2)	11(5.5)	3(11.1)
15~20	16(29.1)	13(54.2)	33(16.6)	7(25.9)
20~25	4(7.3)	3(12.5)	73(36.7)	9(33.3)
25~30	3(5.5)	3(12.5)	61(30.7)	2(7.4)
30~35		4(16.7)	18(9.0)	2(7.4)
35~40			2(1.0)	2(7.4)
합계	55(100.1)	24(100.1)	199(100.0)	27(99.9)

형화는 이 사실과 관련하여 이해해야 한다. 가능한 한 다량의 견과류를 단기간에 탄닌을 제거하기 위해 대형 토기가 대량으로 필요했다. 단순한 조리가 아니라 저장을 전제로 하는 가공처리를 고려해야 한다. 일찍이 오카모토 아키로(岡本明郎)가 지적한 바와 같이[36] 토기는 패류의 대량처리에도 이용되었다.

조몬해진이 진행되면서 일본열도 연안부에 익곡(溺谷)이 형성된다. 간토지방에는 도네가와(利根川) 강, 아라카와(荒川)강, 다마가와(多摩川) 강 등 대규모 하천이 형성된다. 다른 지방에 비해 익곡의 매적(埋積)—어로에 적합한 천해역의 형성—이 급속도로 진행되었음에 틀림없다. 패총 출현은 천해역에서의 수산자원 이용의 결과이다. 구체적인 내용을 방증하는 자료는 아직 불충분하지만 낚싯바늘과 석추 등의 등장은 어로가 독립된 생업활동의 한 분야로 확립되기 시작했음을 말해 준다.

다양한 자원을 이용하는 다양한 생업의 전개, 이것이 간토지역 주변에서 다른 지역보다 먼저 정주가 성립하는 이유의 하나임에 분명하다. 그러나 일본열도의 자연환경하에서는 식료 결핍기를 넘기는 수단(=저장)이 없다면 정주가 성립되지 않는다. 간토지역 주변의 정주성립기는 동시에 저장성립기이기도 하다는 사실을 확인해 둘 필요가 있다.

(6) 북일본의 보급기 정주

도쿄도 무사시다이를 중심으로 간토지방에서는 초창기후엽~조기전엽에 수혈주거가 보급된다고 설명하였다. 시즈오카현 와카미야와 나가노현 오미야노모리우라(お宮の森裏) 등의 예는 도카이지방 동부·주부고지에서도 거의 동시기에 같은 움직임이 나타남을 말해 준다. 인접지역에서는 언제 어떠한 움직임이 나타날까?

혼슈 서남부에서는 미에(三重)현 오하나(大鼻), 나라(奈良)현 오코(大川) 등에서 수혈주거가 발견된다.[37] 그러나 아직 유례가 적어 전체 상황을 설명하기 어렵다. 북일본(홋카이도·도호쿠)도 자료가 충분하진 않지만 대략적인 양상을 파악할 수 있다. 북일본에서 수혈주거가 보급되는 시기의 상황을 살펴보자.

혼슈 서남부보다 많다고 해도 간토지방에 비하면 이 지역에서 발견되는 보급기의 취락 분포 밀도는 극히 낮다. 넓은 지역의 여기저기서 한정된 수의 사례가 발견될 뿐이다. 거의 동시기에 수혈주거가 보급되기 시작한 것은 분명하지만 지역 전체의 공통성 또는 지역적 특징을 상세하게 파악한 단계에까지는 이르지 못했다. 어느 정도 데이터가 보고되어 있는 유적을 소개하면서 설명하겠다.

야마가타현 닛코(日向)동굴 서지구에서 길이 4.5m, 폭 2.5m의 타원형 수혈주거(?)가 확인되었다.[38] 명확한 주혈과 실내노는 확인되지 않았다. 융기선문기로 소급될 가능성도 있지만 보고서가 간행되지 않아 단언할 수 없다. 또 이와테현 바바노(馬場野)[39]에서는 길이 1.9m, 폭 1.6m의 부정타원형의 수혈주거(?)가 확인되었다. 그러나 이 예들만으로 도호쿠지방의 초창기전엽~중엽의 수혈주거 양상을 파악하기 어렵고 분포경향조차 아직 확실하지 않다. 이 지역에서도 초기 정주의 흔적이 확인된다는 사실만 지적해 둔다.[40]

야마가타현 하치만바라(八幡原)[41]에서는 연사문토기가 공반되는 주거가 2동, 후쿠시마(福島)현 이와시타무카이(岩下向)A[42]에서는 박수평저(薄手平底)의 무문토기가 공반되는 주거가 1동 확인된다. 박수평저의 무문토기 연대는 아직 확정되지 않았는데 대략적으로 간토지방의 히라사카(平坂)식[*10]·하나와다이(花輪台)II식[*11]에 병행한다고 봐도 지장 없다. 남칸토의 연사문토기 또는 이를 뒤잇는 시기에 도호쿠지방 남부에서도 수혈주거가 채용되기 시작했음이 분명하다. 그러나 현재 그 범위와 시기를 정확하게 파악하기 어렵다.

조기전엽의 히바카리(日計)식[*12] 시기가 되면 도호쿠 남부에서 홋카이도 남부[오시마(渡島)반도]에 걸쳐 일제히 수혈주거가 출현한다. 현재 자료로 보는 한, 도호쿠·홋카이도지역에서 수혈주거가 본격적으로 보급되는 것은 남칸토지방보다 한발 늦은 압형문(押型紋)토기 시기에 들어서일 것이다. 조기전엽의 히바카리식에서 중엽의 침선패각문토기군까지의 기간을 도호쿠·홋카이도의 수혈주거 보급기로 하고, 전반(히바카리기)·후반(침선패각문토기군기)으로 구분한다.

전반기의 양상

이 시기에 복수 주거가 발견된 곳은 현재 미야기현 마츠다(松田),[43] 이와테현 다이신쵸(大新町),[44] 쇼가하타(庄ヶ畑)A,[45] 아오모리현 미타테야마(見立山),[46] 홋카이도 갓쿠미(川汲)[47]의 5개소에 지나지 않는다. 그러나 후쿠시마현 다케노우치(竹ノ內),[48] 이와테현 아스카대지(飛鳥臺地)I,[49] 아오모리현 우리바(賣場),[50] 홋카이도 나카노(中野)[51] 등에서도 동시기의 수혈주거가 확인된다. 이와테현 바바노에서는 히바카리기로 판단되는 수혈주거도 2동(모두 주혈·화덕이 없다)이 보고되었는데 시기가 약간 명확하지 않다.

어떻든 히바카리기로 시작되는 조기전엽에는 도호쿠 일원부터 홋카이도 남부에 이르는 지역에서 수혈주거가 보급되기 시작하였다고 봐도 좋다. 이상의 데이터를 통해 분포 경향을 파악할 수 없지만 도호쿠 북부(특히 이와테·아오모리)의 발견 예가 많은 점이 주목된다.

압형문토기가 공반되는 주거 가운데 후쿠시마현 다케노우치에서는 산형압형문이 공반된다.[52] 그러나 이것은 오히려 예외적인 것으로 히바카리식이 압도적으로 많은 비율을 차지한다. 히바카리식을 2~3형식으로 구분할 수 있고 몇몇 안이 제기되었지만[53] 확실한 층서에 따른 증거가 없어 의견이 일치되지 못하고 있다.

아래에 도호쿠·홋카이도의 데이터 가운데 복수의 주거가 확인되는 것을 선별하여 소개한다.

야마가타현 하치만바라유적

유적은 구하도를 따라 완사면에 위치하는데 상세한 지형 및 입지를 알 수 없다(도 105). 조기중엽을 중심으로 하는 취락으로 미토(三戶)병행기[*13]와 다도카소(田戶下層)병행기[*14]가 각각 1동, 다도조소(田戶上層)병행기가 11동, 쓰키노키조소(槻木上層)기[*15]가 1동 확인된다. 히바카리기의 주거는 1동(ST19)뿐이나, 연사문토기(도 106-1~5)와 무문토기(도 106-6~15)[54]가 공반하는 주거(ST5, ST11)는 도호쿠·홋카이도에서도 매우

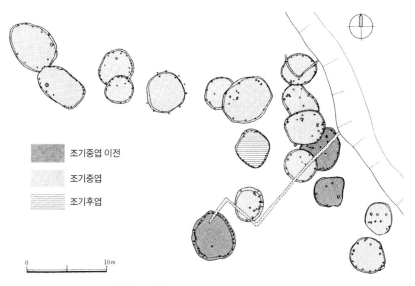

조기중엽 이전

조기중엽

조기후엽

0   10m

도 105 야마가타현 하치만바라 주거의 분포(주 41 문헌 일부 수정)

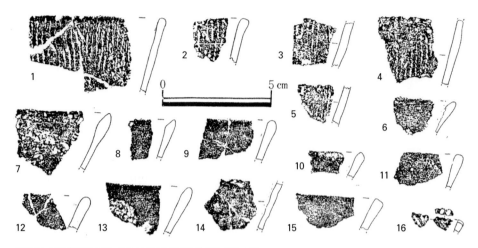

도 106 하치만바라 ST5·ST11 출토 토기(주 41 문헌 일부 수정)

드문 사례이므로 함께 소개해 둔다.

연사문기의 주거 평면은 곡선이 강한 달걀형으로 장축 5.5∼6m, 단축 5m 전후이다. 주혈은 바닥중앙에 없고 벽면에 집중한다. 지름은 모두 10cm 이하로 120도 전후의 경사로 내경한다. 서까래가 박힌 흔적이다. 상부구조는 복옥A식일 것이다.

ST5(도 107-1)의 동쪽과 서쪽의 서까래는 거의 등간격으로 박혀 있지만 남쪽에는 간격이 약간 넓다. 남쪽에 입구를 설치한 비스듬한 타원추형의 상부로 상정할 수 있다. ST11(도 107-2)은 서까래 간격도 넓고 위치도 꽤 정연하지 못하지만 상부형태는 역시 비스듬한 타원추형일 것이다.

이 두 주거가 도호쿠지방 남부 연사문기 주거의 특징을 대표하는지를 판단하기 어렵다. 그러나 그 구조가 간토지방의 연사문토기 시기의 주거와 공통되는 한편, 세부적으로 독자적 특징을 가지고 있음을 무시할 수 없다. 어느 정도 지역적 특징이 표출되기 시작했다고 봐야 한다.

이 주거들의 상부구조는 모두 서까래가 수혈 안에 있는 복옥A식으로 서까래가 가는 것도 간토지방의 예들과 일치한다. 한편 하치만바라에서는 대형의 방형주거가 보이지 않고 ST5와 ST11의 규모는 간토지방 연사문기의 중형∼소형주거에 해당한다(단, 히바카리기의 것보다 대형임을 주의해야 한다).

대형주거가 없다는 점이 우연이 아니라면 간토지방과 도호쿠지방 남부에서는 주거집단—나아가서 취락—의 구성과 계절에 따른 거주형태 변화에도 차이가 있었을지

도 모른다. ST5에 지상노가 있다는 점도 주목
할 만하다. 간토지방에서 이 정도 규모의 주
거 상부형태는 모임지붕[四柱] 또는 우진각지
붕으로 비스듬한 타원추형은 보이지 않는다.

히바카리기의 ST19(도 107-3)는 주립(柱
立)구조인 점이 주목을 끈다. 장축이 4m가
되지 않는 말각제형(보고서에는 방형)으로 장
축·단축상의 벽 쪽에 각각 2개의 기둥이 배
치되어 있다. 주혈 지름은 20~30cm로 연사
문기 주거의 서까래 흔적보다 상당히 두텁다.
이 주거의 특징은 지상노로, 바닥중앙에서 약
간 단벽 쪽으로 치우친 곳의 북쪽 기둥열 위
에 있다.

미야기현 마츠다유적

시로이시가와(白石川) 강을 따라 형성된
소규모 선상지의 선단부에 해당하는 완사면
에 위치한다. 1971년과 1981년에 조사되어
수혈주거 3동이 확인되었다. 1971년 조사를
1차, 1981년 조사를 2차라고 하고 확인된 수
혈주거를 각각 1차 1호, 2차 1호·2호로 부른
다. 2차조사에서 수혈상 유구가 3기 확인되
었지만 주거로 추정할 수 없어 여기서는 생
략한다.

1차 1호는 말각장방형(도 108-1)으로 추
정되고, 2차 1호(도 108-2)·2호(도 108-3)는

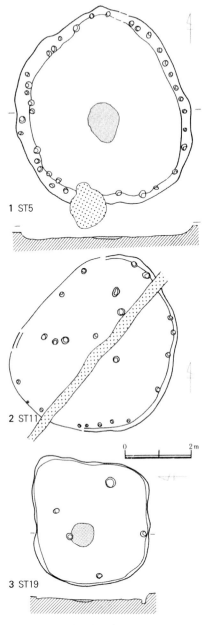

도 107 하치만바라의 주거(주 41 문헌 일부 수정)

말각방형이다. 2차 1호·2호에는 주혈이 전혀 없다. 그러나 1호 바닥에서 1차 1호와 마
찬가지로 석명이 출토되었다. 또 2차 2호의 서벽 쪽에는 소토가 퇴적되었고 인근에 목
탄이 산재해 있다. 보고서에는 노지가 아니라고 하지만 불 피운 흔적이다. 따라서 2차

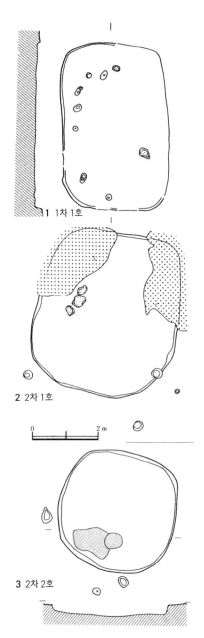

1 1차 1호

2 2차 1호

3 2차 2호

도 108 미야기현 마츠다의 주거(주 43 土崎·菊地 문헌 일부 수정)

1호는 수혈주거로 봐도 무방하고 2차 2호도 수혈주거임이 분명하다. 양자 모두 수혈 밖에 주혈이 산재한다. 수혈 밖에 보조기둥 또는 서까래가 걸쳐 있던 구조로 상정할 수 있다.

1차 1호는 서쪽 벽에서 약간 떨어진 위치에 주혈열이 확인되는데 서벽과 평행하지 않고 호상을 이룬다. 동벽을 따라 바닥에는 이에 대응하는 주혈열 또는 보조기둥이 보이지 않는다. 보고서에 주혈 단면 형태가 기술되지 않았지만 평면형으로 추측하면 끝이 뾰족한 것 같다. 그렇다면 호상 배열이라는 점과 더불어 서까래일 가능성이 높다. 동벽 밖에 보조기둥 또는 서까래가 걸쳐 있었다고 할 수 있다.

1차 1호는 장축 4.75m, 단축 3.2m, 2차 1호는 장축 4.8m, 단축 4.4m로 다음에 소개하는 다이신쵸, 쇼가하타A보다 규모가 약간 크다. 2차 2호의 규모(한 변 3.5m)는 다이신쵸, 쇼가하타A와 거의 같다. 그러나 모두 남칸토 연사문기 말각방형 주거의 규모에 비하면 상당히 작아 장방형의 소형주거 정도의 규모이다.

이와테현 다이신쵸유적

모리오카(盛岡)시 북서부 시즈쿠이시가와(雫石川) 강을 따라 형성된 저위단구의 완사면에 위치한다. 모리오카시교육위원회의 계속적인 조사로 이전부터 히바카리기의 유물이 확인되었고 1986년에는 조형문(爪形紋)토기도 출토되었다.

확인된 수혈주거는 3동이다. 완사면의 등고선을 따라 거의 직선적으로 배열되어 있다. 말각제형이 2동(RA6506, RA6507), 부정원형이 1동(RA6508)이다. RA6507의 단벽은 매우 둥글다. 규모는 모두 작아 말각제형이 장축 3.5m, 단축 2.5m 전후, 말각방형은 3~3.5m 전후이다. 주혈은 모두 가늘고(15~20cm) 얕다 (5~25cm). 모두 앞이 뾰족해 두드려 박은 것으로 생각된다.

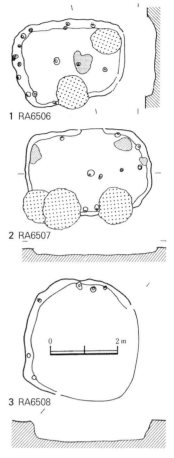

1 RA6506

2 RA6507

3 RA6508

도 109 이와테현 다이신쵸의 주거(주 44 문헌 일부 수정)

RA6506(도 109-1)과 RA6507(도 109-2)은 바닥중앙의 장축부분에 해당하는 곳에 주혈이 3~4개 있다. 모두 앞이 뾰족하고 두드려 박은 보조기둥의 흔적일 것이다. RA6508(도 109-3)에는 이러한 보조기둥이 없다. RA6506[*16]과 RA6507 바닥에 소토가 산재되어 있지만 화덕이 아니라고 한다.

RA6506의 서까래는 북쪽에 집중하고 동서 양 벽에 드문드문 있으며 남쪽의 양상은 불분명하다. 서까래의 보조기둥 흔적은 보이지 않는다. RA6507의 서벽 쪽에는 수직으로 박힌 주혈이 3개 있다. 동벽 중앙의 벽 쪽에는 내경하는 박힌 주혈이 2개 남아 있다. RA6508의 동남벽 중앙 벽 쪽에는 15~20cm 간격으로 서까래 흔적이 3개 확인된다. 동북벽면에도 동일한 주혈이 3개 있는데 간격이 넓고 배치도 불규칙하다. 서북쪽과 서남쪽의 기둥배치는 불분명하다.

상부구조는 모두 복옥A식이나 세부형태는 3동 모두 다르다. RA6506은 서까래 배치가 정연하지 않지만 상부가 우진각지붕의 범주에 포함될 것이다. RA6507은 동벽 쪽에 서까래를 걸쳐 서쪽의 보조기둥 위에 횡목(橫木)을 걸쳐 서까래를 받치는 한쪽으로 비스듬한 구조일 것이다. 다만 남북 양쪽이 뚫려 있는 점이 다소 걱정된다. RA6508은 1/3 가까이 파괴되어 상부를 추정하기 곤란하다. 파괴된 부분의 기둥배치가 남아 있는 부분과 같다면 모임지붕으로 볼 수 있다.

이와테현 쇼가하타A유적

모리오카시 동북쪽 구릉지의 소규모 단애성 선상지 상에 위치한다. 조사구 북단에서 조기중엽의 주거 1동, 남쪽에 치우친 부분에서는 전기초두의 주거 2동이 확인되었다. 조기전엽의 유구(도 110)는 조사구 중앙에서 약간 북쪽에 치우친 곳에 집중하고 수혈주거 6동·수혈상유구 1기(여기에서 주거로 취급한다)·토갱 6기가 확인되었다. 평탄면 위(4동)와 약간 내려온 완사면(3동)에 주거가 2열로 배치되며 그 사이에 토갱이 분포한다.

주거에서 출토된 토기는 다소 연대차가 확인된다. RA009에서 출토된 토기(도 111-15·16)는 모두 무문이다. 이 주거가 가장 빨라 무문토기 시기까지 소급될 가능성이 있다. 히바카리형 압형문에도 연대차가 있는데 RA007(도 111-1~3), RA002(도 111-4~7)에서 출토되는 것이 RA006에서 출토되는 것(도 111-9~14)보다 이를 것이다.

평면은 크게 말각방형(RA007·RA008)과 말각제형(RA002·RA003·RA006·RA009?·RA001)으로 나뉜다. 후자는 높이(장축)와 아랫변(장변)의 비가 1:2 전후로 세장한 것(RA002·RA001)과 1:1.5 이하로 넓은 것(RA003·RA006)으로 나뉜다.

평면형태와 상부구조는 서로 대응하는 것 같다. 말각방형의 벽 쪽에는 주혈이 확인되고 말각제형에서는 주혈이 벽 쪽에 없고 바닥중앙에 있다. 기둥배치는 반드시 일

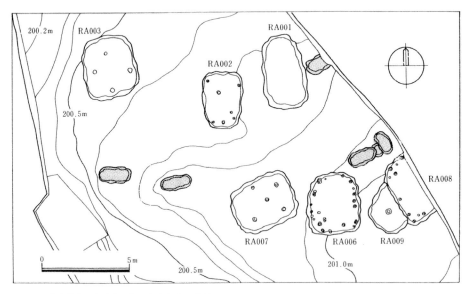

도 110 이와테현 쇼가하타A의 조기전엽 유구의 분포(주 45 神原·室野 문헌 일부 수정)

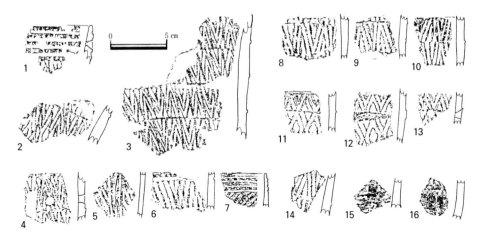

도 111 쇼가하타A 주거 출토 토기(주 45 神原 · 室野 문헌에서)

정하지 않은데 수혈의 대각선상(RA002 · RA006)과 장축 · 단축상(RA003)의 2종류로 구별된다. 주혈형태가 분명하지 않아 상부구조를 추정하는 데에 무리가 있지만, 하치만바라와 다이신쵸 등의 예로 추측하자면 RA007 · RA008의 구조를 복옥A로 봐도 무방하다. 말각제형의 주혈을 갖춘 예는 하치만바라 ST19와 마찬가지로 주립형(柱立型) 또는 수혈 밖에 서까래를 걸친 복옥C로 추정할 수 있다.

RA007의 동서쪽 양 벽에는 서까래 흔적이 밀집하는데 남북 양 벽에서는 밀도가 매우 낮다. 아마도 동서벽 · 남북벽의 구조가 동일하지 않았을 것이다. 그렇다면 우진각지붕에 가까운 상부형태로 추정할 수도 있다. RA008의 서까래 흔적 분포도 이것과 일치한다. 벽 구조와 상부형태도 같을 것이다. RA009의 상부는 맞배지붕[切妻], RA002 · RA006은 모임지붕, RA003은 우진각지붕일지 모르겠다.

주거 이외의 시설로는 무사시다이와 유사한 장방형 토갱 5기가 확인되었다. 길이 1.5m, 폭 0.8m 전후이다. 수혈주거 근처에 위치하는데 무사시다이와 같은 주혈이 설치된 것은 없다. 또 자갈군[礫群]과 노혈도 없다.

아오모리현 미타테야마유적

마베치가와(馬淵川) 강의 최하류부 표고 50m가 약간 넘는 저위단구 상에 입지한다. 단구의 동남 모서리에 해상자위대 8호항공기지가 있고 그 동단에 히바카리유적, 서단에 미타테야마유적이 있다. 양 유적 간 거리는 3km가 조금 넘는다. 또한 미타테야마유적의 남쪽 400m 지점에 우리바유적이 있고 여기서는 히바카리기의 수혈주거

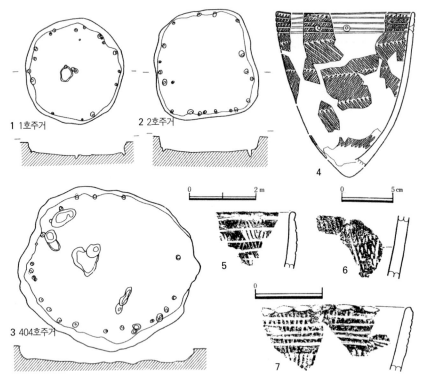

도 112 아오모리현 미타테야마의 주거(1·2)와 토기(4~7) 및 우리바 주거(3)((주 46, 50 문헌 일부 수정)

1동이 확인되었다. 이 유적들은 하나의 유적군을 구성하였을 것이다. 미타테야마에서 확인되는 주거는 2동이지만 여기에서는 우리바유적(404호주거)도 함께 소개한다.

　　미타테야마에서 확인되는 수혈주거는 2동으로 원형인 1호주거(도 112-1)에서 출토되는 토기(도 112-5)는 하바카리식 고단계, 말각제형(말각방형)인 2호주거(도 112-2)에서 출토되는 토기(도 112-4·6·7)는 중~신단계에 해당한다.[55] 우리바 404호주거(도 112-3)는 평면 달걀형 또는 부정타원형이다.

　　상부구조는 우리바 404호주거를 포함해 모두 벽 쪽에 서까래 흔적이 있어 복옥A라고 추정된다. 다만 상부형태가 반드시 일치하지는 않는다. 1호주거의 북·서·남벽 서까래는 모두 내경하는데 동벽(도 오른쪽)에만 서까래 보조기둥이 있어 팔작지붕[綴葺]*[17]일 것이다. 2호주거 남북벽에 있는 주혈은 내경하고 동서벽에 있는 것은(도 상·하)은 직립한다. 동서벽에 서까래 보조기둥을 배치한 우진각지붕에 가까운 상부구조를 상정할 수 있다. 우리바 404호주거는 달걀형으로 선단부에만 깊은 수직의 주혈이 있다. 세 면에서 모은 서까래를 이 기둥에 모았을 것이다. 상부형태는 비스듬한 타원추형일 것이다.

1호주거와 우리바 404호주거에는 중앙보다 약간 벽 쪽에 얕은 구덩이가 있다. 보고서에서는 모두 노지가 아니라고 한다.

홋카이도 갓쿠미유적

해안단구에 형성된 늪을 따라 형성된 표고 30m의 평탄면에서 조기의 주거 6동, 토갱 5기가 확인된다. 히바카리식이 출토된 주거는 모두 3동(HP32·33·35)이다. 여기에서는 수혈상유구라고 되어 있는 UP21도 주거로 취급하므로 합계 4동이 된다(도 114).

HP35와 HP33에는 지상노가 있다. 모두 바닥중앙에서 약간 벗어나 있다. HP35의 화덕에는 얕은 구덩이가 있고 그 동쪽에 말뚝 흔적이 있어 회상노라고도 여겨진다. 그러나 구덩이 윤곽이 불규칙하고 말뚝 위치도 모서리에서 벗어나 있어 회상노가 아닌 구덩이를 파서 만든 지상노라고 봐야 한다.

갓쿠미에서는 방형과 제형 등의 각진 평면보다 달걀형(HP33), 부정타원형(HP35) 등 둥근 것이 많다. 이것이 이 유적 히바카리기 주거의 한 특징이다.

벽주혈이 두드러지지 않는 점, 그리고 내경하는 주혈이 적은 점도 갓쿠미 주거의

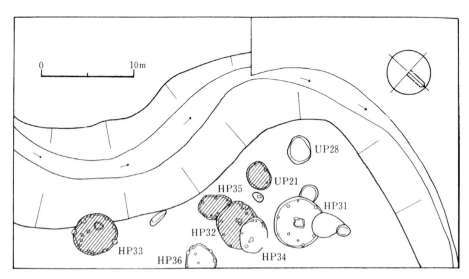

도 113 홋카이도 갓쿠미의 주거지 분포(주 47 문헌 일부 수정)

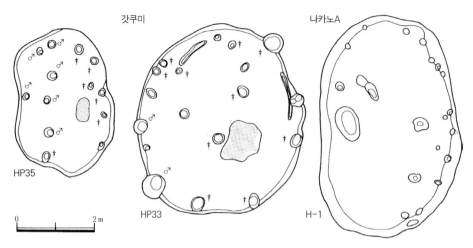

도 114 홋카이도 갓쿠미, 나카노A의 히바카리기의 주거(주 47, 51 문헌 일부 수정)

특징인데, HP33(도 114 중앙)이 좋은 예로 아베(阿部)가 유례로 든 우리바 404호주거
와 구조가 전혀 다르다. 갓쿠미 HP33은 지름 30cm를 넘는 굵은 주혈이 수혈 외연부
에 점재한다. 기둥은 내경하지 않고 직립(도 114 중앙·ᵗ) 또는 외경(도 114 중앙·ᑉ)한
다. 주혈의 저면이 넓어 굴립주라고 봐도 좋다. 양자의 평면형태가 유사하지만 우리바
404호주거는 전통적인 복옥, 갓쿠미 HP33은 새롭게 등장한 주립형이다.[56]

(7) 바닥면적의 시기차 및 지역차
수치를 읽는 방식과 해석

조기전엽에서 중엽에 걸쳐 주거 규모와 형태가 꽤 현저하게 변한다. 이에 비해 구
조적 변화는 거의 눈에 띄지 않는다.

이러한 양상을 도호쿠와 홋카이도의 데이터를 토대로 설명하겠다.

남칸토의 연사문기 주거 규모를 대·중·소 3종류로 구별할 수 있는 점, 도호쿠지
방과 홋카이도 남부의 조기전엽 주거에는 이러한 구별이 확인되지 않고 소규모 주거
가 주류를 이룬다는 점을 이미 지적했다. 여기서 다시 수치데이터를 이용해 구체적으
로 설명하고자 한다. 이야기가 다소 장황해지는데 미리 양해 바란다.

남칸토의 연사문기 기준 예로 무사시다이를 들고 이것에 나카노A·갓쿠미·우리
바·미타테야마·쇼가하타A·다이신쵸·마즈다·하치만바라의 홋카이도와 도호쿠의
히바카리기 사례(표에서는 '히바카리'로 일괄), 나카노A[57]·나카노B[58]·나카노다이라(中野

표 45 초창기후엽~조기중엽의 주거 바닥 면적

	무사시다이		히바카리*		하치만바라		나카노A		나카노B		나카노다이라		총계	
유구수	24		21		18		55		443		12		573	
사례수	22		18		18		43		238		11		350	
최대치	63.90		28.51		25.40		28.74		45.62		48.09		63.90	
최소치	7.45		6.12		8.79		4.27		2.73		5.08		2.73	
평균치	26.23		12.11		15.38		12.63		13.67		22.66		14.79	
표준편차	15.18		6.01		4.78		6.05		7.28		12.09		8.64	
A ~6.80			1	5.56	7	38.89	3	6.98	40	16.81	1	9.09	52	14.94
B 6.80~13.60	6	27.27	11	61.11	1	5.56	22	51.16	98	41.18	2	18.18	140	39.94
C 13.60~20.40	3	13.64	4	22.22	7	38.89	8	18.60	66	27.73	2	18.18	90	25.57
D 20.40~27.20	5	22.73	1	5.56	3	16.67	9	20.93	21	8.82	2	18.18	41	11.78
E 27.20~34.00	2	9.09	1	5.56			1	2.33	9	3.78	2	18.18	15	4.31
F 34.00~40.80									2	0.84	1	9.09	3	0.86
G 40.80~47.60	4	18.18							2	0.84			6	1.72
H 47.60~54.40	1	4.55									1	9.09	2	0.57
I 54.40~	1	4.55											1	0.29
합계	22	100.01	18	100.01	18	100.01	43	100.00	238	100.00	11	99.99	350	99.98

*: 나카노A H-1, 하치만바라 ST-19를 포함

平)[59]·하치만바라[60]의 조기중엽 사례를 추가하여 주거 면적의 지역·시기에 따른 차이를 검토하겠다(표 45).

수치데이터의 취급―소위 통계처리의 기본적인 사항에 대한 해설을 더하면서 설명하겠다. 수치데이터를 취급하는 출발점이 도수분포표로 데이터 분포 및 구조를 설명하는 가장 기본적인 수단이다. 그 눈금(구간)에는 감각적으로 이해하기 쉬운 임의의 수치―예를 들면 0, 5, 10……을 선택하는 경우가 많다. 그러나 이것으로 데이터의 성질과 구조를 적절하게 다 설명할 수 있다고 할 수는 없다. 척관법(尺貫法)[*18]으로 만들어진 기물단위를 표시하는 경우에는 번거롭더라도 끝수가 있는 단위가 더 적절하다.

지금 여기서 문제 삼는 조몬 조기의 주거 바닥면적의 경우, 임의의 구간을 설정해야 한다. 이 경우, 스터게스식(Sturge's Formula)

$K=1+(3.32 \times \log n)$ (k: 구간 수, n: 데이터 수)

을 이용해 구간 수를 결정하고 구간 폭도

$(b-a)/k$ (b: 최대치, a: 최소치)

로 하면 편리하다.[61] 〈표 45〉는 이 수순에 따라 구간(=계급) 수를 9, 구간 폭을 6.80으로 하였다.

그런데 〈표 45〉의 나카노다이라의 도수분포는 일부 데이터가 광범위하게 산재해 있어 분포집중지를 파악할 수 없다. 구간 폭을 너무 좁게 하면 소수 데이터의 구조를 파악할 수 없게 되는 경우가 있다. 무사시다이의 데이터도 〈표 45〉의 구간B · 구간D · 구간G에 각각 높은 부분이 있어 각각 대 · 중 · 소의 구분에 해당한다고 생각되지만 데이터가 적어 단언하기 어렵다. 홋카이도와 도호쿠의 히바카리기 주거는 이와 반대로 구간B의 돌출이 현저해 역시 데이터의 구조를 파악할 수 없다. 몇 개 데이터군을 비교하기 위해 설정한 기준이 개개 데이터의 특징을 파악하는 데 적절하지 않은 경우도 있다. 이런 경우 개개 데이터군을 분리해 내어 독립된 도수분포표를 만들 필요가 있다.

이 경우 구간을 줄기에, 개개 데이터를 잎에 비유하는 스템(stem) · 리프(leaf)표시[62]도 유효한 방법이다. 여기서는 히바카리기와 무사시다이의 데이터에 적용해 보았다(표 46). 이제 표현을 다소 변경하겠다. 여기서는 바닥면적의 정수치역을 스템, 소수치역을 리프로 한다. 히바카리기 주거의 스템 6의 리프란의 '.12, .99'는 바닥면적 6m²대의 주거가 2동 있고 각각의 면적이 6.12m², 6.99m²임을 나타낸다. 왼편에는 상방 · 하방에서의 누적 합을 표시하고 필요하면 중위수, 4분위수를 알 수 있다.

스템 · 리프표시에 의하면 히바카리기 주거의 면적은 6~11m² 범위에 18예 가운데 12예가 집중하고 8m²대에 피크가 있다. 원 데이터와 비교해 보면 미타테야마, 쇼가하타A, 다이신쵸 등 마베치가와 강유역과 기타카미가와(北上川) 강 상류역의 사례가 이 범위에 해당함을 알 수 있다.

12m² 이상에서는 13m² · 15m² · 17m² · 19m² · 22m² · 28m²대가 각각 1예씩 있다. 그 가운데 홋카이도 · 도호쿠 북반부의 예는 우리바 404호(19.43m²) · 갓쿠미 HP33(15.68m²) · 나카노A H1(13.86m²)의 3예이다. 같은 갓쿠미에서도 HP35의 면적은 7.44m²로 도호쿠 북반부에서는 보통 규모이고, 우리바와 미타테야마는 매우 근접한 위치에 있다. 이러한 양상을 고려하면 이 지역에서 바닥면적 13m²를 넘는 것을 대형주거, 11m² 이하(대부분 8m² 전후)를 소형주거라고 볼 수 있다.

마츠다의 2차조사 1호의 바닥면적은 28.51m², 1차조사 예는 22.57m²이다. 모두 홋카이도 · 도호쿠의 동시기 것과 비교해 규모가 매우 크다. 2차 2호(17.53m²)는 약간 규모가 작지만 하치만바라 ST19(11.20m²)보다 크다. 도호쿠지방 남반부의 히바카리기의 주거가 도호쿠 북반부 · 홋카이도 것보다 규모가 크다.

무사시다이의 주거 바닥면적이 다양해 히바카리기의 주거처럼 명료한 피크를 지적할 수 없는데, 11m²대(J-15, J-26)·13m²대(J-04, J-13)가 각각 2예 있고 14~16m²는 보이지 않는다. 이것을 제1군이라고 한다. 17m² 이상이면 분포가 끊어지는데 27m²대가 2예(J-05, J-19)있어 17~27m²의 범위를 제2군이라고 한다. 그 위로는 42m²대가 2예(J-07, J-17) 있고 43m²대(J-01)부터 그 이상은 산만해져 J-14(63.9m²)의 예에 이른다. 이것을 제3군이라고 한다. 이 세 군이 지금까지 몇 번인가 언급한 대·중·소의 3구분에 대응한다.

나카노다이라의 데이터는 구간 폭을 바꾸어도 스템·리프표시를 해 보아도 확실한 군을 파악할 수 없다. 규모가 큰 모집단의 극히 일부만을 선택한 결과―예를 들어 대규모 취락의 일부만 조사한 경우에 이런 결과가 된다.

표 46 주거 바닥면적의 스템·리프표시

히바카리			무사시다이		
누적화(累積和)	스템	리프	누적화(累積和)	스템	리프
2	6	.12, .99	1	7	.45
4	7	.27, .44	2	8	.29
8	8	.15, .35, .53, .69	3	9	.73
(2)	9	.23, .41		10	
8	10	.02	5	11	.17, .67
7	11	.20		12	
	12		7	13	.37, .70
6	13	.86			
	14		8	17	.15
	15	.68	9	18	.94
5	16				
4	17	.53	10	20	.50
				21	
3	19	.43	11	22	.98
			11	23	.97
2	22	.57	10	24	.50
1	28	.51	9	27	.15, .41
			7	31	.96
			6	42	.35, .42
			4	43	.72
			3	46	.29
			2	48	.43
			1	63	.90

〈표 45〉의 데이터군 평균치를 비교해 보자. 무사시다이·나카노다이라·하치만바라·나카노B·나카노A 히바카리기 순이 된다. 이 수치에서 바로 주거 크기를 파악할 수 있을까? 무사시다이의 평균치는 26.23±15.18이다. 히바카리기 주거 12.11±6.01의 2배를 넘는다. 무사시다이의 주거가 히바카리기 면적의 2배 이상이라고 할 수 있을까? 확실히 무사시다이 J-14의 면적은 마츠다의 2차조사 1호면적의 2배를 상회한다.

그러나 무사시다이에서 가장 규모가 작은 J-24의 면적(7.45m²)은 히바카리기 주거 가운데 가장 소규모인 쇼가바타A의 RA002 면적(6.12m²)의 1.2배에 지나지 않는다. 무사시다이의 주거는 확실히 히바카리기보다 크다. 그러나 모든 주거가 2배까지 확대된 것은 아니다.

앞서 살펴본 평균치의 "±" 뒤의 숫자에 주목할 필요가 있다. 이 기호는 방사성탄소연대측정치 등으로 익숙한데 표준편차 즉 측정치의 폭을 나타낸다. 방사성원소의 붕괴와 같은 랜덤현상의 경우 측정을 계속하다 보면 측정치의 도수분포는 정규분포, 즉 가장 도수분포가 높은 구간치를 대칭축으로 하는 종모양의 곡선을 이룬다. 이 경우 평균치에 표준편차를 더한 범위와 평균치에서 표준편차를 뺀 범위에는 측정치의 67%가 포함된다. 표준편차의 2배 수치를 취하면 그 확률은 86%, 3배로 하면 98%가 된다.

주거의 바닥면적 측정치는 정규분포를 보여 주지 않는다. 현재 무사시다이의 주거는 대·중·소로 구별되고 히바카리기의 주거도 대·소로 구별된다. 분포형을 확정할 수 없어 엄밀하게 이야기를 할 수 없지만, 평균치에서 표준편차 폭만을 가감한 범위에 약 5~6할의 측정치가 포함된다고 생각해도 좋다.

여기서 무사시다이의 주거 면적 평균치가 히바카리기 주거의 평균치 2배가 되는 것과 마찬가지로 표준편차도 2배 이상인 점에 주목할 필요가 있다. 평균치가 큰 만큼 불규칙성도 커진다. 히바카리기 주거의 경우 6할 전후의 주거 면적은 18.12~6.10m²의 범위에 포함되고 무사시다이의 경우에는 41.41~11.05m²의 범위에 분포한다. 따라서 히바카리기 주거 가운데 대형은 무사시다이의 주거 변이 폭 안에 포함된다.

두 평균치를 비교하고 대소를 판단하는 데에도 계산이 필요한데 모집단 분산을 아는가 모르는가에 따라 계산 수순이 달라질 정도로 설명이 번잡해지므로 생략한다. 〈주61〉의 문헌 등 기초통계 텍스트를 참조해 주기 바란다. 여기서는 이 경우에도 표준편차를 고려할 필요가 있다는 점만 지적해 둔다.

주거 면적—지역차·시기차

남칸토 연사문기의 주거가 대·중·소의 3종류로 구분된다는 것을 재차 확인할 수 있었다. 바닥면적 40m²를 넘는 주거는 다른 지역에서는 발견되지 않는 이 지역 고유의 특징이다.

홋카이도와 도호쿠의 히바카리기 주거도 대·소로 구별된다. 다만 기타카미가와

강 상류역보다 북쪽 지역의 주거
는 남칸토에 비하면 매우 소규모
이고 대형이라도 바닥면적 20m²
이하, 16~13m² 전후가 많고 소형
은 8m² 전후가 주류를 이룬다. 시
즈오카현 와카미야의 주거도 최대
13.8m²·최소 4.5m²·평균 8.6m²
이다. 도호쿠 북반부의 히바카리
기 주거와 거의 같은 규모이다.[63]
주부고지의 압형문기 주거도 소규
모가 주류를 이루는 것 같다.

표 47 하치만바라 주거의 규모·형상

규모\주거	면적	형상	시기	평균면적
ST-05	23.06	말각오각형	연사문	20.84±2.23
ST-11	18.61	부정한 달걀형	연사문	
ST-19	11.20	말각방형	히바카리	
ST-02	9.90	타원형	미토	
ST-07	14.05	말각오각형	다도카소	16.65±5.50
ST-12	11.60	부정한 원형	다도카소	
ST-18	24.31	달걀형	다도카소	
ST-04	13.69	부정한 원형	메이진우라III	16.21±5.17
ST-09	8.79	원형	메이진우라III	
ST-13	25.40	타원형	메이진우라III	
ST-14	16.06	달걀형	메이진우라III	
ST-15	14.02	말각장방형	메이진우라III	
ST-17	19.28	달걀형	메이진우라III	
ST-01	11.71	부정한 원형	도코요	13.42±2.14
ST-06	16.43	부정한 원형	도코요	
ST-10	12.11	원형	도코요	
ST-08	13.90	말각방형	쓰키노키조소	13.24±0.62
ST-16	12.66	타원형	쓰키노키조소	

조기전엽에는 소규모 주거가
주류를 이루는 지역이 많다. 단, 예
외도 있다. 미야기현 마츠다에서는
3동의 주거 가운데 2동이 바닥면적
20m²를 넘는다. 하치만바라의 연사문기 주거(표 47)도 이바라기현 하나와다이 주거[64]
도 거의 같은 규모이다. 조기전엽의 주거 규모가 지역에 따라 꽤 다른 것은 확실하지만
상세한 것은 아직 분명하지 않다.

남칸토에서는 연사문기 이후 주거 면적이 어떻게 변했는지 명확하게 파악할 수
있을 만큼 축적된 자료가 없다. 하치만바라(표 47)·나카노A·나카노B(표 48)의 데이터
를 바탕으로 복일본에서의 조기전엽~중엽의 변화를 살펴보자.

하치만바라의 데이터에 의하면 연사문기의 20m²대 바닥면적이 히바카리기와 미
토병행기에는 축소되고 다도카소기와 메이진우라(明神裏)III기(다도조소[*19] 전반)에는
16m² 전후까지 확대되는데, 다시 도코요(常世)[다도조소후반~시보구치(子母口)기[*20]]기
에는 13m² 전후로 축소되는 경향을 파악할 수 있다. 이와 함께 메이진우라III기의 수
혈주거가 증가하는 점, 다도카소·메이진우라III기의 바닥면적 표준편차가 큰 점에도
주목해야 한다. 즉 도호쿠지방에 수혈주거가 보급되는데 패각침선문토기 중엽 전후의
시기가 하나의 획기가 되는 점, 이와 더불어 주거의 규모가 다양화되었음을 암시한다.
그러나 각 시기별 데이터가 충분하지 않아 더 이상 구체적으로 살펴보는 것은 무리이

표 48 나카노A·B 양 유적의 주거 바닥 면적의 시기별 변천

면적 \ 시기	모노미다이		스미요시쵸		무시리I		전체	
사례 수	36		110		28		174	
최대치	28.74		33.82		45.62		45.62	
최소치	4.27		4.52		3.69		3.69	
평균치	14.24		14.44		18.79		15.10	
표준편차	6.25		6.62		12.02		7.85	
~5.25	2	5.56	2	1.82	3	10.71	7	4.02
5.25~10.50	9	25.00	36	32.73	5	17.86	50	28.74
10.50~15.75	13	36.11	29	26.36	5	17.86	47	27.01
15.75~21.00	7	19.44	25	22.73	5	17.86	37	20.69
21.00~26.25	4	11.11	12	5.45	4	14.29	20	11.49
26.25~31.50	1	2.78	5	4.55	1	3.57	7	4.60
31.50~36.75			1	0.91	2	7.14	3	1.72
36.75~					3	10.71	3	1.72
합계	36	100.00	110	100.00	28	100.00	174	100.00

다. 도호쿠지방 남부에서 조기중엽 이후의 경향을 나타낸다고 봐야 한다.

다음으로 나카노A·B 양 유적의 데이터를 보자.[65] 모노미다이(物見台)기[21]의 평균치 표준편차는 14.24±6.25m², 스미요시쵸(住吉町)기[22]의 경우는 14.44±6.62m²로 거의 변화가 없다(표 48). 하치만바라와 비교하면 다도카소·메이진우라II기의 평균치에 못 미치고 도코요기의 평균치를 상회한다. 그렇다고 해서 홋카이도 남부에 도호쿠 남부보다도 소규모 주거가 많다고 할 수도 없다. 나카노A는 그렇다 치고 나카노B에서는 중복이 많고 대형주거는 소형주거에 비해 면적과 형태를 명확하게 알 수 없는 예가 많기 때문이다.

오히려 모노미다이기·스미요시쵸기의 평균치 표준편차에 변화가 없다는 사실에 주목해야 한다. 즉 대략적으로 보면 모노미다이식은 메이진우라II식과, 스미요시쵸식은 도코요식과 병행한다. 따라서 하치만바라와 같은 변화가 나카노A·B 양 유적에서 일어난다면 스미요시쵸기의 주거 바닥면적의 평균치는 모노미다이기의 평균치에 못 미칠 것이기 때문이다. 주거의 바닥면적 변동이 반드시 일정하지 않고 지역에 따라 시기차가 있을 가능성을 고려해야 한다. 그러나 도호쿠지방 남부의 데이터가 갖추어지지 않는 한, 조기중엽의 지역차를 검토하기 어렵다.

다음으로 나카노A·B 양 유적에서의 주거 면적의 시기차를 검토해 보자. 히바카

리기 주거의 바닥면적 평균치는 마츠다와 하치만바라 등 도호쿠 남부의 예를 제외할 경우, 9.94±3.64m²가 되어 모노미다이기·스미요시쵸기의 바닥면적과는 차이가 있다. 따라서 현재 도호쿠지방 북반부·홋카이도 남부에서 확인되는 히바카리기의 주거 데이터가 전체적인 경향을 대표한다면 모노미다이기의 주거 바닥면적의 평균치가 확대되는 경향이 보이며 이 경향은 스미요시쵸기에도 계속된다.

나카노A·B 양 유적의 경우에도 평균치의 대소차가 개개 주거의 대소 차를 의미하는 것은 아니다. 가령 홋카이도 남부 히바카리기의 주거 면적구성이 도호쿠지방 북반부와 같다고 가정할 경우, 최소치는 6m² 전후로 예상된다(표 45). 한편 모노미다이기·스미요시쵸기의 주거 최소치는 모두 4m²대이다. 히바카리기로 예상되는 수치를 밑돈다(표 48). 한편 최대치(모노미다이기 28.74m²·스미요시쵸기 33.82m²)는 도호쿠지방 남부를 포함한 히바카리기의 가장 규모가 큰 주거와 거의 같거나 이를 상회한다.

10.50m²를 넘는 주거는 모노미다이기에서 70% 전반대이고 스미요시쵸기에도 65% 전반대이다. 모노미다이기·스미요시쵸기에 히바카리기보다 규모가 큰 주거가 많아지는 것은 분명하다. 다만 한편으로 히바카리기보다 규모가 작은 주거도 출현하고, 그 결과 주거 면적이 불규칙하게 분포하게 된다. 바꾸어 말하면 표준적인 주거 바닥면적이 확대되는 한편 대소 격차도 커진다는 것이 나카노A·B 양 유적의 조기중엽 주거 면적의 변동실태라고 할 수 있다.

무시리(ムシリ)I기[*23]에는 주거 면적의 분산이 더 심해진다. H22b주거(45.62m²)를 비롯해 나카노A·B 양 유적에서 최대급 규모의 주거가 이 시기에 집중하는 한편, 최소급 규모의 작은 주거 비율도 이 시기에 가장 높아진다. 또 이 시기에는 26.25~31.50m² 구간이 약간 현저하게 감소하지만 특정 구간으로 집중되는 양상은 현저하지 않다.

이러한 분포경향은 아오모리현 나카노다이라(표 45)와 공통된다. 이 경우 모집합의 극히 일부만 추출한 왜곡된 표본이 반영되어 있을 가능성이 있다고 지적하였다. 나카노A·B 양 유적의 무시리I기 주거도 데이터 자체의 실정을 반영하고 있지 않을 위험이 있음을 고려해야 한다. 그러나 무시리I기의 데이터 수(28예)는 모노미다이기(36예)와 결정적인 차이가 없다. 데이터 수가 비슷함에도 불구하고 모노미다이기 데이터 군이 좋고 무시리I기의 데이터군이 나쁜 이유는 완전히 우연일까?

이 데이터가 면적구성의 실상을 반영한다고 볼 수 있는 여지도 있다. 스미요시쵸기와 모노미다이기의 데이터와 비교하면 스미요시쵸기의 주거 면적 모드[=최빈치(最

頻値)]는 모노미다이보다 한 구간 작게 어긋나 있다. 한편 최빈치를 상회하지만, 비율은 모노미다이기에서 33% 전반대, 스미요시쵸기에는 60%에 달한다. 즉 스미요시쵸기에는 표준적인 주거 규모가 축소되는 한편, 이를 상회하는 규모의 주거 비율도 모노미다이기보다 높아진다. 이러한 동향은 히바카리기에서 모노미다기로의 변동이 계속된다고 판단해도 좋다. 그렇다면 동일한 변동이 무시리I기에 더욱 과장된 형태로 보인다는 해석도 성립할 여지가 있다.

앞에서 나카노A·B 양 유적의 모노미다기의 주거 면적구성을 홋카이도·도호쿠 북반부의 히바카리기의 주거 면적구성과 직접 비교하였다. 그러나 히바카리식과 모노미다이식 사이에는 적어도 2형식분의 시간적 간격이 있고, 시라하마(白浜)식과 공반되는 나카노다이라는 양자의 중간에 위치한다. 홋카이도 남부에서는 시라하마식에 해당하는 시기의 주거가 아직 확인되지 않는다. 만약 나카노다이라와 같은 면적구성이 홋카이도 남부에서도 확인된다면 히바카리기에 안정된 주거 면적의 변동 폭이 패각침선문토기 초기에 급격하게 확대되고, 그 후 모노미다이기를 전후하여 다시금 안정화되는 과정을 상정할 수 있을지도 모르겠다. 그리고 스미요시쵸기부터 무시리I기에 걸쳐 다시 변동 폭의 확대가 일어났다고 해석할 수도 있다. 이 해석이 타당한지는 새로운 데이터가 축적되지 않는 한 판단할 수 없다. 그러나 주거 형상과 구조를 검토함으로써 이러한 전망을 보강할 수 있다. 다음 항에서는 이러한 전망을 염두에 두고 조기중엽의 주거형상과 구조변화를 검토해 보자.

(8) 주거의 형상과 구조

조기중엽의 주거에는 모순되는 특징이 보인다. 즉 형태상 조기전엽 또는 그 이전과 다른 큰 변화를 보인다. 조기전엽 또는 그 이전의 직선적인 윤곽과 달리 곡선적인 윤곽이 주류를 점하게 된다. 그러나 구조면에서는 거의 변화가 없고 흙을 얹은 지붕인 복옥식 구조가 주류를 점한다. 지금까지 예로 든 하치만바라, 나카노, 나카노다이라의 예를 바탕으로 이러한 양상을 설명하겠다.

하치만바라의 중기중엽 주거

하치만바라의 중기중엽 주거(도 115, 표 47) 중에도 조기전엽 또는 그 이전과 유사한 윤곽을 가진 것이 있다. 예를 들면 ST9(도 115-1)는 〈표 47〉에서는 원형으로 표시되어 있지만 말각방형으로 봐도 무방하다. ST6(도 115-4)·ST7(도 115-2)과 같은 말각제형 또는 말각장방형(ST15)도 있다. 그러나 이 경우도 전술한 히바카리기의 것과 비교하면 곡선미가 강해졌음을 부정할 수 없다. 게다가 ST2(도 115-5) 또는 ST13(도 115-6)과 같은 타원형은 히바카리기에 거의 보이지 않고 ST17(도 115-7)·ST18(도 115-3)과 같은 달걀형은 전혀 유례가 없다.

이 가운데 타원형의 ST2는 미토식 또는 그 이전 시기, 달걀형의 ST18은 다도카소기, ST17은 메이진우라III기에 해당한다. 즉 히바카리식 직후에 주거 윤곽이 둥글어지기 시작하고 패각침선문토기 중엽에는 그때까지 보이지 않았던 형태의 주거가 출현한다.

하치만바라의 조기중엽 주거 가운데에는 수량이 적지만 구조면에서 주목할 만한 예가 있다. 도코요기의 ST6(도 115-4)주거로, 평면 부정원형 또는 극도로 둥근 말각오각형이다. 이 주거 내부에는 주혈과 서까래 흔적이 보이지 않는다. 대신 수혈 외연을 따라 조그마한 주혈이 산재한다. 단면 형태와 주혈각도는 기록되어 있지 않지만 평면도로 추측한 바에 따르면 앞이 뾰족한 두드려 박은 기둥 또는 서까래가 박힌 흔적 같다. 그렇다면 주

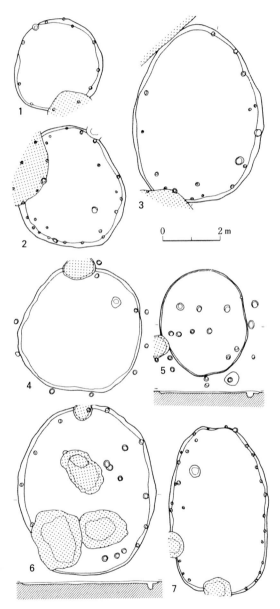

도 115 야마가타현 하치만바라의 조기중엽 주거지(주 60 문헌 일부 수정)
1: ST9, 2: ST7, 3: ST18, 4: ST6, 5: ST2, 6: ST13, 7: ST17

거의 구조는 서까래 또는 서까래의 보조기둥을 수혈 밖에 박은 복옥B 또는 복옥C라고 볼 수 있다.

초기 침선문기의 ST2 수혈 외연에도 주혈이 산재해 있어 ST6과 같은 구조일 가능성이 있다. 이 주거의 경우 더 주목할 만한 특징이 있다. 이 주거는 수혈 외연만이 아니라 내부에도 주혈이 있다. 주혈이 다른 주거에 비해 크고 기둥흔적도 지름 10~15cm로 다른 주거의 2배 전후에 달한다. 게다가 평면도로 보는 한, 다른 주거처럼 끝이 뾰족하지 않고 원통형에 가까운 단면형태이며 각도도 수직에 가깝다. 이러한 특징으로 판단하자면 이 주거는 두드려 박은 기둥이 아니라 굴립주를 이용한 것일 가능성이 매우 높다.

복옥B 또는 복옥C, 나아가 굴립주기법의 출현이다. 이는 주거윤곽의 곡선화와 더불어 조기중엽에 일어난 현저한 변화이다. 다만 이런 구조면에서의 변화가 반드시 주류를 이루는 것이 아니라는 점도 놓칠 수 없다. 하치만바라의 주거 구조도 히바카리기 또는 그 이전과 마찬가지로 서까래를 수혈내부에 둔 복옥A가 주류를 이룬다.

나카노A유적과 나카노B유적

나카노B유적은 "일본 최고(最古)이자 최대의 취락" 또는 "조몬 조기의 산나이마루야마(山內丸山)급 취락" 등으로 센세이션을 불러일으킨 보도의 대상이었다. 〈도 116〉에 그 일부가 제시된 것처럼 이 유적의 주거 분포밀도는 이상할 정도로 높다. 1970년대의 조사를 추가하면 나카노A와 나카노B 양 유적(도 116, 도 117, 표 48)에서 확인된 주거는 총 525동에 달한다. 왜 이렇게 많은 주거가 밀집하게 되었는지는 나중에 설명하겠다.

나카노A·B 양 유적의 주거는 비대칭적인 곡선이 많아 분류결과는 개인차가 크다. 필자가 실측도를 바탕으로 분류한 것과 보고서 기재내용이 일치한 예는 30% 전후에 지나지 않는다. 가능한 한 객관성 높은 기준을 설정하고 설득력 있는 분류를 확립할 필요가 있다.

평면 말각방형·말각장방형·말각제형에 원형·타원형·소판형·달걀형의 4종류를 추가해 보았다. 모두 대칭성이 강한 규칙적인 것과 비대칭적인 불규칙한 것을 포함하고 있다(다만 〈표 49〉에 이러한 구별이 표시되어 있지 않다). 타원형·소판형·달걀형의 구별은 아래의 기준에 따른다. 장축·단축의 길이가 현저하게 다르고 양 측면의 곡률이 거의 같은 것을 타원형이라고 한다. 양측의 측면이 직선에 가까운 경우 소판형이라

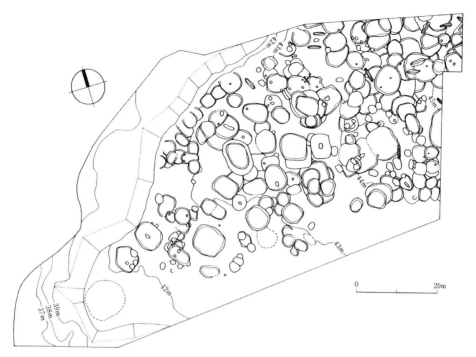

도 116 나카노B유적의 유구 분포(1992년 조사구)(주 58 문헌 일부 수정)

고 한다(〈표 49〉에서는 양자를 합해 타원형이라고 하였다). 나아가 장축상의 양단(양단벽)의 곡률에 차이가 있는 것은 달걀형이라고 한다. 말각제형에도 세장한 것과 가로에 비해 세로가 짧은 것이 있는데 〈표 49〉에는 일괄하여 말각제형으로 한다. 그 외 절정난형(截頂卵形), 말각오각형, 평행사변형(도 117-9) 등의 소수 예가 있다.

말각방형, 말각장방형, 말각제형 등 직선적인 윤곽의 것이라도 히바카리기의 예에 비해 곡선적인 양상이 강한 것은 하치만바라와 같다. 더구나 이 주거들은 모두 합해도 40%에 미치지 못하므로(표 49) 이미 중요 요소라고 볼 수 없게 되었다.

보고서에도 지적되어 있는 바와 같이 양 유적의 주거에서 특징적인 윤곽은 달걀형이다.[66] 다만 조기중엽 동안 계속 주류를 이루는 것은 아니다. 모노미다이기에는 40%를 넘어 각종 주거 중에서 비약적으로 높은 비율을 점한다. 스미요시쵸기에도 비율이 가장 높긴 하지만 30% 정도이고 타원형과의 차이는 10%에 미치지 못한다. 무시리I기에는 타원형이 겨우 상회한다(표 49). 이 변화 경향은 대체로 하치만바라에서 관찰한 것과 일치한다. 아마도 모노미다이=메이진우라II기 이후의 추이도 대략적으로

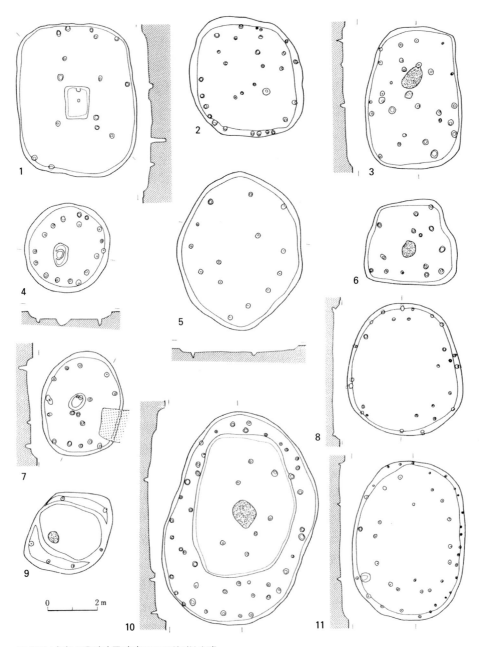

도 117 나카노B유적의 주거지(주 58 문헌 일부 수정)
1: H83, 2: H5, 3: H51, 4: H243, 5: H173, 6: H11, 7: H244, 8: H388, 9: H42, 10: H226, 11: H386

는 일치할 것이다. 그러면 상부구조와 기둥을 세우는 기법 등 주거 구조면에서는 어떠
할까?

　　나카노A유적에는 하치만바라 ST6처럼 수혈 외연에 서까래를 박은 예가 비교적

많다(H19·22·26·27·29·42).[67] 나카노
B유적에서는 눈에 띄진 않지만 대신 수
혈이 이단인 것[H2·22a·22b(도 117-
10)*[24]·42·55·124]이 출현한다. 공반하
는 토기를 보면 모노미다이기에는 수혈
밖에 서까래를 박은 예가 비교적 많고,
이것이 스미요시쵸기에 이중수혈로 대
체된다. 바꾸어 말해 복옥B 또는 복옥C
가 일시적으로 증가하지만 주류를 점하

표 49 나카노A·B 양 유적에서의 주거지 플랜 변천

시기 평면 형태	모노미다이		스미요시쵸		무시리I	
말각방형	3	10.34	13	9.35	5	16.13
말각장방형	3	10.34	18	12.95	6	19.35
말각제형	5	17.24	21	15.11	3	9.68
원형	1	3.45	14	10.07	2	6.45
타원형	3	10.34	30	21.58	7	22.58
달걀형	13	44.83	39	28.06	6	19.35
기타	1	3.45	4	2.88	2	6.45
합계	29	100.00	139	100.00	31	99.99

지 못하고 이중수혈을 갖춘 새로운 타입의 복옥A로 전환된다.

굴립주를 전면적으로 채용했다고 판단할 수 있는 주거는 양 유적 통틀어 매우 적
다(나카노A의 H16·27·36, 나카노B의 H6·13·21·26·32·385·395·439). 이보다는 두드
려 박기와 굴립을 병행하는 것이 더 많고 두드려 박은 기둥을 전면에 채용한 것이 더
많아 압도적인 비율을 점한다.

이러한 경향은 앞에서 설명한 복옥B·C의 일시적인 출현과 모순되지 않는다. 동
일한 변화가 하치만바라에서도 관찰되는 점으로 보아, 이는 홋카이도 남부의 국지적
인 현상이 아니라 북일본 전체에 공통된다고 볼 수 있다. 한편 히바카리기 이후의 패각
침선문토기군 시기에는 주거 바닥면적을 확대시키려는 경향이 북일본 일원에서 현저
해진다. 이러한 움직임과 결부시켜 보면 조기중엽의 주거 개량의 주된 목적이 떠오른
다. 조기중엽의 북일본에서는 주거 구조를 강화하기보다는 면적을 확대하는 것이 주
요한 목적이었다고 볼 수 있다. 굴립주를 이용한 축구조는 두드려 박은 기둥을 이용한
것보다 강도면에서 월등히 뛰어나다. 만약 강도가 높은 안정된 주거를 만드는 것이 목
표였다면, 굴립주를 채용한 주거 수가 훨씬 많아져야 한다. 모노미다이기 전후에 일시
적으로 보이는 수혈 외연에 서까래를 박은 복옥B 또는 복옥C가 이중수혈을 갖춘 복옥
A로 전환된다는 점은 가옥의 강도보다 실내의 유효면적을 확보하는 것이 주요한 목표
였기 때문이다.

바닥면적의 확대가 조기중엽의 주거 개량의 주요한 목표였다. 이 사실을 통해 왜
나카노A와 나카노B 양 유적에 많은 주거가 밀집하는지 그 이유를 설명할 수 있다.

양 유적에서 주류를 이루는 것은 복옥A이다. 이미 설명한 바와 같이 복옥A의 주

거에서는 벽면 중간 또는 벽 쪽에 서까래가 얹히게 된다. 따라서 상부를 흙으로 덮지 않으면 실내로 물이 흘러 들어오게 된다. 한편 흙을 덮은 지붕에 상당한 무게가 가해진다. 이 흙지붕을 본격적인 축구조가 아니라 서까래와 그 보조기둥으로 지탱하던 것이 나카노A와 나카노B유적의 주거이다. 주거의 내용(耐用)연수가 짧아 빈번하게 재건축하지 않으면 안 된다. 게다가 바닥면적을 확대한 결과 상대적인 강도는 더욱 낮아진다. 양 유적에서 전기~중기 이후처럼 보수 흔적이 전무한 것은 아니나 매우 적다. 주거의 내용연수가 굴립주에 의한 축구조를 채용한 전기~중기 이후의 주거에 비해 짧았음을 방증한다.

나카노A와 나카노B 양 유적의 어마어마한 수의 주거지는 주거 면적의 확대라는 요구와 그에 적합한 본격적인 축구조가 갖추어지지 못한 모순의 산물이다.

(9) 성립기의 취락

앞에서 남큐슈와 남칸토 그리고 북일본의 정주 보급기, 즉 초창기말~조기중엽의 취락 모습을 소개하였다. 그러나 이를 전후하여 열도 각지에서 이 시기의 취락 사례가 보고되어 있어 보충할 필요를 느끼게 되었다. 그래서 초창기후엽 전후의 취락 가운데 아오모리현 구시비키(櫛引)[68]와 나가노현 오미야노모리우라(お宮の森裏)[69]를 소개하고 이후 열도 각지에 정주취락이 확립되기까지의 과정을 정리하도록 하겠다.

아오모리현 구시비키의 취락

구시비키유적은 히바카리형 압형문기 취락으로 소개한 나카노다이라유적[70]과 마찬가지로 하치노베(八戸)시 시가지 북서쪽에 펼쳐진 표고 80m 전후의 구릉 상에 있다. 구릉의 기반층[구시비키화쇄암(櫛引火碎岩)]은 마이오세(Miocene)[*25] 중기에 분출한 것이고 그 위에 플라이스토세 이후 고대에 이르기까지 쌓인 6장의 테프라(Tephra)[*26]가 겹쳐져 있다.

확인된 유구와 유물은 조몬 초창기후반과 조기중엽, 나아가 나라·헤이안(平安)기에 집중한다. 고대 유구가 초창기·조기 유구를 파괴하는 경우도 있지만 층서는 대체로 양호하다.

즉 조기중엽 패각문기[71]의 유구와 유물은 남부부석립(南部浮石粒)[72]을 포함하는 흑색토양(IV층) 상반부에 집중되고, 초창기의 생활면(VI층 상면)과의 사이에는 간층(V층)

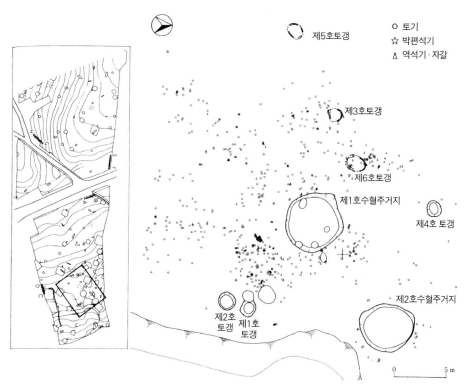

도 118 아오모리현 구시비키의 지형과 유구배치(주 68 문헌 일부 수정)

이 하나 있다. VI층은 황갈색 토양으로 남부부석립을 전혀 포함하지 않고 회백색의 암편이 혼입되어 있다.[73] 초창기 유구는 VI층을 파고 하치노베화산회층(VII층)[74] 상면에 달하는데, 그 아래의 백색점토층[75]을 파고 들어가 있는 경우도 있다. 여기서는 조기의 유구와 유물 그리고 초창기의 유구를 중심으로 소개한다.

확인된 유구는 수혈주거 2기, 토갱 6기, 자갈군[集礫] 1기(도 118)이다. 모두 조사구 북단부에 있는 구릉 정부에서 평탄지를 향한 완사면 서쪽에 치우쳐 있고 지름 30m 정도의 범위에 집중한다. 유물은 주거지를 비롯한 유구의 매토에서도 출토되지만 오히려 유구 밖에서 출토되는 밀도가 높다. 특히 1호주거 남동쪽, 1·2호토갱의 북서쪽 구역에서 집중적으로 출토된다.[76] 앞서 소개한 무사시다이에서는 유물이 주거와 토갱 매토에서 집중적으로 출토되어[77] 구시비키와는 대조적이다. 즉 무사시다이와 구시비키는 생활용구 폐기 등의 두 가지 폐기패턴을 보여 주는데 그 의미는 나중에 다시 살펴보기로 하고 여기서는 2종류의 현상이 관찰된다는 점만 지적해 둔다.

2동의 수혈주거는 평면형과 상부구조에서 현저한 차이가 있다. 평면형태는 1호가 남쪽을 저변으로 하는 말각오각형이고 2호는 남북방향을 장축으로 하는 타원형이다. 1호에서는 북동쪽과 남서 모서리를 한 쌍(동서축)으로 하고 동남 모서리와 북쪽 모서리를 한 쌍(남북축)으로 하여 남북축의 중간에 보조기둥을 설치한 마름모모양의 4주혈 구조를 상정할 수 있다.[78] 그러나 2호주거에는 기둥은 말할 필요도 없고 서까래 흔적도 보이지 않는다. 1호를 적설기(積雪期), 2호를 비적설기의 주거로 볼 수 있다.[79] 그리고 1·2호 모두 바닥에 화덕과 불을 피운 흔적이 없다.

규모는 1호가 2호보다 약간 큰데 장경 6m · 단경 5.5m · 바닥면적 17.6m², 2호는 장경 5.2m · 단경 4.6m · 바닥면적 14.4m²이다. 벽 높이는 1호가 0.85~1.1m, 2호가 0.6~0.8m이다. 1·2호 모두 벽의 종단면이 굴곡을 이루는 부분도 있지만 대체로 직선적으로 벌어지고 구지표와 100~120도 전후의 각도를 이룬다.

토갱은 2군으로 나뉘는데 하나는 1호주거 동남쪽에 밀집하고 다른 하나는 2호주거 서쪽에 산재한다. 형태는 타원형(2·5·6호) 또는 원형(1·3호)이고 토갱 입구부가 말각 방형, 바닥이 타원형인 것(4호)도 있다. 입구부는 장경 1.5~1.8m, 단경 1.3~1.5m로 크기의 편차가 크지 않지만 바닥부는 장경 1~1.7m, 단경 0.9~1.2m로 편차가 약간 크다.

토갱 6기 가운데 4호만 깊이 65cm로 깊은데 나머지는 모두 35~45cm 범위에 있다. 매토는 두 층으로 나누어지는 경우(1·2·4·6호)와 구분되지 않는 경우(3·5호)가 있지만 확실히 자연적으로 퇴적되었다고 판단할 수 있는 예는 없다. 모두 인위적으로 메웠다고 봐도 좋다. 1호토갱에서 출토된 무로야카소(室谷下層)식에 유사한 환저풍의 평저 완형발은 의도적으로 파쇄한 공헌품일 것이다. 이러한 사정을 고려하면 토갱을 모두 무덤이라고 볼 수 있다.

자갈군은 1호주거의 남동쪽 3m 거리에 있고 지름 3~15cm의 하천석과 암괴를 길이 1.5m · 폭 1.3m 정도 범위에 모아둔 것이다. 모두 열을 받았으며 주위에는 목탄편도 산재해 있다. 보고문에는 1호주거에 공반되는 실외노로 기술되어 있지만, 다른 곳에서도 지적된 바와 같이 현재보다 한랭한 환경에서 실내에 난방시설을 전혀 갖추지 않았다고는 생각하기 어렵다. 의도적으로 준비한 화덕이 없을 뿐, 이 시기의 주거에도 실내노가 갖추어져 있고 실외노는 이와는 다른 기능을 담당하였다고 봐야 할 것이다.[80]

오미야노모리우라의 취락

유적은 아게마츠쵸(上松町)의 북서쪽에 현 수면에서 비고(比高) 100m(표고 820m) 전후인 남북으로 뻗은 구릉 사이에 협재된 폭이 좁은 선상지 상에 있다. 이 선상지는 기소가와(木曾川) 강 연안에 넓게 분포하는 화강암에 고마가다케(駒ヶ岳)기원의 니류(泥流)가 겹쳐진 것으로 발굴구역 주변에는 지름 1m를 넘는 화강암 암괴가 산재해 있다. 아게마츠쵸의 시가지화 구역은 선상지의 선단부(표고 740m 전후)에 해당하고 선정부와의 비고는 20m 전후이다. 선정 주변에는 화산회기원의 토양(=loam)이 1m 정도의 두께로 퇴적되어 있고 그 아래는 고결된 스코리아(scoria)*²⁷층이 있다.[81]

유적 남쪽에 흐르는 나카자와가와(中沢川) 강을 따라 습지가 형성되어 있다. 보고서에서는 취락이 폐기된 후에 형성되었다고 해석한다. 그러나 지형도를 통해 추측한 바에 따르면 니류가 밀려 들어오거나 테프라의 강하로 막혀 형성된 것으로 취락이 성립되었을 때 이미 존재했다고 볼 수 있다. 어느 해석을 취하느냐에 따라 취락형성 당시의 경관이 크게 달라진다.

유적은 조사구의 북동 모서리에서 남서 모서리로 향하는 완사면 위에 위치하고 중기후엽, 나아가 고대와 중세의 유구 외에 조몬 만기의 유물도 확인되었다. 초창기의 유구는 주거 9동(9~11·13~15·19·23·25호), 토갱 7기(2283·2902·3290·3328·3622·3757·3975) 외에 유물집중지점 2개소, 포함층 1개소가 있다. 이 유구들은 대다수가 조사구 중앙부의 경사변환부에 집중하고 일부는 조사구 서남 모서리에 모여 있다.

출토토기는 조형문·낙조체압흔문을 시문한 토기도 있지만 압도적으로 많은 것은 주부지방에 주로 분포하는 표리(表裏)승문토기이다. 그 밖에 연사문토기도 소량 출토된다. 보고자인 신야 카즈타카(新谷和孝)는 표리승문토기를 신구로 나누고 연사문토기는 늦은 그룹에 가까운 연대라고 하였다.[82] 조형문토기와 압압(押壓)승문토기, 나아가 표리승문토기와 남칸토의 연사문토기의 선후관계가 확정되었다고 할 수 없지만 현재 조형문·낙조체압흔문토기가 표리승문토기보다 이르다고 생각된다.

토갱 3622에서 소위 화살대연마기[矢柄研磨器, 有溝砥石]가 출토되었는데 조형문·낙조체압흔문토기 시기까지 소급될 가능성이 있다.[83] 유물집중지점과 유물포함층에서 이 시기임이 분명한 것은 확인되지 않는다. 앞에서 유구가 조사구의 중앙과 서남 2개소로 나누어져 집중한다고 지적하였다. 유물집중지점, 즉 조형문·낙조체압흔문기의 생활흔적이 쌍방에 걸쳐 있는 점이 주목된다. 신야는 표리승문토기 가운데 고단계

(9~11·13·15·19호)와 신단계 전반(25호)의 주거가 중앙부에 있고, 서남부 주거(14·23호)는 신단계 후반에 해당한다고 생각하였다.[84]

이제 중앙부의 수혈주거 배치를 실마리로 하여 취락 거주역의 구성과 추이를 추측해 보자. 이 주거군은 완사면 말단을 향해 호상으로 펼쳐져 있고, 15·19호를 양단에 두어 거의 대칭적으로 배치하였다. 신야는 표리승문토기 고단계의 주거 가운데 11·13·19호와 9·10·15호가 각각 공존하고 전자가 후자보다 오래되었다고 생각하는 것 같다(도 119). 그러나 9·10호, 11·13호가 매우 근접한 곳에 위치하므로 동시에 존재하였다고 보기 어렵다. 동쪽(11·13·15호)과 서쪽(9·10·19호)이 쌍을 이루며 3시기에 걸쳐 재건축되었다고 생각하는 것이 좋을 것 같다. 서남부의 주거 2동(14·23호)도 근접한 위치에 있으므로 선후관계가 있을 것이다. 이 경우 어느 하나가 25호와 공존했을 가능성도 있다. 이러한 추측이 가능하다면 취락의 거주역 구성과 변천은 가고시마현 가쿠리야마에서 추정한 것[85]과 매우 유사해진다. 즉 취락을 구성하는 주거는 많아도 2동, 경우에 따라서는 1동이라고 봐야 한다.

오미야노모리우라 주거는

a. 바닥면적 20~25m²인 것(13·19·25호)

b. 12~16m²인 것(9~11·24호)

으로 나뉜다.[86]

a는 남칸토의 연사문기 중형주거와 미야기현 마츠다와 같은 규모이다. b는 남칸토 연사문기의 소형주거와 같고 도호쿠 북반부의 히바카리형 압형문기의 것보다 크다.

수혈 평면형태는 중형인 것이 오각형·육각형, 소형인 것이 타원형·달걀형이다. 그러나 모두 벽을 따라 그리고 바닥중앙에 기둥을 배치하고 있어 상부구조는 동일하다고 생각된다. 기둥을 고정하는 방법은 두드려 박은 것으로 보이는 것(25호)도 있지만 대다수는 단면이 역제형이므로 굴립형태인 것 같다.

주거지와 토갱의 위치관계가 반드시 명확하지는 않지만 토갱은 주거지 가까이에 배치되는 것 같다. 매토를 나눌 수 있는 것과 나눌 수 없는 것이 있음은 구시비키와 같다. 매토에서 완형 및 완형에 가까운 토기가 출토되어 무덤이라고 추정되는 것(2283·2902·3757·3975)이 많다.[87]

유물은 폐기된 주거(=구덩이)에 집중 출토된다. 가쿠바리 준이치(角張淳一)는 석기 출토량이 많은 주거(11·13·19·25호)와 적은 주거(9·10·14·15·23호)가 있고 마석의

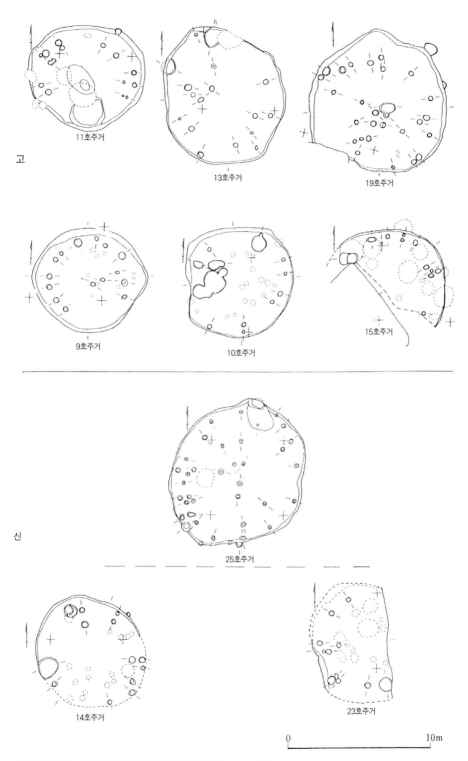

고

신

도 119 오미야노모리우라의 표리승문기 주거의 변천(주 69 문헌에서)

출토량은 큰 차이가 없으며 박편석기(석촉·스크레이퍼) 출토량에 현저한 변화가 나타나는 점, 석명은 박편석기가 적은 주거에 집중하는 경향이 있다는 점을 지적하였다.[88] 폐기장소의 선택, 폐기된 석기구성 등 간토지방의 연사문기 취락과 공통된다는 사실에 주의해야 한다.

토갱 3328에서 출토된 밤과 25호주거에서 출토된 도토리 등은 초창기의 식물성 식료 내용을 보여 주는 예이다.

(10) 열도 각지에서 정주취락의 확립과정

지금까지의 내용을 토대로 일본열도 각지에서 정주취락이 성립하는 과정을 정리해 보자.

현재 우리 손 안에 있는 데이터로 판단하자면 정주취락의 성립에는 두 개의 중핵지역이 있다. 하나는 남큐슈, 또 하나는 남칸토를 중심으로 하는 혼슈 중앙부이다. 그러나 초창기전엽의 남큐슈와 남칸토를 비교해 보면 꽤 현저한 차이가 있다.

남큐슈의 융선문토기는 매우 대형인 것이 드물지 않다. 예를 들면 가고시마현 시카제가시라(志風頭)의 굴뚝이 딸린 노혈에서 출토된 완형(完形)토기는 구경 43cm·높이 26.5cm·추정용량 16l에 달한다.[89] 시카제가시라에서 마석과 석명은 그다지 보이지 않지만 가세다시 가코이노하라에서는 마석류 15점, 석명 8점이 출토된다. 이에 비해 수렵구는 석촉 9점 정도에 지나지 않는다.[90] 오쿠노니다(奧ノ仁田)유적에서도 대형토기가 다량 출토되는데 석명이 14점, 마석류 242점이 출토되었다. 반면 석촉은 겨우 4점뿐이다.[91]

이미 서술한 바와 같이 이 시기에는 수혈주거가 보급되었다고 할 수 없지만 히가시쿠로츠치다의 저장공과 더불어 정주를 전제로 하는 안정된 식량자원인 식물성 식료의 이용이 꽤 활발해졌음을 엿볼 수 있다. 반면 간토지방의 초창기전엽에는 식물성 식료의 처리용구는 전무하지는 않지만 매우 적고 창[手槍] 및 투창을 중심으로 한 수렵구의 비율이 높다. 토기용량도 적은 것이 주류를 이루고 출토량도 많지 않다. 남큐슈에서는 초창기전엽에 이미 낙엽활엽수의 견과류의 탄닌제거·가공·저장기술이 확립되었던 것에 비해, 남칸토에서는 수렵활동이 생업의 기반이었다고 할 수 있다. 초창기전엽의 남큐슈에서는 정주취락이 성립될 전제조건이 정비되어 그 맹아가 나타나지만 지역적인 현상에 지나지 않는다.

남칸토의 연사문토기군 후반기, 주부지방의 표리승문토기군기, 그리고 남큐슈의 패각문원통토기군기에는 수혈주거를 중심으로 하는 취락이 성립된다.[92] 그리고 여기서 소개한 구시비키의 취락은 도호쿠 북부에서도 정주취락 성립을 향한 움직임이 초창기중엽에 시작되어 그 영향이 혼슈 북단까지 미쳤음을 말해 준다. 각지의 유적에서 다량으로 출토되는 석명·마석류, 그리고 오미야노모리우라에서 출토된 밤과 도토리는 이곳에서도 견과류의 탄닌제거·가공·저장기술이 정주생활을 실현하는 데 큰 역할을 했음을 말해 준다.

이 시기의 취락에는 노혈(=실외 화덕), 집석토갱(실외노) 등의 시설 외에 주거에 인접하여 토갱이 설치된다. 이 중에는 저장구덩이로 볼 만한 것도 있고 구시비키와 오미야노모리우라처럼 토갱묘로 봐야 하는 것도 있다. 니가타현 우노키(卯ノ木)[93]의 플라스크 토갱군은 초창기중엽 저장시설의 실례로 귀중한 존재이다. 이 경우에는 주거에서 떨어진 장소에 저장시설만 집중 설치되었던 것 같다. 전기후엽 이후에 현저해지는 거주역에서 분리된 저장시설의 배치에 앞서는 자료로 주목해야 할 것이다. 남칸토 연사문토기군기의 대형주거를 저장시설로서의 기능을 갖춘 저온계절의 주거로 해석할 여지도 있다.

이 시기 즉 초창기중엽에서 조기전엽의 취락은 오미야노모리우라에서 본 것처럼 많아도 3동 전후의 주거가 완사면 일부에 호상으로 배치되고 주변에 저장시설 또는 묘가 조성된다. 전기중엽 이후에 현저해지는 거주집단이 취락 내 공간을 분할해서 이용하는 예는 보이지 않는다. 작업·제사를 위한 공간인 광장을 둘러싼 소수의 주거, 그 주위에 배치된 저장시설과 무덤이라는 경관이 이 시기의 평균적 취락모습인 것 같다.

니가타현 오야하라(大谷原)에서는 토갱군, 주거군, 급수시설[水場]·폐기장 시설을 이중의 환상으로 배치한 취락이 확인된다고 한다.[94] 시기는 조기중엽(패각침선문기)으로 명확한 환상시설의 가장 오래된 예로 주목된다. 다만 이러한 각종 시설이 좁은 범위에 집중된 예는 전기중엽에도 많지 않고 환상배치를 보여 주는 경우라도 가나가와현 난보리(南堀)처럼 주거군이 토갱군을 둘러싸는 정도이다.

한편 남칸토의 기도사키(木戶先)와 사기노모리(鷺森), 미야기현 이마구마노(今熊野)의 예도 뒤에 설명하겠지만 취락 내의 공간이 3단위의 거주집단으로 분할되는 경우가 꽤 광범위하게 확인된다. 간토지방에서는 이에 대응하는 형태로 묘역이 형성되고, 저장시설은 그다지 현저하게 확인되지 않지만 미야기현 이마구마노에서는 거주역과 분리된 곳에 저장시설이 집중하고 이 구역이 3분할되어 있다. 이마구마노와 같은 예가 도호쿠지방의 일반적인 경향인지는 아직 확실하지 않다. 어느 쪽이든 거주집단을 기반으로 하여 취락 내 공간이 분할되는 현상은 정주라는 시스템이 완전하게 정착하였음을 보여 주는 지표가 된다.

주

1 일반적으로 식료 공급량이 다른 계절에도 거주를 계속할 수 있는 경우를 정주라고 부르는 것이 논리적으로 맞다. 그러나 일본열도 대부분의 유적에서는 판단의 실마리가 거의 남아 있지 않다. 주거의 재건축·개축은 소위 차선책이다.

2 出口 浩·雨宮瑞生·岡本満子, 「掃除山遺跡-県道玉取迫~鹿児島港線建設に伴う緊急発掘報告書·下巻」(『鹿児島市埋蔵文化財発掘調査報告書』12, 1992).

3 青崎和憲, 「加栗山遺跡」(『鹿児島県埋蔵文化財調査報告書』13, 1981).

4 岡本孝之·小林謙一·桜井準也, 『湘南藤沢キャンパス内遺跡』2: 120-131, 300-304, 慶應義塾大学, 1992).

5 河内公夫編, 『武蔵国分寺跡西方地区·武蔵台遺跡II·資料編2』(都立府中病院内遺跡調査会, 1994).

6 新東晃一, 「縄文集落の変遷=九州」(『季刊考古学』44: 57-61, 1993).

7 出口 浩·雨宮瑞生·岡本満子, 「掃除山遺跡」, pp. 43-46.

8 出口 浩·雨宮瑞生·岡本満子, 「掃除山遺跡」, pp. 33, 40-43.

9 어느 쪽이든 그 원인은 이 단계의 미숙한 건축기술에서 찾을 수 있다. 상세한 설명은 이 책 제10장 2. 성립기 정주까지 (4) 간토의 성립기 정주에 나와 있는데 굴립주가 아닌 박는 기둥을 채용한 점, 재우기와 말리기 등의 원목 사전처리가 이루어지지 않은 점이 중요한 의미를 가질 것으로 생각된다.

10 雨宮瑞生, 「掃除山遺跡の時代-温帯森林の初期定住」, p. 122(『掃除山遺跡』119-126).
여기에서 아메미야가 소지야마의 시기를 "남큐슈 초창기의 비교적 늦은 단계"라고 보는 데에 동의할 수 없다. 소지야마의 연대는 초창기전엽이다.

11 소지야마와 가코이노하라 등 남큐슈 유적의 융기선문토기 출토량은 혼슈에 비해 매우 많다. 정확한 숫자를 제시할 수 없지만 토기 사이즈도 크다. 간토지방의 초창기후엽에 현저해지는 대형 토기의 대량소비에 앞서는 현상(후술)으로 식물성 식료 처리와 관련 있을 것이다.

12 瀬戸口望, 「東黒土田遺跡発掘調査報告」(『鹿児島考古』15: 22-54, 1981).

13 青崎和憲, 「加栗山遺跡」(加藤晋平·小林達雄·藤本 強編, 『縄文文化の研究』8: 97-107, 雄山閣出版, 1982).

14 青木 豊·内河隆志, 『勝坂遺跡第45次調査』(相模原市教育委員会, 1993).

15 오츠카 타츠로(大塚達朗)는 사격자문토기와 와문토기 등을 조몬토기로 보고 소원기를 설정하였다. 그러나 이 토기들의 지역성은 아직 확실하지 않다. 여기서는 이전에 언급한 바와 같이 융기선문토기를 최고의 조몬토기로 본다. 본문에서는 원칙적으로 초창기를 전엽·중엽·후엽으로 나누었지만 중엽·후엽을 합쳐서 포스트융선문기로 부르는 경우도 있다.
大塚達朗, 「窩紋土器研究序説(後編)」, pp. 178-183(『東京大学文学部考古学研究室紀要』10 下: 129-202, 1991).
林 謙作, 「縄文土器のはじまり」, pp. 36-40(小野 昭·鈴木俊成編, 『環日本海域の土器出現期の様相·1993年度日本考古学協会シンポジウム』31-44, 雄山閣出版, 1994).

16 安藤広道, 「特別展·縄文文化誕生·展示解説」, p. 7(横浜市歴史博物館·横浜市ふるさと歴史財団埋蔵文化財センター, 1996).

17 坂本 彰·倉沢和子編, 「花見山遺跡」, pp. 21-32(『港北ニュータウン地域内埋蔵文化財調査報告』16, 横浜市ふるさと歴史財団, 1995).

18 小林謙一·桜井準也, 「II区の調査」, pp. 120-131(岡本孝之編, 『湘南藤沢キャンパス内遺跡II·岩宿時代·縄文時代I』, 慶應義塾大学, 1992).
桜井準也·小林謙一ほか, 「慶應義塾湘南藤沢キャンパス内遺跡における人々の生活と歴史」, pp. 601-

604(岡本孝之編,『湘南藤沢キャンパス内遺跡Ⅰ・総論』585-661, 慶應義塾大学, 1993).

19   岡本孝之編,『湘南藤沢キャンパス内遺跡Ⅱ・岩宿時代・縄文時代』, pp. 33-38, 180-183.

20   相田 薫ほか, 「月見野遺跡群上野第一地点」(『大和市文化財調査報告書』21, 1986).
     月見野遺跡調査団編,『神奈川県大和市月見野上野遺跡第二地点発掘調査報告書』(玉川文化財研究所,
     1984).

21   原田昌幸, 「縄文時代の竪穴住居跡-その出現・普及の両期を認識する」, p. 31(『月刊文化財』293: 29-37,
     1988).

22   原田昌幸, 「撚糸文期の竪穴住居址-資料の集成と其の解題的研究」(『土曜考古 』7: 65-95, 1983), 「続・撚糸
     文期の竪穴住居址」(『土曜考古』8: 57-74, 1984).

23   보고서에는 무사시다이에서 확인되는 연사문기의 유구 연대가 제시되어 있지 않다. 여기서는 연사문토기
     군의 종말기―초창기종말로 해 둔다.
     河内公夫編,『武蔵国分寺跡西方地区・武蔵台遺跡Ⅱ・資料編2』(都立府中病院内遺跡調査会, 1994).

24   주혈 단면이 도면으로 표시되어 있는 예를 통해 판단하는 한, 벽 쪽의 주혈은 벽에 사선으로 교차되는 것이
     많아 복옥식 구조가 주류를 이룬다고 추측된다. 다만 J-6호주거처럼 벽 쪽의 주혈이 수직으로 서 있는 것
     도 있어 복옥식뿐이라고 단정할 수 없다.

25   戸田哲也, 「縄文時代草創期後半の竪穴住居について」(『大和市史研究』9-3, 1983,『東京都町田市成瀬西
     遺跡群発掘調査報告書』, 成瀬西区画整理地内遺跡調査団, 1990에 재수록).

26   今村啓爾, 「総括」, p. 286(吉田 格・上野佳也・今村啓爾編,『東京天文台遺跡』281-290, 東京大学東京天文
     台・東京天文台遺跡調査団, 1983).

27   佐々 孝, 「3号住居」, p. 158(『東京天文台遺跡』, pp. 144-165).

28   견방(遣方)[*28]을 설치하기 위해 말뚝을 박아 그 주위의 롬이 탈색되어 있는 것을 관찰한 적 있다.

29   佐々 孝, 「3号住居」, p. 144.

30   佐々 孝, 「3号住居」, p. 158.

31   浅見 潤・川田正樹・高麗 正・斉藤圭子・下原祐司・塚越孝行・沼上省一・吉田 格, 「羽根沢台Ⅱ」, p. 236(『三鷹
     市埋蔵文化財調査報告』18, 三鷹市教育委員会・三鷹市遺跡調査会, 1996).

32   小松真名・竹田 均・小林深志, 「多摩ニュータウンNo.145遺跡」, pp. 143-156(『多摩ニュータウン遺跡昭和
     56年度』1: 135-200, 東京都埋蔵文化財センター, 1982).

33   말할 필요도 없이 석촉의 출토량이 바로 그 주거를 이용한 시즌을 나타낸다고 생각하지는 않는다.

34   일반적으로 스템프형 석기에 현저한 사용흔이 남아 있지 않은데, 무사시다이에서는 타열면에 마모・고타
     (敲打) 흔적이 있는 것이 소수 확인된다.

35   杉原荘介・芹沢長介, 「神奈川県夏島における縄文文化初頭の貝塚」(『明治大学考古学研究室研究報告』2,
     1963).

36   岡本明郎, 「日本における土器出現の自然的・社会的背景について」(『考古学研究』8-4: 10-16, 1962).

37   松田 猛・森川幸雄・岸田早苗, 「大鼻遺跡」(『三重県埋蔵文化財調査報告』100-5, 1994).
     松田真一,『奈良県山辺郡山添村・大川遺跡-縄文時代早期遺跡の発掘調査報告書』(山添村教育委員会,
     1989).

38   高鼻町教育委員会,『山形県高鼻町日向洞窟遺跡西地区・第一次・第二次調査説明資料』, 1988.

39   工藤利幸,『馬場野Ⅱ遺跡発掘調査報告書』, pp. 32-36(『岩手県文化振興事業団埋蔵文化財発掘調査報告
     書』99, 1986).

40   아오모리현 구시비키에서 초창기중엽의 수혈주거가 확인되고 동시기의 토갱에서 무로야카소식의 완형심
     발이 출토된다고 한다[가네코 나오유키(金子直行)의 지적]. 마베치가와 강유역 그리고 기타카미가와 강

상류역은 북일본의 정주보급기의 동향을 엿보는 데 중요한 지역의 하나임에 틀림없다.

41 手塚 章·菊地政信, 「米沢市万世町桑山団地造成地内埋蔵文化財調査報告書」 2: 1-192(『米沢市埋蔵文化財調査報告書』 8, 1983).

42 鈴木 茂·原 充広ほか, 「真野ダム関係遺跡発掘調査報告書」 10: 7-135(『福島県文化事業団埋蔵文化財調査報告』 83, 1987).

43 志間泰治編, 「東北自動車道関係遺跡発掘調査概報(白石市·柴田郡村田町地区)」, pp. 67-82(『宮城県文化財調査報告書』 25, 1972).
    土崎山武·菊地逸夫, 「仙南·仙塩·広域水道関係遺跡調査報告書」 2: 13-98(『宮城県文化財調査報告書』 88, 1982).

44 千田和文, 「大新町遺跡第35次調査」(『大館町遺跡群(大新町遺跡)-平成元年度調査概報』, 盛岡市教育委員会, 1990).

45 高橋信雄·昆野 靖, 『日本の古代遺跡 岩手』, pp. 5, 53-54(保育社, 1996).
    神原雄一郎·室野秀文, 『庄ヶ畑A遺跡』(盛岡市教育委員会, 1996).
    본문 중의 설명은 모리오카시교육위원회 자료.

46 工藤竹久·藤田亮一·村木 淳, 「八戸市西霊園整備事業に伴う埋蔵文化財発掘調査報告書-見立山(2)遺跡」(『八戸市埋蔵文化財調査報告書』 38, 1989).

47 阿部千春·領塚正浩, 「南茅部町川汲遺跡における縄文時代早期前半の一様相-日計式併行期の集落と出土遺物を中心として」(『北海道考古学』 32: 115-125, 1996).

48 馬目順一, 「竹ノ内遺跡-縄文早期遺跡の調査」(『いわき市文化財調査報告』 38, 1982).

49 三浦謙一, 「飛鳥台地I遺跡発掘調査報告書-東北縦貫自動車道関係遺跡発掘調査」(『岩手県文化振興事業団埋蔵文化財調査報告書』 120, 1988).

50 三浦圭介·三宅徹也·白鳥文雄, 「売場遺跡掘調査報告書(第3次調査·第4次調査)」(『青森県埋蔵文化財調査報告書』 93: 1-376, 1984).

51 高橋和樹, 「函館市中野A遺跡」(『(財)北海道埋蔵文化財センター調査報告書』 79, 1992).

52 馬目順一, 「竹ノ内遺跡」, pp. 22-25.

53 土崎山武·菊地逸夫, 「仙南·仙塩·広域水道関係遺跡調査報告書」 2: pp. 68-77.
    岡本東三, 「押型紋土器」(『季刊考古学』 21: 33-39, 1987).
    領塚正治, 『『三戸式』と『日計式』-縄文時代早期における地域間交渉の実態』(『人間·遺跡·遺物(2)』, pp. 93-100, 発掘者談話会, 1992).
    이바라기(茨城)현 가리마타사카(刈又坂)에서 히바카리형 압형문과 다도카소식 압인문을 함께 시문한 예 [다케시마 쿠니모토(竹島國基) 수집·후쿠시마현박물관 소장(?)]가 확인되어 히바카리식의 하한을 보여 준다.

54 구연부 내면이 비후되고 구연단이 능을 이루는 것(도 106-8·9)은 오우라야마(大浦山)1식에 대비된다. 게다가 표면에 압형문(?)을 시문하고 구연단을 둥근 봉상도구로 각목한 토기(도 106-16)도 주목을 끈다.

55 1호주거에서 출토된 토기에는 구연부가 약간 내경하는 것(도 112-5)이 있고, 2호주거에서는 구연단 내각이 내경하며 마찬가지로 외각을 단속적으로 새겨 타원형 각목이 있는 것(도 112-7)이 있는데 모두 드문 사례이다. 또한 〈도 112-6〉은 중층거치(重層鋸歯) 압형문 위에 사격자압형문을 겹치고 침선으로 구획하였다. 고식 침선문토기와의 관계를 엿볼 수 있는 자료이다.

56 실측도로 추측하는 한 HP35의 벽면은 물론 바닥면에도 서까래 흔적이 거의 확인되지 않는다. HP33보다는 가늘지만 이 주거도 주립형으로 나카노A H1과의 유사성도 표면적인 것에 지나지 않는다.

57 和泉田毅·遠藤香澄·熊谷仁志·高橋和樹ほか, 「函館市中野A遺跡-函館空港拡張工事用地内埋蔵文化財発

掘調査報告書』(『北海道埋蔵文化財センター調査報告書』79, 1992).

　　和泉田毅·遠藤香澄·倉橋直孝·高橋和樹ほか,「函館市中野A遺跡(II)-函館空港拡張工事用地内埋蔵文化財発掘調査報告書」(『北海道埋蔵文化財センター調査報告書』84, 1993).

58　和泉田毅·遠藤香澄·倉橋直孝·高橋和樹·花岡正光ほか,「函館市中野B遺跡-函館空港拡張工事用地内埋蔵文化財発掘調査報告書」(『北海道埋蔵文化財センター調査報告書』97, 1996).

　　和泉田毅·遠藤香澄·倉橋直孝·高橋和樹ほか,「函館市中野B遺跡(II)-函館空港拡張工事用地内埋蔵文化財発掘調査報告書」(『北海道埋蔵文化財センター調査報告書』108, 1996).

59　坂本洋一·松山 力·三浦圭介·渡辺 誠,「中野平遺跡-第二みちのく有料道道路建設に係る埋蔵文化財調査報告書(第一分册)-縄文時代編」(『青森県埋蔵文化財調査報告書』134, 1991).

60　手塚 孝,『八幡原No.5(二夕俣A遺跡)』, 1983.

61　脇本和昌·垂水共之·田中 豊編,「パソコン統計解析ハンドブックI·基礎統計編」, p. 2(共立出版, 1984).

62　脇本和昌·垂水共之·田中 豊編,「パソコン統計解析ハンドブックI」, pp. 7-8.

63　馬飼野行雄·渡井一信·伊藤昌光,「若宮遺跡-西富士道路建設に伴う埋蔵文化財発掘調査報告書(II)」, p. 479(『富士宮市文化財調査報告書』6, 日本道路公団名古屋建設局·静岡県教育委員会·富士宮市教育委員会, 1983).

64　吉田 格,「縄文早期花輪台式文化-茨城県花輪台貝塚」, pp. 459-462(斎藤忠博士頌壽記念論文集編纂委員会編,『考古学叢考』下·455-479, 吉川弘文堂, 1988).

65　나카노A는 모노미다이식(II군B류)의 비율이, 나카노B는 스미요시쵸식(II군D1류)의 비율이 압도적으로 높다. 무시리I식도 나카노B에 집중한다. 보고서의 II군C류·D2류[네자키(根崎식)]를 스미요시쵸식으로 하였다.

66　구라하시 나오타카(倉橋直孝)는 말각방형 → 말각장방형 → 달걀형으로 변한다고 하였다.
　　和泉田毅ほか,「函館市中野A遺跡(II)」, pp. 346-347, 348-349.

67　구라하시는 1991년도에 확인된 주거에서는 "경사재(傾斜材)를 벽 밖으로 내는 것이 매우 많다"고 지적하였다(「函館市中野A遺跡(II)」, p. 349). 그러나 '경사재'가 서까래를 가리키는 것이라면 해당하는 주거는 본문에서 지적한 6예에 지나지 않는다.

68　小田川哲彦·新山隆男·坂本真弓·平山明寿·小山浩平,「櫛引遺跡-東北縦貫自動車道八戸線(八戸~八戸)建設事業に伴う遺跡発掘調査報告書」(『青森県埋蔵文化財調査報告書』263, 青森県教育委員会, 1999).

69　神谷和孝·角張淳一·渡辺 誠,『長野県木曾郡上松町 お宮の森裏遺跡-一般国道19号線上松バイパス建設事業に伴う埋蔵文化財緊急発掘調査報告書』(建設省飯田工事事務所·上松町教育委員会·長野県教育委員会, 1995).

70　이 책 제10장 2. 성립기 정주까지 (7) 바닥면적의 시기차 및 지역차, (8) 주거의 형상과 구조 참조.

71　모두 도리키자와(鳥木沢)식[도호쿠 중부의 쟈오도(蛇王洞)III층·오테라(大寺)최상층에 해당한다]으로 패각침선문토기군 후엽에 해당한다.

72　도와다(十和田)칼데라에서 기원한 것으로 분출연대는 8,600B.P.전후로 여겨진다.

73　V층과 VII층 상면 사이에 니노쿠라(二ノ倉)화산회가 협재되어 있어야 하지만 구시비키에서는 그 위치가 확실하지 않다. 이 화산회의 공급원도 도와다칼데라로 연대는 9,000~10,000B.P.로 여겨져 왔지만 최근에는 11,000~13,000B.P.로 보는 의견도 있다.

74　공급원은 도와다칼데라이다. 연대는 13,000B.P.로 여겨진다. 도와다기원의 테프라 가운데 가장 광역에 분포한다.

75　조자쿠보(長者久保)석기군은 이 층에서 출토된다.

76　구시비키에서는 다승문토기 외에 소량이긴 하지만 조형문토기도 출토된다. 조형문이 출토되는 유구는 확인되지 않는데 유구주변에서 출토되는 유물이 모두 유구와 동시기라고 할 수 없다.

77 고스기 야스시(小杉 康)의 이야기에 따르면 이 경향은 남칸토의 연사문기 취락과 공통된다.

78 보고문에서는 이들을 주혈 이외의 것으로 보고 있다. 그러나 단면형이 역제형인 점을 제외하면 규모는 간토의 연사문기, 도호쿠·홋카이도의 패각침선문기의 것과 큰 차이가 없다. 게다가 매토의 퇴적상황으로 보아 주혈로 봐도 좋은 것도 있다. 이러한 이유로 1호주거 내외에서 확인되는 소형의 토갱을 주혈로 판단하였다.

79 단, 여름 집과 겨울 집으로 구분하여 짓고 사용하는 것이 정착했다고 단정할 수 없다.

80 林 謙作,「ふたつのムラ」, pp. 27-32(佐原 真編,『日本列島に生きた人びと』1: 20-64, 岩波書店, 2000).

81 입지 및 지형과 관련되는 내용은 보고서(pp. 5-6) 내용과 보고서에 게재된 지형도(上松町都市計画図, 1:2500)를 필자가 판독한 결과를 보충한 것이다. 선정부에 퇴적되어 있는 스코리아(scoria)의 명칭은 확실하지 않지만 마치다 히로시(町田 洋) 등이 편집한 『火山灰アトラス』를 참조하면 확인할 수 있다. 기소니류(木曾泥流)(약 50,000B.P.)의 퇴적 이후에 강하한 것이 확실하다.

82 神谷和孝·角張淳一·渡辺 誠,『お宮の森裏遺跡』, pp. 245-249.

83 神谷和孝·角張淳一·渡辺 誠,『お宮の森裏遺跡』, p. 39.

84 神谷和孝·角張淳一·渡辺 誠,『お宮の森裏遺跡』, pp. 262-264.

85 林 謙作,「ふたつのムラ」, pp. 26-64.

86 15·23호의 면적을 측정할 수 없었지만 모두 20m² 이하로 생각된다.

87 토갱 3328에서 밤이 출토되어 저장구덩이(穴倉)일 가능성도 있다. 그러나 와타나베 마코토(渡辺 誠)는 그 양을 90개 전후로 추정하기 때문에 부장된 것으로 볼 수도 있다.
 神谷和孝·角張淳一·渡辺 誠,『お宮の森裏遺跡』, pp. 39, 268.

88 神谷和孝·角張淳一·渡辺 誠,『お宮の森裏遺跡』, pp. 185-186.

89 上東克彦·福永裕曉,「志風頭·奥名野遺跡」, p. 29(『加世田市埋蔵文化財発掘調査報告書』16, 加世田市教育委員会, 1999).

90 上東克彦·福永裕曉·雨宮瑞生,「椿ノ原遺跡」, pp. 60-61(『加世田市埋蔵文化財発掘調査報告書』15, 加世田市教育委員会, 1998).

91 児玉賢一郎·中村和美,「奥ノ仁田遺跡·奥嵐遺跡」(『西之表市埋蔵文化財発掘調査報告書』7, 西之表市教育委員会, 1995).

92 이 토기군의 연대는 모두 9,000B.P. 전후로 추정되는데 더 정확한 연대측정을 시행할 필요가 있고 무엇보다 광역편년을 확립할 필요가 있다.

93 佐藤雅一·星野洋治·石坂圭介·岡 修司,「信濃川水系における縄文草創期の様相」(『シンポジウム環日本海地域の土器出現期の様相』, 雄山閣, 1993).

94 石坂圭介·駒形敏明·増子正三,「住居と集落」, p. 130(新潟考古学会編『新潟県の考古学』, pp. 128-147, 高志書院, 1999).

역주

*1   시라스대지는 화산쇄설물 및 화산재로 뒤덮여 평탄하게 메워진 대지를 일컫는데, 여기서는 이러한 곳이 지형상 단이 지거나 웅덩이처럼 나타나는 곳을 말한다.

*2   마에비라식은 조기전반 남큐슈에서 발달한 평저의 원통형 내지 각통형 토기군의 한 형식이다.

*3   이시자카식은 조기전반 남큐슈에서 발달한 평저의 원통형 토기군의 한 형식이다.

*4   망처리가 된 곳이 도면과 일치하지 않는다.

*5   소원기는 융기선문토기 이전, 즉 초창기 이전으로 설정한 시기를 말한다.

*6   이나리다이식은 간토지방을 중심으로 하는 조기전반의 연사문계토기군인 이구사식·나츠시마식에 이어지는 형식이다.

*7   벽의 허리 높이로 둘러댄 판자를 가리킨다.

*8   벽의 아래 부분에 대는 판자를 가리킨다.

*9   원서에는 '구덩이가 달려 있는' 또는 '구덩이가 없는'으로 기술되어 있는데, 바닥중앙에 화덕을 설치하기 위해 굴착한 구덩이가 있는 것과 없는 것을 말한다. 이해를 돕기 위해 '구덩이를 파서 만든' 또는 '구덩이를 파지 않은'으로 번역하였다. 이하 동일하다.

*10 히라사카식은 간토지방의 무문토기로 구성된 조기전반의 토기형식이다.

*11 하나와다이식은 간토지방 동부에 분포하는 조기전반 연사문계토기 종말기의 토기형식이다.

*12 히바카리식은 동북지방을 중심으로 분포하는 패각침선문계토기에 선행하는 조기전엽의 압형문계토기형식이다.

*13 미토식은 간토지방의 조기중엽 패각침선문계토기의 한 형식이다.

*14 다도카소식은 간토지방의 조기중엽 패각침선계토기 중엽의 한 형식이다.

*15 쓰키노키조소식은 도호쿠지방 남부의 패각침선계토기에 후속하는 승문조흔토기의 한 형식이다.

*16 원서에 RA6505로 기술되어 있는데 본문 내용에 비추어 보면 RA6506이 옳다.

*17 합각지붕이라고도 한다. 마룻대에서 처마까지 한 장의 면이 아니라, 구획을 지어 한 단 낮게 하여 처마까지 지붕을 얹는 형식을 말한다.

*18 척관법은 전통적인 계량방법으로 길이는 자[尺], 양의 단위는 되[升], 무게의 단위는 관(貫)으로 하는 도량법이다.

*19 다도조소식은 간토지방 패각침선문계토기군 종말에 위치하는 조기중엽의 토기형식이다.

*20 시보구치식은 간토지방 조기후엽의 패각조흔문계토기군 초두의 토기형식이다.

*21 모노미다이식은 도호쿠지방의 조기중엽 패각침선문계토기군의 한 형식이다.

*22 스미요시쵸식은 홋카이도에 분포하는 조기의 첨저 패각침선문계토기군의 한 형식이다.

*23 무시리식은 조기전반의 패각침선문계토기군 후반의 토기형식이다.

*24 〈도 117-10〉은 H22b가 아닌 H226으로 내용과 부합하지 않는다.

*25 중신세(中新世)라고도 한다. 신생대 제3기의 전반기에 해당한다. 2300만년 전부터 600만년 전까지를 일컫는다.

*26 화산회 등의 화산쇄설물을 총칭한다.

*27 암석찌꺼기를 뜻한다.

*28 건물을 세울 정확한 위치를 정하기 위해 마련하는 것을 말한다.

제11장 정주취락의 보급

1. 초기 정주를 둘러싼 제 문제

(1) 〈정주〉는 조몬시대에 시작되는가?

북일본에서는 조기중엽이 수혈주거─그리고 정주취락이 보급되는 획기가 된다. 이 경향은 북일본만이 아니라 남큐슈(南九州)를 제외한 일본열도 주요 지역에서 공통된다.

북일본에서 지적한 주거 바닥면적의 다양화, 주거 평면의 곡선화, 그 결과로서 평균적인 주거 바닥면적의 확대 등의 현상은 다소의 차이가 있더라도 열도 각지에서 공통되는 현상이라고 생각된다. 무엇보다도 간토(關東) 그리고 남큐슈 이외의 지역에서는 침선문 또는 압형문토기 단계의 수혈주거가 그 이전 단계에 비해 극단적으로 많아진다. 열도 전역을 조망해 보면 조기중엽이 수혈주거의 보급─따라서 정주적인 취락의 성립 및 보급의 한 획기라고 할 수 있다.

지금까지 정주의 내용을 정의하지 않은 채, 수혈주거를 정주의 지표로 설명해 왔다. 이제 지금까지의 설명을 요약하고 보충하면서 홀로세 초기의 정주성립 배경을 설명하고자 한다.

니시다 마사키(西田正規)는 정주(sedentism)가 영장류의 일원으로서 사람의 본성에 반하는 부자연스러운 형태라고 지적하고, 정주 개시부터 저장경제 성립에 이르기까지의 시나리오를 그렸다.[1] 사람 이외의 영장류는 유동생활(nomadism)을 영위한다. 확실히 정주는 '문화'라는 장비를 착용한 영장류가 몇몇 조건하에서 만들어 낸 생활임에 틀림없다. 생활에 변화가 일어나도 생물 기관의 진화와 달리, 변화를 고정시키는 물리적 조직이 없기 때문에 몇 번이고 다시 고칠 수 있다. 그러므로 조건에 따라서 인간은 유동에서 정주로, 정주에서 유동으로 편한 대로 생활을 선택할 수 있다고 봐도 무방하다.[2]

그러면 어떠한 조건하에서 〈정주〉가 성립될까? 일본열도에 한정하여 살펴보자. 구석기시대 사람들은 유동생활을 하고 정주생활이 성립되는 것은 조몬시대에 들어와서부터라는 것이 현재의 상식이다. 왜 일본열도 주민은 구석기시대(=플라이스토세)에 유동생활을 하고, 조몬시대(=홀로세)에 정주생활을 하게 될까?

후기 플라이스토세의 일본열도 주민은 나우만코끼리·큰뿔사슴, 장소에 따라 말코손바닥사슴·들소를 주요 식료로 삼았다. 이들 대형초식동물은 유라시아·북미대륙의 매머드·순록·말과 마찬가지로 먹이인 식물을 찾아 이동한다. 따라서 이들을 수렵하는 사람도 동물과 함께 계절에 따라 이동하게 된다. 홀로세에 들어오면 대형초식동물이 절멸하고 대규모로 이동하지 않는 사슴·멧돼지가 주요한 수렵대상이 되면서 유동할 필요도 없어진다. 더구나 상록활엽수·낙엽활엽수의 견과류, 어패류 등의 수산자원도 추가되어 식료자원 구성이 다양해진다. 이렇게 조몬시대에 정주생활이 성립된다. 이것이 플라이스토세에 유동생활을 보내던 일본열도 주민이 홀로세에 정주생활을 하게 된 배경의 〈정설〉이다.[3]

이 〈정설〉에는 적절하지 못한 부분이 적어도 두 군데 있다. 하나는 플라이스토세의 일본열도(정확하게 말하면 반도) 고유의 환경적 측면을 전혀 고려하지 않는다는 점이다. 또 하나는 대형동물사냥(Big-game Hunting)의 내용이 분명하지 않았다는 점이다. 설명이 반복되지만 〈정주〉문제와 깊이 관련되므로 다시금 설명하고자 한다.

(2) 일본'반도'의 자연환경

약 22,000~18,000년 전 플라이스토세 후기의 가장 한랭한 시기(=최후빙하극성기)의 현재 일본에 해당하는 지역은 아시아대륙의 동북단에 붙어 있는 반도였다. 지금부터 일본'반도'는 이 시기를 가리킨다.

유라시아·북미대륙 북반부, 즉 전형적인 대형동물사냥이 성립한 지역과 비교해 보면 일본반도의 자연환경은 다음과 같은 특징이 있다.

① 평지까지 확대된 빙하(대륙빙상)가 형성되지 않았다.

② 플라이스토세 후기에는 현재 일본열도의 골격을 이루는 세키료(脊梁)산맥을

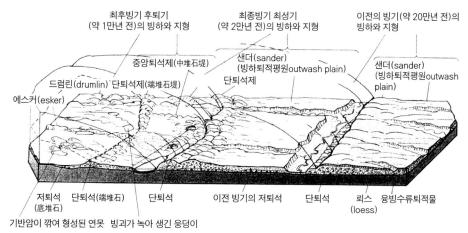

최후빙기 후퇴기
(약 1만년 전)의 빙하와 지형

최종빙기 최성기
(약 2만년 전)의 빙하와 지형

이전의 빙기(약 20만년 전)의
빙하와 지형

중앙퇴석제(中堆石堤)

샌더(sander)
(빙하퇴적평원outwash plain)

샌더(sander)
(빙하퇴적평원outwash
plain)

드럼린(drumlin) 단퇴석제(端堆石堤)

단퇴석제

에스커(esker)

저퇴석
(底堆石)

단퇴석(端堆石)

단퇴석

이전 빙기의 저퇴석

단퇴석

뢰스
(loess)

융빙수류퇴적물

기반암이 깎여 형성된 연못 빙괴가 녹아 생긴 웅덩이

도 120 주빙하지형의 모형도(주 4 문헌에서)

중심으로 하는 고산대, 그 주변의 산지가 이미 형성되어 있었다.

③ 따라서 주요 하천의 분포와 형태도 홀로세 이후와 가까운 상태였다.

④ 간빙기·아간빙기의 온난한 기후 하에서 성립된 평지림은 빙기에도 파괴되지
않고 더욱 온난한 지역에 잔존하였다.

대륙빙상 주변에는 특유의 주빙하지역(周氷河地域)[4][*1]—자연제방(堆石堤·
moraine)[*2]과 구릉(堆石丘·drumlin), 선상지·삼각주(outwash plain)가 성립된다(도
120). 활동하던 빙하 말단으로 운반된 물질[氷河碎屑物] 가운데 입자가 가는 것은 황토
(loess)가 되어 바람에 실려 토양의 모재(母材)가 된다. 뢰스로 덮인 구릉과 평지는 한랭
하고 건조한 기후하에서 초원—초식류의 먹이장소가 된다. 일본반도에서 이러한 주빙
하지형은 히다카(日高)산맥, 일본알프스 등 고산대의 국지적인 현상에 지나지 않는다.
반면 평지와 구릉에는 삼림이 파괴되지 않고 남아 있어 기후변화와 함께 천이한다.

일본열도에서 생활하는 인간에게 수평선은 그렇다 치고, 지평선은 전혀 실감할 수
없는 말이다. 열도에서 가장 규모가 큰 간토평야의 정중앙에 서서, 주위를 바라보아도
북·서·남의 시계에는 산이 들어온다. 일본의 평야는 "산지의 부속물"[5]이라고 말할 정
도로 규모가 작다. 일본의 평야는 하천이 산지로부터 운반한 암석과 토사가 산간분지
와 연안의 입강(入江)을 메운 것으로, 기반 암석이 긴 세월에 걸쳐 침식을 받아 형성된
대륙의 평야에 비하면 훨씬 늦은 시대의 산물이다. 그렇더라도 이러한 경관이 성립되
는 것은 마이오세(약 1,200만년 전)부터 플라이스토세 전반에 걸친 일이다. 일본열도에

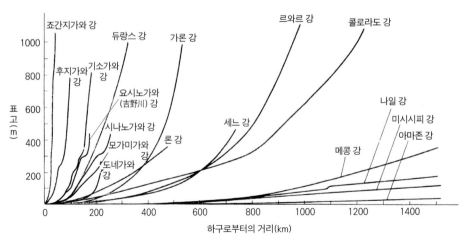

도 121 대륙과 일본열도의 하천 구배(주 6 문헌에서)

인류가 등장할 즈음에 이미 그 근간이 형성되었다.

일본의 하천 형상을 관찰해 보면 일본의 평야 규모가 작은 점을 납득할 수 있다. 오모리 히로오(大森博雄)는 일본의 하천이 "짧고 급하"고 "폭포와 같다"고 지적하였다.[6] 그는 수원에서 하구까지의 거리를 횡축으로 하고 비고차를 종축으로 하여 하천의 단면형을 그렸다(도 121). 도야마(富山)현 죠간지가와(常願寺川) 강 등은 "폭포와 같은" 하천이다. 일본 제일의 규모를 자랑하는 도네가와(利根川) 강의 유로는 확실히 일본의 하천 중에서 구배가 가장 낮다. 그러나 론 강·세느 강에 비하면 수원 가까이에는 급한 구배를 가진다. 미시시피 강·아마존 강·나일 강 등과는 비교할 수 없다. 무엇보다도 일본의 하천은 대륙의 하천에 비해 유로가 매우 짧다. 평탄하고 광대한 평야를 흐르는 대륙의 강과 산지에서 바다를 향해 흐르는 호상열도의 강, 그 차이를 분명히 파악할 수 있다.

오모리는 일본과 외국 하천을 유역면적 순으로 나열하여 비교하였다(도 122). 유역면적은 연안의 분수령으로부터의 거리에 비례하므로 간접적으로 평야면적을 비교하는 것이 된다. 유라시아대륙에 있는 구소련(당시)의 하천 규모는 비교 불가능하다. 프랑스의 하천은 이에 비하면 규모가 작지만 일본 하천보다 훨씬 크다. 반도에 있는 한국과 노르웨이, 안데스산맥이 해안으로 막혀 있는 칠레, 이 나라들의 하천은 대륙의 일부이지만 일본열도의 강과 규모가 유사하다. 그러나 일본열도에 흐르는 하천은 이 나라들의 하천에 비해 굴곡이 많고 지그재그로 꺾여 있다.

게다가 세계 1위(아마존 강)와 2위(미시시피 강), 구소련의 5위와 6위, 그리고 6위, 7위 사이에 유역면적 차이를 나타내는 급격한 단차가 있다. 일본 하천의 곡선에는 이러한 단차가 보이지 않는다. 규모가 거의 같더라도 한국의 하천은 대소의 차가 일본열도보다 두드러진다. 일본 하천의 유역면적에 큰 차이가 없다는 점, 바꾸어 말해 하천에 따라 분포하는 평야의 규모가 모두 작고 현저한 차이가 없음을 말해 준다.

이 하천들의 특징은 일본열도의 구조—

① 플레이트의 경계에 있는 융기대로 남북 길이에 비해 동서 폭이 월등히 짧다,

② 기반암석의 연대가 비교적 젊고 다양한 연대의 퇴적암과 분출암이 섞여 있다,

③ 이 암체들의 규모가 작고 지각변동에 따른 물리적·화학적 힘의 영향을 받는다

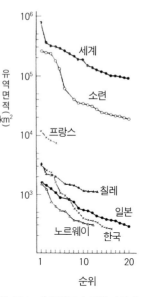

도 122 세계 각국과 일본 하천의 유역면적 비교(阪口 豊·高橋 裕·大森博雄, 『日本の川』, 岩波書店, 1986에서)

에서 유래한다. 일본의 평야는 하천이 고산대·산지로부터 운반한 암석과 토사로 분지와 강, 만을 메운 것으로 그만큼 침식을 받기 쉽다. 이는 기반이 되는 암체 자체가 긴 세월에 걸쳐 침식을 받아 온 대륙의 평야와는 경관과 구조의 양면에서 이질적이라고 해도 좋다.

하천형상을 검토해 본 결과 모자이크상이라는 일본열도 지형의 특징이 떠올랐다. 현재의 일본열도에 해당하는 지역에 인류가 등장한 때에는 이미 모자이크상 지형의 골격이 완성되어 있었다.[7] 식물 및 동물분포가 이러한 지역의 제약을 받는다. 일본반도의 주민은 모자이크상 지형 및 정원과 같은 경관 속에서 획득할 수 있는 자원을 이용했던 것이다.

나스 타카요시(那須孝悌) 등이 작성한 최후빙하극성기의 식생 복원도(도 123)를 보자.[8] 일본반도의 대부분은 삼림으로 덮여 있고 초지와 초원의 분포는 고산대(히다카산맥, 일본알프스 등)의 산정부와 능선, 대규모 화산활동이 있던 지역[아이라(始良)·아소(阿蘇) 양 칼데라 주변]에 한정된다.

홋카이도 가운데 현재의 이시카리(石狩) 저지대보다 북쪽지역에는 눈잣나무의 군

1. 빙하(검은색) 및 고산의 나지(裸地), 초지(눈잣나무대를
   제외한 고산대에 해당하는 지역)
2. 눈잣나무 군락 및 아한대성 소림(疏林)
3. 잎갈나무를 동반하는 아한대침엽수림
4. 잎갈나무를 동반하지 않는 아한대침엽수림(주부지방 및
   긴키지방에서는 일부에 낙엽송이 동반)
5. 냉온대침활혼교림(너도밤나무를 동반한다)
6. 너도밤나무를 거의 동반하지 않는 냉온대침활혼교림.
7. 난온대상록활엽수림(조엽수림)
8. 토지가 매우 건조하고, 초지가 발달한 지역
9. 현재의 해안선
10. 최종빙기 최한랭기의 해안선

	1		6
	2		7
	3		8
	4		9
	5		10

도 123 최후빙기 최한랭기의 일본열도 식생대(주 8 문헌에서)

락과 침엽수림이 듬성듬성 펼쳐진 파크·툰드라에 가까운 식생이 보인다. 다만 대형동물사냥의 무대가 될 법한 경관은 이 지역 외에 보이지 않는다. 홋카이도 남부에서 데와(出羽)구릉·아부쿠마(阿武隈)산지까지의 평지와 구릉에는 아한대침엽수림, 그 남쪽에는 산지나 평지에도 활엽수와 침엽수가 섞인 숲(냉온대침활혼교림)이 펼쳐져 있다. 이러한 동서 방향의 가로 줄무늬에 쐐기를 박듯 세키료산맥과 그 주변 산지의 아한대침엽수림이 남북으로 펼쳐진다. 그 결과 일본반도의 식생대는 도호쿠 북부 이북과 규슈를 제외하면 현재와 마찬가지로 동서로 분단된다. 더구나 현재의 남큐슈·시코쿠(四國) 또는 기이(紀伊)반도·이즈(伊豆)반도 등의 태평양 연안의 온난한 지역에는 난온대

상록활엽수림이 남아 있다.

현재의 유라시아·북미대륙 북반부에서는 툰드라[9]·아한대침엽수림·냉온대침활혼교수림·초원(유라시아대륙 서남부에서는 지중해형 난온대수림)이 북에서 남쪽을 향해 동서방향으로 거의 평행하게 펼쳐진다. 이 지역에도 가로 줄무늬상의 식생분포를 교란시키는 요소가 있다. 유아시아대륙의 알프스·우랄·알타이·유카기르, 북미대륙의 알래스카·애팔래치아·록키산맥 주변에는 한대 또는 한대적인 경관이 두드러지고 산록의 평야부까지 소규모적이고 중간적인 식생대가 혼재한다. 그러나 이미 설명한 것과 같이 이 지역의 평야는 매우 광대하고 평탄하여 산지와 고산대 비율이 매우 낮다. 그 결과 이 지역의 식생대 구성은 일본열도에 비해 훨씬 단순하다.

북미대륙 북부는 알래스카의 일부를 제외하고 5대호 남안까지 빙상으로 덮여 있다. 록키산맥 동쪽, 애팔래치아산맥 남쪽지역에는 영구동토의 흔적이 넓게 분포하고, 멕시코만 연안과 플로리다반도를 제외한 광대한 지역은 툰드라가 되어 아한대침엽수림은 유카탄반도까지 후퇴하였다고 추정된다.[10] 유라시아대륙 서남부에서는 브리튼섬에서 스칸디나비아반도에 걸친 지역이 거대한 빙상으로 덮여 있고, 서쪽은 현재의 프랑스에서 중부유럽의 평원, 게다가 유럽러시아 남반부까지 툰드라가 확대되어 지중해 연안에만 폭이 좁은 수림대가 보인다.[11]

(3) 대형동물사냥(Big-game Hunting)의 허망함

이와테(岩手)현 하나이즈미(花泉)와 나가노(長野)현 노지리코(野尻湖) 등의 자료에 의하면 일본반도 또는 일본열도의 주민이 나우만코끼리와 큰뿔사슴 등 대형초식동물을 수렵하였음을 부정할 수 없다.[12] 호반이 펼쳐진 장소에서 사냥하였을 가능성이 높다. 한편 홋카이도 가시와다이(柏台)의 화석림 및 석기군처럼 삼림 안의 초지에서의 수렵을 말해 주는 유적,[13] 미야기(宮城)현 도미자와(富澤)의 화석림과 석기군, 불 피운 흔적이 보여 주는 것처럼 최한랭기 전후에 분비나무·가문비나무의 삼림에서 사슴속 수렵이 이루어졌던 것도 무시할 수 없다.[14] 모두 일본열도에서 일어난 일이다. 이 두 대립되는 데이터를 어떻게 이해해야 할까?

박물관의 구석기시대 수렵장면을 복원한 전시는 예외 없이 초원 속의 나우만코끼리 또는 큰뿔사슴을 대상으로 한다. 앞서 이야기한 것처럼 플라이스토세의 일본열도(반도) 주민의 수렵 포획물 리스트에 대형초식동물이 포함되어 있었던 것도 분명하다.

표 50 각종 식생대에 분포하는 초식동물(주 16 문헌에서)

계절이동	하지 않음	소규모	대규모
툰드라	사향소, 고산토끼, 설치류, 발쥐속	스텝바이슨, 야생말, 털코뿔소, 큰뿔사슴	매머드, 순록
상록침엽수림	말코손바닥사슴, 원우, 들소*, 순록*, 야생말*, 비버, 일본멧토끼, 집토끼, 생쥐, 집쥐, 다람쥐	붉은사슴, 와피티사슴, 다마사슴	
침·활혼교림	원우, 야생말*, 멧돼지, 노루, 일본멧토끼, 비버, 생쥐, 노르웨이쥐, 다람쥐	붉은사슴, 와피티사슴, 시로오지카, 구로오지카, 다마사슴	
중위도초원	큰코영양, 가지뿔영양, 발쥐속, 프레리도그, 일본멧토끼, 집토끼, 얼룩다람쥐, 햄스터, 날쥐, 발쥐속	야생말	들소

*: 삼림 적응 타입

그렇다고 대형초식동물을 포획하는 사람들을 모두 대형동물사냥꾼(Big-game Hunter)이라고 할 수는 없다.

대형동물사냥이라는 이미지의 기원은 북아메리카에 있다. 이곳에서 누구도 의문의 여지가 없는 12,000B.P.로 거슬러 올라가는 데이터는 확인되지 않는다. 고든 윌리(G. R. Willey)는 클로비스(Clovis), 폴섬(Folsom) 등 기부에 통상박리(樋狀剝離)를 한 창을 가지고 매머드와 들소를 수렵하는 대형동물사냥 전통을 설정하였다. 그러나 본인조차 이 명칭은 생업상을 너무 단순화시켜 부적절한 부분이 있다고 인정한다.[15] 오늘날에는 본향인 북아메리카에서조차 군생하는 대형초식동물에만 의존한 수렵민이 존재했는가에 대해 비판적 견해를 내세우는 쪽이 많다. '매머드 헌터' 등과 같은 옛날 이미지가 남아 있는 것은 세계에서 일본뿐으로 제4기와 구석기연구가 뒤처졌음을 말해준다.

그러면 일본반도의 주민은 어떠한 형태의 수렵을 하였을까? 극소수의 예외는 있지만 수렵의 주된 대상이 초식동물이었음은 확실하다. 따라서 그 구성은 식생대에 따라 변화한다. 다시 부처(Butzer)에 의한 각종 식생대에 서식하는 초식동물을 소개하고자 한다(표 50).[16]

구석기시대 사람들이 수렵 대상으로 삼은 초식동물 가운데 기복이 적은 툰드라와 초지에 완전히 적응한 것은 매우 소수인데, 현생종으로는 순록, 절멸종으로는 매머드에 지나지 않는다. 초원에 서식한다는 이미지가 강한 순록 또는 들소와 야생말 중에도 삼림에 적응한 개체군이 있다.

삼림에 적응한 개체군은 툰드라와 초원에 서식하는 같은 종의 개체군에 비해 규모가 작다.[17] 이 개체군들은 고온계절에 삼림 사이에 산재하는 초지를 먹이장소로 삼고 숲을 휴식지로 하며, 저온계절에 숲을 먹이장소 및 휴식지로 삼아 거의 이동하지 않는다. 삼림에 서식하는 붉은사슴의 개체군이 같은 토지에 일년 내내 서식한다는 사실은 레게(A. J. Legge)와 로우리-콘위(P. A. Rowley-Conwy)가, 스타카(Star Carr)유적*3을 연중(周年) 거주가 이루어진 중핵기지로 보는 그레이엄 클라크의 견해를 수정하여, 초여름에 이용된 수렵기지라고 생각하는 근거의 하나가 된다.[18]

소규모―시각을 바꾸면 밀도가 낮은―개체군을 대상으로 하는 경우에는 규모가 큰―밀도가 높은―개체군을 대상으로 하는 경우와 다른 방침을 취해야 한다. 수렵 대상이 이동하지 않기 때문에 이주할 필요가 없어진다. 대신 단일 종에만 의존하면 자원은 금세 고갈되어 버린다. 몇 종류의 대상을 바꾸어 가며 이용해야 한다. 저밀도 개체군에 의존해야 하는 삼림환경하에서는 연중거주 또는 플래너리(K. V. Flannery)가 광범위 전략(broad spectrum strategy)이라고 부르는 다양한 자원이용[19]이 고밀도 개체군의 존재를 전제로 하는 툰드라와 초원 등의 환경과는 비교되지 않을 정도로 빨리 성립한다고 봐야 한다.

일본반도와 같이 삼림이 탁월한 환경하에서는 설사 대형초식동물을 수렵하였다고 해도 대상이 된 것은 저밀도 개체군임에 틀림없다. 이들 개체군이 비록 계절적으로 이동하였다고 해도, 내륙고지(고온계절)와 연안저지(저온계절)를 왕복하는(Transhumans) 형태였음에 분명하다. 그렇다면 인간이 이동하는 범위도 이나다 타카시(稲田孝司)의 말처럼 장대한 것은 아니고,[20] 비고차로 500~600m, 직선거리로는 100km 이내의 소규모적인 것임에 틀림없다.

게다가 주빙하 환경과 비교하면 소규모적인 초지를 포함하는 삼림환경은 개체군의 밀도가 낮긴 하지만 식료자원의 다양성이 풍부하다. 이러한 조건하에서 대형초식동물과 정착성이 높은 중~소형초식동물 포획을 적절하게 병행하면 연중거주도 불가능하지 않을 것이다. 현재 일본사슴의 생태를 관찰한 결과에서는 한 개체군의 계절이동은 20~30km 범위에 포함된다.[21] 수렵대를 구성하고 복수 개체군을 쫓으면 연중거주도 불가능하지 않다.

〈정주〉가 반드시 홀로세의 조몬문화 특유의 현상이 아니라 플라이스토세의 구석기문화 단계에 성립되었을 가능성을 인정해야 한다. 당연한 이야기이지만 스즈키 타다시(鈴木忠司)가 지적한 것과 같은 식물성 식료자원 이용의 가능성, 나아가 스즈키 자신은 부정적인 태도를 취하지만 조건이 갖추어진 지역에서는 수산자원 이용도 이루어 졌을 가능성이 전제가 됨은 말할 필요도 없다.[22]

다만 이는 어디까지나 플라이스토세 일본열도의 제 조건하에서 성립되는 것이지, 홀로세에 그대로 계승되는 것이 아니다. 종말기 나이프~세석인이 이용되던 시기를 거쳐, 주거, 화덕(爐), 무덤 등 〈정주화〉의 강화를 반영하는 시설이 증가하는 점을 지적하고, 이것이 조몬시대로 이어진다고 시사한 의견도 있다.[23] 너무 낙관적인 이야기이다. 플라이스토세 말기~홀로세 초기의 환경변화와 더불어 정주가 성립하는 제 조건은 리셋되고, 시행착오의 결과 새로운 형태의 조몬적인 〈정주〉가 성립된다. 그것이 실상일 것이다.

(4) 〈정주〉를 파악하는 관점

플라이스토세 일본반도의 환경조건하에서 연중거주가 실현될 가능성이 있다고 지적하였다. 바꾸어 말해 구석기적인 정주가 성립될 가능성을 부정할 수 없다. 그러나 구석기시대의 주거 보고 예가 극소수라는 점은 이미 지적하였다. 현재 우리에게 허락된 데이터로 보는 한 플라이스토세 일본반도의 주민이 정주하였다고 해도 그것은 내구성이 높은 시설(=주거)의 건설을 전제로 하지 않았다고 봐야 한다.[24]

일본열(반)도의 구석기적 정주가 "풍부한 조건하에서의 연중거주"의 수준에 머물러 있다면, "내구성 높은 시설의 건설이 이루어지는 연중거주"가 조몬적인 정주라고 할 수 있다. 이는 일본열도 특유의 사건이 아니라 세계 각지의 주빙하권 밖에 있던 지역—예를 들어 서남아시아, 발칸반도 등—에 공통된다.

서남아시아의 나투프문화는 정주적인 수렵채집민의 한 예로서 이미 일본에도 소개되었다. 여기서는 발칸반도의 아이안게이츠지구(구 유고슬라비아)의 레펜스키 비르(Lepenski Vir)의 예를 살펴보자.[25] 유적은 도나우 강 본류에 면한 하안단구 위에 있고 취락은 BC 5600년 전후에 형성되기 시작하여 BC 4700년 전후까지 계속된다. 그 기간은 I~III기로 대별되고 레펜스키 비르III기에는 소수의 염소 또는 양이 사육되었을 가능성이 있는데, 그 이전에는 개 이외에 다른 가축이 전혀 보이지 않는다. 곡물은 전 기간에 걸쳐 확인되지 않는다. 견과류 채집·어로·수렵이 주민의 주요한 생업이었다고 추측된다.

대형의 석조노(石組爐)가 있고 가장자리에 판석을 놓은 부채형 주거가 총 123동 확인되었다. 모두 하안에 접하는 광장을 향해 입구를 설치하여 방사상으로 배치되어 있다. 주거군은 동서 2군으로 나뉘고 양 군의 중앙에서 약간 안으로 들어간 위치에는 한층 더 큰 규모의 주거가 있다. 동시에 공존하는 주거 수는 최대 25동 전후로 대체로 10~12동 정도일 것이다. 주거는 대소로 구별되고 대형주거의 화덕 안쪽 벽 부근에는 인간의 두부 또는 상반신 석상이 놓여져 있다.

레펜스키 비르는 일본 선사문화 연대로 치환하면 조몬 조기에 해당한다. 이 취락의 모습은 전통적 관념에 따르자면 신석기문화—그것도 고도로 발달한—여야 한다. 그러나 이 취락 주민은 1,000년 가까이 지속된 역사의 마지막 단계에 겨우 개 이외의 가축을 일부만 도입하였다. 바꾸어 말하면 이 취락의 주민은 수렵채집경제의 틀 속에서 식료를 생산하는 사회에서도 거의 실현될 수 없을 정도로 복잡한 물질문화를 창출하였다. 우리가 조몬문화를 평가할 때 이 사실을 무시할 수 없다.

레펜스키 비르의 주민은 견과류, 어류, 육지동물 3종류의 식료자원을 이용하였다. 이 조합은 조몬인의 주요 식료자원과 공통된다. 식료자원을 유효하게 활용하는 데 저장이 큰 역할을 하였을 것이라는 점도 공통될 것이다. 같은 주빙하권 밖에 있더라도 그에 이르기까지의 경위마저 일치한다고 할 수 없다. 도나우 강 중류역과 일본열도에서는 해면상승 효과가 전혀 달랐음에 틀림없다. 고스기 야스시(小杉 康)는 홀로세 중기에 해면이 가장 상승한 때의 일본열도 육지면적은 최후빙하극상기에 비해 36% 정도 감소하였다고 추측하였다.[26] 이미 지적하였듯이 일본열도의 평야는 하천과 강만의 연안에 집중한다. 따라서 육지면적의 감소는 평지면적의 감소를 뜻한다. 도나우 강 중류에서 이러한 변화가 일어났다고 생각하기 어렵다.

평야가 수몰되면 초식동물의 월동지와 상당한 양의 식료자원이 없어진다. 그 결과 초식동물은 심각한 타격을 받게 된다. 인류도 감소해 가는 초식동물 개체군을 빼앗아 가며 영역(territory)을 재편성해야 했을 것이다. 낙엽활엽수를 중심으로 하는 견과류와 어패류 이용은 이러한 변동의 결과로 감소된 전통적인 식료자원의 감소, 좁아진 영역 등에 대응하기 위한 조치였음에 틀림없다.

견과류 이용은 먼저 남큐슈에서 활발해진다. 앞서 소개하였듯이 가고시마(鹿児島)현 소지야마(掃除山), 가코이노하라(椛ノ原)에서 출토되는 석명(石皿)과 마석의 양은 가나가와(神奈川)현 하나미야마(花見山), SFC 등 남칸토의 동시기 유적과 비교되지 않을 정도로 많다. 마찬가지로 토기 크기와 출토량도 남칸토를 상회한다. 대형 위석노[舟形

爐]와 함께 대량의 견과류 가공처리, 나아가서 가공한 식물성 식료의 저장이 이 지역에서 가장 빨리 시작되었다고 보는 근거이다.[27] 히가시쿠로츠치다(東黒土田)의 저장공은 미가공의 식물성 식료 저장도 이루어졌음을 말해 준다. 남큐슈의 식물성 식료의 이용과 저장은 신규 기술개발이라기보다는 세석인 나아가 나이프형석기 단계부터 있던 전통적인 기술개량이라고 봐야 한다.

수산자원 ─ 어패류의 이용은 약간 늦게 남칸토에서 활발해진다. 나츠시마(夏島), 니시노죠(西之城), 히라사카(平坂), 하나와다이(花輪台) 등 열도에서 가장 오래된 패총들은 이 지역에 집중한다. 이 시기의 패총은 매우 소수지만 현재의 해저와 충적면 아래에 매몰되어 있는 것도 상당한 수에 이를 가능성이 있다는 점을 염두에 둘 필요가 있다.[28] 나츠시마와 하나와다이에서 출토되는 낚싯바늘은 어로가 수중의 포획물을 대상으로 하는 수렵에서 분리되어 생업 카테고리로 독립되었음을 말해 준다. 해수수렵을 비롯한 몇 종류의 활동이 수산자원 활용이라는 길을 열었을 가능성도 고려해야 한다.

왜 남칸토에서는 수산자원 활용이 열도의 다른 지역보다 빨리 시작되는 것일까? 고토쿄(古東京)만 연안에는 도네가와 강을 비롯해 비교적 규모가 큰 하천이 몇 개나 흘러 들어온다. 그 결과 고토쿄만은 급속도로 메워져 수산자원 이용에 적합한 천해역이 다른 지역보다 이른 시기에 성립되었기 때문이 아닐까? 가고시마현 오쿠노니다(奥ノ仁田)에서는 패각으로 새겨 넣은 융선문토기가 출토되어[29] 남큐슈 주민도 수산자원 이용에 무관심하지 않았음을 말해 준다. 그러나 이 지역의 강만은 수심이 깊은 수몰칼데라로, 대규모 하천도 흘러 들어오지 않는다. 남칸토와 같은 천해역이 형성되는 조건이 갖추어져 있지 않았기 때문에 이 지역에서는 수산자원 활용이 늦어졌을 것이다. 또 홀로세 초기에 들어와 난류와 한류의 회합점이 보소(房総)반도 앞바다까지 북상해 수산자원 종류가 풍부해졌다는 사정도 작용하였을 것이다.

이렇듯 다양한 자원이용을 전제로 하여 조몬형 정주가 실현된다. 수혈주거는 주요 식료자원의 대량획득·대량처리·식품저장, 그리고 보조적인 식료자원 활용이라는 생활설계가 확립된 결과로 실현된 정주를 상징한다. 저장은 와타나베 진(渡邊 仁)이 주장한 것처럼 정주의 결과가 아니라 정주의 전제이다.[30] 그리고 일본열도 각지에서는 초창기전반부터 조기에 걸쳐 각 지역 특성에 대응한 정주가 시도되었다. 그러나 다니구치 야스히로(谷口康浩)가 남칸토 연사문기의 취락 동향을 바탕으로 지적한 바와 같이[31] 이 시기의 정주는 불안정한 모습을 보여 주고 풍부한 조건하에서라는 측면이 꼬리표처럼 따라다닌다. 저장기술이 더욱 발전하고 비축이 더욱 확대되었을 때 조몬형 정주가 확립된다.

2. 구석기시대 및 조몬시대의 저장

(1) 일본열도에서 정주 성립의 조건

초창기후엽부터 조기중엽에 걸쳐 일본열도 주요부에 수혈주거가 보급되고 정주취락이 성립하는 양상을 설명하였다. 다시금 간단하게 정리하고자 한다.

정주가 성립하는 조건이 지구상 어디에서나 일정한 것은 아니다. 기상조건, 식료자원의 종류·규모·분포, 나아가 자원을 이용하는 인구규모와 기술수준 등에 좌우된다. 여기서는 중위도의 온대~아한대에 위치하는 일본열도에서 정주가 성립되는 조건을 생각해 보자.

일본열도의 기후는 저온계절과 고온계절의 변동이 있다. 열도의 양단에 해당하는 왓카나이(稚內)와 가고시마, 중간의 삿포로(札幌)·모리오카(盛岡)·나가노·히로시마(広島)의 네 도시[32]의 월평균기온을 비교해 보자.[33] 최고와 최저의 온도차는 온난한 가고시마에서도 20℃, 왓카나이에서는 25℃를 넘는다(표 51). 기온이 5℃ 이하가 되면 식물의 생육이 정지된다. 이 기간이 왓카나이에서는 연간 6개월, 삿포로에서는 5개월, 모리오카·나가노에서는 4개월, 히로시마에서는 2개월이 된다. 가고시마는 최저온도가

표 51 일본열도 각지의 월별 평년 기온(상단)과 일조시간(하단)(1961~1990년의 평균)(주 33 문헌에서)

도시명	4월	5월	6월	7월	8월	9월	10월	11월	12월	1월	2월	3월	년
와카나이	4.4	8.7	12.4	16.8	19.2	16.4	10.5	3.9	-1.6	-5.5	-5.7	-1.5	3.8
	175	186	170	152	148	179	132	59	29	44	81	146	1500
삿포로	6.4	12.0	16.1	20.2	21.7	17.2	10.8	4.3	-1.4	-4.6	-4.0	-0.1	4.2
	183	202	192	179	169	167	156	100	86	99	112	159	1806
모리오카	8.4	13.9	18.0	21.7	23.2	18.1	11.4	5.6	0.5	-2.5	-1.9	1.5	9.8
	181	206	165	149	166	132	156	88	48	126	137	174	1815
나가노	10.4	15.7	19.6	23.5	24.8	19.9	13.1	7.2	1.7	-1.2	-0.5	3.0	11.5
	189	205	153	166	192	130	143	130	127	122	125	169	1852
히로시마	13.4	17.8	21.4	25.7	26.9	22.8	17.0	11.4	6.5	4.0	4.5	7.7	15.0
	178	205	158	180	213	162	179	150	142	142	137	174	2020
가고시마	15.2	19.0	22.3	26.6	27.6	24.3	19.0	13.7	8.8	7.2	8.3	11.4	17.6
	150	157	123	189	207	168	183	151	142	131	123	153	1875

5℃가 되지 않는다.

　이러한 조건하에서는 식료가 풍부한 계절에 일상생활에 필요한 소비량을 상회하는 양의 식료를 수확하고 저장하여 식료가 부족한 기간을 견뎌야 한다. 저장은 일본열도에서 정주가 성립하는 필요조건이다. 다만 저장한 식료(=비축)만으로 결핍계절에 필요한 식료를 충당하기에 곤란한 경우도 적지 않다. 이러한 경우 이를 메꿀 자원을 이용하여 주요 식료소비를 낮출 필요도 있다. 보조적인 식료자원의 개발이 정주가 성립되는 충분조건이다.

(2) 구석기시대와 조몬시대의 저장

　온대·아한대에서는 생물형태로 식료(=식재)를 연중 보존할 수 없다. 따라서 저장은 두 과정—식재의 가공처리와 가공한 보존식품의 보존관리—을 포함한다. 가공처리 기술 외에 가공된 식품을 보관하는 용기가 필요하다. 더구나 어떤 시설이 없으면 충분한 양의 식품을 보존할 수 없으므로 저장효과가 좋지 않다. 식품을 보관하는 용기와 시설의 유무, 종류를 실마리로 하여 구석기시대와 조몬시대의 저장이 어떠했는지 검토해 보자.

저장방법

　테스타르(Alain Testart)는 수렵채집민이 채용하는 식료보존 기술을 열거한 바 있다.[34] 정리하고 보충하면 다음과 같다.

　① 저온

식재를 포장해 흙 속 또는 눈 속에 묻는다. 주로 육류를 대상으로 한다. 홀로세의 일본열도에서는 거의 이용되지 않았을 것이다. 검토대상에서 제외시킨다.

　② 상온건조

말린 것. 대상은 육류(조류·어패류), 식물(과실·옆경·근경·해초) 등으로 매우 넓다.

　③ 가열

　　a. 훈증: 주로 육류를 대상으로 한다.

　　b. 끓이기: 대상은 육류와 식물이고 주로 상온건조 및 훈증의 전처리로 실시한다.

　④ 담그기[液浸]

　　a. 물에 담그기: 주로 식물을 대상으로 한다.

b. 기름에 담그기: 주로 과실·어류를 대상으로 한다.

　　c. 소금물에 담그기: 육류·식물을 대상으로 한다.

⑤ 염장[35]

말린 것에 필적하는데 간토~도호쿠의 태평양 연안에서 후·만기에 토기제염이 시작되기까지 결정염을 이용한 염장은 없었을 것이다.

⑥ 발효

육류와 식물을 대상으로 한다.

⑦ 밀폐

담그기 또는 발효와 함께 이용하는 경우가 많다.

상온건조와 훈증처리를 한 식품을 보관하기 위해서는 통기성이 좋은 환경이 필요하다. 따라서 대자리[筵]와 암페라 등으로 포장하거나 소쿠리[笊]나 삼태기[籠] 등을 이용하는 경우가 많은데, 특별한 포장이나 용기를 이용하지 않는 경우도 적지 않다. 반대로 담그기, 발효, 밀폐 등의 경우에는 통기성이 낮은 용기가 필요하다. 특히 담그기와 발효에는 나무껍질[樹皮]제 용기, 목기, 토기, 가죽주머니 등 물이 새지 않는 용기가 필요하다.

구석기시대와 조몬시대 저장

식품보관에 필요한 용기, 비축을 관리하는 시설의 종류와 유무를 검토하면 구석기시대와 조몬시대 저장 양상을 추측할 수 있다. 앞서 설명한 용기 가운데 구석기시대에 확실하게 있었다고 볼 수 있는 것은 가죽주머니뿐인데 소쿠리나 삼태기 같은 편물과 목제용기가 구석기시대에 있었는지 확실하지 않다. 이 용기들은 확실히 조몬시대에 들어와 현저하게 발달한다. 설사 구석기시대에 보존식품 가공이 이루어졌다고 해도 말린 것과 훈제가 중심이지 그 외의 수단은 그다지 현저하지 않았을 것이다.

비축의 관리수단을 비교해 보면 구석기시대와 조몬시대 저장에는 결정적인 차이가 있다. 구석기시대의 저장용 토갱은 거의 알려져 있지 않다. 주거의 일부를 저장을 위한 공간으로 이용할 수도 있다. 그러나 구석기시대 주거는 유적 총수에 비해 미미하고―일시적인 은신처가 일반적이었다. 구석기시대 일본열도에서는 식료를 보관하는 시설이 보급되지 않았음이 분명하다. 본격적인 저장이라고 하기에는 거리가 멀고 수렵에서 다음 수렵으로 이어지는 짬 또는 이동기간을 메꾸는 정도였음이 분명하다. 본

격적인 비축과 저장이 조몬시대에 시작되는 요인으로서

　① 저장시설이 보급된 점

　② 대형 토기가 보급되고 그 결과

　　a. 유효한 자비(煮沸) 수단이 확보되고

　　b. 보존식품을 보관하는 용기의 종류도 증가한 점

　③ 견과류와 수산물(어패류·해초) 등 보존식이 되는 자원종류가 증가한 점

　④ 어로구를 비롯해, 새로운 종류의 자원을 이용하는 수단이 개발된 점

을 지적할 수 있다.

이 가운데 당연히 저장시설 보급이 결정적인 의미를 가진다. 토기의 역할도 무시할 수 없다. 지금까지 토기의 출현을 새로운 조리수단의 등장이라고 평가하는 입장이 지배적이었다.[36] 그러나 지금부터는 저장수단으로서의 토기역할에 주목하고 그러한 의미에서 토기보급을 평가해야 할 것이다.

지금까지 발견된 조몬시대 목제용기와 칠기는 식기가 중심으로 식품보관에 이용되는 대형의 발, 궤(櫃) 등은 포함되어 있지 않다. 담그기 또는 발효처리를 한 식품은 토기 안에 보관하는 경우가 많았음에 틀림없다.

이상으로 보아 자비수단으로서의 토기는 큰 역할을 하였다. 토기가 보급되기 이전에는 가죽을 붙인 토갱에 물을 붓고 구운 돌을 던져 넣은 온석자비(溫石煮沸)가 유일한 수단이었다. 간토 이남지역에서는 토기가 등장하고 나서도 잠시 동안 온석자비가 이용된다. 토기가 온석보다 효율이 높다고 단언할 수 없을지도 모른다. 그러나 토기의 대형화, 대량소비가 실현됨과 더불어 수산자원 이용이 활발해지고 저장시설 흔적도 현저해진다. 그리고 토기는 전통적인 온석을 대신하여 주요 자비수단이 되어 간다.

토기는 자비도구로서 어떻게 사용되었을까? 패류와 견과류를 보존할 경우 전처리과정으로 끓인다. 패류는 패각에서 분리하지 않으면 식품으로서의 이용가치가 없다. 가장 빠른 수단이 끓이는 것이다. 견과류도 끓여 발아를 방지하면 보존기간이 길어지고 식품으로 이용하기 쉬워진다. 전분으로 보존하는 경우에도 가루보다는 단자나 떡 등이 더 취급하기 쉽다. 이 경우에도 끓이는 작업이 필요하다. 상온건조와 훈증 등의 전처리 수단으로 끓이는 경우가 많다고 이미 언급하였다. 끓이는 것은 탄닌제거와 기름제거의 수단이기도 하고 나아가 기름제거는 유지(油脂) 추출로 발전한다.

3. 저장과 정주의 제 단계

(1) 저장과 비축의 제 단계

저장과 비축의 규모는

① 결핍계절에 대한 대처가 한계에 달한 경우

② 수년 주기로 찾아오는 변동에 대처할 수 있는 경우

    a. 평년을 넘는 수확이 계속된 결과, 우발적으로 잉여가 생겨나는 경우

    b. 평년에 잉여가 발생할 것으로 예상하고 저장하는 경우

로 구별할 수 있다. 잉여라는 요소를 고려하면 결핍계절에 대한 대처가 한계에 달한 경우는 물론, 우발적으로 잉여가 발생하는 경우, 잉여 발생을 염두에 두는 경우를 각각 독립적으로 구별해야 한다. 기념물을 건설할 때 잉여를 전용하기도 하므로 이 구분을 정주의 단계구분으로 치환할 수도 있다.

비축규모가 결핍계절의 필요량을 상회하지 않을 경우, 비축분은 모두 결핍계절에 소비되어 잉여가 발생하지 않는다. 정주가 성립되기 위한 필요최저한의 조건이 갖추어졌을 뿐이라고 할 수 있다.

수년 주기로 찾아오는 변동을 예측할 수 있는 경우, 잉여가 발생하는 빈도가 꽤 높아진다. 우발적인 잉여와 계획적인 잉여를 구별하기는 곤란하다. 그러나 잉여가 우발적으로 발생하는 한 저장의 주목적은 자가소비에 있고, 잉여 처분은 부정기적이고 기회에 따라 이루어진다. 잉여를 계획적으로 발생시키는 경우 저장 목적은 이미 자가소비의 틀을 벗어나 잉여 처분과 교환은 정기적으로 이루어진다. 따라서 우발적 잉여와 계획적 잉여를 구별할 필요가 있다.

다행스럽게도(?) 우리는 잉여 자체를 관찰할 수 없다. 처분과 교환이 이루어진 경우에 한해서 잉여가치가 발생하였음을 확인할 수 있다. 잉여가치는 기념물의 건조, 비현지성 물자의 유통, 위신재 생산 등의 행위에 전용되어 처분된다. 우발적인 잉여를 전용하는 한 이들 행위는 산발적이고 국지적으로만 나타날 것이다. 잉여를 계획적으로 발생시켜야 잉여가치를 처분하기 위한 행위가 비로소 정기적으로 광범위하게 이루어지게 된다.

이상의 내용에 따라 조몬시대 저장과 비축을 3단계로 나누어 각각 다음과 같이 구분할 수 있다.[37]

성립단계: 예측하고 처분하는 변동의 주기가 1년을 한도로 한다. 식재의 가공처리
　　　　(석명, 마석 등), 자비와 보관수단의 발달(토기의 대형화·대량소비), 식품의 관리시
　　　　설(저장구덩이·내구성이 높은 주거) 출현.
확립단계: 다음의 변성단계와 더불어 수년 주기의 변동을 예측하고 처리한다. 저
　　　　장시설(저장구덩이·창고)의 규모 확대, 부정기적인 잉여의 처분(제사시설과 묘역
　　　　등의 기념물, 비현지성의 위신재 생산과 획득).
변성단계: 계속적인 잉여의 처분(빈번한 대규모의 기념물 조영과 유지·관리, 위신재·
　　　　생존재 쌍방에 걸친 비현지성 물자의 계속적인 유통, 다양하고 게다가 다량의 주술적
　　　　물건 생산).

　잉여를 처분하는 수단에는 저장시설의 보급 및 확대, 제사시설과 묘지 등의 기념
물 조영 등 취락구성과 관련되는 요소를 포함한다. 따라서 정주화를 축으로 하는 조몬
취락의 발전단계 구분에도 유효하다고 생각된다. 단, 문제점도 있다. 지금까지의 내용
을 보충하면서 문제점을 지적하고 검토하고자 한다. 확립단계와 변성단계의 구체적인
예를 아직 소개하지 않았는데 우선 문제점만을 지적해 둔다.

(2) 시기구분과 단계구분의 의미

성립단계

　초창기~조기중엽이 이 단계에 해당한다. 다만 지역차가 크다. 위에서 설명하였듯
이 토기의 대형화와 대량소비 경향이 나타나고 저장기능도 갖추어진 시설(수혈주거[38]·
저장구덩이) 등이 출현하는 것은 남큐슈에서는 초창기전엽, 남칸토에서도 초창기후엽
으로 거슬러 올라간다.[39] 그러나 혼슈 중앙부에서는 조기전엽, 북일본에서는 조기중엽
에 이러한 양상이 나타난다. 일본열도의 자연환경 변화가 조몬시대 저장과 비축 시작
의 직접적 계기가 되는데, 각지의 자연환경이 획일적이지 않았던 결과라고 생각하면
설명이 된다.
　이 단계의 비축과 저장이 식료 공급량의 계절적인 변동을 조절하는 수단으로 얼
마나 효과적이었는가에 대한 평가는 애매한 부분이 있다. 민족지에 기록되어 있는 정
주형 수렵채집민은 보존용 식료를 주거와 독립된 저장시설에 보관하는 경우가 압도적
으로 많다.[40, 41] 초창기~조기중엽의 취락에서는 주거와 분리된 저장구덩이가 보이지만
결핍계절을 대비한 비축을 보관하는 시설로 보기에 규모가 작고 수도 적다.

도쿄도 무사시다이(武藏台), 도쿄텐몬다이(東京天文台), 가나가와현 아야세니시(綾瀬西) 등 남칸토 연사문기 유적에는 바닥면적 60m²를 넘는 대형주거가 확인된다고 이미 소개하였다.[42] 이것을 보존식품을 보관하는 월동용 주거로 해석할 수도 있을지도 모르겠다.[43] 다만 다른 지방에서는 아오모리(青森)현 나카노다이라(中野平)를 제외하고[44] 그에 필적하는 규모의 주거가 확인되지 않는다.[45] 가령 대형주거가 저장시설로서의 기능을 갖추고 있었다고 해도 열도 전역에 걸쳐 분포하였다고는 생각할 수 없다.

초창기후엽~조기전엽의 취락에서 소형수혈, 수혈모양유구 등으로 불리는 유구가 종종 확인된다. 바닥면적은 2~3m²를 넘지 않아 주거로 보기에는 너무 좁다. 혼슈 서남부를 제외한 각지에서 확인되고 대형주거에 비해 광범위하게 분포한다. 이런 종류의 유구를 저장시설로 해석할 수 있지만 아직 결정적인 근거가 없다. 매토의 퇴적상태, 화학조성[특히 인분(燐分)] 등의 데이터를 축적할 필요가 있다.

초창기후엽~조기중엽의 취락에 보이는 저장시설은 이 정도여서 저장시설이 보급되었다고 보기 어렵다. 적어도 현 데이터로 보는 한 남큐슈의 초창기전엽에 수혈주거와 저장구덩이가 정착되었다고 생각하기 어렵다.

다만 수혈주거·소형수혈·저장구덩이가 저장시설로서의 기능을 갖추고 있었다면, 초창기전엽의 남큐슈와 후엽의 남칸토 취락의 저장시설 보급 정도에는 무시할 수 없는 차이가 있다.

마석(磨石)·석명(石皿)의 보급, 토기의 대형화, 대량소비의 개시 등 식재 가공기술이 발달하는 한편, 미발달한 저장시설. 이러한 남큐슈 초창기전엽의 양상을 남칸토 초창기후엽의 양상과 구별하여 성립기(단계)에 앞서 형성기(단계)를 설정하고자 한다. 저장시설의 보급 정도에 문제가 있긴 하지만 남칸토 초창기후엽 이후와 북일본 조기전엽~중엽을 성립기(단계)로 한다.

논리적으로 조기후엽~전기초두는 성립기(단계)의 후반에 해당할 것이다. 그러나 현재 이 시기의 취락실상에 대해 거의 알려진 바가 없다. 당연히 각 지역 취락변천의 속도차, 변화의 방향차 등이 확실하지 않다. 여전히 문제점이 남아 있지만 지금은 이 시기까지를 성립기에 편입시켜 둔다.

확립단계

전기중엽에서 중기후엽까지가 이 단계에 해당한다. 나가노현 아큐(阿久),[46] 도치기

(栃木)현 네코야다이(根古谷台)[47]처럼 일반적인 수혈주거만이 아니라 굴립주건물, 대형 수혈(대형주거), 묘역 등 비상용시설을 갖춘 소위 정형취락—필자가 앞에서 제안한 구분에 따르자면 다기능 취락[48] —이 출현한다. 한 유적에서 확인되는 주거지 수도 일반적으로 말하자면 성립기 취락에 비해 꽤 현저한 증가세를 보인다. 주거의 증가를 어떻게 해석할 것인가는 '정주취락'의 문제와 더불어 재검토론자[49]와의 최대 쟁점이다.

이 단계(시기)에는 저장과 비축이 현저하게 확대된다. 저장과 비축은 조금이라도 집약적인 노동과 결부되는데 한랭한 지역에서는 이 경향이 한층 더 두드러진다. 〈표 51〉 하단에 제시한 월별 일조시간에 눈을 돌려 보자. 일조시간은 국지적인 기상에도 좌우되지만 대체로 고온기에는 길고 저온기에는 짧아진다. 표에서는 히로시마의 연간 일조시간이 가장 길고 가장 짧은 왓카나이와는 520시간—낮밤 각각 12시간으로 하여 43일—의 차이가 난다.

여기에 식물이 생육하는 조건을 고려하면 그 차이는 더욱 커진다. 히로시마에서는 3월부터 12월까지 평년기온이 5℃를 넘어 식물이 생육 가능하다. 그러나 왓카나이에서는 평년기온 5℃를 넘는 것은 5월부터 10월까지로 이 기간의 일조시간은 967시간, 12시간으로 환산하면 64.5일[*4]간의 차이가 있다. 바꾸어 말하면 위도가 높은 한랭한 지역의 식물은 위도가 낮은 온난한 지역의 식물보다 성장기간이 짧다.

온난한 지역에서는 결실에서 낙과까지의 기간이 길고 한랭한 지역에서는 그 기간이 짧아진다. 따라서 한랭한 지역의 주민은 견과류를 수확할 때 온난한 지역의 주민보다도 단기간에 작업을 끝내야 한다. 사람을 모아 노동규모를 확대시켜야 한다. 도토리류가 결실을 맺는 전후의 기온변화를 살펴보자. 결실을 맺는 달을 기준으로 하여 전후 달과의 기온차를 합해 보았다. 기온차 합계가 클수록 기후변화가 크고 완숙되어 열매가 나무에서 떨어지는 낙과 속도도 빨라진다. 왓카나이 부근의 결실기는 10월이고 전월보다 5.9℃ 낮아지고 다음달에는 6.6℃나 저하되어 합해서 12.5℃가 저하된다. 히로시마 부근의 결실기는 11월이고 전후 달의 기온합계가 10.5℃로, 왓카나이와 2℃ 정도 차이가 난다. 왓카나이의 기후는 히로시마보다 나쁘고, 그만큼 도토리류도 단기간에 열매를 맺어 낙과한다는 것을 알 수 있다.

한랭한 지역에서 집약적 노동이 필요한 원인은 또 있다. 안타깝게도 정확한 데이터를 제시할 수 없지만 생물군집의 조성이 고위도지역에서는 과종(寡種)·다량이 되고, 저위도지역에서는 다종·과량(寡量)이 되는 경향이 있다. "바다색이 변할" 정도의 밀도로 회유하는 청어, "무리 속에 막대를 세워도 막대를 넘어뜨리지 않고 강을 거슬러 올라갈" 정도의 밀도로 회귀하는 연어와 송어는 과종·다량을 점하는 예이다. 청어와 연어, 송어만큼 눈에 띄는 존재는 아니지만 꽁치도 과종·다량의 예로, 한류가 탁월한 지역 또는 한류와 난류가 만나는 지점에서 포획된다. 과종·다량의 자원구성과 한랭한 환경의 관련을 보여 준다.

과종·다량과 다종·과량, 이 두 자원구성의 차이에 따라 자원이용 방침도 변한다. 앞에서 교토(京都)분지와 같은 불안정한 규모의 작은 삼림이 펼쳐진 환경하에서는 소규모 집단이 소규모 자원을 선택적으로 이용하면서 이동을 반복한다는 이즈미 타쿠라(泉 拓良)의 견해를 소개하였다.[50] 다종·과량의 환경하에서는 자원의 분포밀도가 낮기 때문에 노동력을 집중적으로 투입해도 그에 맞는 효과를 기대할 수 없다.

이와 반대로 과종·다량의 환경하에서는 특정 종이 높은 밀도로 분포하기 때문에 동원되는 사람 수(=투입되는 노동력)에 따라 수확량이 바로 좌우된다. 과종·다량의 환경하에서 저장과 비축을 확대시키기 위해서는 투입하는 노동력을 확대시키는 것이 가장 확실하고 빠른 수단이다. 비축과 저장의 확립단계로 전환될 때 투입되는 노동력을 확대하거나 또는 단기간에 집중하는 등의 수단이 이용되었음에 틀림없다. 그러기 위해서는

① 취락인구를 확대한다
② 취락인구는 그대로 두고 취락 간 협업을 강화한다
는 두 가지 길이 있다.

취락인구의 확대는 취락규모의 확대라는 결과를 초래한다. 이는 동시기에 존재하는 주거의 증가라는 결과를 낳는다. 주민이 완전히 임의로 이합집산을 계속하는 한 취락규모는 더 이상 증가하지 않는다. 주민의 이동을 어느 정도까지 억제하는 조치를 취할 필요가 생긴다. 그러한 조치가 실행되고 효과를 거두었을 때 취락규모가 확대된다.

취락의 계속기간 연장과 취락인구의 확대 중에서 어느 한 방책을 취하기만 해도 취락 주변의 자원소비량이 증가한다. 수렵채집사회는 그 기반을 무너뜨리는 결과가 되기 십상이다. 영역 자체의 범위를 확대하는 물리적·양적 수단 또는 이용하는 자원의 다양화를 도모하거나 집약적인 자원이용 방법을 개발하는 등의 사회적·질적 수단을 취하였음에 분명하다.

취락 간의 협업시스템을 강화하기 위해서는 복수 취락을 연결하는 조직(=촌락조

직)을 재점검할 필요가 있다. 그 결과 취락·촌락의 주민 사이에 새로운 관계가 성립될 것이다. 스즈키 야스히코(鈴木保彦)는 간토와 주부지방에서 전기에 묘역을 도입한 취락이 출현한다고 지적하였다.[51] 그중에서도 묘역이 취락중앙에 배치되는 예는 마제형 및 환상 등의 소위 정형취락의 성립과 깊이 관련된다고 생각된다. 또 전기중엽의 묘역에는 도치기현 네코야다이처럼 부장품이 있는 무덤이 비교적 다수 포함되어 있다. 이러한 사례를 촌락조직 변화라는 배경하에서 검토할 필요가 있다.

위의 추론이 타당하다면 인구확대 또는 촌락조직의 재점검 결과라고 해석할 수 있는 현상은 북고남저의 지리적 구배(geographic cline)를 나타낼 것이다. 바꾸어 말해 한랭한 지역에서는 온난한 지역보다 취락규모의 확대, 묘역의 성립, 부장습속의 보급 등의 현상이 이른 시기에 현저하게 나타날 것이다. 즉 취락구성과 규모에 현저한 지역차가 나타날 것이다. 이러한 지리적 구배를 이끌어 낼 수 있다면 확립단계의 비축확대는 투입되는 노동력 규모가 확대된 결과일 가능성이 한층 더 높아진다.

지금까지 지적해 온 내용은 노동력 규모와 그것을 조직하는 시스템, 즉 비축과 저장을 실현시키기 위한 소프트웨어와 관련되는 문제이다. 소프트웨어가 결정적인 역할을 하였음이 분명하다. 그러나 하드웨어 없이는 현실화되지 않는다. 또한 소프트웨어와 하드웨어의 발전과 개량이 평행하게 이루어진다면 비축과 저장의 확대는 가장 효과적인 형태로 실현된다. 비축과 저장의 기술이라는 면에서 뒷받침하는 것도 필요한 작업이다.

특히 대량의 식재를 가공하기 위해서는 나름의 시설이 필요하다. 식물성 식료의 경우 이미 소개한 사이타마(埼玉)현 아카야마진야(赤山陳屋)와 같이 대량의 폐기물 집적(칠엽수열매 무더기)이 있는 작업장[52]이 확인된다. 이러한 시설이 언제·어디에서 출현하는가? 이는 비축과 저장의 하드웨어가 발전하는 과정을 파악하는 데 무시할 수 없는 문제이다.

변성단계

후기전엽 이후의 시기가 이 단계에 해당한다. 잉여가치 처분의 일상화가 이 시기의 가장 현저한 특징이다.

비축과 저장의 확립기(단계)에는 수년 주기의 식료 공급량의 변동을 예측하고, 평년 정도의 수확이 계속되는 경우에는 비축된 잉여를 처분할 수 있다. 그러한 의미에서

이 시기(단계)의 비축의 본질은 자가소비이고 잉여는 소위 우발적인 상황의 산물이다. 한편 변성기(단계)에는 마찬가지로 수년 주기의 변동 폭을 예측한다고 해도 평년 정도의 수확으로도 잉여가 발생할 정도의 규모로까지 비축을 확대한다. 실제로 구별하기 어렵더라도 이론적으로는 풍족한 조건하에서 종종 잉여가 발생하는 경우와 잉여를 창출하는 것을 계산에 넣는 경우를 구별할 필요가 있다.

잉여를 처분할 때, 한 집단의 내부에서 처분이 완결되는 경우와 다른 집단을 끌어들이는 경우가 있다. 잉여 처분이 내부에서 이루어지는 경우는 잉여의 자가소비라고 생각할 수 있다. 다른 집단을 끌어들이는 경우는 잉여의 교환이 이루어지게 된다.

가끔씩 잉여가 발생하는 상태에서는 안정된(=항상적인) 교환이 성립되기 어렵다. 왜냐하면 다른 지역에서 언제, 어디에서, 얼마나 잉여가 발생하는지 예측하기란(불가능하지 않더라도) 매우 곤란하기 때문이다. 예측이 불가능한 한, 잉여를 처분할 때 다른 집단을 끌어들일 수 없다. 또한 잉여의 규모도 크지 않을지도 모른다. 따라서 이 단계(시기)의 잉여 처분은 취락 내 소비(=자가소비)가 지배적이다.

구체적으로 말하면 비교적 규모가 작고 내수(內輸)에 이용하는 비상용시설의 건설 등으로 전용되거나 비현지성 물자 획득을 위해 전용된다고 해도 실생활을 유지하는 데 필요한 생존재가 중심이 될 것이다. 주술적인 물건을 포함한 위신재의 생산도 필요 최저한으로 제한하고 비현지성 물자를 소재로 하는 위신재는 극히 드물게 보이는 정도였음에 틀림없다.

이러한 조건은 잉여를 염두에 둔 비축의 확립과 더불어 근본적으로 변한다. 광범위에 걸쳐 잉여를 고려한 비축이 이루어지므로 언제·어디에서·얼마만큼의 잉여가 발생하는지 확실하게 예측(추측)할 수 있게 된다. 다른 집단을 끌어들인 잉여의 교환이 여기에서 성립한다. 이렇게 하여 비현지성 물자의 유통이 활발해지고 종류도 양도 증가한다. 비현지성 물자의 유통은 소위 교역이지만, 상업적인 거래가 아니라 제의와 떼어놓을 수 없는 형태이다. 그 결과 거기서 등장하는 주술적인 물건과 위신재는 질과 양 모두 증가한다.

이러한 두 단계(시기)를 실제로 구별할 수 있을까? 이것이 구체적인 사례를 검토하는 목적이다. 여기서 설명한 이유 때문에 유통되는 비현지성 물자 그리고 주술적인 물건을 포함한 위신재의 종류와 양적 비교가 필요해진다. 또 기념물의 규모와 성격 등의 검토도 필요한데 그중에서도 북일본의 대규모 제사시설은 중요한 의미가 있으므로 나중에 문제점을 간단하게 지적해 두겠다.

비축의 규모가 확대되지 않는 한, 여기서 설명한 것과 같은 타 집단이 관여된 잉여 처분이 주기적으로 유지될 리가 없다. 변성기의 비축규모는 성립기에 비해 비약적으로 확대된다. 실제로 비축규모가 확대되는지 확인할 필요가 있다. 그러나 이미 잉여 자체를 확인하는 것이 곤란하다고 지적하였다. 마찬가지로 비축규모를 파악하는 것도 불가능에 가깝다. 비현지성 물자와 위신재의 종류 그리고 양의 증가가 확인되면, 잉여가 증가하고 비축도 확대된다고 판단해야 한다.

그러면 비축은 어떻게 확대되었을까? 여기서도 하드웨어와 소프트웨어의 문제가 떠오른다. 자원을 획득하는 수단(=노동용구)의 개량 또는 개발이 이루어졌을까? 아니면 협업 및 분업 등 노동시스템이 개선되었을까? 또는 새로운 종류의 자원이용이 개발되었을지도 모른다. 다만 협업과 분업이 어느 정도로 어떻게 개선되었는지 직접 알 수 있는 데이터 등을 기대할 수 없다. 노동용구 또는 자원이용이라는 측면에서 검토해야 한다.

비축과 저장의 확립단계에서 변성단계로의 전환은 언제, 어떤 사정으로 일어났을까? 홋카이도 이시쿠라(石倉)패총,[53] 아오모리현 고마키노(小牧野),[54] 아키타현 이세도타이(伊勢堂岱)[55] 등 북일본의 대규모 제사시설[56](=배석유구)은 다음과 같은 점 때문에 이 문제를 설명하는 중요한 실마리를 제공한다.

① 이들 유구는 후기전엽[호리노우치(堀之內)2기]에 일제히 출현한다.

② 모두 대규모이면서 일반취락과 격리된 장소에 입지한다.

③ 소규모 유구가 누적된 것이 아니라 전체가 단기간에 완성된다.

④ 배석의 형식이 일치한다.

이들 유구를 검토함으로써 비축과 저장 변성단계의 구체적인 내용을 엿볼 수 있다.

이러한 종류의 대규모 제사시설은 혼슈 북부에서 후기전엽부터 중엽으로의 이행기(?)에 오유(大湯)환상열석을 최후로 하여 소멸한다. 홋카이도의 이시카리 저지대에 집중하는 환상주제묘(環狀周堤墓)는 오유환상열석보다 연대가 약간 늦은데 조몬시대 최후의 대규모 기념물이다. 대규모 기념물이 조영되지 않게 되면 잉여의 처분은 비현지성 물자의 유통 및 위신재 생산과 소비로 집중되고 이 활동은 점차 활발해진다. 여기서 변성단계(기)를 더 세분할 수 있을 것이다.

4. 정주확립기 취락의 구성

(1) 묘지를 중심으로 하는 취락

스즈키 야스히코는 전기전엽~중엽을 조몬취락 전개의 획기로 삼고 그 지표의 하나를 묘역의 성립에서 찾는다.[57] 가나가와현 난보리(南堀)패총은 일찍이 주거가 중앙광장을 둘러싸는 환상취락의 전형적인 예로 여겨졌지만, 재조사 결과 광장이라고 여겨지던 장소에 묘갱이 분포하는 것이 밝혀졌다.[58] 난보리패총을 전후하는 시기에 같은 쓰루미가와(鶴見川) 강유역에 입지하는 기타가와(北川)패총과 니시노타니(西ノ谷)패총 등에서도 주거구역(=거주역) 안쪽에 묘역이 확인되어 묘역을 중심으로 하는 취락구성이 확인된다.

스즈키에 의하면 이러한 구성은 남칸토(도쿄·가나가와)에서 북칸토(도치기·군마), 나아가 주부고지(야마나시·나가노)에 널리 분포한다. 그중에서도 도치기현 네코야다이에서는 일반적인 수혈주거 27동 외에 반지하식 대형건물 15동, 평지식 또는 바닥을 간굴립주건물 27동이 확인되었고, 취락 서쪽에는 묘역이 있으며 확인된 묘갱 수는 320기에 이른다. 실로 다기능취락의 명칭에 어울리는 모습이다. 묘역의 일각에는 귀걸이와 펜던트 등을 착장한 상태로 묻힌 주검이 집중적으로 매장되어 있는 구획이 있다. 후쿠이(福井)현 구와노(桑野)에서는 20여기의 묘갱에서 결상이식(玦狀耳飾)과 펜던트 등이 65점 출토되는데 이러한 사례가 조기후엽까지 소급됨을 말해 준다.[59]

한편 지바(千葉)현 기도사키(木戸先),[60] 사이타마현 사기노모리(鷺森),[61] 도쿄 나나샤진자마에(七社神社前)[62] 등에서는 귀걸이와 펜던트는 물론 토기(특히 천발), 석시(石匙), 석촉, 석부 등의 부장품이 보인다. 하나츠미카소(花積下層)기의 군마현 미하라다죠(三原田城)[63]에서는 수혈주거지로 둘러싸인 토갱묘군에 부장되었다고 생각되는 완형 토기가 출토되어 남칸토를 중심으로 한 북칸토와 주부고지에 걸친 지역의 토기 부장풍습이 전기초두까지 소급됨을 말해 준다. 다만 이러한 묘역을 중심으로 하는 취락구성을 명확하게 밝힐 수 있는 데이터가 그다지 많지 않다. 여기서는 지바현 기도사키, 사이타마현 사기노모리의 예를 소개하고 그 내용을 살펴보고자 한다.

(2) 기도사키의 취락

유적의 윤곽

기도사키유적은 인바누마(印旛沼)로 흐르는 소하천[가시마가와(鹿島川) 강]에 면한 표고 30m, 비고 10m 전후의 남북으로 뻗은 설상대지에 위치한다. 여기에 소개하는 것은 대지의 서남~북동 가장자리의 완사면 부분 조사 결과로, 더 안쪽 평탄면 부분도 조사되었지만 보고서가 간행되지 않아 상세한 내용을 알 수 없다. 유적 주변에는 남남 서에서 동북으로 흐르는 가시마가와 강의 유로를 따라 남북 5km 정도의 범위에 전기 중엽~후엽의 유적이 7개소 확인된다. 기도사키유적은 이 소규모 유적군 중에서 중핵 적인 위치를 점하였던 것으로 추정된다.

전기의 유구는 동북에서 서남으로 이어지는 조사구 서남모서리 쪽의 동서 70m, 남북 60m 범위에 집중하고 주거·토광(土壙)·토갱(土坑)이 확인된다. 동쪽으로 70m 정도 떨어진 지점에도 주거가 2동,[64] 함정 등이 산재하는 곳이 있다. 게다가 북쪽에 해 당하는 대지평탄부에서는 1985~86년 조사에서 전기[구로하마(黑浜)~모로이소(諸磯)b] 의 주거가 모두 8동 확인되었다.

유구가 집중하는 구역의 가장자리 쪽에는 주거지가 분포한다. 분포밀도는 균등하 지 않아 북쪽에는 4동(5~8호주거)이 분포하고 서쪽에는 4호주거, 남쪽에는 3호주거가 각각 한 동씩 분포한다. 보고서 내용으로는 각각의 정확한 시기를 알 수 없어 주거배치 의 변화를 살펴볼 수 없다. 그러나 7호주거는 3회에 걸쳐 재건축된 흔적이 있고 그 이 전에 6호주거가 조성되었으며, 7호주거가 폐기된 후에는 8호주거가 조영되었다.[65] 유 구가 집중하는 구역의 북쪽이 주요한 거주공간이었음은 확실하다.

3호주거의 평면형태는 1·2호주거와 마찬가지로 말각방형이다. 5·6호주거는 반 쯤 파괴되었지만 평면형태가 7·8호와 같이 말각장방형일 것이다. 4호주거는 단벽이 약간 돌출된 부정육각형에 가깝다. 기둥배치는 불규칙한 경우가 많은데 명확한 4개의 주기둥은 7호주거에서만 확인된다. 7호주거는 남쪽 단벽에 출입구 같은 시설이 있고 이에 접하여 보조기둥[支柱]이 4개 확인된다. 다만 이러한 구조가 일반적이었는지 확 실하지 않다.

보고서에서는 '토광'과 '토갱'을 구별하였는데 형상·규모·수량·분포 면에서 차이가 있다. '토광'의 평면은 원형·타원형·오각형이다. 규모는 장경과 단경 모두 60cm, 깊이 45cm를 넘는 것과 그 이하인 것이 있고 각각 분포범위가 나뉘어져 있다

(표 53). 기도사키에서 확인되는 전기 유구 중에서는 가장 수량이 많아 570기에 이른다. 후술하듯이 대형은 유구밀집구 중심부에 집중한다.

'토갱'의 평면형태는 타원형 또는 말각장방형이다. 길이는 2.5~1.7m, 폭 1.6~1.1m, 깊이 0.2~0.3m이다. '토광'에 비하면 매우 적어 11기에 지나지 않는다. 그 중 6기가 밀집구역의 남쪽에 모여 있다.

'토광'에서는 부장품으로 생각되는 완형 토기와 석기 또는 장신구가 출토되어 묘갱이라는 추측을 뒷받침한다. 다만 그 규모는 영아 또는 소아는 그렇다 치고 성인유체를 매장하기에 너무 작다. 주검을 일단 매장하고 백골화되었을 때를 짐작하여 다시 매장한 재장묘(再葬墓)로 봐야 한다. '토광'은 성인의 주검을 손발을 뻗힌 상태에서도 충분히 매장할 수 있는 규모이다. 그러나 기능과 용도를 암시하는 유물이 출토되지 않는다.

'토광'과 '토갱'의 매토[覆土]는 매우 유사하다. 앙자 모두 매토 상층에서 하층까지 기반층(롬) 블록이 섞여 있고 그 양이 많은 경우도 적지 않다. 퇴적상태도 U자상으로 흘러들어 온 상태가 아니라 불규칙한 블록상을 이룬다. 이 상태로 보아 '토광'도 '토갱'도 기반층을 판 뒤에 바로 메운 것으로 추측된다.

만약 '토갱'에 묘갱 이외의 기능과 용도를 부여한다면 저장구덩이(穴倉)으로 보기 쉽다. 저장구덩이의 경우에도 물자를 넣은 후에 바로 묻는 경우가 있을 수 있다. 단, 도로 메운 흙을 다시 제거하지 않으면 저장한 물자를 이용할 수 없다. '토갱' 중에는 매토를 다시 판 흔적이 있는 것도 있다. '토광'과 다른 위치에 있다는 점을 고려하면 '토갱'을 저장구덩이로 볼 수도 있지만 저장구덩이라기에는 너무 얕은 점이 문제이다. 한편 '토광'이 재장묘라면 유체가 백골화되기까지 매장해 두는 시설[埋墓]도 있었을 것이다. 백골화되었을 때를 짐작하여 유체를 파 올려 다시 매장하기 때문에 매토를 다시 판 흔적도 남게 된다. 이러한 일시적인 매장을 위해 '토갱'이 이용되었을 가능성도 부정할 수 없다. '토갱'의 기능과 용도를 정확히 알 수 없지만 어느 하나를 선택하자면 1차 매장을 위한 시설로 봐야 할 것이다.

'토갱'의 기능과 용도를 확정할 수 없지만 '토광'은 출토품으로 보아 성인의 재장묘 또는 영아 및 소아의 토광묘일 것이다. 그 바깥쪽—특히 북쪽에는 주거지가 확인된다. 기도사키유적은 소규모 거주역을 바깥쪽에 배치하고 안쪽에는 대규모 묘역을 배치한 취락이었다. 아래에서 부장품 조합과 묘역 구성 등에 대해 좀 더 상세히 살펴보겠다.

지방산분석을 둘러싼 문제

먼저 기도사키에서 실시된 지방산분석 결과[66]에 대해 설명하고자 한다. 지방산분석 결과는 '토광'이 매장을 위한 시설이라는 보고서의 결론을 이끌어 내는 근거의 하나이다. 현재 유구의 성격을 판단하기 위해 지방산분석을 활용하는 사례가 많아지고 있다. 반면, 그 결과에 대한 비판적 의견도 상당히 강하게 뿌리내리고 있는 것도 사실이다. 지방산분석의 어떠한 점에 문제가 있는지 그 한 예로써 기도사키의 분석 데이터를 검토해 보자.

나카노 히로코(中野寬子)의 데이터 제시방법으로는 해석의 타당성 여부를 검증할 수 없다. 각종 지방산조성은 최종적인 판정결과를 좌우하지만, 그 비율이 그래프로만 표시되어 수치 자체가 제시되어 있지 않다. 나카노는 중회귀분석에 따라 각종 지방산의 상관계수를 구하고, 그 수치를 클러스터분석으로 판단하는 수법을 이용하였다. 클러스터분석에는 몇 개의 방법이 있고 모든 방법의 판정결과가 일치하는 것은 아니다. 채용한 수법을 명시할 필요가 있음에도 나카노의 보고에는 이 점이 전혀 언급되어 있지 않다. 지방산조성의 수치데이터도 없기 때문에 추가검증할 방법이 전혀 없다.

나카노는 클러스터분석에서 얻은 데이터를 해석하기 위해 '비교대조자료'를 몇 개 준비하였다. 그러나 그 가운데 엄밀하게 비교대조자료라고 할 수 있는 것은 가열한 인골(자료번호 54)과 인골 골유(骨油, 자료번호 56)의 2예뿐이다. 다른 '비교대조자료'에는 모두 나카노의 해석이 부가되어 있다. 자료번호 54와 56도 편차가 어느 정도인지 확실하지 않다. 따라서 나카노가 내린 판정은 납득할 수 없는 것이 되어 버렸다.

나카노는 기도사키에서 45개 샘플을 채취하여 분석하였다. 그 가운데 No. 9·10·15·16·20·21·25·26·31·32를 '토광' 밖에서 채취하였다. 이 샘플들을 채취한 목적은 수혈 내외에서 지방산 함유량과 조성에 어떤 유의한 차이가 있는지를 '비교대조'하기 위해서이다. 그러나 이 비교대조는 성공적이지 않았다.

먼저 수혈 안팎의 동물성 지방산(콜레스테롤)·식물성 지방산(시토스테롤)의 비율에는 그다지 현저한 차이가 있다고 할 수 없다. 그중에는 토갱 148처럼 수혈 내부가 외부보다 콜레스테롤 비율이 낮은 경우도 있다(표 52).

나카노의 판정결과를 살펴보자. 나카노는 "자료 No.1~No.5, No.7~No.13, No.16~No.29, No.31, No.33~No.35, No.42~No.45가 이시아나(石穴)유적, 스리하기(摺萩)유적, 인간의 골유, 가열처리한 인골시료와 더불어 상관행열거리 0.05 이내로

표 52 지바현 기도사키의 토갱묘 안팎의 동물성·식물성 지방산 함유비와 양자의 비교(주 60 문헌에서)

토광		판 수혈 내(매토)				판 수혈 밖(기반층)		
		a콜레스테롤	b시토스테롤	a/b		a콜레스테롤	b시토스테롤	a/b
119	No.4	3.28%	55.26%	0.06	No.9	4.01%	39.64%	0.10
	No.5	4.80	36.56	0.13	No.10	6.58	28.89	0.23
	No.6	5.99	25.07	0.24				
	No.7	4.22	38.24	0.11				
	No.8	5.27	31.43	0.17				
123	No.11	4.57	26.05	0.18	No.15	6.23	23.01	0.27
	No.12	5.17	31.27	0.17	No.16	4.28	25.13	0.17
	No.13	5.43	22.05	0.25				
	No.14	5.74	15.02	0.38				
128	No.17	2.86	52.76	0.05	No.20	4.76	39.22	0.12
	No.18	4.95	36.53	0.14	No.21	3.46	43.66	0.08
	No.19	5.38	36.70	0.14				
142	No.22	3.92	27.57	0.14	No.25	3.04	59.05	0.05
	No.23	4.05	25.64	0.18	No.26	3.84	32.42	0.12
	No.24	6.49	17.86	0.36				
	No.27	3.35	27.46	0.12				
148	No.28	5.26	28.17	0.19	No.31	4.75	21.01	0.23
	No.29	3.68	29.27	0.13	No.32	3.67	37.56	0.10
	No.30	2.81	44.60	0.06				

매우 유사한 A군을 형성"한다고 하였다.

이상적인 상태라면 수혈 내부에서 채취한 샘플과 외부에서 채취한 샘플은 각각 독립된 클러스터를 만들어야 한다. 그러나 수혈 밖에서 채취한 샘플은 대다수가 수혈 안의 샘플과 같은 클러스터에 포함되어 있다. 따라서 폐합(閉合)거리 0.05를 기준으로 하면 수혈 안팎의 지방산조성 차이를 식별할 수 없다는 것이 객관적인 판단이 될 것이다. 바꾸어 말해 유구가 집중하는 구역 안의 어느 지점에서 샘플을 채취해도 결과는 같다.

그러면 폐합거리를 더욱 좁히면 의미 있는 결과를 얻을 수 있을까? 이 경우도 결과는 부정적이다. 토광 119 밖에서 채취한 샘플 No.9는 토광 123의 매토 중층에서 채취한 No.13·토광 801(?) 안의 토기 저부 부근에서 채취한 No.33과 가장 가까이 위치한다. 한편 같은 토광의 반대쪽에서 채취한 No.10은 토광 142의 매토 하층에서 채취한 No.24와 가장 가깝다. 토광 밖에서 채취한 샘플과 '뼈를 묻었을 가능성이 있는' 토기 안 또는 '재장묘인' 토광의 매토에서 채취한 샘플을 구별할 수 없다.

지방산분석은 채취한 샘플 사이의 큰 경향을 나타낸다. 따라서 꽤 광범위에 걸친 구역 안에서 지방산 농도가 높은 구역과 낮은 구역을 식별하고 토지이용의 큰 경향을 파악할 수 있다. 유물에 붙어 있는 물자의 지방산을 통해 용도를 결정하는 것도 경우에 따라서는 가능하다. 그러나 개개 유구의 성격까지 지방산 데이터를 바탕으로 단정하는 것은 무모한 일이다.

묘역의 구성

기도사키의 '토광'이 모두 재장묘인지 어떤지가 문제이다. 유구 밀집구역에 분포하는 것은 규모가 거의 비슷하고 대형이 많다(도 124). 그러나 주변부에는 분포밀도가 낮아질 뿐만 아니라 규모도 작아진다.

예를 들어 유구 밀집구역의 중심부에 있는 D3-9그리드의 면적은 100m²이다. 여기에서 확인되는 토광은 모두 65기(도 124), 분포밀도는 0.65이다. 장경·단경·깊이를 확인할 수 있는 42기의 평균치는 각각 0.84·0.72·0.45m이다(표 53). 한편 밀집구의 가장자리에 있는 D3-1~D3-3그리드의 면적은 300m²이다. 확인되는 토광 수는 26기[*5]이다. 장경·단경·깊이의 평균은 각각 0.46·0.39·0.19m이다(표 53). D3-1~D3-3의 토광 분포밀도는 0.0933이므로 D3-9의 분포밀도는 그 7배에 이른다.

D3-9의 장경·단경·깊이의 평균치도 D3-1~D3-3을 크게 상회한다. 확실히 묘역 가장자리에 소형토광이 산재하고 중심부에는 대형토광이 밀집하는 경향을 엿볼 수 있다.

이에 대해 두 가지 해석이 가능하다. 가장자리의 소형수혈은 재장묘가 아니고 주혈 또는 말뚝 흔적이라고 생각할 수 있다. 중심부에는 성인, 가장자리에는 영아·소아 재장묘가 배치되었다고도 해석할 수 있다. 17호 또는 490호처럼 장경 30cm 전후의 소형수혈에서 완형 토기 또는 대

표 53 지바현 기도사키 D3-9·D3-1~D3-3의 토광규모 비교(주 60 문헌에서)

그리드 토광 규모	D3-9			D3-1~D3-3		
	장경	단경	깊이	장경	단경	깊이
-0.15			1			11
0.16-0.30	1	3	10	3	9	11
0.31-0.45	3	3	11	12	11	4
0.46-0.60	1	6	12	8	4	
0.61-0.75	7	12	6	2	2	
0.76-0.90	9	9	2	1		
0.91-1.05	15	8				
1.06-1.20	4	1				
1.21-	2					
합계	42	42	42	26	26	26
평균	0.84	0.72	0.45	0.46	0.39	0.19
표준편차	0.25	0.22	0.18	0.14	0.14	0.10

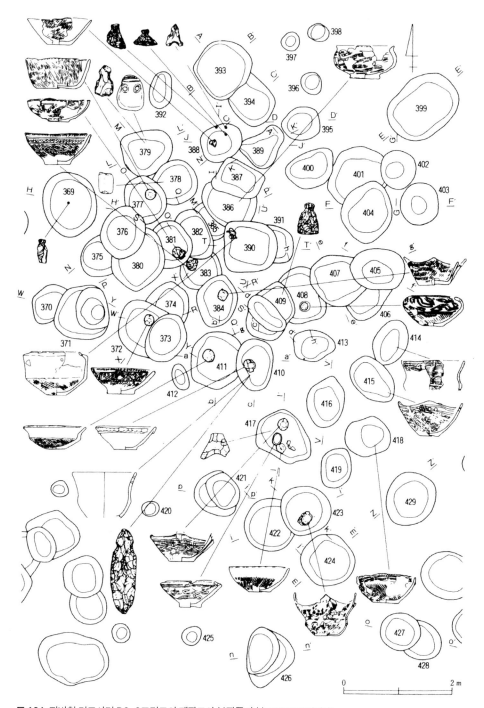

도 124 지바현 기도사키 D3-9그리드의 재장묘와 부장품의 분포(주 60 문헌에서)

표 54 지바현 기도사키의 재장묘 출토유물(주 60 문헌에서)

출토품		유구번호	계
토기	1개체	17, 91, 164, 247, 249, 251, 253, 264, 268, 278, 279 284, 286, 291, 309, 320, 323, 328, 331, 372, 377, 384 386, 408, 411, 414, 415, 418, 431, 539, 541, 542, 546	33
	2개체 이상	301, 383, 423	3
토기·장신구		316, 449	2
토기·석시		269, 272, 307, 315, 317, 319, 410	7
토기·석촉		306, 417	2
토기·석부		363, 369	2
토기·석시·석촉		388	1
토기·석시·장신구		361	1
석촉		29, 261	2
석시		283, 287, 321	3
장신구		318, 345, 379	3

형파편이 출토되는 경우도 있기 때문에 소형수혈이 모두 주혈 또는 말뚝 흔적이라고 단언할 수 없다. 그렇다고 영아·소아의 매장시설이라고 볼 만한 적극적인 증거도 없다. 현시점에서 유구 집중구역의 중앙부에는 확실히 재장묘로 판단할 수 있는 유구가 모여 있고 그 주변에는 소형수혈이 산재한다는 경향만 지적할 수 있을 뿐 그 이상의 설명은 어렵다.

기도사키의 재장묘에서 출토되는 유물 가운데 가장 다수를 점하는 것이 토기인데, 특히 천발(淺鉢)이 압도적으로 많아 토기를 부장한 51기[*6] 가운데 39기, 출토된 완형 토기 56점 가운데 46점에 이른다. 천발 외에 심발과 호가 있고 저부파편이 출토되는 경우도 있다. 천발을 비롯한 완형 토기는 매토의 하반부 또는 바닥에 접하는 위치에 바로 세워져 매납되지만, 심발(특히 대형파편)의 경우에는 매토 상반부에 옆으로 엎어진 형태로 매납된다. 그 밖에 석시·석촉·타제석부와 같은 석기, 결상이식·소옥·석제 펜던트와 같은 장신구도 출토된다. 단, 장신구는 그다지 많지 않다.

이제 이 부장품과 착장품의 조합을 검토해 보자(표 54). 먼저 석기와 장신구의 관련성이 약하다는 점이 주목된다. 특히 석촉과 장신구는 전혀 관련성이 없다. 장신구가 출토된 재장묘는 6기이지만 그 가운데 3예는 장신구만, 토기와 공반되는 것은 2예, 석기가 공반되는 것은 석시가 출토된 361호 1예에 지나지 않는다. 석촉이 출토되는 재장묘 5기 가운데 토기 또는 토기·석기와의 조합은 확인되지만 장신구와의 조합은 보이

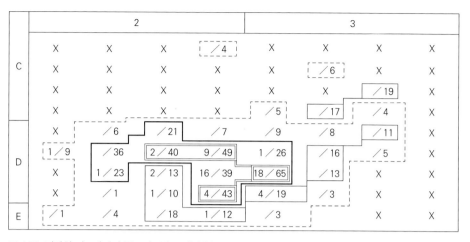

도 125 지바현 기도사키의 중그리드별 묘갱의 분포(1/부장품이 있는 묘갱, /10그리드 안의 묘갱의 총 수)(주 60 문헌에서)

지 않는다.

석촉이 수렵용구이므로 석촉부장은 남성노동 또는 남성원리를 상징한다고 볼 수 있다. 한편 재장묘인 이상 당연하지만 장신구의 착장상태를 확인할 수 있는 예가 없다. 그러나 결상이식을 비롯한 귀걸이와 펜던트류가 중심을 이룬다. 앞서 지적한 석시와 소옥이 공반하는 예가 문제가 되지만, 전체적인 경향으로 보면 장신구가 거의 출토되지 않는다고 할 수 있다. 석촉과 석시가 출토되는 묘갱은 남성, 장신구가 출토되는 묘갱은 여성이 매장되었을 가능성이 높다고 봐도 좋다.

기도사키의 묘갱 분포상태를 다시 검토해 보자. 기도사키에서는 사방 40m 대그리드를 설치하고 그 안에 4열·4행의 중그리드를 분할하여 북서 모서리에서 동남을 향해 묘광의 1~4·5~8·9~12·13~16번호로 표시하였다. 이를 따라 묘갱의 위치와 출토유물 유무를 정리해 보았다(도 125).

그 결과 묘광분포에 꽤 현저한 편중성이 있음이 확실해졌다.

〈도 125〉[7]에 제시한 바와 같이 재장묘의 분포밀도는 전체적으로 보면 주변부에서 중심부를 향해 높아진다. 그러나 완전한 동심원상 분포를 보여 주진 않고 주변부보다 분포밀도가 높은 D2-2~C2-4·D2-8~D3-9·D2-16 가운데에서도 D2-7(40기), D2-8(49기), D3-9(65기), D2-16(43기)는 주위의 그리드에 비해 분포밀도가 매우 높다. 기도사키의 묘역 중에 밀집도가 특히 높은 구역이 4개소 정도 있음이 확실해졌다. 이것을 가칭하여 고밀도묘갱군이라 부르기도 한다.

고밀도묘갱군은 동시기에 존재하였을까? 아니면 시기에 따라 묘역범위와 위치가 변하고 그에 따라 중심부의 위치도 이동한 결과일까? 부장되는 완형 및 완형에 가까운 토기의 시기를 실마리로 하여 검토해 보자.

완형 또는 완형에 가까운 토기가 출토되는 묘광은 51기이다. 토기는 구로하마(黑浜)식[*8]～모로이소b식에 해당하고 이에 병행하는 우키시마(浮島)I～II식[*9]도 출토된다. 모로이소a식이 출토되는 묘광은 25기이다. 전체의 거의 반수를 점한다. 중그리드별로 수를 비교해 보면 D3-9에서 가장 많은 9예, D2-12에서 4예, D2-8·D2-11·D2-16에서 각각 2예가 있고, 그 외에 C3-7·C3-15·D2-3·D2-6·D2-15·D3-13에서도 각각 1예씩 있다.

구로하마식토기가 출토되는 묘갱 6기 가운데 3기는 D3-9에 있고, 그 외에 C3-14·D2-16·D3-13에서 1예씩 확인된다. 한편 모로이소b식토기가 출토되는 묘갱은 D3-9에 압도적으로 많아 12기 가운데 7기가 집중하고, D2-12에 3기, D2-5와 D2-6에도 1기씩 분포한다. 우키시마II식이 공반되는 묘광은 D2-8에 2기, D2-6·D2-12·D2-16·D3-9·E2-4에 각각 1기가 있다. 우키시마I식토기가 공반되는 묘갱은 D2-8과 D2-12에 각각 2기, D2-2과 D3-9에 각각 1기가 있다.

앞서 지적한 고밀도묘갱군 가운데 구로하마기에서 모로이소b기까지 계속되는 것은 D3-9의 1개소이고, 구로하마기에서 모로이소a기까지 유지되는 것은 D2-16과 D3-13, 그리고 D2-6·D2-8·D2-12가 모로이소a기에서 모로이소b기까지 유지된다.[67] [*10] 모로이소a기～모로이소b기에 걸친 묘갱군은 구로하마기～모로이소a기에 걸친 묘갱군에 비해 부장품이 출토되는 묘갱의 비율이 높다. 한편 묘역 서남부는 동북부에 비해 부장품이 출토되는 묘갱의 비율이 높다(도 125).[*11]

묘역이 시간 흐름에 따라 이동해 오래된 시대의 무덤이 서남부에, 새로운 시대의 무덤이 동북부에 남아 있는 결과, 부장품이 출토되는 무덤비율에 차이가 생기는 것처럼 보인다. 그러나 D3-9의 고밀도묘갱군은 구로하마기에 시작되는데 구로하마식토기가 출토되는 묘갱이 3기 있다. 부장품이 출토되는 무덤비율을 연대차로만 설명할 수 없다. 기도사키의 묘역은 부장품이 없는 무덤을 중심으로 분포밀도가 낮은 블록과 부장품이 있는 무덤이 비교적 많고 분포밀도도 높은 블록이 공존하였다고 생각해 볼 수도 있다.[68, 69] [*12]

그런데 완형 토기, 석기, 장신구 등 넓은 의미의 부장품이 출토되는 묘갱은 62기로

'토광' 전체의 10%에 지나지 않는다. 주변부의 '토광' 중에는 주혈이나 말뚝 흔적 등이 포함되어 있을 가능성도 부정할 수 없다. 실제 비율은 이보다 높아질 것이다. 부장품이 출토되는 묘갱이 분포하는 11그리드에서 계산해 보면 '토광'의 총수가 401기로 부장품이 있는 묘광의 비율은 15%가 된다. 부장품이 있는 무덤은 전체의 10~15% 정도이다. 기도사키의 묘역에 매장되어 있는 사람들 가운데 한정된 사람들에게 부장품이 부장되었음은 확실하다.

앞에서 장신구가 출토되는 경우는 여성의 무덤, 석촉과 석시가 출토되는 경우는 남성 무덤일 가능성이 높다고 하였다. 이를 바탕으로 남녀 무덤의 분포를 검토해 보자.

장신구가 출토되는 묘갱은 D2-12·D2-16·D3-9의 3그리드에 한정된다. 앞에서 언급하지 않았지만 타제석부가 출토되는 묘갱이 2기 있다. 타제석부가 여성 무덤에서 출토된다고 해도 모두 D3-9에 있다는 결과에는 변함없다. 석촉·석시가 출토되는 묘광은 D2-12·D2-16·D3-9 외에 D2-5·D2-8에도 분포한다.

남성묘가 여성묘보다 약간 광범위에 분포하지만 남녀를 매장하는 장소를 구별하였다고 보기 어렵다. 그렇다면 특정 구역에 집중하는 묘갱군의 배경은 여성과 남성 양쪽을 멤버로 하는 조직이었다고 봐야 하고, 직능·제사·연령계제와 같은 조직을 반영할 가능성은 배제된다.

거주집단은 남성과 여성 모두를 멤버로 하는 조직으로, 가장 보편적인 형태이다. 다만 거주집단이라도 개개 주거부터 시작하여 복수 취락을 통합한 촌락까지 몇 계층으로 구분할 수 있다. 기도사키의 밀집하는 묘갱군은 어느 레벨에 대응할까? 만약 촌락레벨의 조직을 상정한다면, 기도사키의 묘역 전체와 대비하는 것이 타당하고, 밀집하는 개개 묘갱군이 촌락조직에 대응한다는 가능성을 부정할 수 있다.

기도사키의 주거군 구성을 상기시켜 보자. 기도사키의 주민은 유구 밀집구역의 북·서·남쪽에 있다. 북쪽의 7호주거에만 개축 흔적이 있고 6호와 8호주거는 7호주거와 중복되어 있다. 이 구역이 유구가 밀집하는 구역이 서·남쪽 부분에 비해, 장기간에 걸쳐 거주구역으로 이용되었음을 부정할 수 없다. 묘갱군의 분포밀도는 그 구역이 묘역으로 이용되던 기간에 비례할 것이라고 추정하였다. D3-9에는 65기의 묘광이 분포하고 구로하마기에 시작되어 모로이소b기까지 계속해서 이용된다. D3-9를 중심으로 하는 구역이 다른 구역에 비해 장기간에 걸쳐 이용되었던 것은 확실하다.

거주역 안에서 7호주거 주변, 묘역 중에서 D3-9를 중심으로 하는 구역이 가장 장기간에 걸쳐 이용되었다. 그렇다면 7호주거 주변을 이용하던 거주집단이 D3-9를 중심으로 하는 구역을 매장지로 이용하였다고 봐도 부자연스럽지 않다. 묘갱이 집중하는 구역의 배경이 되는 거주집단은 1동의 주거 안에서 먹고 자는 것을 같이 하는 집단이라고 생각할 수 있다. 바꾸어 말해 개개 묘갱군은 개개 세대의 묘역—매장구이다. 그렇다면 거기서 보이는 부장품 유무와 조합의 차이도 취락과 촌락을 횡단하는 계층과 같은 성격의 것이 아니라 세대 안의 입장—세대주와 주부 등—을 나타낸다고 봐야 한다.

조사구 서쪽과 남쪽의 주거를 이용하던 사람들이 묘역의 어느 구역을 이용하였는지 확정할 수 있는 실마리가 남아 있지 않다. 그러나 그들이 기도사키 이외의 장소에 묘지를 조성하였다고 보기는 현실적으로 어렵다. 조사구의 북쪽 지점에서도 기도사키와 동시기의 주거가 확인된다. 그러나 묘갱은 없다. 거기에 거주하던 사람들도 역시 기도사키를 묘역으로 이용하였음에 틀림없다. 주변 유적의 조사결과에 좌우되겠지만 기도사키의 묘역을 이용하던 사람은 조사구 안과 같은 대지 위에 거주하던 사람들일 뿐만 아니라 주변의 동시대 취락 주민도 포함될 가능성이 매우 높다.

(3) 사기노모리의 취락

사기노모리유적은 아라카와(荒川) 강 저지에 면한 표고 7m의 다테카와(立川) 강 단구 상에 위치하고 서북과 동남쪽 표고 20m의 무사시노단구에 협재되어 있다.[70]

주거지는 조사구의 서북·동남 모서리에 집중하는데 서북 모서리의 5기(서북대군)는 형태가 확실하지 않다. 동남 모서리의 주거지 10기(동남대군) 가운데 13~16호주거가 남북으로 호상을 이루면서 배치되고(중앙소군), 그 서쪽에 10~12호주거가 산재하며(서남소군), 동쪽에 17호주거(동소군), 북쪽에 8·9호주거(북소군)가 분포한다(도 126).[71] 동남대군의 주거지 연대는 가와나 히로후미(川名廣文)가 모로이소a기 미즈코(水子)단계 또는 모로이소a기 초기라고 부르는 단계부터 모로이소b기 중단계에 걸치며 신단계는 확인되지 않는다.[72] 서북대군에서 출토되는 토기는 소량이라 확실하지 않지만 모로이소a 고단계부터 중단계까지로 생각하면 될 것이다.

사사모리 켄이치(笹森健一)는 동남대군의 주거지를 I~III으로 분류하고 각각의 상부구조를 추측하면서 개개 주거의 변천을 극명하게 검토하였다(표 55).[73] 수혈의 평면형태는 말각제형[臺形]이 주류를 이루고 부정제형과 말각방형이 소수 섞여 있다. 수혈

어깨선 또는 그 바깥쪽에 작은 피트 (pit)가 산재하며 수혈을 둘러싸는 경우도 적지 않다. 서까래의 묶음기둥[束柱]*13(=보조기둥) 흔적일 것이다. 8호주거를 제외하고[74] 모두 4개의 주기둥[主柱]이 있다. 사사모리는 한 쌍의 기둥이 단벽 쪽에 있고 내경하는 것을 I형주거, 수직적인 4개의

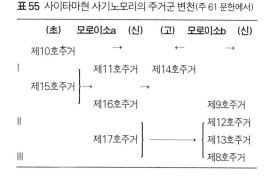

표 55 사이타마현 사기노모리의 주거군 변천(주 61 문헌에서)

기둥이 모두 벽 쪽에서 떨어진 곳에 있는 것을 II형주거라고 하였다. II형주거는 모두 벽 쪽에 벽구가 둘러져 있는데 I형주거에는 벽구가 없다. 주기둥의 배치형태는 비대칭적인 제형이 압도적으로 많고 장방형형태는 상부의 확장에 따라 변형된 경우가 많다.

대부분 대각선상에 있는 보조기둥을 연결하는 직선의 교점 부근에서 작은 피트가 확인된다. 사사모리는(이유는 확실하지 않지만) 이것들을 중앙피트라고 하여 주혈과 구별하였다. 뒤에 소개하는 미야기현 이마쿠마노의 전기중엽 주거지에도 유례가 있다. 화덕은 모두 지상노인데 앞서 이야기한 중앙피트가 있어 축 중앙에서 떨어진 위치에 복수로 존재하는 경우가 압도적으로 많다.

사사모리는 상부구조의 추정, 보수·개축 흔적을 파악하고 해석한 것을 전제로 하여 주거공간의 분리사용 및 주거군의 변천 등 매우 흥미로운 가설을 제안하였다.[75] 그러나 여기서 상세하게 소개하고 비판을 할 여유가 없다. 〈표 55〉에 소개한 주거군 변천만 예로 들어 검토해 보자.

주거군 구성과 동태

사사모리는 사기노모리에서 2~3동의 주거가 주거군을 구성하는 것이 일반적이라고 생각하였다.[76] 동남대군의 주거 동태가 이를 잘 설명해 준다. 그러나 서북대군의 주거를 제외시키는 것은 주거와 묘지의 관계, 나아가서 이를 실마리로 하여 취락 전체 구성을 파악하려는 목적에서 보면 바람직하지 못하다.

여기서는 서북대군의 주거도 포함하여 사기노모리의 주거를 연대순으로 배열해 보자(표 56a). 보수·재건축 타이밍에 따라 다소 변동이 생길 가능성이 있지만 동남대군의 주거 동태는 사사모리가 생각한 대로 큰 줄기에서 온당함을 알 수 있다.

표 56a 사이타마현 사기노모리의 주거 동향

대군	소군	모로이소a				모로이소b		
		초	고	중	신	고	중	신
서북	–			3?	4			
			5					
동남	북	6?				8	←9→ (a~c)	
	중앙	←15→←16→←14→←13→ (a~c) (a~c)						
	서남	10	11					12 (a~e)
	동		17 (a~c)					

표 56b 사이타마현 사기노모리의 주거 동향

대군	소군	모로이소a				모로이소b		
		초	고	중	신	고	중	신
서북	–		5	3 6	4			
동남	북					8	9	
	중앙	15	16	14			13	
	서남	10	11				12	
	동			17				

서북대군의 주거를 추가해도 근본적인 문제가 발생하지 않는다. 5호주거가 모로이소a 고단계라면 중앙·서남·동소군에 각각 1동의 주거가 분포하기 때문에 이 시기에는 4동의 주거가 공존하였을 가능성이 있다(표 56b). 이것을 사기노모리 취락의 규모 상한을 나타낸다고 볼 수 있다. 한편 가와나의 토기 기술[77]에 의하면 15호주거의 연대는 10호주거보다 약간 늦을지도 모른다. 그렇다면 매우 단기간이긴 해도 10호주거가 단독으로 존재하던 시기도 상정할 수 있고 이것을 사기노모리 취락의 규모 하한을 나타낸다고 볼 수 있다. 모로이소b 중단계의 주거는 북·중앙·서남 소군에 각각 1동, 합해서 3동 있다. 이것이 평형상태에 있는 사기노모리 취락의 모습일 것이다.

이에 대군·소군의 구분과 주거 변동을 대조해 보자(표 56b). 서북대군의 존속기간이 동남대군에 비해 짧은 점, 이와 대조적으로 동남대군 특히 중앙소군은 매우 안정적이라 사기노모리 취락이 존속하는 기간 동안 주거가 조영되었을 가능성이 높다.

이와 동시에 앞서 언급하였듯이 보수·재건축 기간에 일시적으로 중복되었을 가능성[78]도 있지만 원칙적으로—한 소군을 구성하는 주거가 1동이라고 생각되는 점에 주목해야 한다. '재검토론'도 실상을 일부 반영하고 있음을 확인해 두자.

한편 여기에 제시한 주거군의 변동 주체는 소군이지 대군이 아니다. 바꾸어 말해 복수 소군으로 구성되는 대군이 느닷없이 출현하거나 역으로 모습을 감추는 일은 없다. 이는 다음과 같은 양상을 말해 준다.

사기노모리 취락의 거주집단은 꽤 빈번하게 적어도 2~3의 세분형식이 존속하는

도 126 샤이테마현 사기노모리의 유구배치(주 61 문헌에서)

3~17 주거지
A~P 토광군

40m

0

제11장 정주취락의 보급　505

동안, 이합집산을 반복한다. 다만 거주집단 전체가 이동하는 일은 매우 드문데 사기노모리 취락이 완전히 폐지되는 것은 모로이소b기 신단계이므로 취락 성립에서 폐지까지 100년 이상의 세월이 경과했음이 확실하다. 두 사실─거주집단과 거주집단의 이동범위의 성격─을 파악할 수 있다.

사기노모리에서는 대부분의 경우, 한 소군을 구성하는─1동의 주거를 이용하는─사람들이 이동 단위가 된다. 그리고 확실하다고 단정할 수 없지만 10호주거처럼 그 사람들이 단독으로 하나의 지구를 점거하는 경우도 있을 수 있다. 즉 하나의 거주집단은 그들 자신의 재생산을 포함해 생산과 소비의 주체로 생활할 수 있었다. 하나의 거주집단은 이동하는 기간 그리고 이동지에 정착하는 기간에 자신들의 재주와 지혜로 생활을 유지해야 하는데 실제로 그 능력을 갖추고 있었다. 따라서 한 단위의 거주집단을 생산과 소비의 측면으로 치환해 보면 그것은 바로 세대이다.

중앙소군 가운데 14·15호주거에는 개축흔적이 보이지 않지만 13·16호주거에는 각각 3회에 걸친 개축흔적이 확인된다. 그 기간은 모로이소a기 초단계부터 모로이소b기 신단계까지로, 평균 15년을 주기로 보수되었다는 사사모리의 추측[79]에 따르자면 120년 전후에 이른다. 이처럼 장기간에 걸쳐 존속하는 소군은 다른 곳에서 찾아볼 수 없다. 북소군의 9호주거, 동소군의 17호주거는 각각 3회에 걸쳐 개축되고, 서남소군의 12호주거는 5회에 걸쳐 개축된다(표 56a). 그러나 그것도 모로이소b기 중단계부터 신단계까지 75년 전후이다. 중앙소군 이외의 장소에 있는 주거를 이용하던 세대는 길어도 50년 전후, 짧게는 10~20년 안에 전입과 전출을 반복하였음에 틀림없다.[80]

이러한 상황에서 다음과 같은 사실을 파악할 수 있다. 사기노모리 거주집단의 구성은 균질적이지 않았다. 그중에는 취락개시와 더불어 정착한 소위 개척자라고 할 수 있는 세대와 함께, 거주하기 시작하여 얼마 되지 않은 그리고 전출할 세대도 포함되어 있었다. 다만 이러한 구성이 늘 고정되어 있었던 것 같지 않다. 중앙소군도 끊임없이 존속하였다고 단언할 수 없다. 14호주거와 13호주거 사이에는 길게 보아도 세별 형식 2기 정도의 공백이 있을 가능성도 있다(표 56b). 사기노모리의 모든 주민이 이합집산을 반복하는데 개척자 세대도 예외는 아니었다.

여기서 개축을 3회 시행한 후 폐지하는 점 또는 재건축하는 주거가 많은 점에 주목할 필요가 있다. 바꾸어 말해 세대의 이합집산은 부정기적인 현상이 아니라 어느 정도의 폭은 있어도 거의 일정한 주기로 유지되었다고 봐야 한다. 이러한 양상에는 하드웨어로서의 주거 기능 즉 물리적 요인도 있다. 그러나 개축-재건축의 주기가 거의 일정한 것은, 물리적 요인을 포함해 이동을 재촉하는 기구(機構)가 있고 세대의 이합집산이 그 기구하에서 창출된 제도적인 현상이라고 생각해야 한다.[81]

사기노모리의 주민은 밖에서 전입해 온 사람들을 받아들이고, 그들 자신도 밖으로 전출해 가며 그곳의 취락에 받아들여진다. 받아들여질 것이라는 확신도 없이 다른 취락으로 전출해 갈 리가 없다. 무엇이 이 확신의 기초가 될까? 사기노모리의 주민은 어떤 원칙하에서 밖에서 들어온 사람들을 받아들였을까? 매우 상식적인 판단이지만 넓은 의미로 친족관계가 가까운 정도가 판단의 기준이 되었을 것임에 분명하다. 친자·형제자매로 엮을 수 있는 관계에 있는 사람들은 거의 무조건적으로, 더욱 먼 관계에 있는 사람들은 그때그때의 조건에 따라 전입이 인정되고 또는 거부되었을 것이다. 사기노모리 주민의 전입 및 전출이 거의 정기적으로 이루어지는 것은 전입이 자동적으로 인정되는 형태였던 점, 즉 친자·형제자매에 해당하는 관계의 집단 사이에서 이루어졌음을 말해 준다.

묘역과 취락의 구성

눈을 돌려 묘역의 상태를 관찰해 보자. 사사모리는 700기 넘는 토갱 가운데 372기를 전기의 무덤이라고 보고 특히 분포밀도가 높은 부분을 A~E·H·I·J·L~O의 12군으로 구분하였다(도 127). 그중에 모로이소a기 초단계·고단계의 토기는 I·J·L~O에 집중하고 분포밀도가 가장 높은 A·D군과 B군에는 적다고 한다.[82] 먼저 중앙소군 서측에 소규모 묘역이 성립되고 모로이소a기 중단계부터는 서북으로 약 40m 떨어진 구역에 A·D군과 B군이 성립되었다.

사기노모리의 묘역은 거주역 안쪽 즉 서북대군의 남동쪽, 동남대군의 북서쪽에 모여 있다. 그러나 전체적인 윤곽이 불규칙하여 개개 묘갱군이 집적되어 있을 뿐이다. 묘역 가장자리에 산재하는 것은 수기(3~7기)가 모여 있는 경향이 있고, J군에서는 호상으로 2열 배치되는 부분도 있다. 나아가서 D군 서쪽에 치우친 부분에서는 지름 5~6m 범위에 9기의 무덤이 환상으로 둘러싸고 그 안쪽에 2기의 무덤이 배치되어 있다. A군의 경우 다수의 무덤이 중복되어 그다지 명확하지 않지만, 중앙부에는 무덤밀도가 낮고 역시 환상배치를 보여 준다고 추측된다(도 127). 사기노모리의 묘역은 처음에는 부정형 또는 열상으로 배치되다가 나중에 환상으로 배치되었다고 해석할 수 있다. 그러

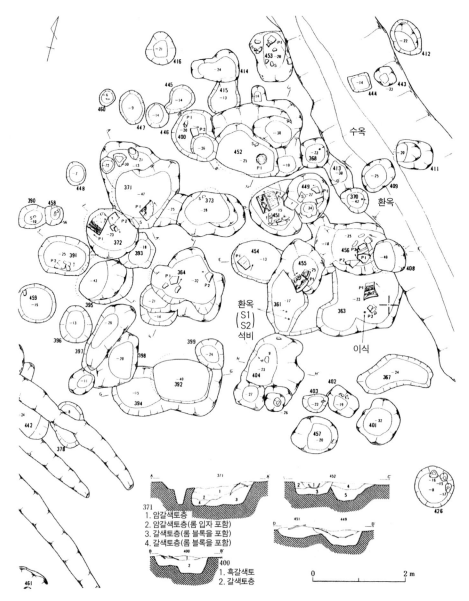

도 127 사이타마현 사기노모리의 묘갱군 A군(주 61 문헌 일부 수정)

나 이것이 새로운 묘제가 성립된 결과인지 촌락 내 사기노모리 취락의 위치가 변화된 결과인지 성급한 판단을 자제해야 한다.[83]

정확한 규모를 제시할 수 없지만 A군이 사기노모리의 묘갱군 중에서도 가장 규모 가 크다. 앞에서 기도사키의 묘갱 검토에서 추측한 바와 같이 묘갱 분포밀도의 높고 낮음이 그곳을 이용하는 사람들의 거주기간에 비례한다면 A군에는 생전에 중앙소군에

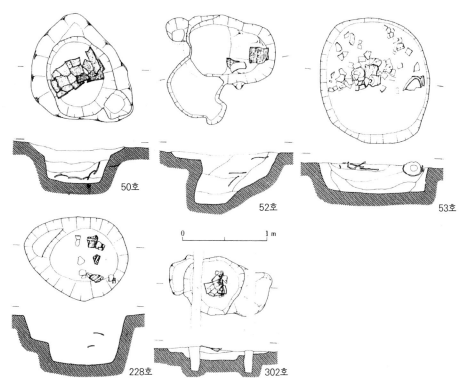

도 128 사이타마현 사기노모리의 묘갱(주 61 문헌에서)

주거를 구축한 사람들이 매장되었다고 볼 수 있다. 마찬가지로 D군은 서남소군, B군은 아마 북소군을 거주역으로 한 사람들의 묘역일 것이다.

대다수의 묘광(도 128)은 기도사키와 마찬가지로 지름 40~60cm 정도의 원형을 이룬다(302호). 그러나 길이 100~120cm, 폭 75~90cm 정도로 큰 것도 드물지 않다. 사지를 굽히면 성인유체를 매장할 수 있다. 비교적 큰 묘갱은 한쪽 벽이 수직이든가 돌출되어 다른 벽이 경사지는 소판형(小判形)(52호)인 것과 어깨선이 완만하고 선단에 단이 있는 달걀형(50호·228호)이 주류를 이룬다. 사사모리는 두 종류의 묘갱에서 주검을 묘갱 장축에 맞추고 경사면 또는 단 위에 머리부분을 두었다고 추정하였다.[84] 그 밖에 바닥이 평탄한 원형인 것(53호)이 소수 있지만 모두 A군과 D군 안에 혼재한다. 사사모리는 큰 토갱은 성인묘, 작은 것은 소아묘라고 해석하였는데,[85] 기도사키처럼 소형은 재장묘일지도 모른다.

이 묘광들에서 출토되는 품목은 기도사키와 거의 같다. 심발이 가장 많고 모로이소기 특유의 타원형 기면의 장축 양단에 돌기가 있는 천발도 눈에 띈다. 그 외에는 목

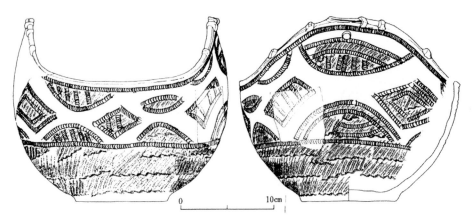

도 129 사이타마현 사기노모리 527호 토갱출토 단도(丹塗) 천발(주 61 문헌에서)

엽문(木葉文)을 새기고 산화철을 발라 정성스럽게 만든 것(도 129)도 있다. 토기 이외에는 결상이식·관옥·소옥과 같은 장신구, 석촉과 석시 등의 수렵관련 석기, 식물성 식료의 채집과 처리와 관련되는 타제석부·마석·석명, 목공구인 마제석부 등이 있다.

사사모리는 이 유물들 가운데 장신구가 A군에 집중하고 B군·D군에서는 전혀 출토되지 않는 점, 묘갱 형태에서 추측할 수 있는 주검의 머리방향이 A군은 주거가 있는 방향과 일치하지만 B군·D군은 일치하지 않는 점 등을 이유로 A·D·B의 묘갱군은 거주집단을 기초로 하여 성립된 것이 아니라 연령계제·성별 구분에 따라 성립된다고 보았다.[86] 그러나 장신구만을 여성원리를 표시하는 수단으로 삼는 것은 온당하지 못하고, 앞서 설명한 주거군 구성을 고려하면 주검의 머리방향은 거주역의 방향과 거의 일치한다고 봐도 좋을 것 같다. 기도사키와 마찬가지로 사기노모리도 거주집단을 기초로 하는 묘역이 형성되었다고 판단된다.[87]

사기노모리 취락의 구성

앞에서 기도사키의 취락이 그 자체로 완결된 존재가 아니라 주위에 분포하는 동시기 취락과 더불어 하나의 촌락을 구성할 것이라는 견해를 제기하였다. 다만 취락 내 거주집단의 동향을 구체적으로 설명할 수 없었다. 그러나 사기노모리에서는 약간 불확실한 부분도 있지만 거주집단의 이합집산 모습을 구체적으로 설명할 수 있었다.

사기노모리에서는 취락을 구성하는 세대가 모두 전입·전출을 함께 하지는 않는데, 취락 성립에서 중단까지 계속 거주하는 소위 개척자라고 할 만한 세대와 비교적 단기간에 전입·전출을 반복하는 세대를 식별할 수 있다. 이것이 사기노모리 거주집단의 가장 현저한 특성이다. 다만 이것이 사기노모리만의 고유한 특색이 아니라는 점을 지적해 두어야겠다. 아키타현 오유만자(大湯万座)환상열석에서도 동일한 현상을 지적할 수 있다.[88] 이러한 형태가 전기중엽부터 후기중엽까지 끊임없이 계속되는지는 이후에 신중하게 검토해야 할 과제이다. 현시점에서는 정착성이 높은 소수의 세대, 유동성이 높은 다수의 세대, 이 2종류로 구성되는 것이 조몬시대 정주취락의 실태라고 보고 싶다.

지금까지 조몬취락의 구성이라고 하면 가족과 외부인 또는 1차 성원과 2차 성원으로 양분하는 경우가 많았다. 확실히 이러한 구분은 취락 주민구성의 기본적인 측면을 반영한다. 반면 취락에 거주하는 사람들의 복잡한 성격과 관계를 너무 단순화시킨 면도 있다. 마지막으로 이계통(異系統)토기를 통해 이 문제를 검토하고자 한다.

사기노모리에서는 토착 형식인 모로이소식 외에 우키지마계와 기타시라카와(北白川)계의 토기도 출토된다. 기타시라카와계토기 중에는 확실히 반입품이라 할 만한 것이 포함되어 있다.[89] 다만 이계통토기는 매우 적어 분포경향을 엿보기도 어렵다. 기도사키에서는 재지계토기와 완전히 분리할 수 없지만 묘역 주변부에서 우키지마계토기의 분포밀도가 약간 높은 부분이 있다.[90]

반면 도쿄도 나나샤진자마에(七社神社前)에서는 이계통토기의 비율이 매우 높다. 고스기 야스시에 의하면 제16지점 3호주거 매토에서 출토된 토기에는 기타시라카와카소(北白川下層)II식이 0.4% 포함되어 있다.[91] 우키시마계토기의 비율은 수%에서 십수%에 이른다고 한다. 태토분석 결과에 의하면 기타시라카와카소II식의 원산지는 아이치(愛知)현 동부~시즈오카(靜岡)현 서부로 추정된다.[92] 나나샤진자마에서는 그 밖에 고후(甲府)분지에 원산지를 둔 샤카도(釋迦堂)Z3식토기도 확인된다.

나나샤진자마에의 토기 태토분석 결과는 이 시기 토기의 움직임이 더욱 복잡함을 말해 준다. 토착 형식인 모로이소식 중에도 아라카와 강 저지주변의 점토를 이용한 것, 무사시노대지 동부의 점토를 이용한 것, 나아가 이즈반도로부터의 반입품도 포함되어 있다. 이러한 상황을 바탕으로 고스기는 "물류·교통의 요소(要所)로서 점유되고 발달한 취락"이라고 평가하였다.

사기노모리·기도사키·나나샤진자마에에서 출토된 이계통토기의 존재양상을 비교해 보면 거의 같은 시기의 취락이면서도 원격지와의 접촉빈도가 일치하지 않음을 알 수 있다. 물건·사람·정보 네트워크의 거점에 있는 취락, 거기에서 벗어난 취락의 모습이 떠오른다. 하나의 촌락 안에는 물건·사람·정보 흐름의 거점이 되는 취락이 포함되어 있었음에 분명하다. 그러나 나나샤진자마에와 같은 다방면에 걸쳐 원격지와의 접촉을 유지하는 취락이 한 촌락 안의 거점에 머물렀는지, 복수 촌락에 걸치는 존재였는지는 앞으로 해결해야 할 문제이다.

한편 지금까지 지역사회의 교류·물자유통 배경을 생각할 때, 반쯤 무의식적으로 취락 또는 촌락을 단위로 하는 집단행동을 상정했던 것이 아닐까? 나나샤진자마에 제10지점 9호토갱에서는 모로이소a식의 목엽문 천발과 함께 기타시라카와카소II식의 분포권에서 반입된 목엽문 천발의 모방품이 출토된다.[93] 개인 무덤 안에 부장된다는 점은 이 토기를 손에 넣는 것이 무덤에 묻힌 인물 개인의 행위결과로 평가되었음을 암시한다. 설사 개인행위까지는 아니라도 이 시대의 교류·물류가 특정지역의 특정 촌락·취락 사이에 이루어졌다고 봐야 한다. 그러한 의미로 한 취락 주민을 가족과 외부인으로 양분하는 것만으로는 조몬시대 지역사회에 펼쳐져 있는 복잡한 관계망을 간과하는 원인이 된다. 외부인의 본질을 음미해 볼 필요가 있다.

(4) 간토지방 취락의 정리와 '계층'의 문제

기도사키와 사기노모리 등 간토지방의 전기전엽~중엽의 취락을 예로 들어 확립기의 취락 양상을 설명하였다. 먼저 그 내용을 정리해 보자.

① 주거와 묘지가 취락을 구성하는 주요 요소이다. 저장구덩이라고 추정할 수 있는 토갱도 있지만 수가 적고 규모도 작다. 이 시기 간토지방 취락에서는 저장시설이 그다지 현저하게 발달하지 않았던 것 같다.[94]

② 주거는 몇 개 장소에 집중하는데 2~4개소, 대부분은 3개소에 거주구를 형성한다. 묘지도 마찬가지로 몇 개의 매장구로 나뉘는데 그 수는 거주구를 상회한다.

③ 취락성립과 더불어 시작되고 폐지되기까지 일관되게 유지되는 거주구와 매장구도 있지만, 단기간에 폐지되는 거주구와 매장구도 있고 수적으로는 후자가 전자를 상회한다. 취락 주민 중에는 성립과 더불어 정착하여 계속 거주하는 사람들이 있는 한편, 단기간에 전입과 전출을 반복하는 사람도 있었다고 추정된다.

④ 토기(특히 목엽문 천발)·석촉·석시·귀걸이를 중심으로 하는 석제장식품 등의 부장품과 착장품은 장기간에 걸쳐 유지되는 매장구에 집중한다.

각종 부장품·착장품 특히 목엽문 천발과 결상이식 등 장식성이 높은 물품이 특정 매장구에 집중하는 것은 조몬사회를 계층사회로 규정짓는 입장[95]에서 보면 딱 좋은 현상일지 모른다. 매장구의 수가 거주구 수를 상회하는 것도 취락 주민 중에는 보통의 수혈주거가 아니라 주거로 흔적이 남지 않는 시설에 살던 사람들도 있었고 그들이야말로 노예였다고 할 수 있을지도 모른다. 본제에서 벗어나지만 잠시 조몬사회의 '계층' 문제를 무덤연구와 결부지어 살펴보자.

필자는 '계층화사회론'에는 부정적인 태도를 견지한다.[96] 계층이란 무엇인가? 계층사회란 어떤 사회인가? 조몬사회가 계층사회라고 주장하는 사람들은 단 한 사람도 이러한 문제를 정확하게 설명하지 않는다. '계층'이라는 상식에 의지하여 이야기를 진행시키려 한다. 이는 씨름판에서 발뒤꿈치를 끈으로 동여매고 씨름하는 것과 같다. 절대 씨름판을 벗어나는 일이 없으므로 온당한 논의가 될 리 만무하다.

일본 고고학에는 조몬시대 공동묘지에서 무계급사회의 증거를 찾으려는 전통이 있다. 그 전통은 1930년 중엽의 네즈 마사시(禰津正志)로부터 시작되는데 패전 후에는 오카모토 이사무(岡本 勇)로 이어지고 필자에게도 계승되어 있다.[97] 한편 영미권(특히 미국)에서는 1970년대 초부터 빈포드를 선두로 하는 과정주의학파 연구자들 사이에서 사회 복잡화 정도 즉 계층의 유무를 판단하는 수단으로 묘제를 검토하는 움직임이 활발해졌다.[98]

계급과 계층. 일본과 영미권 사이에는 관심대상에 차이가 있다. 계층사회에서는 사회를 구성하는 몇 개의 그룹 사이에서 유형(재화)·무형(명예)의 사회적 가치가 불균등하게 분배된다. 계급사회에서는 사회적 가치의 분배가 불균등할 뿐만 아니라 사회적 가치를 낳는 하드웨어(토지·원료·설비)와 소프트웨어(자본·기술·이데올로기)를 관리 또는 소유하는 입장의 사람과 그 사람에게 서비스 또는 노동력을 제공하는 입장의 사람들로 분열된다. 사회적 가치의 불균등한 분배를 설명하는 것이 계층이라는 말이고, 분배는 물론 사회적 가치의 생산과정까지도 설명하는 용어가 계급이다.[99] 영미─특히 미국의 대다수 연구자는 이 차이에 무관심하고 그 영향아래에 있는 일본의 문화인류학자도 동일한 불감증을 앓고 있다.[100]

이 차이가 결론에도 영향을 미친다는 사실을 무시할 수 없다. 일본에서는 묘역구성을 비롯해 구조적인 문제에 관심을 집중한 결과, '원시적'이고 '평등'한 구조의 공동묘지에서 읽어 낼 수 있는 차이─예를 들어 주검의 머리방향과 불균등한 분포─를 간과하게 되었다.[101]

한편 빈포드를 비롯한 과정주의 고고학에서의 묘제연구는 과학으로서의 인류학과 그 한 분야인 고고학 자체의 위치, 보편적인 인류사를 복원한다는 고고학의 목적이라는 이중의 틀 속에서 진행된다. 그 결과 머독이 편집한 *Human Relation Area Files*(HRAF)이 분석의 기초자료가 되고 고고자료는 데이터베이스를 통해 도출된 판단과 비교 대조해야 하는 것이 되어, 수단과 목적이 전도되었다. 게다가 무덤구조와 부장품 종류 및 양 등에 나타나는 차이를 모두 '투입 노동량의 차'라는 단 하나의 기준으로 환원된다. 이 작업이 잘못된 것은 아니지만 너무 소박하다. 배석묘 조영에 투입된 노동량은 단순한 토갱묘에 비해 확실히 크다. 한편 횡혈식석실 조영과 비교하면 문제가 되지 않을 정도로 작다. 빈포드의 연구 틀에는 이러한 차이의 의미를 파악하는 준비가 갖추어져 있지 않다. 사물의 의미를 파악하는 틀이 너무 단순하기 때문에 관찰되는 모든 차이가 사회 복잡화를 나타내는 지표가 된다. 나아가 설명의 틀로서 '계층'밖에 준비되어 있지 않기 때문에 어떤 차이가 관찰되면 그것은 모두 계층의 존재를 설명하는 근거가 되어 버린다. 적나라하게 말하자면 빈포드의 작업으로 무덤을 연구하면 이미 계층의 존재가 확실해져 있지만, 본인들은 그것을 알아채지 못하고 있다.[102]

과정주의 고고학의 결함을 드러내는 것이 논의의 목적이 아니고, 과정주의학파 중에도 오세아(J. M. O'Shea)와 골드스타인(L. Goldstein)처럼 빈포드의 작업 결함을 지적하고 다른 해석을 시도하는 사람도 있다는 점을 지적해 둬야 할 것이다.[103] 무덤을 통해 그것을 만든 사람들의 사회상을 파악하려는 경우 한편에서는 고고자료 자체에 대한 치밀한 관찰이 필요하다. 다른 한편으로는 관찰된 데이터를 정리하기 위해 이론적인 틀도 세밀하고 견고해야 한다. 조몬사회가 계층사회라고 주장하는 사람들의 의견에는 이러한 준비가 완전히 빠져 있다.

'계층화사회'란 '계층'을 '제도'로 하여 유지되던 사회이다. 계층제도가 묘제에 반영되고 유지되었다면 구조와 내용면에서 다른 것과 확연한 격차를 보이는 무덤만이 특정 장소에 집중될 것이다. 간토지방 전기중엽~후엽의 성립기 취락의 묘지에서 이러한 현상을 관찰할 수 없다. 확실히 다른 매장구에 비해 다량의 부장품이 출토되는 매장구는 있다. 그러나 이러한 매장구에도 부장품이 전혀 없는 무덤이 포함되어 있고 부장품의 구성과 수량에도 '신분' 및 랭크의 고저를 나타내는 격차는 보이지 않는다. 무엇보다도 모든 무덤이 같은 구조—땅을 판 토갱묘—인 점은 묘역에 묻혀 있는 사람들이 본질적으로는 평등한 입장에 있었음을 말해 준다고 봐야 한다.

(5) 북일본과 남일본의 확립기 취락

간토지방에 이어 먼저 북일본, 다음으로 남일본의 상황에 눈을 돌려 보자.

북일본의 사례

북일본의 전기전엽 취락 가운데 구성을 명확하게 알 수 있는 미야기현 이마쿠마노,[104] 중엽~후엽의 예로서 이와테현 가미야기타(上八木田)[105]를 소개하겠다. 이 지역에서는 이와테현 조자야시키(長者屋敷)[106] 또는 홋카이도 하코다테(函館)공항 제4지점[107] 등에서 대규모 취락이 확인되는데, 전자는 유구 중복이 심하고 후자는 소형주거(?)로만 구성되어 취락구성과 성격을 파악할 수 없다.

이마쿠마노 취락

이마쿠마노는 센다이(仙台)시 남쪽, 나토리가와(名取川) 강의 충적평야에서 바라보는 다카다치(高館)구릉(표고 100~300m) 동쪽 능선의 중위단구(표고 50m 전후)에 위치한다. 주거지는 동쪽 완사면에 집중하고 단구 평탄면에는 토광군, 서쪽 사면에는 폐기장[108]이 분포한다.

52동의 주거가 발굴되었는데 그 밖에 미조사된 6동, 평면이 확실하지 않은 것 13동이 있어 주거 총수는 71동에 이른다. 확인된 주거의 연대는 다이기(大木)1~2b에 이르는데 다이기2b기가 확실한 것은 2호주거(도 131-5)뿐이다. 주거는 조사구 남북양단의 단구 평탄면에서 약간 내려온 완사면에 집중하고 남북간격은 30m를 넘는다. 게다가 북쪽그룹은 10m 정도의 간격을 두고 동서 2군으로 나뉜다(도 130). 이하 남측·서북·동북을 각각 제I군·제II군·제III군이라 부른다. 이마쿠마노에서도 사기노모리와 마찬가지로 3개의 거주집단이 취락을 구성하였다.

바닥면에서 출토되는 토기가 적어 다이기1~2b식의 세분도 어렵다.[109] 따라서 사기노모리처럼 거주집단의 동향을 세부적으로 파악할 수 없다. 예를 들어 제I~III군이 모두 다이기1기에 성립되는 것은 틀림없지만, 3군이 모두 동시에 성립되었는지 순차적으로 성립되었는지 확실하지 않다. 다만 다이기2b기의 주거는 제I군에만 있기 때문에 제I군이 제II·III군보다 늦게까지 계속되었음이 분명하다. 제I군 주거는 제II·III군보다 훨씬 많고 다이기1기·다이기2a기가 모두 12동, 다이기2b기가 1동, 불명이 14동으로 합해서 39동 즉 전체의 반수가 여기에 집중되어 있다(표 57).

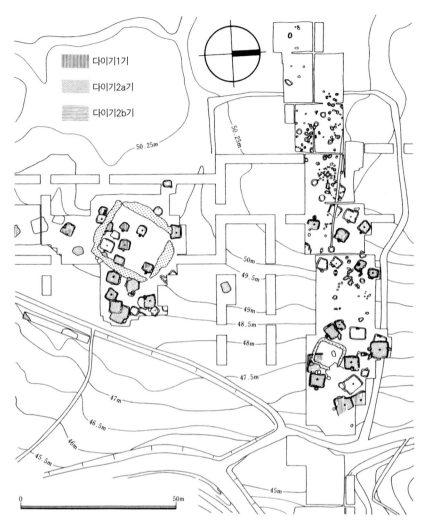

도 130 미야기현 이마쿠마노의 유구배치(주 104 문헌 일부 수정)

범례:
- ▨ 다이기1기
- ▦ 다이기2a기
- ▤ 다이기2b기

더구나 재건축·개축흔적이 있는 것도 제I군에 집중하는 점을 간과할 수 없다. 제I군은 제II·III군에 비해 존속기간이 길고 동시에 존재하던 주거 수도 많았다. 오가와 이즈루(小川 出)·무라타 코이치(村田晃一)의 집계에 의하면 이마쿠마노 주거는 대형(25m² 이상)·중형(25~15m², 도 131-1·2)·소형(15m² 이하, 도 131-3~5)으로 나뉘고 시기에 따라 조합이 변한다. 다이기1기에는 대형·중형 각 1동·소형 10동으로 소형이 압도적으로 많다. 다이기2a기가 되면 소형 11동·중형 7동이 되어 대형이 모습을 감추는 한편, 중형의 비율이 높아진다. 그리고 중형이 제III군에 집중하는 경향이 주목을 끈다. 다이기2a기에는 제I군을 대신하여 제III군이 취락을 대표하는 거주집단이 되었을

표 57 미야기현 이마쿠마노 취락의 시기별·군별 구성(주 104 문헌에서)

시기	제I군	제II군	제III군	군 외
다이기1기	3, 6, 7, 10, 15, 16, 17, 22, 26, 27, 31a, 31b	51, 52	41, 64, 66, 68	
다이기2a	4, 9a, 9b, 11, 13, 14, 19, 23a, 23b, 24, 32**, 33	46, 47, 49, 58	39, 42, 57, 63, 67	1*
다이기2b	2			
불명	5, 8, 12, 18, 20, 21, 25, 27, 28, 29, 30, 33, 34, 35	48, 50, 53, 54, 55, 56, 59	40, 43, 44, 45, 60, 61, 62, 65, 69	

*: 제군?, **: 보고서에서는 시기불명이라고 한 것

지 모른다. 오가와와 무라타는 제II·III군이 하나의 대군을 이루고 제I군과 더불어 두 대군으로 이루어진 취락구성을 상정하였다.[110] 앞서 소개한 사기노모리와 기도사키의 취락구성도 이마쿠마노와 마찬가지로 한쪽은 2소군을 포함하는 한 대군, 다른 쪽은 소군의 구별이 현저하지 않은 대군의 2개로 구성될 것이다. 이마쿠마노의 주거는 벽주혈이 있지만 명확한 주기둥이 없다는 점에서 굴립주의 주기둥(4~6개)이 있는 간토지방의 주거와 다르다. 다만 바닥중앙에 지름 10~20cm, 깊이 50~70cm의 작은 피트가 있고 39호주거(도 131-1)처럼 기둥흔적이 남아 있는 예도 있다. 앞에서 사기노모리의 '중앙피트'를 이와 유사한 성격일 것이라고 하였다.[111] 그러나 사기노모리에서는 기둥흔적이 확인된 예가 없고, 이마쿠마노에는 매설토기가 없기 때문에 동일한 성격이라고 단정할 수 없다. 오가와·무라타는 이 작은 피트를 주기둥이라고 보고 벽주혈 가운데 네 모서리에 위치하는 것이 다른 것보다 약간 크고 깊은 점을 지적하며 바닥중앙의 주기둥과 네 모서리의 벽기둥으로 상부를 지탱하는 구조를 상정하였다.[112]

이마쿠마노의 주거 특징을 정리해 보자. 바닥면적 15m² 이하의 소형이 주류를 이루고 벽주혈은 내경하며 명확한 굴립주 주기둥배치는 보이지 않는다. 복옥식(伏屋式) 구조라고 추정된다. 또 지상노와 회상노를 포함해 화덕이라고 판단되는 시설은 2호주거 바닥의 소토 외에는 보이지 않는다. 평면형태는 방형(도 131-1)이 주류를 이루고 장방형(도 131-4)도 많지만 부정제형 또는 오각형(도 131-2·3)과 타원형(도 131-5)도 있다. 규모·구조·명확한 화덕이 갖추어지지 않은 점, 나아가 평면형태(특히 제형)는 앞서 소개한 도호쿠지방 북반부의 조기전엽 주거와 공통되는 면이 많다. 어떻든 아래와 같이 주거에 인접하여 소규모 저장시설을 설치하는 점이 주목된다.

오가와와 무라타에 의하면 이러한 취락은 도호쿠 남부에서도 일반적이지 않아 미

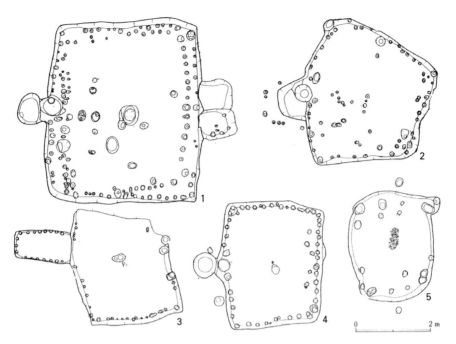

도131 미야기현 이마쿠마노의 주거지(주 104 문헌 일부 수정)
1: 39호, 2: 50호, 3: 16호, 4: 6호, 5: 2호

야기현 미카미네(三神峯) 3호주거 외에는 유례가 없고, 분포범위는 시기적으로도 지역
적으로도 매우 한정되어 있다고 한다.[113] 만약 이 종류의 주거가 나토리가와 강 연안에
한정된다면 흥미로운 사실이다. 다만 미야기현 고야나가와(小梁川) 강에서도 전기전엽
~중엽의 주거는 바닥중앙에 주기둥을 한 개 배치하는 것이 주류이고, 다음에 이야기
할 돌출부가 있는 것도 있다.[114] 도호쿠지방의 전기중엽 이전의 취락 조사 예는 아직 많
지 않다. 앞으로 더욱 검토를 진행해야 할 것이다.

　대다수 주거에는 원형 토갱이 달려 있고 돌출부가 있는 경우(도 131-2·3)도 있다.
오가와와 무라타는 이 부분의 퇴적양상이 주거와 일치한다고 지적하고 구덩이에 덮개
를 씌운 출입구라고 추정하였다. 그러나 일부러 구덩이를 만들면서 왜 덮개를 씌우는
가? 덮개 아래의 공간을 어떻게 이용하였는가? 의문이다. 50호주거(도 131-2)의 돌출
부 주위에는 작은 피트가 있어 움막 같은 시설이 있었다고 추정된다. 이 경우 출입구일
가능성도 부정할 수 없지만 16호주거(도 131-3)의 돌출부에는 벽주혈이 둘러져 있어
출입구로 보기 어렵다. 이 벽에 접하는 위치에 있는 토갱과 돌출부 중에는 저장시설도
있지 않을까?

이마쿠마노에서는 사기노모리와 기도사키와 같은 묘역이 확인되지 않는다. 이마쿠마노의 주민도 무덤을 조영했겠지만 그 소재가 확실하지 않다. 앞서 서술한 것처럼 조사구 동북 모서리에 해당하는 단구 평탄면에서 제II주거군에 걸쳐 토갱이 집중되는 구역이 있는데 그 가운데 29기가 전기에 해당한다고 판단된다. 모두 복토(覆土)가 흘러 들어온 상태로, 인위적으로 메운 흔적이 없다. 기도사키와 사기노모리처럼 천발·석시·장식품처럼 부장품이라고 추측할 수 있는 유물도 출토되지 않는다. 대신에 매토에서 호두, 밤, 도토리 등이 출토되는 것도 있어 저장용 시설로 추정된다. 다만 주거지 수에 비하면 충분한 양이라고 할 수 없다. 지름 2m를 넘는 것도 있지만 대부분은 지름·깊이 모두 30~80cm로 규모도 크지 않다.[115] 주거에 접해 있는 토갱도 저장시설의 역할을 했겠지만 양자를 합해도 그다지 효과적이었다고 생각되지 않는다.

규모가 크지 않은 맹아단계에 있다고 해도 명확하게 저장시설로 생각되는 유구군이 취락의 일각에 모여 있다는(대신 명확한 묘역을 알 수 없다) 점이 간토지방의 취락과 다른 특징이다. 그 시기가 다이기1식기이므로 도호쿠지방 남부에서의 저장시설 출현은 간토지방보다 약간 빠르다고 할 수 있다.

전기중엽(다이기4기 전후)에는 지름과 깊이 모두 2m를 넘는 플라스크형 토갱이 출현한다. 이 플라스크형 토갱은 홋카이도 및 도호쿠 북반부에서 성립되기 시작하여 도호쿠 남부 이남지역으로 파급된다. 거의 동시기에 굴립주건물이 취락 안에 설치된다. 이러한 과정을 거쳐 본격적인 저장시설을 도입한 취락이 성립된다.

(6) 유적군 안의 가미야기타I

지금까지 취락구성에 중점을 두고 설명해 왔는데 유적군 구성의 분석, 그것이 취락구성을 이해하는 데 어떤 의미가 있는가라는 두 가지에 중점을 두고 모리오카시 가미야기타I유적을 예로 들어 살펴보겠다.

유적군 분석과 취락론

전기중엽~후엽은 정주취락 전개에서 큰 획기이다. 동시에 복수취락을 분절(分節) 단위로 하는 마을 모습을 분명하게 파악할 수 있게 되는 시기이기도 하다. 바꾸어 말해 성격이 다른 복수취락의 복합체로서의 마을 그리고 시스템으로서의 구조를 갖춘 영역이 성립되는 시기라고 생각된다. 따라서 어느 한 취락의 성격을 파악하기 위해서는 개개 취락의 내용만으로 부족하고 마을을 구성하는 다른 취락과의 비교도 필요하다.

그러나 대부분의 경우 한 마을을 구성하는 취락 내용이 분명하게 기록되어 있는 상황은 현실적으로 거의 기대할 수 없다. 그렇기는커녕 한 마을의 범위조차 지형과 유적 분포상태를 토대로 추측하는 정도에 머물러 있는 것이 보통이다. 그러나 불충분한 추측이라도 취락분석을 진행하기 위해서는 이러한 검토를 안 할 수 없다.

유적군 분석과 기술(記述)은 지역연구의 토대가 되는 것으로 그다지 새로운 것이 아니다. 학사를 돌이켜 보면 일반적인 것으로는 도리이 류조(鳥居龍藏), 조몬시대 유적을 대상으로 한 것으로는 사카즈메 나카오(酒詰仲男) 등의 업적[116]을 들 수 있다. 유적 발굴조사 보고서에 '유적의 역사적 환경' 등으로 제목이 달린 장과 절에서 유적군의 개요를 언급하는 것이 완전하게 정착되었다. 다만 간행물의 성격상 통사적인 기술이 중심이 되기 십상이라 세세한 분석과 검토까지는 이르지 못하는 것이 보통이다. 고바야시 타츠오(小林達雄)에 의한 다마(多摩)뉴타운 지역, 다케이 노리미치(武井則道)·고미야 츠네오(小宮恒雄)에 의한 미나토키타(港北)뉴타운지역 등 특정 유적군을 대상으로 하는 경우에도 시기적인 변천과 분포개요 등의 기술이 중심이 되는 경향이 많다. 특히 고바야시 타츠오에 의한 다마뉴타운유적 검토가 유적의 상세한 구별에서 출발하는 만큼 전반적인 기술에 그쳐 있는 점은 안타깝다.

여기서는 마을 또는 그 주민이 자원을 이용하던 영역구조를 파악하는 수단으로 유적군을 검토하고자 한다. 그러나 이 수법은 매우 소박하여 대폭적으로 개량할 여지가 많다. 군이 예로 들자면 유적 간 거리를 입지하는 환경과 결부짓는 점이 특징이라고 할 수 있을까? 유적 간 거리에 대한 문제는 사카즈메 나카오가 주목한 이후 거의 검토된 예가 없는 것 같다. 사카즈메의 분석에서도 수계별 기술과 분석이 중심이 되는데 지형 및 입지조건까지는 검토되지 못했다.

모리오카시 가와히가시지구의 유적군

가미야기타유적은 모리오카시 시가지 동쪽에 펼쳐진 구릉지에 위치한다. 조사보고서에 기타카미가와(北上川) 강 동안(가와히가시지구)에 분포하는 전기유적의 위치가 표시되어 있으므로 그 데이터를 이용한다. 〈도 132〉에 제시된 면적 90km²(남북 10km, 동서 9km)의 범위에 전기유적이 22개소 분포한다.

이 유적들은 모리오카시 동쪽의 다카보라야마(高洞山)산(표고 522m)과 다카모리

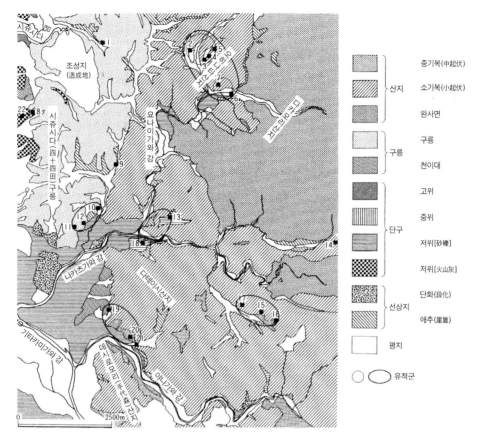

도 132 모리오카시 가와히가시지구의 전기유적 분포(주 105 문헌에서, 번호는 표 59와 대응)

범례 (legend):

- 중기복(中起伏)
- 소기복(小起伏) — 산지
- 완사면
- 구릉
- 천이대 — 구릉
- 고위
- 중위
- 저위(砂礫)
- 저위(火山灰) — 단구
- 단화(段化)
- 애추(崖錐) — 선상지
- 평지
- ○ ◯ 유적군

야마(高森山)산(표고 625m)을 주 봉우리로 하는 다카모리산지를 에워싸며 분포하는 것처럼 보인다. 모리오카시교육위원회의 구분[117]에 따르면 야나가와(梁川) 강과 나카츠가와(中津川) 강의 두 지구에 걸쳐 있다. 나카츠가와 강과 야나가와 강은 시즈쿠이시가와 강과 더불어 기타카미가와 강 상류역의 중요 지류로 모두 시가지 동쪽에 있는 다테이시(建石)산지를 수원으로 하고, 나카츠가와 강은 산지의 북쪽, 야나가와 강은 남쪽을 흐르며 각각 다른 지점에서 기타카미가와 강 본류로 합류한다. 나카츠가와 강 상류역에서는 본류와 요나이가와(米內川) 강[수원은 다카모리산지·오히나타(大日向)산지]으로 나누어지는데 아래의 설명에서는 나카츠가와 강으로 일괄한다. 이 두 줄기의 하천과 기타카미산지 앞에 있는 산지, 나아가 그 서쪽에 있는 구릉이 이 지역의 지형을 형성한다. 모두 기타카미산지 동쪽과 만나는데 다테이시산지는 남부 기타카미산지에, 다카모리·오히나타산지는 북부 기타카미산지에 속하며, 연대와 지질구조가 다르다.

가와히가시지구에서는 충적평야가 거의 발달되지 않아 지형은 저위단구(표고 125m 전후)·중위단구(표고 130m 전후), 단구·구릉의 천이대(遷移帶, 표고 135~150m), 구릉(표고 150~200m), 산지(표고 200m 이상)의 4종류로 구분된다. 전기유적은 이 네 지형에 걸쳐 분포한다(표 58). 수적으로는 산지에 있는 것이 가장 많아 미치노시타(道の下)B(나카츠가와 강)와 가미야기타I(야나가와 강[14])을 비롯해 8개소가 있다. 미치시타(道下)(나카츠가와 강)와 고야마(야나가와 강) 등 단구·구릉의 천이대에 있는 것, 사이노카미(歲の神)(나카츠가와 강)와 무카이다(向田)(야나가와 강[15]) 등 구릉지에 있는 것이 거의 같은 수를 점한다.

이에 비해 단구 위에 있는 유적은 모두 기타카미가와 강 본류에 면해 있는데 구로이시노(黑石野)와 니시쿠로이시노(西黑石野)의 2개소뿐이다. 중위·저위단구는 조카마치(城下町)의 중심부로 에도(江戸)시대부터 시가지화가 진행되어 사라진 유적도 있지만 경사지에 입지하는 유적이 많아 이 지역의 유적 분포 특징을 보여 준다.

이 유적들은 무질서하게 분포하지 않는다. 분포가 꽤 현저하게 편중되어 유적군을 형성한다. 예를 들어 현재 모리오카시교육위원회에서는 고야마·스나다메(砂溜)·니탄다(仁反田)·와다(和田)를 '고야마유적군'으로 취급한다. 이처럼 인접한 위치에 있어 '유적군'으로 일괄할 수 있는 유적은 어느 정도의 거리에 있을까? 반대로 가미야기타I처럼 산지에 있는 유적은 구릉지와 천이대에 있는 유적으로부터 얼마나 떨어져 있을까? 22개 유적의 거리를 조사한 결과를 〈표 59〉에 나타내었다.

고야마유적군의 전기 3개 유적 가운데 가장 가까운 위치에 있는 것은 스나다메와 고야마[16]로, 양 유적 간 거리가 0.3km에 지나지 않아 동일 유적의 다른 지점으로 봐도 무방할 정도이다. 3개 유적 가운데 니탄다가 약간 고립되어 있지만 그래도 고야마 및 스나다메와의 거리는 2km 미만이다[17](표 59). 반대로 가장 떨어져 있는 것은 〈도 132〉에서 거의 대각선상에 위치하는 니시쿠로이시노와 가미야기타I·가미야기타V·시모야기타(下八木田)로 모두 8km를 넘는다.

이 수치들을 앞서 소개한 스템·리프표시[118]를 이용해 정리해 보면 유적 간 거리의 대략적 경향을 파악할 수 있다(표 60). 5km대의 데이터가 가장 많은 50건으로 전체 231건의 데이터 가운데 20% 후반대를 차지한다.[119] 3km 이상 7km 미만의 데이터는 합해서 147건으로 전체 데이터의 64% 전반대를 점한다. 이 분포가 대체로 정규분포를 나타낸다고 보아도 무방하나 근거리 쪽으로 약간 치우쳐 있다. 즉 3km 미만의 데이터가 67건으로 29% 전반대임에 비해, 7km 이상의 데이터는 17건으로 7% 후반대에 지나지 않는다. 가와히가시지구의 전기유적은 4~5km 전후의 간격을 두고 분포하는 경우가 많고, 간격이 3km인 경우도 있지만 7km를 넘는 경우는 드물다고 할 수 있다.

이 수치는 지도상에서 계산한 직선거리로 지역 주민이 실감하는 거리와 멀다. 인접하는 취락 간의 실거리는 어느 정도였을까? 정확한 추측이 어렵고 지점에 따라 일정하지 않았겠지만 위에 제시한 수치의 1.5~2.5배, 6~12.5km의 범위, 도보 1.5~3시간 정도에 해당할 것으로 보면 될 것이다. 어떻든 유적은 꽤 일정한 간격으로 분포하고 그 간격은 우리가 상상하는 것보다 짧다. 이것이 유적 간 거리 데이터에서 읽어 낼 수 있는 사실이다.

유적군과 마을영역의 구성

유적군은 우리 눈에 비친 유적의 분포상태를 표현하는 상당히 막연한 용어이다. 이것이 바로 지역사회의 모습과 집단행동, 행위 등 과거의 실체를 나타내지 않는다. 따라서 분포론의 일반적인 원칙(데이터군의 성질, 과거와 현재의 개변상황, 공백의 의미, 해석의 방향 등)[120]에 따라 데이터를 읽어 내야 한다.

여기서는,

① 유적군의 내용이 시간·공간의 척도를 재는 방법(특히 엄밀함·균질함의 정도)에 따라 해석의 신뢰도가 대폭적으로 좌우되는 점,

② 척도를 재는 방법이 해석으로 파악할 수 있는 실체의 내용마저도 크게 좌우하는 점

을 지적하고 설명을 덧붙이도록 하겠다.

지금까지 다루어 온 유적은 가와히가시지구에 분포하는 조몬시대 유적 중에서 '전기'[121]에 해당하는 것을 선택한 것이다. 사이타마현 사기노모리의 취락구성을 검토하였을 때 구로하마·모로이소a·모로이소b기의 세별단계를 척도로 하여 주거군의 동향을 살펴보았다. 이에 비하면 척도의 폭이 훨씬 넓다. 필요한 데이터(정보)가 부족한 것이 가장 큰 원인이다. 한편으로 다음과 같은 문제도 지적할 수 있다. 어느 한 취락 또는 그 주민의 움직임을 가능한 한 구체적으로 파악하는 것이 사기노모리를 예로 든 목적이었다.[122] *18 여기서 문제 삼고 있는 가와히가시지구의 경우 최종목적은 일치하더라도 작업계획 전체 속에서 시간척도에 대한 비중마저 일치하지는 않는다(이 점은

표 58 모리오카시 가와히가시지구의 전기유적의 지형구분

지형		단구	천이대	구릉	산지
표고		~135m	135~150m	150~200m	200m~
수계	기타카미가와 강	구로이시노 니시쿠로이시노	고도리자와		
	나카츠가와 강		미치시타 아이마 히나타	사이노카미 잇폰마츠	미치노시타B 요나이자와A 가미미사와 시모미사와
	야나가와 강		고야마 스나다메 니탄다	무카이다 하타이노 무카이다테	사사노타이라 가미야기타 가미야기타V 시모야기타

뒤에 다시 설명하겠다).

　적어도 기타카미가와 강유역에서는 전기 취락의 동태를 살펴보기에 데이터가 충분하게 축적되어 있지 않다. 이러한 상황에서 어떤 사실을 관찰하고 그것을 바탕으로 '횡적 취락론'을 전개했을 때, 그것이 한정된 시간 폭과 한정된 상황에서 일어난 일과성의 사건을 반영하지 않는다는 방증은 없다. 오히려 기타카미가와 강유역의 전기 취락의 경우, 그것이 어떤 의미로는 실태로부터 동떨어진 평균적인 움직임임을 인지하고 넓은 시간척도를 바탕으로 예측할 필요가 있다.

　다음으로 공간(=지리)의 척도문제로 눈을 돌려 보자. 현재 가와히가시지구라는 하나의 지역, 이것이 필요하고 충분한 척도라는 점은 전기라는 시간척도와 마찬가지지만 어중간하다는 점도 부정할 수 없다. 앞서 설명한 고야마유적군을 비롯한 몇 개 유적군은 집합에 지나지 않고 어떤 실체가 없다고 생각할 수도 있다. 반대로 더욱 넓은 시야를 가지고 기타카미가와 강 상류역, 아니 기타카미가와 강 유역, 아니 도호쿠지방 중부라는 척도를 무시해선 안 된다는 의견도 그 자체로 충분히 정당한 의견이다.

　한 지역(그것이 있는 하천유역의 극히 일부이든 일본열도 전역이든)을 대상으로 하는 작업이 어떠해야 한다는 문제가 아니다. 가미야기타I이라는 취락의 성격과 그 동태를 이해하는 데 필요한 증거(back data)를 확보하는 것, 그것이 당면과제이다. 시간·공간의 어느 척도든 당면의 최종적인 목적에 어울리는 것이 무엇인가? 바꾸어 말해 확실한 증거가 되는 지견을 확보할 수 있는 추측이 있는지가 단 하나의 판단기준인 것이다.

표 59 모리오카시 가와히가시지구의 전기유적의 유적 간 거리

유적명	1	2	3	4	5	6	7	8	9	10	11	12	13	14	15	16	17	18	19	20	21
1 고도리자와																					
2 미치노시타B	2.31																				
3 요나이자와A	2.69	0.45																			
4 가미미사와	2.75	0.48	0.09																		
5 시모미사와	2.91	0.60	0.35	0.27																	
6 하타노	3.61	1.58	1.14	1.14	1.23																
7 무카이다테	3.17	1.15	0.73	0.74	0.90	0.45															
8 구로이시노	2.34	1.51	1.46	1.54	1.81	1.64	1.34														
9 사이노카미	2.62	4.52	4.76	4.85	5.08	5.29	4.95	3.66													
10 미치시타	3.06	3.50	3.50	3.59	3.86	3.49	3.31	2.05	2.56												
11 아이마	4.20	4.74	4.71	4.80	5.06	4.55	4.44	3.26	2.98	1.25											
12 히나타	4.72	5.46	5.45	5.54	5.80	5.32	5.20	3.99	3.08	1.96	0.77										
13 잇폰마츠	4.61	5.27	5.25	5.34	5.60	5.10	4.99	3.80	3.10	1.77	0.55	0.24									
14 사사노타이라	4.79	4.34	4.14	4.20	4.44	3.53	3.61	2.90	4.52	2.00	1.92	2.53	2.30								
15 가미야기타I	7.93	6.21	5.78	5.77	5.84	4.64	5.06	5.60	8.66	6.13	6.34	6.91	6.70	4.42							
16 가미야기타V	8.05	6.99	6.64	6.67	6.83	5.63	5.93	5.85	7.93	5.43	5.09	5.43	5.25	3.43	2.69						
17 시모야기타	8.43	7.31	6.94	6.97	7.13	5.91	6.23	6.22	8.36	5.85	5.53	5.86	5.69	3.85	2.60	0.44					
18 무카이	7.57	6.62	6.29	6.33	6.51	5.33	5.61	5.43	7.37	4.89	4.51	4.84	4.67	2.89	2.95	0.58	1.02				
19 고야마	5.20	5.09	4.93	5.01	5.26	4.43	4.46	3.60	4.43	2.17	1.50	1.88	1.68	0.94	5.08	3.60	4.03	3.02			
20 스나다메	6.75	6.95	6.82	6.89	7.14	6.33	6.36	5.44	5.35	3.71	2.56	2.28	2.27	2.81	6.25	4.05	4.44	3.53	1.90		
21 니탄다	6.96	7.05	6.89	6.97	7.22	6.35	6.41	5.55	5.65	3.90	2.80	2.58	2.56	2.82	6.02	3.75	4.13	3.24	1.96	0.36	
22 니시쿠로이시노	2.84	4.78	5.03	5.12	5.35	5.57	5.22	3.93	0.28	2.80	3.12	3.16	3.20	4.73	8.91	8.12	8.55	7.56	4.60	5.44	5.75

좀 더 논의를 구체화시켜 보자. 어느 지역의 환경은 주민의 동태를 좌우하기도 한다. 이를 부정할 수 없다. 이를 통해 다음과 같은 추론을 이끌어 낼 수 있다. 나카츠가와 강과 시즈쿠이시가와 강유역 주민의 수렵활동─예를 들면 사슴사냥의 패턴, 수렵조직이 꽤 다를 가능성이 있다. 이 차이는 남성을 성원으로 하는 결사조직의 구성과 활동 타이밍에도 반영되어 있음에 틀림없다. 게다가 여성을 포함한 취락·촌락조직의 차이에까지 미칠지도 모른다.

평탄하고 광대한 단구가 발달하는 시즈쿠이시가와 강 연안과 중사면(中斜面)이 소하천으로 분단되어 있는 나카츠가와 강유역에서는 사슴무리의 규모와 행동범위에 차이가 있을 것이라는 판단이 이 추측의 직접적인 근거가 된다. 이 차이가 생기는 요인을 더욱 추구해 보면 구성 종, 군락의 규모 등 식생에 보이는 차이, 강수와 일조량·풍향과 풍속·최고(최저)기온과 평균기온·계절적인 분포패턴과 같은 기상조건, 토양의 성상

과 모재가 되는 암석의 종류 등등. 환경조건의 연쇄는 끊임없이 계속된다. 이 무한연쇄를 실증적으로 확인하는 것은 고고학 연구자의 일이 아니다. 중요한 것은 필요한 지식과 쓸모없는 정보를 분별해 내는 것이다.

사실 이는 문제의 본질과 관련 없다. 가장 심각한 문제는 환경과 인간의 행동이 어디에서 어디까지 연결되는가라는 본질을 계속 추구하는 사람이 이 나라의 연구 현장에 없다는 점이다. 적어도 지리적 척도의 조밀을 문제 삼는 한, 우리에게 제공되는 지식의 정밀도는 세밀한 척도를 채용하기에 불충분하다. 그렇다고 해서 앞의 추측이 완전히 허풍이라고 단정할 수 없는 이상, 기타카미가와 강 상류역이라는 척도를 바탕으로 검토한 결과가 전혀 무의미하지 않다는 보증도 없다. 다만 지금까지 이야기해 온 내용은 가미야기타I 취락을 이해한다는 목적을 실현시키기 위한 전제를 세우고 나서의 평계임을 잊어서는 안 된다.

슬슬 실질적인 논의로 들어가자. 가와히가시지구의 유적 전체를 하나의 유적군으로 파악할 수 있는가라는 판단은 이후의 작업을 좌우한다. 먼저 이 문제를 해결해야 한다. 그렇다고 실제로 이 문제를 파고들어도 의미 있는 논의를 진행할 수 있을 것 같지 않다. 유구·유물구성과 특징에, 가와히가시지구의 유적 전체에 그리고 이 지구에만 보이는 특징 또는 일부 유적에 보이지만 다른 유적에는 보이지 않는 보완적 관계를 지적할 수 있다면 문제없다. 안타깝게도 지금 필자에게는 그러한 데이터가 단편적인 것은커녕 거의 없다고 봐도 좋다. 그렇다면 유적 간 거리 외에 논의의 실마리가 없다.

매우 상식적인 입장에서 출발해 보자. 하나의 강줄기와 능선 또는 하나의 구릉에 모여 있는 몇 개의 유적을 일단 유적군이라고 한다. 가와히가시지구에서는 고야마유적군 외에 요나이자와(米內澤)[요나이자와A·가미미사와(上三澤)·시모미사와(下三澤)·미치노시타B], 하타이노(畑井野)[하타이노·무카이다테(向館)], 아이마(合間)(아이마·미치시타·히나타), 가미야기타(가미야기타I·가미야기타V·시모야기타)의 5군 내지 4군[123]을 설정할 수 있다(도 132).[19] 한 유적군에 모여 있는 유적 간 거리는 의외로 차이가 적다. 밀도가 가장 높은 요나이자와유적군의 평균이 0.57km, 밀도가 가장 낮은 고야마유적군에서는 0.77km이다. 1km 이내에 적어도 유적 2개소가 확인되는 셈이다(표 59).[20] 다만 한 유적군을 구성하는 유적이 모두 등간격으로 배치되어 있는 것은 아니다. 고야마군 중의 니탄다, 요나이자와군의 미치노시타B, 가미야기타군의 시모야기타처럼 약간 떨어진 위치에 고립되어 있는 유적도 있다. 이 유적군들이 모두 구릉 또는 산지에 있다는 점도 의미가 있는 것 같다.

요나이자와군의 서쪽 2.7km 정도 떨어진 곳에 고도리자와(小鳥澤)가 있다. 요나이자와군에서도 단구―구릉 천이대에 있는 유적이다. 이와 유사한 관계에 있는 것이 니시쿠로이시노와 사이노카미*[21]·잇폰마츠(一本松)로, 양 유적과 니시쿠로이시노의 거리는 고도리자와-요나이자와보다 약간 멀지만 4km를 넘지 않는다. 지형구분과 유적 간 거리를 조합해 보면, 고도리자와와 니시쿠로이시노, 나아가 요나이자와군과 사이노카미는 유사관계에 있다.

2km를 넘지 않는 범위에 있는 구릉 또는 산지에 있는 유적군, 그곳에서 4km 이내의 천이대 또는 단구에 있는 유적―여기에 어떤 인과관계가 있다고 보는 것은 너무 억지일까? 현재 나카츠가와 강유역의 원류부(源流部)에는 잇폰마츠, 야나가와 강의 원류역(源流域)에는 가미야기타군이 있다. 이것도 우연의 산물일까? 판단은 갈라질 것이다. 기타카미산지의 동쪽에서 기타카미가와 강 본류에 면한 저위단구 사이, 그곳을 한 줄기의 강으로 연결한 지역에 분포하는 일련의 유적, 그 사이에는 무언가 유기적인 관계가 있을 것이다. 이것이 현재 필자의 입장이다. 그 이유를 설명해 보자.

니탄다는 고야마유적군 중에서 상대적으로 고립된 위치에 있다. 이 유적을 통상적인 취락유적으로 보기 어렵다. 저장시설의 집적―바꾸어 말해 취락에서 약간 떨어진 견과류를 제공하는 삼림, 그곳과 접하는 물가에는 작업장이 있고 물가에 면한 높은 평탄한 곳에는 저장시설이 있다. 그것이 이 유적의 본 모습이다.[124] 요나이자와군의 고도리자와, 가미야기타군의 시모야기타도 같은 성격으로, 특정 활동과 기능이 집중된 유적이라고 봐도 좋지 않을까?[125] 주민이 일상생활을 하는 취락과 한정된 목적과 계절에 집중적으로 이용하는 작업장, 이 두 종류의 유적이 기초 유적군을 형성한다.

니이츠 타케시(新津 健)는 조몬시대 지역사회의 연결을 유지하는 장치로서 교통로의 의미를 강조하였다.[126]

니이츠를 따라 가와히가시지구 주민의 대외교섭 및 그 종류와 루트를 생각해 보자. 센다이만 연안의 후·만기 주민이 100km 정도의 교섭권을 유지하고 해산물 등의 기호품, 박편석기 원료, 아스팔트 등의 필수물자를 입수하였다고 거듭 지적하였다.[127] 가와히가시지구에서의 교섭권 규모는 현재 확실하지 않다. 센다이만 연안과 큰 차이가 없다고 상정해 둔다.

강줄기와 능선 이 두 루트는 지역사회를 연결하는 중요한 수단이다. 기타카미가와 강을 따라 형성된 강줄기[128]는 남쪽—센다이만 연안과, 하야사카토우게(早坂峠)를 경유하는 능선은 동쪽—산리쿠(三陸) 연안과 모리오카분지를 연결한다. 시즈쿠가와 강을 따라 형성된 강줄기도 서쪽—가즈노(鹿角)분지와 동해 연안으로 이어진다. 북쪽—마베치가와(馬淵川) 강유역으로의 루트는 육로가 될 것인데 기타카미가와 강을 따라 형성되었음에 틀림없다. 구로이시노와 같이 기타카미가와 강 본류에 면하는 저위단구 상의 취락은 남·북·서로 향하는 루트의 결절점이었다. 이에 비해 가미야기타I 등 산지에 있는 취락은 동쪽—기타카미산지 동사면·산리쿠 연안과의 접점이었다.

기타카미가와 강을 중심으로 하는 강줄기와 하야사카토우게를 경유하는 능선은 근세까지 간선루트의 역할을 하였고 지름 50~100km의 교섭권을 아우르는 대동맥이다. 이 간선루트를 경유하여 모리오카분지로 전해진 사람·물건·정보는 한층 더 스케일이 작은 생활권 안에 형성된 동맥을 통해 다시금 분배된다. 이때 나카츠가와 강, 야나가와 강, 이에 평행하는 능선이 중요한 역할을 한다.

촌락 안의 가미야기타I

이러한 시나리오를 그려 본다면 기타카미가와 강 본류에 면한 저위단구의 취락, 표고 200m를 넘는 산지의 취락, 나아가 중간 구릉과 천이대에 있는 취락이 각각 보완적인 역할을 수행하고 촌락으로서의 관계를 유지하였다고 상정하는 것도 완전히 황당무계한 이야기가 아닐 것이다. 이 시나리오가 단 하나의 진실이라고 말할 의도는 전혀 없다. 다만 이러한 시나리오를 준비해 두는 편이 유적군과 취락·촌락의 구성을 파악하는 작업이 쉬워진다. 그건 틀림없다.

유적군과 취락·촌락의 구성을 정리하기 전에 한 번 더 유적 간 거리문제를 거론하고자 한다. 기타카미가와 강 하류역의 패총군을 검토하였을 때, 하사마가와(迫川) 강유역의 나가네(長根)와 나카자와메(中澤目) 등 거점취락이라고 봐도 좋을 패총이 4~5km 간격으로 분포하고, 이와 짝을 이루듯 패총이 없는 유적이 2~2.5km 범위에 분포한다고 지적하였다.[129] 야츠가타케(八ヶ岳)산록의 중기 취락이 2~2.5km 간격으로 분포하는 것은 주지의 사실이다. 다니구치 야스히로의 분석에 의하면 남칸토 중기의 거점취락은 9km 간격으로 분포한다.[130]

가와히가시지구의 유적 간 거리를 이들 데이터와 대조해 보자. 평균거리는 하사마가와 강유역의 후·만기 거점취락(?) 간격과 거의 같다. 그리고 패층이 형성된 유적과 형성되지 않은 유적 또는 야츠가타케산록의 중기 유적의 거리를 가와히가시지구로 치환하면 단구위와 천이대 등 다른 지형단위에 위치하는 유적 사이의 거리에 해당한다. 한편 가와히가시지구의 전기 유적 분포범위(약 90km²)는 간토평야 중기의 거점취락에서 예상되는 영역면적(19.2km²)의 5배에 해당한다. 따라서 다음과 같은 추론을 세울 수 있다.

① 가와히가시지구의 면적은 복수집단의 핵영역을 포함할 수 있다―말을 바꾸면 이 지구의 자원을 이용할 권리를 가지는 집단은 복수라도 상관없다.

② 유적군을 남기는 집단은 실체가 확실하지 않지만 단일하다.

③ 유적군을 형성하지 않고 고립된 유적을 남기는 집단도 있는데 그 규모가 유적군 집단보다 작다고 단정할 근거는 없다.

스템·리프표시(표60)에서 유적 간 거리에 두 개의 피크(1.7km·2.6km)가 있음을 알 수 있다. 양자는 거의 2:3의 관계에 있다. 1.7km

표 60 모리오카시 가와히가시지구 유적 간 거리 스템·리프 표시

스템 km	0	1	2	3	4	5	6	7	8
	0.09	1.02	2.00	3.02	4.03	5.01	6.02	7.05	8.05
	0.24	1.14	2.05	3.06	4.05	5.03	6.13	7.13	8.12
	0.27	1.14	2.17	3.08	4.13	5.06	6.21	7.14	8.36
	0.28	1.15	2.27	3.10	4.14	5.06	6.22	7.22	8.43
	0.35	1.23	2.28	3.12	4.20	5.08	6.23	7.31	8.55
	0.36	1.25	2.30	3.16	4.20	5.08	6.25	7.37	8.66
	0.44	1.34	2.31	3.17	4.34	5.09	6.29	7.56	8.91
	0.45	1.46	2.34	3.20	4.42	5.09	6.33	7.57	
	0.45	1.50	2.53	3.24	4.43	5.10	6.33	7.93	
	0.48	1.51	2.56	3.26	4.43	5.12	6.34	7.93	
	0.55	1.54	2.56	3.31	4.44	5.20	6.35		
	0.58	1.58	2.56	3.43	4.44	5.20	6.36		
	0.60	1.64	2.58	3.49	4.44	5.22	6.41		
	0.73	1.68	2.60	3.50	4.46	5.25	6.51		
	0.74	1.77	2.62	3.50	4.51	5.25	6.62		
	0.77	1.81	2.69	3.53	4.52	5.26	6.64		
	0.90	1.88	2.69	3.53	4.52	5.27	6.67		
리프 10m	0.94	1.90	2.75	3.59	4.55	5.29	6.70		
		1.92	2.80	3.60	4.60	5.32	6.75		
		1.96	2.80	3.60	4.61	5.33	6.82		
		1.96	2.81	3.61	4.64	5.34	6.83		
			2.82	3.61	4.67	5.35	6.89		
			2.84	3.66	4.71	5.35	6.89		
			2.89	3.71	4.72	5.43	6.91		
			2.90	3.75	4.73	5.43	6.94		
			2.91	3.80	4.74	5.43	6.95		
			2.95	3.85	4.76	5.44	6.96		
			2.98	3.86	4.78	5.44	6.67		
				3.90	4.79	5.45	6.97		
				3.93	4.80	5.46	6.99		
				3.99	4.84	5.53			
					4.85	5.54			
					4.89	5.55			
					4.93	5.57			
					4.95	5.60			
					4.99	5.60			
						5.61			
						5.63			
						5.65			
						5.69			
						5.75			
						5.77			
						5.78			
						5.80			
						5.84			
						5.85			
						5.85			
						5.86			
						5.91			
						5.93			
계	18	21	28	31	36	50	30	10	7

가 단위시간(예를 들어 1/4시간)당 이동 가능한 거리라면 그 1.5배의 거리에 또 하나의 유적 분포가 모여 있다. 1.7km는 한 유적군 내의 최대거리와 거의 일치한다. 따라서 2.6km는 한 유적군에서 다른 유적군 또는 다른 유적까지의 거리임을 예상할 수 있다.

이러한 추론과 예측을 전제로 하여 가와히가시지구의 유적 분포 의미를 해석해 보자. 먼저 양해해 주었으면 하는 두 가지가 있다. 하나는 여기서 가와히가시지구의 전기 유적을 일괄하여 다루므로 연대차 또는 취락의 계속기간 중단이라는 사태를 고려하지 않는다. 또한 유적 종류의 차이도 고려하지 않는다. 이러한 조치가 데이터를 해석하는 과정으로서 부적합하다는 사실을 잘 알고 있다. 그럼에도 불구하고 이렇게 처치하는 것은 유적 간 거리를 실마리로 하여 유적군 또는 촌락구성을 파악하는 작업이 적어도 필자에게 익숙하지 않고, 결정적인 결론을 도출한다기보다 앞으로의 조사가 진보함에 따라 검토해야 할 가설을 제시한다는 색채가 강하기 때문이다.

그렇다고 근거가 전혀 없는 것도 아니다. 하나는 유적의 계속기간에 현저한 단절이 보이지 않고, 하나의 군에 귀속되는 유적이 유구구성면에서 결정적인 차이가 있다고 판단할 충분한 데이터도 없다. 두 근거를 바탕으로 가와히가시지구의 전기 유적을 일괄하여 유적군·촌락조직의 구성 복원을 시도하겠다.

가와히가시지구에는 복수취락이 공존하고 하나의 촌락조직으로 통합되어 있다. 취락의 위치는 이 지역 지형 구분단위에 대응한다. 단구―구릉의 천이대·구릉·산지에 있는 취락은 고야마를 비롯한 기초유적군을 형성한다. 그 수를 보면 이 지역에는 적어도 4개의 취락이 있었던 것이 된다. 이에 비해, 구로이시노처럼 단구 또는 그에 접하는 평지에는 유적군이 확인되지 않는다. 이것이 본래의 모습을 반영하는지 후세의 형상 변경된 결과인지 아직 판단할 단서가 없다.

모리오카분지로 전해진 사람·물건·정보는 외부 세계와의 접점이 되는 취락을 이차적 발신원으로 하여 분지 안에 산재하는 취락으로 전달된다. 이 접점이 되는 취락은 이미 설명한 지역사회를 연결하는 루트에서 알 수 있듯이 하나는 기타카미가와 강 본류의 강줄기, 다른 하나는 기타카미산지의 동쪽에 있는 산지의 취락이다.

모리오카분지에 있는 유적의 성격은 8할 정도까지 이러한 시나리오로 설명할 수 있다. 다만 나머지 2할의 유적은 예를 들어 고도리자와·잇폰마츠·사이노카미처럼 구릉 또는 단구―구릉의 천이대에 있고 게다가 유적군을 형성하지 않는다. 이 유적들 주변은 20년간 급격하게 진행된 도시화의 영향을 많이 받았다. 이 유적들의 성격을 아직 충분하게 납득할 만큼 설명할 수 없다. 아마 같은 지형구분단위에 속해 있어도 그 성격에는 몇몇 이질적인 요소가 내포되어 있을 것으로 예상된다.

가와히가시지구의 촌락조직·유적군의 이후 모습에 대해서는 더욱 논의를 진행시켜야 할 점이 많다. 앞으로 계속 검토해 나가고 싶다.[131]

주

1 西田正規, 『定住革命』(新曜社, 1986).

2 그렇다고는 해도 생활상의 변화가 사회에 받아들여져 관습이 되어 버리면 그것을 다시 변경하는 데 꽤 저항이 있을 것임에 틀림없다. 그래도 변경이 불가능하지는 않다.

3 安田喜憲, 『環境考古学事始』(NHK出版, 1980).

4 太田陽子, 「世界の平野と日本の平野」, pp. 199-200(貝塚爽平・成瀬 洋・太田陽子・小池一之, 『日本の平野と海岸』岩波書店, 1995).

5 太田陽子, 「世界の平野と日本の平野」, p. 188.

6 大森博雄・高橋 裕, 「日本の川・世界の川」(阪口 豊・高橋 裕・大森博雄, 『日本の川』, 岩波書店, 1986).

7 마이오세의 조산활동은 플라이스토세에도 계속된다. 플라이스토세 중기, 즉 전기구석기시대 전반경의 지형은 현재에 비해 완만했다. 그러나 여기서 문제 삼는 일본반도의 지형은 대체로 현재와 변함없었을 것이다.

8 亀井節夫・ウルム氷期以降の生物地理総研グループ, 「最終氷期における日本列島の動・植物相」(『第四紀研究』 20: 190-205, 1981).

9 툰드라는 a. 황지(barren), b. 초지(herbaceous), c. 삼림(forest)으로 대별된다. a는 노출된 암석 사이에 지의류(lichen)・선태류(moss) 군락이 산재하고 물가에 소규모 사초(莎草, sedge) 군락이 보인다. b는 습지의 사초, 건지의 벼과(grass) 초본 등의 군락으로 덮여 있고 그 사이에 자작나무속(Betula)・버드나무속(Salix)의 관목이 혼재된다. 애기원추리・범의귀・용담을 중심으로 하는 고산대 '꽃밭'・평지의 '원생화원'도 초지툰드라 특유의 식생이다. 초본군락 하층에는 지의류・선태류 군락이 펼쳐진다. 자작나무속・가문비나무속(Picea)・버드나무속, 소수의 잎갈나무속(Larix) 등의 수목이 c를 대표한다. 그러나 모두 높이 자라지 못하고 군락의 밀도도 낮다. 수목의 밀도가 낮은 것을 파크 툰드라로 부르기도 한다.

　Butzer, K., Vegetation and Climate. pp. 60-62, *Environment and Archaeology*. 56-71, Aldine, 1964.

10 Wright Jr. H. E. and frey, D. G. ed., *The Quarternary of the United States*. Princeton University, 1965.

11 Butzer, K., Op. cit., pp. 271-284, 290-300, Gamble, C., *The Palaeolithic Settlement of Europe*. pp. 90-103, Cambridge University Press, 1996.

12 織笠 昭, 「道具の組合せ・ナイフ形石器文化I」, p. 19(日本第四紀学会・春成秀爾・小野 昭・小田静夫編, 『図説・日本の人類遺跡』, 16-19, 東京大学出版会, 1992).

13 越田賢一郎, 「柏台遺跡」(『北海道埋蔵文化財センター年報』 10, 1998).

14 太田昭夫・斉野裕彦, 「富沢遺跡-旧石器時代編」(『仙台市埋蔵文化財調査報告』 195, 1995).

15 Willey, G. R., *An Introduction to American Archaeology* Vol. 1. pp. 37-44, Prentice Hall, 1966. 그러나 Willey, G. R. and Phillips, p., *Method and Theory in American Archaeology*. pp. 79-87, Univ. Chicago Press, 1995에서는 이 명칭을 사용하지 않는다. 50년대 후반-60년대 중엽 이후의 견해는 Cohen, M. N., *The Food Crisis in Prehistory*. pp. 167-175, Yale Univ. Press, 1977, Fiedel, S. J., *Prehistory of the America's 2nd. ed*. pp. 63-69, Cambridge Univ. Press, 1992. 연구사는 Willey, G. R. and Sabloff, J. A., *A History of American Archaeology 2nd. ed*. pp. 121-123, 129를 참조하기 바란다.

16 Butzer, K., Op. cit., pp. 137-141.

17 Jackson, H., *Mammals of Wisconsin*. pp. 425-432, University of Wisconsin Press, 1964. Hardy, W. G.

ed., *Alverta-A Natural History*. pp. 179-181, M. G. Hurtig, 1967.

18　Legge, A. J., Powley-Conwy, P. A., *Star Carr Re-visited: A re-analysis of the Large mammals*. p. 16, Alden Press, 1988.

19　Flannery, K. V., The Ecology of early Food Production in Mesopotamia. *Science* 147: 1247-1256, 1965.

20　稲田孝司,「日本海南西沿岸地域の旧石器文化」, pp. 249-252(『第四紀研究』29: 245-255, 1990).

21　丸山直樹,「ニホンジカの季節的移動と集合様式に関する研究」(『東京農工大学農学部学術報告』23: 1-85, 1981).

22　鈴木忠司,「素描・先土器時代文化の食糧と生業」(『朱雀』1: 1-40, 1988),「再論 日本細石器文化の地理的背景-生業論への視点」(論集日本原史刊行会編,『日本原史』161-191, 吉川弘文館, 1985).

23　安蒜政雄,「先土器時代における遺跡の群集的な成り立ちと遺跡群の構造」, p. 214(論集日本原史刊行会編, 『日本原史』193-216, 吉川弘文館, 1985).

24　현재의 충적면 또는 해면 아래에 본격적인 구석기시대 취락이 매몰되어 있을 가능성도 있다. 그러나 그 존재를 전제로 하여 논의를 진행시킬 수도 없다.

25　Sroöjovč. D., Lepenski Vir: protoneolithic and early neolithic settlements. *Archaeology* 22: 26-35, 1969. Lepenski Vir: *eine vorgeschitliche Guburtsstatte europaischer Kultur*, Gustav Lubbe, 1981. Bökönyi, S., Animal Remains from Lepensky Vir. *Science* 167: 1702-1704, 1972. Dennel, R., European Economic Prehistory: *A New Perspective*. pp. 122-123, 187, Academic Press, 1983.

26　小杉 康,「定住のはじまりから山内丸山まで: 列島における後氷期適応」(『科学』46: 314-322, 1998).

27　林 謙作,「縄文社会の資源利用・土地利用-『縄文都市論』批判」(『考古学研究』44-3, 35-51, 1997).

28　樋泉岳二・西本豊弘,「縄文人と貝塚形成」, p. 73(『歴博国際シンポジウム・過去1万年間の降域環境の変遷と自然災害史』72-75, 1997).

29　児玉賢一郎・中村和美,「奥ノ仁田遺跡・奥嵐遺跡」(『西之表市埋蔵文化財発掘調査報告書』7, 1995).

30　渡辺 仁,『縄文式階層化社会』, p. 15(六興出版, 1990).

31　谷口康浩,「縄文時代早期撚糸文期における集落の類型と安定性」(『考古学ジャーナル』429: 9-14, 1998).

32　왓카나이—가고시마에 위치하는 기상대와 측후소 가운데 거의 등간격(3°30')으로 있는 것을 선정하였다.

33　国立天文台編,『理科年表』71, pp. 200-201(丸善, 1998).

34　テスタール, A., 山内 旭訳,『新不平等起源論・狩猟＝採集民の民俗学』, pp. 176-177(法政大学出版局, 1995).

35　향신료를 이용하는 경우도 있지만 여기서는 직접 관련이 없기 때문에 생략한다.

36　아래의 문헌 중에서 곤도(近藤)는 토기와 패류의 처리관계(pp. 43-45), 토기의 대형화가 초래한 효과(p. 64)를 언급하였고, 사하라(佐原)도 와타나베 마코토(渡辺 誠)의 의견을 소개하면서 탄닌제거를 위한 자비기능을 언급(p. 117)하였다. 그러나 전체적으로 보면 주된 관심이 조기용구로서의 기능에 치중되어 있다. 近藤義郎,『日本考古学研究序説』, pp. 45-46, 61-62. 佐原 真,「日本人の誕生」, pp. 68-71. 佐々木高明,『日本史誕生』, pp. 78-80.

37　아래 문헌에서는 '변질단계'라고 하였지만 '변성단계'로 바꾸었다. 林 謙作,「考古学研究会第43回総会研究報告要旨」(『考古学研究』43-4: 26-27, 1997),「縄文社会の資源利用・土地利用-『縄文都市論』批判」, pp. 44-49(『考古学研究』44-3 : 35-51, 1997).

38　수혈주거는 기후가 한랭한 북일본보다 남큐슈와 남칸토에서 먼저 출현한다. 수혈주거의 기능이 와타나베

진(渡辺 仁)이 주장한 것처럼 오로지 한기를 견디는 것에 있다면 수혈주거는 일본열도 가운데 북일본에서 처음 출현해야 한다. 수혈주거가 보급되는 요인은 단순하지 않고 정착성이 높아지고 강수량이 증가하는 등 몇몇 요인이 결합되어 있을 것이다. 저장시설로서의 측면을 상정하는 것도 복수 요인 가운데 하나의 가능성을 지적하는데 지나지 않는다.

渡辺 仁, 「竪穴住居の廃用と燃料経済」, pp. 5-6(『北方文化研究』16: 1-41, 1980).

39   이 책 제10장 2. 성립기 정주까지 (1) 남큐슈의 초기 정주 참조.

40   鷹部屋福平·高倉新一郎, 「住居」, pp. 199-200(アイヌ文化保存協議会編, 『アイヌ民俗誌』179-201, 第一法規, 1970).

The people of 'Ksan, *Gathering what the Great Nature provided: Food Tradition of the Gitksan*. pp. 25-26, University of Washington Press, 1980.

テスタール, A., 山内 旭訳, 『新不平等起源論·狩猟=採集民の民俗学』, pp. 78, 98, 111-112, 141, 144, 151-152.

41   북미 북서해안의 선주민 중에는 콰키우틀족을 비롯해 독립된 저장시설 없이 주거내부에 식료를 보관하는 사람들도 적지 않다. 그러나 그들의 주거는 평균적인 조몬기 주거보다 월등히 크고 대형주거 가운데에서도 최대급에 필적한다.

Boas, F., The Kwakiutl of Vancouver Island. pp. 441-444., 476-477, *Publication of the Jesup North Expedition* Vol. 5 Pt. 2: 301-522, 1909.

Drucker, P., The Northern and Central Nootkan Tribes. p. 75, *Bureau of American Ethnology*, Bulletin 144, 1951.

42   이 책 제10장 2. 성립기 정주까지 (4) 간토의 성립기 정주 참조.

43   회상노의 유무로 주거를 이용한 계절을 추정할 수 있다면 대형은 겨울, 소형은 여름이 압도적으로 많고 중형은 여름·겨울 사이에 해당한다고 할 수 있다.

44   나카노다이라 105호주거는 장폭 13.5m, 단폭 4.5m의 소판형으로 바닥면적은 40.1m²이다.

三浦圭介, 「中野平遺跡·縄文時代」, pp. 84-86(『青森県文化財調査報告書』134, 1991).

45   조기후엽~전기전엽에는 아오모리현 우리바 205호주거(41.3m²), 오모테다테 108호주거(57.5m²) 등의 예가 있다.

三浦圭介, 「売場遺跡発掘調査報告書(第1次調査, 第2次調査)」, pp. 93-112(『青森県埋蔵文化財調査報告書』93, 1984), 「表館(1)遺跡·III」, pp. 123-142(『青森県文化財調査報告書』120, 1990).

46   아큐에서는 조기후엽에 이미 제사시설이 출현한다. 이 지역에서 확립단계가 이 시기까지 소급되는지 또는 예외적인 것인지 판단이 어렵다.

笹沢 浩ほか, 「阿久遺跡」(『長野県中央道埋蔵文化財包装地発掘調査報告書-原村その5-昭和51·52·53年度』, 1988).

笹沢 浩ほか, 「阿久遺跡」(加藤晋平·小林達雄·藤本 強編, 『縄文文化の研究』8: 84-96, 雄山閣出版, 1982).

47   梁木 誠ほか, 「聖山公園遺跡V-根古谷台遺跡発掘調査概要」(『宇都宮市埋蔵文化財発掘調査報告』24, 1988).

48   이 책 제8장 2. 조몬취락론의 현상과 문제점 (4) 남겨진 문제 참조.

49   도이 요시오(土井義夫)·구로오 카즈히사(黒尾和久)는 필자의 비판에 대해 다시 비판한다. 착오가 있는 듯하다. 구체적인 문제와 분석을 계속해서 제시할 필요가 있다. 土井義夫·黒尾和久, 「1995年度の縄文学会動向: 集落·領域論」, pp. 191-193(『縄文時代』7: 191-198, 1996).

50   이 책 제6장 1. 닛타노패총의 사례 (3) 유적영역의 구조 참조.

51   鈴木保彦, 「関東·中部地方における縄文時代の集落」, pp. 2-5(『よねしろ考古』7: 1-22, 1991).

52 이 책 제5장 제4절 3. 식품의 선택(2) 참조.

53 越田賢一郎·村田 大·愛場和人·柳瀬山佳,「函館市石倉貝塚-函館空港拡張整備工事用地内埋蔵文化財発掘調査報告書」(『北海道埋蔵文化財センター調査報告書』109, 1996).

54 青森市教育委員会編,「小牧野遺跡発掘調査報告書」(『青森市埋蔵文化財調査報告書』30, 1996),「小牧野遺跡発掘調査報告書II」(『青森市埋蔵文化財調査報告書』35, 1997).

55 小林 克,「縄文のムラ, 墓と祈り」(岡村道雄編,『ここまでわかった日本の先史時代』262-283, 角川書店, 1997).
   岩越宏典,「伊勢堂岱遺跡詳細分布調査報告書(1)」(『鷹巣町埋蔵文化財調査報告書』4, 1998).

56 종종 이들 유구가 제사시설인지 묘역인지가 문제가 된다. 상세한 설명은 생략하지만 제사시설·묘역이라는 구분에 너무 구애받는 것은 그다지 생산적이지 않다. 여기서는 편의상 제사시설로 부르기로 한다.

57 鈴木保彦,「中部·南関東地域における縄文集落の変遷」(『考古学雑誌』71-4: 413-442, 1986),「関東·中部地方における縄文時代の集落」, p. 2(『よねしろ考古』7: 1-22, 1991).

58 坂本 彰·倉沢和子編,「全遺跡調査概要」, pp. 16-18(『港北ニュータウン地域内埋蔵文化財調査報告』10, 横浜市埋蔵文化財センター, 1990).

59 文化庁編,『発掘された日本列島·'95新発見考古速報』, p. 77(朝日新聞社, 1995).

60 林田利之·高橋 誠·中山俊之,「千葉県四街道市木戸先遺跡·御成台団地宅地造成事業地内埋蔵文化財調査」(『印旗郡市文化財センター発掘調査報告書』79, トーメン·印旗郡市文化財センター, 1994).

61 笹森健一·成瀬正和·川名広文,「鷺森遺跡の調査-縄文時代前期の集落跡の調査」(『郷土資料』33, 上福岡市教育委員会, 1987).

62 小杉 康,「海を望んだ大きなムラの出現」, pp. 76-81(北区史編纂調査会編,『北区史』通史編·原始古代, 65-81, ぎょうせい, 1996).

63 谷藤保彦·小野和之,「三原田城遺跡」(『関越自動車道(新潟線)地域埋蔵文化財発掘調査報告』13: 1-196, 1987).

64 모두 화덕과 주혈이 없고 서남부에 분포하는 것보다 현저하게 소형이다.

65 8호주거와 중복된 것 중에서 주거의 일부로 볼 수 있는 것이 있다. 7호주거 폐기 후 8호주거가 조영되기 이전에 한 동의 주거가 조영되었을 가능성이 있다.

66 中野寛子·明瀬雅子·長田正宏·中野益男,「木戸先遺跡から出土した遺構·遺物に残存する脂肪の分析」(『印旗郡市文化財センター発掘調査報告書』79, 443-453).

67 밀도는 낮지만 D2-5의 묘광도 모로이소a·모로이소b 두 시기의 것을 포함한다.

68 예를 들면 D2-5·D2-6, D2-10과 D2-7의 일부를 포함하는 블록을 상정하는 것은 불가능한 것일까?

69 D3-9에서는 모로이소계토기만 출토되는 묘광 8인 데 비해 우키시마계가 출토되는 묘광은 1의 비율이다. 그런데 이 비율이 D2-5·D2-12에서는 거의 2:1, D2-8에서는 1:2가 된다. 기도사키 주변 지역 촌락 주민의 출자, 가족구성 등을 암시하는 숫자처럼 생각된다.

70 전기전엽~중엽의 유적입지에 대한 사사모리(笹森)의 지적은 흥미롭다. 이 지역에서는 패총을 동반하는 취락·동반하지 않는 취락이 공존하고 패총을 동반하는 취락은 표고가 높은 무사시노단구 위에 입지한다. 이에 비해 표고가 낮고 패류 채집에 용이한 조건을 갖추고 있는 다테카와단구 위의 취락에는 패총이 없다.
   笹森健一·成瀬正和·川名広文,「鷺森遺跡の調査」, p. 9.

71 笹森健一ほか,「鷺森遺跡の調査」, pp. 222-224.

72 川名広文,「住居跡出土の土器」(『鷺森遺跡の調査』104-136),「住居跡出土土器の編年的位置と組成」(『鷺森遺跡の調査』222-224).

73 笹森健一ほか,「鷺森遺跡の調査」, pp. 237-257.

74 3개의 주기동일 가능성이 높다.

75 笹森健一ほか, 「鷺森遺跡の調査」, pp. 257-265.

76 사사모리는 이 고안이 작업과정에서도 실제과정에서도 고정적이지 않고 몇 개의 다양성이 있을 수 있다고 지적하였다.
笹森健一ほか, 「鷺森遺跡の調査」, p. 256.

77 笹森健一ほか, 「鷺森遺跡の調査」, pp. 109-113, 123-127, 222-223.

78 개축·신축이 이루어지는 기간, 폐가를 보수하여 거주할 가능성 또는 텐트와 같은 시설을 이용할 가능성도 있다.

79 笹森健一ほか, 「鷺森遺跡の調査」, pp. 258-259.

80 논리적으로는 취락 안의 다른 지구로 이동할 가능성도 있다. 그러나 주거의 선후관계로 보는 한, 소군 사이에 이동이 있었다고 보기 어렵다. 취락 안에서 이동이 이루어진다면 대군과 대군 사이의 이동이다.

81 취락의 구성인원과 깊은 관계에 있는 주위의 자원상황 등이 고려되었음에 틀림없다.

82 笹森健一ほか, 「鷺森遺跡の調査」, pp. 173-174.

83 그럼에도 불구하고 중기후엽 이후에 보편화되는 환상배치가 이 시기에 출현하는 점에 주목해야 한다.

84 이 견해는 인골이 출토되는 평면 달걀형의 묘광에서 본 소견과 일치한다.
笹森健一ほか, 「鷺森遺跡の調査」, p. 276.

85 笹森健一ほか, 「鷺森遺跡の調査」, pp. 270, 277.

86 笹森健一ほか, 「鷺森遺跡の調査」, pp. 275-277.

87 여기에서는 충분히 검토할 여유가 없지만 주거의 출입구 방향, 묘광에 공반되는 유물분포 등을 검토하면 해결될 것이다.

88 이 책 제8장 2. 조몬취락론의 현상과 문제점 (3) '재검토론'에 대한 평가 참조.

89 笹森健一ほか, 「鷺森遺跡の調査」, pp. 108-109, 301, 451, 486.

90 이 책 제11장 4. 정주확립기 취락의 구성 (2) 기도사키의 취락 참조.

91 小杉 康, 「海を望んだ大きなムラの出現」, p. 79(北区史編纂調査会編, 『北区史』通史編·原始古代, 65-81, ぎょうせい, 1996).

92 パリノサーヴェイ株式会社, 「七社神社前遺跡の縄文時代前期土器胎土の特徴について」, pp. 444-445(川田 強·大平理恵編, 『七社神社前遺跡II』435-446, 東京都北区教育委員会, 1998).

93 小杉 康, 「海を望んだ大きなムラの出現」, p. 80.

94 앞에서 이 시기에 저장시설이 발달한다고 하였지만 이 전망과 부합되지 않는다. 이 책 제11장 3. 저장과 정주의 제 단계 참조.

95 渡辺 仁, 『縄文式階層化社会』(六興出版, 1990).
武藤康弘, 「縄文, 階層化した狩猟採集民」(『考古学研究』45-4: 24-25, 1999).

96 林 謙作, 「階層とは何だろうか?」(考古学研究会編, 『展望考古学』56-66, 1995), 「縄紋社会は階層社会か」(田中 琢·都出比呂志編, 『古代史の論点』4: 87-110, 小学館, 1998).

97 禰津正志, 「原始日本の経済と社会(1)」, pp. 323-324(『歴史学研究』4: 323-336, 1935).
岡本 勇, 「埋葬」(後藤守一編, 『日本考古学講座』3: 321-338, 河出書房新社, 1958).
林 謙作, 「縄文期の葬制-第II部」(『考古学雑誌』63: 1-36, 1977), 「東日本縄文期墓制の変遷(予察)」(『人類学雑誌』88: 269-284, 1980).

98 Binford, L., 1971, Mortuary Practices: Their Study and Their Potential. Brown, J. A., ed., Approaches to the Social Dimensions of Mortuary Practices. *Memoirs of the Society For American Archaeology* 25: 6-21.

99 　林 謙作,「縄紋社会は階層社会か」, pp. 89-91.

100 　植木 武,「初期国家の理論」, pp. 13-15(植木 武編,『国家の形成−人類学・考古学からのアプローチ』9-39, 三一書房, 1996).

101 　중요한 기초자료가 1910년대 후반부터 1920년대 중엽까지의 토기편년 확립 이전의 '인골채집 붐' 속에서 수집되었기 때문에 데이터로서 적절하지 못한 곳이 많은 점도 상세하게 분석할 수 없었던 원인이다.

102 　과정주의학파뿐만이 아니라 영미의 연구자는 공간분포에 무관심한 경향이 있다. 관찰한 데이터를 거의 가공하지 않고 집계하여 다변량해석을 실시하기 때문에 집계처리의 대상이 되기 어려운 분포와 관련되는 데이터를 무시하는 결과가 될 것이다.

103 　O'Shea, J. M., 1984, Mortuary Variability: *An Archaeological Investigation*. London, Academic Press.

　　　Goldstein, L., 1981, One-dimensional archaeology and multi-dimensional people: a partial organization and mortuary analysis. Kenes, P. (ed), The Archaeology of Death. London, Cambridge University Press.

104 　小川 出・村田晃一,「今熊野遺跡II・縄文・弥生時代編」(『宮城県文化財調査報告書』114, 1986).

105 　鈴木恵治・千葉孝雄編,「上八木田I遺跡発掘調査報告書−新盛岡競馬場建設関連遺跡発掘照査」(『岩手県文化振興事業団埋蔵文化財調査報告書』227, 1995).

106 　高橋文夫,「松尾村長者屋敷I−遺構編」(『岩手県埋蔵文化財センター調査報告』27, 1980).

107 　横山英介編,『函館空港第四地点・中野遺跡』(『函館市教育委員会』, 1980).

108 　일본재첩의 패층도 확인된다.

109 　일반적으로 다이기1식은 세키야마식에 병행한다고 여겨지는데, 최근의 세키야마・구로하마식 세별 성과를 살펴보면 구로하마식 고단계에 병행한다고 봐야 한다. 그렇다면 이 시기를 전기전엽으로 볼 수 없게 된다.

110 　小川 出・村田晃一,「今熊野遺跡II・縄文・弥生時代編」, p. 143.

111 　이 책 제11장 4. 정주확립기 취락의 구성 (3) 사기노모리의 취락 참조.

112 　小川 出・村田晃一,「今熊野遺跡II・縄文・弥生時代編」, p. 137.

113 　小川 出・村田晃一,「今熊野遺跡II・縄文・弥生時代編」, pp. 138-139.

114 　村田晃一・真山 悟・今野 隆・佐藤広史ほか,「七ヶ宿ダム関連遺跡発掘調査報告書III・小梁川遺跡」(『宮城県文化財調査報告書』122, 1987).

115 　小川 出・村田晃一,「今熊野遺跡II・縄文・弥生時代編」, pp. 92-97.

116 　鳥居龍蔵,「諏訪史」(『鳥居龍蔵全集』3: 1-427, 朝日新聞社, 1976).

　　　酒詰仲男,「神奈川県下貝塚間交通問題試論」(『人類学・先史学講座』13,[22] 雄山閣, 1940).

117 　千田和文・八木光則・似内啓邦ほか,『小山遺跡群−昭和63年度発掘調査報告』, pp. 4-6(盛岡市教育委員会, 1989).

118 　이 책 제10장 2. 성립기 정주까지 (7) 바닥면적의 시기차 및 지역차 참조.

119 　평균치는 4.28km, 표본 표존편차는 2.06, 중위수는 4.55km이다.

120 　더 상세하게 설명하고 논의할 여유가 없으므로 아래 논문을 참조해 주기 바란다. 최근 특히 구석기연구자 사이에서 지지자가 많은 M. Schiffer의 유적 형성과정(Site Formation Process) 논의도 여러 분포론 중의 하나라고 볼 수 있다.

　　　小野 昭,「分布論」(大塚初重・戸沢充則・佐原 真編,『日本考古学を学ぶ』1: 36-47, 有斐閣, 1978).

　　　佐原 真,「分布論」(近藤義郎・横山浩一ほか編,『岩波講座 日本考古学』1: 116-160, 岩波書店, 1985).

121 　그렇다고 해도 전엽까지 소급될 수 있는 유적은 거의 없고 중엽 이후 대다수는 전기후엽~중기전엽에 집중한다.

122 이 책 제11장 4. 정주확립기 취락의 구성 (3) 사기노모리의 취락 참조.

123 하타이노·무카이다테를 독립된 유적군으로 볼 것인지는 검토의 여지가 있다. 양 유적은 요나이자와유적군에서 떨어진 곳에 있지만 하타이노는 요나이자와A 외의 3유적과 같은 구릉의 반대사면, 무카이다테는 그 대안에 있다. 하타이노·무카이다테도 요나이자와군에 포함시켜야 한다.

124 표고 150m, 비고 35m 전후의 독립구릉 위에 있고 전기후엽~중기전엽의 플라스크형 수혈만이 밀집하며 작은 가지와 나뭇잎으로 덮여 밤이 쪄 있는 상태로 남아 있는 예도 있었다. 위석노를 1기 확인하였는데 주구(周溝)와 주혈은 확인되지 않았다. 본문에서 서술한 바와 같이 사면말단의 저지에는 견과류 처리시설이 있었음에 틀림없다. 필자가 이와테현교육위원회에 있을 때 간간이 조사를 실시하였는데 미보고이다. 유례는 아래 문헌을 참조해 주기 바란다.
山口興典·相原康二,「岩手県稗貫郡大迫町天神ヶ岡遺跡」(大迫町教育委員会, 1969).

125 이들 유적에도 저장시설이 집중되어 있을 가능성이 높다. 그러나 수렵과 어로 등 식물성 식료 채집 이외의 활동 가능성도 고려할 필요가 있다.

126 新津 健,「集落と道」(『山梨考古学論集』 III: 131-152, 1994),「集落内外の構成とつながり」(『季刊考古学』 64: 48-54, 雄山閣出版, 1998).

127 林 謙作,「亀ヶ岡と遠賀川」, pp. 100-104(近藤義郎·横山浩一編,『岩波講座 日本考古学』 5: 94-124, 岩波書店, 1986),「縄文時代」, pp. 106-108(林 謙作編,『図説 発掘が語る日本史』 1: 69-112, 新人物往来社, 1986), 이 책 제6장 3. 생업·석기원료와 영역 참조.

128 기타카미가와 강에 면한 오래된 상가는 강안으로 내려오는 계단, 선착장을 갖추고 있어 수운이 근세의 상품유통에 큰 역할을 하였음을 말해 준다. 다만 기쿠치 케이지로(菊池啓次郎)의 말에 따르면 기타카미가와 강의 수운 규모는 구로사와지리(黒沢尻)(기타카미시내)에서 상류에는 매우 작아진다고 한다.

129 林 謙作,「宮城県下の貝塚群」, p. 154 (渡辺信夫編,『宮城の研究』 109-172, 清文堂, 1984).

130 谷口康浩,「縄文時代集落の領域」(『季刊考古学』 44: 67-71, 雄山閣出版, 1993).

131 본 장에서는 미조구치 코지(溝口孝司), 다니구치 야스히로(谷口康浩), 니이츠 타케시(新津 健), 고스기 야스시(小杉 康)가 조언을 해 주었고, 다카세 카츠노리(高瀬克範)씨는 삽도를 작성해 주었다. 감사드린다.

역주

*1 동결과 융해의 반복으로 인해 나타나는 지형형성 작용이 미치는 지역을 말한다.

*2 퇴석의 경우 빙퇴석이라고 한다. 빙하에 의해 운반·퇴적되는 물질의 집합체를 총칭한다.

*3 북잉글랜드 습지대에 있는 중석기시대 후기의 유적이다.

*4 원서에서는 41일간의 차이가 나는 것으로 되어 있지만, 〈표 51〉에 제시된 수치를 바탕으로 계산해 보면 64.5일간의 차이가 난다.

*5 원서에는 28기로 기술되어 있으나 26기가 옳다.

*6 원서에는 50기로 기술되어 있다. 그러나 〈표 54〉와 뒤의 본문 내용으로 보면 51기가 옳다.

*7 원서에 〈표 53〉이라고 표기되어 있지만, 본문내용과 부합하는 것은 〈도 125〉이다.

*8 구로하마식은 간토지방 전기전반의 우상승문계토기 중 가장 늦은 토기형식이다.

*9 우키시마식은 간토지방 동부에 분포하는 전기후반의 토기형식이다.

*10 주 67의 위치가 누락되어 있다. 주의 내용으로 보아 이곳에 해당할 것으로 판단된다.

*11 원서에는 〈도 53〉으로 나와 있지만, 본문 내용에 부합하는 그림은 〈도 125〉이다.

*12 원서에는 주 68의 위치가 주 67의 위치에 표시되어 있다. 그러나 주의 내용과 본문의 내용을 대조해 보면 이 위치가 옳다.

*13 들보와 마룻대 사이나 툇마루 밑에 세우는 짧은 기둥, 동자기둥이라고도 한다.

*14 〈도 132〉를 보면 가미야기타 유적은 나카츠가와 강유역에 있는 것으로 표기되어 있어, 본문이 잘못 기술된 것처럼 보인다. 그러나 이후의 본문내용, 〈표 58〉의 수계, 〈표 59〉의 유적 간 거리를 고려할 때 가미야기타은 야나가와 강쪽으로 치우친 곳에 위치해야 맞다.

*15 〈도 132〉를 보면 무카이다유적은 잇폰마츠와 더불어 나카츠가와 강에 위치한다. 그러나 〈표 58〉에는 야나가와 강에 있는 것으로 표기되어 있고, 〈표 59〉의 유적 간 거리를 봐도 그 위치가 야나가와 강쪽에 있어야 할 것 같지만 정확한 위치를 알 수 없다.

*16 원서에는 가장 가깝고 거리가 0.3km에 지나지 않는 유적이 스나다메와 고야마라고 기술되어 있다. 그러나 〈도 132〉와 〈표 59〉의 유적 간 거리를 살펴보면, 본문 내용과 다르게 가장 가깝고 거리가 0.3km에 지나지 않는 유적은 스나다메와 니탄다유적이다. 그러나 〈도 132〉와 〈표 59〉에 잘못 기술된 부분이 있으므로 이것도 정확하지 않다. 따라서 원서대로 고야마로 기술해 둔다.

*17 원서에 고립된 유적이 니탄다라고 기술되어 있다. 그러나 〈도 132〉와 〈표 59〉에 따르면 고야마가 약간 고립되어 있고, 스나다메와 니탄다와의 거리가 2km 미만이다. 이 또한 〈도 132〉와 〈표 59〉에 잘못 기술된 부분이 있으므로 이것도 정확하지 않다. 따라서 원서대로 기술해 둔다.

*18 원서에 주 122의 위치가 누락되어 있다. 본문의 내용으로 판단할 때 이 위치라고 생각된다.

*19 〈도 132〉에 표시된 유적 위치가 정확한 것 같지 않다. 특히 가미야기타군의 유적 위치와 각 지점의 유적명 칭이 맞지 않는데, 본문내용, 〈표 58〉의 수계, 〈표 59〉의 유적 간 거리를 고려할 때, 가미야기타군의 유적 위치는 야나가와 강쪽으로 이동되어야 한다. 그 밖의 유적 위치도 〈도 132〉·〈표 58〉·〈표 59〉를 종합해 보면 맞지 않는 것이 몇몇 있다. 현재 어느 쪽이 타당한지 알 수 없으므로 오기가 있다는 점만 밝혀 둔다.

*20 〈표 59〉에 제시된 유적 간 거리가 잘못 기록된 곳이 있다. 가령 니시쿠로이와노유적과 구로이와노의 거리는 가장 가까워야 하지만, 〈표 59〉에는 3.93km로 표기되어 있고, 니시쿠로이와유적과 사이노카미유적 간의 거리도 0.28km로 표기되어 〈도 132〉와 〈표 58〉, 본문내용과 상이한 부분이 확인된다. 현재 어느 쪽이 타당한지 알 수 없으므로 오기가 있다는 점만 밝혀 둔다.

*21 니시쿠로이시노와 4km의 거리에 있는 유적은 잇폰마츠와 무카이다유적이다. 니시쿠로이시노와 사이노카미의 거리는 〈도 132〉에 따르면 약 2.5km이고, 〈표 59〉에 따르면 0.28km이다. 〈도 132〉, 〈표 58〉, 〈표 59〉를 종합해 보면, 〈도 132〉에 표시된 사이노카미의 위치가 잘못되었을 가능성이 있다. 현재 어느 쪽이 타당한지 알 수 없다.

*22 원서에는 17호로 되어 있지만, 확인 결과 13호가 옳다.

부록 연구수단으로서의 명명과 분류

1. 명명과 분류

제8장에서 무라타 후미오(村田文夫)가 실시한 가나가와(神奈川)현 시오미다이(潮見台)의 주거분류를 비판하고 니와 유이치(丹羽佑一)의 분류와 비교하였다. 그러나 고고학 세계에서 무라타와 같은 수법에 의한 분류가 결코 드물지 않다. 아메리카식 석촉과 삼각촉·차광기토우와 십자가토우·조몬토기와 야요이토기……. 고고학의 세계에서는 오히려 이러한 분류가 주류를 이룬다고 할 수 있다. 그렇기 때문에 무라타의 분류 자체가 잘못되었다고 말할 의도는 전혀 없다. 다만 주거군 구성을 복원하는 작업에는 부적절하다. 무라타의 분류가 왜 부적절한가? 이것을 설명하기 위해 분류라는 것(=행위·작업)이 어떤 것인지 다시금 고려해야 하고, 게다가 더욱 파고들자면 우리가 왜 물건(=사물)에 이름을 붙이는가라는 이유도 설명해야 한다. 우리는 신변의 모든 사물에 이름을 붙인다. 먼저 그 이유부터 설명하도록 하자.

이름을 붙이는 것은 우리가 어느 한 사물을 존재한다고 인정하는 증거이다. 이를 뒤집어 보면 이름이 붙어 있지 않은 사물은 우리의 세계 속에 존재하지 않는 것과 같다.[1] 명명이라는 행위는 우리가 신변의 세계를 인식하였음을 확인하는 수단인 것이다.

그런데 우리가 살고 있는 세계는 문자 그대로 헤아릴 수 없을 정도의 사물로 넘쳐난다. 여기서 분류라는 행위와 작업이 필요해진다. 다양한 사물 가운데 무언가 공통되는 성질을 가지고 있는 것을 하나로 모아 이름을 붙인다. 그것이 분류라는 행위·작업의 출발점이다. 따라서 분류는 평소에 우리가 신변의 사물을 어떻게 파악하는가, 신변의 세계를 파악하는 방법(=세계관)이 배여 있고 분류된 사물의 명칭에는 우리의 세계

관이 스며 있다.[2]

여기서 분류라는 행위가 하나의 사물 안에 있는 정반대의 성질―다른 사물과 유사한 점·다른 점―을 동시에 파악함으로써 성립된다는 점을 주의할 필요가 있다. 동물학과 식물학 분야에서는 이명명법(二命名法, binominal system)을 채용하고 하나의 종(species)을 고유의 명칭(=종명)만이 아니라 몇 개의 종을 합친 속(genus)의 명칭(=속명)을 병기하여 하나의 종을 나타낸다.[3] 이는 한 사물이 다른 사물과 얼마나 유사하고 다른지를 파악하지 않으면 그 사물의 성질을 알 수 없다는 생각의 산물이다. 이러한 사고는 근대과학과 더불어 새롭게 성립된 것이 아니라 중세의 스콜라철학 나아가서 고대 그리스철학에서도 확인된다.[4]

이 사고는 확실히 그리스·유럽철학의 계보를 이어받아 근대철학·과학이 성립하는 과정에서 정교해진다. 다만 몇몇의 사물을 비교하여 공통 속성(=그것이 없으면 하나의 사물을 다른 사물과 구별할 수 없게 되는 특징)을 찾아내고 몇몇 속성을 공유하는 사물을 하나로 묶어 여타 사물과 다른 명칭을 부여하여 구별한다. 이러한 명명과 분류라는 행위와 그 원리는 인류공통의 사고 형식과 결부되어 있다고 봐야 한다.[5]

이야기가 약간 옆으로 새지만, 모스는 오모리(大森)패총을 보고하면서 스칸디나비아와 뉴잉글랜드 패총과의 공통점과 상위점을 지적하였다.[6] 모스가 새삼스럽게 '기술(記述)의 과학성'이라는 것을 의식한 것은 아니고, 동물학의 이명명법 원리를 충실하게 답습한 것이다. 모스에게 세계의 패총과의 공통점과 상이점―바꾸어 말해 보통성·개별성―을 통합하지 않으면 오모리패총의 특성을 파악할 수 없다는 것은 당연한 일이었을 것이다. 그러나 쓰보이 쇼고로(坪井正五郎) 이후의 일본 고고학은 이 당연한 사실을 잊어버린다. 야마노우치 스가오(山内淸男)는 이 원칙을 다시금 확인하고 「繩文土器型式の細別と大別」을 발표하지만, 토기형식을 세별할 필요가 있음을 설명하는 것이 논문의 주된 목적이었기 때문에 세별과 대별이 보완관계에 있다는 지적이 불충분한 채로 끝났다.[7]

다시 본제로 돌아가 분류라는 행위를 음미해 보자. 우리가 말을 외우기 시작했을 즈음의 일을 상기시켜 보자. 이때의 우리는 입에 넣는 것은 전부 '맘마'라고 불렀을지 모른다. 우리 자신이 자각하지 않았다 하더라도 '입에 넣는 것'이라는 정의를 내리고 '맘마'라는 말을 사용한다. 바꾸어 말하면 이때 우리는 세상에는 '맘마가 아닌 것'이 있음을 알고 있는 것이다. 드디어 주변 어른을 몇 번이나 당황시켜 가면서 우리는 '맘마' 중에도 '입에 넣어도 상관없는 것'·'그렇지 않은 것'으로 구별되고, '입에 넣어도 상관없는 맘마'에도 '밥'과 '과자' 등의 구별이 있음을 깨우치게 된다. 초등학교에 들어가면 밥과 과자, 나아가 다른 것도 포함하여 '음식'이라고 부른다는 것을 알게 된다.

우리는 '맘마'에서 출발하여 드디어 '밥'과 '과자'를 구별하게 되는데 그 사이에 문자 그대로 시행착오를 반복한다. 즉 우리는 새로운 사물에 조우할 때마다 그 사물이 지금까지 만들어 온 '밥' 또는 '과자'의 정의와 일치하는지 확인하여 필요한 경우에는 재정의하면서 밥의 내용을 보충하는 것이다. 한편 '음식'이라는 말을 우리가 외운다는 것은 그 말이 '먹을 수 있는 모든 것'을 가리킨다는 정의를 이해한 것이다. 우리는 '음식'이라는 것의 범위에 새로운 종류의 음식을 만날 때마다 '음식'이라는 말로 표현할 수 있는 사물을 더해 간다.

이미 설명한 바와 같이 '맘마'를 출발점으로 하여 '음식'이라는 말에 도착하는 과정에서 우리는 시행착오를 반복한다. 우리를 둘러싼 세계는 어린 우리 자신의 입장에서 보면 끊임없이 넓어진다. 우리는 감각으로 파악한 개별적인 '체험'을 넓어져 가는 세계, 즉 보통성이 있는 세계에서 통용되는 '경험'으로 재생산하는 노력을 계속한다. 분류와 명명이라는 행위는 개별적인 체험을 보편적인 경험으로 만들기 위한 수단이다. 그리고 어린 우리는 개별적 체험에서 공통점과 상이점을 추출하는 방법—귀납법으로 보편적인 경험을 조합시키려 한다. 여기서 어느 정도의 체험과 경험 축적을 전제로 하여 분류와 명명이 이루어진다. 따라서 귀납법에 의한 분류와 명명을 '뒤따르는 분류·명명'으로 부를 수 있다.

그러나 맘마·입에 넣어도 상관없는 맘마·밥과 과자 …… 세계가 넓어지면서 밥도 무한대로 증가하는 것처럼 보여 개별적 체험을 기초로 하는 한 어디까지 새로운 밥이 증가할지 우리로서는 예측할 수 없다. 귀납적인—다양한 체험을 몇 개 합하여 일반화시키려 한다—방법에 의존하는 한 아직 체험의 범위에 포함되지 않는 사물의 성질 등을 예측할 수 없을 리가 없다. 따라서 장래 체험할 사물을 포함하여 경험 범위를 정의할 수 없는 것도 당연하다.

'음식'이라는 말—바꾸어 말하면 '먹을 수 있는 것'이라고 정의를 이해했을 때 '음식'이라는 말이 가리키는 범위가 분명해진다. 여기서 우리는 '음식'이라는 보편적인 카테고리 속으로 개별 체험을 정리하는—짧게 말하면 연역법의—세계에 발을 내딛는다. 연역법에 의한 분류와 명명은 귀납법과 대조적으로 먼저 대상의 범위를 분명히 한다. 따라서 이것을 '예측하는 분류·명명'이라고 부를 수 있다.

2. 분류의 두 길―귀납과 연역

이제 화제를 고고학의 세계로 옮겨 보자. 고고학이라는 연구영역에도 우리가 말을 습득하고 체험을 정리하는 기술을 몸에 익히는 과정과 같은 일이 일어난다. 이야기가 너무 이르지만, 우리 선배들이 고고자료 분류에 손을 대었을 때 의지할 곳은 도쿄(제국)대학 인류학교실과 제실박물관에 모여 있던 자료들이었다. 이 자료들은 층서와 공반관계 등 지금 우리가 유물을 분류할 때 참조하는 데이터와는 거리가 먼데, 소위 적나라한 상태였다. 자료의 규모도 매우 제한되어 있었다.

따라서 그들은 적어도 오늘날 우리의 눈으로 보면, 그들은 단편적이고 한정된 양의 자료(=체험)를 바탕으로 분류 카테고리(=경험)를 만드는 작업에 착수한 것이다. 이 작업은 당연히 귀납적 방법으로 진행된다. 연역적 방법의 필요성을 지적하는 목소리도 있었다.[8] 그러나 유효한 분류시스템을 만들 만큼의 조건이 갖추어져 있지 않았다.

(1) 분류단위의 명칭―명사와 기호

귀납적 방법과 연역적 방법에 의한 분류의 장점 및 약점을 설명하기 전에 분류단위―분류라는 작업 결과로 생긴 군[지금부터는 간단하게 '형식(型式)'이라고 부른다]을 부르는 방식에 대해 이야기하고자 한다.

분류가 명명과 떼어 낼 수 없는 관계에 있음은 말할 필요도 없다. 명명이라는 작업이 없으면 분류작업은 완료되지 않는다. 형식에 어떠한 명칭을 붙이는가에 따라 형식 내용은 알기 쉬워지기도 하고 어려워지기도 한다.

앞서 언급한 것처럼 동·식물 분류에는 속명과 종명을 병기하도록 되어 있다. 고고학의 세계에서도 토기형식을 제외하면[9] 스기쿠보형(杉久保型)나이프·차광기토우·정각식석부(定角式石斧)……처럼 형식명칭(type name)이 단독으로 이용되는 경우는 극히 드물고, 상위의 분류단위인 기종 명칭(class name)과 결부된 형태로 주로 이용된다.

그런데 그 명칭의 종류를 조사해 보자. 스기쿠보형나이프와 조몬토기, 스에키(須惠器)의 형식명은 그 형식에 속하는 자료가 처음 발견된 유적 또는 유적 내 특정 지점과 층위를 채용한다. 차광기토우와 정각식석부를 비롯한 대부분의 석기·석제품·토제품의 경우는 형식내용(의 일부)를 표현하는 명칭을 채용한다. 그러나 모두 언어라는 점이 공통되는데, 긴키(近畿)지방의 야요이토기 형식(=양식)처럼 번호 또는 기호를 채용하는 것은 예외라고 할 수 있다.[10]

언어도 기호의 한 종류이고 기호와 번호도 언어의 일부임에 틀림없다. 그러나 여기서는 이와 관련된 세세한 검토는 일단 서랍 속에 넣어 두고 언어와 기호·번호를 별개의 것으로 다루기로 하자. 그리고 언어를 사용하는 명칭을 '명사명칭', 기호와 번호를 사용하는 명칭을 '기호명칭'이라 부르도록 한다.

명사와 기호, 2종류의 명칭은 각각 장점과 단점이 있다. 구체성은 명사명칭의 최대 강점이다. 바꾸어 말해 명사명칭은 분명한 이미지를 떠올리게 하는 힘이 있다. 구체적인 특징(=속성)을 바로 표현하지 않고 기호·번호로 바꾸는 것이 기호명칭이다. 따라서 기호명칭에는 명사명칭과 같은 구체적인 이미지를 떠올리게 하는 힘이 없다.

그러나 뒤에 다시 설명하겠지만 하나의 형식에는 몇 종류의 속성이 들어 있다. 이러한 형식구조를 말로 표현할 때 명사명칭은 적당한 수단이 아니다. 명사명칭을 이용해 형식구조 또는 형식을 조합하는 주요한 속성을 표현하는 것이 불가능하지 않다. 예를 들어 프랑스와 보르드(François Bordes)는 전기·중기구석기 분류에서 명사명칭을 이용하여 형식 안에 포함되어 있는 속성을 표현하려 하였다. 그러나 그 결과 키나형철인횡형삭기(キナ型凸刃横型削器, racloirs transverseaux convexes, type Quina)와 같이 장황한 명칭이 생겨났다.[11]

한편 박편소재클리버(hachereaux sur eclats)와 같은 명사명칭을 채용하기를 단념하고 기호명칭에 따라 Type 0~Type 5로 나누는 경우도 있다.[12] 이 형식들을 나누는 지표인 가공수법과 부위 등을 짧고 간단하게 표현하는 적당한 말을 찾을 수 없었기 때문이다. 이러한 예에서 알 수 있듯이 기호명칭은 형식구조와 그것에 담겨 있는 몇 종류의 속성을 기술하는 데 매우 유효한 수단이다. 그러나 반면에 추상적이라 구체적인 이미지와 연결시키기 어렵다는 결점도 있다.

명사명칭과 기호명칭의 각 장점은 성질이 다른 귀납적, 연역적 분류방법 속에서 살아 활용된다. 그러나 반대로 각각의 약점이 이 2종류의 분류 약점과 결부되면 분류 결과에 수습할 수 없는 혼란을 초래하게 된다.

(2) 귀납적 분류―장점과 단점

앞서 이야기하였듯이 19세기 말에서 20세기 초에 걸쳐 우리 선배들은 단편적이고 한정된 양의 자료를 통해 우스데(薄手)식토기·차광기토우·엔슈(遠州)식석부 또는 가사거문(袈裟襷文)동탁·크리스형동검·TLV문경·두추(頭椎)대도와 같은 명칭을 제안하였다. 그 가운데 우스데식토기·엔슈식석부·크리스형동검·TLV문경처럼 이제 사어가 되어 버린 것도 적지 않다. 차광기토우·가사거문동탁·두추대도처럼 지금도 사용되는 것도 있다. 사어가 된 명칭이라도 크리스형동검이 동과로, TLV문경이 방격규구문경(方格規矩文鏡)으로 각각 다르게 불릴 뿐, 형식내용이 변하지 않는 경우도 있다. 우스데식 토기도 내용을 재정의하여 후기라는 대별형식 속에 계승된다.

우리 선배들은 토우·동탁·고분시대 도검의 전모를 파악한 후에 유물을 분류하고 명명한 것이 아니었다. 오히려 유사한 예들이 모일 때마다 소위 닥치는 대로 적당한 명칭을 고안했다고 보는 것이 실상에 가까울 것이다. 즉 이 귀납분류의 토대가 되는 것은 체계적으로 정리된 경험이 아니라 우발적인 체험이다. 그럼에도 불구하고 차광기토우를 비롯해 지금도 이용되는 형식이 있다. 즉 이 분류들이 오늘날 우리의 눈으로 봐도 유효하다는 것이다. 비록 논리적 증거가 있는 경험이 축적되지 않아도 단편적인 소수의 체험을 그대로 분류기초로 이용할 수 있다. 이것이 귀납분류의 가장 큰 강점이다.

그러나 매우 적은 경험만을 기초로 할 경우, 분류결과가 현실의 사물과 일치하였더라도 그것은 우연히 들어맞은 것에 지나지 않을지도 모른다. 더구나 눈앞에 있는 사물에만 시선을 빼앗겨 존재 가능한 사물에 대한 추측을 하지 않는다면 우연인지 아닌지를 확인할 유효한 방법이 없다. 이것이 귀납분류의 가장 치명적인 약점이다.

위의 예 가운데 거울은 배면(背面)의 도상(圖像), 도검은 자루끝 장식의 형상 외에 형식을 분류하는 데 좋은 몇몇 속성의 집합(메타속성)[13] 또는 속성의 카테고리가 확인되지 않는다. 이러한 경우에는 가장자리 단면형과 배면의 도상 종류를 조합시켜 삼각연신수경이라는 형식을 만들거나 환두대도라는 형식을 소환(素環), 단환(單環), 삼루환(三累環) 등으로 세별하고 나아가 환안의 단봉(單鳳)·쌍용쟁주(雙龍爭珠)의 도안을 조합시켜 세별하기 때문에 결과적으로 연역분류와 크게 다른 차이가 없게 된다.

그러나 분류기준인 메타속성이 몇 개나 있고 거울과 자루끝 장식처럼 그 범위를 한정시키기 어려운 경우는 어떨까? 한 예로 토우형식을 살펴보자. 차광기토우는 다른 속성도 채용되어 있을 터이지만, 눈 표현 방법이 다른 형식과 구별하는 가장 두드러지는 특징이다. 그것이 산형 토우의 경우에는 머리 형태가 되고, 부엉이형 토우는 눈코 돌출에서 받는 인상, 하트형 토우의 경우에는 안면과 두부의 윤곽, 준거(蹲踞)토우는 자세, 십자가토우와 'X'자토우는 자세보다 전체적인 형상이 되고 이를 바탕으로 명명된다.

이처럼 몇몇 형식이 각각의 속성으로 대표되는 것은 초지일관되지 않고 논리적인 정합성이 결여된 주관적이고 자의적 분류라고 할 수 있다. 다만 이러한 비판도 유물 특징 자체가 제각각이므로 어쩔 수 없다고 인정하면 그만이다. 그럼에도 불구하고 필자는 각 속성을 바탕으로 한 귀납분류에 치명적인 약점이 있고, 형식을 구별하는 메타속성은 가능하면 일치하는 편이 바람직하다고 생각한다.

만약 차광기와 같은 눈 표현·하트형의 얼굴·팔짱을 끼고 무릎을 굽힌 토우가 나타난다면, 우리는 그 토우를 뭐라고 불러야 할까? 앞서 설명한 주요한 특징만으로는 이 토우를 어느 형식으로 봐야 할지 판단할 수 없다. 차광기토우의 정의에 얼굴윤곽, 손발형태 등을 더하면 혼란을 막을 수 있다.

지금까지 하트형 얼굴을 한 차광기토우는 확인되지 않는다. 분류라는 행위의 제1목적은 현실에서 관찰되는 사물을 정리하는 것이므로 현실에 없는 하트형 얼굴을 한 차광기토우 등을 고려할 필요가 없다고 하면 그만일지 모른다. 그러나 우리가 관찰하는 사물은 실재하는 사물의 일부에 지나지 않는 것도 사실이다. 따라서 장래 발견될지 모르는 사물도 고려하여 분류하는 작업이 현실적이지 않다고 잘라 말할 수 없다. 현실에서 발견되는 사물에만 시선을 빼앗기면 새로운 종류의 사물이 발견될 때마다 다시 분류해야 하므로 안정된 분류시스템을 만들 수 없다. 이를 피하려면 어느 정도 예측 가능한 분류가 필요하다. 즉 뒤따르는―귀납법에 의한 분류·명명만으로는 안정된 분류시스템을 만들 수 없고 예측하는―연역법을 도입한 분류·명명이 필요하다.

분류기준인 속성의 카테고리를 통일하여 조합서열을 결정해 두면, 장래 발견될지 모르는 사물을 고려한 분류가 가능해진다. 예를 들면 얼굴 윤곽을 토우형식을 구별하는 메타속성으로 선택하면 현재 발견되는 토우를 얼굴을 표현하지 않는 O형·환형·산형·하트형의 형식으로 나눌 수 있다. 만약 스페이드형·클로버형의 얼굴을 한 토우가 발견되어도 이들 형식을 추가하면 된다.

그러나 얼굴 윤곽만으로 유효한 토우 형식분류가 완성되지 않는다. 이 분류에서는 차광기토우가 환형이라는 형식의 한 형태에 지나지 않고 다른 특징은 무시되어 버린다. 그 특징을 표현하려면 얼굴 윤곽이라는 속성 카테고리 속에 부푼 정도의 유무라는 세별을 더해 눈의 형상이라는 속성카테고리를 추가해야 한다. 한 형식을 기술하는 데 여러 메타속성 조합이 필요한 것이다.

몇 개의 메타속성 조합을 기술명칭 속에 담는 것은 이론상 불가능하지는 않다. 그러나 기능분류가 거의 예외 없이 명사명칭과 결부되어 있다는 점이 큰 장해가 된다. 보르드의 구석기분류를 통해 보았듯이 메타속성의 조합을 표현하려면 명사명칭을 이용하여 형식을 설정하는 목적—형식의 특징을 짧고 간단하게 표현하는 것—을 달성할 수 없게 된다. 이것을 반대로 뒤집어 보면 귀납분류의 한 특징이 떠오른다. 명사명칭이라는 짧고 간단한 수단으로 형식의 선명한 이미지를 상기시킬 수 있는 것도 기능분류의 큰 특징 중의 하나이다.

다만 기능분류에는 치명적인 약점도 있다. 이전의 영역 논의 속에서 등질과 결절의 2종류 모델 차이를 설명하였다.[14] 명사명칭과 결부되는 귀납분류는 물자의 분포상태를 설명할 때의 등질모델과 같은 약점을 가지고 있다. 등질모델을 이용한 물자의 분포도에서는 그 물자의 분포범위가 모두 등질한 지역으로 취급되고 하나하나의 지점 사이에 어떤 차이가 관찰되어도 그것을 충분하게 표현할 수 없다.

이와 마찬가지로 귀납분류도 한 형식 내의 다양성과 내재되어 있는 속성을 기술하기에 부적당한 수단이다. 귀납분류를 토대로 설정한 형식은 그 형식이 다른 형식과 다르다는 점을 설명할 수 있어도 어떤 점에서 얼마나 다른지 설명할 수 없게 되기 쉽다. 귀납분류의 결과를 명사명칭으로 기술하는 경우에 특히 그 경향이 현저해진다.

명사명칭과 결부되어 형식내용의 이미지를 떠올리게 한다. 이것이 귀납분류의 특성인데 이것은 형식구조 등을 기술하는 데 약점이 되기도 한다. 그 형식의 가장 두드러진 특징을 지적하지 않으면, 분명한 이미지를 상기시킬 수 없다. 몇 개의 속성을 나열하여도 역시 효과가 떨어진다. 보르드의 형식분류 등을 참조해 봐도 귀납분류에 담을 수 있는 메타속성은 겨우 두 개 정도이다.

앞에서 토우 형식분류를 도마 위에 올려, 분류에 이용되는 메타속성(=속성카테고리)이 일치하지 않는다고 지적하였다. 이는 귀납분류와 명사명칭을 결부시켜 이미지를 떠올리려 할 경우에는 피할 수 없는 결과이다. 몇몇 형식의 가장 큰 특징이 같은 카테고리 속에 포함되는 경우는 오히려 드물고, 몇몇 카테고리에 걸쳐 있는 경우가 더 일반적이다. 이러한 형식특징을 하나나 두 개의 카테고리에 포함되는 속성으로 대표시키려면, 표현을 통일할 수 없는 것도 당연한 일이다.

(3) 연역분류의 성립조건

연역분류를 토대로 형식을 설정한 경우 명사명칭을 채용하면 매우 장황한 형식명이 되어 버린다. 이를 피하기 위해 기호명칭을 채용하게 된다. 그 결과 연역분류를 이용한 형식은 기능분류에 의한 형식처럼 확실한 이미지를 떠올리게 하는 힘이 없다. 대신 연역분류는 하나의 메타속성 속에 몇 종류의 속성을 담는 것, 몇 종류의 메타속성 연쇄를 표현할 수 있고[15] 그 구조를 정확하게 기술할 수 있다.

즉 귀납분류의 장점과 약점을 뒤바꾸면 연역분류의 약점과 장점이 된다. 2종류의 분류기초인 귀납법과 연역법이 정반대의 방향으로 논리를 운용하기 때문이다. 귀납법을 상향법이라고 부르는 것처럼 다양한 사물에서 출발하여 점차 일반적이고 보편적인 개념과 법칙에 근접해 간다. 연역법을 하향법이라고도 하는 것처럼 일반적인 개념과 법칙에서 출발하여 몇 개의 단계를 거친 후 다양한 사물을 끌어들이게 된다.

따라서 연역분류가 성립되는 조건은 귀납분류와 큰 차이가 있다. 맘마 …… 음식을 예로 든 이야기와 19세기 말에서 20세기 초에 우리 선배들이 설정한 귀납분류에 의한 형식 중에 지금도 유효한 것이 포함되어 있다는 사실은 보편적인 경험으로 정리되지 않는 다양한(=우발적) 체험과 단편적 자료도 귀납분류의 기초가 될 수 있음을 보여준다. 이러한 조건하에서 연역분류가 성립된다고 보기 어렵다. 어느 정도의 체험과 사물에 대한 지식이 모여, 그리고 그것을 기초로 하는 고차원적 경험과 개념이 준비되지 않는 한, 연역분류는 성립되지 않는다.

사토 타츠오(佐藤達夫)·사하라 마코토(佐原 眞)는 야마노우치 스가오가 석촉을 평기(平基)·원기(圓基)·사기(斜基)로 분류하였다고 한다.[16] 이 분류는 단순하면서 훌륭한 연역분류로 단순한 만큼 연역분류의 성립조건을 명료하게 파악할 수 있다. 기부가 없는 석촉은 있을 수 없다. 게다가 그 형상에는 몇 종류가 있다. 이것이 분류의 토대가 되는 원칙으로 원칙이 붕괴되지 않는 한, 분류는 유효하다. 다만 석촉이라는 기종의 범위를 정의하지 않으면 길이·폭·무게와 같은 메타속성을 조합시킬 경우 분류 결과가 지리멸렬해질 위험이 있다. 대상이 되는 사물과 자료범위를 정확하게 정의할 수 있는 것, 이 사물(모든 사물은 아니다)들을 설명할 수 있는 원리를 지적할 수 있는 것, 연역분류는 이 두 조건을 전제로 하여 성립한다.

야마노우치는 형식명칭에 명사를 채용한다. 설사 이 분류에 빠져 있는 형식이 있다고 해도 새롭게 명칭을 추가하면 그 형식을 분류시스템 속에 포함시킬 수 있다. 이것이 기호명칭인 경우 분류시스템이 치밀하면 치밀할수록 유연성을 상실하여 대폭적인 수정이 필요해진다. 예를 들면 기부각도를 분류기준으로 하여 각도가 큰 순으로 형식을 구별하고, I · II · III……의 기호로 표기한다고 하자. 새로운 자료가 발견되어 그때까지 이 형식 안에서 예외로 판단되던 것이 독립된 형식이 되는 경우는 충분히 있을 수 있다. 이러한 경우 신구의 분류시스템 기호의 차이가 다소 혼란을 야기시킬 수 있음을 각오해야 한다.

3. 결론

처음에 무라타의 시오미다이 주거지 분류가 주거군 구성을 복원하는 데 부적절하다고 하였다. 그 이유를 설명하면서 귀납과 연역분류에 대한 내용을 정리하고자 한다.

무라타는 주거를 분류할 때, 하나하나의 주거 특징을 검토하여 유사한 것을 한 형식으로 모았다. 무라타는 연역분류가 아닌 귀납분류를 채용하였다. 그러나 시오미다이의 주거지는 무한하지 않다. 관찰범위가 한정되어 있다. 연역분류를 위한 전제조건의 하나가 충족되는 셈이다.

그리고 무라타가 설정한 주거지 형식에는 분류기준인 속성의 카테고리(메타속성)가 통일되어 있지 않다. 이미 설명하였듯이 이는 귀납분류에서 일어나기 쉬운 일이다. 어떻든 무라타의 분류에서는 어느 주거(형식)가 다른 주거(형식)와 다르다는 것을 알아도 어떤 점이 다른지 이해할 수 없다. 그리되면 제각각의 주거 특징을 나열한 것과 마찬가지로 이들 형식을 바탕으로 주거군 구성을 복원할 수 없다.

어느 주거 또는 주거형식의 특징을 설명하는 것만으로는 주거군 구성을 복원할 수 없다. 어떤 점에서 어떻게 다른가라는 설명이 없으면 목적을 달성할 수 없다. 통일된 속성카테고리를 설정하고 개개 주거 속성을 그곳에 배치해 나가야 한다. 그 기초가 되는 것이 연역분류가 성립하기 위한 하나의 조건이고, 대상이 되는 사물을 설명하는 원리를 지적하는 것이기도 하다. 이 점에서 무라타는 실패하였고 니와는 성공하였다. 두 사람의 생각차이가 결과를 좌우하였다.

1 여기서 우리가 이름을 붙이지 않는 사물, 즉 인식하지 않은 사물은 존재하지 않는다고 잘라 말하면 우리는 개념론의 입장을 취하게 된다. 이와 반대로 세계에는 우리가 인식하지 못하는 사물도 존재한다고 생각하는 것이 유물론의 출발점이 된다.

2 현재는 약해졌지만 인류학에서의 민속분류법(Folk Taxonomy)이라는 분야는 하나의 집단에 고유한 분류 방법을 찾아내어 그 집단의 고유한 세계관을 파악하는 것이다.

3 日本学術会議動物学研究連絡委員会動物命名法小委員会訳, 『第15回国際動物学会議において採用された国際動物命名規約』(北隆館, 1954).

4 アリストテラス著, 出 隆訳, 「自然学」, pp. 30-53(『アリストテラス全集』 3, 岩波書店, 1968).

5 池田清彦, 『分類の思想』, p. 214(新潮社, 1992).

6 エドワード・モース著, 近藤義郎・佐原 真訳, 『大森貝塚』, pp. 35-37(岩波書店, 1983).

7 "토기형식을 감정하는 것도 분류학자가 종명을 결정하는 경우와 같고, ……"라는 문장은 야마노우치의 '세별과 대별'이 분류학의 이명명법을 의식한 것이었음을 말해 준다. "조몬토기의 세별형식은 (중략), 실재하고 움직일 수 없는 것이지만 대별은 편의적인 것이다"라는 문장도 같은 문맥으로 이해할 수 있다.
山内清男, 「縄紋土器型式の細別と大別」, p. 46, 『日本遠古之文化』, p. 39.

8 佐藤傳蔵, 「石鏃形態論」(『東京人類学会雑誌』 11: 91-94, 1896).

9 토기형식은 고고학에서 분류단위(Taxon)를 형식(Type)으로 정의하는 것일 뿐으로 가장 넓은 의미의 형식에 포함된다. 그러나 고바야시 타츠오의 지적처럼 그 내용에 눈을 돌려 보면 몇 개의 기종과 기형을 포함하고 거기에 문양과 장식 변화가 더해진다. 즉 하나의 토기형식은 몇 개의 형식(Type)을 포함한다. 따라서 토기형식을 기계적으로 다른 종류의 유물 형식과 동일하게 Type으로 파악하는 것은 잘못된 것이고, 몇 개의 형식이 복합된 것(Type Complex)—통상적으로 형식 상위의 분류단위로 생각해야 할 것이다. 그 의미로 토기형식명에는 상위 분류단위의 명칭을 조합시키지 않는다는 습관은 일리가 있다고 할 수 있다.
小林達雄, 『縄文土器の研究』, pp. 65-67(小学館, 1995).

10 末永雅雄・小林行雄・藤岡謙二郎, 「大和唐古弥生式遺跡の研究」, p. 42, 『京都帝国大学文学部考古学研究報告』 16, 桑名文星堂, 1943).

11 Bordes, François, Typologie du Paléolitique ancien et moyen. p. 28, *Publication de l'Instisut de Prehistoir de l'Universite de Bordeaux. Memoir* : 1, Delmas, 1961.

12 위의 논문, pp. 65-66.

13 고분시대의 도검을 두추・환두・원두・방두・규두(圭頭) 형식으로 분류하는 경우, 자루의 형식이 메타속성이고, 환두대도를 소환・단환・삼환으로 분류하는 경우, 환두의 형상이 메타속성이 된다. 수치데이터를 포함하여 비교 대상이 되는 하나하나의 속성차이를 버렸을 때, 성립하는 카테고리가 메타속성이라고 정의할 수 있다.

14 이 책 제6장 5. 등질모델과 기능(결절)모델 참조.

15 그렇다고는 해도 분류의 기술을 읽는 입장에 있는 인간이라면 쉽게 이해하는 데 한계가 있다. 다소의 개인차는 있겠지만 필자 자신은 메타속성의 수가 5개・한 메타속성 내의 속성수가 7개를 넘으면 설명을 따라가기 힘들어진다.

16 佐藤達夫, 「ホロン・バイルの細石器文化」, p. 258(『考古学雑誌』 46-3: 252-260, 1960).
小林達雄・佐原 真, 『紫雲出』(託間町教育委員会, 1964).

繩紋時代史 I 후기

이 책은『季刊考古學』제27호(1989년 5월)~제73호(2000년 11월)에 연재되어 아직 완결되지 않은 하야시 켄사쿠(林 謙作)의「繩紋時代史」(제1회~제41회) 전반 20회분을 한 권에 정리한 것이다. 그러나 2001년 저자가 병으로 쓰러져 연재는 중단되었다. 전체 구성을 보면 현재 약 2/3까지 진행되었는데 이후 생활기술, 사회조직, 조몬문화의 종말이 예정되어 있었을 것이다.

저자는 연재종료 후, 단행본으로 출간할 생각이 있었다고 판단되지만 집필기간이 10년을 넘고 그 분량도 책 한 권의 분량을 훨씬 넘기 때문에 연재 당시부터 나는 두세 권으로 나누어 간행할 것을 권하였다. 연재는 미완결된 상태이지만 이번에 전작인『繩文社会の考古学』(同成社, 2001년)에 이어 편집 및 간행을 나에게 위탁하였고, 그 희망에 응한 것이 이 책이다.

이 책을 편집하는 데 내가 취한 조치를 기록해 두고 싶다.「繩紋時代史」1~41회 분량을 책 두 권으로 나누어 연재 20회분의 생업, 영역, 교역을 다루는 집단 간 관계까지를 한 권에 수록하고, 21회분부터 취락, 주거, 그리고「정주취락의 성립과 정착」을 두 번째 권에 정리하기로 하였다.『季刊考古學』에 발표할 당시는 각 호의 간행일에 맞춰 집필해야 하는 힘든 상황이었기 때문에 연속해서 읽을 때, 체제가 통일되지 못한 부분도 조금 있었다. 그래서 극히 일부 문장을 이동시키거나 또는 중복되는 부분을 삭제하여 논지가 부드럽게 흘러가도록 하였다. 그리고 분명한 오타·잘못된 수치를 정정하였다.

이 책의 특징을 약간 기록해 두고자 한다.

이 책은 '연재강좌'라는 조건에서 집필된 것이다. 그렇기 때문에 특히 에도·메이

지시대 이후의 연구사를 정리하면서 현재의 과제를 분명하게 밝힐 것, 구미의 오래된 문헌에서 최신 논문까지 읽을 것, 인류학, 지형학, 지리학 등 관련 학문 문헌도 읽고 검토할 것이 요구되었다(적어도 저자는 그렇게 받아들였다).

그 결과 조몬시대 사회·시대상을 추구하는 데 필요한 중요한 항목을 선택하여 정면에서 다루었다. 이 책은 '강좌'풍으로 '정설'을 정리한 것이 아니라, 연구자들의 논문에서 발굴보고서에 이르기까지 내용을 엄격하게 비평하고 조몬시대 연구의 확실한 기초를 다져 금후 방향을 제시하려 한 매우 공격적인 문제제기가 담긴 책이다. 그 내용은 넓고 깊으며 정말 스케일이 큰 조몬고고학의 최선단에 선 가장 상세한 책이다. 학문의 세분화가 진행된 오늘날, 이만큼의 내용을 수록한 책을 집필할 수 있는 연구자는 또 없을 것이다. 저자는 이 책을 장래「繩紋時代史」를 서술하기 위한 준비작업으로 생각했던 것 같은데 이렇게 단행본으로 간행되면 21세기 조몬고고학에 매우 유효한 지침서가 될 것이다.

교정에는 저자의 홋카이도대학(北海道大學) 시절의 제자인 다카세 카츠노리(高瀬克範)씨(東京都立大學人文學部)의 도움을 받았다.

이 책 간행이 저자인 하야시 켄사쿠의 건강 쾌유와「繩紋時代史」의 연재 개재에 도움이 되길 바란다.

2004년 4월 5일 사쿠라(佐倉)에서

春成秀爾

繩紋時代史 II 후기

이 책은 하야시 켄사쿠의 『繩紋時代史 I』(2004년 5월 간행)을 뒤이어, 『季刊考古學』 제47호(1994년 5월)~제73호(2000년 11월)에 연재된 「繩紋時代史」(제21회~제41회)를 한 권에 정리한 것이다.

2001년에 저자가 병으로 쓰러져 연재가 중단되었지만 I을 이미 간행하였기 때문에 II도 간행하여 일단 마무리를 짓기로 하였다.

앞의 책에서 생업·영역·교역을 다룬 후, 이 책에서는 취락·주거 그리고 정주취락 성립과 보급까지를 다루고 있다. 최근 30년간 조몬시대 취락과 주거에 관한 질 높은 정보가 대량으로 축적되었다. 그러나 그 양이 너무 막대하고 자료조작이 어려워 이들 자료를 충분히 활용하였다고 말하기 어렵다. 이 책에 제시된 하야시 특유의 치밀한 분석을 통한 이론적인 틀은 앞으로 취락·주거론의 한 지침이 될 것이다.

『季刊考古學』에 발표한 형태 그대로는 체재가 통일되지 않아 이 책을 편집할 때 극히 일부 문장을 이동시키고 또는 중복되는 부분을 삭제시켰다. 또 연재된 제28회 「연구수단으로서의 명명과 분류」는 본제에서 벗어나므로 부록으로 수록하였다.

교정에는 저자의 홋카이도대학시절의 제자인 다카세 카츠노리씨(東京都立大學人文學部)의 도움을 받았다.

이 책 간행이 저자인 하야시 켄사쿠의 건강 쾌유와 생활기술, 사회조직, 조몬시대의 종말 등을 다룬 『繩紋時代史 III』의 간행에 도움이 되길 바란다.

2004년 10월 5일 사쿠라에서

春成秀爾

옮긴이의 글

이 책은 하야시 켄사쿠(林 謙作)의 『繩紋時代史 I』(雄山閣, 2004. 5)·『繩紋時代史 II』(雄山閣, 2004. 12)를 하나로 묶어 번역한 것이다. 원서는 애초에 단행본을 목적으로 집필된 것이 아니라, 『季刊考古學』 제27호(1989년 5월)~제73호(2000년 11월)에 연재된 「繩紋時代史」(제1회~제41회)를 주제에 따라 두 권으로 엮어 2004년에 출판한 것이다. 총 41회분의 연재 내용 중에서 1회부터 20회분까지가 『繩紋時代史 I』에, 21회부터 41회까지가 『繩紋時代史 II』에 수록되었다.

이 책의 번역은 한강문화재연구원의 제의로부터 시작되었다. 2014년 6월경 연구원측에서는 학술총서 2로 이 책의 번역본을 출간하려 하니 맡아 주면 좋겠다는 의사를 전해 왔다. 한국의 신석기 연구를 위해 조몬연구에 대한 인식과 이해가 필수적인데, 하야시의 책이 매우 체계적이고 방법적으로도 뛰어나며 조몬시대 전체를 다루었기 때문에 적절하다는 의견이었다.

번역자는 번역서를 내 본 적도 없고 하여 내가 할 수 있을까 하는 두려움이 일었다. 그러면서도 번역해 보고 싶은 욕심이 컸다. 당시 일본 고고학 관련 수업을 하면서 일반 대중을 대상으로 한 쉬운 개설서가 아니라, 그렇다고 연구자적 입장에서 깊게 파고든 어려운 논문을 엮은 편저가 아닌, 일본열도의 각 시대를 조망하면서 어느 정도 연구 깊이가 있는 개론서를 찾아 읽어 봐야겠다고 생각하고 있었다. 특히 조몬시대가 그러했다. 야요이시대 문화야 한반도로부터의 도래인이 가지고 들어온 문화총체가 계기가 되어 형성되었기 때문에 비교자료가 풍부하고 익숙하다. 그러나 조몬시대 자료와 연구성과의 대부분은 동일본을 대상으로 하기 때문에, 한반도와 지리적으로 가까운 서일본의 자료만으로 일본열도 전체의 조몬시대를 이해하기에는 늘 반쪽짜리라는 생각이 컸다. 『繩紋時代史』라면 옮긴이의 기대를 충족시키기에 충분할 것이라 생각하여 흔쾌히 제안을 받아들였다.

　각 장의 내용을 설명하기 전에 먼저 번역서를 내면서 제목을 변경한 이유를 설명해야 할 것 같다. 번역본 초고를 완성하고 한강문화재연구원측과 제반문제를 논의하기 위해 모인 자리에서, 『繩紋時代史』의 원제를 그대로 이용하기에는 한국측 독자가 어떤 내용의 책인지 쉽게 이해할 수 없을 것이므로 다른 제목을 고려해 보자는 의견이 제기되었다. 역자는 본 책의 내용을 쉽게 유추할 수 있고, 내용을 함축할 수 있는 제목으로 『일본 신석기시대 생업과 주거』를 추천하였다. 그다지 멋드러진 제목도 아니고 그럴싸하게 포장된 제목도 아닌, 그야말로 책의 내용을 좌우하는 무미건조한 키워드라고 보면 좋을 것이다. '조몬시대'는 이해하기 쉽도록 '일본 신석기시대'로 변경하였다. 그리고 '생업'은 본 책 전반부의 밑바탕에 깔린 주제로, 생업에 따른 조몬시대 식생활 복원, 생업의 생활권으로 파악되는 영역, 생업도구로 본 교역을 서술하는 중심 키워드이다. '주거'는 여기서 유구가 되어 버린 주거지만을 가리키지 않고, 사람이 생활을 영위하는 장소 및 그 안에서 이루어지는 생활까지를 모두 포함한 의미가 담겨 있는 광의의 의미로 사용한다. '주거'는 본 책 후반부의 주제로, 주거의 기둥배치와 상태를 바탕으로 상부구조의 복원, 정주취락의 성립과 보급을 서술하는 중심 키워드이다. 따라서 본 책의 내용을 함축적으로 표현할 수 있는 용어를 채용하여 『일본 신석기시대 생업과 주거』로 변경하였음을 이해해 주길 바란다.

　이 책은 크게 세부분으로 나누어진다. 먼저 제1장에서 제4장까지는 일본 신석기시대의 연구사를 망라하고 이에 대해 저자가 나름대로 평가를 내린 부분이다. 제1장에서는 조몬연구의 전반적인 흐름을, 제2장에서는 조몬인의 본질에 대한 여러 추론을 정리하였으며, 제3장에서는 조몬문화의 형성과정을 플라이스토세에서 홀로세로 넘어가는 자연사적 환경에서 접근하여 음미하였다. 제4장은 실질적인 주제로 들어가기 위해 필요한 조몬토기 '형식'의 내용과 연구성과, 문제점을 정리한 것이다. 조몬토기 '형식'은 특히 제6장의 조몬인의 영역을 이해하는 데 필요한 개념이고, 제8장 이후의 취락을 논하는 데 필요한 수단 및 방법이라는 점에서 저자가 특히 공들여 설명하는 부분이기도 하다.

　다음으로 제5장에서 제7장까지는 조몬인의 생업을 바탕으로 영역, 교역을 다룬다. 제5장에서는 자료가 풍부한 센다이(仙台)만의 사례를 통해 각종 자원의 비율과 계절성, 조몬농경을 언급하며 조몬인이 어떻게 자원을 획득하고 이용하였는가라는 생업의 성격을 이끌어 내었다. 제6장은 조몬인의 일상적인 생업활동 범위인 핵영역, 유적군과 영역 및 토지의 관계를 검토하였다. 제7장에서는 생업에 필요한 현지성 물자와 의례 등에 필요한 비현지성 물자가 있음을 밝히고, 이를 바탕으로 조몬인의 생리적 분업과 사회적 분업의 양상을 검토하였다. 나아가 야요이시대 교역상과의 비교를 통해 조몬인의 교역 및 유통을 복원하였다.

마지막으로 제8장에서 11장까지는 주거라는 일관된 주제를 통해 주거의 상부구조 복원, 일본열도 정주취락의 성립요인, 정주취락의 성립과 보급과정을 복원하였다. 제8장에서는 조몬취락론의 시초가 되는 와지마 세이이치(和島誠一)와 미즈노 마사요시(水野正好)의 논문을 예로 들어 조몬취락론의 성과와 문제점, 그에 따른 재검토론자들의 반론 등의 연구성과를 철두철미하게 분석하여 향후 취락론이 나아가야 할 방향을 제시하였다. 취락과 관련한 저자의 온 관심과 심혈을 기울인 부분이기도 하다. 제9장에서는 일본의 전통적인 사철제련 공방인 다카도노와 아이누의 지세를 짓는 방법을 복원하면서 조몬시대 주거의 상부구조를 음미하였다. 제10장에서는 남큐슈와 간토로 나누어 정주취락이 성립되는 과정을 살폈다. 제11장에서는 정주취락의 보급을 저장과 비축이라는 측면에서 접근하여 정주확립기의 취락구성을 복원하였다.

대부분의 글이 기승전결(起承轉結)의 과정을 거친다고 보면, 이 책은 전(轉)의 중간쯤에 도달하여 그대로 마무리된 느낌이다. 이는 저자의 의도라기보다 저자가 2001년 병으로 쓰러지면서 연재가 중단되는 상황에 처했기 때문이다. 원서의 후기에 나와 있듯이 이후에 생활기술, 사회조직, 조몬문화의 종말이 예정되어 있었을 것이라고 한다. 이 전부가 집필되었다면 『繩紋時代史』의 제목에도 적합하고, 독자로서 더 읽고 싶었던 내용들에 대한 목마름과 궁금증이 채워졌을 것이다.

이렇게 완료되지 못한 채, 종료되어 안타까운 마음 한 켠에, 한 시대를 논하면서 다방면의 주제를 이렇게 일관성 있게 서술할 수 있다는 점, 각 장마다 자료가 갖추어진 유적을 대상으로 끊임없이 사례를 제시하며 이해를 돕고 있는 점, 자신의 주장만을 펼치기보다 기존 연구성과를 충분히 숙지하고 인정하면서 문제점을 지적하고, 향후 나아가야 할 방향을 제시하고 있다는 점, 무엇보다 조몬시대 연구의 미래지향적 연구관점을 견지한다는 점에서 저자의 역량과 이 책의 가치를 충분히 알 수 있다. 또한 각 주제별로 구사된 연구방법론과 다양한 각도에서의 접근, 특히 구미 고고학 이론과 방법을 잘 이해하고 이를 일본의 자료에 적절하게 접속시켰다는 점에서 높이 평가된다.

조몬시대 문화가 한반도 신석기시대와 유사하면서 독자성을 가지고 있는 점은 주지의 사실이다. 즉 양 지역의 연구성과와 방법론을 그대로 차용하여 적용할 수 없음은 고고자료가 가지는 차이만 봐도 극명하다. 또한 이 책에서는 일본열도 가운데 주로 조몬시대 자료가 풍부하게 갖추어진 동일본지역을 대상으로 하기 때문에 한반도와의 직접적 관련성을 논하기에 적합하지 않다. 다만 같은 신석기시대를 연구하는 데 있어서 필요한 생업, 주거, 취락, 교역 등은 모든 신석기시대 연구자, 나아가 다른 시대를 전공하는 연구자들까지도 공감할 만한 내용이라고 생각한다. 번역하면서 역자에게 많은 도움이 되었고 관점을 폭 넓히는 계기가 되었듯 독자들에게도 많은 도움을 드릴 수 있을 것이다. 이 책이 한국 신석기시대 연구가 진일보하는 데 도움이 되기를 소망한다.

역자의 변명이지만, 원서가 연재된 탓에 중복된 문장이 많고, 저자의 개성상 장문이 많고, 추상적인 단어가 많으며, 단행본 출판을 위해 저자가 다듬지 못한 상황도 있어 난해한 부분도 있다. 번역 시에 저자의 의도와 용어, 문구, 문장을 최대한 존중하여 살리려고 노력하였지만, 그중에는 내용을 이해하기 쉽도록 의역으로 일관한 부분도 있고, 앞뒤 문구를 바꾸거나 중복되는 문구를 삭제한 부분도 있다. 그리고 미처 다 고치치 못한 일본식 표현이 남아 있더라도 너그러이 양해 바란다.

마지막으로 이러한 소중한 기회를 주신 한강문화재연구원의 신숙정 원장님, 오승환 실장님, 특히 실무로 연락하면서 많은 도움을 주신 권도희 선생님 등과, 교정에 힘써 주시고 정성스럽게 편집과 출판을 맡아 주신 사회평론 아카데미에도 감사의 말씀을 전한다.

2015년 7월

천선행

찾아보기